Straeon Gwerin
Ardal Eryri

Cyfrol 1

JOHN OWEN HUWS

Argraffiad cyntaf: Ebrill 2008

Rhif Llyfr Safonol Rhyngwladol:
978-1-84527-179-4

Cynllun clawr: Tanwen Haf
Map: Ken Lloyd Gruffydd

Mae'r cyhoeddwr yn cydnabod cefnogaeth ariannol
Cyngor Llyfrau Cymru

Argraffwyd a chyhoeddwyd gan Wasg Carreg Gwalch,
12 Iard yr Orsaf, Llanrwst, Dyffryn Conwy, LL26 OEH.
℡ 01492 642031
🖷 01492 641502
✆ llyfrau@carreg-gwalch.co.uk
lle ar y we: www.carreg-gwalch.co.uk

Hoffwn ddiolch o waelod calon i'r canlynol am fy nghynorthwyo i gwblhau'r traethawd hwn – Yr Athro Bedwyr L. Jones a Mr Derwyn Jones, Bangor a hefyd staff yr Amgueddfa Werin yn Sain Ffagan, yn arbennig felly Mr Robin Gwyndaf. Mae fy niolch mwyaf yn mynd i'm mam am ei theipio destlus.

John Owen Huws
(Rhagymadrodd ei Draethawd MA 1976)

Llyfrau, llên gwerin, sgwrsio gyda phobl a gwrando oedd y byd lle'r oedd John yn ei elfen. Mae'r traethawd gradd a luniodd yn destament cyfan o hynny ac ers ei farwolaeth ddisyfyd yn ôl yn 2001, mae tair cyfrol rwymedig ar straeon Eryri wedi gorwedd mewn cwpwrdd yn casglu llwch. Nid yn y fan honno mae eu lle a rhaid diolch yn bennaf i'w ffrind, Myrddin ap Dafydd am wireddu breuddwyd John o weld y gwaith yn cael ei gyhoeddi a'i rannu gyda Chymru gyfan. Maent yn gasgliad gwerthfawr o straeon gwerin a ysgrifennwyd gan ŵr arbennig iawn.

Helen Huws

Cynnwys y gyfrol gyntaf

Y CHWEDL

Cynnwys yr ail gyfrol

ARDAL ERYRI

Map labels:

MÔN

Y CREUDDYN

Penmaenmawr

CONWY

Llanfairfechan

ARLLECHWEDD

▲ Tal y Fan

▲ Foel Fras

Maenan

▲ Carnedd Llywelyn

Aber

BANGOR

● Aber gwyngregyn

▲ Carnedd y-filiast

▲ Carnedd Dafydd

Nant Ffrancon

▲ Glyder Fach

Llanddeiniolen

Elidir

Llanberis

▲ Tryfan

▲ Glyder Fawr

Moel Siabod

NANT CONWY

● Dolwyddelan

● Penmachno

CAERNARFON

ARFON

● Moel Eilio

● Nant-y-betws

Dyffryn Nantlle

Yr Wyddfa ▲

Lliwedd

▲ Yr Aran

Beddgelert

Mynydd Drws-y-coed

● Cnicht

Mynydd Mawr ▲

Craig Cwm Silyn

Moel Hebog ▲

EIFIONYDD

Clynnog Fawr ●

▲ Gurn Goch

▲ Gurn Ddu

Dinas Dinlle ●

▲ Yr Eifl

Llanaelhaearn

LLŷN

Legend:

⫶⫶⫶ tir dros 2000 troedfedd

•••• ffin Ardal Eryri

– – – ffin cantref / cwmed

–·–·– ffin Sir Gaernarfon

0   5 troedfedd

1. *Chwedlau am y Goruwchnaturiol*

(a) Angylion

YR ENETH A'R ANGEL : DOLWYDDELAN

Ellis Owen, 'Llên Gwerin Dolwyddelan', *Cymru*, XXVI, tt.57-8.

'Dywed chwedl llafar gwlad fod geneth fechan wedi myned o dyddyn a elwir Pen Rhiw ar neges dros ysgwydd Moel Siabod i Gapel Curig, ar ddiwrnod teg a thyner yn Chwefror. A chan ei bod felly, arhosodd yno i chwareu gyda'r plant hyd wyth y nos. Aeth rhai o'r plant hynaf i'w hebrwng hyd at Feddau'r Cewri, pryd y troisant yn ôl, gan ddymuno rhwydd hynt iddi ar ei thaith tuag adref.

Bron yn syth fe dduodd yr awyr a daeth yn lluwch eira. Collodd hithau ei llwybr a thybiodd y byddai'n well cysgodi o dan craig fawr ar un adeg ond ceisiodd fynd lawr am gysgod gan y gwyddai nad oedd ond angau i'w gael o orwedd yn yr eira. Aeth ymlaen nes blino'n llwyr a cheisiodd ei rhoi ei hun i Grist fel ei dysgwyd gan ei mam. Pan yn agor ei llygaid am y tro olaf, gwelodd ddyn a gwaeddodd arno, gan dybio mai ei thad ydoedd yn chwilio amdani. Casglodd ei holl ynni ynghyd i'w ddilyn a'i ddal, ond ymlaen yr âi'r dyn fel pe na bai heb ei chlywed. Eto nid oedd am ei gadael: arafai pan syrthiai, ond pan gyflymai hithau i geisio ei ddal, cyflymai yntau. Bu felly mewn dirfawr boen yn ceisio'i ddilyn nes dod at ddrws rhyw feudy. Adnabyddodd hithau ef, i'w mawr ryddhad: "Beudy Bryn Bugelydd, Bwlchcynyd yw hwn", meddai wrth y dyn. Ond nid oedd y dyn i'w ganfod yn unlle. Aeth y ferch i'r beudy at y gwartheg a chysgu yn eu gwres nes ei deffro ganddynt yn y bore. Cododd hithau a mynd adref a mawr oedd y llawenydd o'i gweld, er na thybiasant iddi fod allan y rhan fwyaf o'r nos. Adroddodd hithau'r hanes wrthynt, "ac am y dyn rhyfedd a fu yn foddion achubiaeth iddi. Aeth y tad a'i ddau fab i fyny ar hyd y trac at feudy Bryn Bugelydd; ac erbyn hyn yr oedd hwsmon y fferm yno gyda'r gwartheg.

Methent a chanfod ôl traed neb ond yr eneth yn dod at ddrws y beudy, ac fe ddilynasant ei hôl hyd at y graig yr oedd wedi syrthio i lawr dan bwys yr ystorm; ac nid oedd ôl yr eneth na dim arall, o'r graig draw i gyfeiriad Capel Curig; ac nid oedd ond olion traed yr eneth yn unig hyd at ddrws y beudy.

Dywedodd rhyw heliwr direidus ar ôl clywed yr hanesyn, 'y buasai aml i hen ysgyfarnog yn dymuno cael traed angel ar heth eira.'"

MOTIF: V 238 (Angel gwarcheidiol)

(b) Cewri

BRWYDR Y CEWRI, I – EDWARD LLUYD, 1693 : BEDDGELERT

Robert Williams, 'Legends of Wales', *Camb. Journ.* (1859) tt.209-10.

A rhwng y Dinas ar llyn y mae Bedd Dr Owen y Mhaxen, yr hwn a fy yn ymladd ar cawr a phellenau dûr, mae pannylau yn y ddaear lle roedd pob un yn sefyll i'w gweled etto, mae rhai eraill yn dywedyd mae ymladd a saethau yr oeddynt, ar pannylau a welir heddiw yno oedd lle darfu uddynt gloddio i amddiffin i hunain, ond ni escorodd yr ûn mor trô. Pan welwyd y marchog nad oedd dim gobaith iddo fyw fawr hwy; fy ofynnwyd iddo ple y mynneu gael i gael i gladdu fe archodd saethu saeth i'r awyr a lle y descynnau hi y gwnaent ei fedd ef yno.

TEIP: M.L. 5020 ff. – Cawr yn Gyfrifol am Symud Cerrig, etc.
MOTIFAU: A. 972.6   (Pantiau mewn cerrig yn cael eu ffurfio gan gewri)
         A. 964   (Bryniau yn cael eu ffurfio yn sgil hen frwydr)
         D. 1314.1.5 (Saethu saeth i'r awyr i nodi man claddu)
         F. 531.6.13 (Bedd cawr)

BRWYDR Y CEWRI, II : BEDDGELERT

Bleddyn, *Plwyf Beddgelert*, 1862 tt.45-6.

Ryw dro yn yr hen amser, pan oedd Cewri yn byw yn yr Ynys hon, yr oedd cawr nodedig yn trigo yn Ninas Emrys; yr hwn oedd a'i glod yn adnabyddus trwy yr holl wlad am ei fawr faint, a'i nertholdeb, eithr rhyw ddiwrnod fe ddaeth rhyw gawr arall, o'r enw Owen, yr hwn oedd wedi clywed am fawr nerth cawr y ddinas, yno i ymryson nerth ag ef; a hwy a aethant i lawr i gae yr ysgubor i ymryson; y peth cyntaf a wnaethant oedd 'tynnu'r dorch', ond wedi hir dynnu, a thorri fel priciau crinion goed cyn brafed a swmer tŷ, ni threchodd un ohonynt. Ar fryncyn gyferbyn, yr ochr arall i'r afon, fe welai Owain . . . faen anferth, ac ar 'hwb a cham a naid', efe a aeth yno, a thaflodd y maen drosodd hyd at draed Cawr y ddinas, ond taflodd y cawr ef yn ôl yn union i'w le ei lun; felly ni threchodd un yn hyn drachefn. Yna hwy a aethant i ymaflyd codwm, ac fel yr oedd Owen yn methu a thaflu y cawr, fe wylltiodd a'i sodlu nes disgyn ohono ar ei gefn ar draws maen, a chwilfriwodd o dan ei bwysau, ac aeth darn ohono i'w gefn a'i ladd; ond yn ei boenau angeuol fe wasgodd Owen gyda'r fath nerth fel y bu yntau farw. A chladdwyd Owen yn y fan honno a'r cawr a gladdwyd ar y bonc, lle yr oedd y maen, a rhoddwyd y maen ar ei fedd. Fel y dywedwyd, yr oedd Bedd Owen yn aros yn y cae, ger Beudy-Bedd-Owen, ac yr ydym yn cofio gweled y maen ar y bonc yr ochr arall i'r afon, yr hwn a elwid 'Maen y Cawr', yr hwn a ddrylliwyd pan yn gwneud y ffos i gludo dwfr at y felin gopr.

Mae y bonc y cyfeirir ati yn y chwedl hon yn sefyll yr ochr draw i'r afon o'r ddinas, ac yn nes i'r llyn; ymddengys yn debyg i domen wneuthuredig anferth o faint; ac y mae carneddau . . . ar ei phen yn aros eto; ac yn ei chwr dwyreiniol y mae bedd mawr i'w weled yn eglur, yr hwn sydd o ddeutu pedair llath o hyd, a llathen a hanner o led.

TEIP: M.L. 5020 ff. – Cawr yn Gyfrifol am Symud Cerrig, etc.
MOTIFAU: F. 531.3.2 (Cawr yn taflu maen anferth)
F. 531.6.13 (Bedd cawr)

Cofnodir y fersiwn poblogaidd hwn yn:

Glasynys, *Cymru Fu*, 1862, t.470.
Owen Jones (Gol.), *Cymru : yn Hanesyddol*, 1875, t.133.
D.E. Jenkins, *Bedd Gelert*, 1899, tt.217-8.
Myrddin Fardd, *Llên Gwerin Sir Gaernarfon*, 1908, tt.231-2.
T. Gwynn Jones, *Welsh Folklore*, 1930, t.80.
William Rowland, 'Brwydr y Cewri', *Straeon y Cymry*, tt.71-2.
Cefais fraslun llafar o'r chwedl gan Miss Edith Evans, (Telynores Eryri) (Tâp SGAE, 5; ochr 1-4) ond heb ddim o fanylion y fersiwn hwn. Ceir chwedl debyg yn *Iolo MSS*, 1848, tt.81-2.
Sylwer ar y gwahaniaeth rhwng y fersiwn a gofnododd Lhuyd a'r fersiwn a gofnododd Bleddyn dros gant a hanner o flynyddoedd yn ddiweddarach – y ddau oddi ar lafar. Collwyd manylion megis saethu'r saeth a'r pannylau ac ychwanegu'r modd y bu'r ddau gawr farw.
Mab Macsen Wledig a'i wraig Elen ferch Eudaf oedd Owain. Roedd yn frawd i Peblig a Chystennyn, ac yn un o dri 'unben rhaith Ynys Prydain'.
Gwelir Bedd Owain hyd yn gymharol ddiweddar ger Dinas Emrys. Cyfeiria Rhys Goch ato yng 'Nghywydd y Gyfrinach':

'Lle mae pen brawd Cystenyn
Fendigaid, lafn drafn y drin?
Yngwyl derw angel deurudd,
Ynghoed Pharson ynghudd.'[1]

BRYN DIWEDDU : BEDDGELERT

D.E. Jenkins, *Bedd Gelert*, 1899, tt.234.

Dywed traddodiad lleol fod cawres a gollodd ei mab trwy iddo gael ei ladd gan gawr twyllodrus a gasai ei thad, wedi penderfynu na fyddai'n claddu ei mab yn nhir ei chartref mabwysiedig, yr hwn a gasâi ac roedd wedi mynd i wlad ei mebyd i gael pridd i'w orchuddio. Nid oedd arni eisiau ei gladdu ymhell o'i chartref, felly gwell oedd ganddi gario'r pridd o fro ei mebyd i'w chartref mabwysiedig na'i gladdu ymhell o'i golwg. Roedd yn cario'r barclodiad o bridd drwy Nant Gwynant pan dorrodd y llinynau'n sydyn a gollwng y llwyth lle y saif Bryn Diweddu yn awr. Dywedir i'r llinynau dorri wrth iddi lamu dros yr afon a oedd mewn llif. Roedd yn drist iawn oherwydd hyn a thybiai nad oedd ei gweithred yn ffafriol yng ngolwg y duwiau felly eisteddodd i lawr a wylodd. Pan gododd i fynd adref cysurodd ei hun y gallai'r llwyth ryw ddydd fod yn garnedd i fab rhyw gawres arall. Cyflawnwyd ei gobeithion gan y claddwyd cawr Dinas Emrys yma. Gelwir y bryncyn 'Arffedoged y Gawres' gan rai o hyd.

TEIP: M.L. 5020 ff. – Cawr yn gyfrifol am safle cerrig, etc.
MOTIFAU: A. 963.1   (Ffurfio bryn o gerrig a ddisgyn o farclod cawres)
          F. 531.6.13 (Bedd cawr)
NODIADAU: Dyma un o nifer o chwedlau yn ymwneud â 'Barclodiad y Gawres' ac yn rhoi gwahanol esboniadau ar sut y daeth i fod. Gw. 'Bwlch y Ddeufaen'.

BWLCH Y DDEUFAEN : ABER

William Williams, *Observations on the Snowdon Mountains*, 1802, tt.98-9.

Anaml iawn yr enwir carneddau ar wahân i pan gysylltir hwy â digwyddadau rhyfeddol megis Barclodiad y Gawres ar Fwlch y Ddeufaen . . . Roedd Cawr anferth yn mynd tua Môn gyda'i wraig gan feddwl gwladychu ymhlith yr ymfudwyr cyntaf yno. Roeddynt wedi clywed nad oedd ond afon gul rhwng yr ynys a'r tir mawr a chariai'r Cawr ddwy garreg anferth i seilio pont dros y gagendor. Cariai ei wraig lond ei barclod i'r un pwrpas. Ond cyfarfuasant ŵr ar ben y Bwlch yn cario llond sach o hen esgidiau ar ei ysgwydd. Gofynnodd y Cawr iddo pa mor bell ydoedd i Fôn ac atebodd ei bod mor bell nes iddo wisgo'r holl esgidiau hynny wrth ddod oddi yno i'r pen yma. O glywed hyn, gollyngodd y Cawr y cerrig, un o bob tu iddo, lle safant i fyny o hyd, tua 100 llath oddi wrth ei gilydd gan fod corff y Cawr rhyngddynt. Gollyngodd y Gawres hithau'r un pryd gynnwys ei barclod a ffurfio'r garnedd.

TEIP: M.L. 5020 ff. – Cawr yn gyfrifol am safle cerrig, etc.
MOTIFAU: H. 241   (Esgidiau treuliedig yn dystiolaeth o siwrnai hir)
             A. 963.1   (Carnedd yn ymffurfio o gerrig a ddisgyn o ddillad
                           cawr/cawres)
             F. 532   (Cawr anghyffredin o lydan)
NODIADAU: Cyfeiriwyd at chwedl Bwlch y Ddeufaen gyntaf yn:
Nicholas Owen, *Caernarvonshire: a sketch of its History*, 1792, t.24 lle dywedir
i'r cawr a'i wraig ollwng y meini a'r cerrig a bod y werin yn tadogi popeth mawr
ar y cewri. Fodd bynnag dilynwyd fersiwn llawn yr *Observations* gan eraill:

Dienw, *Cambrian Tourist's Guide*, 1847, t.049.
'Dinas Penmaenor Penmaenmawr', *Y Cymmrodor*, 1882, t.57.
P.H. Emerson, 'The Giantess's Apron-full', *Welsh Fairy Tales and Other Stories*,
    1894, tt.50;85.
Glan Menai, *Llanfairfechan and Aber*, 1901, t.12.
A. Roberts, E. Woodall, *Gossipping Guide to Wales*, 1907, tt.261-2.
Myrddin Fardd, *Llên Gwerin Sir Gaernarfon*, 1908, t.230.
Dienw, *Archaelogical Research*, ca. 1910, tt.15; 55-6.
William Hobley, *Hanes Methodistiaeth Arfon*, VI, 1924, tt.21-2.

Dyma'r fersiwn llawnaf ar 'Farclodiad y Gawres'. Mae hon yn chwedl dda,
gyflawn heb adael dim heb esboniad. Sylwer fel y maent oll yn egluro bodolaeth
safleoedd cerrig Megalithaidd. Gwelir yr un traddodiad ym Môn.

CARNEDD IGYN : LLANBERIS

Myrddin Fardd, *Llên Gwerin Sir Gaernarfon*, 1908, tt.230-1.

Mae traddodiad yng nghymdogaeth Llanberis i gawr o'r enw Igyn
fod yn trigianu yno rhywbryd, ac mai ef a gariodd y pentwr cerrig
rhyddion a welir ar gopa y lle, a alwyd oherwydd hynny yn
'Garnedd Igyn', yr hon sydd ar lechwedd Eryri, a'i phen yn 2,975
troedfedd uwch lefel y môr.

TEIP: M.L. 5020 ff. – Cawr yn gyfrifol am safle cerrig, etc.
MOTIF: A. 977.1 (Cawr yn gyfrifol am safle cerrig arbennig)
NODIADAU: Dyma Garnedd Ugain neu Grib y Ddysgl, nepell o gopa'r Wyddfa.

CAWRES LLANBERIS : LLANBERIS

Myrddin Fardd, *Llên Gwerin Sir Gaernarfon*, 1908, t.231.

Bu hefyd gawres yn yr un gymdogaeth (Llanberis), nad oedd
Marged Uch Ifan a Chadi'r Cwmglas yn werth sôn amdanynt wrth
ei hymyl. Y mae ôl un troed iddi i'w weled ym mhen 'Llechi
Llyfnion' ar yr ochr ddeheuol i Lyn Peris, ac ôl y troed arall ar ben
'Carreg Noddyn', yr ochr ogleddol i'r llyn. A dywed traddodiad y

deuai i'r lle hwnnw i ymolchi, ac wrth wneud hynny y byddai yn rhoi ei thraed un o bob tu i'r llyn, yr hwn yn y llecyn hwnnw sydd dros hanner milltir o led. Yn agos i Ben Pass, gellir gweled pentwr lled fawr o gerrig gwynion, y rhai y dywedir iddynt gael eu casglu gan y gawres hon yn y Marion, yn agos i'r Cwm Glas, ac iddi eu dodi yn ei barclod, gyda'r bwriad o'u cludo i ryw ran o Sir Ddinbych, i'w taenu ar feddrod ei phriod, ond pan gyrhaeddodd Ben Pass, fe dorrodd llinyn ei barclod a gollyngodd y cyfan i'r llawr, ac nid aeth byth i'r drafferth o'u casglu, a barclodiad y gawres y gelwir hwy hyd heddiw.

TEIP: M.L. 5020 ff. – Cawr yn gyfrifol am safle cerrig, etc.
MOTIFAU: F. 531.3.5.3 (Cawr yn sefyll ag un troed o boptu afon)
A. 972.6 (Pantiau mewn creigiau yn cael eu ffurfio gan gewri)
A. 963.1 (Carnedd yn cael ei ffurfio gan gerrig a ollyngwyd o farclod cawres)
NODIADAU: Yma, fel yn chwedl Bwlch y Ddeufaen, gwelir maint anferthol y gawres a hefyd eglurhad arall dros fodolaeth 'Barclodiad y Gawres'.

Coetan Arthur : Clynnog

Gwêl – Adran y *Cymeriadau Lled-Hanesyddol*

Cŵyn Dylan : Dyffryn Conwy

Myrddin Fardd, *Llên Gwerin Sir Gaernarfon*, 1908, t.230.

Dywedir i gawr o'r enw Dylan gael ei lofruddio ryw dro tra ar ei daith o Lanrwst i Drefriw, ac oblegid hynny i'r maes lle y cyflawnwyd y weithred ysgeler honno gael ei adnabod byth ar ôl hynny wrth yr enw 'Cŵyn Dylan'.

MOTIF: F. 531.6.12 (Marwolaeth Cawr)

Ffedogiad y Gawres : Llanaelhaearn

Myrddin Fardd, *Llên Gwerin Sir Gaernarfon*, 1908, t.233.

Yn yr hen amseroedd pell, pell yn ôl, digwyddodd i rai o bobl plwyf Llanaelhaearn bechu yn erbyn un o gawresau Tre'r Ceiri . . . , ac er dial arnynt, casglodd lond ei barclod o gerrig, y rhai a fwriadai eu poethi yn nhân ufelawg yr Ellyll, a drigai y pryd hwnnw ar grib y mynydd, ac yna eu taflu yn wyniasboeth i'r maesydd oedd yn aeddfed i'r cryman ar y gwastadedd. Ond tra yr oedd yn myned gyda hwy hyd lechwedd 'Moel Carn y Wrach', daeth marchog urddasol i'w chyfarfod, hithau a ollyngodd y ceryg i'r llawr, ac y maent yno fyth, a gelwir hwy hyd heddiw yn 'Barclodiad y Gawres'.

TEIP: M.L. 5020 – Cawr yn Gyfrifol am Safle Cerrig, etc.
MOTIF: A. 963.1 (Ffurfio Carnedd o gerrig a ddisgyn o ffedog cawres)
NODIADAU: Dyma fersiwn pur ddatblygedig ar chwedl 'Barclodiad y Gawres'. Crybwyllwyd i gawres ollwng y cerrig yno ynghynt ond dyna'r cwbl. Cofnodwyd y ffaith syml hon gan nifer:

Thomas Evans, *Cambrian Itinerary*, II, 1801, t.308.
S.A. Cooke, *Topographical . . . Description of North* Wales, 1830, t.111.
Dienw, *Cambrian Tourist's Guide*, 1847, t.423.
'Golwg o Ben yr Eifl', *Cyfaill yr Aelwyd*, 1888-9, t.372.
'Mynyddoedd Sir Gaernarfon', *Y Geninen*, 1894, t.133.

Gw. 'Cilmyn Droed-Ddu'.

GAFL YR WYDDAN : NANT Y BETWS

Owen Williams, 'Hanes y Waunfawr', *Y Geninen*, 1883, t.70.

Ond y lle mwyaf nodedig yma, fel hynafiaeth oedd Carnedd y Waun, yr hon a welais, pan oeddwn o ddeg i ddeuddeg oed, yn domen arswydus o fawr, ac yn gerrig oll o bob maintioli. Yr oedd y Garnedd hon, yn ôl fy meddwl i, oddeutu pum'cant o dunelli, ac fe ddychmygodd y canol oesoedd, yn eu chwedl-ddysg neu ffug draethawd, mai barclodiad y gawres oedd y Garnedd hon, ac iddi gasglu y cerrig yn ei harffedog yn Nghwmdwythwch; ac iddi, wedi dyfod dros yr ochr ogleddol i Foel eilian, lithro, nes y mae ôl ei dwy sawdl yn tori dwy nant fechan ac yn mhob un ohonynt rhed ffrydlif o ddwfr: beth bynnag am hynny, Gafl y Widdan a elwir y lle hyd heddyw. Ond ei meddwl oedd, ebai'r chwedl, gwneuthur pont tros Foeldon o Arfon i Sir Fôn; ond yr anffawd fu i linyn ei barclod dori, ac felly gadawodd ei harffedogiad yma ar ei hôl, yr hon a elwir genym ni Carnedd y Waun, ond, yn llygredig, gan rai nas gwyddant yn well, Y Garneddwen.

TEIP: M.L. 5020 – Cawr yn Gyfrifol am Safle Cerrig, etc.
MOTIF: A. 963.1 (Carnedd yn cael ei ffurfio o gerrig a syrthiodd o farclod cawres)
NODIADAU: Safai'r Garneddwen ar dir tyddyn Y Garn ger Waunfawr. Cofnodwyd tystiolaeth Owen Williams mewn mannau eraill hefyd:

Myrddin Fardd, *Llên Gwerin Sir Gaernarfon*, 1908, tt.232-3.
William Hobley, *Hanes Methodistiaeth Arfon*, II, 1913, t.12.

Cofnodais y chwedl ar lafar hefyd ond heb fanylder Owain Gwyrfai:

Tâp SGAE, 3; ochr 2-3 (W.J. Jones).
Cofnodiad Llafar SGAE, 25.4.74 (Owen Prys Pritchard).

Cofnododd Campbell *(West Highland Tales*, II, tt.350-1) chwedl debyg o Ynys Jura. Roedd gwrach Ben More wedi dal gŵr o'r enw Mac Phie. Tra cysgai'r wrach llwyddodd i ddianc ac roedd wedi llwyddo i ddringo i lawr y creigiau a chyrraedd ei gwch pan ddeffrodd y wrach a'i weld. Rhedodd ar ei ôl gan sglefrio i lawr y llethrau peryglus, serth a gadael olion a elwir hyd heddiw yn *Sgriob na Cailich* neu 'Lithriad y Wrach'. Gwelir dau hafn creigiog ar gopa'r mynydd, y rhai a wnaed gan sodlau'r wrach, a dau stribed o gerrig noeth yn is i lawr, yn cyrraedd bron at y môr.

GRAIENYN : PENMACHNO

Myrddin Fardd, *Llên Gwerin Sir Gaernarfon*, 1908, t.229.

Yng nghwr y ffordd rhwng Pont Gledr, neu Ledr a Melin, Penmachno, mae Maer anferth, a elwir Graienyn, a'r traddodiad amdano yw mai cawres, rywbryd, a ddigwyddai fod yn cael ei blino gan friwsionyn o rywbeth yn ei hesgid, ac iddi yn y llecyn yma dynnu ei hesgid a bwrw'r maen hwnnw allan ohoni.

TEIP: M.L. 5020 – Cawr yn gyfrifol am Safle Cerrig, etc.
MOTIF: A. 977.1 (Cawr yn gyfrifol am safle meini arbennig)
NODIADAU: Dyma deip o chwedl sy'n boblogaidd iawn ac yn egluro bodolaeth meini arbennig mewn lle arbennig. Ceir cytras ym Mwlch Llanberis, lle dywedir i'r Gromlech gael ei ffurfio drwy i gawr anferth dynnu dau ronyn o'i esgid a'u gadael yno:

Llythyr gan P. Hughes, *Caernarvon and Denbigh Herald,* Mawrth 1, 1974.
Ceir chwedl debyg am y Tri Graeanyn wrth droed Cader Idris.

IDWAL GAWR : NANT FFRANCON

William Williams, *Observations on the Snowdon Mountains*, 1802, tt.82;85.

Dywed yr awdur nad yw'n gwybod fawr ddim am yr Idwal a roddodd ei enw i'r llyn a'r cwm ond dywed fod 'pobl yr ardal yma, er cyn cof, yn sicrhau mai yn y cwm hwn y claddwyd Idwal a daliant i nodi safle ger y Llyn. Roedd yn gawr yn ôl eu cyfrif hwy, . . . (ond) rhoid y cyfenw 'cawr' yn aml gan yr Hen Frythoniaid ar eu brenhinoedd a'u harwyr nad oeddynt yn fwy o faint corfforol na neb arall yn aml, ond bod ganddynt alluoedd anghyffredin . . .

Mae'r grib sy'n codi ger y Llyn, yr hwn a elwir yn fedd iddo, yn lathenni lawer o hyd, ac y dywedir nad yw ddim hirach na'i gorff.'

MOTIFAU: F. 531.6.13 (Bedd cawr)
          F. 531.2.1 (Cawr anghyffredin o dal)

Cofnodwyd yr un chwedl yn:

H. Derfel Hughes, *Hynafiaethau Llandegai a Llanllechid*, 1866, t.27.

IFAN GOCH : DYFFRYN CONWY

Myrddin Fardd, *Llên Gwerin Sir Gaernarfon*, 1908, t.230.

. . . Roedd yn y gymdogaeth gawr o'r enw Ifan Goch, yr hwn a arferai roddi un o'i draed ar ben mynydd a elwir 'Cadair Ifan Goch' yr ochr ddwyreiniol i'r afon Gonwy, a'r llall ar ben Clogwyn Inco, yr ochr arall i'r afon, a'r un pryd ymolchi yn ei dwfr.

MOTIF: F. 531.3.5.3 (Cawr yn sefyll ag un troed o boptu afon)
NODIADAU: Cofnodwyd yr un chwedl yn:

Dienw, *Archaeological Research,* ca. 1910, tt.55-6.

Ceir hefyd chwedl yn esbonio bodolaeth Cwt y Filgast a Ffon y Gawres, sef i wraig Ifan Goch gau ei milgast yn y cwt am iddo gamfyhafio, ar ôl taflu Ffon y Gawres ati yn gyntaf. (Motif: F. 531.4.5.3 [Cawr â ffon garreg]).
Dienw, *Archaeological Research,* ca.1910, tt.11; 55.

LLAM TRWSGWL : BEDDGELERT

Bleddyn, *Plwyf Beddgelert*, 1862 t.33.

Ychydig uwch law Glan Gors, ar glogwyn ar fin y ffordd, y mae y geiriau Llam Trosgol wedi eu rhoddi; ac ar y graig gyferbyn, o'r tu arall i'r afon mae llun troed anferth wedi ei wneud. Dywedir i ddau gawr ymryson neidio yn y fan hon, ac i un ohonynt lwyddo i neidio o'r clogwyn sydd uwch y ffordd hyd y llun troed, yr hyn sydd yn 25 llath o naid! Nid ydym yn gwybod fod y traddodiad hwn yn perthyn i'r plwyf, ond yn hytrach mai trosglwyddiad diweddar ydyw gan y person a aeth i'r drafferth i dori y llythyrenau yno.

MOTIFAU: A.972.5.2 (Hafnau rhwng creigiau yn nodi llam gan gewri)
          A.972.6 (Pantiau mewn creigiau yn cael eu ffurfio gan gewri)
NODIADAU: Cofnodwyd yr un chwedl yn:

Owen Jones (Gol.), *Cymru : yn Hanesyddol,* etc. 1875, t.131.
D.E. Jenkins, *Bedd Gelert*, 1899, t.148.

A. Roberts; E. Woodall, *Gossiping Guide to Wales*, 1907, tt.305-6.
Myrddin Fardd, *Llên Gwerin Sir Gaernarfon*, 1908, t.232.
Recordiad Llafar SGAE, Tachwedd 15, 1973 (Mr a Mrs John Awstin Jones).
Tâp SGAE, 1; Ochr 2-3 (T.H. Williams).

Dyma'r fersiwn arferol a'r chwedl sy'n dal yn fyw ar lafar.
Gw. 'Bwgan Pen Pwll Coch'.

LLAM Y TRWSGL : BEDDGELERT

Glasynys, *Cymru Fu*, 1862, t.478.

Yr oedd clobyn o gawr esgyrniog yn byw yng Nghwm Trwsgl. Byddai yn arfer myned i garu i'r Hafod Wydyr; ond nid oedd teulu'r ferch yn rhyw fodlon iawn i'r garwriaeth. Er hyny talu ymweliadau mynych a wnai y cawr er gwaethaf pob anhwylusdod. Ni ddywedir pa deimladau a achlesid gan y ferch; ond tebygol fod yno 'dalu'r echwyn adref'. Un noswaith, penderfynodd gwŷr y Nant wneud ymgais i'w ddal, ond rhedodd y cawr ymaith o'u blaenau, a llamodd o ben craig uchel nes yr oedd yr ochr arall, ac y mae ôl ei droed yn glewt yno fyth; ond druan gŵr, cwympodd yn wysg ei gefn, a syrthiodd yn un gledren nes yr oedd fel pont ar draws yr afon. Fyth wedi hyn galwyd y lle yn 'Llam y Trwsgl', a'r cwm yr ochr arall i'r Nant yn 'Gwm Trwsgl', oherwydd y digwyddiad annghysurus a grybwyllwyd.

MOTIFAU: F. 531.5.7.0.1 (Cawr ar ôl merch farwol)
           F. 531.3.5.   (Cawr yn camu pellter anferthol)
           A. 972.6   (Pantiau mewn creigiau yn cael eu ffurfio gan gewri)
NODIADAU: Cofnodais yr un chwedl ar lafar:

Tâp SGAE, 2; ochr 2-3 (Mrs Elin Hughes).
Tâp SGAE, 2; ochr 1-4 (Mr Bob Humphreys).

Ychwanegodd Mr Humphreys i'r cawr gael ei saethu ac iddo ddisgyn ar Graig yr Ogof, lle gwelir ei ffurf byth. (MOTIF A, 974.2 [Creigiau yn gewri a drawsffurfiwyd])
    Ceir ychwanegiad arall hefyd lle dywedir i'r cawr adael Llam y Trwsgl a chamu ar draws Afon Colwyn gan adael twll dwfn yn y mawn lle rhoddodd ei droed arall. Llanwodd y twll â dŵr a ffurfio Llyn Llywelyn.

MOTIFAU: A. 920.1.10 (Llyn yn cael ei ffurfio gan gawr)
           F. 531.2.4   (Ôl troed anferth cawr)

Cofnodwyd hyn yn:

Frank Ward, *The Lakes of Wales*, 1931, t.160.
Gw. 'Bwgan Pen Pwll Coch'.

Ogof Cidwm : Nant y Betws

Gwêl Adran y *Trysorau Cudd* a 'Castell Cidwm' yn Adran y *Cymeriadau Lled-Hanesyddol.*

Pen y Garreg : Nant Ffrancon

William Williams, *Observations on the Snowdon Mountains,* 1802, t.112.

Mae stori ryfeddol, o'r hyn y gallwn dybio y trigai dau berson gwahanol yn y Nant yma ar un adeg ac y gwahenid eu tiriogaethau gan yr afon, a'u bod hwy a'u dilynwyr yn anghytuno â'i gilydd . . . Dyma'r stori: Mae ar dir fferm Penisa'r Nant, ar ochr Llanllechid i'r afon, yn agos i'r beudai, faen a bwysa gan tunnell fe dybiwn, yn sefyll i fyny ar ei ben, y dywedir ei daflu gan gawr anferth o ochr Llandegai. Safai gydag un droed yng Nghwm Graenog a'r llall yng Nghwm Dolawen; a dywedir y ffurfiwyd y ddau bant, neu gwm, yma gan ei draed wrth straenio i daflu'r maen at hen wraig a gerddai ar ochr Llanllechid.

TEIP: M.L. 5020 – Cawr yn gyfrifol am Safle Cerrig, etc.
MOTIFAU: F. 531.3.2 (Cawr yn taflu maen anferth)
         A. 972.6 (Pantiau mewn creigiau yn cael eu ffurfio gan gewri)
         F. 531.3.5 (Cawr yn camu pellter anferth)

Gwelir y chwedl hefyd yn:

H.D. Hughes, *Hynafiaethau Llandegai a Llanllechid,* 1866, t.54.
Myrddin Fardd, *Llên Gwerin Sir Gaernarfon,* 1908, t.230.
D.J. Williams, *Borough Guide to Bethesda,* s.d.

Ceir cytras i'r chwedl yma yng 'Ngharreg Bachwen'. Yma dywedir i'r garreg gael ei thaflu gan gawr o ben un o fynyddoedd yr Eifl:

Myrddin Fardd, *Llên Gwerin Sir Gaernarfon,* 1908, t.233.
T. Gwynn Jones, *Welsh Folklore,* 1930, t.80.

Rhita Gawr : Llanberis

Gwêl Adran y *Cymeriadau Lled-Hanesyddol*

(c) *Y Ci Du*

Ci Du Capel Uchaf – Nantlle

Huw Hughes, Tâp SGAE, 4; ochr 1-4.

'Fedrwchi dd'eud hanas y Ci Du wrtha fi rŵan?'
'O! dim ond bydda' n'w'n d'eud bod na riw . . . Pwll Began yn ymyl
Bryn Hafod 'te a bod 'na 'wbath 'di digwydd yn fan'no riw dro, yn
yr hen amsar 'de, a bod y Ci Du 'nw yn dŵad o Bryn Hafod ag yn
troi fyny am Capal Ycha'. A ma' hwn 'di pashio llawero'dd ar lôn
ag erbyn 'ddy n'w sbïo fydda' 'na'm ci. Fydda'r ci 'di pashio n'w a
fydda' 'na'm golwg ohono fo wedyn 'de.'

Holais Mr Huws am y ci wedyn a dywedodd nad oedd yn
annaturiol o fawr na dim felly, gan awgrymu mai ysbryd ydoedd ar
ffurf y Ci Du yn ymddangos ar ôl rhyw drychineb ym Mhwll
Began.

MOTIF: E. 423.1.1 (Ysbryd ar ffurf ci)

Ci Du Ceunant : Nantlle

W.J. Jones, Tâp SGAE, 3; ochr 2-3.

Wel wyddochi be', mi 'swn i'n cadw chi yma drw'r nos am wn i –
byth – dwi'm yn meddwl fyswn i'n byth dod i ben â d'eud sdreuon y
chwaral. Ol wyddochi – sdreuon digri 'de – sdreuon i g'neud chi
chwerthin nes byddachi'n glana 'de. Ond wyddochi garwn i dd'eud
sdori – droi o'r digrifwch i sdori dra gwahanol tro yma.

'Dwi'n cofio rŵan – o'ni 'di dod yn llanc ifanc rŵan – bump ar
higian oed ag wedi pr'odi efo merch Talmignadd Isa', Nan'lla 'ma.
Ond heb, y, wyddochi, ddarganfod cartref i ni ga'l dechra' byw
efo'n gilidd. Ag o'dd y wraig 'dachi'n gweld yn, yn y cartra'n fan
hyn 'de. A wir, mi o'n i'n gweithio'n y chwaral, ag yn galw yma bob
penwythnos. Felly'r o'dd 'i nes o'dda ni 'di sefydlu lawr gartra' i
ni'n hun'an.

Ond dyma chi o'ni 'shio sôn amdano fo. Ydwi'n cofio chi, ym –
ma' hwn yn beth digon diddorol 'chi – fyddwn i'n arw iawn – 'di
canu llawar esdalwm. Ag o'n i efo'r hen Joni Jô's Bodiwan, o'dd
ginno fo barti 'chi yn mynd i gar – gynnal cyngherdda',
cyngherdda' 'dachi'n gweld, at achoshion gweinia'd o'dd rhein

rhan fwya' ohonyn' n'w. Dim yn ca'l pres am ganu yn y cyfnod hwnnw, 'dachi'n gweld, ond w'th ych bodd ca'l mynd. Gofia'i'n iawn i mi fod yn yr hen raff fowr trw'r dydd un diwrnod; ag o'dda ni – noson wedyn i fod i gadw cyngerdd yn Beddgelart a d'eud y gwir. Ag o'ni 'di gaddo mynd i Bodiwan i gartra' Joni Jô's i ga'l tro efo'r parti y noson 'dwi'n mynd i sôn amdani wrthachi rŵan.

Mi o'n i 'di bod yn yr hen raff fowr 'ma trw'r p'nawn ag yn dod adra' rŵan wedi blino. A – o'dd gas gin i gychwyn r'wsud am Bodiwan – teimlo 'sa well gin i ga'l mynd i 'ngwely. Ond w'chi be'? Mi odd y teulu'n digwydd bod adra'i gid – yn chwaer o Mantshiesdyr, yn chwaer arall o Lanberis – o'dda nw'i gid yn gyfa' ar yr eulwyd. A phen o'ni'n newid yn y lloffd, mi glywn i ganu ar yr eulwyd. A phen ddoish i lawr dyna lle o'dd nhad yn 'i afia'th a Anni, chwaer 'fenga', yn 'isda' ar 'i lin o. Ag yn canu'r dôn – o'dd daflan newydd 'di dod allan, taflan y Methodusd adag honno. Yn y flwyddyn un-mil-naw-cant-tri-deg-dau yr o'dd 'i. A 'wrach bod gin r'win y daflan honno ar go' a chadw hiddiw. A dyma'r dôn o'dd nhad yn 'i hoffi'r noson honno, ag yn ca'l hwyl ar 'i chanu hi – o'dd o'n canu bâs, a fydda'n mam a chwaer yn canu soprano, Anni'n chwaer yn canu alto. A dyma nhad yn gofyn i minna' ymuno yn y tenor. A dyna lle'r o'dda ni fel Côr yr Eulwyd y noson honno. A nhad ishio ail-ganu o hyd a finna'n d'eud 'mod i 'di gaddo bod yn Bodiwan erbyn saith o'gloch. 'Un tro bach eto!' A mi 'nesh 'i blesh'o fo – a 'dwi'n falch o hynny hiddiw. Ffwr' â fi am Bodiwan. Dŵad adra' dipin yn hwyr y nos a nhad 'di mynd i' wely.

Wel ca'l 'y neffro bora' dranno'th. A hitha'n hen wynt o'r dwyra'n – hen wynt oer. A phw' o'dd yn neffro fi ond mam. A finna'n ceishio dod dros erchw'n y gwely, a nghoesa' fi a bob man yn brufo. A dyma – wedi gwusgo amdana' dyma fynd lawr y grisia'. Agor y drws i'r hen gegin bach. Tanllwyth o dân yn nisgw'l i. Ond – y nhad wrthi'n buta'i frecwasd. Ag o'dd o'n arfar bod yn hwyliog bob amsar. Ond y bora' arbennig yma to'n i'm yn teimlo'r awyrgylch 'ru' fath ag arfar r'wsud. A mam yn trïo tynnu'n sylw fi ag yn edrach ar ffenasd bach y cefn. Finna'm yn deall be' o'dd matar. Ag o'ni'n gw'bod nad o'dda n'w byth yn ffruo 'fo'i gilidd. A mi o'ni'n cl'ŵad nhad yn ryw shiarad r'wbath efo fo'i hun. Ag yn y diwadd, chi, dyma fi'n gweld beth o'dd 'di digw'dd. O'dd y caneri o'dd gin i'n y catsh – ceiliog Iorcshiyr o'dd o. 'Deryn melyn werth 'i weld – o'dd o'n naw modfadd o hyd. Ag wedi ennill llawar yn y shioua', ond dim gin i chwaith. Bachgan arall o'dd yn dod acw i olchi a 'neud o'i fyny a mynd â fo i' redag o mewn shiou. Ond 'im yn fy enw i chwaith ond yn enwi'i hun. Ond i dorri sdori'n fyr, beth bynnag i chi, mi, – buan iawn doish i i weld sud, o'dd yr awyrgylch ar yr eulwyd y bora' hwnnw. Wedi colli cân yr hen aderyn bach. Wyddochi be' – pan fydda' mam yn rhoid y badall ffrio ar y tân yn y bora', mi fydda' fo'n canu drosd y lle 'chi, a fo o'dd tenor yr eulwyd i mi beth bynnag.

Ond wir i chi, o'dd nhad rŵan, dipin bach yn ofergoelus 'chi. Sôn am riw ganeri, mynd a fo i weulod y pwll glo, ag os g'nae caneri bach farw, arwydd o damchwa. A finna'n trïo'i – troi y peth i ffwr' crwtho fo – 'Peidiwch â rwdlian, a meddwl fath beth'. Ond wa'th chi pa 'run, o'dd 'na riw deimlad dipin gwahanol y bora' hwnnw.

Ag wedi i nhad orffan 'i frecwasd a finna' ar hannar b'uta, dyma fo'n codi ar 'i draed a 'm fo'n tynnu'n sylw fi at y cloc. Yr hen gloc mowr, yn y gongol. A d'eud boti'n amsar cochw'n. 'Dwi fel 'tawn i'n 'i weld o'r munud yma – yn rhoid 'i gôt fowr dew amdano ag yn botymu'r botwm ucha', a gafa'l yn 'i dun bwyd odd' ar y dresal a chychwyn am y gwaith. Rhoi cusan i mam fel arfar. Minnau wedyn, ar ôl gorffan b'uta, yn lapio fy hun i fyny a rhedag ar 'i ôl.

A wyddochi be'r, bora' hwnnw, wrth gerddad cin cyrra'dd y gwaith, o'ni fel 'tawn i'n clŵad – dwn i ddim be' o'dd matar, be' sy' gyfri am hynny – fel 'town i'n cl'ŵad llais mam yn galw a'na ni'n ôl, yn sŵn y gwynt. Ond mynd ymlaen 'neuthon ni. A throi'n glusd fyddar i'r llais hwn.

Beth bynnag i chi, 'da ni'n gweithio efo'n gilidd a – yng ngweulod yr hen dwll mowr Hafod 'Ŵan. Mi o'dd hwnnw bymthaig llath a thrigain yn is nag arwynebadd y llyn. O'dd 'na dri chant o lathenni o'r gwastad hwnnw i fyny i dop yr hen Geiliog Mowr fydda' n'w'n alw fo. Dyma'r dyfn mwya', reit shiŵr, yn chwaral Dinorwig.

Wel, o'dda n'w 'di seuthu naw o gloch yn y bora', ag ishio seuthu wedyn yn y gweulod isa' un – codi sodla' 'da chi'n gweld.[2] Sgwario'r sodla' o'dda nw'n dd'eud adag honno. Ag o'dd y twll o'dda n'w 'di seuthu naw o glôch ddim 'di gweithio'n dda iawn. A nhad yn crybwyll fysa twll yn chwithig iddo fo'i seuthu fo unorddeg. Ac felly bu.

'Ond cin i ti ddechra', Ifan,' medda' fo – w'th fachgan ifanc o'dd efo ni'n mynd i dyllu. 'Cin 'ti ddechra',' medda' fo, 'dwi am

daflud y garrag 'cw sy' ar y gongol 'cw. A 'dwi'n gobeithio medra'i
châ'l hi 'igon clir fel na fydd i'm ar dy ffor' di efo'r tyllu.' A dyma
fo'n dringo'r rhaff i fyny, a rhoid y drosol odani a'i thaflud hi lawr.
A dyna lle'r o'dd o'n trin y garrag yma, 'dachi'n gweld. A finna'n
mynd yno ato fo i ofyn am fenthig rhiw gŷn o'dd ginno fo i roid ar
y troed presog o'dda ni'n dd'eud.[3] Wyddochi – troed fydda' ni'n
dd'eud am bôn ychi – mi gewchi ambell un yn llyfn, gewch chi
amball un yn bresog. Ond fydda' 'na gŷn pwrpasol at y troed
presog yma.

To'n i 'mond wedi troi crwtho fo, dyma glec fowr. Dyma redag
allan – mi welwn y lle i gid yn dod i lawr. Mi drois i yn f'ôl – o'n i'n
llewis 'y nghrys, ac mi redis o dano fo megis, fel o dan bisdill o
ddŵr. O'n i'n gweld cysgod o r'wbath du o 'mlaen w'th redag 'run
ffor' ag o'dd nhad yn rhedag. Ag wedi troi yn f'ôl, i ymyl lle o'dd
Ifan bron iawn, fewn riw 'chydig lathenni i lle'r o'dd o – yn fanno
roeddwn i. A phen ddoish i ataf fy hun, do'n i'n gweld dim byd ond
llwch. A phan giliodd y llwch, mi 'neuthon ddarganfod bod 'y nhad
ag Ifan, – bachgen ifanc – a hogan bach dair oed ginno fo – o dan
yr hen rwb[4] yma'i gid. 'Na'i chi brofiad ofnadwy.

Cofiaf yn iawn am yr hen chwarelwrs yn rhuthro am – un bob
brauch i mi ag yn trïo nghysuro fi. A finna'n 'y nagra' yn fanno.
Mynd â fi am yr hen danc[5] 'no'i fyny o weulod y twll, i wasdadedd y
llyn. Tad y bachgen ifanc, y gŵr ifanc o'dd o dan y rwb, yn dŵad i
fy nghwfwr i, trw'r hen Lefal Fowr[6], wedi c'lŵad fod 'na ddamwain.
Gafa'l am 'y ngwddw fi – 'Wil Bach! Dydi'n sobor'.

Cofiaf yn iawn iddyn' nhw nghadw fi mewn tŷ yn Llanberis am
awr gyfa' i roid cyfla i ddau – o'dd 'di dewis dau ddyn – i gyrra'dd
adra' o 'mlaen i, i dorri'r newydd w'th mam. A felly fu. Mi ddo'th
'na gerbyd â fi i weulod y ffordd. Cerddad i fyny'r hen lwybyr cul
am 'y nghartra'. A phan o'n i'n dŵad am y tŷ, peth cynta' glywais i
o'dd yn chwaer yn canu fel aderyn o flaen y tŷ, yn golchi rhiw
ddilledyn. Dyma fo'n gwawrio ar yn meddwl i'r munud hwnnw –
ma'n shiwr na to'dd 'na neb wedi torri'r newydd.

Do'dd i'm 'di ngweld i'n dŵad. Mi droish i dalcan yr hen dŷ
gwair i grïo gymaint a fedrwn i. A trïo sychu'r dagra', a trïo trefnu
fy hun, rhag i mi ddychryn gormod ar mam. Ag fel o'n i'n mynd
ymlaen am y tŷ, 'na'th Nel yn chwaer 'im sylwi, dim ond d'eud: 'Ti
'di dod adra'n fuan iawn, hiddiw'. 'Ma mam yn dod i'r drws. 'Be 'di
matar Wil Bach?' medda'i. 'Y nhad sy' 'di ca'l dipin o ddamwain,'

medda' finna'. 'O taw ngwas bach i! Faint mae o 'di frifo dybad?' 'Wel dydw'i ddim yn gw'bod yn iawn, mam.' 'Ty'd i tŷ,' medda'i. 'W'ti'n edrach yn llwyda'dd,' medda'i. 'Wel ydw,' medda' finna'. 'Faint mae o 'di frufo? Fedri di dde'ud hynny 'tha i?' 'Na fedra' wir, mam, – mai'n anodd d'eud,' me' finna'. O'dd 'i'n anioddefol yn y tŷ d'wrnod hwnnw. O'n i'n methu gw'bod sud i dorri'r newydd. Mi wyddwn na to'dd 'na'm gobaith i nhad, na Ifan, o dan y fath dunelli o graig.

A dyma fi'n mynd allan i'r ceua'. A trïo sadio fy hun. Ag yna troi yn ôl i'r tŷ. Mam yn pwyso arna'i wedyn – faint o'dd nhad wedi frufo. 'Mae o wedi brufo'n o arw,' medda' finna', 'wedi brufo'n o arw.' O'dd 'i am roid 'i chôt ag am fynd – 'mai'n gofyn i mi ym mhle'r o'dd o. 'Yn yr ysbyty'r chwaral mae o,' medda' fi. O'dd 'i am roid 'i chôt i fynd y munud hwnnw, a minnau'n 'i darbwyllo hi. 'Fedrwchi 'neud im byd ychi,' medda' fi. Es allan am dipin bach wedyn. Ddois yn f'ôl i'r tŷ. 'Ma' 'na i ofn bod 'na r'wbath mowr 'di digwydd,' medda'i. 'Wel, y, mai'n ddamwain go fowr,' me' fi. 'Peidiwch a disgw'l llawar beth bynnag. P'idiwch a disgw'l llawar.' Mi ddaru mam ama' 'na'i, bod 'na 'bath mawr ofnadwy 'di digwydd, y d'wrnod hwnnw.

A mi es allan 'yd y ceua' wedyn. A wir i chi, mi welwn dri o ddynion yn dod i fyny ar hyd y llwybyr bach, a'r ddau ddyn o'dda n'w 'di ddewis i dorri'r newydd w'th mam, a'r gwe'nidog efo nhw – y diweddar John Istyr Elis. Ag – dyma n'w'n cyrraedd y tŷ. Mi e'sh inna' 'no, fel bod ni'n cyrra'dd ar unwaith. Ag o'dda n'w 'di dychryn 'y ngweld i adra' o'u bleuna' n'w. A dyma n'w'n gofyn i mi o'ni 'di torri'r newydd. 'Ma finna'n d'eud bo' fi bron wedi torri'r newydd. Dyma nhwtha'n cydymdeimlo â hi, a bod y fath beth wedi digwydd i nhad. A wyddochi be'? Anghofia'i byth mo'r noson honno. Gymaint o bobol yn dŵad o bob cyfeiriad i gydymdeimlo â ni fel teulu bach ar ôl y fath ddamwain.

Ond wyddochi be' sy'n aros efo fi hyd hiddiw? Yr hen Wiliam Hobli – ma' pawb yn gw'bod amdano fo – ma' 'na lyfr o hanas 'rhen Wiliam Hobli allan. Mi cofia'i o tra bwyf byw, fel ta' fo 'di dod lawr o'r Nefoedd r'wsud. Do's gin i fawr o go' amdano fo'n dŵad trw'r drws, ond ar ganol y llawr y gwelais i o gyntaf. Edrach o gwmpas y bobol o'dd yn dod i gydymdeimlo – troi lygad rownd, ond chwilio am mam o'dd o. 'Ma fo'n gweld mam yn isda w'th y tân yn 'i dagra'. Dyma fo ar 'i linia'. O'dd cliw mam dipin yn drwm, ond wyddochi be', gweddio'n ddisdaw o'dd o. 'At bwy'r awn ni, O Arglwydd Mawr, ond atat Ti? Fedar neb ond Tydi roid nerth i ni yn yr amgylchiad – amgylchiad anhapus hwn.' A 'dwi'n cofio rhwfaint o'i weddi o, a dyma fo'n d'eud 'Amen' yn ddisdaw. A'i ddagra' fo'n disgin – disgin ar lin mam. Ag yn nerth y weddi honno y daeth mam – 'does dim sicrwydd – da'th hi o ddydd i ddydd. Chafodd 'i'm mynd i g'nebrwn o – mi o'dd hi'n rhy ddrwg. Oedd 'na gannoedd ar gannoedd o bobol 'no – yn g'nebrwn y ddau. Ac mae hwnnw'n aros hefo fi hyd y dydd heddiw.

Wel fuo 'na fawr o drefn arna'i – arna' finna' ar ôl hynny. Wyddochi, wyddwn i 'rioed o'r blaen beth o'dd ofn – enwedig ofn y nos. Gerddwn i bob adag o'r nos, o un riw gyfeiriad am adra', heb feddwl am ofn. Ond ar ôl y ddamwain yma, mi o'dd 'na riw ofn – dwn i ddim nag o'dd o 'di ffeithio ar yn nerfa' fi ai peidio.

Mi gofiaf tra bwyf byw i mi fynd fel arfar i gartra'r wraig i Dalmignedd 'ma, ag aros tan nos Sul. Ag yr oedd y bws yn mynd o'r Nan'lla hannar awr wedi wyth. O'dd rhaid cychw'n o'na reit gynnar. Dipyn o flaen y Nadolig, a hitha'n dywydd oera' 'sachi'n feddwl amdano fo. Er hyn i gid, wedi ffarwelio â'r wraig, yn un o'r ceua' 'ma, to'n i'm 'di mynd fowr orwthi nag o'ni'n teimlo riw unigrwydd llethol. Bob mymryn o bob smic o bob peth yn 'y nychryn i i weulod 'y ngholyddion.

Cofiaf i mi fynd rownd tro'r Gelli a dim ond dail coed ar ochor y ffor' yn ca'l 'i chw'thu. Fyddachi – coeliwch chi ne' beidio, oedd chwys fel pys yn dod dros 'y nhalcan i. O'dd dda gin i ga'l cyrra'dd pentra'r dyffryn yma a mynd i mewn i'r bws. A phobol yn cymeryd sylw o'r chwys a'm pen yn mygu fel sdemar. Amball un yn deutha'i, 'Rhaid ti gychwyn yn gynt y tro nesa'.' Meddwl mod i 'di rhedag yr holl ffor' o Dalmignadd. Ond toeddwn i ddim. 'Nesh inna' ddweud dim byd.

Cyrra'dd i lawr i dre' Ga'rnarfon. Dim ond câl-a-châ'l i newid i'r bws i fynd am y Weunfawr. A trio cuddio'r chwys – 'i sychu o 'fo'r hancas bocad. Wel, wedi cyrraedd Croes-y-Waun – o'dd yn well i mi gerddad o fanno nag o weulod y Weunfawr. To'dd y bys ddim yn mynd am gyfeiriad y Geunant y dyddiau hynny. A chofiaf yn iawn imi roid 'y nwy droed ar y ffordd a'r bws yn mynd yn 'i flaen.

Dyma fi'n teimlo'r un unigrwydd wedyn, a'r cryndod yn dod dros yn holl gorff i. Erbyn hyn o'n i'n chwech ar higian oed. Wel, mi o'dd gin i g'wilidd ohona' fy hun 'mod i gymaint o ofn. Wyddochi be', mi o'ni'n teimlo fy hun yn fabi. Fedrwn i'n meddwl cerddad am gyfeiriad y Groeslon. O'n i'n teimlo fod y ffor' mor unig r'wsud. Toedd 'i ddim yn bell chwaith, i'r Groeslon Weunfawr. Ond o'dd gin i dipin o daith o fanno i gyrra'dd y Ceunant wedyn. Ond wyddoch 'i be' – dyma fi'n meddwl am yr hen Roba't Wiliam y gof. Mi gurais wrth 'i ddrws o. A fo'i hun ddôth i'r drws. 'Wil Bach! Y chdi sy' 'na.' 'Ia,' me' 'o. 'Ty'd i mewn. Duwcs! Tw't ti'm yn dda?' 'Na, dwi'm yn riw dda iawn Roba't Wilia's.' 'O be' ddoisdi d'wad?' 'Efo'r bys 'na r̂wan, 'di bod yn gartra'r wraig,' medda' finna'. 'Wyddochi be', Roba't Wilia's, dwi'n teimlo'n hun yn fabi 'fyd,' medda' fi. 'Wyddochi bod gin i ofn mynd adra'? 'Newchi r'wbath i'n helpu fi?' 'Ddo'i dy ddanfon di ar un waith Wil Bach,' medda' fo. A 'dwi fel 'tawn i'n weld o r̂wan yn 'mesdyn am 'i gôt fawr, rhoiti amdano, a crafat am 'i wddw a chap am 'i ben. A dyma fo'n dŵad. Ffon dan 'i law. Ag efo fi dan sgwrsio. 'Effaith yr hen ddamwain 'na sa'nti Wil Bach,' medda' fo. 'Ia, dw'nna'n ofni,' me' fi. A dyma ni'n cer'ad oll dau dan sgwrsio i fyny i Groeslon y weun. Dyma fi'n d'eud w'th Roba't Wilia's: 'Dwi'n meddwl medra'i fynd o fan hyn, Roba't Wilia's. Dio'ch yn ofnadwy i chi – dwn i'm pryd ga'i dalu'n ôl 'chi.' 'Ol cofia, mi ddo'i dy ddanfon di adra' bob cam os w'ti ofn,' medda' fo. 'Wyddosdi, petha' ofnadwy 'di'r nerfa',' medda' fo. 'Na, 'dwi'n meddwl, diolch yn fawr, fod i ddigon cry' i fynd o fa'ma adra' r̂wan – tydi'r ffor' ddim mor unig â'r hen ffor' Croes-y-Weun 'ma.' Ag felly bu. 'Dio'ch yn fowr 'chi Roba't Wilia's.' A dyma dd'eud nosdawch.

Mi es yn 'y 'mlaen fel breuddwyd, ar hyd y ffordd. Feiddiwn i'm cer'ad ar hyd ochor y ffor' – dim ond ar y canol, o'dd gyna'i gymaint o ofn. Gyrhaeddais hen gapal y Ceunant. To'dd gin i ddim ond riw, d'udwch, gwta ganllath nag o'ni'n troi i fyny ar y dde, trw'r giât yn fanno am 'y nghartra'.

A dyma, gyda mod i'n agor y giât a'i chau hi ar fy ôl, dyma fi'n cl'wad ci yn cyfarth ar yr ochor chwith i mi. A wyddoch chi, hen glawdd bach – to'dd o fawr mwy na llathan o uchdwr. A riw hen gerrig mân 'di ca'l 'i fil – 'di ca'l 'i adeiladu 'fo cerrig go fân. Fydda'r hen bobol yn d'eud hen gerrig fatha penna' cŵn. A mi o'dd y ci 'ma â'i ddwy droed ar y clawdd. A finna' 'fo riw hen fflashlamp bach yn fy llaw a'i gola'i 'di, y – ddim yn llachar iawn arni. Ag o'ni'n trio g'neud allan pw' o'dd bia'r ci du 'ma. Ond o'dd o'i weld yr ochor arall i'r claw' yn gi eithriadol o fawr. On' to'dd o ddim am ddod trosodd ata'i chwaith, dim ond yn 'y nilin i ar hyd y ffor' i fyny. Rhoid 'i ddwy droed ar y clawdd ag amball i gyfarthiad bach fel'a. Ag yn nilin i i fyny. A phan o'n i 'di dod i le gwasdad yn y top, roedd 'na fwlch yn y clawdd, o dan Tŷ Canol. Ag yn rhyfadd iawn, dyma'r ci 'ma'n dŵad trw'r bwlch a finna'n dal y gola' arno fo. Welish i 'rioed gi mor fawr. Ag o'ni ofn bysa fo'n yn llarpio fi a d'eud y gwir. A be' 'nesh i i amddiffin fy hun, mi godish garrag – to'dd 'na ddigon o gerrig i ga'l ar yr hen ffor' yr amsar honno. A phan o'ni yn codi'r garrag i fyny: 'Paid â nhrawo fi. Wyddosdi pw' 'dw i?' medda'r hen gi. A dyma fo'n diflannu. Wel os o'ni 'di chw'su cynt, mi chw'sis wedi gweld y fath beth â hyn.

Wel ychi be', do's gin i fawr o go' ohona' fy hun yn mynd adra' o fan honno. Cyrra'dd 'y nghartra'. Ond mi sylwodd mam arnai'n syth, bod rw'bath mowr allan o'i le. O'ddi'n d'eud bod gwedd ddifrifol arna'i. Wyddachi, fyddachi'n medru gwasgu 'nghrysa 'fi, o'ddwn i, o'ddwni 'di chw'su mor ofnadwy. A ma'r ofn hwnnw wedi bod arna'i am flynyddo'dd.

Ond mi dd'wedodd y medd- dd'udodd y meddig yn y cyfnod hwnnw, y diweddar ddocdor Idris Jones, Pwllheli, ym, – mi dd'udodd o y byswn i'n, y, beth bynnag am igian mlynedd, cin down i ataf fy hun. Ond wyddochi be', dwi'n meddwl fod o 'di ffeithio riw faint arna'i hyd heddiw.

MOTIF: F. 423.1.1 (Ysbryd ar ffurf ci)
NODIADAU: Mae'n eglur oddi wrth y chwedl mai ysbryd person oedd y ci hwn. Gellid disgwyl iddo fod wedi cysuro W.J.J. fodd bynnag, yn hytrach na'i ddychryn.
Gw. 'Ci Du Coed y Glyn'.

CI DU COED Y GLYN : LLANFAIRFECHAN

William T. Roberts, Tâp AWC 3767.

Wel, o'dd, yr hen fachgan (taid W.T.R.) wedi bod i lawr yn y – yn G'narfon yn gwerthu ceffyl, a mi o'dd 'na sôn am ladron penffordd, a mi oeddan nw'n bod ar y pryd, a chymdogion gan amla' o'dd y lladron penffordd 'n naturiol, 'de. Mi o'dd 'na ddau wedi dŵad – o'dd o'n gor'od dŵad trw' Coed y Glyn, lle trym – trwm ofnadwy, ag yn dŵad trw'r Coed y Glyn, a chyn iddo ddŵad i Goed y Glyn mi ddoth 'na gi mowr, a'i y – ddisgrifio fo fel

28

disgrifiodd 'y nhad o i mi, fel llo, yn gi mawr, anfarth o fawr, ag w'th 'i sowdwl o, a mi dilynodd y ci 'ma fo, a nhad yn 'i ba – fy nhaid yn yn 'i batio fo ar 'i ben ag yn trio d'eud 'tho fo am fynd adra', 'de, ond â'th y ci ddim beth bynnag, a mi dilynodd o nes oedd o'n y giât. O, na. Gynta' mi ddeu – mi o – mi ymosododd dau ddyn yn Coed y Glyn ar 'y nhad i ddwyn 'i bres o, 'n naturiol, a mi – 'y nhaid ddyliwn i dd'eud – a mi – mi ddeudodd 'nhad – 'nhaid w'th y ci am ymosod anyn' n'w. Mi neidiodd y ci 'ma am – i wddw un ohonyn' n'w, a mi taflodd o i lawr, a mi redodd y llall i ffwrdd, ag wedi i Nhaid fynd tipyn bach mi dilynodd y ci 'ma fo – fo eto a mi dilynodd o i'r giat, giat tŷ y ffa – y lle o'dd o'n mynd am y tŷ, am y – am y ffarm, ag y – welodd o mo'no fo wedyn. Mi ddiflanodd, 'n ôl – fel o'dd y nhad yn d'eud. Welodd o mo'no fo, 'mond d'eud – dim ond gwaeddi unwaith, 'Wow!' a mi ddiflannodd.

Holwr – Robin Gwyndaf.

MOTIF: F. 401.3.3 (Ysbryd ar ffurf ci du)
NODIADAU: Stori ysbryd oedd hon i W.T.R., a chlywodd hi gan ei dad, pan oedd tua deuddeg oed. Ychwanegodd wedyn bod ei daid yn cario tua pedwar ugain punt ar y pryd ac mai du oedd lliw y ci. Diflannodd pan geisiodd ei hudo i'r tŷ i gael bwyd.

CI DU'R GROESLON : NANTLLE

Wm. Albert Jones, Tâp SGAE, 4; ochr 1-4.

Noson, y, dechra'r 'rha oedd, dewyrth wedi, ffarm yn ymyl, y teulu, am y noson, i edrach amdany' n'w. Ag o'dd hi'n o hwyr a'no fo'n cychwyn o'no. Wedyn o'dd o'n mynd trw'r llwybyr a trw' ffarm, riw hen dyddyn bach arall, 'de. Wel, pan o'dd o ar ganol y cae, mi wela' gi mawr du yn mynd trw'r gwair. O'dd o tia deuddag troedfadd o hyd medda' fo 'de. A mi ddiflannodd fel'a. Wedyn mi o'dd o 'di credu bod 'na beth felly yn bod 'de – a ci du o'dd o 'de. Ia.

MOTIF: E. 423.1.1 (Ysbryd ar ffurf ci)

CI DU'R GYMWYNAS : BEDDGELERT

Casi Pritchard, Recordiad Llafar, Tachwedd, '73.

''Sdori'r ci 'nw yn y Gymwynas?'

'O ia! O! mi o'dd . . . y . . . Dafydd Pritchard, y gŵr wedyn ynde, yn dod adra' o . . . fod yn ochor Harlach, efo beic bach. Ag o'dd o'n dŵad drosd bont Abarglaslyn, a pan o'dd o'n dŵad i fyny i gym'yd y rhiw, mi wela' r'wbath yn dod i'w gŵr o . . . a fel dwy seran. A phan dda'th o gyferbyn â fo, be' o'dd o ond ci mawr Niwffowndland, a mi o'dd o yn, yn . . . gyn uchad â'r . . . a'r wal 'ylly 'de. A do'dd o mo'i ofn o, er fod o 'di cl'wad lawar gwaith fod 'na fwgan yn Abarglaslyn, 'de. A dyma fo – ond pan o'dd o yn 'i bash'o fo ar y ffor', dyma bob blewin o'dd arno fo yn codi, a fel rhiw hen chwys oer yn dod drosdo fo. A mi bash'odd o – o'dd o a'i dafod allan. O'dd o'n gl'ŵad o'n dip-dap, a mi sbiodd o ar 'i ôl o. Ond ddaru o ddim troi o gwbwl ond dal i fynd i lawr. A ddaru o 'rioed goelio'r sdori fod 'na fwgan yn Abarglaslyn ond y noson honno fuo raid iddo fo gof . . . gydnabod 'i bod hi 'de.'

'Ia, o'dd'na riwin arall 'di weld o, oedd?'

'O o'dd, o'dd 'na amriw byd 'ydi weld o. Glywish i n'w'n d'eud am . . . ym . . . Perri Jô's, Nasareth, ym . . . ol wedi bod yn weinidog yn Rhyd Ddu ynde. Glywish i n'w'n d'eud amdano fo 'di dod i Be'gela't i bregethu. Ag o'dd riwin efo car a cheffyl, yr adag honno, yn mynd â fo adra' o Beddgela't ne' o Ryd Ddu ynte. A phan o'dd o w'th ymyl lle a'i enw fo'n Sdamps, mae . . . ol dwn i'm, wyddoch chi ma' 'na gwt A.A. yno rŵan?'

'O ia, ma' 'na le i dynnu i mewn w'th ymyl yr afon?'

'Ia, reit yn fanno. Dyma fo'n dŵad reit ar ganol y ffor' y criadur yma, beth fydda'n dŵad 'de, a mi a'th rhwng y ddau geffyl a dan y car, a wel, o'dd 'rhen Barri Jô's 'di dychryn am 'i fywyd. Ond 'dwi 'di cl'wad amryw byd yn d'eud bod nw'n weld o; a mi fydda'r dynion o'dd yn byw yn . . . ar Bont Aberglaslyn, mi o'ddan n'w'n ddigon cynefin a'i weld o ynde.'

MOTIFAU: F. 423.1.1 (Ysbryd ar ffurf ci)
B. 15.4.2.1 (Ci â thân yn ei lygaid)
E. 572 (Ysbryd yn cerdded trwy ddeunydd solat)
NODIADAU: Cofnodwyd chwedl debyg am ŵr ifanc yn dychwelyd o Borthmadog i Feddgelert ar ôl bod yn gweld ei gariad yn:

D.E. Jenkins, *Bedd Gelert*, 1899, t.317.

Cofnodais hanes Dafydd Pritchard gan storïwr arall hefyd:

Recordiad Llafar SGAE, 15.xi.73 (Mrs Mary Awstin Jones).

MILGI TY'N Y BERTH : CLYNNOG

William Hobley, *Hanes Methodistiaeth Arfon*, I., 1910, t.10.

Gweled milgi mawr yng nghroeslon Tynyberth, yn ddigon mawr i fyned ar draws y ffordd, gyda'i ben ar un clawdd a'i gynffon ar y llall. Ffarmwr Maesog, yn yr adeg honno, ydoedd un o'r rhai a'i gwelodd ef. Bu'r lledrith hwnnw yno am yn hir o amser.

MOTIF: F. 423.1.1 (Ysbryd ar ffurf ci)

OGO'R CI DU : BEDDGELERT

Telynores Eryri, Tâp SGAE, 5; ochr 1-4.

'Ma' 'na sôn hefyd am riw gi du yn y Gymwynas 'does?'

'Oes ma' 'na – 'dwi'n cofio hwnnw'n iawn. Wel'ishi 'rioed mo'no fo chwaith 'de. Ond mi o'dd 'na riw ddyn o Beddgela't 'ma 'di weld o. A wedi d'eud 'i fod o'n fawr ddychrynllyd, y ci 'ma, a ddoe o'm allan ond rhwng hannar nos ag un.'

'Allan o lle rŵan 'lly?'

'O'r ogo'. Ma' 'na ogo' ar y . . . Gymwynas. Ma'i 'di chau fyny rŵan, 'i cheg hi 'di cau fyny rŵan, – ond dwi'n chofio hi'n 'gorad. Ag o'r ogo' 'ma y bydda fo'n dŵad, medda' nhw. Hwnnw o'dd 'runig un glywishi o'dd wedi weld o. Dd'udodd wrtha' i, 'de.'

'Ia. Y, y, – pw' o'dd o?'

'Ŵan Huws, go'. Gof yn Beddgela't 'ma o'dd o.;

'A pryd o'dd hynny?'

' O, mae, y, 'rhoswch 'i rŵan – mil naw dau pedwar, 'wbath felly. I chwech.'

'A mi o'dd yr ogof yn 'gorad 'radag hynny?'

'Oedd.'

'O'dd 'na enw ar yr ogof?'

'Ddim byd ond Ogo'r Gymwynas.'

'Ym, 'na'th o ddisgrifio'r ci 'ma wrthachi, do?'

'Ci mawr du – mi o'dd o 'di dychryn gormod medda' fo i sbïo llawar arno fo.'

'A dod amdano fo 'na'th o, 'ta be'?'

'Naci pashio yn ddisdaw ddaru'r ci. Ond o'dd o 'di dychryn – meddwl bod o'n dŵad ar 'i ôl o ag amdano fo. Ond y, ddaru o ddim byd iddo fo. Dim ond pashio.'

MOTIF: E. 423.1.1 (Ysbryd ar ffurf ci)
NODIADAU: Ceir 'Cywâl y Ci Du' ar gopa Moelyci hithau, ond ni chofnodwyd yr un chwedl amdano:

Hugh Derfel Hughes, *Hynafiaethau Llandegai*, 1872, t.32.

ROBERT PIERCE A'R CI DU : NANT Y BETWS

Bob Humphreys, Tâp SGAE, 2; ochr 1-4.

'Ma' 'na sôn am Gŵn Du 'does? Ym . . . '

'Yn Aberglaslyn?'

''Na chi.'

'O oes. Hy, hy. Oes, fydda' 'na rei'n d'eud bydda' 'na rei. Riw gi fydda' hwn fydda'n dilin rhei ychi. Bydda'. A bydda' rhei ofn o, er na chlywish i ddim amdano fo 'di g'neud 'im byd erioed i neb 'de. Mi ro'dd 'na rei 'di weld o 'de. Ond 'dwi'n meddwl ma' . . . na rhei fydda' ofn ychi. Ma' cysgod n'w'i huna'n o'dda nw'n weld yn amal 'de. Ag o'ddan n'w'n meddwl fod y ci 'ma'n 'i calyn n'w 'dachi'n gweld 'de. Ag . . . o'ddan n'w'n sbïo wysg yn ôl a . . . ag e'lla' gola' ll'uad . . . fydda' yn . . . ddigon i . . . i . . . meddwl ma' ci o'dd o 'da chi'n gweld 'de!

'O'dd'na riwin wedi weld o?'

'O oedd, o oedd, o'dd'na amriw wedi weld o 'de. 'Dwi'n cofio un o Rhyd Ddu 'ma'n d'eud bod o 'di weld o, lawar gwaith, pan o'dd o'n gweithio'n Abarglaslyn, ag yn dod adra'n nos. A bod y ci 'ma . . . yn amal iawn yn dod i' galyn o, nes 'ddo fo ddŵad drw' Beddgela't, Rhyd Ddu ffor'na, 'de. Ia.'

'Sud gi o'dd o?'

'Wel, fatha riw gi defaid mowr, fel 'swn i'n meddwl.'

'O'dd o'n ddisgrifio fo hefyd?'

'Oedd, oedd.'

'Ym, pa mor fowr o'dd o 'lly – o'dd o'n anfarth o fawr?'

'Nagoedd, ddim felly 'de. O nagoedd.'

'Pa liw o'dd o?'

'Du.'

'Bob tro?'

'Ia. Ia, du o'dd o bob tro.'

'Ol sud, sud o'dd o . . . '

'Dyna sy'n g'neud 'mi feddwl 'dachi'n gweld ma'i gysgod fo'i hun o'dd o 'de.'

'O'dd o'n i ddilin o 'ta bashio fo?'

'Na, do'dd o'm yn bashio fo, sôn am ga'lyn gyda'i ochor o o'dd o.'

'Do'dd o'm yn dod i gŵr o o gwbwl?'

'Nagoedd.'

'Yn lle o'dd o'n weld o?'

'O'dd o'n weld o ar y ffor' w'th iddo fo ddŵad i fyny am Cae'r Gors i fyny am . . . ychi, y ffor' o Beddgela't i fyny am Rhyd Ddu, mae 'de.'

'O, o'dd o gin bellad â fanno?'

'Oedd, oedd.'

'Achos ma' 'na sôn am un yn y Gymwynas 'does?'

'Oes. O fanno o'dd o fatha 'sa fo'n cychw'n.'

'O'dd o'n ddilin o'r holl ffor' i fanno?'

'O oedd, o'dd o am 'i ddilin o'n bell iawn ychi 'de.'

'Ia. O'dd o'm yn gw'bod pam o'dd o'n ddilin o 'lly?'

'Nagoedd.'

'O'ddach chi'n 'nabod y dyn 'ma o'ddach?'

'O o'n, o'n.'

'Tia pryd o'dd hynny 'ta?'

'Ol, faint sy'– ma' . . . shŵr o fod . . . y . . . ddeigian i hannar cant o flynyddo'dd.'

'Ia. Fedrwch chi enwi fo 'ta . . . ?'

'Medraf . . . Roba't Pierce. Ia. Roba't Pierce. Fydda' fo'n d'eud yn bendant fod y ci du 'ma . . . yn 'i ga'lyn . . . '

'Ia . . . yn dydd 'ta nos?'

'Yn nos. Yn nos bob amsar.'

'Bob tro?'

'Ia. Ia.'

'Ol pa mor agos o'dd o'n dod ato fo?'

'Ol . . . jesd na fydda fo gyda'i ochor o 'de. Oedd.'

'O'dd o'i ofn o?'

'Oedd. Ond o'dd o reit dawal 'de, o'dd o ddim am 'neud 'im byd iddo fo na dim byd 'de.'

'O'dd o'n cyfarth?'

'Nagoedd.'

'Dim smic?'

'Nagoedd. Nagoedd.'

'O'dd o 'di cl'wad . . . ychi, o'dd *o* 'di cl'wad sôn am y ci cin 'i weld o?'

'Ol dwn i'm. Y fo o'dd y cynta' glywish i'n sôn amdano fo.'
'Glywsoch chi riwin arall wedyn?'
'Naddo.'
''Mond y fo, ia?'
''Mond y fo, ia.'

MOTIF: E. 423.1.1 (Ysbryd ar ffurf ci)

WILLIAM JONES A'R CI DU : NANT Y BETWS

William Jones, Tâp SGAE, 1; ochrau 1-4, 2-3.

'Dudwch hanas y ci 'ma welsoch chi 'ta.'
    'Wel, ma' hwnna'n beth fedrai'i dd'eud fy hun 'de. Mae o'n
fusdyri i mi byth 'de. O'dd mam yn wael iawn yn 'i gwely'n 'de. Ag
yn . . . y . . . o'dd hi'n . . . o'dd hi'n ddigon hawdd gwybod fod y
diwadd yn agos 'de, a rhaid i mi fynd i'r beudy i odro . . . 'Y
newyrth o'dd i fyny yn tŷ efo'i 'de . . . A . . . a rhywun arall. Ag,
wrth 'mi ddod fyny o'r beudy, 'dwn i'm lle o'dd yn meddwl i, ag yn
cario . . . – riw gi mawr yng nghŵr i ar cae ychi! O'dd o fel llo.
Welish i r'oed gi gymaint â fo 'de. Mi o'dd 'na un ci yn Penrhyn . . .
mowr, yn y Royal Oak yn Penrhyn, un du ychi 'de, ond dyn, o'dd
o'm byd i hwn. A mi ddôth a mi â'th, nad wn i ddim byd i b'le
ynde. A phan esh i'r tŷ o'dd 'i . . . wedi darfod ynde, a tua'r un
amsar ynde, ag ô'n i ar yn ffor' i fyny. A peth rhyfadd iawn ydi
hynna'n 'de?

(Ychwanegodd wedyn ei fod yn tybio mai ysbryd a welodd)

MOTIF: E. 423.1.1 (Ysbryd ar ffurf ci)

(ch) *Creaduriaid Chwedlonol*

YR AFANC : EDWARD LHUYD, 1693 – BEDDGELERT

Robert Williams, 'The Legend of Llyn yr Afangc' , *Cambrian Journal*, 1859, tt.142-4.

Mae'n debig iawn genifi glywed o honoch sôn am Lyn yr Afangc, ag nad rhaid imi gan hynny gymeryd mo'r boen yn hysbysu i chwi pa le y mae yn sefyll: 'r wi'n meddwl hefyd y gwyddoch mae merch (os gellir coel ar y pêth y mae pobl y wlâd yn i siarad) a hudodd yr Afangc i ddyfod allan oi drigfan (sef y llyn) fel y rhwymid ef a chadwynau (tidau) heyrn, tra yr ydoedd yn cysgu ai ben ar i glîn hi, ag a gafael ai lâw yn i bron; ond ar ol deffro o hono oi gyntun, a chanfod beth a wnaethbwyd iddo, efe a gyfododd i fynu mewn byrbwyll, ag a aeth ar ffrwst iw hên loches a bron i gariad yn i grafangc: erbyn hyn yr oedd yn dda fôd y dîd yn ddigon o hŷd iw rhwymo wrth Ychain y rhai ai tynnasant i faes or llyn. Wedi hyn y tyfodd cryn hogyn o ymddadle rhwng rhai or bobl, a phawb yn teuru ddarfod iddo ef i hun gymeryd pŵys mawr arno, a thynnu mwy o lawer na nêb arall, gan ddywedyd Myfi a dynnodd fwya; Nage Medde'r llall, y fi, &c. a thra'r oeddynt yn ymryson fel hyn mae'r gair ir Afangc i hatteb nhw a gostegu i hanfodlondeb, gan ddywedyd, Oni bae y dai ag a dyn, Ni ddaetha'r Afangc byth o'r llyn . . . Tra fŷm i yn ymdroi ar yr ol ag yn siarad am hyn, roedd yr ychain wedi myned yn bell iawn, ag ni chefais i ddim oi hol nhw yn dyfod trwy gyrre Plŵy Dolydd-Elan (Lueddog) nes imi ddyfod i Fwlch a elwir er hynnu Bwlch Rhiw'r Ychain, yr hwn sŷdd rhwng blaene Dolyddelan a blaen Nanhwynen, ag wrth ddyfod tros hwn fy gollodd ûn or ychain i Lygad ar le teg a elwir or achos hwnnw Gwaun Lygad ŷch, mae'r fan lle y cwympodd y llygad wedi myned yn bwll, ag a elwir pwll llygad ŷch, yr hwn a fydd bob amser heb fôd yn sŷch, ag nid oes dim dwfr yn codi ynddo, na dim yn dyfod iddo (ond ar wlâw) na dim yn myned allan o hono ar sychder, ond mae fo bôb amser or un dyfndwr, sef agos cyfuwch a glîn dŷn, medd y sawl sŷ'n dal salw ar hynnu er's twysgen o flynyddoedd. Mae caingc ar dannau (yr hon na feder pob gwrthgerdd moni) ai henw (caingc) Ychain Mannog, mae hi yw chlywed yn dosturus iawn ag mor alarus ag a oedd griddfannau yr ychain yma tan bwys yr Agangc, yn enwedig pan gollodd un i lygad. Nhw ai tynnasant ef hyd yn Llyn Cwm Ffynnon Lâs, lle y gorchmynnwyd ef, nid hwyrach ond odid oran bod rhai yn credu fod yno bethau diffaeth or blaen ynghadw: yn wîr nid oedd hyn ond gweddol iddo yntau cael myned at i riwogaeth. Ond beth bynnag ai bôd yno bethau diffaeth or blaen ai peidio, mae llawer yn meddwl nad oes yno ddim da yr awr hon; fel y deualltwch wrth yr hyn sydd yn canlyn.

Mae llawer iawn o siarad am Lyn Cwm ffynnon lâs, heblaw i fod bob amser heb rewi, ond y naill gwrr iddo, lle mae dwfr mawnog y pylle glouwon yn dyfod i mewn iddo, ag hefyd i fod o amriw liwiau gerwin . . . yr achos o hyn (fel yr wyfi yn tybied) iw yr amriw liwiau y sŷdd ar y creigie oi amgylch, ag o ran bod troewynt yn gwneuthur i ddwfr o yn gymyscedig, ag mae hyn yn ddigon er gwneuthur lliw garw a gwrthyn ar bôb llyn. Ni nofia dim ar i ddwfr o yn ddiberigl: nis gwn yn dda beth wna hi ai bod yn ddiofal iawn i aderyn hedeg trosto, ai peidio. Teflwch gadach iddo, fy eiff i'r gwaelod. Mi a glywais ûn am clustiau yn dywedyd weled o hono efe lwdwn gafr yn cymeryd (rhag i ddal) y llyn hwn arno, a phan gynta ag yr aeth ir dwfr, efe a droais fel y gwelech chwi chwirligŵgan hyd oni foddodd . . . Nid wyf yn amme dim nad alle hynnu fôd yn wîr, o ran fôd troewynt yn fynych iawn ar y llyn hwnnw yn anad ûn: myfi fy hûn a welais ar lyn Llanberis ucha bwff o droewynt (ar gefn tegwch) a fuasai ddigon er suddo llester bychan ped fuasai yn y fan y cyfamser hynna. Myfi a welais hefyd wynt yn codi dwfr o lyn ag yn myned fel gafod lŵyd tros allt hanner milltir helaeth o uchder. Mae rhai yn siarad fel yr oedd rhiw wr mawr yn hela hyddod yn yr Eryri, ddarfod i hydd pan oedd y cŵn yn pwyso yn drwm arno ddiangc (fel y mae arfer hyddod iw amddiffin i hunain) ir llyn yma: ni chafodd yr helwyr attreg (ne atteg nis gwn pa ûn) oni welant i fwnglws yn dyfod i wyneb y dwfr, ag ni welsant etto ddim yngwhaneg. Wrth hyn (ped fae'r chwedl gwîr) pa ûn a wnewch ai caniadhau fôd cythreuliaid yn y llyn, ynte mae cythrael oedd yr hŷdd, fel ag y dywedir mewn hên chwedlau i fod ef yn myned yn rhith yscyfarnogod. Merch a welwyd yn dyfod allan or llyn yma i olchi dillad, ag wedi iddi ddarfod hynnu, hi a gymerodd y dillad wedi i plygu nhw tan i chesail, ag aeth yn i hôl ir llyn. Fy welodd ûn (mae brawd iddo yn fyw ag yn iach etto), enwairiwr a chap côch gantho mewn cafn ar y llyn yma fŷth, ag a fŷ farw cin pen nemawr o ddyddiau ar ol hynnu, oni ni bŷ efo yn iawn yn i hwyl tra fy byw: mae y rhan fwya o bobl yn cymeryd hyn yn lle gwîr da: nid alla inneu anghoelio, nad alleu y fâth weledigaeth a honno wneuthur i ddyn synnu ammhelled ag y magen glwyf i ddwyn i einioes.

MOTIFAU: F. 308.4   (Llyn yn cael ei beryglu gan Afanc)
              K.778   (Dal drwy dwyll gwraig)
              F.420.5.2.6.3 (Ellyll y dŵr yn dial am gael ei glwyfo)
              A.920.1.5   (Llyn yn tarddu o ddagrau)
              F.989.13   (Anifail yn neidio i lyn ac yna'n diflannu)
              F.421   (Arglwyddes y Llyn. Gwraig yn codi o lyn)
              F.420.4.7 (Edrych ar ellyll y dŵr yn peri marwolaeth)

Mae adlais yn y wraig yn codi o'r llyn i olchi dillad o fotif D.1812.5.1.1.6 (Y Golchwyr wrth y Rhyd. Ymddangosiad gwraig yn golchi dillad neu aelod gwaedlyd yn rhagfynegi trychineb mewn brwydr).

Roedd hon yn chwedl eithriadol boblogaidd. Dilynwyd fersiwn Lhuyd gan nifer o fersiynau eraill. Yn rhyfedd iawn nid oes odid ddim newid yn ffurf y chwedl ar hyd y blynyddoedd:

Bleddyn, *Plwyf Beddgelert*, 1860, t.60.
'Llyn yr Afanc', *Y Brython*, 1860, t.385.
Owen Jones (Gol.), *Cymru : yn Hanesyddol, etc.* 1875, tt.154-5.
Ellis Owen, 'Llên Gwerin Dolwyddelan', *Cymru*, XXVI, t.58.
D.E. Jenkins, *Bedd Gelert*, 1899, tt.301-3.
John Rhys, *Celtic Folklore*, I, 1901, tt.130-3.
Carneddog, 'Enwau Bro'r Eryri', *Cymru*, LIX, tt.112; 187.
A. Roberts, E. Woodall, *Gossipping Guide to Wales*, 1907, tt.234-5.
Myrddin Fardd, *Llên Gwerin Sir Gaernarfon*, 1908, tt.194-5.
William Hobley, *Hanes Methodistiaeth Arfon*, IV, t.23; V, t.15.
T. Gwynn Jones, *Welsh Folklore*, 1930, tt.104-5.
Frank Ward, *The Lakes of Wales,* 1931, tt.33-4; 134-5.
E.D. Rowlands, *Dyffryn Conwy a'r Creuddyn*, 1947, tt.210-11.
Thomas Firbank, *A Country of Memorable Honour*, 1953, t.52.
Elisabeth Sheppard-Jones, 'The Oxen and the Afanc', *Welsh Legendary Tales*, 1959, tt.43-7.
William Rowland, 'Llyn yr Afanc', *Straeon Cymru*, 1961, tt.59-61.
Showell Styles, *Welsh Walks and Legends*, 1972, tt.22-3.
D.M. Ellis, 'Yr Afanc', *Llên Gwerin Sir Gaernarfon*, 1975, tt.44-5.
A.L. Wilson, *Around Snowdon*, s.d., tt.16-17.

Ceir cyfeiriadau at rai o elfennau'r chwedl yn:

Marie Trevelyan, *Folklore . . . of Wales*, 1909, t.71.
Thomas Elias, *Abbeys and Convents of the Vale of Conway,* 1912, t.29.

Cofnodais y chwedl ar lafar gan Mrs Mary Awstin Jones (Recordiad Llafar SGAE, Tachwedd 15, 1973). Roedd hithau yn ei thro wedi ei chlywed gan 'Wil Bwlch', brodor o Nantgwynant: 'Roedd o'n 'nabod yr ardal yn dda, a wedi 'i fagu yma, a chym'ryd diddordeb mewn petha' fel'a. Mi o'dd o werth chweil.'

Ceir amrywiadau ar y chwedl lle cysylltir y weithred o dynnu'r Afanc o'r llyn â Hu Gadarn a gwladychu Prydain. Ar wahân i hyn fodd bynnag, yr un yw'r chwedl yn ei hanfod:

W. Jenkyn Thomas, *The Welsh Fairy Book*, s.d., tt.282-5.
Dewi Machreth Ellis, 'Yr Afanc', *Llên Gwerin Sir Gaernarfon*, 1975, tt.44-5.

Ceir amrywiad arall, cymysglyd, lle tynnir yr Ychain Bannog i'r Ffynnon Las, yn hytrach na'r Afanc:

Gruffydd Prisiart, 'Y Wyddfa', ca.1859 yn *Cymru* XIX, t.262.

ANGHENFIL LLYN Y GADAIR : NANT Y BETWS

Marie Trevelyan, *Folklore . . . of Wales*, 1909, t.14.

Llyn crwn i'r de-orllewin o'r Wyddfa yw Llyn y Gadair. Yn y ddeunawfed ganrif nofiodd gŵr ar draws y llyn hwn, a sylwodd ei gyfeillion a'i gwyliai ei fod yn cael ei ddilyn wrth iddo nofio'n ôl gan rywbeth hir yn llusgo ar ei ôl gan ddad-gordeddu'n araf. Roeddent ofn gweiddi arno i'w rybuddio ond aethant at y lan i'w gyfarfod cyn gynted ag y cyrhaeddai y traeth lle safent. Fel y dynesent, cododd yr ymlusgiad hir ei ben, a chyn i neb allu ei gynorthwyo, gorchuddiwyd y truan â chordeddau y trychfil-dŵr hwn, a'i tynnodd i lawr i dwll dwfn ym mhen y llyn o'r lle y llifa'r afon Llyfin (Llyfni). Boddwyd ef yno, a daeth dŵr lliw gwaed i'r amlwg yn y fan lle suddodd.

MOTIF: B. 91.5.2 (Ymlusgiad mewn llyn)

Ceir yr un chwedl yn:

Frank Ward, *The Lakes of Wales*, 1931, t.127

Clywodd Bob Humphreys (Tâp SGAE, 2, ochr 1-4) fod 'riw hen anifa'l yn Llyn Gada'r 'na', ond ni wyddai'r chwedl.

YR AURWRYCHYN : DYFFRYN NANTLLE

W.R. Ambrose, *Hynafiaethau Nant Nantlle*, 1872, tt.51-2.

Nantlle sydd dalfyriad, fel y tybir, o Nant y llef, yr enw cynenid ar y nant hon. Y mae amryw draddodiadau yn amcanu at egluro ystyr darddiadol yr enw hwnnw hefyd. Y mwyaf poblogaidd a derbyniol yw y canlynol: Wrth odrau Mynydd Drws y Coed ar y tu dwyreiniol iddo y mae Llyn helaeth a elwir Llyn y Gadair, ac a elwir gan eraill Llyn y Pum carreg, am fod y nifer hono o feini, neu ddarnau o greigiau yn y golwg. Ar du dwyreiniol y llyn hwn y mae bryn bychan, ac o'r bryn yma y darfu i helgwn rhyw foneddwr gyfodi rhyw fwystfil rhyfedd a dieithr, a hynod o brydferth. Y bwystfil hwn, medd y traddodiad, a orchuddid â chydynau o flew euraidd, y rhai a ymddisgleirient yn llachar ym mhelydrau'r haul; am hynny galwyd ef yn Aurwrychyn. Y cŵn a'i hymlidiasant drwy Ddrws y Coed i lawr hyd at Baladeulyn, lle y daliasant ef; ac fel yr oeddynt yn ei ddal, y bwystfil a roddodd y fath lef dorcalonus ac egniol, nes oedd y creigiau ogylch yn diaspedain gan ei lef. Y llef hon a roddes enw i'r nant, a galwyd ef o hynny allan yn Nant-y-llef.

MOTIFAU: F. 555.1   (Blew euraid)
         B.214.4   (Anifail yn wylofain)

Cafwyd fersiynau eraill ar y chwedl cyn ac ar ôl hyn, ond heb gymaint o fanylion:

Dienw, *An Accurate Account and Description*, ca. 1812, tt.46-7.
P.B. Williams, *History of Caernarvonshire*, 1821, tt.137-8.
Dienw, *The Cambrian Tourist*, 1834, t.69.
Dienw, *The Cambrian Tourist's Guide,* 1847, t.118.
Bleddyn, *Plwyf Beddgelert*, 1862, t.36.
Owen Jones (Gol.), *Cymru : yn Hanesyddol, etc.*, 1875, tt.131; 354.
Asiedydd, 'Nant Nantlle', *Cymru*, IX, t.103.
D.E. Jenkins, *Bedd Gelert*, 1899, tt.160-1.
Myrddin Fardd, *Llên Gwerin Sir Gaernarfon*, 1908, t.208.
Frank Ward, *The Lakes of Wales*, 1931, t.127.

Cofnodais hanfodion y chwedl oddi ar lafar hefyd:

Recordiad Llafar SGAE, Tachwedd 15, 1973 (Mrs Mary Awstin Jones).
Tâp SGAE, 3, ochr 2-3 (W.J. Jones).

Mewn llsgf. diweddar sy'n tarddu o Ddyffryn Nantlle ceir amrywiad lle nodir mai helwyr Iorwerth I a laddodd yr Aurwrychyn.

    Ceir cytras i'r chwedl hon yn Nant Ffrancon. Yno adroddid chwedl am ladd anifail euraid tebyg yng Nghwm Idwal. Wrth ei ladd, rhoddodd yr anifail y fath floedd nes dymchwel y clogwyni ar ei ben ef a'i laddwr a ffurfio Cegin y Cythraul neu'r Twll Du. Ceir fersiynau ar y chwedl yn:
J.B. Davidson, *The Conway in the Stereoscope*, 1860, tt.62-3.
Marie Trevelyan, *Folk-lore of Wales*, 1909.
Dienw, *Snowdon and Llanberis*, s.d., t.35.

Y BALEL : NANTLLE

Elin Williams, Tâp SGAE, 9; ochr 1-4.

Ol dwi 'di gweld anifa'l rhyfadd, 'de. A 'dwi am fynd i'r clas natur 'na sy'n dechra' nos Lun yn Nant, pedwar – gin gwraig Wil Vaughan. Yma . . . sgwenish i i'r Seiat Natur amdano fo. 'Sa neb yn 'nghoelio fi 'te . . . Er pan o'n i tia deunaw oed o'dd 'i. O'dd 'i. A 'dwi'n cofio d'eud yn dechra'r llythyr 'Yr wyf i yn credu yn y Loch Nes Monsdyr' – fel'a dechreuish i'r llythyr 'ma i, i'r Seiat Natur, 'de. A mi o'dd Docdor Alun Robyrts yn fyw adeg hynny

'de. A, y, disgrifio fo 'te – oherwydd 'mod i 'di gweld y peth 'ma 'te
– yn, mewn twll chwaral, draw fan'na. Twll Balasd 'da ni'n alw fo.
'Sa 'im, 'im math o, o 'sgodyn 'na rŵan achos ma' n'w'n tipio pop
peth o, o . . . sbwrial Peblic. Llancas i gid, 'te. 'Dwi sh'ŵr na
'nghyflog cynta' fi'n Nan'lla, y – yn titshio fa'ma 'de. A dod a
'mond 'one pound thirteen and four', am fis, a, w, gofyn i mam am
saith a chwech i ga'l leisan 'sgota. A mynd efo'r – o'n i 'di ca'l, y,
genwa'r gin riwin, a 'di mynd i'r twll 'ma 'te. A fuan iawn ar ôl 'mi
fynd 'no, o'dd 'na fel, fath'sachi'n d'eud rŵan, feri feri meinor 'de,
fel riw benunsiwla bach, y mynd i fewn i'r twll fel'a 'de. W, o'dd y
twll yn lyfli amsar hynny 'de. A digon o dyfn neis. A 'ma fi'n gweld
hwn yn dŵad. O'dd o tia dwy lathan a hannar o hyd. 'Dachi 'di
gweld cenagoeg riw dro? Cenagoeg orenj. Ia. A pedwar troed
'sginno fo d'wch? Ia. Fath yn *inion* â cenagoeg – yr un lliw a bob
un dim. Ond o'dd 'i ben o gin lletad â hynna –

'Tia troedfadd?'

'Oedd. Ag, ag o'dd o tia dwy lath a hannar o hyd. Ag yn dod
mwya' majestig 'te, am y llyn, ag yn syth amdana' i! Er mod i ar, y,
tir dipin uwch 'de. Ag 'run fath yn inion â genagoeg efo pentwr o
lygaid, 'chi, ag yn sbïo rownd 'te, ag yn sbïo rownd, ag yn, fatha
neida – fatha 'sgodyn, ychi, yn peth'na 'de, yn ysdwyth fel'a. A –
Nefi Wen! – roish i ras o'no 'do, o'n i mor sh'ŵr bod o am, am
ddod i'r tir 'de! Ia. Ia. A mi, ym, a, 'dachi'n gw'bod am, 'dachi'n
gw'bod am riw 'sgodyn, o'dda n'w'n meddwl bod o'n egstunod er
miliyna' o flynyddo'dd?'

'O'r silocanth?'

'I sil – ia, ia! Ol jesd mi – mi 'nêsh i dd'eud r'wbath am hwnnw
yn y peth'na 'de – do'n i'm yn meddwl dim byd, achos o'n i'n
gw'bod bod y chwaral yn gweithio tia – wel d'udwch chwech igian
o flynyddo'dd yn ôl 'te. Na fysa fo ddim byd felly 'te. Ond y, ddaru
nhw nghamgymeryd i – ond o'dda n'w'n meddwl bod i'n meddwl
bod hwn yn beth'na 'de. Ffrïc o'dd o w'th gwrs, ma' sh'ŵr 'de. M.
Ond, y pen dd'udish i wrth bobol adag hynny 'chi 'de, o'dd neb yn
cweilio. A ma' ffrind i mi, a Pitar, un o 'mhlant i wedi g'neud enw
a'no fo – Twll Balasd 'de – *Bal* – *el* (gan bwyntio ati ei hun) Bal –
el. Ia. Glywsoch i rei'n sôn am Balel 'de. Ychi, a ma' riw jôc yn, yn
teulu 'de. Ond argo, 'sw'n i'n weld o'r munud 'ma 'te. M.'

'O'dd o'n g'neud twrw o gwbwl?'

'Nagoedd! Ond 'i llgada fo'n mynd fel dwn-im-be', 'te!'

MOTIF: G. 354.3 (Genagoeg fel ellyll)

40

Y Behemoth : Dyffryn Conwy

'Cwm Eigiau', Cymru, 1915, t.59.

Wedi i Wmffra ramantu tipyn o gwmpas y gair, yr oeddwn yn barotach nag erioed i groesawu ei ddyfaliad. Oesoedd yn ol, ebai Wmffra, delid heigiau o bysgod yn y llyn hwn; ond y funud y deallodd y 'gentleman thief o Wydir', fel y gelwid Syr John gan yr hen wr, am yr heidiau pysgod, anfonodd ddeg ar hugain o'i weithwyr yno, i dorri ffos dan y ddaear, er mwyn i ddŵr a physgod y llyn redeg i lawr i Ddolgarrog, ac oddiyno i afon Gonwy. 'Ond mi fethodd sgiam yr hen dyrant,' meddai Wmffra'n frwdfrydig, 'gan na fedrai yn ei fyw ddeall fod y dŵr wedi dod allan yn Nolgarrog, gan nad oedd yr un o frithylliaid clws Llyn Eigiau i'w gweld yno.'

Rhoddodd Syr John, ebai Wmffra, ddynion ar waith i chwilio y dirgelwch, ac ymhen tair wythnos, mewn ogo uwch ben Cae Coch, – ogo ddigon mawr i chwi roi llynges ynddi, deuwyd o hyd i gorpws creadur anferth. Galwyd y Doctor Tomos Williams o Drefriw, awdwr y Geirlyfr Cymraeg a Lladin, y gramadegwr a'r llysieuwr enwog, ynghyda phersoniaid Llanrhychwyn a Gwydir Uchaf, i'w weled. Cawsant fod y dŵr a'i holl fywolion, wedi rhedeg i grombil hwnnw, nes ei dagu a'i ladd. Cafwyd miloedd o bysgod ac o yslywod, rhai heb orffen marw, yn troi ac yn trosi y tu fewn iddo. Wrth orffen ei ramant, dywedai Wmffra Owen mor seriws ag archesgob, – 'Yr enw oedd gan y dynion dysgedig ar y creadur oedd behomoth, sef hwnnw y mae Job yn deyd pethau mor ryfedd am dano, Rhaid fod ar y creadur eisie diod ofnadwy. Ran hynny, mae Job wedi deyd, – 'Efe a yf yr afon, ac ni phrysura; efe a obeithiai y tynnai efe yr Iorddonen i'w safn.' Rhaid ei fod o'n greadur mawr a sychedig ofnadwy cyn y base Job yn deyd fel yna. Credai y bobl ddysgedig y rhaid fod y patriarch yma o bysgodyn wedi cael ei eni er cyn amser y diluw, ac mai y chwildroad dychrynllyd wnaeth hwnnw a'i tynnodd o'r Caspian, neu'r Persian Sea, i Gwm Eigiau.' Am ryw branciau o'r fath, yn ol barn Wmffra Owen, nid oedd ryfedd yn y byd fod ysbryd Syr John Wynn, hyd y dydd hwnnw, yn methu boddi yn Rhaeadr y Wennol.

MOTIF: B.18 (Behemoth)

Yn ôl Robert Owen Hughes, roedd Wmffra Owen, y storïwr yn 'oracl yn y byd "ysbrydol", ac yn gwybod yn dda am ei ddaearyddiaeth a'i boblogaeth'. Trigai mewn tyddyn o'r enw Rowlyn Ucha', a gweithiai yng ngefail Cwm Eigiau. Dywed ymhellach (t.58):

Triciau a champau direidus a wneid fynychaf ganddo; ond hyd yn oed wrth wneud hynny rhodiodd, fwy nag unwaith, yn rhy agos i ddrws y carchar. Un medrus ryfeddol oedd Wmffra am ddod yn rhydd o bob anghaffael. Ofnid ef gan amryw o lafurwyr, ffermwyr, bugeiliaid a chwarelwyr Cwm Eigiau, am y credid y medrai witsio, deyd ffortiwn, a chodi cythreuliaid. Ymddanghossi mor gydnabyddus â dyfodol dyn ag a oedd â'i orffennol, neu ei bresennol. Nid oedd dim yn rhy feiddgar ganddo fod, neu wneud. Anturiai bopeth, boed bendant neu amheus. Gan mor hirben oedd, gallai droi ei law at lawer o fân orchwylion, er mwyn sicrhau lle i gael bwyd, baco, a chysgu. Er nad oedd yn ddirwestwr, nid oedd gwanc ddi-reol am gwrw ymhlith ei bechodau. Ei waith tuag adeg Ffair Lanbed oedd cynneu a chwythu tân, a 'tharo' yng ngefail Cwm Eigiau; a rhwng gofalu am y fegin a'r morthwyl, ystyriai ei hun yn wr tra phwysig yn y cylch y gwasanaethai ei genhedlaeth ynddo. Siaradai yn ddi-baid, os cai wrandawyr, yn yr efail, neu rywle. Adroddai straeon wrth yr ugeiniau; ac hwyrach yr amheuai ambell un a gyfrifid yn lled ddoeth ai nid oedd yn ddisgynnydd uniongyrchol oddiwrth 'Dad y Celwydd' ei hunan, pan yn adrodd rhai ohonynt.

CADWALADR A'I AFR : LLANBERIS

H.L. Wilson, *Around Snowdon*, s.d. tt.76-7.

Roedd gan Cadwaladr afr arbennig o hardd ac roedd yn hoff iawn ohoni. Un diwrnod rhedodd i ffwrdd, gan osgoi ei holl ymdrechion i'w dal. Yn ei dymer taflodd garreg ati, a'i tharo dros ymyl dibyn. Bu'n edifar ganddo a bu'n gweini arni a'i chysuro nes i'r lleuad godi. Wedyn, fe'i syfrdanwyd o weld i'r afr droi'n ferch ifanc eithriadol dlos a edrychai arno'n gariadus. 'O, Cadwaladr!' meddai, 'a ganfyddais i ti eto?'

Dychrynnodd hyn Cadwaladr, gan fod ganddo wraig gartref yn barod. Er hyn, pan gododd y ferch a rhoi ei throed ar belydr y lloer, gafaelodd yn ei llaw a chipiwyd hwy i ben mynydd uchaf Cymru. Yno fe'u hamgylchynwyd gan lu o eifr. Gan edrych yn syth i wyneb Cadwaladr, rhoddodd un bwniad iddo yn ei stumog, nes ei hyrddio yntau dros y dibyn, fel y gwnaethai i'w afr. Pan ddaeth ato'i hun roedd wedi gwawrio a'i afr a'r ferch dlos wedi diflannu am byth.

MOTIFAU: D.334   (Gafr yn troi'n berson)
            Q.597   (Anifeiliaid yn dial niwed)

Ceir yr un chwedl yn:

Wirt Sikes, *British Goblins*, 1880, tt.54-5.
W.J. Thomas, *The Welsh Fairy Book*, s.d. tt.78-9.

CEFFYL Y DŴR : LLANBERIS

William Hobley, *Hanes Methodistiaeth Arfon*, V, t.15.

Eithaf peth fyddai gwylio'r march wrth y Marchlyn, canys pa mor ddof a thawel bynnag yr edrychai, nid oedd ymddiried i'w roi ynddo os march dieithr ydoedd. Unwaith ar gefn ceffyl y Dŵr yn iach weithiau am yr hoedl, oblegid cyn meiddio dyn gwac dyna farch a'i farchog yng waelod llyn! Ac am yr ellyll hwn, cig a chnawd yw ei arbennig amheuthun; ac yn arafdeg y traflynca efe'r ysglyf, gan gymaint blasyn a gaiff arnynt.

MOTIFAU: F.420.1.3.3 (Ellyll y dŵr ar ffurf ceffyl)
F.420.4.3   (Ellyll y dŵr yn gannibal: yn lladd pobl a sugno'u gwaed)
NODIADAU: Arferid credu yn Ardal Eryri ar un adeg fod y ceffyl-dŵr yn croesi gyda'r merlod mynydd a bod llawer merlen yn ddisgynydd uniongyrchol i geffyl-dŵr. Gw. Marie Trevelyan, *Folk-lore of Wales*, 1909, t.63.

CI'R MYNYDDFAWR : NANTLLE

Wm. Edward Griffith, Tâp SGAE, 3; ochr 1-4.

A tra byddai'i wrthi'n sôn am Huw, er bod hon eto'n sdori ysbryd mewn ffor'; mi o'dd gin Huw gi defaid – defaid hefyd. A mi o'dd o'n dod adra' amball dro, rhwng riw dywyll a gola', a mi o'dd y ddau gi 'di mynd sbel o'i flaen o. A mi glywa' gwffio mwya' ofnadwy, a mi redodd yn 'i flaen, yn gw'bod ma' Tos, 'i gi o o'dd un. 'A mi o'dd y llall,' medda fo, 'corff ci, ond gwynab dynas,' medda' fo, 'Ew paid a malu,' medda' finna', 'do's 'na'm ffath beth mewn bod.' 'Os nad w't ti'n licio coelio, do's 'im ishio'i chdi 'neud,' medda' fo. 'Ol mi 'dw i 'di weld o fwy nag unwaith. Yr unig dro ddaru n'w gwffio o'dd y tro 'na deudish i wrtha ti. Ond mi 'dwi wèdi'i weld o fwy nag unwaith,' medda' fo, 'corff ci a chwynab dynas.'

'Yn lle o'dd hyn?'

'Yng ngodra' Mynydd Foel 'de. Godra' mynydd Foel Tryfan.'

MOTIF: B.25.2 (Ci â phen dynol)

COSB GUTO OWEN : BEDDGELERT

D.E. Jenkins, *Bedd Gelert*, 1899, tt.83-4.

Ymddangosai Ellyll y Dŵr weithiau ar ffurf pysgodyn mawr ac weithiai chwaraeai gampau difrifol â rhai pysgotwyr. Dywedir un stori am Guto Owen o Feddgelert a oedd yn grydd wrth ei waith ac yn dra arbenigwr â thrywanu eogiaid â thryfer. Ni wahaniaethai rhwng dyddiau'r wythnos yn hyn o beth unwaith y gwelai bysgodyn o dan garreg. Rhybuddiwyd ef yn gyson am Ellyll y Dŵr ond roedd wedi ei weld mor aml yn chwarae ym mhyllau'r Bwlch nad oedd arno ddim o'i ofn. Un bore Sul, ar ôl tipyn o law, aeth i lawr ar hyd glan yr afon â'i dryfer yn ei law cyn belled â'r Maen Mawr. Neidiodd i ben y garreg a beth welodd ond clamp o bysgodyn yn gweithio'i ffordd i fyny'r pwll uwch ei ben yn araf. Fel yr âi heibio'r garreg, tarawodd Guto ef â'i dryfer. Ond â bloedd fawr, chwalodd y tryfer a thaflwyd Guto ar ei ben i'r pwll. Roedd yn falch o allu dianc â'i fywyd ac ni soniodd am bysgota ar y Sul wedi hynny.

MOTIFAU: F.420.1.3.2 (Ellyll y dŵr ar ffurf pysgodyn)
F.420.5.2.1 (Ellyll y dŵr yn tynnu gŵr i'r dŵr)
Q.223.6   (Cosb am dorri'r Sabbath)

CŴN ANNWN : SOLOMON EVANS : DINAS DINLLE

John Rhys, *Celtic Folklore*, I, 1901, tt.215-6.

Ddeng mlynedd ar hugain yn ôl, pan oedd gŵr o'r enw Solomon Evans yn mynd adref ym mherfeddion nos drwy Barc Glynllifon, canfu ei hun yn cael ei ddilyn gan lu o anifeiliaid, y rhai a ddisgrifiodd fel tua maint mochyn cwta ac wedi eu gorchuddio â smotiau coch a gwyn. Roedd yn ŵr anwybodus, yr hyn a wyddai ddim gwell na chredu hyd dydd ei farwolaeth, tua 8-9 mlynedd yn ôl mai cythreuliaid oeddynt. Mae'n debyg mai fersiwn niwlog o stori am 'Gŵn Annwn' a geir yma . . .

Byddai'n gywir i'w cysylltu, yn y dechrau â'r cnud o gŵn a ganfyddir yn hela gyda'r Brenin Arawn gan Pwyll, Pendefig Dyfed, pan ddigwyddant gyfarfod yng Nghlyn Cuch. Yna mewn cerdd yn *Llyfr Du Caerfyrddin* cawn Gwyn ab Nudd gyda chnud a arweinir gan Dormarthy, ci â thrwyn coch, yr hwn a gadwai'n agos i'r ddaer pan ar drywydd ei sglyfaeth . . . Dywedir fod y cŵn yn eiddo i Gwyn. Ond ar y cyfan y syniad diweddarach yw mai'r Diafol yw eu cynydd, a bod ei gŵn yn hela yn yr awyr ac mai eneidiau'r meirw oedd eu hysglyfaeth a bod eu cyfarth yn rhagfynegi marwolaeth, gan eu bod yn chwilio am eneidiau pobl ar farw. Ond gellid dweud fod hyn yn baganaidd a chlywais ddweud yn ardal Ystrad Meurig ganun, fel Mr Pughe, nad oeddent ond (yn hela) eneidiau pobl wirioneddol ddrwg a rhai fu'n byw bywyd hysbys o ddrwg.

MOTIF: E.752.5 (Cŵn Annwn)

DREIGIAU MYRDDIN EMRYS : BEDDGELERT

Gw. Chwedl Dinas Emrys yn yr Adran *Personau Hanesyddol-Chwedlonol*.

ERYR ERYRI : LLANBERIS

Marie Trevelyan, *Folk-lore . . . of Wales*, 1909, tt.81-2.

Byddai Eryrod sanctaidd yn sgrechian a phroffwydo i lawr o ben eu nythod ar greigiau copaau bron bob un o fynyddoedd mawr Cymru. Mewn iaith farddonol, 'Caer Eryri' oedd yr Wyddfa bob tro.

Credid y gallai Eryrod Eryri broffwydo. Pan ehedent i fyny a chylchynu, roedd buddugoliaeth gerllaw; pan ddeuent i lawr i ymyl y ddaear, roedd dinistr ar ddod. Os safent fel gwylwyr ar y creigiau llym, golygai fod gelynion yn y pellter. Pan gasglent ynghyd mewn un lle neu nifer o wahanol leoedd, neu yn ymddangos yn peidio cymeryd sylw, roedd heddwch i ddod am gyfnod.

Roedd y gŵr a fentrai ddwyn wyau'r eryr o'i nyth yn sicr o golli ei gartref am byth. Ni ellid dal eryrod yr Wyddfa a Chadair Idris. Golygai eu cri fod drwg ar ddod a phan welid hwy'n aros uwch ben y gwastatir roedd angau a phla ar ddod.

Mae Eryrod yn dra amlwg mewn chwedlau cysylltiedig â'r Brenin Arthur a nodir nifer o ogofau yng Nghymru lle'r oedd eryr yn arfer bod wedi ei gadwyno yn gwylio gorweddle'r brenin, yr hwn a ddychwelai yn yr Oes Aur i reoli Prydain a holl ynysoedd y môr.

Yn y Gogledd arferid dweud mai eryrod mawr yr Wyddfa oedd yn paratoi i hedfan pan deimlid gwynt cryf. Sôn un chwedl am gyfarfod mawr gan yr eryrod ar gopa'r Wyddfa. Gorchmynwyd holl eryrod, fulturiaid ac adar ysglyfaethus eraill fod yn bresennol, o Bumlumon, Cader Idris a mynyddoedd eraill y Gogledd. Tra'n brysur yn trafod gwaeddasant oll ac ar y terfyn llamodd yr adar i gyd i'r awyr gyda'i gilydd nes creu hyrddwynt mawr a aeth dros Gymru gyfan, yn dinistrio popeth o'i flaen. Mewn ambell ran o Gymru gynt dywedent ar gyfnod o wynt cryf eithriadol 'fod yr eryrod yn magu hyrddwynt ar yr Wyddfa'.

MOTIFAU: B.143.0.7   (Eryr proffwydol)
          N.570   (Gwyliwr y trysor)
          A.1125   (Hyrddwynt yn cael ei achosi gan adar yn ysgwyd eu adennydd)
          B.232   (Senedd yr adar)

Gwelir cychwyn y traddodiadau hyn yn *Nheithlyfr* Gerallt Gymro lle dywed y mynychir mynyddoedd Eryri gan eryr a glwyda ar garreg arbennig bob pumed dyddgwyl. Disgwyliai ryfel ar y dydd hwnnw ac y digonai ei chwant bwyd ar gyrff y lladdedigion. Dywedir ei fod wedi tyllu drwy'r garreg y safai arni wrth lanhau a hogi ei big. Dilynwyd fersiwn Gerallt ar y traddodiad gan nifer o gofnodwyr eraill:

William Williams, *Observations on the Snowdon Mountains,* 1802, t.2.
J. Evans, *Caernarvon and Denbigh*, 1810, tt.302-3.
Dienw, *An Accurate Account*, ca., 1812, tt.58; 59.
J. Evans, *Yr Hynafion Cymreig*, 1823, t.148.
Dienw, *The Cambrian Tourist*, 1834, t.83.
Elias Owen, 'On the Circular Huts and their Inhabitants', *Y Cymmrodor*, 1888, t.128.
Glan Menai, 'Mynyddoedd Sir Gaernarfon', *Y Geninen,* 1894, t.58.
Dienw, *Snowdon and Llanberis*, s.d., t.13.

Y GARROG – PARCH JOHN EVANS, EGLWYSBACH : DYFFRYN CONWY

E.D. Rowlands, *Dyffryn Conwy a'r Creuddyn*, 1947, tt.211-13.

Rhyw dro yr oedd anghenfil erchyll yn llechu yng nghoedydd a cheunentydd Dyffryn Conwy.

Creadur tebyg i ddraig oedd yn ei ffurf, ag adenydd cryfion, gylfin nerthol, ewinedd hirion a llygaid fel fflamau. Byddai ei ysgrech aflafar yn nhrymder y nos yn ddigon i ddychryn gwlad.

Pan ddeuai yn ei dro o'i guddfan liw dydd disgynnai ar ddôl wastad a dymunol wrth droed y bryn. Gelwir y ddôl hon hyd heddiw yn Ddol y Garrog.

Dro arall ehedai ar draws y dyffryn a disgyn ar ei hoff orffwysfa yr ochr arall i'r afon yn ardal Eglwysbach.

Gelwir y bryn lle y byddai yn gorffwys yn Fryn-y-Garrog.

Byddai'r anghenfil hwn yn ddychryn i'r wlad oherwydd y dinistr a wnai. Llarpiai anifeiliaid a'u difetha a'u rheibio. Dychrynai hen wragedd i farwolaeth ymron â'i ysgrechiadau annaearol. Dywedid ei fod yn cario plant weithiau yn ei grafangau ac na welid hwynt mwy, a chlywid rhigwm fel hyn amdano:-

'Aeth y garrog ar ryw fore
A Sionyn fychan yn ei fache.'

Yr oedd ei arswyd ar bawb, ac yn enwedig ar y plant. Ni allent fynd allan i chwarae ar ôl iddi dywyllu nos.

Trigai gŵr bonheddig yn yr ardal ar y pryd, – dyn pur angharedig ac amhoblogaidd. Dywedasai hen widdon wrth y dyn hwn y byddai farw drwy gael ei frathu gan y garrog. Penderfynodd yntau na fyddai i hynny ddigwydd beth bynnag.

A dyna ddechrau ymgynghori â'i gyfeillion pa fodd i ddifa'r anghenfil. Ofnai rhai rhag gwneuthur dim oherwydd y sôn am y perygl o fynd yn agos at y bwystfil.

Chwythai fwg a thân o'i enau, meddai y rhai a'i gwelsent.

Yr oedd sicrwydd fod gwenwyn marwol ar ei ddannedd, ac nid oedd obaith i neb fyw a gai'r brathiad lleiaf ganddo.

Fodd bynnag drwy berswâd y gŵr bonheddig a addawodd wobr dda i'r neb a lwyddai i ladd y garrog, trefnwyd diwrnod i'w hela. Daeth gwŷr cryfaf a dewraf y fro at ei gilydd, pob un â'i fwa a saeth.

Er bod yn hollol ddiogel y diwrnod hwnnw aeth y gŵr bonheddig i'w wely, ac aros yno drwy'r dydd.

Yn hwyr y prynhawn dyna gael y garrog allan o'i guddfan. Dyna lu o saethau yn hedeg tuag ato, – ac un i mewn i'w galon.

Bu farw yn y fan.

Llusgwyd ef i lawr i'r ddôl, a chyrchwyd y gŵr bonheddig i'w weled.

Pan gyrhaeddodd rhoes gic i'r anghenfil marw yn ei enau. Aeth un o ddannedd gwenwynllyd y creadur drwy ei esgid, gwenwynwyd ei holl gorff a syrthiodd yn farw.

MOTIFAU: B.11.2.6   (Adenydd draig)
           B.11.2.4.2 (Traed draig – ewinedd hirion)
           B.14.4.2   (Bwystfil â llygaid tanllyd)
           B.11.6.7   (Draig yn bwyta anifeiliaid)
           B.11.6.8   (Draig yn cipio plant ymaith i'w bwyta)
           B.11.2.11 (Draig yn chwythu mwg a thân)
           B.11.11   (Brwydr â draig)
           N.339.16   (Clwyf angeuol ar ddaint gelyn marw)

Cofnodwyd y chwedl hefyd yn:

T. Gwynn Jones, *Welsh Folklore*, 1930, t.83.

Alison Bielski, *Hanes y Ddraig Gymreig*, ca. 1972, t.8.

GWIBER LLANFAIRISGAER : LLANDDEINIOLEN

Myrddin Fardd, *Llên Gwerin Sir Gaernarfon*, 1908, tt.237-8.

Mae carreg anferth o fawr ar ochr bryn, ym mhlwyf Llanfairisgaer yn Arfon, rhwng y Felinheli a'r Crug. Mae yn gorffwys ar garreg led fechan, yr hon sydd a thua llathen ohoni allan o'r ddaear. Y mae traddodiad y byddai gwiber fawr yn ymddangos o gylch y garreg ar brydiau, ac ddarfod i ddyn o'r enw Owen Harri Dafydd, gof wrth ei alwedigaeth, glywed amdani, a thyngu y mynnai ei lladd; a phan yn hanner meddw aeth o'r efail, a chymerodd droed pigfforch, ac aeth i edrych amdani. Er ei syndod canfyddai yr ymlusgiad yn dorch am y garreg, a bu brwydr ofnadwy rhyngddo â hi, ond efe a orchfygodd. Ym Mhorthaethwy y preswyliai y gwron crybwylledig, o gylch y flwyddyn 1639. Yr oedd yn chwe troedfedd a chwe modfedd o daldra – yn gryf ac yn gyflym; gallai ddal llwynog a llwdn dafad ar redeg.

MOTIF: B.11.11 (Lladd draig)

Cofnodwyd y chwedl hefyd yn:

T. Gwynn Jones, *Welsh Folklore,* 1930, t.86.

HELA'R HWCH DOROG : BEDDGELERT

Gw. Adran y *Cymeriadau Lled-Hanesyddol*.

YR HWCH DDU GWTA : DYFFRYN CONWY

Elis o'r Nant, 'Yr Hwch Ddu Gwta', *Y Geninen,* 1899, tt.199-200.

Dywed Elis gymaint o ofn mynd allan fyddid ar Nos Galangaeaf a chroesi'r un gamfa, gan y dywedid wrthynt: 'Hwch ddu gwta ar ben pob camfa, gyda'i nodwydd ddur yn nhu ol yr ola'. Dywed i hyn ddeillio o'r hen drigolion yn arfer cynnau tân ar ben y carneddau a'r uchelfanau o blaid y duwiau da ac i erlid y drwg. Gwneid hyn bob Nos Galangauaf. Yna dygai pawb dewyn adref i ail-gynnau'r tân ar yr aelwyd. 'Byddai i bob un nad ufuddhai gael ei ysgymuno, a'i fwrw allan i'r 'Hwch ddu gwta', i fwrw ei llid arno, trwy ei larpio a'i ddifa, fel na fyddai mwy air o sôn amdano. Disgwyliai ar ben bob camfa i suddo nodwyddau dur eiriasboeth i gnawd yr olaf. Dywed fel y rhuthrai bawb dros gamfa i osgoi bod yr claf ac fel y rhuthrai ef a'i gyfeillion pan yn blant. Yn aml iawn byddai ef yn olaf, gan mai ef oedd yr ieuengaf a pharodd hyn ddychryn iddo aml waith. 'Mae yn yr ardaloedd hyn lu o olion yr hen lên gwerin dan sylw, yn gystal a rhai cannoedd eraill, megys "Pant yr Hwch", "Camfa yr Hwch", "Moel yr Hwch", "Afon Hwch", "Bryn yr Hwch"; a "Bwlch Cynnud", a "Moel Gynnud", a "Bryn y Goelcerth", lle yr arferid cynneu tân y coelcerthi, y dyddiau gynt, Nos Galanmai a Nos Galangauaf.'

MOTIF: E.501.4.3 (Yr Hwch Ddu Gwta)

Cofnododd John Rhys yntau draddodiad tebyg o ardal Llanaelhaearn gan Lewis Jones. Ar nos Galan Gaeaf byddid yn cynneu coelcerth ar fferm Cromlech, Rhyd y Gwystl a gwelid rhai eraill i gyfeiriad Llithfaen, Carnguwch a Llanaelhaearn. Taflai pawb garreg i'r tân ac os gallai ei chanfod drannoeth byddai'n flwyddyn lwyddiannus iddo. Arhosai pawb tan y diffoddai'r coelcerth cyn rhisio adref ar ôl y gri arferol:

> 'Yr hwch ddu gwta
> A gipio'r ola'.'

Ar y pryd, defnyddid yr Hwch Ddu Gwta fel bwgan i ddychryn plant yn Arfon. Ceid amrywiadau ar y rhigwm, megis:

> 'Hwch ddu gwta
> Ar bob camfa
> Yn nyddu a chardio
> Bob nos G'langaea'.'

yn y Gogledd. Yng Ngheredigion cwtogwyd hyn:

> 'Nos Galan Gaea'
> Bwbach ar bob camfa.'

Am fanylion pellach, gwêl:

John Rhys, *Celtic Folklore*, I, 1901, tt.225-6.

Roedd y grêd yn fyw yn ardal Capel Uchaf, Clynnog tan yn gymharol ddiweddar. Clywais gan Huw Hughes (Tâp SGAE, 4; ochr 1-4) fel y gwelid hi ar nosweithiau'r gaeaf, a thorllwyth o foch bach gyda hi, ac fel yr ofnai pawb hi.

Llamhigyn y Dŵr : Ifan Owen : Beddgelert

John Rhys, *Celtic Folklore*, I, 1901, t.79.

Dywed William Jones, a anwyd ym Meddgelert, am Ifan Owen y Pysgotwr, 'Byddai mor ddifrifol â sant pa mor gelwyddog bynnag y byddai ei chwedl. Soniai straeon gorau Ifan Owen . . . am yr hyn a alwai'n Lamhigyn y Dŵr. Nis gwelodd ef ei hun ond roedd ei dad wedi ei weld 'gannoedd o weithiau'. Lawer noson y parodd iddo ddal dim yn Llyn Gwynant, a phan soniai'r pysgotwr am y creadur hwn, tueddai ei ansoddeiriau fynd yn amlsillafog. Unwaith, yn arbennig, ag yntau wedi bod yn pysgota am oriau ar derfyn y dydd heb ddal dim, canfu fod rhywbeth yn tynnu'r pryf oddi ar y bach bob tro y castiai. Ar ôl pysgota mewn gwahanol rannau o'r llyn, aeth gyferbyn â'r Benlan Wen, pan roddodd rhywbeth blwc ofnadwy i'w lein, 'ac myn crocbren, dyma finnau a plwc arall', arferai'r pysgotwr ddweud, 'gyda holl nerth fy mraich, ac allan â fo, ac i fyny oddi ar y bachyn, tra trown i'w weld, fel y tarawai yn erbyn dibyn Penlan nes goleuo fel mellten'. Arferai ychwanegu 'os nad y Llamhigyn oedd hwnnw, rhaid mai'r Diawl ei hun ydoedd'. Rhaid fod y dibyn hwn o leiaf ddau can llath o'r lan.

MOTIF: F.420 (Ellyll y dŵr)

Cofnodwyd y chwedl hefyd yn:

T. Gwynn Jones, *Welsh Folklore,* 1930, t.106.
Frank Ward, *The Lakes of Wales,* 1931, t.142.

Llyn y Cŵn : Nant Ffrancon

Thomas Jones, *Gerallt Gymro*, 1947, t.123.

Yn rhan uchaf y mynyddoedd hyn (Eryri) mae dau lyn teilwng o ryfeddod . . . Mae'r ail lyn yn nodedig am wyrth rhyfedd ac unigryw. Cynnwys dri math o bysgodyn; sliwod, brithyll a draenogiaid, i gyd gydag un llygad, – yr un chwith ar goll; ond os gofyn y darllenydd ymholgar i mi egluro'r digwyddiad anghyffredin hwn, nis gallaf. Mae'n rhyfedd hefyd fod dau le yn yr Alban, un ger arfordir y dwyrain a'r llall y gorllewin, lle mae'r un nam i'w weld ar y pysgod a elwir hyrddyn, sef fod y llygad chwith ar goll.

MOTIF: F.986 (Pysgod anghyffredin)

Bu hon yn chwedl boblogaidd, er na wyddai pob un o'r cofnodwyr am y llyn, a welir yn y bwlch rhwng Y Glyder Fawr a'r Garn, gan ei alw'n 'Lyn y Cwm' weithiau:

Thomas Pennant, *Journey to Snowdon,* 1781, t.156.
J. Evans, *Tour through part of North Wales,* 1798, tt.197-8.
Thomas Evans, *Cambrian Itinerary,* II, 1801, t.286.
J. Evans, *Caernarvon and Denbigh,* 1810, t.307.
Dienw, *An Accurate Account,* ca.1812, t.95.
S.A. Cooke, *Topographical Description of North Wales,* ar ôl 1830, tt.87-8.
Myrddin Fardd, *Llên Gwerin Sir Gaernarfon,* 1908, t.194.
T. Gwynn Jones, *Welsh Folklore,* 1930, t.106.
D.J. Williams, *Borough Guide to Bethesda,* s.d.

PEN CI A CHORFF DAFAD : NANT Y BETWS

Pitar Evans, Tâp SGAE, 1; ochr 1-4.

'O'ddach chi'n d'eud rŵan am bobol 'di meddwi ,ag ar 'i ffor' adra' ag yn gweld petha' felly, ia? Yn 'i cwrw 'lly?'

'Ia, ia. Wel o'dd 'rhan fwya' o'r sdraeon o'ddach chi'n ga'l ychi o'dd pobol wedi meddwi . . . 'chi, o'dd'na dai tafarna' yn Weun 'ma'r adag honno, ychi. Amryw ohonyn n'w – pump ne' chwech i chi. Y . . . o'dd 'na un yn Cro'sweun, tŷ tafarn Cro'sweun, a'r 'Eagles', a'r 'Kingshead'. Wedyn mi fydda'r bobol, y rhan fwya' ohonyn n'w, yn mynd i yfad cwrw, ychi . . . yn 'rw'anos, a nos Sadw'n yn enwedig. Ag wrth gwrs, mi fydda' rheini 'di gweld, ne' 'di ryw ddychmygu gweld petha' gwiriona' wrth fynd adra', 'de. Wedyn, 'dwi'n cofio, o'dd 'na ryw hen fachgan yn byw, Gruffydd Morus, yn ymyl, lawr yn Caeronwy yn fan'na 'chi. Wel, mi fydda' hwnnw'n mynd, o'dd raid iddo fo fynd ar hyd yr hen lein bach ychi, i fynd adra', 'de. Wel do'dd 'na ddim ond coed ag anifeiliaid ag adar 'da chi'n gweld, iddo fo 'de, ryw adar . . . Mi fydda' hwnnw 'de, mi fydda' ginno fo'r sdraeon mwya' ofnadwy . . . Oedd, o'dd o'n coelio yn'yn n'w 'dach i'n gweld. O'dd o 'di meddwi 'de. A 'dwi'n cofio fo'n d'eud wrtha ni blant, fod o 'di gweld ryw anifail od, od ofnadwy, pen ci gynno fo 'chi, a corff dafad, a rhyw betha' felly gynno hwnnw.'

'Yn lle o'dd o 'di gweld n'w felly?'

'Wel y . . . wel yn y coed wrth fynd adra' 'chi, ar hyd lein bach 'na chi, ia. Wel ychi be'? Fydda' ni'r amsar honno yn blant ysgol yn 'i goelio fo ychi, oeddan, mi o'dd o mor "convinced" 'i fod o. Ond wedi meddwi o'dd o 'chi, a wedi dychmygu 'i fod o'n gweld petha', 'de.'

'Be' o'dd o 'di weld i gyd felly?'

'Dwn i'm be' o'dd o 'di weld i gyd wir, John bach! E'lla' fod o 'di dychmygu, ychi . . . ma' 'na gysgodion ychi, ar noson leuad ynde . . . ychi, bwganod ynde! Dychmygu bod n'w'n gweld bwganod ynde.'

'Ond o'dd o'n coelio mewn ysbrydion?'

'O'dd o'n credu'n gydwybodol, 'de, fod 'na r'wbath od iawn yno, 'de. Ond wedi meddwi o'dd o 'chi.'

'Lawr am bompran o'dd hyn?'

'Ia, dyna chi, lawr . . . o'dd o'n lle anial iawn. Wyddoch chi, e'lla' bod 'na amball i ryw hen dderyn yn rhoid ryw sgrech ynde, a ryw hen ddafad yn rhoid amball i fref, yn y t'w'llwch 'na.'

MOTIF: B.15.1 (Anifail â phen anghyffredin)

PYSGOD LLYN DULYN : NANT FFRANCON

'Chwedlau y Llynoedd', *Y Brython*, II, 1859, t.88.

Mae llyn ym mynydd Eryri, a elwir y Dulyn, mewn cwm erchyll, wedi ei amgylchu â chreigiau uchel perigl, a'r llyn yn ddu dros ben, a'i bysgod sydd wrthun, â phenau mawr, ac â chyrff bychain. Ni welwyd arno erioed eleirch gwylltion (fal y byddant yn aml ar bob llyn arall yn Eryri) yn disgyn arno, na hwyaid, na math un aderyn. Ac yn y rhyw lyn mae sarn o gerryg yn myned iddo, a phwy bynnag a eiff ar y sarn, pan fo hi yn des gwresawg, ac a deifl ddwfr, gan wlychu y garreg eithaf yn y sarn, a elwir yn Allawr Goch, odid na chewch wlaw cyn y nos.

(Teste *T. Prys, o Blas Iolyn*, a *Sion Dafydd o'r Rhiwlas*, yn Llan Silin).

MOTIFAU: F.986   (Pysgod anghyffredin)
          D.2143   (Glaw yn dod ar ôl tywallt dŵr)
          D.1542.1.1 (Carreg hud yn cynhyrchu glaw)

Ar wahân i'r pysgod hyll, gwelir yma fotif arall diddorol a hynafol iawn, sef yr Allor Goch. Gwelir yr un motif yn chwedl 'Iarlles y Ffynnon', sef D.1541.1.3 (Pistyll hud yn cynhyrchu glaw/storm).

Cofnodwyd fersiwn *Y Brython* ar y chwedl mewn amryw fannau eraill:

W.R. Ambrose, *Hynafiaethau Nant Nantlle*, 1872, t.58.
Myrddin Fardd, *Llên Gwerin Sir Gaernarfon*, 1908, t.193.
Marie Trevelyan, *Folk-lore of Wales*, 1909, t.12.
T. Gwynn Jones, *Welsh Folklore*, 1930, t.106.
Frank Ward, *The Lakes of Wales*, 1931, t.103.

PYSGOTWR Y FFYNNON LAS : BEDDGELERT

D.E. Jenkins, *Bedd Gelert,* 1899, t.304.

Rhoddodd mwynwr a weithiai ym mhyllau copi (yr Wyddfa) yr hanes canlynol am ei brofiad yn pysgota yn y Ffynnon Las: 'Tua deugain mlynedd yn ôl (yn awr mae dros 80 – felly *tua* 1810), pan oeddwn yn gweithio yng ngloddfa'r Wyddfa, yr oeddwn wedi dod allan am dipyn o fwyd ac yn eistedd ar un o'r tomenydd, pan welais bethau tebyg iawn i eogiaid yn neidio yn y llyn, yn union oddi tanaf. 'Maent yn bysgod anferth' meddais, ac euthum i nôl fy hen enwair o'r Barics. Roedd gennyf bluen ardderchog wedi ei gwneud o gynffon dryw ond ni chymerent sylw ohoni o gwbl. Rhuthrais i Hafoty Cwm Dyli i gael tipyn o bryfaid genwair a gosodais ddau ar fy mach. Nid oedd brin yn y dŵr na'i cymerwyd, ac ar fy nghydwybod, fe dynnodd y pysgodyn! Plygodd fy ngenwair fel whalbon. Daliais fy nghafael a thynnu fel ceffyl ac yn y fan daeth i fyny. Hoho! Angofia i mo'r olygfa tra bydda'i byw. Roedd y peth agosaf i lyffant a welais eto ond cymaint mwy. Ddyn bach! Roedd yn fwy na llo blwydd mwyaf Cwm Dyli! Roedd yn dod amdanaf gyda'i geg yn agored fel ogof a dangos ei ddannedd yn y modd mwyaf erchyll, nes y teimlwn fy mod ar fynd i wasgfa. Doedd hi ddim yn hir nes fy mod yn y gwaith gyda'r lleill eto. Os bu ellyll erioed, roedd hwnna'n un.

MOTIF: F.420.1.3.10 (Ellyll y dŵr ar ffurf llyffant [anferth])

Cofnododd John Rhys yr un traddodiad o enau William Jones (Bleddyn). Dywedodd mai tad Ifan Owen oedd y pysgotwr. Gwêl:

John Rhys, *Celtic Folklore,* I, 1901, tt.79-80

RHYD Y GWENWYN : PENMACHNO

O. Gethin Jones, 'Hanes Plwyf Penmachno', *Gweithiau Gethin,* 1884, t.240

Ychydig yn uwch eto mae Rhyd y Gynen, neu fel y dywed yr hen bobl – Rhyd y Gwenwyn; oblegyd yr oedd gwenwyn y sarff a saethwyd ac a syrthiodd i'r llyn gerllaw yn y llanerch yma, ac yr oedd yn arogli yn drwm, yn ôl yr hen chwedl!

MOTIFAU: B.11.2.13.1 (Gwaed draig yn wenwynig)
          D.1563.2.2 (Gwaed yn gwenwyno'r amgylchedd)

Gw. hefyd:

T. Gwynn Jones, *Welsh Folklore,* 1930, t.85.

TARW'R DŴR : NANT FFRANCON

Frank Ward, *The Lakes of Wales,* 1931, t.72.

Dywedir fod Tarw'r Dŵr yn byw yn nyfnderoedd Llyn Cowlyd. Dywedir fod ganddo gyrn a charnau tanllyd a bod fflamau yn dod o'i ffroenau. Codai o'r llyn yn ystod y nos a chipio teithwyr unig i'r dyfnderoedd.

MOTIFAU: F.420.1.3.4 (Ellyll y Dŵr ar ffurf tarw)
B.19.4   (Tarw tanllyd)
F.420.5.2.1 (Ellyll y dŵr yn boddi pobl)

Cofnododd Ward y chwedl hon oddi ar lafar. Mae'r ellyll hwn yn debyg i'r teirw sy'n trigo yn rhai o lynnoedd Iwerddon.

Y WIBER NANT : PENMACHNO

Glasynys, *Cymru Fu*, 1862, tt.430-2.

Pan oedd yr afanc yn Llyn yr Afanc, yn uwch i fynu, mewn cainc o'r un afon, yr oedd Gwiber yn peri arswyd i'r neb a elai yn agos at ei glenydd, ac a elwid o'r plegyd yn Wiber Nant, neu Nant y Wiber. Yr oedd yr afanc yn greadur difrodus enbyd, a pha beth a wnaed ond bachu yr ychain banog wrtho, a'i lusgo o'i lyn ei hun yr holl ffordd i Lyn Llydaw yn y Wyddfa, tua'r un adeg gwnaed cais i ddistrywio'r wiber hefyd, oblegyd yr oedd yn berygl bywyd myned yn agos at y lle. Ni wyddai y trigolion ar faes medion y ddaear pa fodd y caent ymwared rhagddi, oblegyd blinai hwynt yn ddi-dor-derfyn, ac yr oedd un peth yn perthyn i'r Wiber hon na feddai yr un o'r lleill mo hono.

Gallai fyw yn y dwfr fel ar y tir, a phan bwysid arni naill ai gan ddynion neu rywbeth arall byddai yn hwylus newid ei sefyllfa. Bu felly am ugeiniau os nad canoedd o flynyddoedd, ebe Edward Llwyd, yn cyflawni direidi, ac yn peri poen a blinder. Ond un o Wylliaid Hiraethog wedi blino clywed pobl yn sôn ac yn rhuo yn nghylch y Wiber, a benderfynodd fynu ei lladd deued a ddelai.

Cyn dechreu ar ei orchwyl anturus, aeth heibio i ryw hen Ddewin, ag oedd yn byw mewn bwthyn unig ar ei ffordd i ofyn tesni ganddo. 'Pa fath farwolaeth fydd i mi?' ebai, yn bur geiliogaidd. 'Gwiber a'th frath,' ebai'r Dewin. Ofnodd pan glywodd, a rhoes ei antur i fynu. Yn mhen tipyn o amser drachefn, aeth at yr un hen Ddewin, mewn gwedd a dull gwahanol, a gofynodd iddo'r un gofyniad. Atebodd yntau, 'Torri dy wddf a wnei'. Yntau a aeth ymaith gan gilwenu am ben mor amryw oedd chwedl y Dewin. Cyn pen rhyw lawer iawn aeth yno wed'yn a gofynodd rywbeth i'r un perwyl ag a wnaeth y ddau dro cynt. Cafodd ateb, 'Boddi a wnei'. Chwarddodd y Gwylliaid dros bob man am ben anghysondeb dywediadau'r Dewin, a dywedodd wrtho, 'Pa fodd y mae'n ddichonadwy i mi gael fy lladd gan Wiber, torri fy ngwddf, a boddi?' 'Amser a ddengys, amser a ddengys,' atebai'r Dewin yn bur ddigyffro. Aeth y Gwylliad ymaith ar lwyr fedr cael gornest hefo'r Wiber. Aeth i'r Nant ac yna y bu yn dyfal geisio y bwysfil gwenwynig. O'r diwedd ar lethr serth pan yn ymgreinio yn mlaen hyd risyn ar fron clogwyn: uwch ei ben dyma'r Wiber yn nesu ato a brathodd ef yn enbyd yn ei law. Pan yn y bang syrthiodd ryw swm o latheni i lawr, ac yna ar ei ail godwm ymgladdodd mewn corbwll dwfn, ac felly daeth y tri pheth i ben yn ôl gair y Dewin. Ar ôl i'r si fyned ar led am y digwyddiad, ffyrnigodd y Gwylliaid fwy nag erioed o herwydd y weithred hon, a phenderfynasant wneud cais o'r newydd, ac felly y gwnaed; a saethodd rywun y Wiber ond nid oedd ddim un mymryn gwaeth. Aeth i'r afon a gwellhaodd ei harchollion yn ebrwydd, ac yno'r arhosodd am lawer o amseroedd meithion ar ôl hyn, a daethpwyd i gredu yn ddilys fod rhywbeth yno heblaw Gwiber, a buwyd yn sôn am hir a hwyr am dani. Ond erbyn hyn y mae ei hoes wedi darfod, ac nid oes dim cof am dani, oddigerth yr afon fyddarllyd yn neidio hyd y creigleoedd, yr hon a fedr, pe mynai, adrodd y pethau fu yn ddifloesgni wrth y rhai sydd, – nid oes ond yr afon yn gof o Wiber y Nant.

Dyna ddigon o lên y Gwiberod, er fod ugeiniau o chwedlau lled gyffelyb ar hyd a lled Cymru.

TEIP: A-T 934 A – Marwolaeth Driphlyg
MOTIFAU: B.11.3 (Trigfan draig)
M.341.2.4 (Marwolaeth driphlyg)
B.11.12.1.2 (Draig yn neidio i ddŵr ac yn cael gwellâd)

Mae motif y farwolaeth driphlyg yn boblogaidd yn llên gwerin Ewrop. Gwelir ef yn *Vita Merlini* Sieffre o Fynwy (ll.310-21; 391-417); mewn dwy fersiwn ar chwedl Lailoken ac yn chwedl Suibhne Geilt. Ceir chwedl debyg yn Esthonia.

Gwelir y farwolaeth (a genedigaeth) driphlyg mewn dwy gerdd gan Idelbert, Esgob Le Mans.

Mae'n fotif prin iawn yn llên gwerin Cymru. Gwelir ef yn yr *Iolo Manuscripts* yn stori Twm Ieuan ap Rhys (Twm Celwydd Teg) a allai fod wedi ei chofnodi oddi ar lafar ac yng Nghronicl Elis Gruffudd, (Llsgf. Llyfrgell Genedlaethol Cymru 5276 D.347a) lle cyfieithwyd y chwedl o'r Saesneg neu Ffrangeg.

Ceir fersiynau eraill ar y chwedl yn:

Gethin, *Gweithiau Gethin*, 1884, t.233.
Ellis Owen, 'Llen Gwerin Dolwyddelan', *Cymru,* XXVI, tt.58-9.
T. Gwynn Jones, *Welsh Folklore*, 1930, tt.84-5.
E.D. Rowlands, *Dyffryn Conwy a'r Creuddyn*, 1947, tt.204-5.

(d) *Y Diafol*

AFAL SION DAFYDD – 'HEN FRAWD O LANBEDR Y CENIN'

Cymru Fu, 1862, tt.356-7.

Ond, yn mhen yspaid maith o amser, cyfarfyddodd ag ef (y Diafol), wed'yn ar ddull gŵr boneddig; ond deallodd Sion mai y twyllwr ydoedd; ac eto gwnaeth fargen ag ef y pryd hwnw y bu'n edifar ganddo o'r herwydd tra fu byw ar y ddaear, sef gwerthu ei hun iddo am ryw swm mawr o arian, a'r rhai hyny ar ei law; ond ar yr amod hefyd, os gallai gael gafael mewn unrhyw beth, y byddai'n rhaid i'r diafol ei ollwng yn rhydd drachefn. A thrwy yr amod hwn gwaredwyd ef lawer tro. Ond unwaith daeth ar warthaf Sion yn ddisymwth, pan oedd ef yn nghylch ei orchwyl yn garddu. Cipiodd ef i fyny rhwng nef a llawr; ac yr oedd Sion wedi rhoddi pob gobaith o'r neilldu bron, pan feddyliodd am ofyn cenad i droi yn ôl er mwyn cael afail i'w sipian yn ngwlad yr haner nos; ac i hyny cytunwyd, ac yn ôl â hwy. Pan ddaethant at y coed afalau dyma Sion yn lygio'n ffast yn un o'r prenau; a bu raid i Dywysog Llywodraeth yr Awyr ei ollwng yn rhydd drachefn. Ac er ceisio lawer gwaith wed'yn methodd a'i gymeryd oddiar y ddaear hon; a chan ei fod yn rhy ddrwg i fyned i wlad y gwynfyd, a'i wrthwynebydd wedi methu ei gymeryd trwy fodd nac anfodd i wlad y poenau, y fo ydyw Jac y Lantern; ac os gwir y chwedl, mi a'i gwelais lawer gwaith – er ei fod yn hen, y mae yn hen ŵr sionc eto.

MOTIFAU: G.303.3.1.2 (Y Diafol fel boneddwr mewn dillad costus)
          G.303.7.1 (Y Diafol yn marchogaeth ceffyl)
          K.210   (Twyllo'r Diafol rhag iddo gael enaid a adawyd iddo)
          A.2817.1 (Jac Lantern: enaid gŵr a dwyllodd y Diafol. Mae'n rhy
                    ddrwg i'r Nef a methodd y Diafol a'i gipio i Uffern)

Gwelir yr un chwedl yn:

Wirt Sikes, *British Goblins,* 1880, tt.204-5.
T. Gwynn Jones, *Welsh Folklore,* 1930, t.46.
W.J. Thomas, *More Welsh Fairy and Folk Tales,* 1957, tt.45-7.

ANGLADD ROBIN DDU : BANGOR

Cymru Fu, 1862, tt.243-4.

Un ysgub ramantus arall, a dyma ni yn troi pen ar ein mwdwl hwn o chwedlau yn nghylch Robin Ddu – Efe a addawodd lawer tro y celai y diafol ef ar ôl ei farw – pan ar ôl dwyn ei gorph trwy ddrws ei fwthyn a thrwy y porth i'r fynwent; a chredai'r bôd uffernol nad oedd modd iddo gael ei siomi yn hyn beth bynag. Pan fyrhaodd ei anadl, ac y gorweddai ar ei wely cystudd diweddaf, gwyliai y diafol yn ddyfal trosto, rhag iddo trwy ryw ddichell geisio ysgoi cyflawniad yr amod. Ond profodd Robin eto yn rhy dost iddo; yr oedd wedi rhoddi gorchymyn fisoedd yn ôl i un o'r cymydogion yn mha fodd ac yn mha le yr oeddid i'w gladdu. Yr oeddynt i dori agen yn mur y bwthyn, a myned a'r arch allan trwy hwnw, er mwyn ysgoi y drws; a gochel porth y fynwent trwy ei gladdu tan wal y fynwent – haner i mewn ynddi a haner allan o honi.

Felly, ni chafodd y diafol na phytatws, na gwenith, na chorph Robin Ddu; ac er cyfrwysed ydoedd, ac ydyw o ran hyny, efe a gyfarfyddodd â'i gyfrwysach yn mherson y Dewin dichellgar o Arfon. Nid oedd ganddo ond gadael y corph yn y fan yr oedd, a dychwelyd yn waglaw a siomedig i rhyw gwr arall o'i ymherodraeth. Ac oddiar y traddodiad hwn y tarddodd y ddiareb, 'Da fod gan y bwystfil a gornia gyrn byrion'; ac un arall, 'Y ci a lyf y gareg am na fedr ei chnoi'.

MOTIF: K. 219.4 (Y Diafol i gael enaid gŵr pan gludir ei gorff drwy ddrws y bwthyn a phorth yr eglwys. Archodd y gŵr i'r arch gael ei chludo drwy agen yn wal y bwthyn a'i gladdu ym mur y fynwent – hanner i mewn ynddi a hanner allan).

Cofnodwyd yr un chwedl yn:

Myrddin Fardd, *Llên Gwerin Sir* Gaernarfon, 1908, tt.14-15.

CETYN SION DAFYDD : 'HEN FRAWD O LANBEDR Y CENIN'

Cymru Fu, 1862, t.356.

. . . Bu ysbaid maith o amser cyn iddo gyfarfod â'i elyn drachefn. Ond cyfarfod a wnaethant, ac ar y cyntaf edrychai'r ddau yn lled ddigofus ar eu gilydd. Y tro hwn yr oedd Sion yn myned i hela â dryll (gwn) ar ei fraich. Ond, er y cyfan, gofynodd y diafol beth oedd ganddo ar ei fraich, ac atebodd Sion mai pibell oedd, ac mai'r bai mwyaf arni oedd ei bod yn drom iawn. 'A ga'i fygyn o honi?' ebai'r Hen Fachgen. 'Cei,' ebai Sion; a chyda'r gair rhoddi ffroen y gwn yn ngheg y diafol, a thynnu'r trigger a wnaeth Sion; a dyna'r ergyd fwyaf ei thrwst a glywyd ar wyneb daear erioed 'Achtŵ-tŵ!' meddai'r ysmociwr, 'mae rhyw frycha melltigedig ynddo'; ac ymaith ag ef fel mellten na wyddai neb i b'le; a meddyliodd Sion y cawsai waredigaeth oddiwrtho am byth wedi ei saethu fel hyn.

TEIP: A-T 1157 – Gwn fel Cetyn
MOTIF: K. 1057 (Gwn fel cetyn. Rhydd y twyllwr y gwn i'r Diafol i'w smygu).

Dilynwyd y fersiwn hwn mewn nifer o gyfrolau eraill:

Wirt Sikes, *British Goblins*, 1880, tt.204-5.
T. Gwynn Jones, *Welsh Folklore*, 1930, t.46.
W.J. Thomas, *More Welsh Fairy and Folk Tales*, 1957, t.45.

CNWD ROBIN DDU : BANGOR

Cymru Fu, 1862, tt.243.

Byddai Robin yn cael cymdeithas ei gyfaill yn rhodfeydd cyffredin bywyd; ac yn gwneud iddo trwy ei gyfrwysdra gyflawni llawer o fân orchwylion yn ei le, a a phob amser yn llwyddo i siomi a thwyllo yr archdwyllwr. Yr oedd y Dewin un diwrnod ar ei daith i godi pytatws. 'I b'le yr ei di?' ebai'r diafol. 'I gynull cnwd y maes,' oedd yr ateb. 'Roddi di yr haner i mi am dy helpio?' 'Gwnaf,' ebai Robin: 'pa un fyni di ai'r hyn sydd allan o'r ddaear ai'r hyn sydd yn y ddaear?' 'Yr hyn sydd allan o'r ddaear,' ebai Apolyon gan dybied mai i fedi yr oeddynt eu dau yn myned. Felly cafodd Robin y pytatws a diafol y gwlydd. Drachefn, yr oedd Robin dro arall yn myned i fedi, a chymerodd geiriau cyffelyb le rhyngddynt, a'r diafol y tro hwnw a ddewisodd yr hyn oedd yn y ddaear, gan iddo gael ei siomi o'r blaen. A chafodd Robin frig y gwenith a'r diafol ei wraidd.

TEIP: A-T 1030 – Rhannu'r Cnwd
MOTIF: K.171.1 (Rhannu'r cnwd yn dwyllodrus; allan o'r ddaear, yn y ddaear).
NODIADAU: Mae hon yn un o lawer chwedl ryngwladol debyg. Rhaid ei bod yn gymharol ddiweddar, pan oedd tatws yn dod yn gnydau maes.

Y COED DI-DDAIL : BANGOR

Cymru Fu, 1862, t.242.

Ond y chwedlau mwyaf rhamantus yn ei gylch ydynt y rhai hyny sydd yn sôn am yr ymdrafodaeth fu rhyngddo â'r diafol yn bersonol.

Ymddengys fod Robin a'i gyfaill dieflig mewn math o gyngrair, tebyg i'r un a fodolai rhwng Faust a Mephistopheles, yn ngwaith Goethe, y bardd Germanaidd rhagorol. Addefa pawb fod y diafol yn un lled grá̂ff yn ei fargeinion, ond oddiwrth y chwedlau canlynol gwelir fod Robin yn rhy dost iddo. Rywdro yn nghanol haf addawodd ei hunan iddo, gorph ac enaid, pan fyddai'r coed yn ddi-ddail; eithr pan ddaeth yr Hydref, a'r diafol yn galw am gyflawni yr adduned, ymesgusododd y cyfrwysgall Robin trwy ddywedyd, –

Yr eiddew, a'r celyn, a'r pren yw,
Ni chollant eu dail tra byddant byw.

TEIP: A-T 1184 – Y Ddeilen Olaf
MOTIF: K.222 (Y taliad i'w wneud pan fo'r ddeilen olaf yn disgyn)

Y Diafol Du

Elisabeth Williams, 'Chwedlau Nain', *Dirwyn Edafedd*, 1953, tt.62-3.

Yn Llanrhychwyn bywiai dwy hen ferch ac yr oedd ganddynt gath ddu. Ni wyddai neb oed y gath. Dwedid iddi berthyn i rieni'r ddwy hen ferch ond, er i'r ddwy fod yn hen ac yn grintachlyd roedd y gath yn hollol ddi-newid ar hyd y blynyddoedd. O'r herwydd byddai llawer o sibrwd a siarad yn y gymdogaeth am y ddwy hen ferch. Ni fywient fel eu cymdogion – cadwent o'r neilltu, a dwedid y byddent mewn aml gymundeb â'r ysbrydion. Ni ddeallai neb beth oedd ffynhonnell eu cyfoeth. Rhaid meddid, eu bod yn meddu ar gyfoeth am nad oeddent yn gweithio am fywoliaeth. Roedd yn amlwg, meddid, nad *cath* ddu oedd y gath. Byddai'n dilyn y ddwy hen ferch i ba le bynnag yr aent. Ni chroesent fyth drothwy eglwys.

Clywodd rhyw hen ŵr duwiol am y ddwy ac un diwrnod aeth cyn belled â'u bwthyn a thaer erfyniodd y fraint o ddarllen iddynt bennod o'r Beibl a gweddio tipyn. Ar y dechrau nid oedd y ddwy yn fodlon, ond o'r diwedd cytunasant. Yng nghwrs y darllen roedd y gath ddu'n amlwg yn anesmwyth iawn – goleuadau rhyfedd yn fflachio yn ei llygaid a'i chynffon yn chwyddo fwyfwy. Pan ddisgynodd yr hen ŵr ar ei liniau a dechrau gweddio, cododd y gath ddu ei chefn yn y modd mwyaf bygythiol, goleuwyd yr ystafell â golau annaearol ac ar amrantiad diflannodd y gath drwy'r simdde mewn pelen o dân. Trwy weddi'r hen ŵr achubwyd y ddwy hen ferch o gadwynau'r diafol du – Satan. Roedd eu rhieni wedi eu gwerthu iddo pan oeddynt yn fach, er mwyn cael cyfoeth iddynt.

TEIP: A-T 817 – Y Diafol yn Gadael o Enwi Duw
MOTIFAU: G.303.3.3.1.2   (Y Diafol ar ffurf cath)
           S.211   (Gwerthu plentyn i'r Diafol)
           G.303.16.8   (Y Diafol yn gadael o grybwyll enw Duw)
           G.303.3.4.2.1   (Y Diafol fel pêl o dân)
NODIADAU: Clywodd E.W. y chwedl yma a llawer arall gan ei 'Nain Tynygraig'. Gwelir yma fath arall o chwedlau am y Diafol, ble mae'n ellyll dichellgar a pheryglus na ellir dianc o'i grafangau ar chwarae bach. Mae'n gymeriad hollol wahanol i dwpsyn y chwedlau lle twyllir ef.

DIHANGFA JOLLY JOHN : CAERNARFON

Owain Gwyrfai, *Gemau Gwyrfai*, 1904, t.102.

Yr oedd yn byw yn y Bontnewydd, gerllaw Caernarfon, ddyn o'r enw 'Jolly John'; ac ar ei ffordd adref, wrth dŷ o'r enw Corn Simdde Hir, cyfarfu ddau ddyn, yn ei dyb ef, ac un ohonynt a ofynodd i'r llall, 'Fentri di ef, Meurig?' (canys Meurig yw enw cyffredin y bodau hyn). 'Na wnaf,' ebe yntau. 'Ond mi fentraf i ef!' ebe'r llall; ac yn y funud ysgubwyd ef nes oedd yn teimlo ei hun fel ar gefn aderyn mawr, ac yn fuan gollyngwyd ef fel wrth ddrws palas ardderchog, lle y gwahoddwyd ef i ddyfod i mewn i'r gegin, ac eilwaith i barlwr tra anrhydeddus, yn yr hwn y gwelai un o'r merched mwyaf boneddigaidd, ac yn cael ei galw gan ei morwynion, Mrs Salisbury, yr hon a'i gwahoddai yn daer i ddyfod atynt i'r parlwr. Yntau a wrthododd gan ddewis gorwedd ar fainc yn y gegin, oherwydd teimlai ei hun yn flinedig. Felly, efe a gysgodd; ac erbyn iddo ddeffro, yr oedd ar ei orwedd o fewn ychydig i ymyl y Llyn Du, yn nghwr Morfa Saint, sef llyn tra dwfn, lle y byddai plant Caernarfon yn ymdrochi, ac yn ymarferyd â nofio. Ar ei ddeffroad, dychrynodd yn ofnadwy; oherwydd pe buasai wedi myned i barlwr Mrs Salisbury, buasai yn sicr o fod yn y Llyn Du, ac felly yn boddi.

TEIP: M.L.3025 – Gŵr yn cael ei gario gan y Diafol neu Ysbrydion Aflan
MOTIF: G.303.9.5.4. (Y Diafol yn cario gŵr mor gyflym â'r gwynt drwy'r ffurfafen)

FFUSTIO'R DIAFOL – 'HEN FRAWD O LANBEDR Y CENIN' : ABER

Cymru Fu, 1862, tt.355-6.

Y peth a glywais ganwaith, a ysgrifenaf unwaith. Er's llawer dydd, yr oedd hen ŵr yn byw ar fynyddoedd Arfon a adwaenid wrth yr enw Sion Dafydd, Bwlch y Ddauafaen. Mae y Bwlch hwnw agos i haner y ffordd rhwng Llanbedr ac Abergwyngregin. Ond at yr hen ŵr a'i hanes. Yr oedd Sion Dafydd yn cyfeillachu llawer byd ag un o blant y pwll diwaelod, nes y byddent yn cyfarfod â'u gilydd yn rhyw fan y naill ddydd ar ôl y llall. Pa fodd bynnag, yr oedd Sion ryw fore ar ei daith i Lanfair Fechan, a ffust ar ei ysgwydd, gan fod ganddo dir llafur yno. Ond beth a'i cyfarfyddodd ond ei hen gyfaill o'r pwll diwaelod, a chŵd ar ei gefn, a dau o'r tylwyth bach ynddo o'r un rhywogaeth ag ef ei hun.

Dechreuasant ymddiddan a'u gilydd am y peth hyn a'r peth arall, ond cwympasant allan â'u gilydd, ac o fygwth aed i daro, a tharo a wnaethant na fu erioed fath ymladdfa. Yr oedd Sion yn dyrnu yn ddigydwybod â'r ffust, a dyrnu a wnaeth nes aeth y cŵd yn yfflon mân ar gefn ei wrthwynebydd; a diangodd y ddau oedd yn y cŵd nerth eu traed, neu eu hadenydd, i Rywgyfylchi, a dyna'r amser y gwnaed y lle hwnw yn waeth nag un lle arall trwy i blant y tywyllwch fod yno yn trigo.

TEIP: A-T 3303 – Y Diafol Mewn Cwdyn.
MOTIF: G.303.16.19.19 (Ffustio'r Diafol)

Cofnodwyd yr un chwedl yn:

Wirt Sikes, *British Goblins,* 1880, tt.284-5.
T. Gwynn Jones, *Welsh Folklore,* 1930, t.46.
W.J. Thomas, *More Welsh Fairy and Folk Tales,* 1957, t.44.

FFYNNON Y DIAFOL : DOLBENMAEN

Gw. 'Ffynnon y Diafol' yn Adran *Y Ffynhonnau.*

GWELEDIGAETH WIL WAUN : DOLWYDDELAN

Ellis Owen, 'Llên Gwerin Dolwyddelan', *Cymru,* Cyf. XXVI, tt.56-7.

Dywedir fod 'Wil Waen Hir' yn weithiwr diwyd a gonest a chymeriad hynod hoffus. Roedd byth a hefyd yn dweud iddo weld rhyw weledigaeth neu ei gilydd ond credai pawb ef. Un tro bu'n adrodd rhai straeon o'r fath yn y 'Shop Bach' wrth Morus Sion y turniwr a Betsan Jones. Arhosodd honno'n hwy nag arfer a bu'n rhaid i Wil ei danfon adref. Ar ei ffordd oddi yno, cyferfu â gŵr ar farch gwyn a'i rhybuddiodd: 'Rhaid i ti symud cerrig terfynau Tyddyn Ty'n y Bryn i'w lle priodol (hwn oedd yr unig dyddyn yn y plwyf a arhosodd yng ngafael ei berchnogion tra'r aeth gweddill y plwyf i grafangau teulu Gwydir); a'r un noswaith, tydi raid gludo esgyrn y corff sydd wedi ei guddio ym marion Bryn Mynaches, (cafwyd esgyrn dynol yma wrth wneud gorsaf Dolwyddelan yn 1875 – asgwrn penglog a mân esgyrn), a'u gosod mewn beddrod ym mynwent St Gwyddelan; ar ôl gwneuthur hynny, datguddiaf innau y dirgelwch i ti, ac oni wnei di hyn o orchwyl, myfi a'th boenaf'. Addawodd Wil gyflawni'r dasg nos drannoeth a diflannodd y gŵr a'r march mor sydyn ag yr ymddangosodd. Nid aeth allan drannoeth na'r noson honno ac ni ddywedodd air wrth neb am yr olygfa ryfedd a welsai na'r addawiad a wnaethai. Ond holodd yn gynnil am yr esgyrn ger Bryn Mynaches i glywed na wyddai neb ddim amdanynt. Yna ynglŷn â therfynau Ty'n y Bryn, clywodd fod rhyw anghydweld wedi bod ynglŷn â'r terfynau ond ni wyddai sut i symud yr un o'r cerrig; go brin y gallai prun bynnag – doedd neb o'r plwyf a wyddai ddim amdanynt hwythau chwaith.

Arferai Wil a'i gyfaill fynd i guro ar ffenestri morwynion tlws y plwyf. Un noson aeth Wil at Feudy Bryn Mynaches, gan yr arferai ei gyfaill ddod yno i fwydo'r gwartheg. Cyn gynted y gwelodd olau'n y beudy, rhedodd yno, gwaeddi ar ei gyfaill, a mynd i mewn. Ond er ei fawr siomiant nid oedd na chyfaill na golau. Pan ar ganol meddwl ei fod yn cuddio o ddireidi, dyma rhywun yn ysgythru amdano, heb yngan yr un gair, ac yn ei lusgo allan. Llusgwyd Wil ar draws y caeau, drwy wrychoedd fel corwynt, i'r afon ac ymlaen nes iddo fynd yn anymwybodol. Synnwyd ei gael yn fyw trannoeth, yn gorwedd fel un marw, gan un yn mynd at ei waith ar hyd llwybr Dôl y Pentre. Erbyn mynd ato, ni allai fynd yn agos ato gan fod yr arogl rhyfedd arno bron a'i fygu. Cafwyd cryn drafferth i gael dynion a fentrai ei gario i'w lety a'i ymgeleddu. Roedd ei ddillad a'i gnawd wedi ei rhwygo'n rhubanau gan y drain. Cafwyd ei oriawr yn hongian ar frigau helygen wrth lan yr afon. Gwyddai Wil yn dda pa fodd y bu hyn, gan nad oedd wedi cyflawni ei addewid. Dywedir y byddai yn cael ei boeni yn feunyddiol ar ôl hyn; ac er mwyn cael ymwared, penderfynodd ymfudo i'r America, ac fe wnaeth, a chafodd lonydd byth ar ôl ymfudo.

MOTIFAU: G.303.7.1 (Y Diafol yn marchogaeth ceffyl)
G.303.9.5.4 (Y Diafol yn cipio gŵr drwy'r awyr mor gyflym â'r gwynt)
G.303.4.8.1 (Y Diafol yn drewi o frwmstan)
NODIADAU: Ni ddywedir mai'r Diafol oedd y marchog ond credaf mai dyma'r awgrym. Cyflawna un o'i hoff driciau, sef cipio gwŷr ymaith a gedy arogl brwmstan ar ei ôl – un o brif nodweddion y Diafol.

PADELLAU'R CYTHRAUL : NANT FFRANCON

Dienw, *Leigh's Guide to Wales*, 1835, t.245.

Mae nifer o dyllau crynion yn y cerrig sydd ar waelod Cegin y Cythraul. Amrywiant mewn maint o ddwy i dair modfedd hyd at ddwy i dair troedfedd a ffurfiwyd hwy gan rym y lli. Gelwir hwy'n Badellau'r Cythraul weithiau.

Gwelir yr un traddodiad yn:

Dienw, *Cambrian Tourist's Guide,* 1847, t.718.

PONT Y CYTHRAUL : BEDDGELERT

Bleddyn, *Plwyf Beddgelert,* 1862, t.62.

Ryw bryd yn yr hen amser fe gariodd y rhyferthwy yr hen bont oedd yn y Gymwynas ymaith; a'r plwyfolion, gan na fedrent godi pont newydd eu hunain yn ei lle, a aethant i geisio gan Robin Ddu i godi un iddynt, a Robin a wnaeth gytundeb â'r cythraul i godi pont newydd dros y Llyn Du ar yr amod y byddai i'r 'gŵr drwg' gael y creadur cyntaf a elai dros y bont newydd. Dechreuodd yr 'hen was' ar ei waith yn ebrwydd; a rhyw ddiwrnod yr oedd Robin Ddu yn yfed yn Nhafarn yr Aber, a daeth y cythraul ato i ddywedyd ei fod wedi gorffen y bont; 'o'r gore,' ebe Robin, 'mi a ddeuaf i weled y gwaith, ac i edrych am i ti gael dy wobr amdano'. Yr oedd ci yn y dafarn, a Robin a gymerth dorth o fara, ac a hudodd y ci allan gyda thameidiau o'r dorth; a'r ci a'i dilynodd hyd at y Bont. 'Wel dyma bont i ti' ebe y Cythraul. 'Ie, Ie,' ebe Robin, 'a ydyw hi yn gadarn, a ddeil hi bwysau y dorth yma?' 'Tafl hi a thi gei weled,' ebe y Cythraul; a Robin a'i rholiodd dros y bont, a'r ci a'i gwelodd ac a redodd ar ei hôl. 'Hi a wnaiff y tro,' ebe Robin, 'a dyna i tithau dy dâl am dy waith yn ôl y cytundeb,' gan gyfeirio at y ci oedd wedi mynd ar ôl y dorth. Oherwydd hyn gelwir y Bont gan yr hen bobl yn Bont y Cythraul.

TEIP: A-T 1191 – Y Ci ar y Bont
MOTIFAU: G.303.9.1.2   (Y Diafol yn adeiladu pont)
        S.241.1   (Cytundeb difeddwl â'r Diafol yn cael ei osgoi drwy
                        yrru ci yn gyntaf dros y bont)
        K.210   (Twyllo'r Diafol o'r enaid a addawyd iddo)

Cofnododd llawer, yn enwedig ymwelwyr o Saeson, mai Pont y Cythraul oedd yr enw lleol ar Bont Aberglaslyn, ond heb adrodd y chwedl:

Wyndham, *A Gentleman's Tour*, 1781, t.135.
Richard Warner, *A Walk Through Wales*, 1799, t.122.
Dienw, *The Cambrian Directory*, 1800, t.102.
J. Evans, *A Topographical Description of Caernarvon and Denbigh*, 1810, t.402.
P.B. Williams, *History of Caernarvonshire*, 1821, t.149.
R.H. Newell, *Letters on the Scenery of Wales*, 1821, t.140.
Dienw, *The Cambrian Tourist*, 1834, t.163.
Dienw, *Leigh's Guide to Wales*, 1835, t.271.

Hyd yn oed yn 1908, yn ei *Lên Gwerin Sir Gaernarfon*, ni wyddai Myrddin Fardd y chwedl (t.216).
    Fodd bynnag cyhoeddwyd fersiwn Bleddyn ar y chwedl yn:

D.E. Jenkins, *Bedd Gelert*, 1899, tt.322-4.

Mae hon yn chwedl hen iawn, ac mae wedi ennill poblogrwydd rhyngwladol. Yn ôl Krappe,[7] mae yma ôl aberthu'r cyntaf i groesi pont i ysbryd y bont, fel yr ebyrth sail a ganfyddir mor aml mewn hen adeiladau.

ROBIN DDU YN MYND I LUNDAIN : BANGOR

Cymru Fu, 1862, tt.242-3.

Yr oedd ar Robin eisiau myn'd i Lundain ar frys gwyllt i fod yn dyst mewn cynghaws cyfreithiol. Fel y dylai pawb wybod, yr oedd taith o Arfon i Lundain, bedwar can mlynedd yn ôl, mor bwysig ac yn cymeryd cymaint o amser a thaith o Lerpwl i Gaerefrog Newydd yn ein dyddiau ni. Ond nid oedd gan Robin, yn nghanol Gwynedd, ond ychydig oriau na byddai ei eisiau yn y Brifddinas. Trwy rym ei ddewiniaeth galwodd am wasanaeth ei gyfaill, ac ymddangosodd yntau ar ffurf march gwelwlas uchelwaed. Neidiodd y dewin ar gefn y march hwn, ac ymaith ag ef fel pluen ar aden corwynt uwchben nentydd a mynyddau, afonydd a threfydd, y rhai a lithrent heibio iddo fel ffug-olygfeydd mewn breuddwyd gwrach. Cyrhaeddodd ben ei daith ym mhen dwy-awr union i'r amser y cychwynodd. Buasai hyn yn curo pob tren yn deilchion.

TEIP: M.L. 3025 – Y Diafol neu Ellyllon yn Cludo Pobl
MOTIF: G.303 (Y Diafol yn cario person drwy'r awyr mor gyflym â'r gwynt)

RHOI LIFT I'R DIAFOL : CAPEL CURIG

Llsgf. AWC 1958/4.

Milton Villa, Llanfairfechan,
Ionawr 11, 1925.

Annwyl Garneddog – Byddaf yn hoff iawn o hanes bwganod yn enwedig ar nosweithiau y gaeaf fel hyn, a'r dydd o'r blaen aethum i browla am rai ohonynt. A dyma hanes un a gefais gan hen ŵr o'r ardal yma a fu'n byw ym Mhen Llyn Ogwen. Ceisiaf ei hadrodd mor agos i gywir ag y gallaf, fel y dywedodd yr hen ŵr hi wrthyf:

'Rhoi Lift i'r Diafol'
Flynyddoedd yn ôl roedd yng Ngwesty Breninol Capel Curig hen ddreifar o'r enw Dafydd Roberts. Yr oedd yn hen ddreifar profiadol, ac ambell waith byddai yn mynd i deithiau lled bell gyda phar a cherbyd harddaf y gwesty. Un tro yr oedd wedi cael job i ddangos parti i Fangor, ac yr oedd hi wedi rhedeg yn hwyr arno yn cychwyn yn ôl. Yr oedd hi yn noson loeran lleuad a'r ffordd wedi rhewi nes oedd hi yn wen fel rhaff arian. Wedi cyrraedd Pen-Llyn-Ogwen gwelodd ŵr bonheddig yn eistedd o flaen bwrdd crwn bach yn chwarae cardiau wrtho'i hun. Amneidiodd y gŵr bonheddig arno i stopio a gofynodd am lifft i Gapel Curig, 'Dowch i fynny ar y dici Syr' ebe Dafydd Roberts a daeth y boneddwr, yr hwn oedd yn gwisgo het silc a thop côt laes yn cuddio ei draed a dwy res o fotymau arni 'Gi up lads', ebe Dafydd Roberts gan dwtsiad y chwip yn ysgafn ar y ceffylau.

Er fod goriwared o Lyn Ogwen i'r Capel yr oedd y ddau geffyl ar eu goreu glas yn llusgo y cerbyd a'r llwyth. Wedi cyrraedd Tap yr Hotel disgynodd Dafydd Roberts oddiar y dici, a gwnaeth ei fawrhydri yr un modd, ac er syndod i Dafydd Roberts gwelodd mai dau droed fel eidion yn fforch i'r ewin oedd ganddo.

'Wel,' ebe'r hen ddreifar, 'taswn i'n gwybod mai'r diafol oeddet ti, mi fuasa'n rhaid iti gerdded, yn siŵr i ti.'

Cerddodd y diafol ar hyd y ffordd o'i flaen ac yn sydyn

diflanodd trwy'r ffordd, er ei bod wedi rhewi, fel pe bai'r ddaear yn ei lyncu. Ymaith â'r ceffylau yn llawer cynt na mellten nes cyrraedd yr iard. Wedi eu rhoddi yn y stabl, a rhoi ffid o wair mân a blawd iddynt, sylwodd Dafydd Roberts eu bod yn chwythu'n enbyd, nes cyn pen deng munud yr oeddynt at eu garau mewn llyn o chwys gwyn fel burum, ac arogl frwmstanaidd yn llenwi'r ystabl. Aeth Dafydd Roberts i'r tŷ, wedi dychryn erbyn hyn. Ceisiodd danio matsen i oleu'r ganwyll ond i ddim pwrpas. Aeth i'w wely yn y tywyllwch ond nid i gysgu, oblegid yr oedd bron a mygu gan yr arogl frwmstanaidd oedd ar ei groen a'i ddillad. Cododd yn fore ac aeth ar ei union i'r stabl ac er ei syndod nid oedd y ceffylau wedi profi dim o'u bwyd ac yr oeddynt 'yn crynu fel deilen'. Bu raid i Dafydd Roberts eu golchi'n lân a sgwrio y minsiar, a glanhau yr harnis i gyd cyn cael pethau i drefn.

Wel Carneddog annwyl, be wyt ti'n feddwl o stori fel yna?

Cofion atat ac at Bob Owen

Yn bur
Ap Cenin

MOTIFAU: G.303.3.1.2   (Y Diafol fel bonheddwr wedi ei wisgo'n dda)
             G.303.4.5.3.1   (Adnabod y Diafol ar ôl gweld ei garnau)
             G.303.4.8.1   (Arogl brwmsdan ar ôl y Diafol)

TAITH OWEN CAE META : LLANDDEINIOLEN

W.J. Gruffydd, *Hen Atgofion* (Aberystwyth, 1936), tt.91-2.

Nid oedd yr un o'r Ffowciaid yn enwog ar restr y rhai a fu'n creu Ymneilltuaeth Llanddeiniolen. Yn wir, a barnu oddi wrth y straeon cyffredin amdanynt, pobl lawen di-Dduw (yn yr ystyr Ymneilltuol), ddi-lywodraeth, oeddynt yn cael eu hwyl i gyd yn y tafarnau a'r mannau cyfarfod eraill lle y byddai'r hen Gymry llawen gynt yn anghofio llwydni'r rhos a chaledi eu byd. Yr oedd rhai ohonynt yn enwog fel yfwyr a phaffwyr, yr hen Owen, er enghraifft, a oedd yn byw yn hen lanc gyda'i frawd Wiliam ap Wiliam Gruffydd yng Nghae Meta. Amdano ef adroddid stori gyffrous gan fy nain a chan Owen Wiliam Ffowc. Yr oedd ryw nos Sadwrn, ar ôl bod ar ei derm am wythnos, yn ei gorffen hi yn nhŷ ei nai, Wil Ffowc, tafarn Blaen y Rhos. Tua deg o'r gloch y nos barnwyd na allai ceubal hyd yn oed yr hen Owen ddal mwy o ddiod, a chodwyd ef ar gefn y gaseg, a throed ei phen hithau i gyfeiriad Cae Meta, fel y gwnaethid gannoedd o weithiau cyn hyn. Cyrhaeddodd yr hen Loffti y stabl yn ddiogel, ond nid oedd sôn am ei marchog; yr unig arwydd ohono oedd cornaid o wirod yn hongian wrth y cyfrwy. Penderfynodd Dodo fod rhyw alanastra anghyffredin wedi digwydd i Owen, ac aed i chwilio amdano dros y Rhos yng nghyfeiriad tŷ Wil Ffowc, ond er chwilio drwy'r nos, ni ddoed o hyd iddo. Bore drannoeth yr oedd dyn o'r Felinheli wrth eglwys Llanddeiniolen ar ddechrau'r gwasanaeth yn holi a oedd rhywun yn y plwyf ar goll. Aed i lawr i'r Felinheli, a phwy oedd yno'n eistedd ar setl y Bws ond Owen; yr oedd wedi ei fwrw'n llaprwth o'r awyr ar fuarth y Bws tua deg o'r gloch nos Sadwrn,o fewn ychydig funudau i'r amser y codasid ef ar gefn Loffti wrth Flaen y Rhos, ddwy filltir oddi yno! O hynny hyd ddiwedd ei oes wleb, byddai'n amseru pob digwyddiad yn y fro oddi wrth yr amser 'y cipiodd y diawl fi i'r awyr oddi ar gefn y gaseg'. Buasai'r stori wironeddol hon yn gyflawnach pe gallwn dystio na chyffyrddodd yr hen Owen â dafn o ddiod byth wedyn; ond nid yw hynny'n wir, a dyna paham na allai fy nhaid ei hadrodd mewn cyfarfod dirwest.

Tua diwedd ei oes, yr oedd yr alcohol wedi troi'n ffitiau arno, a byddai'n rhaid i Ddafydd Wiliam ei roi 'yn y wasgod'. Pan glywai'r ffit yn dyfod arno, safai ar y setl gan guro'i freichiau fel ceiliog ar ehedeg, a gweiddi nerth ei ben:

Daw Dafydd yma'n union
I'm rhwymo'n glap fel crochon;
A minnau'n dân glas yn y nen
Fel diawl uwchben yn hofron.

TEIP: M.L. 3025 – Gŵr yn cael ei gario gan y Diafol neu Ysbrydion Aflan
MOTIF: G.303.9.5.4 (Y Diafol yn cario gŵr mor gyflym â'r gwynt drwy'r ffurfafen)

(dd) *Y Diwygiad*

ADAR YN DILYN GWEINIDOG : LLANAELHAEARN

John Rhys, *Celtic Folklore*, I, 1901, t.217.

. . . Mae'n dda dweud fod ysbrydion da i'w cael hefyd, sy'n gwasanaethu Calfinwyr da, a chredir ynddynt yn Llanaelhaearn. Morris Hughes, Cwm Corryn oedd gweinidog Methodust Calfinaidd cyntaf Llanaelhaearn; roedd yn hen-daid i wraig Robert Hughes ac arferai gael ei ddilyn gan ddau dderyn bach melyn, tlws. Arferai alw arnynt 'Wryd, Wryd!' a deuent ato a bwyta o'i law, a phan oedd yn marw daethant a tharo eu hadennydd yn erbyn ei ffenestr. Tystiwyd i (wirionedd) hyn gan John Thomas, Moelfre Bach a oedd yno. Bu Thomas farw tua 25 mlynedd yn ôl yn 87 oed. Rwyf wedi clywed y stori hon gan bobl eraill, ond ni wn beth i'w wneud ohoni, er y gallaf ychwanegu y credid fod yr adar bach yn angylion.

MOTIFAU: V.231.1 (Angel ar ffurf aderyn)
B.256.5.1 (Adar yn gwylio ac yn gwasanaethu saint)

CANU AWYROL, I : NANT FFRANCON

William Hobley, *Hanes Methodistiaeth Arfon'*, V, tt.25-8.

Eithr o gyfeiriad yr ysbryd yr amlygir y nerthoedd mawrion, pa mor araf bynnag y gallai y gweithrediad ohonynt ymddangos. Weithiau fe eglurir y teimlad crefyddol yn rhyw gyffyrddiad arbennig ac anarferol o eiddo'r ysbryd. Un peth o'r natur hwnnw y cafwyd rhyw amlygiadau anarferol ohono yn yr ardaloedd hyn ydoedd y canu yn yr awyr. Y rhai a'i clybu gyntaf oedd John Pierce a'i wraig, o'r Tyddyn Isaf ar ôl hyny. Yr oedd John Pierce wedi codi yn foreuach nag arfer ar un diwrnod, ac aeth allan ar ryw neges, pryd y clywai ganu yn rhywle uwch ei ben gan wahanol leisiau. Wrth ddychwelyd yn ôl i'r tŷ, fe welai ei wraig yn agwedd un yn gwrando ar rywbeth a glywai tuag i fyny, a phan welodd hi ei gŵr torrodd allan, – 'O, John Pierce, a glywchi'r canu braf yna? Yr wyfi yma yn gwrando arno ymron er pan yr aethoch allan'.

Y mae'r gŵr a ddanfonodd yr hanes i *Fethodistiaeth Cymru* am y canu awyrol hwn yn yr ardal neilltuol yma yn sôn am y tro cyntaf y clywyd ef ganddo ef ei hun. Yr oedd hynny yn y flwyddyn 1818.

Ar y cyntaf fe'i clywai fel yn ysgogi gyda'r awel ymhell oddiwrtho, ac yn gynwysedig o wahanol leisiau, er mai o'r braidd y clywai ef. yr oedd eraill gydag ef ar y pryd, a chlywent y sŵn gwanaidd, pereidd-ddwys yn dynesu atynt yn raddol nes o'r diwedd y clywid ef yn eglur a grymus. Bellach yr oedd yn debyg i sŵn tyrfa fawr yn gorfoleddu. Y gŵr hwn a letyai yn nhŷ capel y Carneddi. Un tro, gofynnid iddo gan hen chwaer grefyddol a breswyliai yn ymyl y capel, a oedd rhyw foddion yn y capel ar y nos Iau flaenorol? Atebid nad oedd, 'Felly yr oeddwn innau yn meddwl,' ebe hi, 'ond fe ddaeth geneth fach ataf o'r tŷ nesaf, gan lefain, Dowch allan, modryb, i glywed canu braf.' 'Pa le y mae'r canu?' gofynnai y wraig. 'Yn y capel – yn y capel,' ebe'r eneth. 'Aethum allan,' ebe'r wraig, 'a chlywais sŵn megis tyrfa fawr yn moliannu Duw.'

Yn fuan ar ôl y canu a glywid yng nghapel y Carneddi, yr oedd dau ŵr o'r deheudir yn pregethu yno, y naill a'r llall yn dwyn yr enw Daniel Evans. Effeithiau grymus a ddilynai y pregethu, ac wrth ganu'r emyn, Dyma babell y cyfarfod, torrodd allan yn orfoledd mawr. Ymhen tuag awr neu ddwy aeth y gŵr y crybwyllwyd am dano allan o'r tŷ capel, a thybiodd y clywai y canu yn yr awyr, a daeth i fewn yn ôl i'r tŷ i ddweyd hynny wrth y ddau bregethwr. Yr oedd ymddiddan wedi bod yn y tŷ ynghylch y canu hwnnw, ac yr oedd un o'r pregethwyr yn lled amheus yn ei gylch. Ar eu gwaith yn dod allan, pa fodd bynnag, clywodd bawb ohonynt ef yn eglur, ac ebe'r amheuwr, – 'Dyma fe yn siŵr, y mae yn fy ngherdded bob gwythien yn fy nghorff'. Yr un gŵr ar dro arall, wrth gerdded allan at yr hwyr, a phedwar o gymdeithion gydag ef, a feddyliai ei fod yn clywed y canu. Galwai ar ei gymdeithion i sefyll a gwrando, ond un ohonynt a fynnai gerdded yn ei flaen gan wawdio'r lleill am eu hygoeledd. Yn y fan, dyna'r sain yn fwy eglur nes eu bod i gyd yn sefyll i wrando. 'Wel Thomas,' ebe yntau wrth yr amheus, 'a glywi di ef yn awr?' Nid atebodd Thomas. Gofynnwyd wedyn, ond methu ganddo ddwyn y geiriau allan. Ym mhen ennyd, fe dorrodd allan, – 'Cl-y-w-af, filoedd ar filoedd'. 'Paham nad atebaisti yn gynt?' 'Nis gallaswn siarad pe rhoisid y byd i mi i gyd,' ebe yntau. Fe ymddengys mai E. Richards yr ysgolfeistr, wedi hynny o Gonwy, oedd y gŵr a adroddai'r pethau hyn. A dywed ddarfod iddo glywed Morris Jones yr Hen Broffwyd yn adrodd am effaith y canu arno'i hunan, sef mai prin y medrai gerdded yn ei flaen ar ôl ei glywed. Edrydd Richard Jones Abercaseg am Richard Thomas, Tŷ Gwyrdd y pryd hwnnw, yn codi o'i wely i glywed y canu, ac yn ei syfrdandod dan ei ddylanwad, yn myned heb ystyried bellter mawr o ffordd tua'r chwarel yn ei grys nos. Fe ddichon, ac mae'r hanes yn gwneud yn debygol, na ddigwyddodd yr enghreifftiau hyn i gyd o flaen y diwygiad, er mai fel rhagflaenydd y diwygiad y cyfeirir at y peth.

Diau ddarfod i bobl nid yn anfynych gamgymeryd rhywbeth arall yn amseroedd y diwygiadau am y canu hwn. Mae ysgrifennydd yn y *Gwyliedydd* (1827. t.51) yn rhoi enghraifft o hynny, cystal a'i fod yn adrodd pethau o ddyddordeb am y syniadau a ffynnai yn ei gylch. Fe ddywed yr aeth y sôn am y canu rai blynyddoedd cyn hynny fel ar gyrn a phibau, a bod llawer o ddyfalu yn ei gylch yng nghwmwd Arllechwedd. Fe ddywed na chlywid geiriau ond pereiddsain isel, ac y clywid gan rai ac nid eraill mewn cwmni o bump neu chwech. Bernid ef yn arwydd o lwyddiant tymhorol gan rai a llwyddiant ar yr Efengyl gan eraill. Annedwydd gan y sawl a'i clywodd y cyfrifid y rhai na chlywsant mono. Ond ynghanol y berw yn ei gylch, wele ŵr o Fangor ar ymweliad â chyfaill yn Nant y Ffrancon, ac wedi nosi arno a phan oddeutu rhyw chwarter milltir i'r tŷ fe dybiai glywed ohono'r canu yn yr awyr. Yn y man, pa ddelw bynnag, fe wybu mai'r awel oedd yno dan bistyllodd Rhaeadr y Benglog, ac mai atsain y meini a glywai. Fe fynegodd ei ddarganfyddiad i eraill, a rhoes hynny daw, ebe'r gohebydd, ar y sôn am y canu yn yr awyr. Nid mor syml a hynny ychwaith, fel y dengys yr adroddiadau a roddwyd eisoes ac a ddanfonwyd ymhen blynyddoedd lawer i *Fethodistiaeth Cymru.*

MOTIFAU: F. 966   (Canu awyrol)
              D.1359.3.1 (Cerddoriaeth hud yn peri llawenydd)

CANU AWYROL, II : BEDDGELERT

Telynores Eryri, Tâp SGAE, 5; ochr 1-4.

'Mi o'ddachi'n sôn bod y diwigiad wedi bod yn Beddgela't 'ma 'fyd?'

'Do, mi fuo. O'dd 'na'i dipin o'i ofn o 'fyd. Yn capal. O'dd 'na'i ofn cl'wad riwin yn codi ar 'i draed ag yn gweiddi dros y lle – dwn i ddim pam o'dd gin i ofn ond mi ro'n i ofn yn y capal.'

'A, o'dd 'na sôn bod riwin 'di gweld . . . ne' gl'wad canu yn yr awyr?'

'Oedd. Mi glywishi bod 'na rei, lawar wedi'i gl'wad o ond . . . un

71

glywishi'n d'eud, a hwnnw 'di'r Ifan P'ŵal 'na, Ifan P'ŵal, un o Feddgelart 'ma. Mi a'th i'r 'Merica wedyn.'

'Mi o'dd o'n d'eu'thachi bod o 'di cl'wad r'wbath 'lly, ia?'

'Ni wrtha i o'dd o'n d'eud, – w'th growd arall, twr o bobol 'dachi'n gweld, a finna'n gwrando. 'Sa fo'm yn d'eu'tha' fi – o'n i'n rhy fychan.'

'Fedrwchi ddisgrifio be' glywodd o?'

'Ol canu, emyna'.'

'Yn lle o'dd hynny?'

'Wel, draw at Nantgwynant yn yr awyr ag wedyn i'r . . . dwyrain ma' hynny. I'r dwyrain.'

'O'dd hynny cin y diwigiad, 'ta'n ysdod y diwigiad?'

'Yn ysdod y diwigiad.'

'O'dd o'n golygu r'wbath iddo fo?'

'Wel o'dd o'n gweiddi "Amen!" dros y lle o hyd o hyd, y dyn 'ma, a llawar heblaw fo 'fyd.'

'Ia. Na, do'dd o'm yn trio d'eud bod o'n argoeli, yn argoeli bod y diwigiad ar ddod ne' r'wbath felly?'

'O'dd o'n ganol y Diwigiad. O'dd hyn yn ganol y Diwigiad pan o'dd 'na . . . bawb yn mynd i'r capal yr amsar honno.'

'O'dd 'na riw ddigwyddiada' rhyfadd er'ill yn gysylldiedig efo'r diwigiad?'

'Nagoedd, 'im byd. Ond bod pobol yn codi ar 'i traed 'no, be 'sachi'n meddwl na fysa'n codi ar 'i traed o gwbwl 'te, y, i sh'arad yn gyhoeddus ag i weddio. A o'dd 'na un, o'dd o'n fleunor ginno ni, o'dd o yn feddwyn *rhonc* cin y diwigiad a mi gafodd dro. A mi o'dd o'n ddychrynllyd o droiad iddo fo hefyd o achos o'dd o yn gynddeiriog w'th bawb fydda'n meddwi. Wedyn 'te. Wedi ca'l i drosi'n iawn. A mi, felly buo fo hyd 'i farw – mi o'dd o'n fleunor 'ma'.

MOTIF: F. 966 (Canu awyrol)

Gwelir yma fod y canu awyrol yn rhagfynegi dyfodiad y diwygiad. Cafwyd canu tebyg cyn dyfodiad Diwygiad 1817 i Nanmor:

'Gruffydd Prisiart', *Cymru* XIX, t.24.
T. Gwynn Jones, *Welsh Folklore*, 1930, t.49.

Canu Awyrol, III : Dolbenmaen

William Pritchard, Tâp SGAE, 5; ochor 2-3.

'Ia. Mi gewchi sôn hefyd, cewch, am riw gylchoedd o dân adag diwigiad.'

'O ia! Wel dyna'i chi, rhyfadd – oni, desd mi anghofio am hwnna. Y, mi gl'wish i 'y mam yn d'eud am riw wraig o'dd yn byw yn Isalld Bach, yn fa'ma, i lawr w'th yr eglwys. Ag o'dd hon yn amsar y diwigiad yma 'di dŵad, yn dŵad i'r capal, ag yr o'dd hon wedi *cl'wad* canu yn yr awyr. Angylion o'dda n'w'n feddwl o'dda nw'n 'de. Ma' rhai yn chwerthin am 'i ben o yntydyn. Ond, mi o'dd 'na forwyn yma o'r enw Meri 'Ŵan, yn ysdod forteen-eighteen ffor'na. A rydw' i'n cofio un d'wrnod pan o'n i riw hen foi bach ifanc. Dyma'i'n rhedag i'r tŷ, wedi dychryn am 'i *bywyd* – do'dd golwg mwya' 'fnadwy arni hi. Ag yr o'dd 'i wedi cl'wad riw ganu mawr yn yr awyr allan. A mi redodd pawb allan. Chlywodd neb ddim byd. Ond mi o'dd Meri 'di cl'ŵad r'wbath 'nôl yr olwg ydw' i'n gofio arni.

MOTIF: F. 966 (Canu awyrol)
NODIADAU: Gwelir yma nodwedd arall y canu awyrol, sef ei fod yn glywadwy i rai ac nid i eraill. Adroddodd William Edward Griffith (Tâp SGAE 3; ochr 1-4) chwedl debyg a glywsai gan ei gyfaill, Huw. Dywedodd Huw wrtho fod pobl yn synnu wrtho adeg y diwygiad, na chlywai ef y canu a glywent hwy.

Y Diwygiad yn Nasareth : Nant y Betws

William Jones, Tâp SGAE, 1; ochrau 1-4; 2-3.

'On', amsar Diwigiad o'dd 'na lawar o sdraeon ynde.'

'Amser diwigiad. O'n i'n 'nabod y ddynas honno. Ag o'dd hi'n amsar y diwigiad . . . o'dd hi wedi . . . wedi ca'l 'i throi amsar diwigiad ychi 'de. O! rŵan, cofiwch chi, 'ro'n i wedi 'ngeni amsar diwigiad ynde. Wel 'mhen blynyddo'dd wedyn, 'ro'n i'n hen hogyn . . . o'dd hynny, a 'ro'dd hi reit benbo'th hefo'r diwigiad ynde. A ma' n'w'n d'eud y bydda'n gweld 'lwynion o dân, ond mi gas 'i phrofi y noson, un noson, be' o'dd hi'n weld. Hen hogia'n mynd â nhw efo fi, – y fi efo nhw – a finna'n hen hogyn bach 'de. A be' o'ddan n'w'n 'neud, 'dach chi'n gweld ynde, ond rhoid mwynan yn tân i hannar llosgi. 'Dach chi'n gw'bod be'di mwynan yn dydach? Peat . . .

'Ia. Ia.'

'T'warchan 'de . . . yn y tân i hanner llosgi a rhoid rhaff, ychi, a'i throi hi rownd 'i penna fel'a, ychi. A hitha'n mynd adra' ar hyd riw hen lwybyr ychi.'

'Yn lle o'dd hynny?'

'Yn Nas'rath. A mi 'ro'dd hi'n credu'n gydwybodol 'i bod hi wedi gweld olwyn o dân, ond dyna be' o'dd hi 'di weld noson honno beth bynnag! A mi fydda'n gweddio ychi, yn y capal, a . . . mi fydda'n d'eud, "O Arglwydd Mawr", medda' hi, ha, ha, ha . . . '

'Na'i mo'i henwi hi'n 'de!

'Ma'n dda gin i chdi,' medda'i, 'ond, er mor dda gin i bwdin reis, well gin i chdi,' medda'i.

DOETHINEB RHYFEDDOL : NANTLLE

W.A. Pritchard, Tâp S.G.A.E., 4; ochr 1-4.

'Wel, mi o'n i yn rhy ifanc . . . i gofio'r Diwigiad. 'Dwi 'di, pan ddois i dipin hŷn, o'n i'n cym'yd diddordab mawr a holi pobl hŷn na fi o'dd wedi ca'l profiad o'r Diwigiad. A mi 'dwi'n cofio un, un o'dd gin i dipin o farn, dipin o feddwl o'i farn o, yn d'eud wrtha'i un waith bod o riw b'nawn Sul . . . un chwaer yn cer'ad i fyny i'r Sêt Fowr a rhoid . . . siarad am bedwar i bum munud. Alla' neb 'i galw hi'n ddynas ddiwilliedig nag yn ddynas ddeallus, dynas braidd i'r cyfeiriad arall ond mi siaradodd am ychydig o funuda', r'wbath nad o'dd tu hwnt, ymhell tu hwnt i'w dirnadaeth hi. Mi 'ro'dd hi wedi ca'l 'i meddiannu yn ôl yr o'dd y dyn yma'n d'eud, a r'wbath tu allan iddi hi 'i hun. Glywis i weinidog hefyd yn sôn am hynny, yn d'eud am yr Athro John Morris Jones – ma'n debig nad o'dd o ddim, fedra' neb 'i alw fo'n ddyn crefyddol, o'dd o ddim yn honni bod yn grefyddol ma'n debig, 'agnostic' y bydda' chi'n 'i alw fo ma'n debig – y bydda' fo'n ystod y Diwigiad yn mynd i gapeli bach yn Shir Fôn i wrando ar weishion ffermydd yn traddodi ag yn shiarad. Ag o'dd o 'di cl'wad amal engraiffd o rei yn shiarad ag yn traddodi petha' o'dd ymhell tu hwnt i'w dirnada'th n'w.

MOTIF: D.1810.9 (Gwybodaeth hud gan Dduw)

Y Gannwyll Wyrthiol : Nantlle

O. Alon Jones, Tâp SGAE, 3; ochr 1-4.

'Fedrwchi dd'eud hanas y gannwyll ryfadd 'na wrtha' fi?'

'Wel yn ardal . . . ma'n bur debig ma' diwigiad Ffiffdi Nain, (h.y. 1859), o'dd hwn, pan o'dd chwarelwyr Rhosdryfan yn cerddad i fyny am chwaral y Cilgwyn a rhei ohonyn' n'w 'mlaen am Pen'rorsadd. Ag yn . . . wres y Diwygiad a'r ysderics crefyddol o'dd y pryd hwnnw yn arfer ymgynnull yn hen gapel Pisga, hen gapel sydd gan y Bedyddwyr yn awr, ag yn fan'no yn cynnal cyfarfod gweddi yn y bora' bach w'th fynd am 'i gwaith. A riw fodfadd o gannwyll wedi par'a' am dros awr, – awr a chwarter i awr a hannar iddyn' n'w. Wedi par'a' tra . . . – pan o'dd yr 'Amen' dwytha mi ddiffoddodd y gannwyll.

MOTIF: D.1652.11 (Cannwyll yn llosgi am byth)

Llais o'r Awyr : Llanberis

William Hobley, 'Hanes Methodistiaeth Arfon', IV, t.10.

'Ond fe ddichon na fu profiad hynotach ar ben yr Wyddfa nag eiddo Evan Roberts, pan y clywai lef allan o'r awyr uwch ei ben yn rhoi mynegiad i'r deisyfiad, – Deled dy deyrnas. Wedi dod o'r diwygiwr i lawr o'r mynydd, mi sgrifennodd y geiriau yma:

'Y mae y mynyddoedd yn uchel, ond y mae fy ngobaith yn uwch; Y mae y mynyddoedd yn gedyrn, ond y mae fy ffydd yn gadarnach; Diflanna y mynyddoedd; ond Duw ni ddiflanna byth.'

MOTIF: F.966 (Llais o'r awyr)

Ogof Cwm Eilir : Llanberis

G.T. Parry, *Hanes Llanberis,* 1908, t.96.

Ceir yn y cwm hwn ogof o gryn faintioli, ac y mae yn ddiau ei bod yr amser gynt wedi bod yn noddfa i amryw i ffoi iddi yn y cyfnodau terfysglyd a fu yn y parthau hyn; ond yr hanes diweddaf amdani yw mai i'r ogof hon y byddai'r hen batriarch Gruffydd Dafydd, Cwm Eilir, yn ymneillduo i weddio.

Gwelir yr un traddodiad yn:

G.T. Parry, 'Llanberis', *Cymru*, XXXI, t.67.

PULPUD JOHN THOMAS : BEDDGELERT

D.E. Jenkins, *Bedd Gelert,* 1899, t.279.

Tua dau gan llath o'r bont (Rufeinig) cawn ddau grair o ddiddordeb na chyfeirir atynt yn awr ond yn anaml, a hynny gan yr hen bobl. Un yw . . . math o ogof fechan wedi ei ffurfio gan ddwy garreg fawr a syrthiodd ynghyd yn naturiol, gyda silff tua dwy droedfedd o ddwfn yn union yn ei chanol. Gelwir y lle hwn 'Pwlpud John Thomas' ar ôl un o bregethwyr cynnar y Methodistiaid Calfinaidd, o Lanberis a sylfaenydd achos Capel Coch. Pregethodd yn y fan hon i bobl y Nant.

Gwelir yr un traddodiad yn:

Carneddog, 'Chwedlau'r Eryri', *Cymru*, XVIII, t.56.
Wiliam Wmffra, 'Nant Gwynant', *Cymru,* XL, t.294.

PULPUD WILIAM OWEN : DYFFRYN NANTLLE

W.R. Ambrose, *Hynafiaethau Nant Nantlle,* 1872, t.62.

Yn agos i'r . . . lle saif Hyfrydle, capel y Methodistiaid, yr oedd craig serth a neillduedig, a elwid Pulpud William Owen. Paham y galwyd y lle ar yr enw hwn a eglurir gan yr hanes canlynol: Tua phedwar ugain mlynedd yn ôl yr oedd yn byw mewn bwthyn bychan gerllaw Talysarn hen lencyn neilltuol o'r enw Wiliam Owen. Pan yn ieuanc cafodd ei frathu gan sarff yn agos i ffynnon yr Hafodlas, yr hyn a'i hanalluogodd i gerdded ond wrth ei ffon weddill ei oes. Ymddengys ei fod yn Eglwyswr brwdfrydig; ac wedi iddo fethu dilyn y gwasanaeth yn Eglwys Llanllyfni, byddai yn dringo i'r graig y cyfeiriwyd ati i olwg yr eglwys, gyda'i Feibl a'i Lyfr Gweddi Gyffredin, ac yno darllenai yn fanwl y gweddiau a'r llithoedd a ddarllenid yr un adeg yn Llanllyfni. Dilynodd yr arferiad hwn yn ddifeth am lawer o flynyddoedd gyda'r fath gysondeb nes y deuwyd i adnabod y graig fel Pulpud Wiliam Owen hyd heddiw. Roedd ganddo hefyd le yn agosach i'w dŷ lle'r arferai gyda'r un cysondeb fyned dros y gwasanaeth hwyrol a'r gosber!

(e) *Gwrachod a Dewiniaid*

ALABEINA'R WRACH : NANTLLE

O.E. Pritchard, Hafod Ifan, Tâp SGAE, 4; ochr 1-4.

'O'dd 'na hanas am wrachod o gwbwl yn yr ardal yma?'

'O! oedd. Glywishi fy nain yn d'eud bydda' 'na . . . nain fy nhaid, Jane Pritchard, Hafod Ifan. O'dd hi'n byw yn yr hen dŷ, a rhagddor o'dd y drws, – un yn top yn agor a llall yn gweulod. O'dda n'w'n lladd defaid a lladd mochyn. Fyddai'r cig yn hongian odd'ar y . . . nenbren, fydda'i'n 'i alw fo. A mi ddoth 'na riw witsh, Alabeina o'dda n'w'n galw hi i fyw tua'r dre' 'na, rownd, a mi o'dda n'w'n credu y bydda' hi'n medru witsio. A dyma hi'n gofyn i Jane Pritchard, 'Gimi ddarn o'r cig 'na gin ti, a paid â cyffwrdd cyllath yno fo o gwbwl!', medda'i. O'dd hynny'n golygu fod raid iddi roid y pishin yn gyfa' iddi ag felly g'na'th hi'.

MOTIF: Mae'n anodd dweud os mai ôl y Motif G.272.1 (Gwrach ofn dur) a geir yma pan ddywed y wrach wrth y wraig am beidio cyffwrdd y cig â chyllell, ai modd o gyfleu ei bod eisiau'r darn yn gyfan a welir yma.

ANDRASTA A'I MERCH : ABER

Clara P., 'Dinas Penmaen or Penmaenmawr', *Y Cymmrodor,* 1882, tt.155-8.

Filltir o Lwyn-Pen-Du, a dwy filltir o Ddinas Penmaen, fe gyfyd afon fynyddig, a elwir y Wrach, dŵr yr hon y gwrthyd y Cymry ei yfed. Ar ôl deng mlynedd o ymholiad gofalus daethpwyd i wybod y traddodiad y cysylltid y Wrach â 'hen wrach erchyll' a elwid Andrasta, yr hon allai hedfan drwy'r awyr. Tybient fod ganddi ferch yr un mor ddychrynllyd â hi ei hun a bod ganddynt ryw gysylltiad â phair. Hefyd 'flynyddoedd yn ôl' arferai pobl â 'chrefydd ddrwg' ladd gwŷr a gwragedd i'w bodloni 'i fyny ar y mynydd'.

Efallai y dylid nodi yma y derbynid Andras, neu Andrasta, yn y futholeg Frythonaidd gynnar, fel 'hen wrach', i'r hon yr aberthid pobl. Hefyd, noda'r Canon Williams fod teml i 'Ceridwen' yng Nghaergyfylchi, ger Penmaenmawr (Dwygyfylchi), a llifa'r afon Gwrach drwy'r plwyf hwn. Disgrifir Ceridwen fel 'ellyll' ("fury") a 'botanegydd' ("botanist"), a chyfeirir yn aml at 'Bair Ceridwen' gan yr hen feirdd.

ARABELLA O DDINBYCH A LLEIDR Y GRAIG LWYD : NANT Y BETWS

William Hobley, *Hanes Methodistiaeth Arfon,* II, 1913, tt.13-14.

Y mae Dafydd Thomas yn adrodd chwedl, ag y dywed fod pawb yn
y Waen yn ei chredu. '75 mlynedd yn ôl (1825), ac na wyddai ef ei
hun ddim pa fodd i'w hanghredu. Yr oedd rhyw ddyhiryn wedi
torri i mewn i'r Graig lwyd, a dwyn £25, arian a dderbyniwyd am
anifeiliaid, ac a fwriedid i dalu'r ardreth. Mawr oedd pryder y
teulu. Dywedwyd wrthynt y gallasai Arabella o Ddinbych fynegi
pwy oedd y lleidr. Digwyddai fod teilwriaid yn pwytho ar y bwrdd
yn y Graig lwyd un diwrnod. Ebe Rolant Dafydd, gŵr y tŷ, wrth
Guto'r teiliwr, 'Guto, a ei di yno?' Yn addo iddo bâr o esgidiau
ddim gwaeth na newydd, os ae. Profi'r esgidiau: ffitio i'r dim.
Addo talu i Guto am ei amser a'i draul. Ymhen deugain mlynedd
ar ôl i'r helynt ddigwydd y clywodd Dafydd Thomas yr hanes gan
Guto ei hun. Yr oedd gan y ddau achos i ymweled â Dinbych y
pryd hwnnw. Wedi nodi'r amgylchiadau a adroddwyd eisoes, elai
Griffith Morris ymlaen gyda'r hanes: 'Ar nos Iau y cefais i'r
esgidiau gan Rolant Dafydd, a deg swllt at fy nhraul, gan gynnwys
y goron oedd i'w thalu i Bella, sef ei gwobr arferol. Mi gychwynais
cyn dydd fore Gwener. Bore braf yn y gwanwyn ydoedd. Mi
gyrhaeddais Lanrwst dipyn cyn canol dydd, a chefais yno bryd da o
fwyd. Mi gyrhaeddais Ddinbych yn gynnar, wedi cerdded dros 40
milltir. Daethum o hyd i Bella yn ei thŷ, a dechreuais ddweyd fy
neges. 'O!' meddai hi, 'mi wn dy neges di o'r gore. Wedi colli arian
y mae rhywun?' Eglurodd Griffith Morris yr amgylchiadau. 'Wel,'
ebe Bella, 'mi allaf ddweyd lle y maent. Oes yna ryw feudy o dan y
tŷ? ac a oes yna ryw garreg fawr yn y ddaear yn ei ymyl?' 'Y mae
yno feudy, ond nis gwn am y garreg,' ebe Griffith Morris. 'Yno y
mae nhw,' ebe Bella, 'odditan y garreg, mewn twll, a'r gwas sydd
wedi eu dwyn. 'Dydyn nhw ddim yno i gyd. Y mae o wedi gwario
dwy bunt am ddeunydd dillad, ac y mae y rheiny yn cael eu
gwneud gan deiliwr yng Nghaernarfon.' Dychwelodd Griffith
Morris drannoeth, ac yr oedd yng Nghaernarfon erbyn tri ar y
gloch y prynhawn. Cyfarfu â Rolant Dafydd yn nhŷ Alice Griffith
Pen y deitsh. Yr oedd mab ynghyfraith Rolant Dafydd, gydag ef,

ac wedi clywed yr adroddiad, ymaith ag ef o nerth y carnau i'r Graig lwyd, dros dair milltir a hanner o ffordd. Dychwelyd ymhen dwy awr, a'r gwas gydag ef, y cwbl wedi troi allan fel yr hysbyswyd gan Arabella. Yr oedd Griffith Morris yn gymydog agos i Ddafydd Thomas. Ni chlywodd ef mo neb erioed yn ameu ei eirwiredd, ac nid oedd ganddo yntau ei hunan unrhyw sail dros wneud hynny.

MOTIFAU: D.1810.0.5   (Gwybodaeth hud gwrachod)
             D.1817.0.11   (Gwrach yn cyhoeddi enw lleidr)
             D.1817.0.1.2 (Gwrach yn cyhoeddi'r fan lle cuddiwyd nwyddau a dducpwyd)

Y Bachgen a Reibiwyd : Nant y Betws

Ifan Jones y Garn; Wiliam Hobley, *Hanes Methodistiaeth Arfon,* II, 1913, tt.15-16.

Unwaith, fe ddaeth gwraig o Fôn (at Guto Cilhaul) gyda chŵyn ynghylch ei mab. Yr ydoedd hwnnw wedi troi ei gefn ar ei hen gariad, a dilyn un newydd. Cyfarfu â'r hen, a bygythiodd honno ei witsio, fel na lyncai damaid fyth ond hynny. Dechreuodd yntau waelu a chymeryd i'w wely, ac yn y man nis gallai lyncu gronyn o fara. Wedi clywed ohono'r manylion, ebe'r dewin, – 'Y mae o wedi mynd yn rhy bell i mi wneud dim ohono. Y mae o wedi credu gair y ferch, a mynd yn rhy lwyr o dan ei dylanwad. Bydd wedi marw cyn pen nos yfory'. Ac yn ôl y ddarogan y digwyddodd y peth. Mam y bachgen hwnnw a adroddodd yr hanes wrth Mr Evan Jones.

MOTIFAU: G.269.10.1 (Gwrach yn lladd person fel cosb)
           M.341.1   (Rhagfynegi marwolaeth i ddigwydd ar adeg arbennig)
NODIADAU: Dyma enghraifft o chwedl fwy difrifol ei naws am Guto Cilhaul.

Beti Ifan y Wrach : Beddgelert

D.E. Jenkins, *Bedd Gelert,* 1899, tt.79-80.

Roedd Beti Ifan yn un o wrachod Beddgelert. Roedd pawb bron o'r trigolion ei hofn ac ni wrthodid iddi ddim ganddynt, gan fod iddi enw fel un a allai alw ysbrydion a gallu i reibio pobl a'u heiddo. Trigai felly yn braf, heb wneud dim ond cadw ei thŷ'n weddol lân . . . Ond roedd un dyn yn y pentref, crydd a photsiar galluog nad oedd ofn Beti na'r un hen wrach o'i bath. Ei bennaf hobi oedd tynnu arni trwy ddangos ysgyfarnog neu hwyaden a saethodd a gofyn iddi a oedd eu heisiau ac yna fel yr estynnai i afael ynddynt, eu tynnu o'i gafael. Ni allai wneud fawr o ddrwg iddo gan fod ganddo fan geni uwchben ei fron, ond meddyliodd am ffordd i ddial arno. Arferai ymddangos o'i flaen ar ffurf hwyaden neu sgwarnog pan oedd yn hela ond gofalai gadw o gyrraedd ei wn. Gan ei fod yn 'heliwr cadarn' ni bu'n hir cyn canfod fod rhywbeth o'i le. Gwyddai am feddyg a oedd yn alluog yn y materion yma ac aeth ato i gael ei gyngor. Dywedodd hwnnw wrtho am fynd â brigyn bach o griafol gydag ef y tro nesaf yr âi i hela a darn o'r ferfain a'i osod ar fôn y gwn. Yna rhoddodd iddo ddarn o bapur â sgrifen arno a dweud wrtho am ei ddarllen y tu ôl ymlaen os gwelai anifail yr amheuai mai Beti ydoedd, y gwelai hi ar ei ffurf cywir, er yn dal yn anifail i eraill, ac iddo saethu wedyn at ei choesau ac unman arall. Y diwrnod wedyn roedd yn gweithio ei ffordd drwy'r llwyni gerllaw tŷ Beti pan welodd ysgyfarnog fawr yn neidio o'i flaen. Darllenodd yntau'r papur tu ôl ymlaen a thanio at ei choesau a gwelodd yr ysgyfarnog yn rhedeg tua bwthyn Beti. Rhedodd ar ei hôl mewn pryd i'w gweld yn neidio dros ran isaf ei drws. Aeth i fyny at y bwthyn a chlywai'r hen wrach yn gruddfan; pan aeth i mewn roedd yn eistedd ger y tân a gwaed yn rhedeg o'i choesau. Ni phoenwyd ef byth wedyn gan Beti'r Fedw ar ffurf ysgyfarnog.

MOTIFAU: G.211.3.2 (Gwrach ar ffurf hwyaden)
G.211.2.7.1(Gwrach ar ffurf ysgyfarnog yn derbyn cael ei hela o ran hwyl)
G.272.2   (Planhigyn hud yn amddiffynfa rhag gwrach)
G.275.12   (Gwrach ar ffurf anifail yn cael ei chlwyfo o ganlyniad i glwyfo'r anifail)
NODIADAU: Dyma ffurf llawn ar chwedl sydd i'w chael mewn llawer gwlad ac yn dra poblogaidd yng Nghymru. Gw. 'Huw Llwyd a gwrachod Betws y Coed' a 'Nansi'r Wrach'.

BETI IFAN Y WRACH : BEDDGELERT

D.E. Jenkins, *Bedd Gelert*, 1899, tt.79-80.

Roedd Beti Ifan yn un o wrachod Beddgelert. Roedd pawb bron o'r trigolion ei hofn ac ni wrthodid iddi ddim ganddynt, gan fod iddi enw fel un a allai alw ysbrydion a gallu i reibio pobl a'u heiddo. Trigai felly yn braf, heb wneud dim ond cadw ei thŷ'n weddol lân . . . Ond roedd un dyn yn y pentref, crydd a photsiar galluog nad oedd ofn Beti na'r un hen wrach o'i bath. Ei bennaf hobi oedd tynnu arni trwy ddangos ysgyfarnog neu hwyaden a saethodd a gofyn iddi a oedd eu heisiau ac yna fel yr estynnai i afael ynddynt, eu tynnu o'i gafael. Ni allai wneud fawr o ddrwg iddo gan fod ganddo fan geni uwchben ei fron, ond meddyliodd am ffordd i ddial arno. Arferai ymddangos o'i flaen ar ffurf hwyaden neu sgwarnog pan oedd yn hela ond gofalai gadw o gyrraedd ei wn. Gan ei fod yn 'heliwr cadarn' ni bu'n hir cyn canfod fod rhywbeth o'i le. Gwyddai am feddyg a oedd yn alluog yn y materion yma ac aeth ato i gael ei gyngor. Dywedodd hwnnw wrtho am fynd â brigyn bach o griafol gydag ef y tro nesaf yr âi i hela a darn o'r ferfain a'i osod ar fôn y gwn. Yna rhoddodd iddo ddarn o bapur â sgrifen arno a dweud wrtho am ei ddarllen y tu ôl ymlaen os gwelai anifail yr amheuai mai Beti ydoedd, y gwelai hi ar ei ffurf cywir, er yn dal yn anifail i eraill, ac iddo saethu wedyn at ei choesau ac unman arall. Y diwrnod wedyn roedd yn gweithio ei ffordd drwy'r llwyni gerllaw tŷ Beti pan welodd ysgyfarnog fawr yn neidio o'i flaen. Darllenodd yntau'r papur tu ôl ymlaen a thanio at ei choesau a gwelodd yr ysgyfarnog yn rhedeg tua bwthyn Beti. Rhedodd ar ei hôl mewn pryd i'w gweld yn neidio dros ran isaf ei drws. Aeth i fyny at y bwthyn a chlywai'r hen wrach yn gruddfan; pan aeth i mewn roedd yn eistedd ger y tân a gwaed yn rhedeg o'i choesau. Ni phoenwyd ef byth wedyn gan Beti'r Fedw ar ffurf ysgyfarnog.

MOTIFAU: G.211.3.2   (Gwrach ar ffurf hwyaden)
              G.211.2.7.1 (Gwrach ar ffurf ysgyfarnog yn derbyn cael ei hela o ran hwyl)
              G.272.2   (Planhigyn hud yn amddiffynfa rhag gwrach)
              G.275.12   (Gwrach ar ffurf anifail yn cael ei chlwyfo o ganlyniad i glwyfo'r anifail)
NODIADAU: Dyma ffurf llawn ar chwedl sydd i'w chael mewn llawer gwlad ac yn dra poblogaidd yng Nghymru. Gw. 'Huw Llwyd a gwrachod Betws y Coed' a 'Nansi'r Wrach'.

BETI'R BATEN A SIÔN WYNN : DYFFRYN CONWY

Elis o'r Nant, *A Guide to Nant Conway,* ca., 1883, tt.14-16.

Ar groeslon y tair ffordd ger Gwydir gellir gweld olion hen goeden a oedd yn gysylltiedig â nifer o chwedlau difyr a ffraethebau a roddwyd ymlaen gan un genhedlaeth i'r llall. Adnabyddid hi fel y Pren Gwyn ac roedd yn hoff fan cyfarfod gan weision a morwynion Gwydir ar derfyn y dydd, lle y cyfnewidid straeon a chwedlau a glywsent gan eu rhieni a thipyn o sgandal hefyd mae'n debyg. Byddai'r ifanc yn cyfarfod yno hefyd.

Roedd hen wraig yn yr ardal a enillai ei bara drwy ddweud ffortiwn, ond yr hyn a wnâi oedd dringo'r goeden i wrando. Clywodd John Wynn o Wydir hyn, pan yn llencyn o'r Coleg a dywedodd wrth Ffŵl y Llys am ddweud wrtho pan ddringai'r goeden. Ar ôl ei gweled yno, amgylchynodd y goeden â ffaglau brwmstan. Syrthiodd hithau i'r ddaear dan ei felltithio, ond yn ofer. Roedd ei chyfrinach yn awr yn amlwg a bu'n rhaid iddi adael yr ardal am Gapel Garmon ac yna Benmachno, lle roedd rhai o'i disgynyddion ar ôl adeg sgwennu'r llyfr. Ei henw oedd Beti'r Baten.

Mae yma ôl y motif D.1810.0.5 (Gwybodaeth hud gwrachod)

CROMLECH GANTHRIG BWT : LLANBERIS

Myrddin Fardd, *Llên Gwerin Sir Gaernarfon,* 1908, t.204.

Mae y lle hwn yn nghreigiau Mur Mawr, ym Mwlch Llanberis, y naill du i Ynys Hetws. Gelwir ef felly, meddir, am fod hen wrach o'r enw Ganthrig wedi bod yn trigianu yno. Heb fod ymhell oddi yno y mae lle arall a elwir Cwm y Wrach. Dywed traddodiad fod teuluoedd yn colli eu plant yn y cymdogaethau hynny rai oesau yn ôl, a methid er pob ymdrech a gwybod beth oedd wedi dod ohonynt. Tybiai rhai mai rhyw fath o anifeiliaid gwylltion oedd yn dyfod i'w lladrata, ac yn eu difa yn yr un modd ag yr oeddynt yn gwneud gyda'r defaid. Yr oedd pawb yn adnabod yr hen wrach oedd yn byw tua'r gromlech, a byddai y plant yn rhedeg mewn dychryn pan y gwelent hi yn rhywle; ond ni ddaeth i feddwl neb y gwnai ddim i un ohonynt. Ryw dro ymhen hir a hwyr, darfu i gi oedd gydag un o weision y Cwmglas, ddod o hyd i ddarn o ryw ysgerbwd yn agos i'r man ag yr oedd Ganthrig yn trigo, ac wedi sylwi arno, gwelwyd mai llaw plentyn bychan ydoedd, ac adnabyddwyd hi fel llaw un o'r plant oedd ar goll, drwy fod y bychan hwnw, drwy ryw anffawd, wedi torri un o'i fysedd. Drwgdybiwyd Ganthrig fel yr un oedd yn lladrata plant, a'i bod hefyd yn eu lladd ac yn eu bwyta. Wedi deall hyn, penderfynodd y trigolion ei gwylio, ac os byddai posibl rhoddi pen arni, ac aeth un o'r dynion at enau ei hogof, a chlywodd lais plentyn yn wylo. Gwaeddodd ar Ganthrig i ddod allan, fod ganddo blant iddi; hi a ddywedodd y deuai, ar ôl iddi drin pen ei phlentyn. Cyn hir daeth allan, a rhuthrodd y dyn ati, a thorodd ei phen ymaith â chryman, a dywedir iddi gael ei chladdu mewn lle a elwir Tir Coch, yn agos i Lanberis. Ar ôl hyn cafodd plant y gymdogaeth lonyddwch.

MOTIFAU: G.262.0.1 (Lamia. Gwrach sy'n bwyta plant)
G.275.7.1 (Torri pen gwrach ymaith)

Dyma'r fersiwn llawnaf ar y chwedl hon. Cofnodwyd hi yn:

T. Gwynn Jones, *Welsh Folklore,* 1930, t.82.

Yn Wirt Sikes, *British Goblins,* 1880, tt.368-9, dywedir mai drwgweithredwr a laddodd Ganthrig, ar ôl cael dewis hynny neu ei ddienyddio.
Cyfeiriwyd at chwedl am hen wraig a drigai o dan y Gromlech cyn hyn, fodd bynnag:

Thomas Pennant, *Journey to Snowdon,* 1781, t.171.
Wm. Williams, *Observations on the Snowdon Mountains,* 1802, tt.63.4.
J. Evans, *Caernarvon and Denbigh,* 1810, t.418.
P.B. Williams, *History of Caernarvonshire,* 1821, t.125.
Dienw, *Leigh's Guide to Wales,* 1835, t.182.
Dienw, *Cambrian Tourist's Guide,* 1847, tt. 714; 721.
A. Roberts, E. Woodall, *Gossiping Guide to Wales,* 1907, t.292.
C. Sinclair, *Sketches and Stories of Wales and the Welsh,* s.d. t.178.
Dienw, *Caernarvon and Snowdon,* s.d.

CYRCHFAN GWRACHOD ERYRI : NANT Y BETWS/LLANBERIS

Marie Trevelyan, *Folk-Lore . . . of Wales,* 1909, t.208.

Yn Sir Gaernarfon, roedd y Mynydd Mawr yn nodedig fel man cyfarfod gwrachod, y rhai a gynhalient eu defodau yn olion yr hen gaer Frythonaidd ar gopa eitha'r mynydd. Roedd Penmaenmawr, y ddwy Glydar, yr Wyddfa a llawer o'r hafnau a'r nentydd yn y mynyddoedd ag enw drwg o fod yn hoff leoedd y gwrachod.

MOTIF: G.230 (Cynefin gwrachod)

Owen Alon Jones, Tâp SGAE, 3; ochr 1-4.

'Fedrwchi dd'eud sdori Robin Ddu a'r crochan wrtha' fi 'ta?'

'Wel, y sdori fel y clyw'is i hi oedd . . . Oedd o fel . . . cyfarwydd – o'dd o'n ca'l 'i alw yma ag acw i ddelio â llawar o broblema' – o'dd o'n dwrna' a bob peth. Wel yn un o'r ffermydd 'ma mi o'dd'na rhiw declyn neillduol wedi ca'l 'i ladrata. A Robin yno. "Galwch y gweision a'r morwynion i gyd at 'i gilydd. A dowch â chrochan i ganol y gegin i fa'ma." A dyma dynnu'r crochan odd'ar y grât a'i roid o ar y llawr. "Dowch â ceiliog i fewn." Dŵad â ceiliog i fewn, clymu'i draed o, a roid o yn y crochan, a r'wbath drosd 'i wynab o. "Rŵan," medda' fo wrth y gweision a'r morwynion, "Pob un ohonachi i ddod rownd y crochan 'ma a rhwbio'ch d'ulo yno fo. A ma'r ceiliog yn sh'ŵr o ganu pan fydd y lleidar yn twtsiad y crochan." A mi a'th y morwynion a'r gweision i gid rownd. Wedi 'ddy n'w orffan dyma Robin yn g'neud n'w'n un rheng. "Dangoswch ych d'ulo." Mi o'dd dwylo un yn berffaith lân. "Dyma fo'r lleidar," me' fo.'

MOTIFAU: H235   (Ceiliog oddi tan grochan yn canu i brofi enwogrwydd lleidr)

J.1141.1   (Twyllo person euog i weithred sy'n cyfaddef euogrwydd)

Cofnodwyd y chwedl gan eraill ar lafar:

Tâp A.W.C. 3546 (T. Lewis Williams).

ac am Guto Cilhaul:

Tâp SGAE, 3; ochr 1-4 (William Edward Griffith).

Ceir fersiwn llenyddol, llawn yn:

Dewi Machreth Ellis, 'Robin Ddu Ddewin', *Llên Gwerin Sir Gaernarfon*, 1975, tt.31-3.

DEWINES COCH Y BIG : CLYNNOG

William Hobley, *Hanes Methodistiaeth Arfon*, I, 1910, t.9.

Hen ŵr o ardal y Capel Uchaf a arferai ddwyed am dano'i hun yn ymweled yn ei ieuenctid â dewines Coch-y-Big yn ardal Brynaerau, ac fel y gwelodd y crochan llymru ar y tân yno, hyd nes y cipiwyd hi oddiyno gan law anweledig, pan y gwelai hi yn nen y tŷ yn berwi yn grychias ulw. William Thomas Brysgyni Ganol oedd hen ŵr eithaf anhydrin; ond pan fyddai efe wrthi yn hel dormach ar rywun, ni byddai raid ond bygwth myned a'i achos at y ddewines nad elai fel oen llyweth yn y fan.

MOTIF: D2135.0.2 (Codi celficyn i'r awyr drwy hud)

DEWIN Y CENIN : DOLBENMAEN

Myrddin Fardd, *Llên Gwerin Sir Gaernarfon*, 1908, tt.118-19.

Dewin y Cenin, yn ôl llafar gwlad a gwerin, oedd yn byw mewn tŷ a elwir Ty'r Dewin, yn agos i le a elwir yn bresennol Ffridd y Ffold . . . Cafwyd (wrth ei chwalu yn 1892) ar fantell y simdde, yn doredig, y flwyddyn 1562. Perthynai y lle i etifeddiaeth y Plas Hen, a chawn mai Gruffydd Fychan oedd ei etifedd o gylch y flwyddyn 1696.

Oherwydd mawr wybodaeth yr hen ddewin hwn, ystyrid ei fod yn meddu goruwch-wybodaeth, fel y mae amrywiol chwedlau wedi dal yn draddodiadol amdano hyd heddiw, a'i gampau, a'i wyrthiau, a'i broffwydoliaethau yn ddiarebol ar lafar a chof gwlad ym mhob cwrr, megis ei fuddugoliaethau ar yr Un Drwg a'r T. Teg, y rhai, naill ai o orfod ai o ewyllys, a ufuddhai i'r hyn a orchmynai ef iddynt. Ymhlith llawer o'r 'rhyw deg' a ddelent ato i gael cwrs eu tynged pwy fyddent eu gwŷr, etc., cyfrifir hen nain y diweddar Ellis Owen, Cefn y Meusydd, yr hon, yn ôl ei chais, a gafodd gan yr hen Ddewin hysbysrwydd y caffai ŵr, ac y byddai byw ar boncen yng ngolwg haul-ar-godiad, y byddai iddi saith o blant, y ddau olaf yn efeilliaid, ac y byddai hithau farw ar eu genedigaeth. Sicrhai Ellis Owen fod ei ragddywediadau yn gywir – ddarfod i'w hen nain fyned i fyw i Tuhwnt i'r Bwlch, ger Porthmadog, poncen yng ngolwg codiad haul, iddi gael saith o blant, y ddau olaf yn efeilliaid, ac iddi farw ar eu genedigaeth. Glynodd cryn lawer o hynodion eraill perthynol i'r gŵr hwn yng nghof y werin, megis y *Daith i Philistia*, y *Potel Ceiliog,* etc.

MOTIF: D.1810.0.2 (Gwybodaeth hud gŵr hysbys)

Dewin yn Ardal Bangor : Bangor

William Hobley, *Hanes Methodistiaeth Arfon,* VI, 1924, tt.51-2.

Dyma fel y traetha gŵr na fynn i'w enw mo'r ymddangos am athro ac athrawes o'r amser gynt, yr athrawes yn un y bu ef ei hunan dan ei gofal: 'Ymhen rhyw gymaint o flynyddoedd ar ôl canol y ganrif o'r blaen y bu farw mewn gwth o oedran y cyntaf o'r ddau; a chlywais gryn lawer yn ei gylch o bryd i bryd, yn enwedig gan ryw ddau neu dri o'i hen ddisgyblion. Bu pobl yn ymgynghori ag ef fel dewin ar un cyfnod, er y darfu hynny yn llwyr ddeg neu ugain mlynedd cyn ei derfyn ef. Fe ddywedai hen ddisgybl iddo a oedd yn 76 oed yn 1922, mai ei hoff bynciau oedd marwolaeth a phynciau cysylltiedig â hynny, a bod ganddo lawer o wybodaeth ar y naill fath a'r llall i'w chyfranu. Ond nid ganddo ef ond gan eraill, lawer blwyddyn yn ôl, y clywais i amdano fel dewin. Cof gan un amdano mewn hen gôt lwyd fawr a'i dwy boced Patagonia enfawr, ac fel y gwelodd ef ar un tro yn tynnu allan ohonynt gryn dywysgedd o lyfrau, nid llai na digon i lanw llond basged ymenyn. Ymhlith y llyfrau yr oedd amryw hen almanaciau y ddeunawfed ganrif o waith Mathew Williams, ynghyd â chyfrol Cornelius Agrippa ar Wagedd y Celfyddydau a'r Gwyddorau. Fe ddywedai'r hen athro mai'r rheswm am yr enw gweledyddion yn yr ysgrythur oedd yr edrychai'r gweledydd i ddau ddarn crisial am gyfarwyddid. Fe alwai sylw at y gair yn Esai am y dewiniaid a oedd yn hystyng ac yn sibrwd, mai 'peep and mutter' ydoedd yn y Saesneg, sef ysbio yn y crisial a mwmlian gweddi. Ni fynnai y condemnid yn yr ysgrythur ond y camarfer o'r peth. Fe ddywedai mai wrth gyfarwyddid y crisial y gwybu Samuel y gweledydd am asynod Saul; a mynnai mai dau ddarn crisial, y naill yn grwn a'r llall yn hirgrwn, oedd yr Wrim a'r Thwmim yn y Deml. Dawn natur oedd y ddawn i ganfod yn y crisial, ac ni feddienid moni gan un o fil, a chollid yr arfer ohoni heb lendid calon. Oherwydd colli'r glendid hwnnw y llygrwyd dewiniaeth, gan yr ae'r dewin a gollodd ei ddawn i arfer dichell er twyllo'r bobl. Fe reolid oriau'r dydd gan y saith angel, Michael a Gabriel a'r lleill, ac i bob un ei awr. Dyna ystyr 'dyfod ar awr dda' a bod 'yr awr arno'. Penderfynid yr awr gan leoliad y planedau, ac yn ôl hynny y byddai'r argoel yn dda neu ddrwg. Ser-ddewiniaid oedd y Doethion o'r Dwyrain a olrheiniasant fangre genedigaeth yr Iesu wrth y seren. Mi glywais fwy na hyn, ond y mae bellach yn rhy anelwig yn fy meddwl i'w atgynyrchu yma. Math ar grefydd oedd sêr-ddewiniaeth gan yr hen ysgolfeistr. Yr oedd pynciau mawr Cristnogaeth yn ganolbwnc iddi, a dygai hithau ei haur a thys a myrr yn offrwm iddi. Ni arddelai efe unrhyw enwad o grefydd yn hollol, er yr ae i'r Eglwys ar y Pasg a'r Sulgwyn a'r Nadolig. Fe ymddengys yn sicr ddarfod iddo olrhain lliaws o bethau drwy gyfrwng ei ddewiniaeth. Ni chlywais a arferai efe ei hun y crisial neu'r llyfr consurio. Y rheswm pam y rhoes y dewin ar neilltu ydoedd y teimlad yn erbyn y peth gan grefyddwyr.

MOTIFAU: D.1810.0.2 (Gwybodaeth hud gŵr hysbys)
              D.1712.0.1 (Sêr-ddewin)

DIALEDD HEN WRAIG : NANTLLE

William Arthur Pritchard, Tâp SGAE, 4; ochr 1-4.

Wel, y, pan o'n i'n bur ifanc; ar ôl y Rhyfal Gynta', mi es i weithio'i lawr i – i Sowth. A o'ni'n bur ifanc. A mi ges waith efo dyn – Elis Byrtn o'dd 'i enw fo. Coediwr. A dyn nobl iawn. Yn ddyn tia riw bymthag ar 'igian i ddeigian oed. O'dd o'n ddyn deallus iawn. A mi ddois i ddeall yn fuan iawn na do'dd o ddim yn medru sgwennu na darllan. Ag o dipin i beth mi ddois, i ddeall sud, y, ro'dd o heb fedru sgwennu na darllan.

Ma'n debig 'i fod o'n frodor o Carno – rhwng Carno a Llanbrynmair yn fan'na. Ag mi ro'dd 'i dad a'i fam o'n ffarmio mewn riw dyddyn – ffarm bach gweddol fychan. Ag o'dd 'na chwech o deulu. Chwech ne' saith o blant 'no. Ag 'ro'dda n'w â'i llyga'd drosd 'i 'sgwydda' am le mwy. Ag mi o'dd 'na ffarm o'dda n'w wedi 'i chwenychu dipin, heb fod yn bell. Mi ro'dd y gŵr wedi marw, a gwraig weddw ar ôl. Ag un plentyn go fychan gynni hi.

Ag yn ôl yr o'dd y dyn yma'n d'eu'tha' i mi ro'dda n'w wedi llwyddo i ga'l tenantia'th y ffarm 'ma, dros ben y weddw o'dd ar ôl. A mi roedd rhybudd ymadael iddi a mi ddeuthon yn denantia'd i'r ffarm – tad a mam y dyn 'ma o'dd yn d'eud yr hanas.

Mi rôth y ddynas – y wraig weddw 'ma o'dd yn ca'l 'i hel i ffwrdd o'r ffarm 'i melldith arny' n'w, yn gyhoeddus ag yn ddirgel hefyd – na fydda' 'na ddim bendith arny' n'w, na fydda n'w ddim fyw ond ychydig iawn – y tad a'r fam – ag y *gwasgerid* 'i teulu n'w.

A mi ddigwyddodd yr inion beth yn hollol mewn 'chydig iawn o flynyddo'dd. Mi farwodd y tad a'r fam ac *mi* wasgarwyd y teulu. Mi ro'dd y tri hyna' yn ca'l 'i anfon 'i weithio ar ffermydd perthnasa' 'ddy n'w. A do'dd rheini wedi ca'l fawr o ysgol. A mi anfonwyd y rhai 'fenga' i rhiw sefydliada' i ga'l 'i mhagu – y tri ne' bedwar 'fenga'. Ag o'dda n'w 'di tyfu fyny na wydda' n'w ddim o'r hanas i gilidd – lle'r o'dda n'w, a dim byd o hanas am 'i gilidd.

Wel, pen dipin o flynyddo'dd, o'dd 'na ddau ne' dri wedi mynd lawr i'r Sowth, mi fedron drwy gyfeillion iddyn' n'w – mi fedron olrhain hanas naill a'r llall. A mi drefnwyd i ga'l aduniad o'r teulu. Chwech ne' saith ohony' n'w – 'dw i'm yn cofio. Mi o'dd un wedi mynd i'r Mericia – o'dd honno ddim ar gael. A mi ddowd o hyd iddy' n'w, a mi gafwyd aduniad. *Ond,* yn ôl yr hanas – ar ôl marw'r hen wraig o'dd 'i 'di rhoid y felldith.

MOTIF: M411.12 (Melltith gwrach)

DWY WRACH : BEDDGELERT

Telynores Eryri, Tâp SGAE, 5; ochr 1-4.

'O'dd 'na wrachod o gwbwl yn yr ochra' yma 'lly?'

'Chlyw'ishi ddim am yr un gwrach ffordd hyn, ond o'dd 'na Dŷ Nansi yn . . . ymyl Llyn Dinas, ond, heb fod yn bell o lle'r o'dd y cewri 'na. A . . . Nansi o'dd enw'r hen wrach 'ma o'dd yn byw yno. A mi o'dd yr enw – glywish i n'w'n d'eud bod yr enw – mam o'dd yn d'eud – bod yr enw Nansi yn ysgymunbeth wyddochi, – neb yn rhoid 'i plentyn yn Nansi – am bod yr hen wrach 'ma yn fan'no. Ond erbyn hyn ma'r enw wedi dod yn enw gogoneddus yn dydi?' Ym. Nansi.

'Dachi'm yn cofio sdreuon o'dd ych mam yn dd'eud amdani?'

'Nagydw i . . . ddim yn cofio'r un o'r rheini, os d'udodd hi rei 'ta. Ond ma'n debig fod gynni hi, achos mi o'dd hi'n un o Nant Gwynant.'

'O'dd hi'n medru witsio, y Nansi 'ma, 'ta be'?'

'Ol dwn i ddim am honno ond mi o'dda n'w'n d'eud am riw ddynas o'dd yn byw yn fan hyn, yn ymyl fan hyn, bod honno yn medru witsio.'

'Ia – pw' o'dd honno?'

'Wel, Elin Jô's o'dd 'i henw hi . . . ag o'dd hi'n byw yn Bron Hebog.'

'Ia – medru rheibio anifeilia'd, 'ta pobol, 'ta be'?'

'Y – medru witsio n'w'n sgwarnog! Dyna o'dd yr hen gred. A glyw'is dd'eud, pan o'dd hi'n marw, bod hi'n mewian fel cath yn inion.'

'Pryd o'dd hyn yn bod 'ta?'

'O, mil, mil naw . . .un saith, ne' mil naw un chwech.'

'Buo hi farw 'lly?'

'Riw dro fel'a 'te – dwi'm yn shwr o'r flwyddyn. Ond 'dwi'n meddwl bod hi 'di marw rhwng mil naw un chwech a mil naw dau . . . un.'

'Dachi'n 'i chofio'i felly?'

'Dwi'n cofio'r ddynas, yndw.'

'Fedrwchi roid disgrifiad ohoni?'

'O, riw ddynas bach wladaidd o'dd 'i, wladaidd iawn. Hoel gwaith mawr arni hi – 'di gweithio'n galad. Dyna'r cwbwl.'

'Ia – do'dd 'na'm byd yn anghyffredin yn'i hi?'

'Do'dd gynni'm dant yn 'i phen 'dwi'n meddwl, os 'dwi'n cofio'n iawn.'

'Ia.'

'Dyna'r cwbwl – dim dant.'

'A medru troi pobol yn sgwarnogod o'dd hi – 'ta troi'i hun?'

'Troi r'wbath – dyna o'dda n'w'n dd'eud ynte. Wel'ishi'm byd 'dwi 'di ga'l i droi'n sgwarnog yn'i hi. Dim byd – ond o'dda n'w'n d'eud . . . bod hi'n medru witsio.'

'O'dd 'i mewn oed mawr yn marw?'

'O'dd, o'dd hi'n bedwar igian.'

'O'dd 'na'm sôn amdani'n rheibio anifeilia'd? 'I nadu n'w roid llefrith ne' nadu'r llefrith droi'n fenyn?'

'Nagoedd. Nagoedd, dim byd felly. Nagoedd. Dim byd.'

MOTIFAU: D.683.2   (Gwrach yn newid ffurf pobl)
           G.211.1.7   (Gwrach ar ffurf cath) (Amrywiad)
NODIADAU: Mae'r chwedl yma'n wahanol i'r rhai llafar arferol, gan mai newid pobl eraill yn sgyfarnogod a wneir yma, nid y wrach ei hun)

ENWOGRWYDD GUTO CILHAUL : LLANBERIS

Huw Jones, Meillionen, Tâp SGAE, 2; ochr 2-3.

'Dachi'n gw'bod hanas Guto Cilhaul rŵan?'

'Yndw, dipin bach o hanas Gruffydd Wiliam.'

'Ia. Y gŵr hysbys 'lly?'

'Ia.'

'Ia.'

'O'dd o'n gw'bod lot o . . . o'dd o'n ddyn reit . . . gyflym 'i feddwl, a . . . llawer yn mynd ato fo. 'Dwi'n cofio un . . . yn cychwyn o'r pentra' yma, Cwm y Glo, un 'di colli pres, o'dd o'n byw yn 'Rabar acw. Ag o'dd 'na ddeuddag punt wedi mynd o'r drôr . . . ond 'na'th 'ddo fo beidio – o'dd 'na bedwar mab yno, gofyn i'r fam. A'r hen wraig yn d'eud – 'O! wel'ish i neb Wiliam', me' hi – Wiliam o'dd 'i enw fo, – 'yn mynd ar gyfyl dy drôr di a dy betha' di'! 'Wel, down lag, os na bydda n'w yna, mi fydda' i'n mynd at Gruffydd Wiliam, Cilhaul.' Wel, erbyn noson wedyn do'dda n'w ddim wedi dŵad. 'Wel dyna fo, 'dwi'n mynd at Gruffydd Wiliam, Cilhaul' medda' fo, a dyma fo'n mynd. A dyma'i frawd o'i hun yn ddal o wrth Gasdall Bryn Bras, riw filldir a hannar ar ôl iddo fo fynd, a d'eu'tho fo am ddod yn ôl, na fo o'dd 'di g'neud. Wel dyna ddangos dylanwad Gruffydd Wiliam ynde. A mi a'th â fo'n 'i ôl adra' a dangos lle o'dd o 'di ciddiad n'w – o'dd o 'di ciddiad n'w tu ôl i hen weithdy saer yn pentra' 'cw.'

'Lle glywsoch chi honna?'

'Un o betha'r Abar 'ma. Ma' sôn am Bonc Robin 'Rabar. O'n i'n ddangos o ichi o'r blaen, Ponc Robin 'Rabar, ar dicad undab 'de.'

'Ia, o'ddach.'

''Na fo rhei'na, o'dda n'w'n betha' 'Rabar 'de. O'dd 'na bedwar brawd ohony' n'w. Robin o'dd un ohonyn' n'w.'

'Sginoch chi fwy o hanas Guto, oes?'

'Nagoes, 'sgin i ddim . . . o'i hanas o . . . '

MOTIF: J.1141.1.9 (Lleidr yn cyfaddef gan ei fod yn credu fod yr ymchwilydd yn gallu darllen meddyliau)

Y FERCH DDIOG : NANT Y BETWS

Pitar Evans, Tâp SGAE, 1; ochr 1-4.

'O'n i 'di cl'wad ryw sdori amdano fo a ryw ddyn diog yn Bontnewydd hefyd.'

'O? O . . . ol . . . y dwn i ddim. Mi glyw'ish fod 'na ryw hogan ifanc a'i rhieni hi mewn helbul hefo hi. Y . . . ma'n debyg i mi, 'swn

90

i'n d'eud, na be'sach chi'n alw'r amsar honno yn ffitia' sderics ychi. 'Husderical teip.' A phenderfynu na choda' hi ddim o'i gwely. Mi o'ddan 'di trio pob math o ffor' i' cha'l hi o'no, a 'di methu. Wel, y lasd risort, fel ma'n n'w'n d'eud, o'dd yr hen Guto Elis Cil Haul. A dyma'r hen Guto'n d'eud, "Ma' raid i mi ddod acw'i gweld hi," medda' fo.'

'Yn lle o'dd hyn?'

'Dwi'n meddwl ma'n Sir Fôn, o'dd honno hefyd. 'Dwi'n meddwl i mi gl'wad am hynny. A wel i chi, dyma Guto yno ag i'r bedrwm a dyna lle'r o'dd hogan landag, hardd iawn yn gorwadd yn 'i gwely 'de. A'r hen Guto'n sbio arni, 'Wel,' medda' fo wrth 'i mham hi, 'Sgynno chi gyfnas lan 'ma?' medda' fo. 'Oes,' medda' hitha'. 'Ewch i' nôl hi,' medda' fo, 'ma' raid i mi hagor hi,' medda' fo.

'A hitha'n cl'wad 'lly?'

'O'dd hi'n gwrando, yn clwad o'n d'eud yn y gwely on' toedd?'

''Gorwch i mon'na *i,*' medda' hi 'de, ag o'no am 'i bywyd. Wyddoch chi, o'dd o'n bygythio n'w fel'a 'de. A'r ffaith na fo o'dd yn d'eud petha' fel hyn ychi o'dd yn 'i g'neud n'w gredu ynde. 'Tasa' rywun arall yn d'eud yr un peth ynde, f'asan n'w'n cym'yd fawr o sylw, ond y ffaith na Guto Elis o'dd o 'dach chi'n gweld.'

MOTIF: F.950.5 (Ofn yn iachau salwch)

Cofnodais y chwedl ar lafar am ŵr diog o'r Bontnewydd hefyd:
Recordiad Llafar SGAE, 15.xi.73, (John Awstin Jones)

Cofnodwyd y chwedl cyn hyn hefyd (am wraig ddiog ym Môn) yn:
William Hobley, *Hanes Methodistiaeth Arfon,* 1913, t.15.

Y FODRWY GOLL : NANT Y BETWS

Pitar Evans, Tâp SGAE, 1; ochr 1-4.

'Wel, Mr Ifans, dwi'n dallt ych bod chi'n arbennigwr yn ardal y Weun 'ma ar Guto Cil Haul, y Dewin. 'Sa chi'n medru d'eud wrtha' fi lle geutho chi afa'l yn y straeon 'ma 'lly? A gyn pwy?'

'Wel dydwi ddim yn be' ma' nhw'n alw'n arbennigwr chwaith. Ond hynny wn i o hanas yr hen ddewin, Guto Elis, oedd straeon o'n i'n gl'wad gin mam pan o'n i'n blentyn. O'dd hi 'di ca'l 'i magu yn 'i ymyl o – o'dd hi 'di ca'l 'i geni yng Ngwredog Ucha' – sy' ryw bum can llath o Cil Haul, cartra' yr hen ddewin, ac wedyn mi symudodd i fyw, lle magwyd i, Bryn Siriol, ryw bum can llath arall yn uwch i fyny. Ag felly mi o'dd hi'n gybyddus iawn â Chil Haul pan fyddai'n blentyn. Ag ryw straeon o'n i'n gâ'l . . . hanas 'rhen Guto Elis rŵan ag yn y man gin yr hen wraig y'n mam o'n i'n ga'l. Digwydd cofio rhei ohonyn' nhw. Ond mod i'm yn 'i cofio nhw i gyd, lawar iawn. Piti garw na fyddwn i wedi rhoi n'w lawr i gofio mwy o'i hanas o. Ond y . . . mi 'swn i'n d'eud fod 'rhen Guto Elis, – ma' hyn yn mynd yn ôl gant a hannar o flynyddoedd bellach. A mam yn hen hogan bach yn Gwredog, a mi fydda'n cwarfod yr hen Guto Elis o dro i dro am sgwrs efo fo a cha'l straeon a ballu gin bobol er'ill, – gin 'i thad a'i mam ma'n siŵr, o'dd yn hynach na hi. Ag yn rhyfadd iawn, mi 'ro'dd yr hen Guto yn llwyddo i 'neud bywoliaeth mewn ffor' ryfadd iawn. Mi o'dd o'n ryw ffarmio 'chydig o dir yn Cil Haul; to'dd o'm yn ffarmwr da i'm byd. Do'dd o mo'i fyd o i ffarmio. Ond y ffor' o'dd o'n trio g'neud bywoliaeth o'dd trw' alw'i hun yn ddewin. Ag mi fydda'n llwyddo reit dda hefyd, i dwyllo pobol hefyd, ond twyllo o'dd o. O'dd pobol fel mam a'i theulu yn gw'bod mai tricia' o'dda nhw, ond do'dd pawb ddim yn gw'bod hynny, o'dd pobol yn coelio y bod gynno fo ryw (bŵar) goruwch naturiol.'

'Sud o'dd y'ch mam yn gw'bod 'na twyllo o'dd o?'

'Sud?'

'Sud o'dd hi'n gw'bod na twyllo o'dd o 'lly?'

'Wel, 'nabod o ddigon da 'te, trw' fyw . . . a'i thad a'i mam hi'n 'nabod o well byth ynte, yn gw'bod na to'dd gyno fo ddim pŵar gwahanol i neb arall ond bod o 'di cym'yd yn 'i ben bod o'n medru proffwydo a petha' felly, a rhai pobol yn 'i goelio fo ac yn credu'n gydwybodol fod gyno fo ryw allu goruwchnaturiol ynte. A dyna i chi un peth o'dd o'n 'neud at 'i fywolia'th fydda' cadw pobol ychi o'dd ddim yn iawn . . . pobol wedi'i geni felly . . . be' ma' nhw'n alw heddiw ydi pobol wedi cael . . . y . . . wedi cael 'i geni'n mental handicap.'

'Ia, ia.'

'Fydda'n cadw rheini. Fydda 'na ddim, mae'n siŵr gin i fawr o Aseilams i' rhoid nhw yn'y nhw. A to'dd nunlla . . . dim ond rhoid rhyw swm o arian i'r hen Guto Elis am 'i cym'yd nhw drosodd.'

'Y teulu'n talu rŵan?'

'Y teulu'n talu amdanyn' n'w 'na fo mi gyma'r hen Guto Elis nhw. Mi fydda' 'na fyny at hannar dwshin ohonyn' nhw yno mae'n siŵr. Ag . . . yn y beudai y bydda' n'w'n cysgu ar wellt ychi. Mewn hen feudy yno. A 'dwn i'm be' o'dd 'i bwyd n'w – peth sâl iawn ma' sh'ŵr. A dyna fo, mi o'dd o'n 'i cadw n'w'n fyw. Ag amball i fora' mi o'dd o'n mynd i edrach sud o'ddan n'w. A e'lla' bydda' 'na un hen fachgan wedi marw yn ystod y nos. Do'dd 'na ddim byd i 'neud ond rhoid y gasag yn y drol ynte ag off â'i gorff o i Llanwnda, 'de, dim sôn am wasana'th o fath yn byd nag arch na dim byd arall.'

''Mond gladdu o?'

'Im byd 'mond 'i gladdu o fel 'ro'dd o 'te.'

'O'dd 'na rywun . . . y ficar ne' rywun?'

'Nag o'dd, o'dd na'm sôn am neb . . . '

'Dim ond Guto Elis?'

'Dim ond 'rhen Guto Elis a'r drol . . . y ceffyl yn y drol, so off â fo i Lanwnda. Wel, eniwe, mi y . . . 'dwi'n cofio hanas am un ohonyn' n'w, Huw Puw o'ddan' n'w 'i alw fo. A to'dd 'na'm dŵr yn Cilhaul ychi. Dim ond dŵr o'r fargod, hwnnw o'dda n'w'n yfad. Felly mi o'dd raid cario dŵr o le 'gosa' iddo fo, Gwredog Bach, ryw bum can'llath i ffwr', Mi o'dd 'na bistill yn fan'no, yn rhedag bob amsar. A mi fydda'r hen Huw Puw – 'i waith o fydda' cario dŵr o'r hen bistill 'ma i Cilhaul i ryw hen dwb mawr fydda'n dalcan tŷ yno. Felly fydda' fo'n g'neud bob dydd. Wrth gwrs 'ro'dd y twb yn llawn ers d'wrnod cynt . . . do'dd dim gwahania'th yn byd . . . dal i gario 'ro'dd 'rhen Huw i fewn i'r twb 'de, a mynd 'nôl am 'chwanag. Dyna o'dd gwaith Huw Puw. A ma' "Pistill Huw Puw" yno heddiw – mi wn i lle mae o 'chi. Mae o dan yn hen gartra' i – welwch chi'r coed acw, ochor isa' i Bryn Siriol, lle ganwyd 'i, welwch chi'r tocyn llwyn coed 'na?'

'Ia.'

'Wel, yn fan'na ma' "Pistill Huw Puw".'

'Dyna 'di'r enw arno fo o hyd 'lly?'

'Dyna mae o'n ga'l 'i 'nabod gin bobol Allt Goed Mawr, 'de. Mi fu's i'n nôl dŵr yno – do's 'na'm dŵr ar yr ochra' 'na chi, dim "spring" yn nunlla. Wedyn mi o'dd rhaid cario dŵr o fan'na i fyny. A mi fydda' pawb o gymdogion fan'na'n g'neud 'run peth, a "Pistill Huw Puw" ydi'o heddiw, i mi 'de. Ond duwch, w'r pobol y pentra' 'ma 'im byd amdano, 'de. Wel, ia, wel, dyna fo, be' am y petha' o'dd Huw Puw, y petha' o'dd Siôn . . . yr hen Guto Elis yn 'i lwyddo i' 'neud ynde. Y, 'dach chi'n gweld, mi glywis i mam, o'dd yn brofiadol o hyn – mi o'dd hi'n . . . o'dd mam ychi, wedi iddi br'odi a dod i fyw i Bryn Siriol, yn hogan ifanc ryw igian, un ar

93

higian, oed o'dd hi – do'dd hi ddim llawar mwy, o'dd 'rhen Guto'n hen fachgan. A'r arferiad o'dd yr amser honno, ychi, o'dd pawb o'dd yn . . . gynno fo ryw dyddyn bach a dipyn o dir, 'run fath â ni, yn mynd â'i fenyn – yr unig ffor' y gwerthach chi'ch 'menyn – o'dd yn farchnad yng Ngha'rnarfon.'

'Ia.'

'Felly o'dd pawb yn mynd i lawr i'r farchnad ar fora' Sadw'n hefo'r 'menyn bach yn y fasgiad a wya' a petha' felly, a newid n'w am bishin o sh'wgwr a phetha' felly, a te, a newid n'w am betha' i ddŵad adra'. Wel, eniwe, mi o'dd 'rhen Guto Elis yn cerddad efo mam yn amal iawn – f'a mam yn pasio Cil Haul i fynd am y dre', a fydda'r hen Guto Elis yn dod efo hi a f'a'r ddau yn cerddad i Gaernarfon efo'i gilydd; o'dda n'w'n ca'l lot o sgwrsus ar y ffor' ynde. Wel, wedi n'w gyrra'dd y farchnad mi o'dd gin pawb ryw fath o stô'n, – wyddochi, pawb yn gosod 'i fenyn o flaen 'i gwsmeria'd. Mi ddou cwsmeria'd rownd o r'wla. Ol rŵan to'dd 'na neb byrna fenyn neb heb ga'l 'i brofi o. A digon ohono fo; 'dyn o'dd 'ish'o profi bod y menyn yn pleshio nhw – digon o halan a ballu 'te, ag o'dd 'na arferiad – a'r ffor' o'ddan nhw'n 'i brofi o o'dd . . . y . . . rheda 'i bawd o dan y pwys . . . i ga'l digon i fedru'i brofi o 'de.' 'A shipian 'i fawd fel'a?' ' . . . a'i f'yta fo i ga'l gweld sud 'ro'dd o, a 'snag o'dd o'n pleshio, 'mlaen i stô'n nesa', a wir mi gyrhaeddon stô'n 'rhen Guto Elis beth bynnag, a 'ma shŵr gin i na mynd a gormod o bwys 'rhen fachgan . . . 'dachi'n gweld – pwyso rhy drwm ar y bawd ynde?'

'Ia, ia.'

' . . . a mi glywodd mam o'n d'eud wrth ryw hen wraig o Gaernarfon 'na, "Yli'r diawl, dos adra' i dorri dy 'winadd!" W'chi, o'dd o'n mynd a gormod o'i fenyn o'n 'te?'

'Ia.'

' . . . a ryw betha' felly fydda' fo'n 'neud, a mam yn chwerthin am ben o, 'te.'

'O'dd o'n un ffraeth?'

'O, o'dd, ffraeth iawn, oedd. O'dd gynno fo syniada' chi . . . Mi o'dd o'n wahanol ynte . . . Ond o'dd o'n d'eud 'da chi'n gweld bod o'n medru . . . y dadlennu problema' pobol 'dachi'n gweld, a mi o'dd sôn amdano fo ychi, achos fydda' pobol yn dŵad – 'dwi'n cofio ychi, y . . . y . . . mam yn d'eud am . . . ma' Cil Haul 'di ca'l 'i altro erbyn heddiw, a mi 'dwi'n . . . 'dwi'n gofio fo . . . fel 'ro'dd o. Hen ffermdy ychi, a . . . a rŵan mi o'dd 'na ddrws ffrynt a drws

cefn, a mi o'dd 'na ddrws bach arall yna 'fyd, rownd y talcan, do'dd
neb yn gweld hwnnw. A mi o'dd hwnnw'n dod i fewn a mi o'ddach
chi'n medru mynd i'r llofft ychi ffor' 'no. A mi ddigwyddodd 'na –
ryw ddynas yn dŵad at y tŷ, ag o'dda n'w'n gweld n'w o'r tŷ ymhell
ychi i lawr am Gwredog ffor'na. O'n'w'n cerddad ar draws caea' at
y tŷ, a 'dyn mi wela' 'rhen Guto Elis rywun yn dŵad yno – ryw
ddynas – a allan â fo. Pan ddoth y ddynas i'r tŷ, i'r drws, mi o'dd
'rhen wraig yno'n 'i dderbyn o i fewn. A wedyn 'fa'n holi'r hen
wraig – "O b'le 'da chi 'di dŵad?" A f'a'r hen Guto'n llofft yn
gwrando . . . "Lle ma' Gruffydd Elis?" "Dio'm yma, ma' 'di mynd
allan," ond lle bydda'r hen ddyn ond wedi mynd i'r llofft i wrando,
'da chi'n gweld. Dyn o'dd 'na dwll yn y "ceiling" ynte . . . 'di dod i
fewn oddi allan trw' ddrws cefn, a fanno f'a'n gwrando'r wraig yn
holi . . . "O lle 'da chi 'di dŵad?" ynte. "O Sir Fôn." "Diar annw'l;
be' sy'n poeni chi?" "Di colli modrwy 'dwi." "O . . . o . . . o . . . O'n
i'n meddwl 'sa chi'n licio i Gruffydd Elis ddod acw ryw noson?"
"Ol ia, 'na fo." Wel, wedi i'r hen Guto ga'l digon o wybodaeth
yngylch y person yma mi fydda'n dŵad wedyn, allan ag i fewn
drw'r drws ffrynt . . . a gofyn i'r ddynas 'ma. "Sud 'dachi . . . wel,
Meri Jô's." Bobol annw'l . . . sud o'ddo'n gw'bod, 'de . . . sud o'dd
o'n gw'bod pwy o'dd i . . . 'i henw hi. A dyna fo, mi o'dd o'n 'i ca'l
n'w fel'a, 'de. "Sud 'dach chi Meri Jô's, sud ma'n n'w tua Sir Fôn
'cw?" Bobol annw'l mi o'dd o'n gw'bod bod hi'n dod o Sir Fôn
'dach chi'n gweld! "A mi 'dach chi mewn problem 'dydach, 'di
colli'ch . . . y . . . modrwy 'dach chi, 'de?" Ia, – bobol annw'l!
"Dach chi'n ama' rywun?" "Wel y . . . wel . . . wel . . . ydw,"
meddai, "dwi'n ama' a d'eud y gwir 'tha chi, y forwyn bach 'cw. 'Di
dwyn modrwy br'odas i." "Wel, ylwch," medda' fo, "cerwch adra' a
d'wch wrthi a phawb arall," medda fo, 'de, "bod Guto Elis Cil
Haul yn dod acw dy' Llun." Wedyn o'dd hi'n mynd adra' a
honno'n d'eud wrth bawb. Wel . . . y . . . fel o'dd hi'n digw'dd bod,
y forwyn bach o'dd wedi dwyn hi. O'dd hi 'di dychryn am 'i bywyd,
bod 'rhen Guto Elis o bawb yn dod yno.'

   'Be', o'dd o'n enwog yn Sir Fôn hefyd, 'lly?'

   'Yn Sir Fôn. Wedyn 'dach chi gweld, mi o'dd 'rhen hogan bach
'di cynhyrfu gymaint, mi redodd i gwr Guto Elis, a mi o'dd hi wrth
y giât yn dderbyn o. A dyma hi'n gofyn . . . dyma fo'n gofyn iddi hi,
"Di'r fodrwy gin ti, 'ngenath bach i?" medda' fo. "Wel ydi,"
medda' hitha'. "Tyrd â hi i mi," medda' fo, "fydd dim sôn amdanat
ti, mi fydd yn olreit." A honno'n falch o ga'l rhoit hi iddo fo. A

wedyn mynd at y tŷ – ffarm o'dd hi – mi o'ddan n'w'n d'eud fod 'na wydda' ar yr iard, a'r hen fachgan yn mynd i'r tŷ a gofyn am lwmp o does, ynde, a rhoid y fodrwy yn y toes 'ma, yn y lwmp toes 'ma, a'i daflud o i'r chwia'd ychi, 'de. Gwatsiad p'run o'dd yn lyncu o 'de; ag wedi mynd i'r tŷ a siarad am bob dim, 'de, d'eud wrth y ddynas, "os 'dach chi eisio'ch modrwy, lladdwch y chwadan ne'r ŵydd 'na, mi gewch chi'ch modrwy. A honno – g'neud a'i cha'l hi, 'dach chi'n gweld. Ag wedyn, mi o'dd 'rhen Guto'n llwyddo yn 'i betha'n 'de.'

MOTIFAU: N.450   (Clywed cyfrinachau trwy dwll mewn to)
          J.1141.1.9   (Lleidr yn credu y gall ymchwilydd ddarllen meddyliau: cyfeddyf)
          B.548   (Anifail yn canfod celficyn coll) (Amrywiad)
          K.1700   (Twyll drwy ffugio)

Dyma fersiwn llawn ar y chwedl, sy'n dal yn boblogaidd ar lafar:

Recordiad Llafar SGAE, Tachwedd 15, 1973, (Mr John Awstin Jones)
Tâp SGAE, 2; ochr 2-3 (Mr William Griffith)

Cofnodais hanes Guto'n sbïo drwy'r to hefyd:

Tâp SGAE, 5; ochr 2-3 (Mr William Pritchard)

Cofnodwyd y chwedl hon am Guto unwaith o'r blaen:

Hanes Methodistiaeth Arfon, II, 1913, tt.14-15.

Mae hon yn un o nifer o chwedlau am ddewiniaid yn canfod lladron drwy fanteisio ar wendidau dynol.

Gw. 'Y Gêm Colledig'.

FOTY LOWRI GALED : NANT FFRANCON

Hugh Derfel Hughes, *Hynafiaethau Llandegai*, 1866, t.18.

I'r lle hwn, tua dyddiau Cromell, yr anfonodd Lowri Jones o Sychnant, ei buches, lle meddir, y gwnaeth ystôr dda o gaws a menyn, ac y mae 'Foty Lowri Galed' a'i ffynnon yn cadw ei henw hyd heddiw. Yr oedd i'r wraig honno gyneddfau meddwl rhagorol; yr oedd yn feddygwraig a bydwraig enwog, a chymaint oedd ei llwyddiant yn y gelfyddyd feddygol, fel yr haerai y werin ei bod mewn cyfrinach â'r Cythraul, yr hyn hefyd a gredent am bob llenor, yn gystal ag am yr hen Gymraes ragorol hon.

MOTIF: G.303.22 (Y Diafol yn cynorthwyo pobl)

Y Fuwch Lafar : Nantlle

O. Alon Jones, Tâp SGAE, 3; ochr 1-4.

'Wel, hen sdori glyw'ishi gin f'ewythr 'di hon. O'dd yr hen Gilhaul yn dipin o hen bero ag yn ddyn pur anysdyriol hefyd medda' nhw. Ag yn rhiw gym'yd arno fod o yn ddyn go dda efo anhwyldera' ar anifeilia'd. Mi galwyd o i riw ffarm – o'dd 'wbath ar un o'r gwarthaig – a mi o'dd y ffarmwr yn fan'no gysdal wag ag ynta'. Yn y tŷ mi o'dd o'n medru taflu'i lais. Ag w'th i'r hen Gilhaul fodio'r fuwch, – y fuwch mewn riw ysdum hollol naturiol, – mi drôth y fuwch 'i phen i edrach be' o'dd o'n 'neud o gwmpas 'i sodla' hi. Ag medda'r fuwch: 'Peidiwch â mfrifo 'i ddyn!' A mi a'th yn gela'n bôsd arno fo do!

MOTIF: K1800 (Twyll drwy ffugio neu greu camargraff)

Mynyddoedd Arfon : Arfon

Glaslyn, 'Y Wyddfa a'r Mynyddoedd o'i Hamgylch', *Cymru,* Cyf. XVI, t.199.

Dywedai yr hen bobl mai dewiniaid yr amseroedd gynt a fu'n gwneud y gwaith, trwy alw yr ysbrydion o'r dyfnder er mwyn y difyrrwch o'u gweled yn gwneyd gorchestion trwy gario y meini hyn ôl a gwrthol, a'u gollwng lle maent.

MOTIFAU: D.932.1   (Y mynyddoedd wedi eu creu gan hud)
          A.963   (Y mynyddoedd wedi eu creu o feini a ollyngwyd)
NODIADAU: Mae yma debygrwydd i rai o'r chwedlau a geir yn adran y Cewri.

Ffynnon Chwerthin : Llanberis

Gwêl y chwedl hon yn Adran *Y Ffynhonnau.*

Y GÊM COLLEDIG : BANGOR

Cymru Fu, 1862, tt.238-42.

Ystyrid ef hefyd yn ddewin heb ei fath. Yr oedd ei enwogrwydd yn y gangen hon o'r gelfyddyd ddu wedi cyrhaedd hyd i'r Deheudir – i blith mawrion y tir yn gystal â'r werin bobl. Yr oedd gwraig rhyw foneddwr yn Nyffryn Teilo wedi colli tri gem gwerthfawr iawn, na fynasai mor byd yn eu lle. Chwiliwyd am danynt yn mhob ystafell yn y palas, a holwyd yr holl forwynion a'r gweision yn eu cylch, heb y rhithyn lleiaf o obaith am eu hadferiad. Ymgynghorwyd â dewiniaid a dewinesau yr holl ardaloedd oddiamgylch, ond yr un mor aflwyddianus. Yr oedd y foneddiges yn dihoeni o'u hachos, canys rhodd oeddynt iddi hi gan chwaer drengedig. Pa fodd bynag, daeth i feddwl y boneddwr am Robin Ddu, a thybiodd oddiwrth y sôn am dano, os byddai rhywun yn abl i'w gael, mai Robin oedd hwnw. Danfonwyd cenad ar farch ar frys gwyllt i Wynedd i ymofyn y Dewin; ac ufuddhaodd yntau i'r cais. Yr oedd i gael haner cant o bunau os llwyddai i dd'od o hyd i'r trysorau. Eithr wedi cyrhaedd yno ni ddechreuai ef ar y gwaith o gwbl, os na chai y tâl, llwyddianus neu beidio. Barnai y gŵr boneddig fod hyn yn ormod o arian i'w rhoi ar antur, a hysbysodd Robin y carasai wneud prawf o'i allu dewinol yn nghyntaf cyn talu. 'Boddlon fi,' ebai yntau; er nad oedd ganddo ond ffydd fach nad syrthio trwodd y buasai yn y prawf; 'ond,' meddai, 'mi gefais fy nghludo yma yn rhad, ac nid peth bach ydyw hyny i gler-fardd.' Felly yr hunan-fyfyriai efe mewn un ystafell, tra yr oedd y boneddwr yn paratoi y prawf mewn ystafell arall. Y prawf a ddewiswyd oedd dodi Robin Goch dôf oedd yn y palas o tan gawgen ar y bwrdd, a pheri i Robin Ddu ddewinio beth oedd o tan y llestr. O'r diwedd, gwysiodd y boneddwr ef ato, a daeth yntau tan grafu ei lechwedd a gwneud golwg hurt, fel dallhuan yn breuddwydio. 'Wel,' ebai'r gŵr boneddig, 'beth sydd o tan y gawgen yna, Robin?' Ond ni wyddai Robin tu yno i lidiart y mynydd beth i'w ddweyd na'i wneud. Tybiodd o'r diwedd mai y ffordd oreu fyddai iddo addef ei anwybodaeth. 'Mae Robin wedi ei ddal yr 'rŵan,' ebai ef. 'Da iawn, wir; da iawn, wir,' ebai'r boneddwr, 'sut y gwyddet ti, Robin, beth oedd islaw i'r gawg? Yr wy'n foddlon 'nawr i dalu'r aur.' Ac nid oedd gan Robin yn yr oes hono ddigon o gydwybod i'w gwrthod; yn wir, ychydig fuasai yn eu gwrthod yn yr oes gydwybodol hon.

98

Pa fodd bynag, y peth nesaf i Robin ar ôl derbyn yr arian oedd ei henill. I ddechreu, mynodd gael ystafell yn y palas at ei wasanaeth ei hun, a chael allwedd y cyfryw yn hollol tan ei awdurdod. Cafodd un yn rhwydd, ac yno yr aeth, ac yno y byddai yn ocheneidio ac yn darllen rhyw druth o hen lyfrau a ddygasai gydag ef tros yr holl dŷ, er mwyn argyhoeddi y bobl ei fod mewn cyfrinach bwysig â bodau annaearol o barth y lladrad. Ar brydiau deuai allan i'r gegin, gan lygadu a chlustfeinio, holi a stilio, ar draws ac ar hyd, pawb yn nghylch y gemau. Yr oedd yn llwyr argyhoeddedig oddiwrth ffeithiau amgylchynol, mae rhai o bobl y tŷ oedd yn euog o'r lladrad, a chael allan y pechadur yn eu mysg oedd testyn ei graffder o hyny allan. Un diwrnod aeth i roi tro trwy yr ardal, ac un o'r gweision gydag ef, er mwyn ei gyfarwyddo. Daethant ar ddamwain at fynwent lle yr oedd y torwr beddau wrth ei waith, a hwnw fel grave-digger Shakespeare, yn ddibris ddigon yn taflu esgyrn penglog i fynu o'i weithfa. Wrth edrych ar y gwrthddrych dynol-wawdus hwn, tarawyd y dewin gan ddrychfeddwl o gynllun campus. Cododd y danedd a dododd hwynt yn un o'i logellau. Ni wyddai ei gydymaith ar y ddaear beth i'w feddwl o hyn; edrychodd gydag arswyd ar Robin o hyny allan. Wedi cyrhaedd adref aeth y gwas i'r gegin, a Robin i'w ystafell. Adroddodd y gwas hwn wrth ei gydwasanaethyddion pa fodd y bu'r tua'r fynwent; ac edrychent oll ar eu gilydd yn fudandod dychrynedig. Toc, daeth Robin hefyd i'r gegin, ac archodd mewn modd awdurdodol ar i bob enaid yn y lle ymgynull ger ei fron ef. A phawb a ddaethant. Yna, gan edrych yn sobrddwys a chraff i'w gwynebau, ebai'r dewin, 'Fechgyn a genethod, bydd yn noson erchyll yma heno; yr wyf am alw tair lleng at fy ngwasanaeth, y rhai a ddygant gorwynt yn ei hadenydd, ac a nithiant bawb a phobpeth yn y lle mor fân fel yr â gyda'r gwynt, er mwyn d'od o hyd i'r gemau. Ond ni fynwn er dim i'r dieuog gael ei gospi gyda'r euog, am hyny yr wyf yn rhoddi i bob un ohonoch y papuryn hwn (yn estyn i bob un bapuryn yn cynwys un o'r danedd crybwylledig), a'r sawl sydd ddieuog ni chospir mohono; eithr y sawl sydd euog, bydd yn ddigon mân erbyn y bore i fyned trwy ogr'. Yr oeddynt yn delwi ger bron y dewin rhag ofn i'r corwynt hwnw wneud rhyw gamsyniad. 'Ond o ran hyny,' ebai ef yn mhellach, 'ni raid wrth gorwynt na pheth, ond i mi gael y gemau yn fy ystafell o hyn i haner nos; ac ni raid i un ohonoch ofni y bydd i mi achwyn; na, cadwaf y dirgelwch yn nghilfach ddyfnaf fy nghalon.' Yna efe a ddychwelodd i'r ystafell, gan bryderus ddisgwyl pa effaith a gai'r bygythiad llymdost hwnw arnynt. Pa fodd bynag, cyn pen haner awr dyma guro wrth y drws, a daeth un o'r morwynion i mewn tan grynu a dodi y gemau mewn llian o bali yn llaw y dewin. 'Cofiwch yr amod,' ebai hi wrth fyned ymaith. 'Ni raid i ti ofni yn nghylch hyny,' ebai yntau. Bu agos iddo hollti ar ei draws gan chwerthin a llawenydd oherwydd ei lwyddiant. Yr oedd y fath lwyddiant tu hwnt i'w obeithion disgleiriaf. Ond nid oedd y boneddwr na'i foneddiges yn gwybod dim am yr ymdrafod hwn; ac yr oedd Robin yn penderfynu na byddai iddo dori ei air yn y gegin na datguddio yr euog. Felly yr oedd yn rhaid iddo drethu ei ymenydd drachefn am gynllun a fuasai yn eu dychwelyd i'w perchenog yn ddyogel a diammheuaeth, a fuasai hefyd yn celu y dull y daeth ef o hyd iddynt, ac ar yr un pryd, cynllun a fuasai yn adlewyrchu clod arno ef fel dewin. Ac yn yr olwg ar ei anhawsderau blaenorol nid oedd hwn ond anhawsder bychan. Cyn cysgu y nos hono yr oedd efe yn dyfeisio ei ddyfais. Cododd yn bur fore dranoeth, a gwelai haid o wyddai yn pori ar y maes tu cefn i'r palas; aeth tuag atynt, a'r gemau mewn darn bychan o fara ganddo. Sylwodd yn graff ar un ohonynt a thaflodd y darn bara gerllaw hono, a llyncwyd ef ganddi yn uniongyrchol. Yna efe a ddychwelodd i'r tŷ, a chyfarfyddwyd ef wrth ddrws yr ystafell gan y boneddwr, yr hwn a ofynai iddo os cawsai efe rhyw awgrym am y gemau eto. Ebai'r dewin, 'Deuwch allan gyda fi yn mhen ychydig fynydau, a dangosaf pa un o'ch adar sydd yn cadw eich trysor'. Felly fu; aeth y boneddwr ag yntau i'r maes, a dangosodd Robin iddo yr wydd lwyd. 'Lleddwch hon yna,' ebai ef, 'a chewch yn ei choluddion y tri gem a gollasoch.' Rhyfeddodd y gŵr boneddig yn fawr at y fath ddywediad; ond yr oedd yn rhaid ufuddhau i'r gorchymyn. 'Dyma nhw,' ebai Robin, wedi lladd ac agor yr aderyn, 'yn gyfan a dianaf. Dyna i chwi ddewin!' gan ymsythu a haner gredu ei fod yn rhywbeth uwchlaw dynion cyffredin mewn gwirionedd. 'Dyfod yn ddamweiniol yn mhlith yr ysgubion o'r parlwr i'r domen a wnaethant, a'r wydd hon yn ei rhaib a'u llyncodd.' Wel, ni fu erioed y fath groesaw ag a gafodd ef; yr oedd y foneddiges yn barod i fyned ar ei gliniau i ddiolch iddo; cafodd yr anrhydedd o ymborthi wrth yr un bwrdd gyda y boneddwr, a diwrnod neu ddau o hela yn ei gymdeithas; ac nid oedd neb yn fwy ei llawenydd na'r forwynig anonest yr arbedodd efe ei bywyd trwy gelu ei chamwedd.

Wedi aros yno am fis yn mhellach, i wledda ac ymddigoni,

daeth i'w fryd ddychwelyd adref; a'r boneddwr llawen a wnaeth anrheg iddo ar ei gychwyniad o farch gwineu ysgafndroed llygadlym, ac ar gefn hwnw, a chanddo haner canpunt yn ei logell, y dychwelodd efe i Arfon.

Dyna'r dull a gymerai Robin Ddu i enill ei fara, ac argyhoeddi y werin ei fod yn ddewin, ac mewn cyfathrach a bodau annaearol.

MOTIFAU: J.1141.14 (Lleidr, o'i fygwth â chosb ddwyfol, yn cyfaddef)
J.1655.2 (Pobi gemau gwerthfawr mewn bara)
B.548 (Anifail yn canfod celficyn coll) (Amrywiad)
K.1700 (Twyll drwy ffugio)

Yma eto gwelir y dewin yn canfod lleidr drwy fanteisio ar wendidau dynol. Fodd bynnag collwyd ystyr gwreiddiol a phwrpas rhannu'r dannedd ac nid oes eu hangen yn y fersiwn hwn.

Ceir chwedl debyg am 'wraig gyfarwydd yng Nghaernarfon' yn cael arian a ladratawyd o ffermdy ger Llandegfan yn ôl hefyd:

William Hobley, *Hanes Methodistiaeth Arfon,* III, 19, t.21

GRIFFITH ELLIS, MAB GUTO CILHAUL : NANT Y BETWS

William Hobley, *Hanes Methodistiaeth Arfon,* II, 1913, t.17.

Gŵr cryn lawer yn israddol i'w dad ar y cyfan oedd Griffith Ellis y mab, ond gyn hynoted ag yntau mewn rhai cyfeiriadau. Nid yn feddyg dyn nac anifail, fel ei dad, ond, fel yntau, yn gallu gwastrodedd gwallgofiaid yn eithaf teg. Ac er yn fwy anystyriol o lawer na'i dad, yr ydoedd yn hafal iddo yng ngrym cynhenid ei feddwl. Rhywbeth anarferol yn ei olwg. O ran ffurf a maintioli y corff, y pen a'r wyneb, ac hyd yn oed fynegiant y llygaid i fesur, yn swrn debyg i Napoleon fawr. Pan safai gyda'i gefn ar y mur, yn gwrando ar ymddiddan heb gymeryd arno glywed, yr oedd osgo'r corff ac edrychiad y llygaid yn union fel eiddo'r mochyn yn ei gwt, pan glyw sŵn dieithriaid yn dynesu. Meddai ar gyflawnder o eiriau disgrifiadol, a dywediadau ar ddull diarhebion. Yr oedd yn anarferol o ffraeth a chyflym ei ateb. Byddai awch ar ei ymadroddion mewn ymddiddanion cyffredin: ei ddywediadau yn gwta, yn frathog, yn ddisgrifiadol, ac yn fynych yn wawdus a choeglym. Er yn eithafol anystyriol mewn ymddiddan, eto yn fucheddol ei foes, heb lwon na serthedd, ac yn ymgymeryd yn naturiol â'r meddwl am y byd anweledig. Trigiannodd yn y Bontnewydd am y rhan olaf o'i oes. Daeth rhai aelodau o'r teulu hynod hwn yn ymroddedig i grefydd, fel y ceir gwneud cyfeiriad atynt eto. Daeth dau frawd i'r Griffith Ellis olaf dan ddylanwad diwygiad '59. Ystyrrid hwy yn ddynion go anghyffredin. Enghreifftiau oeddynt o'r modd y mae crefydd, ar dymor diwygiad, yn cipio gafael ar ddyn, fel fflam ar babwyren, mewn amgylchiadau a'i gwna yn eithaf anhebyg o deimlo dim o gwbl oddiwrthi ar dymorau cyffredin.

GUTO CILHAUL A'R TYLWYTH TEG : NANT Y BETWS

Dafydd Thomas

Gw. Adran y *Tylwyth Teg*.

GUTO CILHAUL YN CAEL EI DWYLLO : NANT Y BETWS

Pitar Evans, Tâp SGAE; Ochr 1-4.

Mi . . . y . . . glyw'is mam yn d'eud un peth hefyd 'de . . . 'doedd o . . . do'dd o'm yn llwyddo bob amsar, 'de. A mi glyw'is 'i hanas o 'di mynd i ryw ffair i Gaernarfon, a ffair amsar honno 'chi, ffair ar y maes. Pawb yn mynd a'i – rhoid relings rownd y maes ychi – a pawb yn mynd â'i warthaig a'i ddefaid a'i foch i fan'no i' gwerthu. A ma' raid fod gin yr hen Guto r'wbath yno 'chi, mi o'dd o 'di gwerthu r'wbath, a 'di ca'l pres. A mi a'th i'r Hotel 'na ychi, y 'Castle' ar Maes Caernarfon, i feddwi wedyn. A mi o'n i'n dalld bod o 'di bod yn prynu pâr o 'sgidia' iddo fo'i hun, efo'r pres, a mi a'th i feddwi, a mi ad'odd y 'sgidia' yn r'wla. Wa'th chi amdani! Mi gollodd 'i 'sgidia'; mi a'th i chwilio amdanyn' n'w a 'doeddan' n'w ddim yno. Ond mi o'dd raid i'r hen Guto Elis, ychi, gadw 'i digniti, fel ma' n'w'n d'eud. Do'dd o'm am roid i mewn bod *o* am 'i cha'l hi o bawb. 'Peidiwch a poeni,' medda' fo 'de, 'mi fydd y 'sgidia' yn Cilhaul o 'mlaen i,' medda' fo, ''S'im 'isho' chi boeni,' medda' fo, 'mi fyddan' o 'mlaen i,' medda' fo. Ond o'dd mam yn gw'bod yn wahanol. Welodd o byth mo'nyn' n'w, ychi. Mi o'dd 'na rei . . . ynde . . . yn gw'bod am 'i dricia' fo ynde, ag yn rhoid test arno fo.

GWELLA TOR-CALON – IFAN JONES Y GARN : NANT Y BETWS

William Hobley, *Hanes Methodistiaeth Arfon*, II, 1913, t.16.

Bu gwraig am ddeng mlynedd mewn iselder meddwl, ar ôl ei siomi mewn serch, ond a ddilynodd gyfarwyddid Griffith Ellis, ac a ymsioncodd ac a ymsiriolodd, a bu am ugain mlynedd heb och na gruddfan. Yna fe ail-gydiodd yr hen anhwyl ynddi, a hi a ddaeth i ymofyn â'r dewin drachefn. Yr ydoedd yn wraig barchus yr olwg arni, ac yn holi'r ffordd am y dewin y gwelwyd hi gan Mr Evan Jones, ac y clywodd efe ei stori.

MOTIF: D.2161 (Gallu hud i wella afiechyd)

GWRACH CLOGWYN Y GARREG : NANTLLE

Gruffydd Elis, Tâp SGAE, 4; ochr 1-4.

Ol glywishi mam yn d'eud y bydda' 'na hen wrach w'th Glogwyn y Garreg, yn dop Dyffryn Nan'lla. A byddai'n dal defaid yn nos. A ffor' fyddai'n g'neud fydda' mynd yn ddisdaw a rhwbio'i gwinadd . . . fel'a . . . (Yma gwnaeth y sŵn a wnai'r wrach drwy rwbio ewinedd ei ddwy law yn erbyn ei gilydd) . . . i 'neud fathâ dafad w'th gnoi'i chïl. A byddai'n medru mynd at 'i hymyl n'w felly . . . i dal n'w (a'u lladd a'u bwyta, yn ôl ei fersiwn cyntaf).

MOTIF: G.231 (Gwrach yn byw ar ddibyn)

GWRACHOD CYLCH Y DERWYDDON : ABER

Marie Trevelyan, *Folk-lore . . . of Wales,* 1909, t.133.

Yn union gyferbyn â Maen y Duwdod mae Maen yr Offrwm, ar ben yr hwn mae pant digon mawr i ddal plentyn yn ei lawn dŵf. Roedd hen gred y byddai plentyn a roddid yn y pant hwn am ychydig funudau yn ystod mis cyntaf ei fywyd yn lwcus. Roedd dŵr glaw gerid o'r pant yn gysgod rhag gwrachod os taenid ef ar yr aelwyd. Weithiau clywid gwaeddi erchyll yn dod o Faen yr Offrwm ac yn aml clywid ochneidiau, wylofain a llefain uwchlaw sŵn y gwynt ar nosweithiau drycinog. Dywedid yr arferai gwrachod gynnal cyfarfod unwaith y tu allan i Gylch y Derwyddon ac ar ganol y seremoni a'r defodau, clywyd llais rhybuddiol yn dod o'r Maen. Dychrynodd hyn gymaint ar y gwrachod nes i ddwy syrthio'n farw ac un arall fynd yn wallgo' hollol. (A.B.)

MOTIFAU: P.427.1.1 (Derwyddon yn aberthu pobl)
           G.271.2.2 (Dŵr swyn yn offrymu gwrachod)
           D.1317.12 (Maen hud yn rhoi rhybudd)
           N.384   (Dychryn yn peri marwolaeth)
           N.384.0.1 (Dychryn yn peri gwallgofrwydd)

GWRACH Y BONT BRIDD : CAERNARFON

William Hobley, *Hanes Methodistiaeth Arfon,* III, 19, t.21.

Hen wrach arall a breswyliai ger Bont bridd, a honnai ddarfod i Grist ddanfon llythyr ar groen iddi, ac i angel ddatguddio y fan lle dodid ef, sef dan garreg, ac am hynny fe'i gelwid ganddi yn llythyr dan garreg. Dodid y llythyr hwn ar fynwes merched ieuainc, a chredid ganddynt y galluogid hwy drwy'r gyfaredd honno i ddehongli eu dyfodol eu hunain.

MOTIFAU: D.812.10.0.1 (Angel yn datgelu cuddfan celficyn hud)
ÔI   D.1810.0.5   (Gwybodaeth hud gwrachod)
           V.211.10   (Llythyr gan Grist)
NODIADAU: Roedd y gred mewn llythyr gan Grist yn un gyffredin iawn yng Nghymru tan yn gymharol ddiweddar.

GWRACH Y FFRIDD UCHAF : BEDDGELERT

William Rowland, 'Gwrach Ffridd Uchaf', *Straeon Cymru,* 1961, tt.91-3.

Ers llawer blwyddyn yn ôl trigai hen wrach yn y Ffridd Ucha', Llanfrothen, Sir Feirionnydd; ac ofnid hi'n fawr gan drigolion yr ardal oherwydd ei bod yn rheibio pawb a'i tramgwyddai. A chan nad oedd ganddi ond y nesaf peth i ddim at ei byw, crwydrai o dŷ i dŷ i gardota, a gwae'r sawl a wrthodai gardod iddi.

Un diwrnod galwodd yn y Tŷ Mawr i ymofyn cardod o laeth, ond gan fod y llaeth yn brin iawn ar y pryd, gwrthodwyd hi.

Ymhen ychydig ddyddiau yr oedd yn ddiwrnod corddi yn y Tŷ Mawr, ac wedi corddi am awr fel arfer, tynnwyd caead y fuddai er mwyn codi'r ymenyn a'r llaeth. Ond yn lle cael trwch o ymenyn ar wyneb y llaeth, clywai'r wraig yr aroglau mwyaf annymunol a glywsai erioed yn codi o waelod y fuddai, a thaflodd y llaeth allan ar unwaith. Credai'r wraig fod y llaeth wedi ei reibio, a chan ofni y byddai i'r un peth ddigwydd i bob corddiad, penderfynodd Siôn Gruffydd, y gŵr, fynd i ofyn cyngor 'gŵr cyfarwydd'.

'Y tro nesaf y byddwch yn corddi, rhaid i chwi roddi trosol gwynias yn y llaeth,' ebe'r gŵr cyfarwydd.

A hynny a wnaed; a chorddwyd yn llwyddiannus am rai troeon.

Ymhen ychydig, fodd bynnag, dechreuodd y corddi fethu drachefn, ac yr oedd yr aroglau mor annymunol ag na allai neb sefyll wrth y fuddai.

Aeth Siôn Gruffydd at y gŵr cyfarwydd drachefn a dywedodd wrtho na thyciai'r trosol gwynias ddim yn y corddiad diweddaf. A'r tro hwn rhoddodd y gŵr cyfarwydd ryw swyn iddo, a pheri ei osod o dan y fuddai pan fyddent yn corddi. Gwnaed hynny hefyd, ond er dirfawr siom iddynt, ni thyciai'r swyn ychwaith, a rhaid oedd taflu'r llaeth i gyd.

Credai pawb yn awr mai hen wrach y Ffridd Ucha' oedd yn rheibio'r llaeth, a chynghorwyd Siôn Gruffydd i fynd i ofyn cyngor Bela Fawr, dewines enwog a drigai yn Ninbych.

Sylwasai Siôn Gruffydd hefyd fod rhyw ddrwg ar y gwartheg. Yr oeddynt yn llawer mwy aflonydd nag arfer a thybiodd efallai ei bod wedi rheibio'r gwartheg, a thrwy hynny beri niwed i'r llaeth. A heb oedi dim ychwaneg aeth i Ddinbych i ymgynghori â Bela Fawr.

Wedi iddo fynd i dŷ'r ddewines, synnai Siôn Gruffydd ei bod yn gwybod popeth am helynt y llaeth. Gwyddai hefyd bopeth amdano ef a'i fferm, a gwyddai enwau'r caeau i gyd. Ac meddai wrtho:

'Cesglwch y gwartheg i gyd i Gae'r Gors Goch, ac wedi iddi nosi, ewch chwi ac un o'ch cyfeillion i ymguddio i'r goeden gelyn sydd yn y cae. Wedi iddi dywyllu ychydig, fe ddaw y sawl sy'n eich drygu i'r cae, ac fe ddatreibir y gwartheg.'

Ar hyn dychwelodd Siôn Gruffydd adref, a gwnaeth yn ôl cyngor y ddewines.

Y noswaith honno aeth â'r gwartheg i gyd i Gae'r Gors Goch, ac wedi iddi ddechrau nosi aeth ef a'i gyfaill i ymguddio i'r goeden gelyn.

Pan aeth yn nos dywyll, tyrrodd y gwartheg at ei gilydd i ymyl y goeden gelyn, ac yr oedd golwg frawychus arnynt. Yna dechreuasant feichio brefnu'n arswydus. Ac yng ngoleuni'r sêr, gwelai Siôn Gruffydd rywun yn dyfod ar hyd y cae i gyfeiriad y goeden. Wedi iddi ddyfod yn ddigon agos atynt gwelent mai hen wrach y Ffridd Ucha' ydoedd. A phan ddaeth at y gwartheg, clywent hi'n griddfan, a gwelent ei bod mewn poenau ac arteithiau dirdynnol. Yna clywent hi'n mwmian geiriau na ddeallent hwy yr un gair ohonynt, ac ar hynny diflannodd o'u golwg i'r nos.

Cyn gynted ag yr aeth yr hen wrach oddi wrthynt, ymdawelodd

y gwartheg, ac o'r noswaith honno ymlaen ni chafwyd dim trafferth byth i gorddi llaeth y gwartheg hynny.

MOTIFAU: D.2084.2   (Y corddiad yn methu oherwydd rhaib)
G.272.1   (Gwrachod ofn dur)
G.265.4.2   (Gwrach yn peri afiechyd mewn anifeiliaid)
G.271.6   (Offrymu gwrach gyda gwrth-hud)
D.1810.0.5 (Gwybodaeth hud gwrachod)

GWRACH Y RHIBYN : BEDDGELERT

Myrddin Fardd, *Llên Gwerin Sir Gaernarfon*, 1908, tt.104-5.

Tybir mai yn y niwl tew y preswyliai, ac mai anfynych, os byth, yr oedd yn cael ei gweld, eithr yn cael ei chlywed yn sgrechian yn uchel, ac yr oedd ei sgrech bob amser yn cael ei hystyried fel argoel o ryw ddrwg ar ddisgyn i'r sawl a'i clywai. Ymddengys ei bod yn cynrychioli yr Andras, y Fall, Mam y Drwg, Y Wrach, etc. Un i'w harswydo ydoedd, ac nid yn ddiachos y gelwid hi gan rai yr 'ellyll ehedog', gyda'i breichiau gienlyd, ei hewinedd hirion, ei gwallt attwf, ei dannedd, duon, gwelwder marwol ei gwedd a'i sgrech a oedd yn ddigon arswydus i rewi gwythenau pawb a'i clywai. Anfynych y gwelid y wrach ei hunan, ond ar groesffordd neu wrth aberoedd, lle y byddai'n curo'r dŵr â'i dwylo. Clywid hi'n seinio galarnad am y rhai ar farw. Os syrthiai geiriau 'Fy ngwraig, fy nwraig' ar glustiau gŵr priod, byddai'n sicr o golli ei gymar yn fuan ond os clywid sgrech heb eiriau, roedd yn debyg mai'r gwrandawr ei hun a rag-rybuddid o'i farwolaeth. Y wrach hon oedd yn troi gwelyau yr afonydd drwy daflu meini mawrion iddynt pan yn ehedeg o'r naill fynydd i'r llall. Mae yn Hendref Ddu, Dolbenmaen, gae yn dwyn yr enw 'Andras Bach' ac yn Nantgwynant hen adfeilion mawrion a elwir 'Caer Andras'. Dywed rhaid mai Gwrach yr oer boen sy'n gywir, ond eraill a dybiant mai llygriad yr enw Gwrach yr Ubain yw Gwrach y Rhibyn, am mai 'ubain' yn ofnadwy iawn y byddai.

MOTIFAU: G.242   (Gwrach yn hedfan drwy'r awyr)
G.219.6   (Gwrach yn esgyrnog)
G.219.3   (Gwrach ag ewinedd hirion)
G.219.4   (Gwrach â gwallt hir iawn)
F.544.3   (Dannedd rhyfedd)
G.249.2   (Gwrach yn sgrechian)

Cofnodir yr un traddodiad yn:

D.E. Jenkins, *Bedd Gelert,* 1899, t.80
T. Gwynn Jones, *Welsh Folklore,* 1930, tt.211-2

NODIADAU: Mae yma lawer o ddylanwad y disgrifiadau 'llenyddol' o'r wrach.

HAFOD LWYFOG : BEDDGELERT

Cymru Fu, 1867, tt.472-3.

Yr oedd pobl Hafod Lwyfog tua haner can' mlynedd yn ôl yn cael eu haflonyddu yn enbyd gan ryw fod anweledig. Ddydd a nos, yn hwyr ac yn fore, byddai y drychiolaeth yn cythryblu'r teulu! Ni chai y defaid gwirion ar lechwedd y mynydd na'r gwartheg druain ar y porfeldir, mwy na'r teulu yn y tŷ, ddim llonydd. Lluchid y gweision, a llybindid y morwynion yn ddibaid, nes yr oeddis wedi meddwl ei bod hi yn haner uffern yno. Awd i Laneilian a Dinbych, ond ni lwyddasid. Methwyd a gostegu'r pethau anhywaith a flinent bobl Hafod Lwyfog. O'r diwedd, penderfynwyd myned at ŵr eglwysig pur nodedig yn ei ddydd. Yr oedd eisoes wedi medru gosteg cythrwfwl Gwynfynydd, neu 'Yspryd mawr Llanegryn'. Yno y daeth yr offeiriad hybarch, ac ar ôl ymdrech ofnadwy gallodd orthrechu y cryf arfog' ac o hyny allan caed llonyddwch i mewn ac allan, a myn y werin mai hen felldithwraig fawr Beddgelert oedd achos yr holl gyf-ymliw a'r trybini anesgorol hwn. Ni welwyd moni hi, beth bynag, fyth ar ôl hyn, allan o'i bwthyn, a choeliai y rhan fwyaf o'r oes o'r blaen, mai ei meistroli a'i diofrydu a gafodd. Y mae ei hepil yn hawdd eu hadnabod: oblegyd y maent oll a 'llygaid croesion' ganddynt, fel nôd difeth eu bod yn perthyn i'r faeden ystumddrwg a barodd gymaint o ofid yn y cyffiniau hyn yn yr amser a aeth heibio; a da, hyd yn oed yn awr, os ydyw arswyd rhai o'r hil wedi diflannu yn Meddgelert.

MOTIF: M.411.12 (Melltith gwrach)

Hanes Llywelyn ap Iorwerth a Chynwrig Goch o Drefriw : Dyffryn Conwy

Thomas Jones, 'Pethau Nas Cyhoeddwyd', *Cylchgrawn Llyfrgell Genedlaethol Cymru*, 3, tt.151-7.

Fersiwn A

Bid ysbys i bawb bod Llywelyn ap Jerwerth Drwyndwn yn dywysoc Kymrv a merch Jeuan vrenin yn wraic iddo. Ac ef a garodd drigo yn Rrefriw a moli Mair o Drefriw yn vawr a wnai ef.

Ac val yr oydd ef yn marchogaeth tva Llundain a chwevgain marchoc gydac ef, nycha yn kyvarvod ac ef ar Gefn Tegaingl gŵr garwgoch, krimowcnoyth ac yn ymavayl yn ffrwyn i varch ac yn govyn iddo i ble ir ai; a Llywelyn a ddyvod may i Lvndain ir ai.

'Mi a ddof gyda thi os kynkiedi,' heb y gwr krimowcnoyth.

'Os kynkiedi dyred yn hydda,' heb y Llywelyn.

Ac velly yr aythant hyd yn Llvndain. A disgyn a wnayth Llywelyn yn Llvndain. A'r gŵr garwgoch a ddyvod wrth Llywelyn, 'O bydd gorchest o'r byd arnoch rrybvddiwch vyvi'.

Myned a wnayth Llywelyn i lys y brenin. A'i groysawv a wnayth y brenin a'i roi i eisde ar vwrdd y twysoc. A hvdol y brenin a wnayth ch(w)areav, nid amgen, dwyn y mor hyd y byrddav a llonge marsiant a bache ariant a'r myrsiandi teka o'r byd. A chwedi darvod y gware hwnnw ef a wnayth ch(w)are arall; bvarth tomlyd a gwartheg a devaid a geifr a morynion yn i godro. A'r geifr a redodd ar hyd bwrdd Llywelyn.

A Llywelyn a veddyliodd am a ddywedasai y gwr krimowcnoyth a gyrv yn i ol a wnayth ac erchi prynv trwsiad iddo. A ffan aythb(w)yd i geisio prynv y trwsiad, 'Ni vynaf i ddim o'r trwsiad', heb y gwr.

A dyvod a wnayth at Llywelyn a chware a wnayth ynte; dwyn y mor i'r ty a'r llonge yn arian a'r bache yn avr. A chware arall a wnayth; derwen vawr yn tyvv ar lawr y nevadd yn llawn o ves, a moch yn i bwyd, a ffedwar gwas arr vgain yn ymlid yr hychod dvon, klustlipa ac yn i lladd, ac yn gwevthvr potes o'i kic ac yn i yved a'i bibo am benn bwrdd y brenin. A llawen vv gan Llywelyn hynny. A tharo a wnayth ef hvdol y brenin a gwialen yni ayth yn vwch dans, a ffedwar ki arr vgain yn i ol ar hyd bwrdd y brenin, a'i ladd a'i vlingo. Ac yna kyvarch gwell i Llywelyn.

'Ys da chw(ar)eydd wyti,' heb y Llywelyn.

Ac yna i trewis ef a'r wialen dyrnod ar y kroyn yni vv y gwr yn vyw iach. A'r dydd hwnw i gyrwyd Llywelyn o'i lytyon ymaith o Lvndain. Ac yna i gwnayth yr vn dyn y llys deka yn y byd yn Llvndain, ac yn honno i bv Llywelyn dri mis a ffythefnos. A ffan ayth Llywelyn ymaith llawer a oydd o wyr Llvndain yn keisio y plas hwnw dan fferm.

'Myvi,' heb y gwr garwgoch, 'a af a'r plas yma, v'arglwydd; ewch ar ych march.'

Ac yna i tynodd ef i wialen ar hyd y pared. Ac nid oydd yno mwy o'r llys.

Ac yna i kerodd ef ar i drayd noythion val kynt gyda Llywelyn, ac i dyvod:

'Kynwric Koch o Drefriw i'm gelwir i, a Mair Drefriw a'n anvones i i'th helpio di rrac kayl o'th elynion arnat y gore. Ac angel wyf i. A gweddia di Vair, a Mair a'th geidw.'

Ac velly yr achvbodd Mair Llywelyn ap Jerwerth rrac kayl kywilydd.

Fersiwn B

Yn nesa, ar ol hrai o lyure Kymru, ne gwedi Owain a Dauudd vab Ywain J bu Jerwerth Drwyndwn vab Ywain yn dywysog o Gymru, o weithredoedd y nneb ni welais J haiach mewn koof onid ysmudo o honaw ef dy o greuydd menych o dref Aberkonwy J'r pentref a elwir Maennan. J'r ty J hroddes ef lawer o dir a daiar. Ac ynno ac yn y lle a elwir Treuriw J kynhaliodd ef J lys y hran vwyaf o'i oes. Ac ynn ol J varuolaeth J kladdwyd J gorf ef y Mannachlog Vaennan ne Vynachlog Aberkonwy.

Ynn ol maruolaeth y nneb J kymerth Llywelyn J vab ef shiapled tywysogaeth Gymru. Ac ynn y bumed vlwyddyn o wladychiad y brenin Shion J gwnaethbwyd dyweddi a ffriodas hrwng Llywelyn ne'r Arglwydd Lywelyn ac Elsabeth, yr ail verch J'r brenin Shion, megis ac J mae'r Kronnickyl Seisnig yn dangos: neith(yr) y Kronnick Kymreig y sydd ynn dangos mae Shioned, y verch Jeuaf o'r ttair a briodes ef. Onid ynn wir ni wna haiach o vatter pa un o'r ddwy, kanis J mae'r holl lyure ynn dangos yn eglur briodi o honaw ef vn o verch(ed) y brenin Shion, a gwneuthud o'r tywysog arlwy mawr J vyned J Loygyr J'r briodas honn. Ynn yr amser, megis ac J mae'r ysdori ynn dangos, J gwnaeth ffwwl y tywysog lauur ac ymbil mawr ar i veisdyr am gaffael mynned J'r shiwrnai hon gida'r tywysoc J veisdyr, y neb a nakaodd ddamuniad y fwwl.

Ac ar vyrder ynn ol y vo a gymerth yr Arglwydd Lywelyn J veirch ac a varchoges o Vaennan J Ruddlan; o'r lly J kymerth ef J shiwrnai yr ail dydd J varchogaeth parth a thref Gaerlleon ar Ddwrduwy. Ynn yr amser, megis ac J mae hrai o lyure Kymru yn dangos, J kyuaruu y tywysog ac ysbryd ar wedd ac ymddygiad y ffwwl a adowsai ef ynn i ol, yr hwn a'i dylynnodd ef oddi ynno J. Gaerlleon; ynn y lle J gorchmynodd ef y'w lettywr J gadw ef ynn ddisgeulus oni gaffai ef wr a'i dygai ef oddi ynno J. Dreuriw.

Ac ynn ol hyn y tywysog a gymerth J veirch ac a varchoges ar i shiwrnai, yn yr hon J gwnaeth ef gymaint o lauur nes Jddo ef ddyuod ynn gyuagos ar lys y brenin. Ynn yr amser a'r lle J dismythodd y ffwwl ynn ddisymwth yngholwg y tywysog a'i deulu. Y neb, megis ac J mae'r ysgrien yn dangos drwy hir brosses, a beris y tywysog J ddilladu mewn archennad gwagksaw, megis ac J pyrthynnai J wr o'r kyuriw ddoethineb.

Ac ar vyrder o enydd y vo a ddoeth J's llys, ynn y lle a'r amser J priodes ef verch y brenin. Ynn y neithior hon, megis ac J mae vy nghoppi J ynn dangos, nid oedd brinder nag eishiau o boob kyuriw rywiogaeth ansoddau diethyr a godidog J treuyn yngolwg y Kymru dissas, mynnyddig. Yr hrain a dreuliwyd drwy lywennydd a digriuwch o boob kyuriw amr(y)w gerddorion a hudolion; yr hrain ynn yr amsser yma a oedd vawr J kymeriaid yn llysoedd brenhinoedd a thywysogion.

Yn yr amser J doeth vn o hudolion y brenin J ddangos ergid o'i gyluddyd Jr llywenydd J bobyl y wledd. Ac Jr gwattwar ar y Kymru diwybod y vo a ordeinio(dd) drwy hud J gyluyddyd megis dau ne dri o wyr mewn trwshiad ac archennad Kymreig, ac ynn gyru diadell o eiuyr ynn i blaen J'r neuadd ne J'r shiambyr, yn y lle Jr ydoedd y briodas ynn kynal i hysdaatt. Yr hrain, ynn gydrym ac vddunt tvy ddyuod o vewn kynttedd y neuadd ne'r shiambyr, a ddechreuasannt neidio ar y ffyrmau a'r meinkiav a'r byrddau drwy redeg o le bigilidd drwy'r bobyl yn chwerthin ac yn dywedud, 'Wele, weldyma anhreg o Gymru!' Yr hyn a synnodd ar y tywysog yn vawr drwy wneuthud J'r gwaed gyuodi yn i ruddiau ef o wladeiddrwydd drwy ovun J'r hudol paham Jr hydoedd y geiuyr ynn orddickau y Kymru ynn amgen no chenedlaythau eraill.

Yr hudol (a) attebodd ac a ddyuod, 'Am i bod wynt ynn barod J neidio ac J redeg o le bigilidd ar hyd ac ar draws y deyrnas hon a thros y mor a'r ttir J dyrnasoedd eraill I wneuthud tyrnne drwg megis geiuyr'. Ar y geiriau J gosdyngodd y tywysog J ben heeb ymadrodd gair o'i ben.

Ar y hynn J doeth ffwwl y tywysog ac a sauodd garbron J veisdyr. I'r neb i gouynodd ef genniad J ddangos ergid o hudoliaeth garbron J dyrua. Y'r neb Jr attebodd y tywysog ac (a) ddyuod, 'Yn wir J mae J mi ddigon o achos J gymerud gwladeiddrwydd heb roddi J ti geniad J wneuthud J mi ynghwaneg o achos J wladeiddio'.

Neithyr valkyntt J mae'r ysdori ynn dangos, drwy hir ymbil y ffwwl a gwyr eraill drostaw, roddi o'r tywysog genniad J'r dyn ffool J wneuthud a vai gymhesur gantho J wneuthud. Yr hwn, megis ac J mae vy nghoppi J yn dangos, drwy hud a wnaeth sertein o wyr yn gyru diadell o vooch ynn i blaen J'r neuad(d) ne J'r shiambyr yn yr vn modd ac J gwnaethoeddai yr hudol yn y blaen y gwyr yn gyru y geiuyr.

Yr hrain, ynn gydrym ac vddunt twy ddyuod o vewn kynntedd y shiambyr, yn ttwy a ddechreuasant durio y lloriau ac ymchwelud y byrddau a'r tresdelau gidag ymrauaelion vochaidd weithredoedd eraill, yr hrain a vyddai ry hir J trauthu ar hyn o amser. Ar yr hynn J chwarddodd y Kymru drwy ddywedud, 'Wele, wel dym(a) anrheg deeg o vooch Lloygyr J'r tywysog J'w danuon wyntt J gloddio hredyn J Lanhrychwin'.

Yr hyn a synnodd ar y Sayson, y hrainn a ovynnodd J'r ffwwl pa beeth Jr ydoedd y mooch ynn i arddangos.

Y neb (a) attebodd ac (a) ddyuod mae kennedlaeth y Saeson Jr cyddentt twy ynn i orddickau; yr hrain a ddangoses ef J bod wynt yn vooch diddarbod o'i ffydd, ac ynn turio y ddaiar megis moch J wneuthud kayau a chloddiav ac J ddwynn tir a daiar y dyrnas mewn alldudiaeth J anniuer bychan ohonaunt, yr hrain oll y sydd yn esdroneidiach bobun y'w gilidd no chwnn a moch; yr hyn a ysgauynhaodd yn vawr ar galon y tywysog.

Yr hwn a vewn sertteinn o amser ynn ol a gymerth J geniad gan y brenin ac a gymerth J shiwrnai parth a Chymru; ar yr hon J gwnaeth ef gymaint o lauur nes Jddo ef ddyuod garllaw Y Berth Ddu goruwch Llan Eurgain. Ynn y lle a'r amser J duyod y ffwwl wrth y tywysog:

'Syre, ynn y lle a'r man yma J kyuaruuom ni bobun a'i gilidd. Ac ynn y man yma Jr ymadawaf J a chywchi. A bid ysbys a diogel J chwi nad wyf yn hanuod nac y(n) dyrydu o'th ffwwl di, yr hwn Jt wytt ti yn tybiaid vy modd J: yr hwn a geffwch J ynn ych llys pan ddeloch chwi adre, o'r lle ni syulodd ef etto.'

Ac ar hynny J diulanodd ef yn ddissyuyd o'i golwg wynt oll.

Ac ynn ol J marchoges y tywyssog ar i shiwrnai oddi ynno J Dreueriw, yn y mann J kauas ef J ffwwl heeb vynned oddi garttref; o'r hyn J kymerth y tywysog a'i bobyl ryueddod mawr.

MOTIFAU: V.250   (Parch i'r Forwyn Fair)
          N. 814   (Angel cymwynasgar)
          V.232   (Angel yn gynorthwywr)
          N.845   (Cynorthwy gan swynwr)
          D.2178   (Creu pethau drwy hud)
          D.683   (Trawsffurfio pethau a phersonau)
          D.615.1   (Ymryson drawsffurfio rhwng swynwyr)
          D.134.1   (Troi dynion yn eifr)
          D.136   (Troi dynion yn foch)

Copïwyd testun Fersiwn A yn chwarter olaf y bymthegfed ganrif, hwyrach gan y bardd Gutun Owain yn ôl Gwenogvryn Evans. Gwelir y testun yn Llsgf. Peniarth 27, Rhan ii, tt.65-6.

Ceir unig gopi Fersiwn B. gan Elis Gruffydd, y milwr o Galais, yn hanner cyntaf yr unfed ganrif ar bymtheg, ar dud. 90a-91b. o'i Gronicl yn Llsgf. Llyfrgell Genedlaethol Gymru 3054 D (Llsgf. Mostyn 158).

Cynhwysir y ddau fersiwn er dangos fel y mae chwedl werin yn datblygu dros y blynyddoedd, o storïwr i storïwr.

Cafwyd nifer o gyfieithiadau a diweddariadau ar Fersiwn A:

T. Gwynn Jones, *Welsh Folklore,* 1930, tt.223-5.

E.D. Rowlands, 'Coegnoeth a Llywelyn Fawr', *Dyffryn Conwy a'r Creuddyn,* 1947, tt.213-5.

T.H. Parry-Williams, *Rhyddiaith Gymraeg,* I, 1954, tt.8-9.

Elisabeth Sheppard-Jones, 'Prince Llewellyn and the Red-Haired Man', *Welsh Legendary Tales,* 1959, tt.137-41.

Brenda Lewis, 'Llywelyn Fawr a'r Dewin', *Straeon Arfon,* 1972, tt.44-6.

HUW LLWYD A GWRACHOD BETWS-Y-COED : BETWS-Y-COED

Rhiannon Hughes, *Legends of the Mist.* 1972, tt.51-3.

Arferid credu y gallai gwrachod eu troi eu hunain yn gathod. Dengys yr hanes canlynol, a adroddwyd gan y Parch. R. Jones, Llan y cil, y Bala hyn.

Gynt roedd tŷ tafarn ar ymyl y ffordd rhwng Betws-y-coed a Cherrigydrudion a ddefnyddid yn helaeth, yn enwedig bobl ar eu ffordd i Iwerddon. Digwyddodd nifer o ladradau yma. Dygid arian y teithwyr yn ystod y noson yn gyson ac ni allai neb ddirnad sut, gan eu bod oll yn unfarn sicr na fu neb yn eu stafelloedd oherwydd eu bod wedi eu cloi yn y bore fel y noson cynt. Roedd yn ddirgelwch mawr. Yn y man aeth un at Huw Llwyd Cynfal, Plwyf Ffestiniog, ac addawodd ganfod y lleidr. Bu Huw yn y fyddin ar un adeg a daeth i'r dafarn â'i gleddyf wrth ei ochr a'i lifrau amdano a holodd am le i aros y noson, gan ddweud ei fod ar ei ffordd i Iwerddon. Cedwid y lle gan ddwy chwaer a difyrrodd Huw hwy â hanes ei deithiau i wledydd pell. Wrth fynd i'w wely, dywedodd ei fod yn arfer gadael y golau ymlaen trwy'r nos a rhoddwyd iddo ddigon o ganhwyllau i barhau drwy'r nos. Gwnaeth Huw ei drefniadau i wylio'r nos: gadawodd ei ddillad ar lawr o fewn cyrraedd, a'i gleddyf ar y gwely, ger ei law dde. Roedd wedi cloi y drws a bu'n wyliadwrus iawn. Cyn hir daeth dwy gath yn wyliadwrus iawn i'r rhaniad rhwng ei stafell ef a'r nesaf ati. Cymerodd Huw arno gysgu a daeth y ddwy i mewn a dechrau chwarae yn y stafell, ond gan fynd at ei ddillad o hyd. Pan oedd un â'i phawen yn y boced a ddaliai ei arian, trawodd hi fel mellten â'i gleddyf. Diflannodd y ddwy tan sgrechian yn erchyll ac ni welwyd dim oddi wrthynt tan y bore.

Y bore canlynol, nid oedd ond un chwaer wrth y bwrdd brecwast ac o glywed nad oedd y llall yn dda, mynnodd ffarwelio â hi. Ar ôl cydymdeimlo â hi yn ei gwaeledd, daliodd ei law allan i ysgwyd llaw. Cynigiodd hithau ei llaw chwith a gwrthododd Huw hi gan ddweud na dderbyniodd law chwith erioed o'r blaen ac nad oedd am wneud yn awr. Yn gyndyn iawn cynigiodd hithau ei llaw dde oedd wedi ei rhwymo ac yn boenus iawn. Fel hyn y canfuwyd mai gwrachod oedd y ddwy a gadwai'r dafarn a'u bod yn dwyn oddi ar eu lletywyr ar ffurf cathod. Dywedodd Huw Llwyd pwy ydoedd a'u rhybuddio na chaent ddihangfa mor hawdd os byddai achos iddo alw yno wedyn.

Rai misoedd ar ôl y digwyddiad ym Metws-y-coed, roedd Huw Llwyd ar ei ffordd i'w Eglwys, oherwydd ef oedd person Llan Ffestiniog, pan welodd ddwy wrach y gwesty ym Metws-y-coed yn nesau at ei dŷ a sylweddolodd eu bod am geisio ei reibio. Gwyddai'n iawn y byddai o dan eu dylanwad tra byddai â'i gefn tuag atynt ond os wynebai hwynt, ni allent wneud dim iddo. Felly i osgoi eu dylanwad drwg a difetha eu bwriadau, wynebodd hwy a cherddodd wysg ei gefn bob cam o Gynfael i'r Llan ac fel hyn gallodd osgoi cael ei anafu gan ei elynion benywaidd. Ond nid hyn oedd y cwbl. Gwyddai Huw Llwyd y byddai o afael grym y gwrachod gynted y byddai i mewn ym mhorth yr Eglwys. Ar ôl cyrraedd yno heriodd hwy a dweud y sicrhai na allent reibio neb arall byth cyn y gadawai'r eglwys. Bu cystal â'i air oherwydd gallodd ddwyn eu grym oddi ar y ddwy wrach trwy ei wybodaeth ei hun o ddewiniaeth, a hynny cyn gadael yr eglwys, ac am weddill eu hoes bu'r ddwy fel pob gwraig arall.

Ganwyd Huw Llwyd yn 1533 a bu farw 1620. Roedd yn eglwyswr a chredid yn gyffredin fod gan offeiriadau allu i ddadwneud drygioni gelynion y bobl, gan gynnwys y Diafol.

MOTIFAU: G.252 (Torir pawen gwrach ar ffurf cath ymaith: adnabyddir hi drannoeth oherwydd ei bod wedi colli ei llaw)
G.273 (Gwrach yn colli ei grym – drwy ei wynebu)
G.271-6 (Offrymu gwrach gyda gwrth-hud)
NODIADAU: Gwelir yma chwedl lawn am wrachod yn gallu newid eu ffurf, ac yn cael eu canfod pan glwyfir hwy pan ar eu newydd wedd.
Gw. 'Nansi'r Wrach'.

Cofnodwyd y chwedl hefyd yn:
W.J. Thomas, *The Welsh Fairy Book,* s.d. tt.192-4.

JOHN THOMAS A'R WRACH : BEDDGELERT

D.E. Jenkins, *Bedd Gelert,* 1899, tt.356-7.

Yn rhan gyntaf y bedwaredd ganrif ar bymtheg daeth un John Thomas, mab Rheithor Llanfrothen i fyw i Ddolfriog. Dywed llên gwerin wrthym iddo hurio mab gwrach yn byw yn y Tŷ Mawr i godi sgyfarnog iddo bob tro yr elai i hela yn ystod ei fis cyntaf yno. Ar ddydd cyntaf yr arbrawf ymddangosodd ysgyfarnog ond ni allai ei gŵn na'i wn ei gyrraedd: ymddangosai a diflanai yn ôl dymuniad y bachgen fel petai. Digwyddodd hyn am nifer o ddyddiau a gwylltiodd Mr Thomas. Digwyddodd cyfaill a oedd yn arbenigwr ar hela sgyfarnogod alw yno'r union adeg yma a chynghorodd hwnnw ef i brynu milgi du hollol ond gydag un blewyn du. Cafwyd ci o'r fath gyda chryn drafferth a gollyngwyd ef ar ôl y sgyfarnog a anelodd yn syth am y Tŷ Mawr. Ond fel y neidiai dros ran isaf y drws, taniodd Mr Thomas ato. Ni ellid canfod dim o hanes y sgyfarnog wedyn, dim ond mam y bachgen yn dioddef yn ofnadwy gan y peli plwm o'r gwn. Daeth y wrach ati ei hun ond ni adawodd i'r un milgi du ei herlid wedyn. Saethodd Mr Thomas hwn ei hun â'i wn pan yn hela un Sul a deallodd yr hen bobl hyn fel dial y wrach.

MOTIFAU: G.211.2.7.1 (Gwrach ar ffurf ysgyfarnog yn cytuno i gael ei hela gan gŵn er budd neu chwarae)

G.275.12 (Gwrach ar ffurf anifail yn cael ei chlwyfo o ganlyniad i glwyfo'r anifail)

G.265.4.0.1 (Gwrach yn cosbi perchennog oherwydd clwyf neu sarhâd drwy ladd ei anifeiliaid)

Gw. 'Nansi'r Wrach'.

MARW DAN OFAL GWRACH : NANTLLE

William Arthur Pritchard, Tâp SGAE 4; ochr 1-4.

'Wel, mi ro'dd 'na chwaer o Garmal 'ma, y – wedi priodi dyn o Sir Drefaldwyn. Dafydd Dafis o'dd 'i enw fo, 'dwi'n cofio – mi gafodd . . . Ar ôl priodi mi ddôth i fyw i fyny i'r ardal yma. Gweithio yn chwaral Pen'rorsadd buo fo. Dyn byr, pryd gola' o'dd o – 'dwi'n gofio fo'n dda. O'dd o yma am ddwy ne' dair blynadd. A 'sw'n i'n feddwl, yn ôl 'r hanas 'ma na cipar o'dd o, yn, yn 'i hen shir, yn 'i hen ardal. A mi – pan ddôth y Rhyfal Gynta', mi o'dd o, mewn oed milwrol ag yn meddwl bydda' fo'n 'sgoi mynd i'r fyddin, mi â'th yn 'i ôl, y fo a'i wraig. Oedd o'n byw mewn riw le, wel, – anial iawn yng ng'anol mynyddoedd Sir Drefaldwyn yn r'wla. 'Mhell iawn o dref, 'mhell iawn o bentra' hefyd yn ôl fel o'n i'n deall.

A mi weulodd y wraig. A mi o'dd 'na lythyra' digon digalon yn dod o'rwthi. A, ag y llythyra' yn fwy digalon am'wn i. Feddyliwyd – feddyliodd 'i chwiorydd hi, a'r inig frawd o'dd gynni – bysan n'w'n mynd i edrach amdani. A mi euthon. A 'di ca'l mawr helbul i gyrra'dd y lle – mi o'dd o'n ddiarffordd ag ymhell o bobman 'de. A mi gawson hyd iddi'n y diwadd. Ag o'dd 'i, wedi mynd yn *bur* wael. O'dd yn amlwg nad o'dd ganddi ddim llawar o amsar ar y ddeuar 'ma.

Ag erbyn deall, 'do'dd'i'm 'di ca'l dim sylw gin docdor o gwbwl – a docdor ddim 'di bod efo hi chwaith. Mi ro'dd y gŵr yn credu mewn riw hen wrach ne' riw hen ddewines ne' riw ddocdoras gwlad. A drygs ne' cyffuria' honno gafodd 'i. A fuo hi byw fawr iawn, a mi fuo farw.'

MOTIF: G.260 (Gweithredoedd aflan gwrachod)

MEDDYG YN GALLU 'CREU' ANIFEILIAID : BEDDGELERT

D.E. Jenkins, *Bedd Gelert,* 1899, tt.75-6.

'Clywsom stori am feddyg enwog a arferai eistedd yn mygu ei getyn ar ôl bod yn gweinyddu hedd. Eisteddai o dan goeden. Arferai alw ar ryw ellyll neu gilydd ar ffurf sgyfarnog neu lwynog ac yna gollyngai "Gŵn y Fall" ar ei ôl i'w hela, er mawr ddifyrrwch iddo ef a phwy bynnag ddigwyddai fod yn sefyll gerllaw.'

NANSI'R WRACH : NANT Y BETWS

Mrs Mary Awstin Jones, Recordiad Llafar, 15, xi.73.

'Wel, 'sa ni'n dechra' hefo stori'r hen wrach honno 'ta?'

''Dachi'n 'i chofio hi'n well na fi yn tydach? Deudwch chi stori'r wrach.'

'Ma' honno yn y llyfr coch. Ond 'ma Wil wedi d'eud hi wrtha ni fel hyn 'te. Fedra' i ddim cofio enwa'r llefydd, ond mi fydd raid i mi dd'eud enw Hafod Llan ne' Hafod r'wla felly.'

'Hafod Llan.'

'Ia, a d'eud o'dd o am Nansi'r wrach. Mynd am dro hefo Wil o'dda ni. Wedi mynd am dro i Feddgelert, efo Wil Bwlch, a mi eutho ni i ymyl llyn, – Llyn Dinas am wn i, a wedyn mi o'dd o isio dangos bwthyn Nansi i ni. Rhyw hen wrach o'dd Nansi – ag am fod Wil wedi d'eud yr hanas wrtha ni, mi o'dd rhaid ca'l mynd at ymyl bwthyn y wrach ond o'dd. Ma' 'na goedan fawr yn tyfu yn 'i ymyl o.'

'Yn Nant Gwynant?'

'Ia. A mi oeddan ni'n cer'ad ar hyd y lan ochor bella' i'r llyn 'ylly, at yr hen ferddyn. A'r stori oedd gyn'o fo am Nansi oedd y bydda' hi'n byw yn fan'no, yn yr hen ferddyn 'ma ag yn gwatsiad pobol trw'r ffenast a'i bod hi i fyny i bob castia'. A mi fedra' hi droi ei hun, fel fynno hi, yn 'sgwarnog gyn amlad â dim. Os bydda' rhywun wedi pechu yn 'i herbyn hi, wel gwae hwnnw 'te! A mi o'dd teulu un o'r Hafodydd – 'dwi ddim yn cofio pa 'run ddeudodd Wil, – wel mi ddeuda' i Hafod Lwyfog – wedi pechu yn erbyn Nansi ac mi ro'dd hi'n dywydd c'naea' gwair ac yn dywydd gwan ac mi

116

roeddan nhw wedi bod yn mydylu cyn mynd i'r tŷ gyda'r nos. Ac mi ro'dd Nansi eisio dial, a be' 'na'th hi ond troi'i hun yn sgwarnog a mi a'th i'r cae mydyla' 'ma a mi redodd a mi risiodd trwyddyn' nhw i bob cyfeiriad nes o'dd hi 'di chwalu nhw yn bob siap 'de. A dyma . . . wel dyma'r bobol yn d'eud, "Wel rhaid i ni 'neu r'wbath yn 'i chylch hi – thâl peth fel hyn ddim 'de, bod hi'n dyfetha pob dim fel hyn!" A dyma benderfynu hel yr ardal i gyd i fynd i chwilio amdani hi. Dwn i ddim be' oeddan' nhw'n mynd i 'neud iddi, ond mi oeddan' nhw'n mynd am y bwthyn. Mi welodd Nansi nhw'n dŵad. Be' 'na'th hi ond troi'i hun yn sgwarnog. Ac allan a hi ac o'i blaena' nhw, ac i fyny i Hafod y Porth, fedra'i ddim cofio'n saff beth o'dd o'n dd'eud, ac i mewn i'r cloc mawr a'r dyrfa i gyd ar ei hôl hi. Gweld 'i hunan wedi 'i cha'l hi. Pastwn a ffyn a bob dim 'de yn waldio o gwmpas y cloc a mi o'ddan nhw am 'i lladd hi 'de, wedi cha'l hi i le mor gyfyng â hynny. Ond twt! Dyma Nansi allan heibio iddyn' nhw yn bwff o fwg drw' dwll y clo! A dyna ddiwadd arni. 'Neuthon nhw ddim 'i dal hi wedyn. Ryw hanesion fel'a o'dd gin Wil, ond O!, mi ro'dd o'n ddifyr yn 'i d'eud nhw.'

'Pwy o'dd o felly?'

'Wil Bwlch. A mi oeddan ni i fod i fynd hefo fo wedyn a mi o'dd gyno fo chwanag o straeon ond mi fuo Wil farw yn do. A ddois i a brigan o'r hen goedan 'no hefo fi.'

MOTIFAU: G.211.2.7 (Gwrach ar ffurf ysgyfarnog)
         G.265.9 (Gwrach yn difetha cnwd)
         G.212.6 (Gwrach ar ffurf mwg)
NODIADAU: Cofnodais yr un chwedl, ond wedi ei lleoli yn ardal Tan y Bwlch:

Tâp SGAE, 1; ochrau 1-4; 2-3 (Mr William Jones, Waunfawr)

OFFRYMU YSBRYDION : NANT Y BETWS

William Hobley, *Hanes Methodistiaeth Arfon,* II, 1913, tt.16-7.

Yr oedd Griffith Ellis yn gallu gwastrodedd ysbrydion a flinai dai pobl, a chyflawnodd wrhydri yn y ffordd honno, nid yn unig yn y Waenfawr a'r ardaloedd cylchynnol, ond hyd berfeddion Eifionydd ac hyd eithaf cyrrau Môn a Dinbych. Ei swynair wrth wastrodedd ysbrydion, neu mewn arhosion dyrys gyda dyn neu anifail ydoedd hwnnw, – 'Rhad – Duw – i – ni', a seinid ganddo megys un gair, ac yn dra chyflym, a hynny drosodd a throsodd. Yr oedd dylanwad cyfareddol yn nheimlad llawer yn ynganiad y swynair hwnnw. Ni ddaeth Griffith Ellis i gysylltiad mor uniongyrchol â hanes crefydd a Simon y Swynwr ac Elymas a meibion Scefa, neu hyd yn oed y ddewines o Endor, eithr, fel hwythau, yr oedd efe yn ddrych o angen calon dyn yn ei pherthynas â'r anweledig, ac, fel hwythau, yn ddrych o gyflwr ei oes a'i wlad. Y mae ei hanes ef, a rhai cyffelyb iddo, yn gyfrodedd â hanes crefydd, megys y dysg yr ysgrythyrau sanctaidd i ni synio.

MOTIF: E.443.5 (Offrymu ysbryd drwy ei orchymyn i adael yn enw Duw)
NODIADAU: Yma eto gwelir ochr ddifrifol Guto Cilhaul, sy'n wahanol i'r traddodiadau llafar amdano.

PANT Y WRACH : BEDDGELERT

Glaslyn, 'Ar Ben y Moelwyn Mawr', *Cymru,* Cyf. XV, t.103.

'Yr oedd gynt yn byw ym Mhant y Wrach hen wrach felynddu, a chanddi fodrwy trwy yr hon y gallai wneyd ei hun yn anweledig, ac ymddangos ar ffurf unrhyw greadur a fynnai, megis ysgyfarnog, ci, neu gath; ac yr oedd yn flinder mawr i'r trigolion. Ac ym mhlith pethau eraill dywedir i fab Hendrehenydd fyned adref unwaith wedi cael gormod o gwrw yn nhafarn y Ceunant, ac iddo ollwng ei dafod ar yr hen wrach pan oedd yn godro yn y fuches; ond druan ohono, fe droed ei ben yn chwithig, a'i wyneb lle'r oedd ei wegil, a bu raid iddo fyned adref yn wysg ei gefn.'

MOTIFAU: G.211   (Gwrach yn ymddangos ar ffurf anifeiliaid)
           D.1076   (Modrwy hud)
           G.269.10 (Gwrach yn cosbi person am ennyn ei llid)

PEGI WITS : LLANBERIS

Ap Llwyd, 'Coel Plant', *Cymru,* Cyf. XIV, t.67.

'Un o'r cymeriadau hynod oedd wedi bod ar y ddaear a adwaenid gennym wrth yr enw Pegi Wits. Yr oedd hon, yn ôl ein credo ni, wedi byw a marw, ac wedi ei chladdu yn y tŷ lle y treuliasom ni flynyddoedd ieuenctid. Digon posibl fod rhai o ddisgynyddion neu berthynasau i Pegi eto yn aros, pa le, nis gwyddom. Nid anyddorol, yn ddiau, fyddai cael mwy o'i hanes ar ddu a gwyn, od oes rhywun a'i gŵyr. Yr oedd gan Pegi ddylanwad mawr, yr oedd ei hofn ar bawb drwy'r gymdogaeth, am y credid y medrai hi ddewiniaeth. Os byddai rhyw frawd yn meddwl symud i'r ardal i fyw, neu ar fedr adeiladu tŷ, gallai yr hen chwaer rwystro'r cwbl os na byddai y symudiad yn foddhaol ganddi hi, ac nid oedd wiw ei gwrthwynebu. Gallai felldithio'r llaeth fel nas gellid byth ei gorddi, a pheri lluaws o anffodion ereill cyffelyb, i bobl ac anifeiliaid.

A chof gennyf sôn llawer amdani yn cyflawni un direidi ar ôl ei marw a'i chladdu. Yn yr hen dŷ, wrth gwrs, yr oedd simddai fawr hen ffasiwn, ac ar y chwith i'r tân yr oedd pentan mawr, yn hwn y dywedem ni fod corff yr hen ddewines wedi ei gladdu. Ac yn wir nid oedd yn anhebyg i gist bedd, gan fod carreg yn fflat ar ei wyneb, ar yr hon yr arferem eistedd, a charreg arall ar ei hochr o tani, yn cyrraedd i'r llawr pridd, ac yn cydredeg â'r lle tân; ac wrth guro'n traed yn hon credem fod yno le gwag oddi mewn.

Fodd bynnag, pan fyddai y tenant a ddaeth i fyw i'r tŷ gyntaf ar ôl marw Pegi wedi bod yn malu coed tân, ac wedi pentyrru swm helaeth o honynt ar yr hen bentan mawr, er mwyn eu cadw yn sych ac o fewn cyrraedd i'w rhoi ar y tân yn ôl yr angen, deuai rhywbeth megis llaw anweledig a gosodai yr holl goed ar y tân ar unwaith, ac os anturiai'r gŵr eu taflu'n ôl ar y pentan lluchid hwy drachefn i'r tân neu i ganol y llawr. Diwedd yr holl goed fyddai llosgi yn lludw, a hynny yn bur fuan.

MOTIF: G.265 (Gwrach yn camdrin eiddo)

ROBIN DDU A DAFYDD DDU : BANGOR

Cynddelw, *Cymru Fu*, 1862, t.238.

'Gosodir ef allan,' ebai Cynddelw, 'fel brawd i Dafydd Ddu Hiraddug, ac adroddir y chwedl hon am danynt; Yr oedd Robin wedi penderfynu lladd pwy bynag a ddygai y newydd iddo fod ei fam wedi marw. O'r diwedd, bu farw yr hen wreigan; ond ni anturiai neb â'r newydd i Robin. 'Myfi a fynegaf iddo,' ebai Dafydd ei frawd. Yna Dafydd a gymerth ei ddameg ac a ddywedodd wrth Robin, 'Syrthiodd y gangen â'n dygodd ni'n dau.' 'Fu farw fy mam?' ebai Robin mewn cyffro. 'Tydi a ddywedodd y newydd gyntaf,' ebai Dafydd. Felly nid oedd gan Robin hawl i ladd neb yn ôl ei fygythiad.

MOTIFAU: M.451 (Llw: marwolaeth)
         M.420 (Dioddef a goresgyn melltith)

119

ROBIN DDU A'R BRAIN : BANGOR

Cymru Fu, 1862, t.242.

Dyma chwedl y clywais fy nhaid yn ei hadrodd ganwaith gan droi y naill fawd o amgylch y llall:- Yr oedd Robin pan yn hoglanc yn cael ei damaid yn y Faynol, am y gorchwyl safnrwth o ddychrynu brain. Ond yr oedd y gyneddf oruwchnaturiol yn dechrau blaen-darddu ynddo y pryd hwnw; ac un diwrnod yr oedd ffair yn Nghaernarfon, ac yntau yn llawn aspri ac awydd am fod ynddi, ond yr andros o honi ydoedd, nid âi'r brain yno gydag ef. Tra y byddai ef yn y ffair, yr oeddynt hwythau yn lled sicr o ddisgyn yn heidiau ar y maes gwenith. Pa fodd bynag, trwy rym ei gelwyddoneg, penderfynodd wneud o'r gorau â hwynt am yr amser. Cynullodd holl frain y fro yn un lleng ddu grawclyd i ysgubor y Faynol, a chlodd y drws arnynt, gan brysuro tua'r ffair a'r allwedd yn ei logell.

Dyna fel y byddai yr hen frawd yn trin y teulu duon – go hwylus, onide?

MOTIF: X.1252 (Celwyddau am frain)
NODIADAU: Mae'r chwedl yma'n debyg iawn i straeon y 'Deryn Mawr' a gellid disgwyl i'r 'sgubor gael ei gludo ymaith.

ROBIN DDU A'R FFERMWR : BANGOR

Marie Trevelyan, *Folk-lore . . . of Wales*, 1909, tt.220-1.

'Dywedir iddo ofyn i ffermwr am ychydig wlân unwaith ac ar ôl i hwnnw ei wrthod, aeth i'w gaeau i gyfrif ei anifeiliaid, chwech i gyd, ac erbyn hanner nos roeddent oll yn farw gorn.

Yna ceir ei hanes yn tosturio wrth hen wraig nad oedd yn llawn llathen yr hon a bledwyd â thywyrch, etc, a gwrthod iddi loffa gan ffermwyr. Cyn pen dau ddiwrnod roedd y bechgyn a'i pledodd a'r ffermwyr calon galed yn wael iawn a bu dau farw. Dywedai pawb fod 'Robin Ddu wedi bod wrth ei waith'.

Un tro gofynnodd Robin i ffermwr â llwyth o yd am fforchiad i'w ferlen. Gwrthodwyd ef a chyn pen dim roedd ceffyl y ffermwr ar ei liniau a'r llwyth ar y lôn. Ni allai dim eu symud a bu'n rhaid i'r ffermwr erfyn ar Robin i dorri'r rhaib, ond ni wnaeth Robin nes meddwl bod y crintach wedi cael digon o gosb, a chafodd faint fynnai o wair ganddo.

MOTIFAU: G.265.4.0.1. (Gwrach yn cosbi perchennog am sarhâd drwy ladd
                        ei anifeiliaid)
         G.269.10.1   (Gwrach yn lladd pobl fel cosb)
         G.265.4.2   (Gwrach yn peri salwch mewn anifeiliaid)

ROBIN DDU DDEWIN : BANGOR

Cymru Fu, **1862, tt.236-8.**

Ni wyddis ond y nesaf peth i ddim am y bod rhyfedd hwn heblaw
yr hyn a drosglwyddir i ni gan draddodiad a llafar gwlad. Sonir am
dano tan yr amrywiol enwau. R. DDU DDEWIN, Robin Ddu o
Arfon, a Robin Ddu Hiraddug, a chamgymerir ef weithiau am
Robin Ddu o Fôn, bardd lled alluog a flodeuai yn y pymthegfed
ganrif. Tua haner canrif yn ôl, gallesid gweled hen adfail ar ochr
Arfon i'r afon Menai a elwid y Tŷ Ceryg, neu Furddyn Tŷ Robin
Ddu. Y mae hefyd luaws o chwedlau am dano yn dwyn cysylltiad
â'r Faynol a'r Bryn Tirion, palasau ar gyffiniau y Fenai; ac oddi
wrth hyn gellir casglu iddo dreulio rhyw ysbaid o'i oes yn y parthau
hyny; er ei fod yn frawd i Dafydd Ddu Hiraddug, ac yn enedigol o
rywle tua Hiraddug – moel uchel gerllaw y Rhyl yn perthyn i res-
fynyddau Clwyd. Math o glerfardd hir ei ben ydoedd, yn enill ei
fywoliaeth wrth ddewinio, brudio, a rhigymau barddoniaeth. Y
mae'n ddiau ei fod yn gyfrwys tros ben; canys er fod rhai o'i
ddaroganau heb eu cyflawni, y mae eraill o honynt wedi 'dŵad fel
yr oedd o yn deyd' i'r llythyren. Y mae yn ddiddadl hefyd fod y
wlad wedi tadogi llawer gwrhydri iddo nad oedd y cysylltiad lleiaf
rhyngddo ag ef. Pa fodd bynag, nid oes genym ni ond adrodd a
glywsom am dano gan hen bobl ddifyr yn nghilfachau mynyddau
'Gwyllt Walia'.

Robin Ddu fel Daroganwr

Un tro yn mherfedd nos yr oedd efe ar daith rhwng Capel Curig a
Llanrwst, a phan yn dyfod i lawr Nant Bwlch yr Heyrn,
goddiweddodd hen amaethwr o Ddolyddelen, yn myn'd i farchnad
Llanrwst. Yr oedd yr hen ffermwr hwn yn meddwl ei bod yn tynu
at 'lasiad dydd', pan mewn gwirionedd nad oedd ond tri o'r gloch y
bore gefn y gauaf; nid oedd clociau gan neb y pryd hwnw – cloc yr
hall Llanrwst oedd yr unig awrlais yn Nyffryn Conwy. Pa fodd
bynag, aeth yn ymgom rhwng Robin a'r gwladwr, ac yn yr ymgom
hono dywedai ein harwr, wrth sôn am y naill beth a'r llall,

'Wyddost ti beth? pan dyf bedwen ar dalcen tŷ y Gwydr Isaf yn gyfuwch â chorn y simddai, bydd y Gwydr Isaf yn llyn dwfr a'r Gwydr Uchaf yn gorlan defaid'. Rhyfeddai ac amheuai ei gydymaith y fath ddywediad. 'Y mae cyn wired,' ebai yntai, 'ag y tery cloc Llanrwst dri o'r gloch pan gyrhaeddwn y farchnad.' Cyn wired a bod dŵr yn Nghonwy, dyma'r cloc yn taro tri mor fuan ag y daeth y ddau i'r farchnadle; er fod y gŵr o Ddolyddelen yn disgwyl yn siŵr mai saith neu wyth fuasai yn daro. Rhyfeddach fyth; y mae bedwen iachus yn tyfu oddiar dalcen y Gwydr Isaf, a thag ugain mlynedd yn ôl, yr oedd y pren wedi dringo mor agos i linell derfyn y darogan, nes y tybiwyd yn ddoeth godi y simddai ddwy neu dair llath yn uwch, er mwyn gohirio y trychineb. Felly nid yw Gwydr Isaf yn llyn dŵr na'r Gwydr Uchaf yn gorlan defaid, eto; hyd oni thyf y fedwen yn gyfuwch â chorn y simddai.

Gyda'r un rhagwybodaeth cyfrin y daroganodd efe hefyd y canlynol:

Codais, ymolchais yn Môn,
Boreubryd yn Nghaerlleon,
Canolbryd yn y Werddon,
A'r prydnawn wrth dân mawn yn Môn.

Gydag agoriad rheilffordd Caer a Chaergybi gall dyn fod yn bersonol yn y manau uchod, fel y bu Robin Ddu yn ddychmygol.

Dyma ddarogan arall o'i eiddo:

Dwy flynedd cyn aflonydd
Pont dros Fenai a fydd.

Agorwyd y Suspension tros Fenai yn y flwyddyn 1826; a'r Britannia yn 1849; ond ni wyddis fod agoriad yr un o'r ddwy yn rhagflaenu unrhyw aflonyddwch annghyffredin. Ond gwyddai yr hen ddewin cyfrwysgall yn dda mai byd aflonydd ydyw hwn, a pha bryd bynag y cyflawnid y fath orchestwaith, y dilynid hyny gan ryw aflonyddwch neu gilydd. Er hyny, y mae y peth rhyfeddaf o'r cwbl yn aros yn ddirgelwch, sef pa fodd y daeth i galon dyn yn yr Oesoedd Tywyll hyny y codid y fath 'Uchelgaer uwch y weilgi', tros grigylloedd enbydus Porthaethwy.

Y Bala aeth, a'r Bala eiff;
A Rhuthyn yn dref harbwr.

Yn nglyn â'r llinellau hyn clywsom y traddodiad hefyd fod y Bala unwaith yn orchuddiedig gan ddwfr; ac hefyd i'r dref gael ei diluwio amryw weithiau pan fyddai gwynt nerthol yn chwythu ar y Llyn. Ond y mae pob lle i gredu na chyflawnir y brophwydoliaeth hon byth, oni sudda y dref gryn lawr, neu y dysg dŵr fel 'balch angenus' fyw uwchlaw ei lefel. Y mae tuag ugain milldir rhwng tref Rhuthyn a bod yn 'dref harbwr', ac yn ôl pob golwg nid ydyw yn debyg o gael ymweliad gan Dafydd Jones yn oes neb sydd yn fyw yn bresenol. Hwyrach, er hyny, mai 'Mi ddown, pan ddown', a fydd hi gyda Dafydd rywbryd eto.

MOTIF: D.1810 (Gwybodaeth hud)

Ceir peth o gefndir Robin Ddu fel brudiwr hefyd yn:

Nicholas Owen, *Caernarvonshire: A Sketch of its History,* 1792, tt.58-9
Glasynys, 'Moel Tryfan', *Y Brython,* V, t.192

RHEIBWYR BEDDGELERT : NANT Y BETWS

Bob Humphreys, Tâp SGAE, 2; ochr 1-4.

'O'dd 'na sôn am ddewiniaid a gwrachod a ballu yn rheibio, – "witsio", 'ylly? Ffor'ma?'

'O, oedd, mi o'dd 'na sôn am rei 'chi, yn medru witsio, 'de. Oedd, o'dd 'na rhiw hen deulu yn ochra' Beddgela't, ers blynyddo'dd yn ôl, ychi, o'dda n'w'n d'eud bydda' n'w'n cario naill un ar ôl llall 'de. A medra' n'w witsio riwin 'de, a fydda 'na rei ofn pechu yn erbyn "hwn a hwn", 'de.' Danial o'dda n'w'n alw fo 'de. "Watsia iddo fo dy witsio di," medda' n'w 'de. Dim ond e'lla' am bod n'w 'di g'neud r'iw unwaith ne' ddwy i riwin d'udwch 'de.'

'Ia, o'dd o'n d'eud bod o'n witsio n'w, oedd?'

'Y?'

'O'dd o'n d'eud wrthyn' n'w bod o'n witsio nw?'

'Oedd, – "Mi witsia'i di," medda' fo 'de. Oedd.'

'Ia. Ag o'dd o'n llwyddo hefyd?'

'Oedd. O'dd o'n medru g'neud mewn ffor' 'de. Os o'ddach chi'n digwydd pash'o mewn moto', a ballu, a peidio rhoid pas iddo fo, 'de, fyddach yn *sâff* o ga'l pynjar 'de.'

'Pryd o'dd hynny?'

'Wel e's riw ddeigian mlynadd yn ôl, 'wbath felly 'swn i'n feddwl. Ia.'

'O'dd o'n . . . rheibio gwarthaig a ballu? 'Dachi'n gw'bod, fel nad o'ddan n'w'n rhoid llefrith?'

'Oedd. O'dd o'n d'eud medra' fo 'neud petha' felly, hefyd, 'de. Oedd. O'dd o'n d'eud medra' fo . . . pan o'dd o'n lladd ar riwin 'de, 'doedd fiw i neb bechu na d'eud dim byd yn 'i erbyn o 'chi 'de. Ne' mi . . . ne' f'asa fo . . . o'dd o'n meddwl, bod o'n medru, g'neud n'w . . . '

'O'dd o'n medru g'neud pobol yn sâl?'

'Wel, eutha pobol e'lla' yn sâl e'lla' 'de os b'asa' fo . . . nhw'n meddwl 'dachi'n gweld. Ia. Rhiw syniad o'dd o. O'dd . . . o'dd . . . .o'dd o'n hollol ddiniwad ag yn hollol . . . ychi, 'nae o ddim drwg i neb 'de, 'blaw . . . oedda'n nw'n . . . '

'Coelio?'

'Yn cario riw syniad felly amdano fo ychi 'de.'

'O'dd ginno fo riw swynion 'ylly? 'Dachi'n gw'bod, o'ddo'n mynd drw' riw . . . ? 'Dachi'n gw'bod – o'dd ginno fo riw seremoni 'ylly?'

'Nagoedd, 'im byd felly, 'de. Nagoedd, Nagoedd. Ond o'dd o'n d'eud ychi bod . . . yr hen deulu 'de, bob amsar yn byw mewn riw ffarm bach ar dop y mynydd ychi, a bod y teulu yn fan'no, 'de, bod n'w o frid y rhai yn medru witsio 'de.'

MOTIFAU: G. 224.9   (Gallu i reibio yn cael ei drosglwyddo o genhedlaeth i genhedlaeth)

         G. 265   (Gwrach yn camdrin eiddo)

SIÂN NOG : BEDDGELERT

William Hobley, *Hanes Methodistiaeth Arfon*, II, 1913, t.117.

'Ceir y nodiad yma gan Carneddog: "Yr oedd y bobl gyffredin yn credu y medrai rhai neilltuol, gyda rhyw nôd du ar eu cyrff, witsio. Yn wir, cadarnheir gan ddynion geirwir y medrent wneud pethau rhyfedd. Yr olaf a ystyrrid fel witsrag oedd Siân Nog. Byddai plant gwaethaf y pentref ofn pasio bedd Siân, druan, ac elent ar flaenau eu traed heibio. Y mae ei bedd digofnod yn ymyl y llidiart. Erbyn hyn y mae ofn tylwyth y gyfriniaeth ddu wedi llwyr gilio o'r ardal".'

MOTIF: G. 250 (Dull o adnabod gwrach)

Ty Nansi'r Wrach : Dyffryn Nantlle

'Hanes Ardal Rhyd Ddu', (Llsgf.).

'Mae ôl yr hen furddyn yma heb fod yn bell o hen gorlan mynydd Drws y Coed, lle mae yr hen ffordd rhufeinig yn cychwyn i fyny am Gwm Marchnad. . . . Ond i ddod yn ôl at Dy Nansi Wrach. Mae yn sicr nad oes dim o ddylanwad yr hen chwaer yma yn agos i'r lle erbyn heddyw. Cymerai arni fod ganddi ddylanwad ar y tylwyth teg, ai tylwyth.'

MOTIF: D. 1810.0.5 (Gwybodaeth hud gwrachod)

William Robert Huws, Dewin o'r Cenin : Dolbenmaen

Myrddin Fardd, *Llên Gwerin Sir Gaernarfon*, 1908, t.120.

'Yr oedd yn y Cenin ŵr arall, genedigol o'r lle, o'r enw William Robert Huws, yn ddyn hynod mewn llawer o bethau . . . ond ei duedd fwyaf oedd at ddewiniaeth yn ei gwahanol ganghenau, a medrai egluro pethau felly mor gyfarwydd nes yr aeth y gair allan ym mysg y werin ei fod ef wedi cael gafael ar lyfrau hen 'Ddewin y Cenin'. Un tro, tra yr oedd gyda chyfaill iddo ar ben mynydd y Cenin, lle yr ymddangosai lliaws o berchyll mewn modd gwichlyd a chwareus o gwmpas eu traed, tra y cyfaill yn ei awydd am rai ohonynt, a ymaflodd ynddynt y naill ar ôl y llall, eithr ebrwydd y diflanai pob un rhwng ei ddwylaw; ac yntau, trwy hynny, a ddeallodd nad oedd ffrwyth yr olygfa yn ddim amgen na gweithred ffugiol a gyfodid ar y pryd drwy allu dewinol ei gyd-ymdeithydd i'r lle. Ymfudodd W.R. Huws i'r America gyda'i wraig a'i blant, a bu farw yno.

MOTIFAU: D. 1810.0.2   (Gwybodaeth hud gŵr hysbys)
G. 224.3   (Gwrachod yn cael eu galluoedd o lyfrau)
D. 2031   (Rhith hud)

William Thomas a'r Wrach : Clynnog

William Hobley, *Hanes Methodistiaeth Arfon*, I, 1910, t.10.

'Yr ydoedd (William Thomas, Brysgyni Ganol) unwaith wedi saethu yn ei ŷd iar a berthynai i ryw hen wreigan. Yr hen wraig yn addo iddo y collai efe y fuwch oreu oedd ganddo. Ni feiddiodd gyffwrdd â'r un o ieir yr hen wraig fyth ond hynny.'

MOTIF: G. 265.4.0.1 (Gwrach yn cosbi gŵr am ei niweidio neu sarhau drwy ladd ei anifeiliaid)

WITSRAG CORS Y WLAD : DOLBENMAEN

Gruffydd Parry, *Crwydro Llŷn ac Eifionydd*, 1960, t.21.

'Yr oedd (yng Nghors y Wlad) hen wraig yn medru witsio hefyd a byddai yn dial ar ei chymdogion trwy ddial ar eu hanifeiliaid. Nid oedd byth yn gwneud pethau drwg iawn iawn chwaith. Dim ond manion fel peri iddynt fynd i'r donnen a cholli pedol neu gael annwyd. Efallai fod gormod o le rhwng y ffermydd i lawer o elyniaeth fagu, ac mai i ddim ond er mwyn bod yn y ffasiwn ryw dro y cafwyd y stori.'

MOTIFAU: G. 269.10 (Gwrach yn dial ar berson am ennyn ei llid)
G. 265.4 (Gwrach yn peri afiechyd neu farwolaeth mewn anifeiliaid)

WMFFRA OWEN AC IFAN DDEWIN : DYFFRYN CONWY

Elfyn, 'Cwm Eigiau', *Cymru*, 1915, tt.61-4.

Ar ein ffordd i'r efail, pasiem dyddyn a gedwid gan Ifan Rhys, gŵr a ddaeth yn adnabyddus iawn oherwydd yr amheuid ef o fod yn gyfrifol am fwy nag un dyhirwaith. Un ohonynt oedd torri cynffonnau a chlustiau defaid a merlod Sgweiar Caerhun. Gwnaeth hynny drwy gymeryd gwobr anghyfiawnder, yn y ffurf o swm o arian, o law ffermwr arall yr oedd drwg-deimlad rhyngddo â'r Sgweiar ers amser maith. Ofnid Ifan Rhys, y Foel Ddu, drwy'r holl gymdogaeth, am ei fod yn dipyn o ffarier gwlad, ac yn medru darllen ac ysgrifennu Cymraeg a Saesneg. Ystyrrid y meddai ar fwy o wybodaeth a deall nag amaethwyr cyffredin. Byddai galw amdano i wneud ewyllysiau, a chryn dipyn o waith twrne. Gan ei fod yn ddyn ariannog ac ariangar, amheuid ef o ddwyn, yn ogystal ac o ladd. Ond ofnai pawb son, ond yn ddistaw iawn, am y campau drwg a gyflawnid ganddo.

Yn yr efail, tra yn edrych tua fferm Ifan Ddewin, fel y galwai rhai ef, gofynnais i Wmffre sut yr oedd rhyngddo ef y pryd hwnnw â gŵr y Foel Ddu? 'Ho,' meddai, 'mi wyddost nad ydym yn rhwbio rhyw lawer yn ein gilydd ers blynyddoedd. Mae cryn amser er pan ddigwyddodd yr helynt cyntaf rhyngom.' Yna adroddodd ei fod yn arfer ganddo, ar fore Llun, wrth ddod o Lanrwst at ei waith, i Gwm Eigiau, i groesi ar draws un o gaeau tyddyn Ifan Rhys, gan y torrai hynny gryn dipyn ar y ffordd. Pan yr ai Wmffra ar draws y cae un bore Llun, clywai lais awdurdodol yn dweyd o'r tu ôl iddo, – 'Does dim ffordd drwy y cae yna, Wmffra Owen.' Atebodd hwnnw yn ddigon cwta a dihidio, – 'Ewch chwithau a'r cae oddiar y ffordd ynte, Ifan Rhys.' Wrth droi i edrych arno, gwyddai Wmffra o'r goreu fod tân dial yn cynneu yn llygaid y ffermwr a'r ffariar. Aeth at ei waith, ar draws yr un cae y bore Llun canlynol. Wedi cyrraedd yr efail, goleuodd fatsien, a rhoddodd hi yn y "tân oer", yr arferai ei ddarpar bob hwyr wrth gadw noswyl. Y funud y gwnaeth hynny, clywai dwrw mawr, a thaflwyd ef allan, gan nerth rhyw ffrwydriad, bendramwnwgl drwy ddrws yr efail. Gorweddodd mewn cyflwr anymwybodol am tuag awr. Pan y daeth ato ei hun, yr oedd ganddo amcan lled dda mai Ifan Rhys oedd wrth wraidd y trychineb. Arferai y ffariar gadw rhyw nwyon ffrwydrol at ei alwad fel meddyg anifeiliaid, ac at amcanion llawer mwy peryglus na hynny. Aeth i'r efail yn ddirgel, ac yn gwybod am ei arfer gyda'r tân oer, rhoddodd ryw "stwff uffernol" y deliai ag ef yn y glo, i dreio lladd neu niweidio Wmffra Owen, gan fwriadu dial arno am groesi ei gae, ac am beidio cymeryd sylw o'r rhybudd a roddodd iddo.

Gan y gwyddai Wmffra beth oedd ymroi i ddireidi ac ymollwng i wneud triciau, a chan ei fod yn hollol gydnabyddus â'r ochr ddieflig a berthynai i garictor Ifan Rhys, aeth ati i roi ei ddychymyg ar waith i drefnu sut y 'talai yr hen chwech yn ôl' i'r ffermwr beiddgar a bradwrus. Cofiodd am y gyflafan ar stâd Caerhun, ac am yr arian mawr y dywedid i Ifan Rhys eu cael am yr ysgelerwaith hwnnw.

Bore y Llun nesaf, daeth Wmffra i Gwm Eigiau, ac mewn pac o ddillad a gariai dan ei gesail yr oedd ganddo ffidil yn guddiedig. Yr oedd yn gryn feistr ar ganu ffidil; a medrai, fel gyda'i lais, ddynwared ymron bopeth gyda hi. Y tebyg yw na wyddai Ifan Rhys, nac, efallai, neb arall yn y Cwm ddim o gwbwl am y campau y derbyniai Wmffra lawer chwech yn nhafarnau Llanrwst am fynd trwyddynt gyda'r ffidil. Wedi cael noson oleu, agorodd y pac a gariwyd i'r Cwm, a chan nad oedd neb yn ei weled, rhoddodd y dillad, sef dillad dynes, yn gywrain a thaclus am dano; a chan nad yn wr barfog, troai hynny yn dra ffafriol iddo, pan yn dipyn o nos, i ymddangos fel merch ganol oed. Defnyddiai ryw ddarpariaeth at wneud ei groen yn lled felynddu. Gwnâi hynny ef i ymddangos fel tramores olygus dros ben. Gofalai am fodrwy neu ddwy ar ei fysedd, a thipyn o gadwen arian am ei wddw; mewn gair gwnâi Mr Wmffra Owen ei hun i basio fel "Mrs Ala Bella", fel yr ymddifyrai alw ei hun wrth gyfarch ei weddnewidiad yn y drych.

Rhoddodd ei ffidil dan ei gesail, ac wedi sicrhau fod pawb wedi cilio o'r caeau, a phob man yn dawel, aeth ar ei union at y Foel Ddu. Wedi dod o flaen y tŷ, gwelai fod goleu mewn dwy ffenestr llofft; yr hyn a awgrymai iddo fod Ifan Rhys a'i forwyn, neu ei housekeeper, fel y gelwid hi gan ddieithriaid, yn mynd i'w gwelyau. Treiodd ddrysiau y ffrynt a'r cefn, ond yr oedd clo ar y ddau. Yna safodd ar glwt glaswelltiog, oedd o flaen drws y ffrynt. Tynnodd ei ffidil allan; ac wedi ei rhoi ar ei ysgwydd yn gelfydd, ac yn yr agwedd fwyaf manteisiol, llithrodd y bwa yn ôl a blaen droion hyd y llinynau, gan ddynwared buwch neu ddafad yn brefu; ceffyl neu ferlyn yn gweryru. Yn union ar ol hynny, clywai y forwyn yn dweyd yn uchel wrth ei meistr fod ryw helynt ar y "catal", neu rywbeth. Archodd y meistr iddi agor y ffenestr, ac edrych beth oedd y mater. Clywodd y crythor hi yn gwneud hynny, a gwelodd ei phen allan am eiliad, ac wrth ei dynnu'n ôl dywedai na welai hi ddim byd. Yna parodd Wmffra i linynau'r ffidil ddynwared ci yn cyfarth ac yn chwyrnu yn filain. Ar hynny dyna swn Ifan Rhys ar ei draed, ar lawr y llofft, yn rhegi ac yn melldithio'n hyll am fod y cwn wedi dod allan i wneud pethau yn waeth nag oeddynt, nes ei orfodi i godi i edrych beth oedd y mater ar y dyhirod yr amser honno o'r nos. Yr oedd y ffermwr yn bur ddrwg ei hwyl, a llefain uchel ar i Marged fynd drwy un drws, ac yr ai ynteu drwy y llall i ostegu'r haflig.

Clywai y ffidler Marged a'i meistr yn dechrau swnio eu traed ar y ddwy risiau. Gwelai fod y forwyn wedi gadael ei ffenestr heb ei chau, ac fod un darn ohoni'n gwbl agored (agorai ffenestri'r ty fel yr egyr drws cwpwrdd neu 'stafell). Yr oedd yn union uwch ben math o barlwr, neu gegin oreu, ac nid oedd ond ychydig fodfeddi'n uwch na hi. Gerllaw, o dan ffenestr y llofft, yr oedd mainc dderw, o waith cartre, ar yr hon yr arferai gŵr y ty eistedd i gael mygyn wrth dynnu allan ei gynlluniau ofnadwy. Wedi deall y paratoadau i ddod allan, rhedodd Wmffra gyda'i ffidil, ac yn ei 'ddillad newydd', at y fainc; ac oddiar honno llamodd yn ebrwydd at ffenestr y llofft; ac aeth drwyddi'n hwylus. Deallodd ar unwaith mai yn llofft y forwyn yr oedd; a chan nad oedd un arwydd yn yr ystafelloedd o tano fod neb wedi ei glywed, aeth yn ddistaw, ond yn gyflym, gyda'r esgidiau teneu ac ysgafn oedd am ei draed, i lofft Ifan Rhys. Ar gadair yno gwelai drowsys ffustiau cryf a mawr; wrth ei godi, teimlai fod cryn bwysau ynddo, ond, heb gymeryd amser i edrych beth oedd y rheswm ei fod mor drwm, rhoddodd ef ar ei fraich gyda'r ffidil. Ni chymerodd ond hanner munud iddo i ddeall fod y ffermwr a'r forwyn wedi mynd i'r buarth drwy ddrws cefn y ty, a'u bod yn chwilota, yn bygwth, ac yn deyd y drefn ynghylch yr helynt. Gwelodd y ffidler mentrus ei gyfle. Yr oedd ffenestr a drws ffrynt yn agored; ac ar amrantiad, gollyngodd ei hun i lawr drwy yr un ffenestr ag y daethai i fewn. Ymhen llai na munud yr oedd efe a'r ffidil a'r trowsys ffustiau yn glir oddiwrth y Foel Ddu; ac ar ei ffordd at hen 'sgubor oedd o fewn hanner milltir i'r lle. Aeth i honno'n hwylus, ac efallai y cysgodd, ar wair neu wellt, hyd doriad dydd. Pan ddaeth yn ddigon goleu, diosgodd ei ddillad merch, ac yn fuan iawn yr oedd yn siwt arferol yr efail. Nid oedd o bwys fod ei groen dipyn yn ddu, gan y buasid yn hawdd yn casglu mai heb ymolchi ar ôl cadw noswyl yr oedd. Cuddiodd ei ffidil yn y gwair, ac ymaith ag ef, mor hamddenol a'r meistr gwaith, tua gefail y cwm. Cyneuodd y tân, berwodd y tegell, a chafodd frecwast gyda'r te a'r bara oedd ganddo'n weddill er y dydd cynt.

Ar ôl ymddigoni ac ymdawelu, aeth i ddrws yr efail â throwsys ffustiau gŵr y Foel Ddu gydag ef. Er yn symud yn ddigon hamddenol, yr oedd ar dân eisiau gwybod paham yr oedd hwnnw mor drwm. Pan yn rhoi ei law yn y boced, gwelai ddwy fran yn hedeg yn union dros ei ben; llonnodd drwyddo gan feddwl na fedrai neb llai na Solomon fod yn awdur i'r cwpled, –

'Dwy fran ddu
Lwc dda i mi.'

Fflachiodd cyfrinach pwysau y trowsys o'i flaen mewn moment. Yn y boced yr oedd cryn swm o sofreni melynion, a phapur bychan yn eu canol, ar yr hwn yr oedd ychydig eiriau wedi eu hysgrifennu yn eglur gydag inc coch. Wedi darllen y papur, deallodd Wmffra Owen ei fod yn hollol ddiogel, ac nad oedd yn rhaid iddo ofni mae edifarhau oherwydd ei gampwri yn nhy Ifan Rhys y nos o'r blaen.

Diau mai gwell i mi adael i'r darllennydd ddyfalu y mwstwr a'r cymheiri fu yn y Foel Ddu oherwydd diflaniad y trowsys, yn hytrach na cheisio rhoi darluniad o hynny. Os bu gweinidogaeth damnedigaeth dan arddeliad yng Nghwm Eigiau ryw dro, bu felly y nos honno. Er cymaint cybydd oedd Ifan Rhys, nid colli y pyrsiad aur oedd yn y trowsys a barai'r blinder mwyaf iddo, ond rhywbeth arall. Gwyddai iddo fod am fisoedd dan amheuaeth ynghylch yr erchylldra wnaed ar anifeiliaid Caerhun. Bu amryw o wyr blaenllaw heddlu sir Gaernarfon, ynghyda dau o wyr craff Scotland Yard, Llundain, yn chwilio ei dŷ fwy nag unwaith, ond methasant a chael dim fuasai yn eu cyfreithloni i gymeryd Ifan Rhys i'r ddalfa dan y cyhuddiad o fod yn gyfrifol am yr anfadwaith. Ar yr un pryd, credai pawb drwy y broydd mai efe oedd yn euog o'r gyflafan ac o erchyllderau eraill hefyd. Ond cysurai efe ei hun, o ddydd i ddydd, yr arhosai yr oll yn guddiedig rhag pawb a phopeth, ond rhag merched hirglust a thafodrydd, a gyhoeddent y newyddion diweddaraf ym mhob man y byddai hanner dwsin yn foddlon i wrando arnynt. Hwyrach mai gan ei freuddwydion y poenid mwyaf ar Ifan Rhys. Byddai ei gydwybod yn effro pan y cysgai efe; ac wrth honno, nid wrth blismon na thwrne, y digiai y ffermwr hwn. Gwyddai nad oedd neb wedi dyfeisio dogn i beri i honno gysgu. Buasai'n fodlon i'w gydwybod, wrthi ei hun, gael ei chondemnio gan Farnwr i fynd i garchar am ddeng mlynedd, ond i'r gydwybod ddwyn ei phenyd ar wahan iddo ef. Wedi hir chwilio a chwalu, y diwedd fu i Ifan Rhys gael llonydd gan bawb a phopeth ond gan ei gydwybod.

Pan oedd Wmffra Owen newydd orffen ei frecwast yn yr efail, pwy ddaeth i fewn yno, a golwg lled guchiog a chynhyrfus arno, ond gŵr y Foel Ddu. Gwyddai gwron campau y nos flaenorol beth oedd ei neges, sy funud y gwelodd ef; ond ymddanghosai yn hollol hamddenol a diniwed, er fod ganddo forthwyl ac ebill fach yn gyfleus wrth ei law i daro'r echwyn adre, os oedd Ifan am ymosod arno, yr hyn na fuasai'n beth syn o gwbl, gan mai dyn mwyaf disglair a pheryglus yn y fro oedd Ifan Rhys. Ond, heb ragymadroddi dim, dywedodd wrth Wmffra ei fod wedi torri i fewn i'r Foel Ddu y nos cynt, ac wedi dwyn ei drowsys ffustiau ef a mynd ag ef oddiyno, a llond poced o sofreni ynddo. Wrth lwc, nid oedd neb yn yr efail ond hwy eu dau. Wrth weld Wmffra Owen mor ddigynnwr, dechreuodd Ifan Rhys wylltio. Cododd oddiar yr engen y bu'n eistedd arni, a chyda golwg fygythiol arno, dywedodd wrtho am roi'r trowsys a'r aur i fyny, neu y lladdai efe ef. A thynnodd bistol o'i boced; ond cyn iddo gael hamdden i wneud dim chwaneg, dyna swn traed ar y glo mân oedd ar y llwybr at ddrws yr efail, a rhoddodd Ifan Rhys y pistol yn ei boced. Tomos Rhisiart, y gôf a'r gŵr oedd bia'r efail, oedd yn dod i fewn. Wrth ei weld aeth Ifan Rhys allan, ac at y Foel Ddu, heb ddweyd gair; ond taflai drem filain ac awgrymiadol o ddrwg ar Wmffra Owen. Pan yr oedd ar basio drwy ddrws y gweithdy, gwelodd Wmffra gwrr o ffroen pistol allan o boced ei elyn. Gan y safai a'i benelin ar hanner isaf y drws, ac yntau bob amser yn walch cyflym ei lygad a hwylus ei law, cipiodd y pistol o logell Ifan, gyda'r fath ddeheurwydd a phe wedi ei ddisgyblu ar gonglau Paris neu Lundain, fel na wyddai hwnnw ar y pryd iddo wneud hynny. Rhoddodd Wmffra yr arf yn ddiogel yn ei boced ei hun. Gwelodd fod ynddo ergyd yn barod i'w gollwng. Gwenai yn hapus ar ol gwneud yn sicr o hynny; ac meddai wrtho ei hun, – 'Dyma bistol Ifan y Foel Ddu, yn yr un fan a'i aur, a rhywbeth arall!' Ni holodd Tomos Rhisiart beth oedd neges Ifan Rhys yn yr efail. Efallai y gwyddai na thrôdd yno ar unrhyw ddiben da. Gŵr duwiol, tawedog, oedd y gôf, a blaenor mewn capel yn y cwm, i'r hwn yr arferai Ifan Rhys fynd i wrando ar brynhawn Sul.

'Dyn rhyfedd ofnadwy ydi Ifan Rhys yna,' meddai wrth Wmffra; ''does dim yn bosib ei ddallt e. Mae pawb yn meddwl mai dyn melltigedig ydi o; ac eto 'roedd o yn yr oedfa b'nawn Sul, ac yn yr ysgol y bore; ac mae o'n gyfrannwr da ymhob casgliad. Yn amal iawn, mi fydd yn mynd a'r pregethwr i'r Foel Ddu i gael te ar ôl yr odfa, a the a chroeso iawn fydd o'n roi. Ond rywsut, mi fydd arna i ofn y bydd yna gyfridu ar ei gyfer o ar ôl iddo fynd odd'ma. Sut y setla fo hwnnw, 'dwn i ddim.'

'Wel,' meddai Wmffra Owen, 'y tebyg ydi y bydd yn rhaid iddo fo setlo ei gownt yn y Farn yn bur wahanol i'r fel mae o'n setlo'i gownts yn y cwm yma.'

'Ie,' ebai'r hen flaenor, 'fedar o ddim twyllo'r Gŵr fydd yn trin ei achos o fan honno. Wneiff celwydd, na bygwth, na sgiams o un math, mo'r tro i un ŵyr ei hanes o'n well na neb arall.'

Gwyddai Ifan Rhys yr arferai Tomos Rhisiart fynd i ben draw y cwm i 'nol cinio bob canol dydd; a gwyliodd ef yn pasio'r Foel Ddu y dydd dan sylw; ac ar unwaith brasgamodd at yr efail. Yr oedd yn fwy drwg ei natur, os yn bosibl, nag y gwelwyd ef ers talm. Yr oedd ffon bugail yn ei law. Pan gyrhaeddodd yr efail, gwelai fod Wmffra Owen yno ei hun; ac meddai wrtho, gyda threm fygythiol, ond â llais fel pe .wedi crygu, neu wedi crynu typyn, – 'Yrwan, Wmffra, heb ddim chwaneg o dy dricia na dy stumiau di, rho i mi'r petha ddygest ti o'r Foel Ddu acw neithiwr. Os na roi di nhw y funud yma, heb wneud lol, mi dy -----' ar hynny aeth ei law dde i boced ei gôt. Gwelodd Wmffra y symudiad, ac mewn eiliad tynnodd allan o'i boced ei hun y llawddryll y chwiliai Ifan Rhys am dano, a chan ei ddal o fewn llai na dwylath i wyneb y ffermwr dyfeisgar dywedodd, – 'O os hwn sydd arnoch ei eisiau, Ifan Rhys, mi cewch o yn eich gwyneb, ne yn eich calon, mewn llai na chwarter munud, dim ond i chi ddeyd; dyna i chi gynnyg eitha teg.'

Gwelodd Ifan Rhys fod 'mistar ar mistar Mostyn', chwedl Wmffra Owen. Wedi cael tipyn o fraw, gan na wyddai golli y pistol, eiliodd, fel pe am fynd ymhellach drwy'r drws; ond daliai Wmffra y dryll yn syth a digryn ato; a chan edrych cyn ffyrniced ag y medrai, dywedodd, 'Peidiwch a meddwl am redeg i ffwrdd, Ifan Rhys; mae gen i hanner cant o bunnau gawsoch chi gan rywun!' Yna cymerodd Wmffra arno chwilio eillogellau, a chan ddal y pistol o hyd i wyneb Ifan Rhys gyda'i law dde, tynnodd bapur bach â'i law arall, o ganol yr aur a swniai yn ei boced, ac ebai, – 'Dyma risêt sy'n debyg o gostio'n bur ddrud i chi, yr hen gena diffaeth!' a darllenodd fel hyn, –

'Mawrth 31, 18--.

Derbyniwyd o law ------, am dorri cynffonau merlod a defaid ar ddôl Caerhun, y swm o hanner cant o bunnau.

'IFAN RHYS, FOEL DDU'

Y funud y gorffennodd Wmffra Owen ddarllen y papur, dyna Tomos Rhisiart at ddrws yr efail, yn ôl o'i ginio. Wrth glywed darllen y risêt a fuasai'n sicr o fod yn ddigon i anfon y ffermwr i'r 'transport', fel y dywedid y pryd hwnnw, am y gweddill o'i oes; gwelai a chrynai Ifan Rhys drwyddo. Amlwg oedd ei fod wedi dychryn yn arswydus; peth anghynefin iawn iddo. A chyda gwaedd ofnadwy dros y cwm, na fynnai hyd yn oed y creigiau ei hadsain, cododd ei ddwy law i fyny, a syrthiodd ar wastad ei gefn ar lawr yr efail mewn llewyg.

Codwyd a chariwyd ef i'w wely i'r Foel Ddu. Cafwyd meddygon o Drefriw a Llanrwst at y claf a'r dychrynedig. Ond ysgwyd eu pennau, fel wedi dychryn eu hunain, a wnai y ddau. Yr oedd y parlys mud wedi taro Ifan Rhys; a phe y dewisasai hynny, nis gallodd byth yngan na chlywed yr un gair.

Wrth gerdded yn ôl i Rowlyn, neu i'r efail, yr unig eiriau ddywedodd Wmffra Owen wrth Tomos Rhisiart, ac fe'u dywedodd yn berffaith sobr a pharchedig, oedd, – 'Mi 'rydw i'n cofio cymint a hynny o ryw adnod ddysgai mam i ni pan yn blant; ac fedra i yn y myw gael ganddi fod yn ddistaw wrth feddwl am ddiwedd Ifan Rhys, – 'Yn y rhwyd a guddiasant y daliwyd eu traed eu hun.' Ond rhaid i mi dewi, Tomos Rhisiart, neu ewch i feddwl mod i am fynd yn dduwiol, yr un fath ag Ifan Rhys. Mi 'roedd gynno fo beth wmbreth o adnodau, ac mi aeth a chryn hanner y Beibil yn fflamio yn ei gof hefo fo i uffern! 'Toedd ar y byddigions oedd yno o'i flaen ddim llawer o hiraeth am ei weld o; ac wrth eu bod nhw heb ddechre oeri ar ôl yr house-warming y daru Cain eu tretio nhw a fo ers chwe mil o flynyddoedd yn ôl, 'doedd ganddyn' nhw ddim eisie gweld Ifan Rhys, na neb arall, yn dwad a bagiad ar y tân; a hwnnw'n fagiad o betha' mor ofnadwy am losgi ag adnoda – explosives y Duw mawr! Mi wyddoch y byddai'r hen Ifan yn delio mewn petha i ffrwydro yn perthyn i'r ddau fyd. Yr hen ragrithiwr creulon! Mi daliwyd o yn ei rwyd a'i fagla'i hun!'

MOTIFAU: S. 175   (Hagru ceffylau: torri eu cynffonau a rhwygo eu myngau ymaith er sarhau eu perchennog)

K. 1349.1   (Twyllo drwy wisgo'n wahanol er cael mynedfa i stafell gŵr)

(f) *Rhagfynegi Marwolaeth*

Yr Aderyn Corff : Dolbenmaen

William Pritchard, Tâp SGAE, 5; ochr 2-3.

'Beth am y 'Deryn Corff?'

'Wel, amriw o hwnnw – ma'r tshap hwnnw'n bodoli o gwmpas tŷ ni o hyd. Mor wired a bydd hwn yn canu'n fa'ma mi fydd 'na gorff yn r'wla'n bydd. Mi o'dd o'n ddiweddar iawn 'ma – fuo na'm – yn fuan iawn mi o'dd 'na un 'di marw 'ma'.

'Be' 'di o?'

'Ol rh'wbath tebig i ddylluan ne' r'wbath felly 'de. Wid! Wid! Wid! Wid! Wid!-Wid! Wid! Fel'a mae o'n g'neud. Chlywsoni mo'no fo wedyn wedi hyn ddigw'dd'.

'Pryd o'dd hyn 'ta?'

'Mae – faint? Riw ddeufis. Ballu. Ol ma' hynna 'di digw'dd – o llawar iawn 'de! Ag nid sdori 'neud ydi honna 'de – ond mai'n ffaith. Ma'n g'neud chi feddwl'.

MOTIF: D. 1812. 5.1.12.2 (Cri aderyn yn arwydd drwg)
NODIADAU: Mae'r traddodiad am yr Aderyn Corff yn dal yn fyw yn Ardal Eryri. Dywedodd Meic Bach (Tâp SGAE, 2; ochr 1-4) i ferch fod yn aros yn y tŷ unwaith pan darodd aderyn y ffenestr. Drannoeth daeth brys-neges yn dweud fod ei thad wedi marw. Dywedai mai'r Aderyn Corff a drawodd y ffenestr.

Dywedodd Huw Hughes (Tâp SGAE, 4; ochr 1-4) i ddylluan ganu yn y Bwlch Mawr, ger Clynnog unwaith ac i hen wraig farw. Gadawodd yr Aderyn ar ôl i hyn ddigwydd. Dywedodd iddo gael profiad tebyg ar ôl priodi a symud i Fraich Trigwr. Trawodd aderyn y ffenestr un noson a chlywodd ddylluan yn galw. Drannoeth canfuwyd yr Athro Johnson, Cefn Tryfan yn farw ac roedd Huw a Laura Hughes yn sicr mai'r Aderyn Corff a glywsant.

Adroddodd Elin Williams (Tâp SGAE, 9; ochr 1-4) hanes ei nain yn cerdded ger Capel Hyfrydle, rhwng Tal-y-sarn a Phen-y-groes un noson. Sylwodd ar yr Aderyn Corff yn hedfan uwch ei phen. Drannoeth cludwyd gŵr a laddwyd yn y chwarel ar hyd yr un ffordd.

Yr Arch : Nantlle

Mrs Elin Hughes, Tâp SGAE, 2; ochr 2-3.

'Wel, pan o'n i'n byw yn Salam, o'dd 'na ddyn yn byw tŷ nesa' i ni, Mr Mills. A mi o'dd o'n wael iawn. Ag mi o'n i yno ar 'y nhraed riw noson efo fo. Y gwely i lawr grishia ginno fo. A . . . "Look Nell," medda' fo, "See that coffin going round, down . . . it's going now, it's gone, through the door now," medda' fo. A fedra'i ddim d'eud be' o'dd o'n weld 'te, 'runig beth wn i, mod i 'di mynd o'no munud hwnnw a 'di gweiddi ar riwin arall i ddod yn lle fi yno, 'de. Mi gododd ofn arna' i.'

'Fuo fo farw?'

'Do. Fuo farw mewn 'chydig iawn . . . Yn gynnar 'te. "It's going round, it's going that way now," medda fo, "and it's gone through the door."'

'O'dd o'n d'eud bod hi'n mynd rownd y sdafell felly?'

'Oedd.'

'O'dd hi'n sdafall fawr?'

'Cychwyn o'rwth 'i wely o 'sdi. A mynd rownd fel'a.'

'O'dd hi'n gimint â hon jesd, 'doedd? Oedd.'

''Dwi'n sh'ŵr bo'chi 'di dychryn.'

'Ew, redish i o'no i nôl riwin arall 'de, a mi esh i'r tŷ. O'ddan nw'n byw tŷ nesa' i ni. Esh i i'r tŷ, 'de.'

MOTIFAU: E. 538.1   (Arch ysbrydaidd)
           D. 1812.5.1.17   (Ymddangosiad rhith yn rhagfynegi marwolaeth)
           E. 421.1.1   (Ysbryd yn amlwg i un person yn unig)

Y BIODEN : NANTLLE

William Edward Griffith, Tâp SGAE, 3; ochr 1-4.

'Be' o'dd y 'deryn corff i chi?'

'Wel yn yr ardal lle o'ni, piodan o'dd o. A'r rheswm pam o'dda n'w'n d'eud ma' 'deryn corff o'dd piodan, am fod gynni hi fresd wen, a hynny'n golygu clôg y person, ac adenydd du, a chynffon, yn golygu y mwrnars yn dod yn tu nôl 'de, y person yn claddu. Os bydda' y biodan o gwmpas tŷ riwin, yn g'neud riw dipin bach o fisdimanars, ol, o'dd riwin yn y tŷ hwnnw'n mynd i farw'n fuan. 'Dw ddim yn gw'bod fy hun bod hynny'n medru bod yn ffaith chwaith 'de. Ma' 'na rei yn credu hw'rach mai, wel ma' n'w'n d'eud felly, mai dylluan 'di 'deryn corff. Ond yn yr ardal lle 'ro'dda ni, do'dd 'na ddim dylluan – achos do'dd 'na'm coed yno, do'dd 'na'm byd iddo fo nythu, nago'dd? A'r 'deryn corff i ni o'dd piodan. A mae o'n g'neud mwy, riw ffor', i mi, na dylluan, oherwydd bod n'w'n d'eud am y gwyn yn liw'r person a'r du yn lliw y bobol sy'n galaru 'de.'

MOTIF: D. 1812.5.0.2 (Rhagfynegi ar sail symudiadau adar)

Breuddwyd yn Rhagfynegi Marwolaeth : Nantlle

G.O.V. Jones, Tâp SGAE, 3; ochrau 1-4; 2-3.

'Ma' ginno chi sdori arall go ryfadd am ragfynegi marwolaeth yn y chwaral 'does?'

'Wel oes, un glywish i gin fab y wraig welodd y peth, (sef gan y diweddar Eseciel Huws, Carmel). Oes dim llawar e's pan ma'r mab wedi 'i gladdu, ne' mi f'asa'n medru'i gwireddu hi efo mi. O'dd 'i fam o wedi gweld – meddwl bod hi'n gweld mewn breuddwyd – bod 'na damchwa'n y chwaral. A mi o'dd 'na ddyn, a cap pig-gloyw, fel cap llongwr 'sdalwm, cap pig-gloyw, am 'i ben. A mi dd'udodd y wraig, 'i fam o, w'th y bachgan, be' o'dd'i 'di weld – bod 'na damchwa'n y chwaral, a bod 'na ddyn cap pig-gloyw am 'i ben o wedi ca'l 'i ladd, dan y ddamchwa. A mi fuo 'na un, dranno'th. A mi laddwyd – wn i'm faint laddwyd – ond mi laddwyd y dyn yma, o'dd â'r cap pig-gloyw am 'i ben. A ma' mab i'r dyn hwnnw'n fyw hiddiw, yn byw yn yr ardal yma.'

MOTIF: D. 1810.8.3.1.1(Breuddwyd yn rhagfynegi gwaeledd neu niwed. Gwireddir y freuddwyd.)

NODIADAU: Mae chwedlau am y gred hon ar gael o hyd yn ardal Eryri. Adroddodd Owen Ellis Pritchard (Tâp SGAE, 4; ochr 1-4) ei hanes ei hun yn breuddwydio am gyfaill iddo yn y llu awyr yn cael ei ladd pan ddaeth ei long awyr i lawr. Aeth i'r pentref drannoeth a chlywed bod hyn wedi digwydd.

Breuddwydiodd Laura Hughes hithau (Tâp SGAE, 4; ochr 1-4) am John Lewis, Trosgol, Y Waunfawr, gan ei weld fel petai drwy wydr ffenestr. Tybiai fod hyn yn rhagfynegi ei farwolaeth, oherwydd bu farw cyn pen tair wythnos.

Cannwyll Gorff Cae Ffridd : Nantlle

G.O.V. Jones, Tâp SGAE, 3; ochrau 2-3; 1-4.

'Fedrwchi dd'eud sdori'r Gannwyll Gorff 'na ddeudochi wrtha' fi gynna' i ddechra'?'

'Ol medraf am wn i. Mi o'ddi'n arferiad yn y chwareli, y, diwadd y ganrif ddwytha a dechra' hon o weithio, yn yr ha', os bydda' riw waith arbennig i' 'neud, fydda' 'na griw yn ca'l 'i galw i weithio yn y nos, ne' yn y plyga'n, 'da ni'n galw'i. Sdemio fydda ni'n galw y dull hwnnw o weithio. Sdem 'de. Shiffd wrth gwrs ydio'n ca'l 'i olygu'n 'de. Ag o'dda n'w'n mynd i'r chwarael at tia pump o gloch yn bora' tan un – y, dyna'i shiffd n'w, i sdem n'w o'dda n'w'n galw'i. Wel erbyn . . . i fod yn y chwarael erbyn pump, rhaid 'ddy n'w galw'i. Wel erbyn . . . i fod yn y chwaral erbyn

136

pump, rhaid 'ddy n'w gychwyn o gweulodion y . . . o . . . cyfeiriad isa' o'dd yn gweithio yn y chwaral, tia pedwar beth bynnag. Ag mi o'dd 'na un o'dd yn byw o gwmpas Ffacdri Tryfan – erbyn hyn ma' 'na sdât o dai – Tai Ffatri fydda ni'n galw n'w. Wel o'dd un o'r cyffinia' yna yn mynd i fyny. Ag ar y ffor' i fyny, jesd wedi gadael gartra' mi wela' gannwyll – y gola', fel lantar, gola' lantar yn mynd at y bwthyn, Cae Ffridd. Chym'odd o'm sylw'n byd ohono fo a meddwl ma' un o'r meibion o'dd yn . . . wedi bod allan yn r'wla ne' ballu. Ag a'th yn 'i flaen i'r chwaral wrth gwrs. Mi welodd un o'r teulu ag yn digwydd siarad fel'a. 'Deur, mi o'dd 'na un ohona chi'n hwyr iawn, ne' yn fora iawn . . . yn dod am y tŷ. O'n i'n gweld lantar' ginno fo'. Ond mi sicrhawyd y dyn nad oedd 'na'm un aelod o'r teulu allan y noson honno. Ond trannoeth mi fuo 'na farwolaeth yn y tŷ hwnnw. Sydd . . . o'dd yn gwireddu i bobol y cyfnod hwnnw, mai Cannwyll Gorff welodd y dyn yma 'de. Fedra'i'm d'eud 'im chwanag am y Gannwyll Gorff, ond mi 'dwi'n sicir bod y sdori yna yn wir o lle y cêsh i hi, 'de.'

MOTIF: E. 530.1.6 (Golau ysbrydaidd yn rhagfynegi marwolaeth)
NODIADAU: Cofnodais chwedl debyg gan W. Edward Griffith (Tâp SGAE, 3; ochr 1-4). Gwelodd ei chwaer olau megis lantern gorn yn symud ohoni ei hun ac o graffu sylweddolodd mai cannwyll ydoedd. Symudodd y gannwyll at ffenestr Ty'n Pant a bu Jane Huws Ty'n Pant farw'n ystod y nos.

Cofnodwyd yr un gred ym Meddgelert, gan nodi y teithiai'r gannwyll ar y llwybr rhwng y fynwent â thŷ'r hwn oedd ar farw:

D.E. Jenkins, *Bedd Gelert*, 1899, t.84.
T. Gwynn Jones, *Welsh Folklore*, 1930, t.209.

Y Ci Gwyn : Nantlle

Wm. Albert Jones, Tâp SGAE, 4; ochrau 1-4.

''Nhad 'de'n ddyn ifanc – o'dd hyn cin'y ngeni fi 'de – wedi mynd lawr i pentra' ar noson . . . wel diwadd 'rha 'de. Noson dawal, braf iawn. A fel o'dd o'n dod i fyny o'r pentra', o'dd o'n cl'wad dail coed yn g'neud twrw o'i gwmpas o, a hitha'n noson dawal 'de. Ag w'th 'ddo fo ddod i fyny o hyd, o'dd tŷ 'i nain o ar ochor ffor' – fuo jesd 'ddo fo droi i fanno 'de, ond mynd yn 'i flaen 'nâ'th o, a troi lawr am e'i gartra', o'r mên rôd, riw . . . 'de. Hen ffordd gul 'de. A hannar ffordd yn fanno, o'dd 'na ddrws yn mynd i mewn i hen dŷ hen ffasiwn, yn fanno. A diawch i, pan o'dd o gwerbyn â fanno, dyma gi gwyn mowr yn sdrejio ar draws y lôn. A fynta'n mynd i

137

afa'l mewn carrag. Fedra' fo'm symud 'de. Mi ddiflannodd y ci. 'Ben w'snos wedyn mi gawson hyd i'r hen fachgan wedi meddwi, o'dd o yn tŷ tafarn Groeslon, 'di syrthio i ryw lyn a 'di boddi. Ia.'

MOTIF: D. 1812.5.1.17 (Ymddangosiad drychiolaeth yn arwydd drwg)

CNOCIO YN RHAGFYNEGI MARWOALETH : CAERNARFON

Ritchie Wright, Cofnodiad Llafar 18.ii.74.

'Tua mis ar ôl gweld ysbryd Capten Roberts roedd R.W. a'i wraig wedi mynd i'w gwläu. Roedd tua hanner awr wedi unarddeg meddai. Yn sydyn dyma tair cnoc ar y ffenestr. Arferai ei wraig edrych ar ôl Mrs Bracegirdle yng Ngwesty'r Mona dros y ffordd a thybiodd ei bod angen cymorth yno. Dywedodd hyn wrth ei wraig ond nid oedd yn fodlon mynd drosodd ei hun. Felly aeth Mr Wright i Westy'r Mona a daeth Mrs Roberts i'r drws. Dywedodd wrthi na fyddai ei wraig yn hir, ond nid oedd hi'n deall beth olygai a dywedodd na fu'n cnocio'r ffenestr, fod Mrs Bracegirdle llawer iawn gwell.

Aeth Mr Wright yn ôl adref ac i'w wely. Daeth tair cnoc arall a chododd i'r drws eto, ac eto nid oedd neb yno. Erbyn hyn roedd yn tynnu at ddau yn y bore. Penderfynodd agor y drws yn sydyn pe deuai'r cnocio eto, felly diffoddodd y golau ac aeth i aros yn y cyntedd. Dyma'r tair cnoc eto. Rhuthrodd i'r drws a'i agor a gweld neb. Y bore canlynol bu taid ei wraig farw meddai.

Gofynnais iddo pryd oedd hyn a thybiai Mr Wright fod tua deng mlynedd wedi mynd heibio erbyn hyn.'

MOTIF: D. 1827.1.3 (Sŵn yn rhybuddio fod marwolaeth ar ddod)

Y CWMWL DU : NANT Y BETWS

Kate Hwmffras, Cofnodiad Llafar 23.4.74.

'Dywedodd Kate Hwmffras i'w mam weled cwmwl du yn codi ger Cyrnant Lodge, Waunfawr unwaith, a'i fod yn eithafol oer. Yn fuan wedyn bu marwolaeth yno.'

MOTIF: D. 1812.5.1.11 (Cwmwl du yn arwydd drwg)
NODIADAU: Cofnodais y chwedl yma ar ôl sgwrs gyda K.H:, sy'n hen ferch yn byw yng Ngroeslon Ucha', Waunfawr.

DRYCHIOLAETH EBEN FARDD : CLYNNOG

Mrs Laura Huws, Tâp SGAE, 4; ochr 1-4.

' . . . O'dd ginoch 'i sdori am Eben Fardd 'doedd?'

'O oedd! Glyw'ishi mam yn d'eud ar ôl, ym, nain i mi 'lly 'de, Nain – dwn i'm o'dd hi 'di bod efo'r teulu ai peidio 'de. O'dd hi'n d'eud bod hi 'di dod adra' ar ôl bod allan fel 'ro'dda nhw 'de, ag, y, ar y giât bach o flaen y tŷ, fel'a, mi o'dd Eban Fardd yn . . . yn weld o yn y giât bach 'de. Yn gorfadd yn fan'no fel'a.'

MOTIF: D. 1812.5.1.17 (Ymddangosiad rhith yn rhagfynegi marwolaeth)

GWELEDIGAETH FFERMWR CWELLYN : NANT Y BETWS

D.E. Jenkins, *Bedd Gelert*, 1899, tt.85-6.

'Roedd ffermwr Cwellyn yn mynd adref un noson o farchnad Caernarfon pan welodd goits gŵr mawr yn mynd o'i flaen ger Glangwna. Roedd wedi ei goleuo a gwelai'r gyrrwr yn ei sedd a chlywai garnau'r ddau farch yn taro wrth iddynt drotian. Dangosodd y sbardun i'w geffyl i geisio dal y goits a chael sgwrs ond ni allai yn ei fyw wneud hynny. Arafodd i roi cyfle i'w geffyl ddringo'r gelltydd i fyny am y Waunfawr a phan ddaeth at ddarn gwastad o'r ffordd sbardunodd ei geffyl eto ac eto heb allu dal y goits. Pan gyrhaeddasant Westy'r Betws brysiodd y goits ymlaen a chlywodd y ceffyl yn aros o flaen y tŷ a gwelodd y golau'n mynd i mewn iddo. Aeth yn ei flaen yn wyllt i weld pwy ydoedd ond erbyn iddo ef gyrraedd gwesty doedd dim i'w weld a'r teulu yn eu gwlâu. Roedd arno ofn myned ymlaen y noson honno ac felly cnociodd i ofyn am lety a gafodd ar unwaith.

Yn y bore gofynnodd oedd rhywun yn wael yn y tŷ ac o gael ei sicrhau nad oedd neb, dywedodd hanes rhyfedd y noson cynt. Daethpwyd i'r canlyniad iddo weld Cannwyll Gorff ac y byddai aelod o'r naill deulu neu'r llall yn sicr o farw'n fuan. Mewn llai nag wythnos daeth coits a dau geffyl o gyfeiriad Caernarfon at y gwesty ac aeth gwas i mewn i ofyn a gâi bonheddwr aros yno tra byddid yn cael meddyg ato. Caniatawyd hyn ac aeth hen ŵr a ymddangosai yn ymyl cael gwasgfa i'r tŷ ac i'r gwely. Gyrrwyd gwas y gwesty i Gaernarfon a daeth y meddyg yn ôl gydag ef gyflymed y gallai. Pan welodd y claf, dywedodd na ellid ei symud y diwrnod hwn ond efallai y gellid drannoeth. Ond gwaethygu fu hanes yr hen ŵr ac yn yr un awr ac i'r union funud y clywodd ffermwr Cwellyn y goits yn aros o flaen y gwesty bu'r hen ŵr farw.'

MOTIF: D. 1812.5.1.17 (Ymddangosiad rhith yn rhagfynegi marwolaeth)
      E. 585.1   (Car a cheffyl ysbrydaidd)
      E. 530.1.6   (Golau ysbrydaidd yn rhagfynegi marwolaeth)

IÂR YN CANU FEL CEILIOG : CAPEL CURIG

Evan Roberts, Tâp AWC 3911.

'Wel, ychi, riw hen goelion sydd 'te, fel ci yn udo d'udwch, 'de. Neu iâr yn canu ru' fath â, fath â cheiliog ynde. Ganol nos ne' r'wbath felly 'dach weld. Wel y rŵan, bod 'na r'wbath, bydd 'na r'wbath wedi digwydd cyn y bora' 'de. 'Ci yn udo noson ola'n 'de – sud ma'i'n mynd d'udwch; yr hen rigyma' 'na'n 'de. Ol rŵan, mi o'dd y ferch, 'dach weld, yn wael – mi, ag, noson ddwytha iddi am'ni, 'dach weld. A rŵan, o'dd 'na rei acw ar 'i traed, a, mi glywson geiliog yn canu – ne' ceiliog o'dda n'w'n 'i feddwl 'de, yn canu riw dro ganol nos. A mi o'dd 'na ieir yn ga'l 'i cadw, dan y ffor' â ni fel hyn, gin yr hen Jên Defis. Od do'dd 'na'm ceiliog gin Jên Defis o gwbwl – iâr o'dd 'na – 'dach weld. A ma' n'w'n d'eud os clywch 'i iâr yn – fatha'r ci 'na'n udo'n fan'na rŵan – yn berfeddion nos, 'de, y bydda' 'na riw, ddychr- beth fel'a wedi digwydd – fel marwolaeth ne' 'bath. Ol duwch annw'l, mi o'dd rhein wedi clywad hwn ynte. A wir, fuo'r ferch farw, 'te. Ond, y, rŵan – fedrai'm coelio eto bod 'na wirionadd yno fo! Mi ddigwyddodd y peth 'de . . . Ag wedyn 'run fath, hen gi yn udo – fel ma' n'w'n hel riw betha' fel'a at 'i gilidd. Mi o'dd 'na riw hen gi'n udo yn nos, trw' nos noson honno, a mi o'dd o'n riw dd'eud ar nyrfs y wraig dipin bach 'dachi'n gweld, 'de.'

Holwr – Robin Gwyndaf

MOTIFAU: D. 1812.5.1.12.2 (Cri aderyn yn arwydd drwg)
           B. 143.0.5   (Iâr yn aderyn proffwydol)

LADI WEN Y GYMWYNAS : BEDDGELERT

D.E. Jenkins, *Bedd Gelert*, 1899, tt.316-7.

'Mae "Ladi Wen y Bwlch" yn gryn atyniad i'r bobl ddiarth. Carreg wen ydyw yn sefyll allan yn eglur yn erbyn y graig uwchben yr afon,

140

tua tri chan troedfedd islaw. Dywedir mai "ffosul" gwraig iawn ydyw a bu'n witsio'r Bwlch am flynyddoedd, yn dychryn llawer . . . Ymddangosai bron bob amser gerbron person a oedd yn mynd i gael damwain ddifrifol neu farw'n sydyn. Ond ataliwyd ei rheibio o'r diwedd a "ffosuleiddwyd" hi, fel ei bod yn tynnu sylw pawb.'

MOTIF: E. 574 (Ymddangosiad ysbryd yn rhagfynegi marwolaeth)

Y LEIN DDILLAD : NANTLLE

Mrs Margaret Jones, Talmignedd, Cofnodiad Llafar 31.i.74/Tâp AWC 4371.

' . . . Mi glywish i hi'n d'eud bod 'i brawti wedi mynd am dro un gyda'r nos, 'te, ag yn mynd â'r ci 'fo fo. Ym, w'th ddod yn 'i ôl, pashio riw dyddyn bach, y – tyddyn bach 'gosa' i cartra' 'hw'n Parc, Talsarn, mi wela' lein ddillad fel'a'n chwifio'n y gwynt, o'i flaen o. A dyma fo'n sdopio a dyma fo'n cysidro, "Wel lein ddillad Brauchmelyn," medda' fo, wrtho'i hun. Ond dyma'r ci'n dechra' cyfarth a cyfarth. Ag yn rhyfadd iawn, fel o'dd o'n mynd ymlaen, o'dd y lein ddillad yn mynd ymlaen, o'i flaen o, am adra' 'te. O'dd o'n mynd ar hyd y llwybyr a'r lein yn dal i fynd o'i flaen o o hyd. A mi gyr'euddodd adra' – o'dd o'n chwys i gid. A'r ci 'dyn – y ci fath 'sa fo 'di cynddeiriogi, 'te. A mi gyr'euddodd adra' 'chi'n chwys a mi â'th i tŷ ag 'isdadd i lawr a pawb methu gw'bod be' o'dd matar a'no fo. Dyma – mi fedrodd dd'eud yr hanas 'm'en dipin. A mi o'dd mam yn d'eud yn rhyfadd iawn mi fuo 'na riw, fel riw haint yn y tŷ yma, Brauchmelyn 'ma, wedyn a mi – mi fuo 'na blant bach farw 'no, dau dri o blant bach farw. Ar unwaith yno 'lly. O'r hain 'ma. A dwn i'm. Oedd 'nelo bod hynny, chi 'de. Ia.'

Holwr – Robin Gwyndaf

MOTIF: D. 1812.5.1 (Arwyddion drwg)

NODIADAU: Stori a glywodd J.J. gan ei mam, lawer gwaith. Enw'r brawd oedd Ifan Elis. Aeth trosodd i'r Amerig ac yno y bu farw. Digwyddodd hyn pan oedd ei mam tua 17, fe dybiai, ac Ifan dipyn hŷn – tuag 20 hwyrach.

LLAIS Y MARW : NANT Y BETWS

Williams Jones, Tâp SGAE, 1; ochrau 1-4, 2-3.

'O'dd 'na sdraeon ysbryd o gwmpas Nasareth a Nebo ffor'na?'

'Na, do's 'na ddim byd am ysbrydion gimint â hynny ynde. Rhaid mi drïo cofio rŵan . . . o'dd 'na r'wbath.'

'Ia.'

'Ond o'dd 'rhen bobol yn credu yn y petha' . . . Dd'uda'i wrthach chi stori . . . a desd, mi ella'i fentro ar hon yn wir ynde. Nid ysbryd mohoni ma'n debig. Amser y Rhyfel ynde. O'dd 'na . . . wraig weddw a dau fab gynni hi. Wiliam o'dd enw un. Bob o'dd enw'r llall. Byw'n Pant Gwyn, Nebo, heb fod yn bell o Pant yr Arian cofiwch 'de. Ond o'dd hwnnw yn dŷ, a . . . wedyn ddau fab yn gweithio'n chwareli 'ma. Ond mi fuo raid i un fynd i'r Armi 'chi, mynd i'r Fyddin 'de. Ag i Ffrainc. A . . . ag mi ga'th i arbad, un, Wiliam, adra'. A'r hen wraig yn cl'ŵad rhiwin yn drws, yn y nos, a 'mai'n gweiddi ar Bob o'r cefn. Bachgan, ychi, yn'i fan ynde, tal, o'dd o . . . "Bob," medda'i, "ma' 'na, ma', ma' Wil 'di dod adra'. Mae o'n curo, mae o'n curo'r ffenasd! Dos i'r drws i agor drws iddo fo! Ma' Wil 'di dod adra'. "Nac'di! Nac'di! Nac'di!" "Ond 'dwi'n cl'ŵad o'n curo'r ffenasd," medda'i. A mi a'th Wil i'r drws a do'dd 'na'm byd yno chi 'de. A mi a'th Wil i wely wedyn. A dyma'i'n gweiddi wedyn. "Mae o'n curo ar ffenasd, mi glywa'i o'n gweiddi 'Mam'," medda'i. A'r noson honno – cofiwch 'ramsar honno, Rhyfal Cynta' o'dd 'i – y noson honno, o'dd o 'di ca'l 'i ladd yn Ffrainc. Y . . . Memen Rij, be' ma' n'w'n galw'i, Memen's Rij ne' r'wbath o'dd y lle o'dd o 'di ca'l 'i ladd. O! ar yr amsar neillduol yna. A . . . y . . . ma' rhai'n d'eud fod 'na be'dach chi'n 'i alw fo . . . alw fo yn Seusnag yn 'dydyn', yn . . . y . . . 'telipathi' . . . "telipathi" . . . Welsoch chi hanas, rŵan, does, rhyw ddyn yn plygu fforc ynde, o bell, ynde.'

'Oes, oes.'

'Ia. Ond o'dd o'n beth rhyfadd i hynny ddigwydd, yn 'doedd?'

'Oedd, oedd. Be' o'dd enw'r tŷ?'

'A mae o'n ddigon gwir. Pant Tŷ Gwyn o'dd enw'r tŷ. Heb fod yn bell o ochra' Nas'rath yn fan'na 'de – rhwng Nas'rath a Nebo.'

MOTIF: D. 1812.5.1.17 (Ymddangosiad rhith yn rhagfynegi marwolaeth)

LLEFAIN YN DOD O FFYNNON : DYFFRYN NANTLLE

Marie Trevelyan, *Folk-lore . . . of Wales*, 1909, t.20.

'Yn ymyl Nantlle mae ffynnon yn ymyl afonig ac weithiau clywir llefain torcalonnus ac wylofain yno. Dywedir eu bod yn dod o'r ffynnon ddwfn ac anweledig hon lle y triga dyfrwraig mewn carchar am ei phechodau. Rhagdraeth yw'r llefain o farwolaeth i ddod yn y plwyf.'

MOTIFAU: R. 41.3.4   (Carcharu mewn ffynnon)
           D. 1812.5.0.11   (Rhagfynegi yn ôl sŵn llais)

MARWOLAETH Y SAER : DOLBENMAEN

William Pritchard, Tâp SGAE, 5; ochr 2-3.

'O'ddachi'n sôn bod 'na fwgan yn Bodfan o'ddach?'
   ' . . . O ia, fi o'dd yn d'eud 'de, bod . . . Ia wel y peth glyw'ish i yno oedd bod y, y bobol yn lloffd sdabal fatha 'sachi'n dd'eud yn – gyda'r nos – yn cl'ŵad sŵn traed 'sgidia' hoelion mowr yn cer'ad ar draws y – yr iard, ag i'r – i riw gwt yno. A dyna fo – do'dd 'na neb ond y n'w i fod yno. Mi euson i lawr. Welson'w neb. A'r d'wrnod wedyn o'dd y saer yn cyrra'dd yno. A mi – o'dd hwn yr un un sŵn traed yn union, iddyn'nhw, ag o'dda n'w 'di gl'ŵad noson cynt. A mi â'th ag i mewn i'r un cat ag o'dda n'w'n gweld y llall wedi mynd. A mi farwodd o'n sydyn yn y cwt wedi rhoid 'i dun bwyd i lawr, yn ôl fel o'n i'n cl'ŵad.'

MOTIF: D. 1827.1.2 (Clywed sŵn cyn marwolaeth, clywir yr un sŵn yn nes ymlaen, yn gysylltiedig â'r farwolaeth neu'r cynhebrwng)

NOS GALAN : LLANBEBLIG

Myrddin Fardd, *Llên Gwerin Sir Gaernarfon*, 1908, t.261.

'Arferid mynd i'r Eglwysi ar Nos Galan gauaf i wrando ar ysbrydion trigolion y plwyfi yn galw rhes o enwau y rhai oeddynt i farw y flwyddyn ganlynol, ond tebyg nad oedd hynny yn cyfeirio at un digwyddiad hynod ymhlith y Cymry – mai prawf ydoedd o ddechreuad y flwyddyn ar y cyfryw amser, fel y gellir meddwl oddi wrth bamffledyn, yr hwn sydd a'i wynebdalen yn geirio fel hyn:

"Adroddiad Nodedig o'r Byd Anweledig; sef Copi o Leferydd a barablwyd yn y flwyddyn 1697. Gan Harbert Gruffydd o Gaernarfon, yr hwn a ymadrodd a draethodd yr hyn a ganfu ef yn Nyddiau ei gnawd. Gan fod yn Arferedig ynghymru i wylio ar Nos Galangauaf mewn drysau Eglwysydd, neu bennau bryniau, i ddal sylw neu Ddarogan marwolaeth y flwyddyn a fyddo yn canlyn y cyfryw rai a gleddir yn yr Eglwysydd hynny." Yr "Adroddiad" sydd yn dechrau fel hyn:

'I wneud profedigaeth o'r Anweledig arfaeth yma ac er mwyn yr unrhyw achos un Harbert Gruffydd o Gaernarfon, a aeth ar nos Galangauaf yn y flwyddyn 1697. Gyda Richard Horsley o'r Drêf honno, i borth yr Eglwys Llan Beblic, o ddeutu 9 o'r gloch o nos, ac a eisteddasant yn y Porth tan rhwng deg ac 11, ar ba amser Richard Horsley a gysgodd, gan fwrw ei bwys ar Harbert Gruffydd; yn fuan ar ôl i R. Horsley gysgu fe glywai Harbert Gruffydd dwrwf o fewn yr Eglwys, a llais hefyd, ond ni fedrai ddeall yr un gair; ond fe glywai groch enwau amryw Bobl o'r plwyf hwnnw a rhai dieithr hefyd.'

MOTIF: D. 1827.1.1 (Gwrando wrth ddrws yr Eglwys ar Nos Galan Gaeaf i glywed enwi'r rhai oedd i farw yn y flwyddyn oedd i ddod)
NODIADAU: Roedd yr un traddodiad i'w gael yn Nant Ffrancon, lle dywedid y cyhoeddai 'llais treiddgar yn dod o gyfeiriad Canghell yr Eglwys' enwau'r plwyfolion hynny a fyddai farw yn ystod y flwyddyn ddilynol:

H.J. Williams, *Hanes Eglwys Llanllechid*, 1910, t.65.

YR OLWYN DÂN : NANT Y BETWS

Mrs Annie Williams, Cofnodiad Llafar, 7.i.74.

'Yn ôl Mrs Annie Williams gwelodd rhywun olwyn o dân yn mynd i lawr cae yn Rhosgadfan a thrannoeth fe giciwyd y bachgen bach yn ei ben gan geffyl a'i ladd.'

MOTIF: E. 530.1.6 (Golau ysbrydaidd yn rhagfynegi marwolaeth)

OLWYN DÂN AC ADERYN CORFF FELIN FORGAN : NANTLLE

O.E. Pritchard, Tâp SGAE, 4; ochr 1-4.

'Fedrwchi dd'eud y sdori 'no am yr olwyn dân a'r 'deryn corff 'no wrtha' fi?'

'O ia! O! Dwy fodryb i mi (Elin a Catrin) o'dd yn dod i fyny o bentra' Groeslon 'na, wedi bod yn nôl negas gyda'r nos, a . . . ag y ffarm 'gosa' acw, y Felin – Danial Îms o'dd yn byw yno – o'dd o'n wael yn 'i wely. Ag o'dd hi tia chwech o gloch y nos, ag o'dda n'w 'di dod i lawr i tir y Felin. Dyma gylch crwn o dân glas yn codi

144

odd'ar weulod y cae ag yn rowlio o'u blaen n'w nes o'dd o uwchben y Felin Forgan a mi ddiflannodd yn fan'no. A wedyn bora' wedyn . . . – 'ol do'dd 'na fawr o lathenni rhyngtho fo a Hafod Ifan – o'dd Danial Ĭms wedi marw. A mi o'dda n'w 'di cl'wad 'deryn corff yno . . . wel yn ôl y disgrifiad a glywish i ma' gwichian fatha mochyn bach o'dd o, gwichian dair gwaith uwchben y tŷ, y Felin. A mi fuo Danial Ĭms farw beth bynnag, noson honno.'

MOTIFAU: E. 530.1.6   (Golau ysbrydaidd yn rhagfynegi marwolaeth)
        D. 1812.5.1.12.2 (Cri aderyn yn arwydd drwg)

Y ROBIN GOCH : BEDDGELERT

Telynores Eryri, Tâp SGAE, 5; ochr 1-4.

'Mi o'ddachi'n sôn gynna' 'fyd am y 'deryn corff, a ma' Robin Goch o'dd o.'

Wel ia. Mi, mi . . . mi o'dda n'w'n meddwl, mi o'dd 'na lawar yn meddwl. Pan o'n i'n yr ysgol mi gafodd 'na ddyn 'i ladd, reit tu ôl i'r tŷ 'ma, wrth dorri coedan. Rhys Jô's o'dd 'i enw fo. Ac y . . . mi o'dd 'i wraig o'n d'eud bod hen Robin Goch bach wedi bod yn y ffenasd' trw'r bora'. A fydda' i'm yn l'icio gweld Robin Goch yn ffenasd' medda'i – mae o'n arwydd o farwola'th medda'i.'

'A mi o'ddachi'n sôn am riwin arall yn coelio'n yr un peth felly – y, gwraig y gweinidog, (R.E. Jones).'

'Wel ia, o'dd gwraig y gweinidog yma ag o'dd y . . . o'dd hi'n d'eud bod 'na hen Robin Goch bach yn dod i'r ffenasd' – wa'th be' 'na'i iddo fo, medda'i, fel i hel o a'i hel o a'i hel o i ffwr', ma'n dod yn 'i ôl o hyd. A mi roish i drap yno medda'i, a mi dalis o a mae o 'di ladd medda'i fel'a. A'ma fi'n d'eud, wedyn, rhag c'wilidd ichi, fel'a, peth bach fel'a. O fedra'i mo'i diodda' n'w, hen ar . . . hen argoel wael ydi, medda'i fel'a. Dwi'm yn l'icio Robin Goch yn dod i ffenasd' medda'i. Wel e's riw 'chydig rŵan mi o'dd 'na Robin Goch yn fan hyn, wyddachi'm be' o'dd y chwaral y ffenasd' 'ma gin faw 'i draed o. A, o'dd o'n dŵad o ben y cwt adar 'na ag yn bang! i'r chwaral ffenasd' fel'a, nes o'ddi'n faw i gid orwtho fo, 'i draed o. 'Neshi'm byd 'ddo fo. Ond 'dwn i'm be' sy' 'di digwydd 'ddo fo – ma' 'di sdopio ohono'i hun beth bynnag.'

'Un o'r cylch o'dd y ddynas 'ma?'

'Naci wir, un – wel dwi'n meddwl 'na un o Cilcain o'dd hi. O Cilcain. Mi a'th yn ôl i Cilcain beth bynnag, ar ôl i'w gŵr hi farw.

Mi farwodd 'i gŵr hi yma, y gweinidog.'

MOTIF: D. 1812.5.0 2 (Rhagfynegi ar sail symudiadau adar)
NODIADAU: Dywedodd Mrs Elin Hughes hithau (Tâp SGAE, 5; ochr 2-3) fod ei
modryb yn credu fod gweld Robin Goch yn rhagfynegi marwolaeth.

RHITH ELIS ROBAITSH : DOLBENMAEN

William Pritchard, Tâp SGAE, 5; ochr 2-3.

'O'dd 'na sôn o gwbwl am y Gannwyll Gorff?'

'Wel mi fydda' 'na sôn am . . . Gannw'll Gorff mewn – yma ag
acw 'yd y lle 'ma 'de. A – yn lle 'dydw'i ddim yn gw'bod. 'Blaw
'dwi'n cofio hen ewyrth i mi, gl'wad o'n d'eud, wedi dod adra' – o
gyda llaw, o'dd o bron yn ddall 'yfyd. Hen Domos Ifan. Wel, mi
'ro'dd o'n dŵad i fyny ag yn pashio heibio'r plas yn fyn'cw. Ag o'dd
'na hen fachgan yn byw – duwiol iawn – yn byw yn y Plas – Elis
Robaitsh o'dd'i enw fo. O'dd o mewn gŵth o oedran. A fydda', y,
shôl ar 'i war 'fath bydda' hen bobol, ynte. A diar annw'l, pan o'dd
yr hen ddewy'th Tomos yn dod adra', ddôth i fa'ma 'de. "Arcol
fawr!" medda' fo, "ma' yr hen Elis y Plas wedi ca'l lês ar 'i fywyd –
gwelish i o'n mynd i lawr y lôn orwth tŷ rŵan," medda' fo, "a'i shôl
ar 'i war," medda' fo. O'dd – wa'th chi pa 'run, erbyn bora' wedyn,
o'dd, o'dd o, 'rhen ddyn 'ydi marw. Ma' honna'n ffaith 'de.'

MOTIF: D. 18121.5.1.17 (Ymddangosiad rhith yn rhagfynegi marwolaeth)
NODIADAU: Cysylltai W.P. y rhith hwn â'r Gannwyll Gorff – 'Cannwyll Corff o'dd
hwn,' meddai.

RHAGFYNEGI CYDYMDEIMLAD MARWOLAETH : NANTLLE

O. Ellis Pritchard, Tâp SGAE, 4; ochr 1-4.

'O'ddachi'n sôn hefyd am Margiad Parri?'

'Ia – Margiad Parri Tŷ Llidiart. Mi fydda'n dod yma i nôl
menyn a llaeth, a mi o'dd gynni fab, Joni o'dd 'i enw fo, yn wael.
Ag o'dd hi'n d'eud wrth nain y bydda'i'n arfar mynd i' gwely os
bydda'i'n teimlo'i'n boeth iawn yno ac yn sydyn 'i brauch allan o'r
gwely fel'a i oeri. Ag o'dd hi'n cysgu riw noson a mi glywa' riwin yn
gafa'l yn 'i llaw hi a gwasgu llaw hi: "Ma'n ddrwg iawn gin i
Margiad Parri." A dim ond hynna. Mi ddeffrodd – do'dd 'na neb
yn nunlla yno. Ond erbyn nos d'wrnod wedyn mi o'dd Joni wedi
marw.'

MOTIF: D. 1810.8.3.1.1 (Breuddwyd yn rhagfynegi gwaeledd neu niwed. Gwireddir y freuddwyd.)

NODIADAU: Mae hon yn debyg ac eto'n wahanol hefyd i nifer o chwedlau eraill am freuddwydion yn rhagfynegi marwolaeth, gan fod yna elfen wahanol yr ysgwyd llaw.

Gw. 'Breuddwyd yn Rhagfynegi Marwolaeth'.

RHITH TAID CONWY : NANTLLE

W.J. Jones, Tâp SGAE, 3; ochr 2-3.

'Dwi'n cofio, pan o'n i'n hogyn bach ifanc, ym – un o Ddyffryn Conwy o'dd mam. 'I thad a'i mham hi'n byw yn fan'no. A hitha'n magu'i phlant yn Bryn Ffynnon. A wyddochi, rhiw fora', mi â'th mam i'r drws. A pw' wela' hi'n dŵad ar hyd y ffor' gul am y tŷ, trw'r giât – to'dd 'na ddim mwy na canllath o'r tŷ i'r giât, ond 'i thad 'i hun, sef Taid Conwy o'dda ni'n alw fo.

Ag o'dd 'i 'di dychryn yn ofnadwy sud o'dd o 'di mor fora', a dim cyfleusdera' trafnidia'th yn y cyfnod hwnnw. Methu deall sud o'dd o 'di cyrra'dd mor fora'. A dyma'i'n troi i tŷ'n sydyn a dyma'i'n tynnu ffedog frâs a rhoid brat glân o'i blaen, a llian glân ar y bwr'. Darparu – teciall ar y tân, barod i 'neud tama'd o fwyd 'ddo fo. A wedi bod w'thi felly – weld o'n hir yn dŵad – dyma'i'n mynd i'r drws, yr ail dro rŵan. To'dd 'na'm golwg ohono fo. Dyma'i draw, heibio'r beudy, ag am y tŷ gwair. Dim golwg ohono fo. Disgw'l. Meddwl yn'i hun – fysa fo byth yn medru pashio y cartra' nag o'dd o'n, gw'bod lle'r o'dd o'n iawn. Edrach drosodd i gyfeiriad Tŷ Ucha' lle bydda' Taid yn byw. Do'dd 'na olwg o neb yn fan'no wedyn. Dyma'i'n mynd i'r tŷ'n 'i hôl. A dyna lle o'dd 'i'n disgw'l, ag yn disgw'l. Ond mi welodd fod yr amsar yn mynd, a dyma'i'n meddwl 'n 'i hun – "Mae'n sh'ŵr na dychmygu 'nêsh i. Ag eto'i gid, mi 'dw 'di weld o," medda'i.

Ond yn rhyfadd iawn i chi, dyma'i'n ysgrifennu llythyr i'w mham, i Ty'n y Groes, Conwy, ag yn d'eud 'i phrofiad. A gofyn tybad o'dd 'i thad hi wedi dŵad i'r cyfeiriad yma. Dim byd o'r fath. Ond wyddochi, 'mhen 'chydig o ddyddia' wedyn, gafodd 'i lythyr a newydd go ddrwg gan nain. Taid wedi marw. 'Na chi ddigwyddiad rhyfadd. A mi o'dd mam 'di weld o mor sicir â phadar medda'hi.'

MOTIF: D. 1812.5.1.17 (Ymddangosiad rhith yn rhagfynegi marwolaeth)

147

Y SEREN : NANTLLE

Wm. Albert Jones, Tâp SGAE, 4; ochr 1-4.

'Goll'ish i 'nhad pan o'n i'n beda'r oed. Gath 'i ladd yn Cilgw'n 'de. Wel mi o'dd d'wrnod gath o'i ladd, mi o'dd mam 'di mynd lawr at ffrindia' iddi yn Bontnewydd. A beth bynnag, mi dd'udodd wedyn, ar ôl 'nhad ga'l 'i ladd – dau dd'wrnod cin 'ddo fo ga'l 'i ladd, o'dd drws ffrynt y tŷ'n 'gorad, a'r pasej a'r parlwr yn fa'ma. A dyma seran yn dŵad ar hyd, o'r giât ffrynt i'r, ag am y drws ffrynt, a trw'r drws ffrynt ag ar hyd y pasej, a mi drôth i mewn i'r parlwr. Wel, 'pen dau dd'wrnod mi ddowd â nhad i mewn yn gorff, trw'r drws ffrynt, ag i mewn i'r parlwr 'de. Ia.'

MOTIF: E. 741.1.1 (Seren gynffon yn golygu fod rhywun yn marw)
NODIADAU: Mae'n amlwg oddi wrth gynnwys y chwed mai amrywiad sydd yma ar fotif y gannwyll gorff, yn enwedig o gofio i'r cynhebrwng ddilyn yr un llwybr â'r seren. Fodd bynnag, mae sawl traddodiad yn cysylltu bywyd dynion â'r sêr. Dywedid mai'r meirw oedd y sêr. Pan dry un yn seren gynffon a disgyn, mae'n cael ei ail-eni. Yn aml iawn cysylltid sêr cynffon â genedigaeth gwŷr enwog, megis Owain Glyn Dŵr.

TAIR NOSWAITH YR YSBRYDION : DYFFRYN NANTLLE

Marie Trevelyan, *Folk-lore . . . of Wales*, 1909, t.13.

'Yn yr ail ganrif ar bymtheg credai pobl os oedd gan unrhyw un blwc i fynd i wylio yn ymyl Llyn Dulyn ar un o "dair noswaith yr ysbrydion" fe welai y sawl oedd i farw yn y deuddeng mis nesaf. Codai ellyllon o'r llyn a thynnu'r sawl a fu byw bywyd drwg i lawr i'r dyfroedd duon. Arweinid y sawl a fu'n byw bywyd da heibio i'r sarn a arweiniai i'r llyn a diflannu ar ffurf ysbrydion wedi eu gwisgo mewn gwyn. Diflannodd gwrach honedig o'r ardal a dywedodd bugail iddo ei gweld yn cael ei thynnu i'r dyfroedd duon.

Arferai'r bobl leol ddweud fod y llyn yn ddi-waelod a bod ymddangosiad colomen uwch ei ben yn cynrychioli cwymp enaid gwraig dlos ond drwg i Uffern, (*Ibid.*, tt.12-13).'

MOTIFAU: D. 182.5.6 (Gallu hud i weld pwy sydd i farw yn y flwyddyn nesaf)
F. 93.2   (Llyn yn fynedfa i fyd arall)
E. 732.1   (Enaid ar ffurf colomen)

NODIADAU: Mae'r chwedl yma'n amlygu cred debyg i'r hyn a geid am rai eglwysi megis Llanbeblig a Llanllechid.
Gw. 'Nos Galan'.

TOLAETH CILGWYN : NANTLLE

Wm. Albert Jones, Tâp SGAE, 4; ochr 1-4.

'O'dd 'na sôn o gwbwl am y gannwyll gorff?'

'Oedd, o'dd 'na rei'n d'eud bod n'w 'di gweld y gannwyll gorff 'de. O'dd taid y musus yn byw yn . . . drws nesa'. A mi o'dd o'n d'eud, pan o'dd o'n ddyn go ifanc, o'dd chwaral Dorothia – dŵr mowr yno 'de. A wedyn o'dda n'w'n gweithio nos yno. A dod adra' tia dau o gloch bora' odd'ar'i shiffdia'n 'de. Ag wedyn o'dd o'n cer'ad i fyny drosd ochor y mynydd . . . am Cilgwyn 'de. A pan o'dd o'n dŵad, am, i Cilgwyn, ma' 'na riw hen lôn bach gul yno, a c'nebrwn yn mynd o'i bleuna' n'w. Ia. Mi ddiflannodd fel'a 'de. Ol w'snos wedyn o'dd 'na riwin 'di marw *yn* fan'no 'de. Ia.'

MOTIF: D. 1825.7.1 (Tolaeth)
NODIADAU: Ceid yr un gred yn ardal Beddgelert ar dro'r ganrif a chynt. Yno credid fod y tolaeth yn rhagfynegi marwolaeth person enwog neu ddrwg. Clywid ef yn amlach na'i weld. Roedd i'r edrychwr gael ei sathru gan y ceffylau neu ei gario i'r fynwent yn beryglus iawn, gan y diweddai hynny mewn gwallgofrwydd gan amlaf:

D.E. Jenkins, *Bedd Gelert*, 1899, t.86.
T, Gwynn Jones, *Welsh Folklore*, 1930, t.211.

TOLAETH CLYNNOG : CLYNNOG

William Hobley, *Hanes Methodistiaeth Arfon*, I, 1910, t.10.

'Gwelodd dau o lanciau ym mhentref Clynnog cynhebrwng yn dod drwy'r ffordd ganol, a dyn adnabyddus iddynt yn eistedd ar gaead yr arch. Yr oedd y dyn hwnnw yn cael ei gladdu ymhen ychydig wythnosau yn ôl hynny.'

MOTIF: D. 1825.7.1 (Tolaeth)

TOLAETH CORS Y WLAD : DOLBENMAEN

Gruffydd Parry, *Crwydro Llŷn ac Eifionydd*, 1960, tt.20-1.

'Gwlad Tylwyth Teg a dewiniaid oedd y wlad hon (ardal Cors y Wlad) i bobl Pen-y-Groes a Llanllyfni. Yr oedd rhai pobl wedi gweld cannwyll gorff yn symud ar draws y gors i gyfeiriad Bwlchderwin. Golau glas gwan ydoedd ond wrth iddo symud yn ei flaen, gwelid cysgod crynedig o arch a nifer o bobl yn ei ddilyn â'u pennau i lawr. Fel y gellid disgwyl, bu marwolaeth sydyn yn yr ardal yn ystod y dyddiau hynny.'

MOTIFAU: E. 530.1.6 (Golau ysbrydaidd yn rhagfynegi marwolaeth)
   D. 1825.7.1(Tolaeth)
NODIADAU: Yma cysylltir y gannwyll gorff â'r tolaeth a gwelir y tolaeth yn hytrach na'i glywed.

WIL JÔ'S A'R BELEN DÂN : NANTLLE

G.O.V. Jones, Tâp SGAE, 3; Ochr 1-4; 2-3.

'Fedrwchi dd'eud sdori'r olwyn dân w'tha fi rŵan?'

'Ol mi dria'i 'ngora'. O'dd 'na gymeriad yn yr ardal, cymeriad ar ben 'i hun, mab ffarm, mab Ffarm Tyddyn Dafydd. Ma'r ffarm yno'n bod hyd y dydd heddiw. Ag o'dd o llawn direidi, o bob math, ag yn gymeriad hoffus ma'i'n amlwg. A . . . fel o'dd o'n y cyfnod hwnnw, bobol yn hel at 'i gilidd dd'wrnod dyrnu, d'wrnod cario gwair, a'r d'wrnod cneifio ne' r'wbath tebig, 'de; criw, a fydda' gin pawb 'i sdori bwgan, ne'i sdori ysbryd 'de os liciwch chi galw'i. Wel un noson, y bachgen yma, Wil Jô's o'dd 'i enw fo, yn ymlwybro am adra' o gyfeiriad Llanwnda, ag yn dŵad ar hyd y rheilffordd a neidio o'r rheilffordd i fyny heibio ffarm y Ceuty. Ag o'dd hynny'n dod â fo allan yn ymyl fynwant Brynrodyn, erbyn hiddiw. Wel, gyda'r a'th o dros y gamfa i'r ffordd, mi wela' belan o dân ar ben lôn Brynrodyn, ar ben y lôn sydd yn troi fyny am Felin Forgan, Hafod Coed a Felin Forgan a ffor'na ag ymlaen am Rhos Isa'. Mi wela' Wil Jô's belan o dân. Ag o'dd o 'di dychryn a do'dd o'm yn un hawdd 'i ddychryn, achos o'dd o'n haws ginno fo ddychryn pawb na fo'i hun. A mi wela' yn y belan dân 'ma wynab dyn, sef Richard Êms, Tŷ Capal Brynrodyn, y cyfnod hwnnw. A mi ddychrynnodd gimint mi a'th adra' cynta' medra' fo.

A dranno'th mi ro'dd hi'n dd'wrnod dyrnu yn y Felin Morgan.

Danial Êms, brawd Richard Êms, Tŷ Capal o'dd yn ffarmio a rhedag y Felin, Melin Forgan. Mi a'th Wil Jô's dranno'th i'r . . . helpu efo'r dyrnu a . . . o'dd 'na griw mawr yno, pawb yn 'i hwyl a'i helynt, pawb am y gora'n d'eud sdori ysbryd ne' bwgan. A, o'dd dim posib ca'l sdori allan o Wil Jôs, a mi o'dd iddo fo fod yn ddisdaw yn . . . bron yn wyrth, o'dd o'n griadur mor barablus. Yn y diwadd mi fedron'w berswadio Wil i dd'eud sdori ysbryd. A dyma Wil yn d'eud be' o'dd o 'di weld noson cynt, sef pelan o dân ar ben lôn Brynrodyn, a gwynab Richard Êms yn y belan dân. A dyma pawb yn ca'l hwyl fawr am ben Wil, efo'i sdori. Ond do'dd o ddim bron wedi gorffan y sdori pen ddoth 'na ddyn dia'th i'r drws. Curo'n y drws a gofyn fedra fo ga'l gweld Danial Êms. A mi gafodd. A wedi 'ddo fo ga'l sgwrs efo Danial Êms, mi ddôth o, Danial Êms, i'r tŷ, a dyna dd'udodd o – fod sdori Wil yn wir, medda' fo. A negas y dyn 'ma oedd bod Richard Êms, Tŷ Capal, brawd Danial Êms, wedi ca'l 'i, 'i ladd yn chwaral Glanrafon, Rhyd Ddu, lle'r o'dd o'n sdiwart. A'r peth o'dd wedi digw'dd o'dd bod 'na dwll – o'dda n'w 'di rhoid powdwr i danio – heb danio. A mi 'rosodd o nes bod pawb wedi mynd o'r gwaith cin mynd yn agos i'r lle, a wedi pawb fynd o'r gwaith mi a'th ynta' i'r lle i edrach be' o'dd 'di digwydd, bod y twll heb danio. A tra o'dd o'n trin riwbath na'i gilidd yn fan honno mi daniodd y twll a mi a'th ynta'i fyny yn y ffrwydrad. Ag ma'r sdori yna'n sicr o fod yn wir.'

(Dywedodd Mr Jones wrthyf, wrth sgwrsio'n gyffredinol cyn dechrau recordio, i Wil Jones weld y bêl dân a'r wyneb yr *union* adeg pan laddwyd Richard Eames yn y ffrwydrad.)

MOTIF: D. 1825.5 (Gallu hud i weld amgylchiadau marwolaeth person absennol)

YSBRYD TAD : NANTLLE

O. Ellis Pritchard, Tâp SGAE, 4; ochr 1-4.

'O'dd ginochi riw sdori ddigon rhyfadd am ych c'neithar hefyd 'doedd?'

'O oedd, c'neithar i mi'n y pentra' 'na. O'dd hi'n. O'dd hi'n wael am saith mis, saith w'snos, naci saith mis. Ag o'dd 'na riwin yn aros ar 'i draed bob nos efo hi. Ag un noson mi ddeudodd wrth rei ohono' ni bod 'i thad hi wedi bod yno yn ysgwyd llaw efo hi ag o'dd hi'n cl'wad llaw 'i thad yn gwasgu 'i llaw hi. Ddaru o ddim d'eud dim gair wrthi o gwbwl a d'wrnod wedyn, noson wedyn, o'dd Cêt wedi marw.'

MOTIFAU: E. 574   (Ymddangosiad ysbryd yn rhagfynegi marwolaeth)
           E. 327.1   (Tad marw'n dychwelyd i gysuro'i ferch)

Yr Ysgol : Nant y Betws

T.H. Williams, Cofnodiad Llafar, 7.i.73.

'Adroddodd Mr Williams hanes dwy wraig o'r Waun – nid oedd am eu henwi am fod eu perthnasau'n fyw o hyd meddai – yn gweld ysgol yn codi'n syth ar ei phen o'r ddaear, a sefyll felly. A'r noson honno meddai, fe grogodd dyn y lle ei hun.'

MOTIF: D. 1812.5.1   (Arwyddion drwg)

(ff) *Y Tylwyth Teg*

ARIAN Y TYLWYTH TEG : BEDDGELERT

Glasynys, *Cymru Fu*, 1862, t.48.

'Prif le y Tylwyth Teg ydoedd Cwm Llan, a byddai bugeiliaid Hafod Llan yn eu gweled beunydd yn yr oesoedd ffyddiog sydd wedi diflanu. Unwaith, ar brydnawngwaith niwliog, yr oedd un o honynt rywdro wedi bod yn chwilio am ddefaid yn ochr Nant y Bettws. Pan wedi croesi Bwlch Cwm Llan, ac yn brysio'n ffwdanus i lawr, gwelai beth dirifedi o bobl bach, yn canu ac yn dawnsio yn hoenus ysgafndroed, a'r merched tlysaf a welsai erioed yn unlle, yn paratoi gwledd. Aeth atynt a chafodd ran o'u danteithion, a thybiai na phrofasai yn ei oes ddim byd yn eilfydd i'w seigiau. Pan ddaeth dechreunos lledasant eu pebyll, ac ni welodd y dyn y fath harddwch a chywreindeb yn ei einioes. Yr oeddynt yn rhoi iddo wely esmwyth o fan-blu tyner, a chynfasau o'r lliain meinaf; aeth yntau i'w orphwysfa mor gymenllyd a phe buasai yn dywysog. Ond bore dranoeth, dyn a'i catto, ar ôl yr holl rialtwch â rhith ysplander, agorodd y truan ei lygaid, ac nid oedd ei wely yn ddim ond llwyn llafrwyn, na'i obenydd ond twmpath mwswg. Ond er hyny, cafodd lawer o arian gleision yn ei esgidiau; a chafodd ar ôl hyn am hir amser ddernyn bob wythnos o arian bâth rhwng dwy gareg yn ymyl y lle y bu'n cysgu. Ond, fe ddywedodd ryw ddiwrnod wrth gyfaill iddo ei gyfrin yn nghylch yr arian, ac ni cha'dd ddim byth wed'yn.'

MOTIFAU: F. 369.4 (Gŵr yn cael ei dwyllo gan y Tylwyth Teg)
F. 342 (Y Tylwyth Teg yn rhoi arian i ŵr marwol)
F. 348.7 (Tabŵ: sôn am roddion gan y Tylwyth Teg; pair hyn ddiwedd ar y rhoddion)

NODIADAU: Dyfynnwyd y chwedl yma air am air, yn Gymraeg a Saesneg gan nifer o gofnodwyr:

Wirt Sikes, *British Gobblins*, 1880, tt.121-2.
'Chwedloniaeth Cymru', *Cyfaill yr Aelwyd*, 1888-9, t.266.
John Rhys, *Celtic Folklore*, I, 1901, t.115.
T. Gwynn Jones, *Welsh Folklore*, 1930, t.59.

Mae'r chwedl yma'n wahanol i'r mwyafrif o chwedlau am feidrolion yn cael rhodd gan y Tylwyth Teg, gan mai tâl am chwarae cast ydyw. Gan amlaf rhoddion yn diolch am garedigrwydd a geir neu i bobl haeddiannol, brysur a gonest. Fodd bynnag mae un peth yn gyffredin iddynt oll, sef bod yr arian yn peidio o sôn amdano wrth rywun arall.

ARIAN Y TYLWYTH TEG, II : BEDDGELERT

Frank Ward, *The Lakes of Wales*, 1931, t.35.

'Mae chwedl am fugail a welodd yr hyn a dybiai oedd yn hen wraig dlawd ger Glaslyn un diwrnod a rhoddodd fwyd iddi. O ddychwelyd i'w fwthyn y noson honno canfu bisyn arian yn un o'i hen glocsiau. Ymddangosodd pisyn arian newydd bob nos nes i gyfoeth achosi ei gwymp, oherwydd un dydd, ag yntau'n feddw, broliodd am sail hud ei gyfoeth. Trodd yr arian yn ei boced yn bapur diwerth yn syth a gorffennodd y rhoddion.'

MOTIFAU: F. 332.0.1 (Y Tylwyth Teg yn ddiolchgar am fwyd a gafwyd)
           F. 342   (Y Tylwyth Teg yn rhoi arian i ŵr marwol)
           F. 348.7   (Tabŵ: sôn am roddion y Tylwyth Teg; y rhoddion yn peidio)
           F. 348.9.1 (Rhoddion y Tylwyth Teg yn troi'n bapur o'u dangos)

ARIAN Y TYLWYTH TEG, III : NANTLLE

Wm. Edward Griffith, Tâp SGAE, 3; ochr 1-4.

''Newchi dd'eud y sdori 'na dd'udoch i rŵan am y'ch tad?'
'O, ia. Mi ddô'th 'nhad i fyw o Lŷn i Rhos Isa'. O'dd 'i frawd o'n byw yno cynt, a mi gâth o aros efo fo nes cae o dŷ. Mi o'dd o 'di ca'l gwaith yn chwaral. Wedyn mi o'dd o'n cerddad i fyny i'r chwaral, a riw dipin o dan Tryfan Hôl bob bora' – mi ddechreuodd efo tair ceiniog wen, ar ochor ffor'. Ond do'dd'na'm hoel neb na dim byd. Dranno'th mi gafodd bishin gwyn arall. Mi o'dd o 'di ca'l i fyny i hannar coron, pishin gwyn bob tro – pump o weithia. Wel y pumad tro cafodd o mi o'dd 'na ddyn arall yn digwydd bod efo fo. A weld o'n gwyro'i lawr ag yn codi r'wbath, dyma'r dyn arall yn gofyn 'ddo fo, "Argian!!" medda' fo, "be' 'ti'n . . . ge'sdi d'wad?" medda' fo. A dyma 'nhad yn d'eu'tho fo bod o 'di ca'l felly e's pump d'wrnod, fod hwnnw'r pumad tro iddo fo ga'l o, yn hollol yn yr un fan. "Bobol annw'l." Wel, mi gododd y dyn arall yn gynt na 'nhad bora' dranno'th a mi a'th o'i flaen o, a mi gafodd sofran felan yno. Welodd yr un o'r ddau byth yr un geiniog yno wedyn ar ôl hynna, er bod n'w'n dechra' fel 'tasa' n'w'n rhedag ras am y cynta' yno. Do'dd 'na ddim byd yno.'

MOTIF: F. 348.7 (Tabŵ: sôn am roddion y Tylwyth Teg, y rhoddion yn peidio)
NODIADAU: Sylwer yma mai arian y marwolion a roddir gan y Tylwyth Teg, ac

nid eu harian eu hunain ond y paid hwn eto o sôn amdano.

Cofnododd Rhys chwedl debyg o Ddyffryn Conwy lle canfyddai un Siôn Catrin, Ty'n Twll geiniog bob dydd yn y pistyll ger y tŷ pan yn mynd yno i gael dŵr:

John Rhys, *Celtic Folklore*, I, 1901, t.200.

ARIAN Y TYLWYTH TEG, IV : NANT FFRANCON

Hugh Derfel Hughes
John Rhys, *Celtic Folk-lore,* I, 1901, t.56.

'Rhydd Mr Hughes, ymhellach, y traddodiadau canlynol . . . Weithiau arferai'r trigolion, yr ymddengys eu bod, rhan fwyaf, ar dermau da â'r Tylwyth Teg, gynhesu dŵr a'i adael ar yr aelwyd dros nos i'r Tyl. Teg gael golchi eu plant ynddo. Tybient fod hyn yn garedigrwydd o'r mwyaf fel y gadawent ddyrnaid o'u harian ar eu hôl ar yr aelwyd bob amser. Dywedir canfod rhai darnau weithiau yn y caeau ger Corwrion, a'u bod yn ddarnau llai na'n (hen) ddimeiau ond yn fwy na'n ffyrling, gyda thelyn ar un ochr. Ond nid yw'r traddodiad yn fanwl iawn ar y pwyntiau hyn.'

MOTIFAU: F. 332   (Y Tylwyth Teg yn ddiolchgar i ŵr marwol am ei groeso)
           F. 342   (Y Tylwyth Teg yn rhoi arian i farwolion)
NODIADAU: Ceir yma ddisgrifiad manwl o arian y Tylwyth Teg ond yn anffodus mae'r chwedl yn anghyflawn.

ARIAN Y TYLWYTH TEG, V; Thomas Davies : LLANBERIS

John Rhys, *Celtic Folk-lore,* I, 1901, tt.35-6.

'Chwedl ddiweddarach yw'r canlynol, a glywodd Mr Thomas Davies, (Mur Mawr) gan ei fam, yr hon fu farw ym 1832: 'Pan oedd hi'n ferch ifanc yn yr Hafod, Llanberis, yr oedd merch at ei hoed hi'n cael ei magu yn Cwmglas, Llanberis, ac arferai ddweyd, pan yn hogan a thra y bu fyw, y byddai yn cael arian gan y Tylwyth Teg yn Cwm Cwmglas. Yr oedd yn dweud y byddai ar foreuau niwlog, tywyll, yn mynd i le penodol yn Cwm Cwmglas gyda tsygiad o lefrith o'r fuches a thywel glân, ac yn ei roddi ar garreg; ac yn mynd yno drachefn, ac yn cael y llestr yn wag, gyda darn deuswllt neu hanner coron ac weithiau fwy wrth ei ochr.

Mae merch i'r wraig yn fyw yn awr mewn fferm o'r enw Plas Pennant yn mhlwyf Llanfihangel yn Mhennant yn Sir Gaernarfon noda Mr Davies; ac ychwanega ei bod yn chwedl o fath digon cyffredin pan oedd ef yn fachgen; ond chwarddai llawer am ei phen, er y credai'r hen bobl ei bod yn berffaith wir.'

MOTIFAU: F. 330   (Y Tylwyth Teg yn ddiolchgar)
           G. 342   (Y Tylwyth Teg yn rhoi arian i ŵr marwol)

Y BATHWR ARIAN : BEDDGELERT

Carneddog, 'Y Tylwyth Teg', *Cymru*, I, t.168.

'Pan yn blentyn, clywais lawer o adrodd ar y stori yma, a chymerodd le mewn tyddyn adnabyddus i mi. Tyddyn lled uchel a mynyddig ydoedd, neu ydyw yn hytrach; felly yr oedd yn fanteisiol i'r gŵr ddwyn ymlaen ei ystrywiau. Rhoddodd y gair allan ei fod wedi mynd i gyfrinach y Tylwyth Teg, a'i fod yn cael symiau anferth o arian ganddynt. Mawr y sôn a'r berw oedd drwy'r ardaloedd am y ffaith, ac ystyrrid y gŵr hwn yn rhyw fath o arwr wedi ei eni ar blaned neillduol. Fel hyn yr oedd pethau yn gweithio. Yr oedd y tegyddion i ddyfod i'r tŷ, ac i'r ystafell lle y byddai y gŵr a'r wraig yn cysgu, a hynny ar doriad y wawr. Yr oedd y teulu i godi ben bore i baratoi yr ystafell yn drefnus erbyn eu dyfodiad. Yr oeddynt i gyweirio y gwely, a thaenu y dillad arno yn llyfn, yna mynd allan a chau y drws. Nid oedd neb i fynd i'r ystafell hyd ar ôl boreufwyd, oblegid rhwng amser y codi a'r boreufwyd y byddai rhai o'r tegyddion yn dyfod a'u trysorau yno, ac ni allent oddef presenoldeb neb dynol, neu fe atelid eu hymweliadau haelionus. Yr oedd pawb o'r teulu i aros yn y gegin tan ar ôl brecwast, ac i fod yno mor ddistaw a llygod, rhag cythryblu y tegyddion. Nid oedd neb ond y gŵr i fynd wedyn ar ôl brecwast i'r ystafell – a rhaid oedd i hwnnw fynd yno yn nhraed ei sanau. Câi yr arian yn bentwr taclus ar y gwely – a dyna pam yr oedd eisieu gwneyd y gwely mor drwsiadus. Yr un darnau arian a gâi bob dydd, ac yr oeddynt yn loewon a chlws. Dechreuodd yr arian wneyd eu hôl ar amgylchiadau y gŵr yn ddirfawr, a mawr oedd y synnu mewn ffair a llan, am y fath ffafr a bendith. Byddai y gŵr yn mynd i Lanrwst, ac yn prynnu yno bynnau o wenith at wasanaeth ei deulu. Yr oedd peth fel hyn yn hollol anarferedig y pryd hynny yn yr ardaloedd hyn, gan fod ychydig o fara gwenith mor amheuthyn i'r werin a "chrempog i fochgyn" – fel y dywedai'r hen bobl. Ni châi undyn cyffredin ond

156

"Bara ceirch caled o flawd wedi rhuddo,
Ychydig o ymenyn gydag enwyn i ginio."

chwedl John Jones Glan y Gors. Ie, ac ychydig o fara haidd lled ddu hefyd. Ond fe gododd yr arian mawr dirgeledig y teulu yma i feddiannu bara gwyn, a chawsant eu gwala a'u gweddill o hono yn bur hir.

Ond, o'r diwedd, daeth hanes yr holl ystryw i'r golwg mewn cywilydd. Yr oedd y gŵr mewn cymundeb a chiwaid oeddynt yn bathu arian drwg mewn rhan arall o'r sir, ac nid oedd gweithredoedd dychmygol y Tylwyth Teg ond mantell ganddo i guddio ei anwiredd oddiwrth ei gydnabod. Cafodd eithaf cosb i edifarhau am dwyllo cymaint mor hir, ond trwy weithred fel hon cafodd cyfundrefn y tegyddion ergyd mor fawr nes y chwalodd lawer o hen syniadau ofergoelus o fynwesau y bobl fywaf goleuedig eu barn. Daethant i ddechreu amheu ai nid ystumiau tebyg oedd y mwyafrif o'r straeon a ledaenid am y Tylwyth yma ar hyd y blynyddoedd.

Codwyd gan Garneddog o ysgrif o waith Gruffydd Prisiart, a sgrifennwyd yn 1850.
   Gw. hefyd yr un hanes yn:

William Hobley, *Hanes Methodistiaeth Arfon*, II, 1913, tt.115-16.

Dengys yr hanesyn hyn mor gyffredin ac uniongred oedd y goel mewn arian gan y Tylwyth Teg yn Eryri ar un adeg.

BELENË : NANT FFRANCON

John Rhys, *Celtic Folk-lore*, I, 1901, tt.54-5.

'Byddai'r Tylwyth Teg, pan yn dawnsio, yn caniatáu (i'r meidrolion) edrych arnynt, golygfa oedd yn atyniad mawr i wŷr ifanc y fro, ac unwaith syrthiodd mab ac etifedd Corwrion mewn cariad ag un o'r merched gosgeiddig a ddawnsiai yn y cylch, oherwydd ei bod yn hynod o dlws. Canlyniad ei gariad tuag ati oedd carwriaeth, ac yn fuan briodas, ar yr amod, yn gyntaf nad oedd y gŵr i wybod ei henw, er y gallai roi unrhyw enw a ddewisai arni; ac yn ail, y gallai ei churo yn awr ac yn y man â ffon os byddai'n cam-fyhafio ond nid oedd i'w chyffwrdd â haearn ar boen ei cholli ar unwaith.

   Cadwyd at y cytundeb hwn am rai blynyddoedd fel y buont fyw

yn hapus a ganed pedwar o blant iddynt, o'r rhai yr oedd y ddau ifengaf yn fachgen a merch. Ond un diwrnod, fel yr oeddynt yn mynd i un o gaeau Bryn Twrw, yng nghyfeiriad Pennardd Gron, i ddal ebol, rhedodd y wraig, gan ei bod yn llawer mwy heini na'i gŵr, o'i flaen, ac roedd yn gafael yn mwng yr ebol cyn pen dim. Gwaeddodd ar i'w gŵr daflu tennyn iddi, ond yn lle hynny, taflodd ffrwyn gyda genfa haearn tuag ati, yr hwn yn anffodus a'i tarawodd. Hedodd y wraig ar unwaith drwy'r awyr a phylmio i Bwll Corwrion. Dychwelodd y gŵr dan ochneidio a wylo tuag at Fryn Twrw ac erbyn cyrraedd yno roedd y twrw'n uwch na'i clywyd erioed, sef wylo ar ôl "Belenë"; a dyna pryd, ar ôl ei tharo â haearn, y canfu beth oedd enw ei wraig. Ni ddychwelodd Belenë at ei gŵr ond daeth teimladau mam â hi at ffenestr ei stafell wely unwaith pryd y rhoddodd y gorchymyn a ganlyn iddo:-

Os bydd annwyd ar fy mab
Rhowch amdano gob ei dad;
Os anwydog a fydd can,
Rhowch amdani bais ei mam.'

TEIPIAU: M. L. 5090 – Priodi Tylwythes Deg.
           6055 – Gwartheg y Tylwyth Teg.
MOTIFAU: F. 302.2   (Gŵr yn priodi Tylwythes Deg ac yn mynd â hi i'w gartref)
           F. 384.3   (Y Tylwyth Teg ofn haearn)
           C. 531   (Tabŵ: cyffwrdd â haearn)
           C. 432.1   (Gwybod enw creadur goruwchnaturiol yn ei wneud yn gaeth i'r sawl sy'n gwybod)
           F. 305   (Plant Tylwythes Deg a gŵr marwol)
           C. 952   (Dychweliad yn syth i fyd arall am dorri tabŵ)
           N. 451.1. (Dysgu cyfrinach ellyllon ar ddamwain o guddfan)
           F. 212   (Gwlad y Tylwyth Teg o dan y dŵr)
           F. 345   (Y Tylwyth Teg yn dysgu'r marwolion)
           F. 343.9   (Y Tylwyth Teg yn rhoi gwartheg i ŵr)
           F. 305.1   (Y Tylwyth Teg yn rhoi rhodd i blentyn lled-ddynol)
           F. 241.2.3 (Gwartheg y Tylwyth Teg o dan lyn)

Cofnododd Rhys nifer o fersiynau ar y chwedl hon:

Celtic Folklore, I, 1901, tt.51-2.
Ibid., t.60.
Ibid., tt.60-1.

Cofnodwyd hi gan eraill yn ddiweddarach, ond gan ddilyn patrwm Rhys:

William Hobley, *Hanes Methodistiaeth Arfon*, V, 1923, tt.14-15.
T. Gwynn Jones, *Welsh Folklore*, 1930, t.67.
Frank Ward, *The Lakes of Wales*, 1931, t.79.
D.M. Ellis, 'Rhiain Llyn Creuwyrion', *Llên Gwerin Sir Gaernarfon*, 1975, tt.17-18.
H.L. Wilson, *Around Snowdon*, s.d., t.65.

Sylwer yn y fersiwn hwn fod Belenë yn cytuno i briodi ar yr amod *na* wyddai ei gŵr ei henw – yn wahanol i'r fersiynau arferol. Ar ôl ei cholli y clyw ei gŵr y Tylwyth Teg yn enwi ei wraig, ac awgryma hyn fod pobl wedi colli golwg ar ystyr gwreiddiol y digwyddiad hwn, sef selio tynged y Dylwythes.

BELLA : DYFFRYN NANTLLE

Glasynys, *Cymru Fu*, **1862, tt.474-6.**

'Yr oedd mab Drws Coed un diwrnod niwliog yn bugeilio ar ochr y mynydd dipyn yn is na Chwm Marchnad; a phan yn croesi gwaen frwynog canfyddai yng nghysgod twmpath fenyw fach brydferth odiaeth. Yr oedd ei gwallt crych-felyn yn gudynau modrwyog, a'i llygaid yn gyfliw y lâs-wybr oleu; ai thalcen

– "gyn wyneb a'r donog luwchfa
Neu eiry un-nos ar lechweddi'r Wyddfa."

Ac ar ei dwy-rudd crynion "ddau rosyn coch, un ar bob boch," a'i genau mindlws yn ddigon a pheri codi chwant cusan ganddi ar angel. Y llanc meddalfwyn a ymdoddai mewn gwres serchiadol, a dynesu ati a wnaeth yn llednais gariadlawn, a gofyn iddi a wnaeth, a gâi ef ymgom; hithau a wenodd yn hynaws, a chan estyn ei llaw, dywedai, "Eilun fy ngobeithion, yur wyt wedi d'od o'r diwedd." Dechreuasant ymgyfrinachu, a beunydd ymgyfarfyddent draw ac yma, ar hyd y gweunydd sydd o amgylch glanau Llyn y Gadair; o'r diwedd, aeth eu serch yn eirias danllyd, ac ni fedrai y dyn ieuanc fod yn llonydd yn nghwsg nac yn effro. Mynych y byddai'n selgyngian rywbeth yn debyg i'r penill melusber hwn:-

"O! BELLA'r wyt'n hoffi dy rudd,
Mil harddach dy wefus na rhos
Myfyriaf am dant y dydd,
Tydi yw fy mreuddwyd y nos.
F'anwylyd mae nghalon yn dân,
A'm henaid yn oddaith o serch
O! tyred, ateba fy nghân,
Yr ydwyt yn fwynach na merch."

Collid y llanc pen-felyn am hir amseroedd weithiau, ac nis medrai neb frudio ei dreigl: coelid gan ei gydnabod ei fod wedi ei hudo: o'r diwedd caed allan ei gyfrinach. Yr oedd o amgylch Llyn y Dywarchen lwyni cysgodol hudd, ac yno yr elai, a phob tro yr ail yno, byddai'r wyddan yn sicr o fod yno yn ei aros, ac oblegyd hyn galwyd y lle yr arferent gyfarfod yn "Llwyn y Forwyn"; ar ôl caru yn anwyl am hir amser, penderfynwyd priodi; ond yr oedd yn rhaid cael cenad tad y fun. Ryw noswaith loergan cytunwyd cyfarfod yn y coed, ac yno y daethpwyd, ond nid oedd hanes y teulu tan-ddaearol, nes yr aeth y lleuad tu hwnt i'r Garn. Yna dyma'r ddau yn d'od, a'r hen ŵr yn ddiseibiant a ddywedai wrth y cariadfab, "Ti a gei fy merch ar amod na tharewi hi â haiarn. Os cyffyrddi byth ei chnawd â'r peth yna, ni bydd mwy yn eiddo i ti, eithr dychwel at ei cheraint." Cydsyniai'r dyn yn ebrwydd, a mawr oedd ei lawenydd, ac ni sonid y pryd hyny am gynhysgaeth, oblegyd serch oedd yr unig gymeradwy waddol, er y byddai y rhieni, os gallent yn gofalu am wneud eu rhan tuag at eu plant.

Dyweddïwyd y ddau, ac nid aml y gwelwyd pâr glanach a phrydferthach wrth yr allor ar ddydd eu priodas. Sonid fod swm enfawr o arian gwaddol wedi d'od hefo'r rhian dlosgain i Ddrws Coed noson ei neithior, ac yn fuan ar ôl hyn, yr oedd bugail mynyddig Cwm Marchnad yn ddyn cyfoethog a thra chyfrifol. Yn ôl trefn gyffredin anian, bu iddynt blant amryw, ac ni bu dau ddedwyddach yn cydfydio erioed. Yr oedd pob peth yn myned yn mlaen yn drefnus a chariadlon am swm o flynyddau, a golud yn ymdywallt yn gronfa i'w rhan, oblegyd un ryfedd ddigon ei throion ydyw Tynghedfen. Hon ydyw merch hynaf Rhagluniaeth, ac iddi hi yr ymddiriedodd ei mam ei thrysorau i'w cyfranu yn ôl ei hewyllys. A dywed yr hên air "mai i'r plant y rhed dwfr", felly yn union y bu yma. Aethant yn gofoethog dros ben. Ond "ni cheir mo'r melus heb y chwerw". Un diwrnod aeth y ddau allan i farchogaeth, a digwyddodd iddynt fyned i ymyl Llyn y Gadair, aeth ei cheffyl hi i'r donen, a suddodd at ei dor. Wedi tynu ei anwyl Bella oddiar ei gefn, a ffwdanu cryn lawer, caed y ceffyl i'r lan, a gollyngwyd ef. Yna cododd hithau ar gefn ei un ei hun, ond yn anffortunus wrth frysio ceisio rhoi ei throed yn y gwrthol (gwrthafl), llithrodd yr haiarn a tharawodd, neu yn hytrach cyffyrddodd, a phen glin y Wyddan. Cyn eu bod wedi cyrhaedd haner y ffordd adref yr oedd amryw o'r teulu bach yn ymrithio, a chlywai sŵn canu soniarus ar ochr y bryn; a chyn cyrhaeddyd Drws Coed yr oedd wedi myned oddiarno, a bernir iddi ddianc i Lwyn y Forwyn, ac oddiyno i'r byd isod – i wlad hud. Gadawodd ei blant bach anwyl i ofal ei hanwylyd, ac ni ddaeth mwy ar eu cyfyl. Ond dywed rhai y byddai ar brydiau, er hyny yn cael golwg ar ei hanwyl un yn y wedd a ganlyn. Gan na oddefai cyfraith ei gwlad iddi rodio ar y ddaear gyda neb un daearol, dyfeisiodd ei mam a hithau ffordd i osgoi'r naill a chaffael y llall. Rhoed tywarchen fawr i nofio ar wyneb y llyn, ac ar hono y byddai am oriau meithion yn rhydd-ymgomio yn anwylfryd â'i phriod, a thrwy y cynllun hwn medrasant gael byw gyda'u gilydd nes y "gollyngodd ef ei enaid allan gan awel". Bu eu hepil yn perchenogi Drws Coed am lawer oes, a chyfathrachasant a chymysgasant a phobl y wlad, a bu llawer ymladdfa fileinig, mewn oesoedd diweddarach, yn Ngwyl-mab-santau Dolbenmaen a Phenmorfa, oblegyd y byddai gwŷr Eifionydd yn gwaeddi Bellisiaid ar bobl y Penant. Yma y terfyn chwedl y Wyddan.

TEIP: M. L. 5090   Priodi Tylwythes Deg.
MOTIFAU: F. 384.3   (Y Tylwyth Teg ofn haearn)
       C. 531   (Tabŵ: cyffwrdd â haearn)
       F. 302.2   (Gŵr yn priodi Tylwythes Deg ac yn mynd â hi i'w gartref)
       F. 305   (Plant Tylwythes Deg a gŵr marwol)
       C. 952   (Dychweliad yn syth i fyd arall am dorri tabŵ)
       F. 212   (Gwlad y Tylwyth Teg o dan lyn)
       C. 520   (Tabŵ: cyffwrdd y ddaear)

Cofnodwyd y chwedl mewn llyfrau a chylchgronnau eraill hefyd, gan ddilyn patrwm Glasynys, ond heb fod mor flodeuog:

Wirt Sikes, *British Goblins*, 1880, tt.44-5.
'Chwedloniaeth Cymru', *Cyfaill yr Aelwyd*, 1888-9; t.266.
'Llynoedd Cymru', *Y Geninen*, 1891, t.78.
D.E. Jenkins, *Bedd Gelert*, 1899, tt.164-5.
John Rhys, *Celtic Folklore*, I, 1901, tt.89-91.
Ibid., tt.91-4.
William Rowland, 'Mab yr Ystrad', *Chwedlau Gwerin Cymru*, 1923, tt.32-5.
Y Geninen, 1927, tt.186-7.
T. Gwynn Jones, *Welsh Folklore*, 1930, t.65.
Frank Ward, *The Lakes of Wales*, 1931, tt.107-9.
Tâp AWC, 3553, (Mrs Louie Williams).
Recordiad SGAE, 15.xi.73, (Mr a Mrs John Awstin Jones).
Cofnodiad SGAE, 31.i.74 (Mrs Margaret Jones).
D.M. Ellis, 'Llyn y Dywarchen', *Llên Gwerin Sir Gaernarfon*, 1975, tt.26-8.
H.L. Wilson, *Around Snowdon*, s.d., t.66.
W.J. Thomas, *The Welsh Fairy Book*, s.d., tt.80-5.

Sylwer yma fel y ceir elfen newydd yn y chwedl, sef y tabŵ o gyffwrdd ar dir bodau meidrol ac fel y gorchfygir hyn gan Bella.

Erys chwedlau am feidrolion yn priodi Tylwythesau Teg ar lafar hyd heddiw. Am ardal Llyn y Dywarchen, dywedodd Mrs Elin Hughes (Tâp SGAE, 2; ochr 2-3) iddi glywed ei thad (William S. Jones), William Williams, Cwellyn a William Ifans, Llwyn y Forwyn yn dweud fod y Tylwyth Teg yn mynychu Llwyn y Forwyn. Clywodd Mrs Casi Pritchard (Recordiad Llafar SGAE, Tachwedd 1973) yr un traddodiad gan William Williams. Arferai fynd yn ddistaw wrtho'i hun at Lwyn y Forwyn a sbio arnynt o gysgod poncan. Ychwanegodd fod eu cylchoedd i'w gweld ar y gwair yn lle buont yn chwarae. Ychwanegodd Mrs Pritchard yr arferai'r Tylwyth ddawnsio ar y Dywarchen a nofiai yn y llyn hefyd. Clywodd Mr Bob Humphreys (Tâp SGAE, 2; ocher 1-4) yr un traddodiad gan William Williams ac ychwanegodd y gwelid eu cylchoedd ar y Dywarchen wedyn. Dywedodd iddo weld y Dywarchen ei hun.

BLODAU'R TYLWYTH TEG :

S.J. Coleman, *Tales and Traditions of Snowdonia*, 1961, t.1.

'Dywedir fod Tylwyth Teg Eryri yn casau blodau melyn ac ni welir hwy byth lle bônt yn tyfu; efallai mai dyma'r rheswm pam fod Cymry'r parthau hyn yn cyfrif yr eithin yn gymaint o nawdd rhag direidi'r Tylwyth Teg. Mae'r Tylwyth Teg wrth eu bodd â'r Bysedd Cŵn ac yn wir o gwmpas Eryri gelwir hwy'n Fenyg Coblyn, ('elfin gloves'). Ond y feillionen â'r pedair deilen yw eu planhigyn arbennig; ni ellir canfod hwn ond mewn lleoedd a fynychir yn gyson ganddynt; ac y mae deilen ohono wedi ei wisgo gan ŵr marwol yn ei alluogi i weld y Tylwyth, ac mewn rhai amgylchiadau, i gael mynedfa i Fro'r Tylwyth Teg.

MOTIFAU: D. 771.11 (Torri swyn gyda blodyn)
D. 965.7. (Meillionen pedair deilen hud)
F. 235.4.6 (Y Tylwyth Teg yn weladwy o wisgo meillionen pedair deilen)

Roedd nifer o gredoau yn gysylltiedig â'r feillionen bedair deilen. Credid eu bod yn lwcus ac y gellid rhagweld y dyfodol gyda hwy. Roedd iddi rym yn erbyn gwrachod hefyd ac ni allent symud oddi wrthynt.

BODDI TYNO HELYG

Gw. y chwedl yma yn yr Adran Chwedlau Lleol – Gorlifiad Tir.

BYDWRAIG CORWRION – Dewi Glan Ffrydlas : NANT FFRANCON

John Rhys, *Celtic Folk-lore*, I, 1901, t.63.

'Daeth un o'r Tyl.Teg i ofyn i (Fydwraig Corwrion) ddod i weini ar ei wraig. Aeth gydag ef a synnwyd hi pan aethpwyd â hi i balas hardd. Aeth yno bob nos a bore am beth amser i drin y baban, nes i'r gŵr un bore ddweud wrthi am rwbio eli arbennig ar ei llygaid. Gwnaeth hynny, a chanfu ei hun yn eistedd ar dwmpath brwyn, ac nid yn y palas. Nid oedd olwg o'r baban: roedd popeth wedi diflannu. Beth amser wedyn digwyddodd fynd i'r dref a phwy welodd yno'n brysur yn prynu gwahanol nwyddau ond y Tylwythyn Teg y bu'n gweini ar ei wraig. Aeth ato a gofyn sut ydoedd. Yn lle ateb gofynnodd iddi sut y gwelai ef. "Â'm llygaid," meddai hithau. "P'run?" meddai yntau. "Hon," meddai hithau gan ei nodi; ac yn y fan diflannodd, byth eto i'w weld ganddi.'

TEIP: M. L. 5070 – Bydwraig y Tylwyth Teg.
MOTIF:Baughman. F. 235.4.1. (a) (Bydwraig farwol baban y Tylwyth Teg yn cael peth o'r eli hud yn ei llygad; gwêl y Tylwyth Teg am yr hyn ydynt. Yn nes ymlaen gwêl y Tylwyth Teg; sieryd â hwy; gofynnir iddi â phwy lygaid y gwêl hwy; dywed hithau; tynnir ei llygad.)

Dyma fersiwn anghyflawn ar y chwedl ryngwladol. Ceir fersiynau hefyd yn:

T. Gwynn Jones, *Welsh Folklore*, 1930, t.71.

Frank Ward, *The Lakes of Wales*, 1931, tt.72-3.

Gw. 'Eiliau, Morwyn Garth Dorwen'.

BYDWRAIG NANHWYNAIN : BEDDGELERT

Bleddyn, *Plwyf Beddgelert*, 1862, t.35.

'Ryw dro pan oedd bydwraig o Nanhwynain newydd fyned i'r Hafodydd Brithion i weinyddu ei galwedigaeth, daeth boneddwr at y drws ar farch glas harddwych, ac a archodd iddi ddyfod gydag ef yn ddioed. Yr oedd y fath awdurdod yn ei lais fel na allai y fydwraig dlawd omedd mynd er maint ei dyledswydd i aros lle yr oedd; felly hi a aeth wrth ei ysgil, ac ymaith â hwy fel ehediad gwenol, trwy Gwmllan, a thros y Bwlch, i lawr heibio Nant yr Aran, a thros y Gadair i Gwm Hafod Ruffydd cyn i'r wraig druan gael amser i weiddi wchw. Wedi myned i'r fan honno hi a welai balas ardderchog o'i blaen, wedi ei oleuo yn ysblennydd â lampau na welodd eu cyffelyb erioed; aethant i mewn i'r buarth a daeth haid o weision ac arweiniwyd hi ar unwaith trwy y neuadd fawr hyd i ystafell wely na welodd ei bath erioed; yno yr oedd y feistres yn ei disgwyl, at yr hon yr oedd wedi ei nhôl. Daeth trwy ei gwasanaeth yma yn llwyddiannus, a hi a arosodd yno hyd nes oedd y foneddiges yn holliach, ac ni threuliodd ran o'i hoes erioed mor ddifyrus; nid oedd yno ond rhialtwch di-orffwys, nos a dydd; dawns, canu a llawenydd di-baid oedd yn teyrnasu yn y lle; ond er difyred oedd, rhaid oedd ymadael, a rhoddodd y boneddwr iddi bwrs mawr, gan orchymyn iddi beidio ei agor nes elai i'w thŷ; yna archodd i un o'r gweision ei hebrwng ar hyd yr un ffordd ac y daeth hi. Wedi iddi gyrraedd adref hi a agorodd y pwrs, ac er ei mawr lawenydd, yr oedd yn llawn o arian, a bu fyw yn llawen ar ei hennill hyd ddiwedd ei hoes!'

TEIP: M. L. 5070 – Bydwraig y Tylwyth Teg.
MOTIFAU: F. 372.1   (Y Tylwyth Teg yn ceisio bydwraig farwol i weini ar Dylwythes Deg)
       F. 348.6   (Ni chaniateid cyfrif na mesur rhoddion y Tylwyth Teg)
       F. 333   (Y Tylwyth Teg yn ddiolchgar i fydwraig farwol)

Rhan anghyflawn o'r chwedl ryngwladol a geir yma, heb fotif yr eli hud. Fodd bynnag, mae hon yn chwedl boblogaidd iawn, a chofnodwyd hi nifer o weithiau ar ôl hyn; gan ddilyn yr hyn a sgrifennwyd gan William Jones:

Bleddyn, *Brython*, IV, 1861, t.251.
Bleddyn, 'Chwedlau am y Tylwyth Teg', *Y Geninen*, 1897, t.202.
D.E. Jenkins, *Bedd Gelert*, 1899, t.156.
John Rhys, *Celtic Folklore*, I, 1901, tt.98-9.
T. Gwynn Jones, *Welsh Folklore*, 1930, t.71.
Hugh Evans, *Y Tylwyth Teg*, 1944, tt.34-5.
D.M. Ellis, 'Taith Ryfedd Elin Uch Ifan', *Llên Gwerin Sir Gaernarfon*, 1975.
W.J. Thomas, *The Welsh Fairy Book*, s.d., tt.54-6.

Gw. 'Eilian, Morwyn Garth Dorwen'.

BYWYD Y TYLWYTH TEG : DYFFRYN CONWY

J.D. Maclaren
John Rhys, *Celtic Folk-lore*, I, 1901, t.200.

'Roedd gan Maclaren hefyd rywbeth i'w ddweud am arferion a bywyd y Tylwyth Teg. Gwisga (Tylwyth) Nant Conwy (ddillad) gwyrdd; a dywedodd ei fam, a fu farw tua 62 mlynedd yn ôl, yn 47 mlwydd oed, wrtho eu bod yn byw 7 mlynedd ar y ddaear, 7 mlynedd o dan y ddaear.'

MOTIFAU: F. 236.1.6 (Y Tylwyth Teg yn gwisgo dillad gwyrdd)
       F. 220   (Trigfan y Tylwyth Teg)

Cofnodwyd yr un dystiolaeth gan Gwynn Jones:

T. Gwynn Jones, *Welsh Folklore*, 1930, t.53.

CAREDIGRWYDD Y TYLWYTH TEG – D.E. Davies : NANT FFRANCON

John Rhys, *Celtic Folk-lore*, I, 1901, tt.63-4.

'Digwyddai'r Guto hwn, (Ffermwr Corwrion) – neu rywun arall – fod yn aredig un dydd pan glywodd rywun yn gweiddi arno fod gwasg ei aradr wedi torri. "Tyrd â fo yma i mi gael ei drwsio," meddai llywydd gwŷr Guto. O orffen y rhych cawsant hyd i'r gwasg toredig, gyda chasgen o gwrw yn ei ymyl. Eisteddodd un i lawr yn ei ymyl a thrwsio'r gwasg. Yna gwnaethant rych arall a phan ddychwelsant i'r fan canfuwyd dysgl â dwy glust iddi yn llawn hyd yr ymyl â bara a chwrw.'

MOTIFAU: F. 338   (Y Tylwyth Teg yn ddiolchgar i ŵr sy'n trwsio eu celfi neu offer)

F. 343   (Rhoddion gan y Tylwyth Teg)

Yma eto gwelir y Tylwyth Teg yn ddiolchgar i fodau meidrol ond yn talu eu dyled â bwyd yn hytrach nag arian. Efallai fod yma adlais o M.L. 5080 – Bwyd Gan y Tylwyth Teg, lle gwrthyd un fwyta'r bwyd, er cymeryd pob gofal, ac erys yn dlawd, tra dilyn llwyddiant y bwytâwr.

CEFFYLAU'R TYLWYTH TEG – Robert Hughes : LLANAELHAEARN

John Rhys, *Celtic Folk-lore*, 1901, t.215.

'Yn wir roedd Mr Hughes wedi gweld y Tyl. Teg ei hun: digwyddodd ar ffordd Pwllheli, fel y dychwelai gyda glasiad y wawr o dŷ ei ddyweddi, pan oedd yn saith ar hugain oed. Daeth y Tyl. Teg a welodd i'w gyfarfod ar gefn ceffylau bychain: cofia iddo feistroli ei lygaid yn awr ac yn y man, a gweld y ffordd yn glir hollol, ond y funud nesaf dychwelai'r olygfa a thybiai y gwelai'r fintai fechan mor blaen ag oedd bosib.'

MOTIF: F. 241.1.8.1 (Ceffylau'r Tylwyth Teg o faint milgwn)

CERDDORIAETH Y TYLWYTH TEG : DYFFRYN CONWY

John Rhys, *Celtic Folk-lore*, I, 1901, t.201.

'Efallai y dylwn fod wedi nodi fod Maclaren yn hoff iawn o gerddoriaeth a soniodd wrthyf am ŵr o Gonwy a gofnododd mewn llawysgrifen un o geinciau honedig y Tylwyth Teg. Holais am fab hwn, sef Mr Hennessy Hughes, Conwy; ond ymddengys fod papurau ei dad ar goll fel nas gall ganfod y gainc er ei fod wedi clywed amdani.'

MOTIF: F. 262 (Cerddoriaeth y Tylwyth Teg)

Ceir llawer o sôn am y Tylwyth Teg yn canu a dawnsio ac am dlysni eu cerddoriaeth ond dyma'r unig gyfeiriad at ŵr yn cofnodi peth ohono. Cofnodwyd yr un traddodiad, gan ddilyn Rhys, gan Gwynn Jones:

T. Gwynn Jones, *Welsh Folklore*, 1930, t.55.

COLLI LLYGAD : DOLBENMAEN

Myrddin Fardd, *Llên Gwerin Sir Gaernarfon*, 1908, t.91.

'Tŷ'r Dewin, tŷ o hynafiaeth cyntefig . . . ydoedd hefyd hoff drigle (i'r Tylwyth Teg). Dywed traddodiad fod gweision y lle hwn rywbryd ar y gorchwyl o dynnu tatws, ac er maint a dynent nad oeddynt ond yn cael gafael ar ychydig ohonynt i'w dodi yn y cawell, a sylwai un ohonynt ar y peth, pryd y chwanegai un arall, gan ofyn, "a wyt ti ddim yn gweld y gweilch bach yna yn eu cario i ffwrdd mewn basgedi o hyd?" Ar hyny, gofynnodd un o'r T.T. i'r gŵr hwn â pha lygad yr oedd yn eu gweld. "Efo hwn," meddai'r dyn. Ac ar darawiad cymerodd babwyren ag a'i tynnodd allan.

Yn y ffordd islaw, o fewn ergyd carreg i'r tŷ, tarewir ar sŵn dieithr – sŵn yn cael ei achosi gan wagle oddi tanodd; a thaenid y gair allan yr ymgartrefent yn y lle, ac fod yno, hyd heddiw, drysorau anhybris yng nghadw.'

MOTIFAU: F. 365   (Y Tylwyth Teg yn dwyn)
F. 361.3   (Y Tylwyth Teg yn dial ar y sawl sy'n sbio arnynt: cyll ei olwg)
F. 211.3   (Y Tylwyth Teg yn byw o dan y ddaear)
F. 244   (Trysor y Tylwyth Teg)

Adlais sydd yma o M. L. 5070 – Bydwraig y Tylwyth Teg ond nad oes yma ond motif y colli golwg. Cofnodwyd y chwedl hefyd yn:

T. Gwynn Jones, Welsh Folklore, 1930, t.72.

Gw. 'Eilian, Morwyn Garth Dorwen'.

CYFNEWIDIAID CORWRION : Dewi Glan Ffrydlas : NANT FFRANCON

John Rhys, *Celtic Folk-lore*, I, 1901, tt.62-3.

'Unwaith, yn 14, cafodd gwraig yn Corwrion efeilliaid ac un dydd cwynodd wrth wrach a drigai gerllaw yn Nhyddyn y Barcud nad oedd y plant yn prifio dim a'u bod yn crio ddydd a nos. "A ydych yn sicr mai hwy yw eich plant?" gofynnodd y wrach, gan ychwanegu nad oeddent yn swnio fel ei phlant hi. "Rwyf innau'n amau hefyd," meddai'r fam. "Tybed oes rhywun wedi cyfnewid dy blant?' "Dwn i ddim." "Ond pam na cheisi wybod?" meddai'r wrach. "Sut y gwnaf hynny?" meddai'r fam. "Dos, a gwna rhywbeth digon rhyfedd o'u blaen a gwrando beth ddywaid y naill wrth y llall." "Dwn i ddim be i'w wneud," meddai'r fam. "Wel, cymer blisgyn ŵy a dechrau wneud cwrw ynddo mewn stafell o'r ffordd, a tyrd yma i ddweud yr hyn ddywed y plant amdano." Aeth adref a gwneud fel y dywedodd y wrach wrthi, pan gododd y plant eu pennau o'r cryd i wylio a gwrando ar yr hyn a wnâi. Yna meddai un wrth y llall, "Cofiaf weld derwen yn cael mesen," ac atebodd y lall, "A chofiaf innau iâr yn cael ŵy," ac ychwanegodd un ohonynt, "ond ni chofiaf neb yn gwneud cwrw mewn plisgyn wŷ o'r blaen." Yna aeth y fam i ddweud yr hyn a lefarwyd gan yr efeilliaid, a dywedodd honno wrthi am fynd â hwy at bompren fechan, nepell i ffwrdd, un o dan bob cesail, a'u gollwng i'r afon islaw. Aeth y fam adref eto a gwneud yn ôl y cyfarwyddiadau. Pan gyrhaeddodd adref y tro hwn, er ei mawr ryfeddod, canfu fod ei phlant ei hun wedi dychwelyd.'

TEIP: M. L. 5085 – Cyfnewidiad.

MOTIFAU: F. 321.1   (Cyfnewidiad)
         F. 321.1.2.3   (Y Cyfnewidiad yn ewach gwan)
         F. 321.3.1   (Y Tylwyth Teg yn dwyn plant heb eu bedyddio)
         Baughman F.321.1.1.1 (a) (Y Cyfnewidiad yn bradychu ei oed pan enynnir ei ddiddordeb drwy fragu cwrw mewn plisgyn ŵy)
         F. 321.1.4.1   (Cael 'madael â chyfnewidiad drwy ei daflu i afon)

Gwelir yma fersiwn llawn ar y chwedl gyfnewid, gyda'r motif arferol o gael y cyfnewidiad i fradychu ei oed mawr drwy wneud rhywbeth afresymol yn ei olwg. Gan amlaf yr hyn a wneir yw bragu cwrw mewn plisgyn ŵy, fel yma.

Sylwer ar y dull gwahanol o gael 'madael â'r cyfnewidiaid yma, ond eto gan ddefnyddio elfennau cyfarwydd. Mae'n dra hysbys y credid fod pob bod goruwchnaturiol ofn dŵr sy'n symud a defnyddir hynny'n weithredol yma.

Cofnodwyd y chwedl gan eraill ar wahân i Rhys:

William Rowland, 'Yr Efeilliaid', *Chwedlau Gwerin Cymru*, 1923, tt.25-7.
W.J. Thomas, *The Welsh Fairy Book*, s.d., tt.178-81.

Bu chwedl debyg yn ardal Beddgelert hefyd ar un adeg gan i Rhys gofnodi rhai motifau a manylion gan Edward Llywelyn, Garn Dolbenmaen. Yma eto ceir motif y cyfnewidiad yn bradychu ei oed o weld bragu cwrw mewn plisgyn ŵy, a hefyd fotif taflu'r plentyn i'r dŵr (sef i'r afon Glaslyn, ger Beddgelert), yn yr achos hwn:

John Rhys, *Celtic Folklore*, I, 1901, tt.220-1.

CYFNEWIDIAID DYFFRYN MYMBYR: William Jones : CAPEL CURIG

John Rhys, *Celtic Folk-lore*, I, 1901, tt.102-3.

'Sôn William Jones (Bleddyn) ei fod ef yn cofio am bobl a gredai fod y Tylwyth Teg yn cyfnewid plant heb eu bedyddio. Cofnododd y chwedl ganlynol am wraig fferm Dyffryn Mymbyr, ger Capel Curig, a'i phlentyn:-

"Yr oedd y wraig hon wedi rhoddi genedigaeth i blentyn iach a heinif yn nechreu y cynheuaf ryw haf blin a thymhestlog: ac o herwydd fod y tyddyn getyn o ffordd oddiwrth lan na chapel, a'r hin mor hynod o lawiog, esgeuluswyd bedyddio y plentyn yn yr amser arferol, sef cyn ei fod yn wyth niwrnod oed. Ryw ddiwrnod teg yn nghanol y cynheuaf blin aeth y wraig allan i'r maes gyda'r rhelyw o'r teulu i geisio achub y cynheuaf, a gadawodd y baban yn cysgu yn ei gryd o dan ofal ei nain, yr hon oedd hen a methiantus, ac yn analluog i fyned lawer o gwmpas. Syrthiodd yr hen wreigan i gysgu, a thra yr oedd hi felly, daeth y Tylwyth i fewn, a chymerasant y baban o'r cryd, a dodasant un arall yn ei le. Yn mhen ennyd dechreuodd hwn ebain a chwyno nes deffro y nain, ac aeth at y cryd, lle y gwelodd gleiriach hen eiddil crebachlyd yn ymstwyrian yn flin. 'O'r wchw!' ebai hi, 'y mae yr hen Dylwyth wedi bod yma;' ac yn ddioed chwythodd yn y corn i alw y fam, yr hon a ddaeth yno yn ddiatreg; a phan glywodd y crio yn y cryd, rhedodd ato, a chododd y bychan i fynu heb sylwi aro, a hi a'i cofleidiodd, a'i suodd ac a'i swerodd at ei bronnau, ond nid oedd dim yn tycio, parhau i nadu yn ddidor yr oedd nes bron a hollti ei chalon; ac ni wyddai pa beth i wneud i'w distewi. O'r diwedd hi a edrychodd arno, a gwelodd nad oedd yn debyg i'w mhebyn hi, ac aeth yn loes i'w chalon: edrychodd arno drachefn, ond po fwyaf yr edrychai arno, hyllaf yn y byd oedd hi yn ei weled; anfonodd am ei gŵr o'r cae, a gyrrodd ef i ymholi am wŷr cyfarwydd yn rhywle er mwyn cael ei gynghor; ac ar ôl hir holi dywedodd rhywun wrtho fod person Trawsfynydd yn gyfarwydd yn nghyfrinion yr ysprydion; ac efe a aeth ato, ac archodd hwnnw iddo gymeryd rhaw a'i gorchuddio a halen, a thori llun croes yn yr halen; yna ei chymeryd i'r ystafell lle yr oedd mab y Tylwyth, ac ar ôl agor y ffenestr, ei rhoddi ar y tân hyd nes y llosgai yr halen; a hwy a wnaethant felly, a phan aeth yr halen yn eiriasboeth fe aeth yr erthyl croes ymaith yn anweledig iddynt hwy, ac ar drothwy y drws hwy a gawsant y baban arall yn iach a dianaf.'"

TEIP: M.L. 5085 – Cyfnewidiad.
MOTIFAU: F. 321.1   (Cyfnewidiad)
   F. 321.1.2.3   (Y cyfnewidiad yn ewach gwan)
   F. 321.3.1   (Y Tylwyth Teg yn dwyn plant heb eu bedyddio)
   F. 321.1.4   (Cael 'madael â chyfnewidiad)

Roedd yn gred gyffredin ar un adeg fod y Tylwyth Teg yn cyfnewid plant am eu gweiniaid hyll eu hunain, yn arbennig felly blant heb eu bedyddio, gan nad oeddynt eto heb eu cyflwyno i Dduw. Roedd nifer o ddulliau o gadw plant o'r fath yn ddiogel tan dydd y bedydd, megis rhoi arfau tân ar ffurf croes ar draws y cryd neu gyllell ddur o dan y gobennydd.

O golli'r plentyn, roedd nifer o ddulliau o'i gael yn ei ôl ac yma gwelir un o'r ffurfiau mwy anghyffredin, er bod yr elfennau yn ddigon hysbys. Ceir yma'r rhaw ddur, yr halen, ffurf y groes a thân sydd i gyd yn dychryn ymaith fodau goruwchnaturiol.

Fodd bynnag, gellid tybio fod y chwedl yma yn anghyflawn, gan na cheir y prawf arferol er cael y cyfnewidiad i fradychu ei oed. Er hyn bu'n chwedl boblogaidd, a chofnodwyd hi nifer o weithiau, gan ddilyn fersiwn Rhys:

Hugh Evans, *Y Tylwyth Teg*, 1944, tt.56-7.
William Rowland, 'Chwedl Dyffryn Mymbyr', *Straeon Y Cymry*, 1961, tt.47-9.
Tâp AWC, 3910 (Evan Roberts)
D.M. Ellis, 'Y Tylwyth Teg yn Cyfnewid Plant', *Llên Gwerin Sir Gaernarfon*, 1975, tt.24-5.
W.J. Thomas, *The Welsh Fairy Book*, s.d., tt.178-81.

Adroddodd Mr Owen Elis Pritchard (Tâp SGAE, 4; ochr 1-4) chwedl gyfnewid anghyflawn am Garth Dorwen. Cysylltai'r Tylwyth Teg â Bryn Pibion, ger y fferm. Dywedodd i'r Tylwyth Teg gyfnewid baban y fferm ond ni allai gofio sut y cafwyd ef yn ôl ar wahân i'r teulu fynd at ŵr neu wraig hysbys.

CYLCHOEDD – PANT YR ARIAN – William Jones

Tâp SGAE, 1; ochrau 1-4, 2-3.

'Stori yr ardal, ynde, oedd fod o gwmpas Pant yr Arian, gylcha'r Tylwyth Teg. Ag wrth gwrs mi o'dd y bobl yn meddwl . . . ma' 'na riw gylcha' glas i' weld yn, yn . . . mewn tir amball i dir, glasach na'i gilidd, na'r rheini, a'r rheini o'dd 'i hoel n'w'n downsho rownd fydda' fo, 'de.'

'Yn Nebo yn fan'na?'

'Yn Nebo, ne'n ymyl Nasrath mewn ffor'. Pant yr Arian o'dd enw'r lle . . . ond wela's i ddim byd tebig erioed yn hun heblaw cl'wad rhai'n d'eud ynde.'

'Ia, pw' o'dd yn d'eud hynny?'

'O . . . hen bobol o gwmpas 'chi, ynde.'

'Ia.'

'Ia, hen bobl o gwmpas . . . '

'O'ddan nhw 'di gweld rh'wbath yno?'

'O! o'ddan nhw'n d'eud bod n'w wedi gweld e'stalwm ychi.'

'Be'r Tylwyth Teg?'

'Ia! Dwn i'm o'ddan n'w ai pheidio. A cl'wad n'w'n canu ag ati.'

MOTIF: F. 261.1 (Cylchoedd y Tylwyth Teg i'w gweld ar wair)

CYLCH Y TYLWYTH TEG : BEDDGELERT

Carneddog, 'Y Tylwyth Teg, Cymru, t.166.

'Mor fuan ag y collid undyn a ai i'r cymoedd, codai minteioedd
allan i chwilio amdano. Yr oedd yn rhaid cael gwŷr cyfarwydd iawn
i ddeall yr arwyddion lle y byddai cylchau y Tylwyth Teg. Ar
ddyddiau clir, byddai yr heulwen yn chwareu, fel miloedd o sêr
bychain disglaer, uwchben lle y byddent. Nid oedd hynny ond
adlewyrchiad o'r gwynebau gwynion, a'u hysgogiadau buain. Wedi
canfod eu lle, elai gŵr craff a dewr tuag yno, gyda phastwn hi.
Cadwai yn ofalus o'r tu allan i'r cylch, rhag iddynt ei dynnu i
mewn. Yna daliai y pastwn i ganol y cylch, ac wrth fynd o amgylch
yn ei dro, tarawai y dyn yn y pren, yna deuai i weled y ddaear – gan
ei fod megis mewn tywyllwch o ran dim a wyddai am y ddaear cyn
hynny. Deuai ato ei hun y fan, gan synnu gweld ei hunan yn y
mynydd, ac un o'i gyfeillion yn ei geisio.

   Cofwyd gan Garneddog o 1sgf. o waith Gruffydd Prisiart, a
sgrifennwyd yn 1850.'

MOTIF: F. 261.1 (Cylchoedd y Tylwyth Teg ar wair)

CYTIAU'R TYLWYTH TEG : NANTLLE

Mrs Betsy Roberts, Tâp SGAE, 2; ochr 2-3.

''Sginnoch chi riw hanas am Glynllifon?'

   'O, cytia'r Tylwyth Teg, 'de. Ym, 'ti'm 'di bod yn . . . 'ti 'di bod
yn drws ffrynt Glynllifon?'

   'Wrth ymyl . . . be' 'dachi'n feddwl "drws ffrynt" . . . drws y
plant 'i hun?'

   'Drws y Plas 'i hun.'

   'Do.'

   'Do.'

   'Wel, ar y llaw dde, ma' 'na bishin hir, gwyrdd 'lly, lawnt 'de.'

   'Oes.'

   'Yn pendraw hwnnw, ma' Cytia'r Tylwyth Teg. Ma' 'h'ina yno
heddiw.'

   'Pam ma' n'w'n ca'l 'i galw'n hynny?'

   'Wel, fedra'i'm d'eud. Os nag o'dd o gin yr hen Wyniaid, bod
n'w yn credu mewn Tylwyth Teg, 'de. Yr hen Wyniaid.'

   'A cytia' crynion ydyn' n'w, o gerrig crynion – 'dachi'n gw'bod .'

170

'Ia, ma' n'w'n ddyfn yn y ddeuar . . . 'dwi rioed 'di gweld n'w, ond, yn . . . '

'O, dim yn sdicio i fyny ma' n'w?'

'Naci, ma' n'w yn y ddeuar, ag wedyn, ma' n'w . . . 'ti'n mynd i fewn iddyn' n'w'n 'de.'

'Ia.'

'A wedyn ma' n'w fel twr, 'swn i'n meddwl. Ma' rheini yno heddiw 'de.'

'Ma' n'w'n d'eud na'r Tylwyth Teg sy' 'di codi rheini?'

'O ia. Na fan'no fydda'i, fel 'i tre' n'w felly. Bod gynny' n'w riw dre' bach yno. Ma' 'na amriw ohonyn' n'w 'swn i'n meddwl.'

'Lle clywsoch chi'r sdori yna?'

'Wel gin y, ym . . . 'rhen Ifan Jô's, o'dd o'n byw yn Y Loj Glynllifon.'

'Disgrifiwch n'w rŵan, 'ta.'

'Wel, fel yr ydw'i 'di dalld, crwn a fatha grishia' i fynd i lawr iddyn' n'w. A wedyn ma' 'na, fel . . . fel rhiw "dôm" felly a twll yn y top, twll bach yn y top. Ma'i'n ddu fel bol buwch yn'yn n'w.'

'Ond ma' n'w'n gyfa' byth?'

'O yndyn' yndyn'. Wrth gwrs, o'dd 'na neb yn ca'l mynd i Parc Glynllifon 'de – y Wyniaid o'dd 'na 'de?'

'Ia, ia.'

'A wedyn, os o'dd r'wbath yno, mi o'dd o'n ca'l'i gadw 'doedd?'

MOTIF: F. 211.3 (Y Tylwyth Teg yn byw o dan y ddaear)

Y CHWARELWYR A'R TYLWYTH TEG : NANTLLE

Mrs Huws, Cofnodiad Llafar, 3.vi.74.

'Roedd pobl o Ryd Ddu yn gweithio yn chwarel gerrig yr Eifl ac arferent gychwyn o Ryd Ddu rhwng tri a phedwar y bore i gyrraedd yno erbyn saith. Un bore gwelsant bethau bach, (sef y Tylwyth Teg), yn dawnsio ar Ben Tŷ Newydd ar ben Allt Drwsycoed a gorfod aros iddynt orffen rhag ofn drysu eu dawns ac ennyn eu melltith.'

MOTIFAU: F. 261   (Y Tylwyth Teg yn dawnsio)
           F. 361.1   (Y Tylwyth Teg yn dial am gael eu sarhau)

DATGUDDIAD Y TYLWYTH TEG : NANT FFRANCON

Gwêl Adran *Trysor Cudd* y *Chwedlau Lleol.*

DAWNS BWLCH GOLEUNI : CAPEL CURIG

Evan Roberts, Tâp AWC, 3910.

'Wel, y, mi ddeuda'i 'tha chi am y Tylwyth Teg – ma' n'w'n d'eud
fydda' nain ynde, y – ac 'dwi 'di ca'l hwn fwy gan fy modryb, 'i
merch hi 'de – chwaer 'y nhad ag ati – a 'nhad hefyd. Mi fyddan'
yn credu yn gydwybodol bod 'na Dylwyth Teg 'dachi'n gweld. A
rŵan, yn yr hen amser, mi fydda', sdât – ma' Gelli 'ma ar sdât Lord
Penr'yn – a mi fydda' 'na hawl gin bob tŷ a thylwyth – a'r hotel
hefyd – o fanna i fynd i dorri mawn, 'dachi'n gweld, i fynd i godi
mawn, yn danwydd y geua' 'de, i'r fownog yn Bwlch Goleuni. Ag
ma' hynny i fyny riw ddwy dair milldir i gyfeiriad, y, Penllyn
Ogwan o fan hyn, 'dachi'n gweld, 'rochor yma i'r afon. Ag o'dd gin
bob un ohonyn' n'w riw fath o riw alotment, lle'r oedda' n'w'n torri
mawn, 'de – a dynion yno'n gweithio 'radag yma o'r flwyddyn fel
hyn, am rei w'snosa, yn torri mawn i ni ag i chi, ag ati, 'te. Ag hen
ewyrth i mi 'dwi'n meddwl fydda' un ohonyn' n'w. Torri mawn ag
agor ffosydd, a phetha' felly fydda' fo. Yr hen Ewyrth Dafydd
fydda' 'nhad yn 'i alw fo. A rŵan fydda'r plant rŵan, a'r merchaid a
phawb o'r teulu yn mynd i fyny i'r fownog ar ddiwrnod braf i helpu
i godi'r mawn i – sychu ag ati, a'i cario n'w yn deisi a phethau o'r
fath. Ag yno ar amball i hen ddiwrnod peth, niwlog ynde, ag yn
clywad y Tylwyth Teg, medda' nhw – dyna'r oedd n'w'n gl'ŵad, 'de
– mi glywan' rhiw sŵn riw fiwsig. Beth bynnag fiwsig o'dd o'n 'de.
Peraidd iawn. Ag yna mi agora' y niwl fel hyn, ag am amrantiad,
rŵan – do'dd o'm yn hir – mi welan' riw gylch o'r bodau bach 'ma
yn dawnshgio a diflannu'r munud 'nw. Dyna oedd hanas y Tylwyth
Teg yn yr – a ma' nain yn gydwybodol bod – bod hi wedi gweld y
fath beth 'te.'

Holwr – Robin Gwyndaf

NODIADAU: Roedd E.R. yn cofio'i nain yn dda. Adroddodd hi'r hanes wrtho fe
dybiai, ond ei fod yn ifanc iawn yr adeg honno. Roedd ei fodryb Ann wedi ei
thrwytho gan ei mam, nain E.R., yn y cyfryw bethau.
MOTIFAU: F. 262   (Cerddoriaeth y Tylwyth Teg)
         F. 261   (Y Tylwyth Teg yn dawnsio)

DAWNS Y GARREG LEFAIN : NANTLLE

W.J. Jones, Tâp SGAE, 3; ochr 2-3.

'Wel, dyn annw'l, 'dwi 'di cl'wad llawar iawn, iawn o sôn am y
Tylwyth Teg. Ol mi dd'uda'i 'tha chi – 'dwi'n cofio fi'n hen foi yn
ifanc yn – hw'rach mod i r'wla o'r naw i'r unarddeg 'ma. 'Y mrawd
a finna' – 'y mrawd hyna' a finna'. Ag o'dda ni'n tŷ Taid yn y Tŷ
Ucha' bob amsar yn 'i helpu o fel hyn ac fel arall, i borthi'r
gwarthaig 'ychi. A Taid yn d'eud riw haneshion wrtha' ni.

A wyddochi, dyma fo'n d'eud peth fel hyn w'tha' i, w'th chi sôn
am Dylwyth Teg. "Wyddoch chi'r hen Garrag Lefain 'na," medda'
fo. "Gwn," medda' ninna'. Mi o'dd honno ar dir 'y nghartra' fi,
'dachi'n gweld, yn y – wel galwn i o fel mynydd o rug, ond ro'dd y
Garrag Lefain 'ma, fel craig fawr o'dd 'i 'chi. Ag o'dd 'i'n riw fflat
ar 'i thop, 'de, ag ar 'i chanol 'i, riw garrag go gron. Ag yn s'wdwl y
graig 'ma ro'dd 'na garrag fflat wedyn. A 'dwi'n cofio'n iawn bob
amsar, os fydda' ni'n mynd ar honno, wyddochi efo clocshia' ne'
r'wbath, fydda' 'na riw sŵn ryfedda'n y garrag honno, chi – yn y
garrag fflat 'ma. Fychachi'n cl'wad r'wbath yn rhyfadd yn 'i 'de. Mi
o'ddi'n tincian i gl'ŵad o dan ych traed chi 'chi.

Ond dyma Taid yn d'eud rŵan 'de, bod 'na Dylwyth Teg yn
dawnshio o gwmpas y garrag gron o'dd ar dop y graig. O'dda ni'n
methu coelio. "Ol mae o yna ichi," medda' – "Ma' nw yna,"
medda' Taid.

Wel, mi o'dd hyn 'di bod ar yn meddylia' ni am ddyrnodia', a
rhiw gyda'r nos yn yr ha', dyma 'mrawd a finna' yn penderfynu'n
ddisdaw bach, fynd oll dau – dipin yn hwyr – be' o'dd hw – wel, y –
wyddochi, bron, o'dd 'i bron a, bod hi'n amsar idd d'wllu a d'eud y
gwir. I fyny riw hen barc o'dd yn llydan yn 'i weulod ag yn mynd yn
gul yn 'i dop. Wel 'ysachi'n d'eud, to'dd o'm mwy na riw bum llath
o led yn 'i dop. A – fysachi'n medru g'neud corlan dal defaid yno
am 'n i 'de. O'dd o'n mynd mor gul â hynny. Ond wedi cyrra'dd y
terfyn ycha', o'dda ni'n dod gyferbyn inion â'r Garrag Lefain,
'lwch. Ag mewn cyrra'dd iawn iddi, wyddchi – o'dd 'na'm llawar
iawn iawn o lathenni 'de. Ond o'dd Taid 'di warnio ni i beidio
mynd i ben y clawdd. Hen glawdd mawr chwe troedfedd o uchdwr
– clawdd cau, cerrig, ychi. A, cerrig copi o'dda ni'n galw n'w ar y
top – cerrig mawr 'de – i, wyddochi, gadw'r wal rhag iddi chwalu.
A wir i chi, be' 'neutho' ni, mynd yn ddisdaw bach, 'dwi'n cofio'n
iawn, a mi ddaru ni feddwl rŵan ma' peth gora' 'sa ni'n 'neud am

bod ni mor fyr, o'dd y, tynnu twll yn y clawdd, 'dach weld – carrag o dan y, y garrag gopi rŵan. A wedi tynnu digon o dwll, fel bydda' ni oll dau ar unwaith â'n llyga'd ar y Garrag Lefa'n, wyddochi. A wyddochi, o'ddachi, o'ddi'n – gweld yr haul yn mynd i lawr, ychi, a'i gweld hi'n t'wllu'n ara' deg. A ninna'n dal i rythu ar yr hen Garrag Lefain o hyd. A tydio'n beth rhyfadd – dyma'i'n codi'n dipin o wynt wyddochi, nes o'dd llond y'n ll'gada' ni o ddŵr, mewn ffor' – a ninna'n rhythu i'r un fan am gymaint o amsar. Ag yn y diwadd, pen o'dd 'i ar d'wyllnos, mi gwelen n'w ni chi, yn n'ulo'i gilidd, yn downshio rownd y maen crwn 'ma'n inion fel o'dd Taid yn d'eud.

O'dd 'na bob math o liwia' 'no – fath a bloda' i mi. To'dda n'w ddim, d'udwch rŵan, yn ôl – 'swn i'n geshio erbyn hiddiw 'te – na to'dda n'w'm mwy na riw ddwy droedfadd o uchdwr rŵan d'udwch 'de. A rh'ini'n downshio'n braf fel hyn. Wel – wel dyma ni'n rhedag i lawr, rŵan, i dd'eud w'th taid bod ni 'di gweld y Tylwyth Teg.

. . . A – fedra' i ddim d'eud, ym – wyddochi – o'dd, 'toeddwn i adag honno 'mond ifanc, naw i unarddeg – r'wla ffor'na rŵan. E'lla' bod ni 'di rhythu i'r un fan, a bod ni 'di creu y peth yma'n yn huna'n. A bod ni 'di weld o yn – gweld y peth yn yn meddwl – ella' i ddim bod i sicrwydd – yn sicir bod ni 'di gweld n'w go iawn 'de. Ond fydda' Taid yn d'eud bydda' n'w, ag o'dd o'n patio'n cefna' ni. Ond o'dd o'n, 'di mynd yn anesmwyth, yn y'n cylch ni am bod ni mor hwyr yn cyrra'dd i lawr 'de. Ond o'dd o'n falch bod ni 'di gweld y Tylwyth Teg. Dyna chi un hanas y Tylwyth Teg 'de!

Wel yn rhyfadd iawn, ym – ol, 'dwi'n sôn am y dyddia' cynnar yn, honna, 'tydw? Wel, y 'dwi'n cofio, rŵan, wedi i mi ddod i fyw i Dalmignedd 'ma, ag Alwyn 'ma, 'rhogyn 'fenga' 'ma rŵan. Wel, o'dd o chi, yn mynd i fyny am yr hen goed 'ma'n fa'ma, yn, amsar gwilia'r ha', ag yn, ne', yn gynnar a d'eud y gwir, yn yr ha', pan o'dd Bwtshias y Gôg yn tyfu 'chi. Ma' n'w 'weld yn llwyni ar ochor 'rhen goed 'na. Wedyn ma' 'na glawdd cerrig yn is i lawr. A fydda' Alwyn yn mynd i fan'no, a fydda'n dod yn 'i ôl ag yn d'eud bydda' fo'n gweld Tylwyth Teg, yn downshio rhwng y rhain – "blŵ-bels" fydda' fo'n dd'eud 'te. Ag o'dd o'n d'eud bod 'na bob matha' o liwia' – riw gapia' hirion gynny' n'w medda' fo. A fyddwn i ddim yn 'i gweilio fo beth bynnag. A dŵad am y tŷ 'ma bydda' fo. A fydda' fo'n mynd yno reit amal, a dod yn 'i ôl ag yn d'eud bydda' fo'n gweld y Tylwyth Teg. Ond wyddochi be', mi fuo fi yno fy hun, riw noson, a welish i ddim byd – dyna sy'n beth rhyfadd. Ond o'dd o'n 'i gweld n'w medda' fo. A fysachi'n gofyn iddo fo heddiw – ma' 'di tyfu fyny, mi fysa'n d'eud yr un peth 'tha chi – bod o *wedi* gweld y Tylwyth Teg.'

MOTIFAU: F. 217   (Cyrchfan y Tylwyth Teg)
            F. 261   (Y Tylwyth Teg yn dawnsio)
            F. 236.1.7 (Y Tylwyth Teg yn gwisgo dillad amryliw)
            F. 239.4.3 (Y Tylwyth Teg yn fychan iawn)

DAWNS Y TYLWYTH TEG, I : NANT FFRANCON

John Rhys, *Celtic Folk-lore*, I, 1901, t.60.

'Mae (Mr David Thomas, Pant y Wern a Dewi Glan Ffrydlas) wedi clywed y traddodiad fod eglwys yng Nghorwrion lle'r arferid cynnal un gwasanaeth pob Sul, ar ôl yr hwn yr âi'r bobl i lecyn gerllaw i'w diddori eu hunain, ac wedi nos, yn gwylio'r Tyl. Teg. yn dawnsio, neu yn cymysgu â hwy i ddawnsio mewn cylch o gwmpas pry-tân. Yn ôl Dewi Glan Ffrydlas, Pen y Bonc oedd y fan . . . sy'n golygu, ymhlith pethau eraill, eu bod yn dewis ponciau. Cyfeirir at hyn mewn rhigwm modern:

> "Ar Tylwyth Teg yn dawnsio'n sionc
> Ogylch magïen Pen y Bonc.'"

MOTIF: F. 261.3 (Y Tylwyth Teg yn dawnsio)

DAWNS Y TYLWYTH TEG, II : LLANBERIS

G.T. Parry, *Hanes Llanberis*, 1908, tt.43-4.

'Yn y dyddiau gynt byddai'r Tylwyth Teg yn canu a dawnsio o gylch y maen hwn am oriau lawer, bron yn ddyddiol, a llawer gwaith y bu hen fugeiliaid y Wyddfa gyda'r wawr yn syllu arnynt yn y pellter. Yr oedd arnynt ormod o ofn mynd yn agos atynt, rhag cael eu hudo i mewn i'r cylch, oblegid, os cymerai hynny le, nis gwyddai neb beth fyddai y canlyniad. Ond un tro, o gywreinrwydd, aeth un o'r enw Wil Helfa Fain at fin y cylch, a hwythau yn canu a dawnsio yn egnïol, a hudwyd ef i mewn i'r cylch, ac ni welwyd ef y diwrnod hwnnw. Yr oedd ei gyd-fugeiliaid yn bryderus amdano; a chyda'r nos, aethant i'r fan y gwelwyd ef olaf, ac er eu syndod, yn peth cyntaf a welsant oedd Wil yn dawnsio â'i holl egni. Yr oedd y lleuad yn llawn y noswaith honno, a'r wybren yn glir, ac yr oedd felly yn olau fel y dydd. Ac yn y bore cafwyd hyd iddo gan un o'r bugeiliaid, yn gorwedd yn hanner marw gan flinder, heb fod nepell oddi wrth y Maen. A phan y daeth ato ei hun dywedai mai adeg mwyaf hapus ei fywyd oedd y noswaith honno. Cariwyd ef i lawr i'r Helfa Fain, a bu yn ei wely am rai dyddiau; ond wedi llwyr ddadebru o'i flinder, ni fynnai sôn am yr helynt y bu ynddo.'

MOTIFAU: F. 261   (Y Tylwyth Teg yn dawnsio)
        F. 302.3.4.2   (Y Tylwyth Teg yn dawnsio â llanc nes ei fod yn marw [neu yn mynd yn wallgof])

Cofnodwyd yr un chwedl gan G.T. Parry yn:

'Llanberis', *Cymru*, XXX, t.232.

Cofnododd Rhys yntau chwedl debyg am fab Caeau Gwynion yn cael ei ddenu i gylch y Tylwyth Teg ger Llyn Cwellyn. Gallodd yntau ddianc oddi wrthynt ar ôl ymdrech galed am gryn amser.

DAWNS Y TYLWYTH TEG, III : DYFFRYN CONWY

W.D. Maclaren, John Rhys, *Celtic Folk-lore*, I, 1901, t.200.

'Arferai fod llawer o gylchoedd y Tylwyth Teg rhwng Trefriw a Llanrwst, ar y tir gwastad – gellir gweld rhai ohonynt o hyd yn ôl Maclaren. Arferai'r Tyl. Teg ddawnsio yma, a phan âi llanc i'r cylch dygid ef ymaith gan y Tylwythesau Teg; ond gellid ei dynnu allan yn ddianaf mewn blwyddyn a diwrnod, pan ganfyddid ef yn dawnsio â hwy yn yr un cylch: rhaid fyddai ei gyffwrdd yn heini yr adeg honno â darn o haearn gan ei gyfeillion a'i dynnu allan ar unwaith. Dyma'r modd yr achubwyd llanc y cysyllta'm nodiadau â Bryn Glas. Aethai allan gyda cyfaill, a'i golli, a chrwydrodd i gylch y Tyl. Teg. Roedd ganddo esgidiau newydd am ei draed ar y pryd, a llwyddodd ei gyfeillion i'w dynnu allan ar ddiwedd blwyddyn a diwrnod; ond ni ellid ei berswadio ei fod wedi bod ymaith am fwy na phum munud nes y gofynnwyd iddo edrych ar ei esgidiau newydd, a oedd yn garpiau erbyn hynny.'

TEIP: M. L. 4075 – Ymweliad â Gwlad y Tylwyth Teg.
MOTIFAU: F. 218   (Cylch y Tylwyth Teg yn fynedfa i'w gwlad)
        Z. 72.1   (Rhif fformiwlaidd: blwyddyn a diwrnod)
        F. 211.1.1 (Y drws i wlad y Tylwyth Teg ond yn agor unwaith y flwyddyn)
        F. 384.3   (Y Tylwyth Teg ofn haearn)
        F. 377.2   (Blwyddyn ond fel ychydig oriau yng ngwlad y Tylwyth Teg)

Gw. 'Etifedd Coll Llwyn Onn'.

Cofnodwyd yr un chwedl yn:

H.L. Wilson, *Around Snowdon*, s.d., t.57.

Yn y chwedl hon eto, gwelwn gymaint oedd grym haearn yn erbyn y Tylwyth Teg.

DAWNS Y TYLWYTH TEG, IV : DYFFRYN NANTLLE

Glasynys, *Cymru Fu*, 1862, t.177.

'Y mae chwedl go debyg am le o'r enw Llyn y Ffynonau. Yr oedd yno rafio a dawnsio, telynio a ffidlo enbydus, a gwas y Gelli Ffrydau a'i ddau gi yn eu canol yn neidio ac yn prancio mor sionc â neb. Buont wrthi hi felly am dridiau a theirnos, yn ddi-dor-derfyn; ac oni bai bod rhyw ŵr cyfarwydd yn byw heb fod yn neppell, ac i hwnw gae gwybod pa sut yr oedd pethau yn myned yn mlaen, y mae'n ddiddadl y buasai i'r creadur gwirion ddawnsio'i hun i farwolaeth. Ond gwaredwyd ef y tro hwn.'

MOTIF: F. 302.3.4.2 (Y Tylwyth Teg yn dawnsio gyda llanc nes ei ladd neu ei yrru yn wallgof)

Cododd Rhys yr un traddodiad:

John Rhys, *Celtic Folklore*, I, 1901, t.111.

DISGYNYDDION Y TYLWYTH TEG : NANT Y BETWS

Mrs Mary Awstin Jones. Tâp AWC, 4362.

'Tomos Jô's Y Fron fydda' yn d'eud – d'eud yr hanas – fydda'n d'eud llawar wrth Bob 'y mrawd amdany' n'w. Ma' n'w'n deulu lluosog 'chi ac yn deulu sy' dŵad yn 'i blaena'n dda iawn yn y byd 'efyd efo – ariangar 'elly 'te – y– ariannog 'dwi'n feddwl – a – fferm – ffermwrs ydyn' n'w at 'i gilydd a'r stori ydi 'nôl f'ro'dd hanas yn d'eud bod ryw hen ŵr a r'w hen wraig ryw dro 'di cl'wad plentyn bach yn crïo ar – tu allan i'r drws r'wla a bod yr hen ŵr 'di mynd allan i edrach be' o'na a 'di darganfod babi bach ar stepan y drws a fod o 'di dŵad â fo i mewn a – a – i'r tŷ a bod nhw wedi fagu 'o yn – fel plentyn iddyn' nhw'i hunan a bod o wedi tyfu fyny a bod o wedi priodi, ond ma' nhw'n d'eud ma' plentyn y Tylwyth Teg o'dd ag na fo – a'i hiliogaeth o ydi'r teulu yma ydwi'n sôn amdanyn' nhw'n – y teulu 'ma sy' – ma' n'w – ma' nhw llew – 'n dod yn 'i blaena' yn y byd w'chi – y math o bobol ydyn' nhw'n 'te. A ma' nhw'n d'eud hefyd – pen ma' un o'ny nhw'n marw – 'dwi'm yn gw'bod os 'dio'n wir am y merched 'ta dim ond am y dynion, fedra'i'm d'eud hynny'n hollol – bod nhw'n marw heb i neb 'i gweld nhw'n marw. Ma' – ma' nhw wedi digwydd marw fel'a heb fod neb efo nhw ar y pryd, er 'wrach bod nhw'n wael ond does'na neb wedi bod yna pan mae o yn marw, e'lla' bod rhywun 'di troi gefn ne' r'wbath felly am funud a ma' o 'di marw yn yr adag bach yna. Ma' 'na hen ddywediad fel'a. 'Wi'n cofio un o'ny'n n'w'n marw – hwnnw'n gymydog i ni – a Tomos Jô's y Fron yn d'eud w'th Bob "Mi – ô'n i'n d'eud 'that ti'n 'dô'n – o'n i'n d'eud 'that ti meddy – mi fuo'r hen Wiliam Gruffydd farw," medda' fo – "heb i neb 'i weld o do," medda' fo. A ryw hanas fel'a sydd. 'Dwi'm yn gw'bod dim mwy na hynna chwaith, 'te.'

Holwr – Robin Gwyndaf

TEIP: M. L. 6020 – Mam Ddiolchgar o Blith Y Tylwyth Teg. (Amrywiad.)
MOTIF: F. 305 (Disgynyddion Tylwythyn Teg a pherson marwol)
NODIADAU: Clywais innau'r chwedl yma ar lafar gan Mr Owen Prys Pritchard, brawd Mary Awstin Jones. Tybiai ef mai teulu'r Caeau Gwynion neu Bronfedw a fagodd y baban: nid oedd yn sicr p'run. Gwelir yn y chwedlau a gofnodwyd yma y gallai fod y naill deulu neu'r llall, gan bod chwedlau yn eu cysylltu ill dau â'r Tylwyth Teg.

Y DYLWYTHES ANIOLCHGAR : W.E. Jones : DOLBENMAEN

John Rhys, *Celtic Folklore*, 1901, t.109.

'Mae'r darn olaf o lên-gwerin a drosglwyddodd (y Parch. W.E. Jones) yn . . . fyr, ond yn ddisgrifiad llawer mwy prin: "Roedd Tylwythes Deg yn arfer gwasanaethu teulu arbennig yng Nghwm Pennant bob nos drwy roi'r plant yn eu gwlâu. A gan bod dillad y Dylwythes Deg yn garpiog, rhoddodd y feistres wisg yn rhodd iddi, a ganfuwyd wedi ei rhwygo'n ddarnau yn y bore." Ceir cytras i'w llaid yn hanes y "fenodyree" neu frowni Manaw . . . ond nis gwn am unrhyw gytras i wasanaeth Tylwythes Deg y Pennant.'

MOTIFAU: F. 346.0.1 (Y Tylwyth Teg yn gwasanaethu marwolion)
         F. 381.3   (Y Tylwyth Teg yn gadael pan roddir dillad iddynt)
Cofnodwyd y chwedl hefyd yn:
T. Gwynn Jones, *Welsh Folklore*, 1930, t.57.

Y Dylwythes Deg a'i Haur: W.E. Jones : Dolbenmaen

John Rhys, *Celtic Folklore*, I, 1901, tt.108-9.

'Sôn y chwedl nesaf am hen wreigan o Garn Dolbenmaen, yr hon, wrth groesi'r Graig Goch a ddaeth o hyd i Dyl. Deg yn eistedd i lawr gyda thomen o ddarnau aur wrth ei hymyl. Mentrodd yr hen wraig fynegi ei bod yn gyfoethog iawn: atebodd y Dyl. Deg, "Wele dacw!" a diflannodd.'

MOTIF: F. 342.1 (Aur y Tylwyth Teg)

Eilian, Morwyn Garth Dorwen : William Thomas Solomon : Nantlle

John Rhys, *Celtic Folklore*, I, 1901, tt.210-4.

'Mi'r oedd gŵr a gwraig yn byw yn y Garth Dorwen ryw gyfnod maith yn ôl, ag aethant i Gaer'narfon i gyflogi morwyn ar ddydd ffair Glangaeaf, ac yr oedd yn arferiad gan feibion a merched y pryd hynny i'r rhai oedd yn sefyll allan am lefydd aros yn top y maes presennol wrth boncan las oedd yn y fan lle saif y Post-Office presennol; aeth yr hen ŵr a'r hen wraig at y fan yma a gwelent eneth lân a gwallt melyn yn sefyll chydig o'r neilldu i bawb arall; aeth yr hen wraig ati a gofynnodd i'r eneth oedd arni eisiau lle. Atebodd fod, ag felly cyflogwyd yr eneth yn ddioed a daeth i'w lle i'r amser penodedig. Mi fyddai yn arferiad yr adeg hynny o nyddu ar ôl swper yn hirnos y gauaf, ag fe fyddai y forwyn yn myn'd i'r weirglodd i nyddu wrth oleu y lloer, ag fe fyddai tylwyth teg yn dŵad ati i'r weirglodd i ganu a dawnsio. A ryw bryd yn y gwanwyn pan esdynnodd y dydd diangodd Eilian gyd a'r tylwythion teg i ffwrdd, ag ni welwyd mo'ni mwyach. Mae y cae y gwelwyd hi ddiwethaf yn cael ei alw hyd y dydd heddyw yn Gae Eilian a'r weirglodd yn Weirglodd y Forwyn. Mi'r oedd hen wraig y Garth Dorwen yn arfer rhoi gwragedd yn eu gwlâu, a byddai pawb yn cyrchu amdani o bob cyfeiriad; a rhyw bryd dyma ŵr boneddig ar ei geffyl at y drws ar noswaith loergan lleuad, a hithau yn glawio 'chydig, ag yn niwl braidd, i 'nôl yr hen wreigan at ei wraig; ag felly aeth yn sgîl y gŵr diarth ar gefn y march i Ros y Cowrt. Ar gabnol y Rhos pryd hynny'r oedd poncan lled uchel yn debyg i hen amddifynfa a llawer o gerrig mawrion ar ei phen a charnedd fawr o gerrig yn yr ochor ogleddol iddi, ag mae hi i'w gweld hyd y dydd heddyw dan yr enw Bryn y Pibion. Pan gyrhaeddasan' y lle aethan' i ogo' fawr ag aethan' i stafell lle'r oedd y wraig yn ei gwely, a'r lle crandia a welodd yr hen wraig yrioed. Ag fe roth y wraig yn ei gwely ag aeth at y tân i drin y babi; ag ar ôl iddi orphen dyna y gŵr yn dod a photel i'r hen wraig i hiro llygaid y babi ag erfyn arni beidio a'i gyffwr' a'i llygaid ei hun. Ond ryw fodd ar ôl rhoi y botel heibio fe ddaeth cosfa ar lygaid yr hen wraig a rhwbiodd ei llygaid â'r un bys ag oedd wedi bod yn rhwbio llygaid y baban a gwelodd hefo'r llygad hwnnw y wraig yn gorfedd ar docyn o frwyn a rhedyn crinion mewn ogo' fawr o gerrig mawr o bob tu iddi a 'chydig bach o dân mewn rhiw gornel, a gwelodd mai Eilian oedd hi, ei hen forwyn, ac hefo'r llygad arall yn gwel'd y lle crandia a welodd yrioed. Ag yn mhen ychydig ar ôl hynny aeth i'r farchnad i Gaernarfon a gwelodd y gŵr a gofynnodd ido – "Pa sud mae Eilian?" "O y mae hi yn bur dda," meddai wrth yr hen wraig: "a pha lygad yr ydych yn fy ngweld?" "Hefo hwn," meddai hithau. Cymerodd babwyren ag a'i tynodd allan ar unwaith.

Dyma'r chwedl, yn ôl fy hysbyswyr, yn union fel ei clywodd gan ei fam, a chlywodd hithau hi gan hen wraig fu'n byw yn Ngarth Dorwen pan oedd ei fam yn blentyn, tua 84 mlynedd yn ôl, yn ôl ei ddamcaniaeth ef. Ond yn y fersiwn ysgrifenedig hwn mae wedi anghofio un peth, a ddywedodd wrthyf yng Nglynllifon, sef, pan arferai'r ferch fynd allan at y Tylwyth Teg i nyddu y byddai swm enfawr o waith yn cael ei wneud.'

TEIP: M. L. 5070 – Bydwraig y Tylwyth Teg.

MOTIFAU:	F. 373	(Person marwol yn gadael y byd am wlad y Tylwyth Teg)
	F. 372.1	(Y Tylwyth Teg yn ceisio bydwraig farwol i weini ar Dylwythes Deg)
	F. 221.3	(Stafell hardd gan y Tylwyth Teg mewn bryncyn)
	F. 378.6	(Tabŵ: defnyddio eli'r Tylwyth Teg gan berson marwol)
	F. 235.4.1	(Y Tylwyth Teg yn weledig drwy ddefnyddio eli)
	F. 361.3	(Y Tylwyth Teg yn dial ar y sawl sy'n sbïo arnynt: cyll ei olwg)
	Baughman F. 235.4.1 (a)	(Y fydwraig farwol ac eli'r Tylwyth Teg)

Bu hon yn chwedl boblogaidd iawn a chofnodwyd hi nifer o weithiau, gan ddilyn fersiwn Rhys gan amlaf:

Myrddin Fardd, *Llên Gwerin Sir Gaernarfon*, 1908, tt.93-4.
T. Gwynn Jones, *Welsh Folklore*, 1930, tt.70-1.
Hugh Evans, *Y Tylwyth Teg*, 1944, tt.33-4.
Cofnodiad SGAE, 20, iv. 74 (Y rhan gyntaf yn unig)
D.M. Ellis, 'Morwyn Garth Dorwen', *Llên Gwerin Sir Gaernarfon*, 1975, tt.41-3.

W.J. Thomas, *The Welsh Fairy Book*, s.d., tt.133-6.

Dyma'r fersiwn mwyaf cyflawn ar y chwedl ryngwladol, 'Bydwraig y Tylwyth Teg', gan y ceir chwedlau am famaethod heb yr eli ac fel arall. Mae'n ddiddorol sylwi hefyd fod y chwedl wedi parhau ar lafar, neu o leiaf y rhan gyntaf, a bod yr enwau 'Cae Eilian' a 'Weirglodd/Cors y Forwyn' yn dal yn fyw.

Ceir fersiynau eraill hefyd, o ardal Dolbenmaen:

John Rhys, *Celtic Folklore*, I, 1901, t.220.

ac hefyd yn gysylltiedig â Pencoed, plwyf Llanarmon, gyda'r ffair ym Mhwllheli.

Dyma un o'r chwedlau mwyaf poblogaidd yn Lloegr a gellir ei olrhain at fersiwn a gofnodwyd gan Gervase o Tilbury yn y drydedd ganrif ar ddeg.

Mae'r swm enfawr o waith a wneid gan Eilian pan yng nghwmni'r Tylwyth Teg yn awgrymu cysylltiad â motifau rhyngwladol tebyg, ac iddi fynd i wlad y Tylwyth Teg am iddi gadw ei gair, yr âi yn sgîl cyflawni'r gwaith. Yn y chwedl hon mae Eilian yn farwol, ac yn hysbys i'r fydwraig. Gall hyn awgrymu fod pob un o'r mamau ceisir bydwragedd marwol iddynt yn farwolion a gipiwyd gan y Tylwyth Teg.

EINION LAS AC OLWEN : NANTLLE

Glasynys, *Cymru Fu*, 1862, tt.177-9.

'Mi glywais fy mam, pan oeddwn yn lâs-hogyn, yn myned dros yr hanes a ganlyn lawer gwaith. Ydyw, y mae'r geiriau eglur, yr olwg syml, yr ystum prydferth, y llygaid hyny ag y mae'r ceufedd wedi eu mynnu iddo ei hun, yn fyw o flaen fy llygaid! Pan yn gwau ei hosan ar ddechreunos, o flaen tanllwyth braf o dân, mi fyddai yn ddifyr clywed barddoniaeth mewn iaith rydd – clywed adroddiad di-ymgais mam wrth ei hanwyliaid er mwyn eu dyddanu.

Yr oedd unwaith fachgen o fugil wedi myned i'r mynydd. Fel llawer diwrnod arall, cynt a chwedi hyn, yr oedd hi yn niwliog anarferol. Er ei fod ef yn dra chydnabyddus a phob rhan o'r fro, eto ryw fodd fe gollodd y ffordd, a cherdded y bu ar draws ac ar hyd am lawer o oriau meithion. O'r diwedd, daeth i bantle brwynog, a gwelai o'i flaen amryw gylchoedd modrwyog. Cofiodd mewn munud am y lle, a dechreuodd ofni yr hyn a fyddai gwaeth. Yr oedd wedi clywed lawer canwaith am y triniaethau chwerwon yr aeth llawer bugail drwyddynt oherwydd digwydd ohonynt dd'od ar draws dawnsfa neu gylchau y TYLWYTH TEG. Brysiodd ei oreu glas fyned oddiyno rhag ofn y sibedid yntau fel y rhelyw; ond er chwysu a thagu, yno yr oedd, ac yno y bu am hir amser. O'r diwedd, daeth i'w gyfarfod dorpwth o hen ddyn llygadlas, llygadlon, a gofynodd pa beth yr oedd yn ei wneud. Dywedodd yntau mai ceisio cael hyd i ben y ffordd i fyned adref yr oedd.

"Ho!" ebai, yntau "tyr'd ar fy ôl I, a phaid ag yngan gair nes y peraf i ti." Felly y fu hi. Aeth ar ei ôl ef o lech i lwyn nes y daethant at faen hirgrwn; a thyma yr hen dorpwth yn ei godi, ar ôl rhoi tri chnoc hefo'i ffon yn ei ganol. Yr oedd yno lwybr cul, a grisiau draw ac yma i'w gweled. Yr oedd yno hefyd oleuni llwyd-las-wyn i'w ganfod yn tarddu o'r ceryg. "Dilyn fi yn ddiofn," ebai'r torpwth, "ni wneir dim niwaid i ti." Yn mlaen yr aeth y bachgen druan, yn wysg ei drwyn, fel ci i'w grogi. Ond toc, dyma wlad dêg, goediog, ffrwythlawn, yn ymledu o'u blaen; a phalasau trefnus yn ei britho, a phob mawredd ymddangosiadol yn rhith-wenu yn eu gwyneb. Yr oedd yr afonydd yn loyw-droellog, y ffrydiau yn sidellog, y bryniau yn lasdwf ir-welltog, a'r mynyddoedd yn llyfn-gnuafog. Erbyn cyrhaedd palas y torpwth, yr oedd wedi pensyfrdanu gan mor beraidd-oslefol y pynciai yr adar yn y coed-lwyni. Yno drachefn yr oedd aur yn serenu'r llygaid, ac arian yn gwawlio'r golygon. Yr oedd yno bob offer cerdd, a phob rhyw erfyn chwareu. Ond ni welai neb yn yr holl fan. Pan aeth i fwyta, yr oedd y pethau oedd ar y bwrdd yn do'd yno eu hunain, ac yn diflanu hefyd pan ddarfyddid a hwy. Methai'n lân loyw a dirnad hyn. Yr oedd yn clywed pobl yn siarad hefo'u gilydd o'i gwmpas, ac yn ei fyw nis gwelai neb ond ei hen gydymaith. Ebai'r torpwth wrtho o'r diwedd, "Gelli bellach siarad faint y fyd fyw a fynot." Ond pan geisiodd ysgwyd ei dafod, nis symudai hwnw mwy na thalp o rew. Dychrynodd yn aruthr o'r plegyd. Ar hyn, dyma globen o hen wreigan raenus a thirion yr olwg arni yn d'od atynt, ac yn cil-wenu ar y bugail. Yna dyma dair o ferched hardd nodedig yn dilyn eu mam. Syllent hwythau hefyd yn rhyw haner chwareus arno. O'r diwedd, dechreuasant siarad hefog ef. Ond ni wnâi'r tafod ysgwyd. Ond ar hyn, daeth un o'r lodesi ato, a chan chwareu hefo'i lywethau melyn-grych, tarawodd glamp o gusan ar ei wefusau fflamgoch. Llaciodd hyn y rhwymyn oedd yn dal y tafod, a dechreuodd arni siarad yn rhydd a doniol. Yno yr oedd, o dan swyn y cusan hwnw, mewn hawddfyd hyfrydlawn. A bu yno am un dydd a blwyddyn heb wybod iddo aros mwy na diwrnod yn eu mysg. Yr oedd ef wedi myned i wlad lle and oedd dim cyfrif amser. Ond ryw bryd, fe gododd tipyn o hiraeth arno y buasai yn dda ganddo gael myned i roi tro i'w hen gynefin, a gofynodd i'r torpwth a gâi ef fyned. Diolchodd hefyd yn dra moesgar am y tiriondeb a gafodd. "Aros ronyn eto, a chei fyned am swrn," ebai yntau; ac felly fu hi. Arosodd, ac yr oedd Olwen, oblegyd dyna oedd enw y fun a'i cusanodd, yr oedd hono yn anfoddlawn iawn iddo ymadael. Byddai yn edrych yn drwm bob tro y soniai am fyned ymaith. Ac yr oedd yntau hefyd yn teimlo rhyw ias oer wrth feddwl ymadael â hi.

Ond ar yr amod o dd'od yn ôl câdd fyned a digon o aur ac arian, a thlysau a gemau ganddo. Pan ddaeth adref, ni wyddai neb pwy oedd. Yr oeddis wedi meddwl fod bugail arall wedi ei ladd am annos ei ddefaid; a bu raid i hwnw gymeryd y goes i'r Amerig draw, onide crogesid ef rhag blaen. Ond dyma Einion Las adref, a phawb yn synu. Yn enwedig, wrth wel'd bugail wedi d'od i edrych fel arlwydd cyfoeth. Yr oedd ei foes, ei wisg, ei iaith, a'i eiddo yn cyfateb i'r dim i'w wneud ef yn ŵr boneddig. Aeth yn ôl drachefn rhyw nos Iau cynta'r lleuad, mor ddiswta, yr eil-dro ag yr aeth y waith gyntaf, ac ni wyddai neb pa sut na pha fodd. Yr oedd llawenydd mawr yn y wlad isod pan ddychwelodd Einion yno, ac nid neb a lonodd yn fwy nag Olwen ei anwylyd. Yr oedd y ddau yn wyllt wibwrn am briodi. Ond yr oedd yn rhaid gwneud hyny yn ddystaw, oblegyd nid oedd dim yn gasach yn ngolwg teulu'r wlad isod na thwrf a sôn. Ac felly, mewn dull haner dirgel, fe unwyd y ddau. Yr oedd ar Einion flys garw myned eto i roi tro hefo'r wraig, na bo ond ei sôn, adref i fysg ei deulu. Ac ar ôl hir ymbil hefo yr hen fachgen, cawsant gychwyn ar gefn dau ferlyn gwyn; yn wir yr oeddynt yn debycach i eira na dim arall o ran lliw. Felly fe ddaeth ef a'i briod i'w hen gynefin, a barn pawb oedd mai y lanaf a welodd yr haul yn un man oedd gwraig Einion.

Pan adref, ganwyd mab iddynt, a galwyd ei enw yn Daliesin. Yr oedd Einion erbyn hyn yn fawr ei alwad, a'i wraig yn derbyn pob parch teilwng. Yr oedd ei golud yn anferth, a buan y daeth ganddynt etifeddiaeth eang. Ond yn lled-agos i hyn, daeth pobl i ddechreu holi am achau gwraig Einion.

Pan adref, ganwyd mab iddynt, a galwyd ei enw yn Daliesin. Yr oedd Einion erbyn hyn yn fawr ei alwad, a'i wraig yn derbyn pob parch teilwng. Yr oedd ei golud yn anferth, a buan y daeth ganddynt etifeddiaeth eang. Ond yn lled-agos i hyn, daeth pobl i ddechreu holi am achau gwraig Einion. Nid oedd y wlad yn barnu mai peth iawn oedd bod heb achau. Holwyd Einion, ond ni roddai ef un ateb boddhaus. A phenderfynodd y bobl mai un o deulu'r TYLWYTH TEG oedd. "Ie'n wir," ebai Einion, "nid oes dadl i fod nad un o Dylwyth Teg iawn ydyw; oblegyd y mae iddi ddwy chwaer eto mor lân â hithau; a phe gwelsech hwynt yn nghyd, buasech yn cydnabod fod yr enw yn un iawn." A thyma paham y galwyd y teulu hynod sydd yn nhir Hud a Lledrith yn DYLWYTH TEG.

TEIP: M. L. 5090 – Priodi Tylwythes Deg.
MOTIFAU: F. 211.3   (Y Tylwyth Teg yn byw o dan y ddaear)
        F. 377   (Treigl goruwchnaturiol amser yng Ngwlad y Tylwyth Teg)
        F. 342   (Y Tylwyth Teg yn rhoi arian i ŵr marwol)
        F. 302.2   (Gŵr yn priodi Tylwythes Deg ac yn mynd â hi i'w gartref)
        F. 305   (Plant gŵr marwol a Thylwythes Deg)
        F. 234.2.5 (Tylwythes Deg ar ffurf gwraig ifanc dlos)
NODIADAU: Ymddengys nad yw'r chwedl ond eglurhâd onomastig ar enw'r Tylwyth Teg, ond fel y gwelir, cynnwys nifer o fotifau traddodiadol.

ELI'R TYLWYTH TEG – Morris Hughes : DYFFRYN CONWY

John Rhys, *Celtic Folklore*, I, 1901, t.198.

' . . . yn Nhrefriw deuthum ar draws hen ŵr a anwyd ac a fagwyd yno, o'r enw Morris Hughes. Ymddengys tua 70 oed . . . Dywedodd wrthyf yr arferai'r Tyl. Teg, amser maith yn ôl, ddodi fferm Cowlyd, ger Llyn Cowlyd, gyda baban i'w wisgo, gan ofyn a gaent fynd i'r tŷ, gan ddweud y talent yn dda. Caniatawyd eu cais ac arferent adael arian ar eu hôl. Un dydd canfu'r forwyn eu bod hefyd wedi gadael peth o'r stwff a ddefnyddient i olchi eu plant, ar ddamwain. Archwiliodd ef, a digwyddodd ei llygad gosi a rhwbiodd hi â'r un bys a gyffyrddodd y stwff. Felly pan aeth i Ffair Llanrwst gwelodd yr un teulu o Dyl. Teg yn dwyn teisenau oddi ar stondin a gofynodd pam y gwnaent hynny. Gofynwyd â pha lygad y gwelai hwy; dangosodd hithau'r lygad a rhwbiodd un o'r Tylwyth hi'n sydyn fel na welodd hwy wedyn.'

MOTIFAU: F. 332   (Y Tylwyth Teg yn ddiolchgar am gael croeso)
        F. 342   (Y Tylwyth Teg yn rhoi arian i ŵr mawrol)
        F. 235.4.1 (Y Tylwyth Teg yn weledig o ddefnyddio' eli)
        F. 378.6   (Tabŵ: defnyddio eli'r Tylwyth Teg gan berson marwol)
        F. 365   (Y Tylwyth Teg yn dwyn)
        F. 361.3   (Y Tylwyth Teg yn dial ar y sawl sy'n sbïo arnynt â cyll ei olwg)

Cofnodwyd y chwedl hon gan eraill, gan ddilyn Rhys:

T. Gwynn Jones, *Welsh Folklore*, 1930, tt.71-2.
Frank Ward, *The Lakes of Wales*, 1931, t.72.
H.L. Wilson, *Around Snowdon,* s.d., t.57.

NODIADAU: O fanylu, gwelir fod yma ddwy chwedl. Yn y rhan gyntaf gwelir y Tylwyth Teg yn talu i'r ffermwr am ei groeso ac yn yr ail gwelir rhan o chwedl 'Bydwraig y Tylwyth Teg'.

Gw. 'Eilian, Morwyn Garth Dorwen'.

ELIS BACH : Lewis Jones : LLANAELHAEARN

John Rhys, *Celtic Folklore*, 1901, tt.223-4.

'Disgrifiodd fy hysbyswr Elis Bach o Nant Gwrtheyrn i mi . . . yr hwn a fu farw ychydig mwy na 40 mlynedd yn ôl. Roedd ei dad yn ffermwr yno, ac roedd ei blant, yn fechgyn a genethod, fel pobl gyffredin, pawb ond Elis, yr hwn oedd â nam corfforol arno: roedd ei goesau mor fyr nes yr ymddangosai nad oedd ei gorff ond ychydig fodfeddi oddi wrth y llawr pan gerddai. Roedd ei lais hefyd yn fach ac yn fain. Eto'i gyd roedd yn ddigon siarp a llwybreiddiai rhwng y cerrig yn eithaf da, pan yn chwilio am ddefaid a geifr ei dad, yr arferai bod digon ohonynt yno cynt. Tybiai pawb mai cyfnewidiad oedd Elis a chofir un dywediad o'r eiddo o hyd yn y rhan yna o'r wlad. Pan ddeuai dieithriaid i Nant Gwrtheyrn, peth na ddigwyddai'n aml, a phan wahoddai ei rieni ef hwy i rannu eu bwyd, a'u annog i fwyta, dywedai'n sych: "buta nynna buta'r cwbwl," sef – "Mae bwyta hwnna'n golygu bwyta'r cwbl sydd gennym."'

TEIP: M. L. 5085 – Y Cyfnewidiad.
MOTIF: F. 321.1 (Cyfnewidiad)

Cofnodwyd mwy o hanes Elis Bach gan Rhys:

Celtic Folklore, I, 1901, t.221.
Ibid., tt.226-7.

ETIFEDD COLL LLWYN ONN : NANT Y BETWS

John Rhys, *Y Cymmrodor*, IV, 1880, t.196.

'Ryw noson lawn lloer ac un o feibion Llwyn On yn Nant y Betws yn myned i garu i Glogwyn y Gwin, efe a welodd y Tylwyth Teg yn ymloddestu a dawnsio ei hochr hi ar weirglodd wrth lan Llyn Cwellyn. Efe a nesaodd tuag atynt; ac o dipyn i beth fe'i llithiwyd gan bereidd-dra swynol eu canu a hoender a bywiogrwydd eu chwareu, nes myned o hono tu fewn i'r cylch; ac yn fuan fe ddaeth rhyw hud drosto, fel y collodd adnabyddiaeth o bobman a chafodd ei hun mewn gwlad harddaf a welodd erioed, lle'r oedd pawb yn treulio eu hamser mewn afiaeth a gorfoledd. Yr oedd wedi bod yno am saith mlynedd, ac eto nid oedd dim ond fel breuddwyd nos; ond aeth adgof i'w feddwl am ei neges, a hiraeth ynddo am weled ei anwylyd. Felly efe a ofynodd ganiatâd i ddychwelyd adref, yr hyn a roddwyd ynghyd a llu o gymdeithion i'w arwain tua'i wlad; ac yn ddisymwth cafodd ei hun fel yn deffro o freuddwyd ar y ddôl, lle gwelodd y Tylwyth Teg yn chwareu. Trodd ei wyneb tuag adref; ond wedi myned yno yr oedd popeth wedi newid, ei rieni wedi meirw, ei frodyr yn ffaelu ei adnabod, a'i gariad weid priodi un arall. – Ar ôl y fath gyfnewidiadau efe a dorodd ei galon, ac a fu farw mewn llai nag wythnos ar ôl ei ddychweliad.'

TEIP: M. L. 4075 – Ymweliad â Gwlad y Tylwyth Teg.

MOTIFAU: F. 262.3.6 (Cerddoriaeth y Tylwyth Teg yn peri llawenydd)

F. 302.3.1 (Denu gŵr marwol i Wlad y Tylwyth Teg)

F. 377.2 (Blwyddyn fel ychydig oriau yng Ngwlad y Tylwyth Teg)

F. 379.3 (Gŵr yn byw gyda'r Tylwyth Teg am saith mlynedd)

F. 374 (Hiraethu yng Ngwlad y Tylwyth Teg am gael mynd adref)

F. 379.1 (Dychwelyd o Wlad y Tylwyth Teg)

F. 1041.1.1 (Marw o dorcalon)

Bu hon yn un o'r chwedlau mwyaf poblogaidd am y Tylwyth Teg a chafwyd nifer o fersiynau arni:

'Llynoedd Cymru', *Y Geninen*, 1891, t.78.

D.E. Jenkins, *Bedd Gelert*, 1899, tt.173-4.

John Rhys, *Celtic Folklore*, I, 1901, tt.49-50.

T. Gwynn Jones, *Welsh Folklore*, 1930, tt.65-6.

Frank Ward, *The Lakes of Wales*, 1931, tt.85-6.

Recordiad Llafar SGAE, 15.xi.73 (Mrs Mary Awstin Jones)

D.M. Ellis, *Llên Gwerin Sir Gaernarfon*, 1975, tt.8-11.

Cofnodwyd fersiwn gwahanol arni hefyd gan William Rowlands, lle cais yr etifedd coll ddychwelyd i wlad y Tylwyth Teg. Ond er disgwyl ar y ddôl lle gwelodd y Tylwyth Teg gyntaf, ni ddaethant yno drachefn. Dychwelodd yr etifedd adref a bu farw o dorcalon mewn llai nag wythnos:

William Rowland, 'Mab Llwyn Onn', *Straeon Cymru*, 1961, tt.27-8.

Dywedodd Robert Isaac Jones (Alltud Eifion) yntau wrth Rhys yr arferai'r Tylwyth Teg ganu a dawnsio ar lan Llyn Cwellyn a'i bod yn beryglus mynd atynt gan eu bod yn hudo pobl i'w Gwlad:

John Rhys, *Celtic Folklore*, I, 1901, t.107.

Mae chwedlau am ymweliadau â Gwlad y Tylwyth Teg yn gyffredin a gellir olrhain y cofnodiad cyntaf chwedl o'r fath at hanes Elidir a'i bêl aur gan Gerallt Gymro yn y ddeuddegfed ganrif.

Y Fedel Hud : Nant Ffrancon

D.E. Davies; John Rhys, *Celtic Folklore*, I, 1901, tt.63-4.

'Un dydd cwynodd Guto, ffermwr Corwrion nad oedd ganddo ddigon o ddynion i dorri'r gwraig wrth ei wraig. "Pam 'rwyt yn cwyno, edrych draw!" meddai hithau, "mae gennyt lond cae ohonynt wrthi yn llewys eu crysau." Pan aeth yno canfu fod gweithwyr y Tylwyth Teg wedi diflannu.'

TEIP: M.L. 6035 – Y Tylwyth Teg yn Cynorthwyo Ffermwr Gyda'i Waith.
MOTIFAU: F. 451.3.4.3 (Corachod yn ffermio)
           F. 381.10 (Y Tylwyth Teg yn diflannu pan fo person yn eu gwylio yn gweithio)
           F. 348.8 (Tabŵ: nid yw gŵr marwol i wylio Tylwythyn Teg yn gweithio iddo)

Y Foeswers : Hugh Derfel Hughes : Nant Ffrancon

John Rhys, *Celtic Folklore*, I, 1901, tt.53-4.

'Weithiau, o leiaf, byddai'r Tyl. Teg yn eu prysuro eu hunain yn cynorthwyo eu cymdogion o wŷr a gwragedd ac yn ceisio eu dysgu i fod yn ffyddlon i bob addewid a chadw eu gair ar ôl eu tynghedu eu hunain i wneud hynny. Nid anghofiwyd byth wŷr a gwraig arbennig yr oeddent am ddysgu'r arferiad ardderchog hwn iddynt. Bu'r gŵr yn ymddwyn fel y dyliai nes un dydd, pan ddaliai ef yr aradr a'i wraig yn tywys yr anifeiliaid, fe dorodd ei lw a'i thrin yn frwnt a ffiaidd. Prin oedd wedi gorffen nag y taflwyd ef drwy'r awyr ac ar ei ben i'r llyn. Pan aeth y wraig at ymyl y dŵr i ofyn amdano'n ôl, atebwyd hi ei fod yno ac mai yno y dylai fod.'

MOTIFAU: F. 346 (Y Tylwyth Teg yn cynorthwyo pobl i wneud eu gwaith)
           F. 361.16 (Y Tylwyth Teg yn cosbi gŵr marwol am y modd y mae'n trin pobl eraill)

Y Ffermwr a'r Tylwyth Teg : Nant y Betws

T.H. Williams, Tâp SGAE, 1; ochr 2-3.

'Dwi'n d'alld fod ginnoch chi gerdd i'r Tylwyth Teg. 'Sa chi'n medru egluro i mi, ychi, be' o'dd amgylchiadau'i sgwennu hi a ballu?'

'Wel, mi 'dwi 'di sgrifennu hi oherwydd i ysgolfeistr Beddgelart ofyn fyswn i yn cyfansoddi penillion ar riw hen chwedla' o'dd gynno fo ar hanas y Tylwyth Teg a ballu 'lly 'de. Ffermwr Y Gilwern oedd un ohonyn' n'w. A mi 'nesh inna' benillion ar hynny a rhannu'r gerdd yn dair cân . . . yn dair rhan mewn ffor'. Ffermwr Y Gilwern, fel 'ro'n i'n d'eud; a wedyn ffermwr Y Ffridd, ac wedyn ffermwr Drws y Coed. A mi 'dwi 'di g'neud y gân yma i ganu ar yr hen alaw 'Lili Lon'. A rh'wbath tebig i hyn mai'n mynd – mi gana'i 'i'n gynta' ffermwr Y Gilwern:

Noson Ffair Beddgelart gwelodd
Ŵr y Gilwern beth a'i synnodd,
Gwelodd Dylwyth Teg yn dawnsio,
Eistedd wnaeth yn syn i'w gwylio.

Dawnsio'n llon ar ysgafn droed,
Dawnsio'n llon ar ysgafn droed,
Roedd y bobol fach yn dawnsio
Yno'n lliwgar yn y coed.

Gŵr y Gilwern ganddynt swynwyd,
Ac i'r cylch a'r coed fe'i denwyd,
Yno taflwyd gynau cannaid,
Taflwyd arian lwch i'w lygaid.

Ffoi a wnaeth y Tylwyth Teg,
Ffoi a wnaeth y Tylwyth Teg,
Tra y rhwbiai'r gŵr ei lygaid,
Ffoi a wnaeth y Tylwyth Teg.

Dyna hanes ffermwr Y Gilwern, ynde. A wedyn mi ddaeth ffermwr Y Ffridd wedyn heibio, 'swn i'n feddwl. A dyma fel y ma'r gerdd honno yn mynd ginni:

Fe ddaeth ffarmwr arall heibio,
Gŵr y Ffridd dan ocheneidio,
Ger y coed yn syn y safodd
A'r pereiddiaf ganu glywodd.

Canu bwyiog, hwyliog iach,
Canu bywiog, hwyliog iach,
Ac i'r golwg o ryw guddfan
Fe ddaeth llu o'r bobol fach.

Aeth y ffermwr hwn i gysgu,
Wedi'i suo gan y canu,
Ac fe'i rhwymwyd draed a dwylo,
Rhaffwyd ef, rhoid cwrlid drosto.

Cwrlid ysgafn oedd o wawn,
Cwrlid ysgafn oedd o wawn,
Rhwymwyd ef a rhoddwyd drosto
Gwrlid ysgafn, ysgafn iawn.

Fe aeth teulu'r Ffridd i chwilio
Bryn a phant a chwm amdano,
Nid oedd olwg arno'n unman
Pa le'r oedd y ffermwr druan?

Dan y cwrlid roedd ynghlwm,
Dan y cwrlid roedd ynghlwm,
Dan y cwrlid, wedi'i rwymo,
Yr oedd ef yn cysgu'n drwm.

Cysgu bu drwy'r nos a thrannoeth,
Cysgu, cysgu, fel gŵr annoeth,
Cyn y bore, yn ddigyffro,
Daeth y bobol fach i'w ddeffro.

A'i ryddhau o'r rhaffau tyn,
A'i ryddhau o'r rhaffau tyn,
Daeth y Tylwyth Teg i'w ddeffro
A'i ryddhau o'r rhaffau tyn.

A wedyn mi roedd 'na ffermwr Drws y Coed, fel 'ro'n i'n d'eud. Mi ddaeth yntau heibio.

Ffermwr Drws y Coed a droediai
Heibio'r fan, o'i flaen fe welai
Balas hardd lle na bu beudy
Yno 'rioed, heb sôn am blasdy.

Yr oedd hwn yn balas hardd,
Yr oedd hwn yn balas hardd,
Teg ei dyrau a'i ffenestri,
Teg ei lawnt, a'i flodau hardd.

Rwyf ar goll, beth wnaf i rŵan?
Gwaeddai yr hen ffarmwr druan.
Curo wnaeth ar ddrws y plasdy,
Erfyn wnaeth yn ddwys am lety.

Cafodd groeso, do, a bwyd,
Cafodd groeso, do, a bwyd,
Yn y plasdy hardd fe gafodd
Groeso cynnes iawn a bwyd.

Cafodd wely clyd i orwedd,
Cafodd esmwyth gwsg o'r diwedd,
Cysgu bu yn wir am oriau,
O dan gwrlid o wyrdd golau.

Dawnsiai'r Tylwyth Teg yn llon,
Dawnsiai'r Tylwyth Teg yn llon,
Gylch ei wely yn ysgafndroed
Dawnsiai'r Tylwyth Teg yn llon.

Cysgai'r ffarmwr, hwythau'n dawnsio,
A gwasgarwyd blodau drosto,
Ond deffrodd o'i gwsg a syllu
Ar y fan lle bu yn cysgu.

Dim ond cae digysgod gwyrdd,
Dim ond cae digysgod gwyrdd,
Ac o'i gwmpas fel gwarchodlu
Yr oedd blodau gwynion fyrdd.

A dyna hanas y tri ffarmwr, ynde, a'r Tylwyth Teg. 'Dwn i'm
faint o wirionadd sy'n – ma'n bosib fod 'na riw sail – rhaid ca'l lliw
cin llifo medda' nhw, rhaid? A 'dwn i ddim be' arall s'ishio'i mi
dd'eud?'

'Ca'l y sdori yna gin yr ysgolfeistr 'n'utho chi?'

'Ia, ca'l hi 'di sgrifennu, 'lly, mewn ffor', 'de, ag ishio i minnau
weithio arni wedyn . . .'

'Lle o'dd o 'di cha'l hi 'ta?'

''Dwn i'm o b'le o'dd o 'di cha'l hi, 'de. Ond ma'n sh'ŵr fod yr
hanas yn rhedag yn y cylch, Beddgelat 'na, ma'n sh'ŵr, yn rh'wla,
'de.'

MOTIFAU: F. 261   (Y Tylwyth Teg yn dawnsio)
             F. 361.3 (Y Tylwyth Teg yn dial ar y sawl sy'n edrych arnynt: cyll ei olwg)
             F. 262.3.4 (Cerddoriaeth y Tylwyth Teg yn peri cwsg)
             F. 369.4 (Gŵr yn cael ei dwyllo gan y Tylwyth Teg)
Gw. 'Plas Pen y Gadair', 'Rhaffau'r Tylwyth Teg, I'.

Y Ffon Hud : Beddgelert

Glasynys, *Cymru Fu*, 1862, tt.478-9.

'Yr oedd un arall, rywbryd yn aros yn Nghwm Llan, a chlywai ryw rydwst mewn agen craig. Troes i edrych pa beth oedd yno, a chafodd allan fod rhyw greadur yno yn wylo yn hidl. Aeth i'r fan a'r lle a thynodd enithig allan, ond cyn pen nemawr dyma ddau ddyn canol oed yn d'od ato, a diolchasant iddo am ei gymwynas, ac wrth ymadael rhoes un o honynt ffon yn rhodd iddo fel cof-arwydd o'i weithred ddaionus. Y flwyddyn wedi hyn, yr oedd gan bob dafad a feddai ar ei helw, ddwy oen fanyw. Ac felly y parhaodd ei ddefaid i epilio am flynyddoedd rai. Ond un noson yr oedd wedi aros yn y pentref nes yr oedd hi'n bur hwyr, ac ni fu noswaith fawr erioed mwy tymhestlog na hono; udai y gwynt a phistylliai'r cymylau, ac yr oedd mor dywyll fel na welid ond y nesaf peth i ddim; pan yn croesi yr afon sy'n d'od i lawr o Gwm Llan, a'r llif yn genlli enbyd yn ysgubo pob peth o'i flaen, aeth y ffon ryw fodd o'i law ac erbyn bore dranoeth pan awd i fynu i'r Cwm, gwelwyd fod ei ddefaid oll agos wedi cael eu hysgubo ymaith gan y llif, a bod ei gyfoeth wedi myned i ffwrdd bron fel ag y daeth – hefo'r ffon.'

MOTIFAU: F. 330   (Y Tylwyth Teg yn ddiolchgar)
             F. 339.3.2 (Y Tylwyth Teg yn peri i holl famogiaid ffermwr a achubodd un o'u plant gael efeilliaid)
             D. 1254   (Ffon hud)
             F. 348.0.1 (Rhoddion y Tylwyth Teg yn diflannu neu droi'n ddiwerth o dorri tabŵ)
Bu'r chwedl hon yn boblogaidd iawn a cheir nifer o fersiynau arni:

Wirt Sikes, *British Goblins*, 1880, t.122.
D.E. Jenkins, *Bedd Gelert*, 1899, tt.253-4.
John Rhys, *Celtic Folklore*, I, 1901, t.116.
T. Gwynn Jones, *Welsh Folklore*, 1930, t.56.
Hugh Evans, *Y Tylwyth Teg*, 1944, t.73.
W.J. Thomas, *The Welsh Fairy Book*, s.d., t.127.

FFOS NODDYN : BETWS-Y-COED

Gethin Jones; John Rhys, *Celtic Folklore*, I, 1901, tt.205-6.

'Enw Cymraeg y "Fairy Glen" uwchben Betws-y-coed yw "Ffos Noddyn", sef "Ffos yr Hafn", ond dywed Mr Gethin Jones wrthyf ei gelwir hefyd "Glyn y Tylwyth Teg", sy'n dra thebygol, gan fod enw o'r fath yn angenrheidiol i gyfrif am y "Fairy Glen" Saesneg. Arferai pobl ar ochr Capel Garmon (i'r afon) weld y Tylwyth yn chwarae yma, gan ddisgyn yn ysgafn i'r Ffos heb unrhyw niwed. Roedd y Ffos yn sicr i fod i gynnwys mynedfa i'r byd islaw. Atgoffa hyn ni am enw'r hafn tlws sy'n arwain oddi wrth stesion Bangor. Pam y galwyd ef yn Nant Uffern? A all fod y tybid fod mynedfa i fyd y Tylwyth Teg yno yn rhywle? Prun bynnag, rwyf yn sicr fod mwy o gyfeiriadau at y Tylwyth Teg mewn enwau lleoedd Cymreig nag a dybiwyd gynt.'

MOTIFAU: F. 261   (Y Tylwyth Teg yn dawnsio)
         F. 282   (Y Tylwyth Teg yn teithio drwy'r awyr)

Cofnodir yr un traddodiad yn:

O. Gethin Jones, *Gweithiau Gethin*, 1884, t.237.
Thomas Firbank, *A Country of Memorable Honour*, 1953, t.51.

lle ychwanegir fod y Tylwyth o bryd golau (F. 233.6).

'FFRYMU'R TYLWYTH TEG : DOLBENMAEN

Jane Williams, John Rhys, *Celtic Folklore*, I, 1901, t.221.

' . . . Fe'm cynghorwyd i roi prawf ar gof Mrs Jane Williams, sy'n byw yn Y Graig, Tremadog: ar y pryd, meddwyd wrthyf, roedd yn 75 oed, yn finiog iawn ei ymennydd ond yn dra anfodlon siarad â gwastraffwyr. Yr wybodaeth bwysicaf ganddi imi oedd fod y "Tylwyth Teg" wedi eu "'ffrymu" ymaith ac na fyddent yn ôl yn ein dyddiau ni.'

MOTIF: F. 382 (Offrymau'r Tylwyth Teg ymaith)

Ceir yr un dystiolaeth yn:

T. Gwynn Jones, *Welsh Folklore*, 1930, t.75.
Cofnododd Rhys yr un traddodiad gan Edward Llywelyn yn Nolbenmaen:
Celtic Folklore, I, 1901, t.221.

Y Gadair Aur : Llanddeiniolen

H.A.E. Roberts, 'The Golden Chair', *Folktales and Legends from N. Wales*, 1931, tt.60-4.

'Amser maith yn ôl, gerllaw Rhiwlas, Arfon, safai ffermdy bychan Corlanau. Yno trigai hen ffermwr, ei wraig a'u merch ifanc.

Yn awr, er ei bod yn blentyn i hen rieni, tyfodd y ferch yn eithriadol dlos. Nid yn unig yr oedd yn dlws ond hefyd roedd yn ferch dda, garedig a gweithgar ac fel yr heneiddiai ei rhieni gwnâi fwy a mwy i'w cynorthwyo. Ar ôl ceisio am beth amser, llwyddodd i ddysgu gwau. Daeth mor lwyddiannus â'i gweill fel y deuai pobl o bell ac agos i brynu'r sanau a weai. Nid oedd ei dwylo byth wedi eu llaesu a llwyddodd i ddod â chryn dipyn o arian i'r cartref i gynorthwyo ei rhieni oedranus.

Sylwodd y Tylwyth Teg arni un diwrnod, yn crwydro ochrau'r mynyddoedd yn gwylio defaid ei thad, gan weu yr un pryd. Yn awr, mae'r Tylwyth wrth eu bodd o weld pobl weithgar a buont yn siarad yn ei chylch ymhlith ei gilydd "Mae mor dda ag ydyw o dlws," meddent. "Rhaid i ni ei gwobrwyo. Beth am osod un o orseddau aur y Frenhines ar ochr y mynydd, lle mae'n sicr o'i gweld pan ddaw â'i defaid i bori!"

Fore drannoeth pan oedd y ferch ifanc yn crwydro ochr y mynydd, yn gwylio'r defaid a gweu yr un pryd, yn sydyn, gwelodd rywbeth yn disgleirio yn y pellter. "Beth allai fod?" meddyliai. "Mae'n disgleirio fel aur pur, ond mae hynny'n amhosib i fyny ar ochr y mynydd. Rhaid i mi fynd i weld." Cadwodd ei gweu a rhuthro ar hyd llwybr cul nes dod ato. Yno, er mawr syndod iddi, gwelodd orsedd aur y Tylwyth Teg yn grefftwaith prin, wedi ei orchuddio â gemau. Yn ei rhyfeddod dywedodd: "Ysgwn i ai i mi y mae?" Yna clywodd lais bychan yn dweud, "Ie fy merch dda, rhodd ydyw gan y Tylwyth Teg." Edrychodd y ferch i gyfeiriad y llais ond ni allai weld neb. Roedd wedi clywed yr hen bobl yn sôn yn aml am roddion gan y Tyl. Teg i'r marwolion a gwyddai'n iawn fod rhaid iddi ei gymeryd ar unwaith neu byddai'r tylwyth bach yn cael eu pechu a chymerent eu rhodd yn ôl. Felly ceisiodd ei gario ymaith ond roedd llawer rhy drwm i'w symud. Tynnodd a gwthiodd ond yn ofer. "Gwn beth wnaf," meddai o'r diwedd, "dangosaf iddynt mai fi pïau ef trwy glymu pen fy edafedd iddo ac yna rhedaf adref at fy nhad – cynorthwya ef fi i'w gario." Gwnaeth hyn a dechreuodd gerdded wysg ei chefn i lawr y bryn, yn dirwyn yr edafedd. Ond yn anffodus roedd y ffordd yn bell a'r bellen yn fychan ac roedd wedi darfod erbyn cyrraedd gwaelod y mynydd. "Beth wnaf yn awr?" meddai. Datododd wlân ei hosan a'i glymu i ben y llall ac yna fynd ymlaen, ar draws cae a phompren fechan ac roedd yn awr o fewn golwg ei chartref. Ond yma gorffennodd yr edau o'r hosan hefyd ac yn awr nid oedd ganddi ddim i'w ddefnyddio. Ceisiodd weiddi ar ei thad ond ni ddaeth ateb. Felly rhoddodd garreg wastad anferth ar ben yr edafedd i'w ddal tan y dychwelai a rhuthrodd adref, i ganfod ei thad yn chwyrnu cysgu ar y setl yng nghongl y simdde fawr. Deffrodd ei thad a dweud wrtho am ddod i weld yr hyn oedd wedi ei ganfod ar y mynydd. Rhedodd yn ôl i'r fan, a'i thad ar ei hôl, gan adrodd yr hanes wrtho wrth fynd. "Yma y gadewais y garreg," meddai – ond nid oedd carreg yno. Chwiliasant am oriau ond nid oedd olwg o'r edafedd na'r garreg yn un man. Roedd y ferch mor siomedig nes methu gwybod beth i'w wneud. "Wel, efallai fod y gadair aur yno o hyd, os yw'r edafedd wedi mynd," meddai. Ond ysgwyd ei ben wnaeth yr hen ŵr – gwyddai ef am ffyrdd y Tyl. Teg. "Na fy merch: ma'r Tyl. Teg wedi rhoi, ac mae'r Tylwyth Teg wedi cymeryd yn ôl. Dyna'u ffordd bob amser oni wnawn ni feidrolion gymeryd eu rhoddion ar unwaith." Hyd y dydd hwn, mae gwerinwyr syml yn yr ardal yma'n credu yr ymddengys y gadair aur eto rywbryd.'

MOTIFAU: F. 340   (Rhodd gan y Tylwyth Teg)
          R. 135.0.5 (Nodi llwybr ag edafedd)
NODIADAU: Mae hon yn chwedl arbennig iawn, er ei bod yn cynnwys elfennau hysbys ddigon. Gwelir yma'r elfen gyffredin o bobl haeddianol yn cael rhodd gan y Tylwyth Teg ond rhoddir tro annisgwyl i'r chwedl drwy wneud y gadair yn rhy drom i'w chario. Gwelir yma'r syniad cyffredin nad oes ond un cyfle i gael trysor – fel a welir gyda thrysorau Myrddin a Cidwm.
    Cofnodwyd y chwedl gan eraill hefyd:

E. Sheppard-Jones, 'The Girl and the Golden Chair', *Welsh Legendary Tales*, 1959, tt.98-100.
William Rowland, 'Y Gadair Aur', *Straeon y Cymry*, tt.19-21.

GINI GWILYM : ARFON

P.H. Emerson, 'Old Gwilym', *Welsh Fairy Tales and Other Stories*, 1894, tt.12-13.

'Un bore cychwynodd Gwilym Evans ar draws bryniau Eryri am dref gryn bellter i ffwrdd, a'i fryd ar brynu caws. Ar y ffordd, mewn llecyn diarffordd yn y mynyddoedd, canfu gini aur a rhoes hi yn ei

194

boced yn gyflym. Pan gyrhaeddodd y dref, yn lle mynd i brynu'r caws ar ei union, aeth i dŷ tafarn ac eisteddodd i yfed a chanu gyda nifer o chwarelwyr nes iddi dywyllu. Tra'r oedd yn yfed deuthai hen wraig yn cario basged i mewn ac eistedd wrth ei ochr, ond gadawodd o'i flaen. Gorffennodd ei ddiod a rhilio drwy'r dref, wedi anghofio'r cyfan am y caws. Fel y deuai at y mynyddoedd, ymddangosent fel pe'n dawnsio o'i flaen ac yntau'n cerdded ar awyr. Pan ddaeth i'r llecyn unig lle cawsai'r arian clywodd gerddoriaeth bêr a chroesodd nifer o Dylwyth Teg ei lwybr a dechrau dawnsio o'i gwmpas ac o edrych i fyny gwelodd nifer o dai wedi eu goleuo'n ddisglair o'i flaen ar y mynydd. Crafodd ei ben oherwydd ni chofiai weld tai erioed yn y fan yma o'r blaen. Fel y meddyliai, a gwylio'r Tyl. Teg, daeth un ato ac erfyn arno ddod i'r tŷ ac eistedd i lawr.

Felly dilynodd hi i'r tŷ, a chanfod fod y tŷ i gyd yn aur o'i fewn, wedi ei oleuo'n ddisglair, ac roedd y Tyl. Teg yn dawnsio a chanu a daethant ag unrhyw beth yr oedd eisiau i'w swper. Yna rhoisant ef yn ei wely.

Cysgodd Gwilym yn drwm, a phan ddeffrodd, trodd ar ei ochr, gan y teimlai'n oer iawn a'i gorff fel petai'n pigo drosto. Felly cododd ar ei eistedd a rhwbio ei lygaid, i ganfod ei fod yn hollol noeth ac yn gorwedd mewn llwyn eithin. O ganfod ei hun yn y cyflwr hwn, brysiodd adref, a dweud wrth ei wraig, ac roedd hi'n flin iawn wrtho am wario'r arian i gyd heb brynu caws, ac yna adrodd ei antur wrthi.

"O'r dyn drwg," meddai hithau, "rhoddodd y Tylwyth Teg arian i ti a gwariaist tithau ef yn ffôl, felly roeddent yn sicr o ddial arnat.'"

MOTIFAU: F. 342   (Y Tylwyth Teg yn rhoi arian i ŵr marwol)
         F. 369.4 (Gŵr yn cael ei dwyllo gan y Tylwyth Teg)

Dywedir yn y Nodiadau ar ddiwedd y llyfr: 'Daeth y stori yma gan hen Gymro a ddywedai ei fod yn adnabod Gwilym, ac iddo glywed y stori o'i enau. Gellir dibynnu ar yr hysbyswr.' (t.80)
NODIADAU: Ceir yma chwedl sy'n dilyn trefn hollol wahanol i'r arfer. Cosb gan y Tylwyth Teg am wastraffu eu rhodd yw'r twyll yma: fel arfer rhodd yn dâl am y cast yw'r arian.
Gw. 'Arian y Tylwyth Teg, I'.

GUTO CILHAUL A'R TYLWYTH TEG – Dafydd Thomas : NANT Y BETWS

William Hobley, *Hanes Methodistiaeth Arfon*, II, 1913, t.16.

'Bu Dafydd Thomas yn ymddiddan â Griffith Ellis yn ei hen ddyddiau ynghylch ei hanes a'i orchestion. Soniai am John Jones, Tyddyn Elen, ŵr cyfarwydd, a dywedai nad oedd mo'i hafal yn y gwledydd fel meddyg dyn ac anifail. Gallai, hefyd, wastrodedd y Tylwyth Teg, canys fe ymddanghosai Griffith Ellis yn cwbl gredu ynddynt, ebe Dafydd Thomas. Feallai hynny; ond gallasai Griffith Ellis, ei fab, gymeryd arno cystal a dim actor a sangodd ar ystyllen. Pa ddelw bynnag, fe draethai Griffith Ellis ei farn am y Tylwyth Teg wrth Ddafydd Thomas, mai rhyw fath ar fodau rhwng dynion ac angylion oeddynt. "Nid oes neb yn gweld monynt yn awr," ebai Dafydd Thomas. "Nagoes," ebai yntau, "ond darllenwch i'r Beibl, chwi gewch weld mai ar ryw adegau neilltuol y byddai rhyw fodau wybrennol yn ymddangos i ddynion ar y ddaear yn yr hen amserau.'

MOTIFAU: F. 381   (Offrymu'r Tylwyth Teg)
          F. 235.2   (Y Tylwyth Teg ond i'w gweld ar adegau arbennig)

GWELD Y TYLWYTH TEG : NANT Y BETWS

William Hobley, *Hanes Method. Arfon,* II, 1913, t.13.

'Nain Dafydd Thomas a haerai ddarfod iddi weled y tylwyth teg. Bu hi a'i mam allan gyda'r nos ar un tro mewn gweirglodd ar lan afon, pryd y codai tarth allan o'r afon. Y tarth yn cilio ychydig. Er eu syndod, gwelai'r fam a'r ferch ddwsinau o feibion a merched bychain, bach yn dawnsio ar y weirglodd. Fel y chwalai'r tarth ymaith, graddol ymgollai'r bobl fach o'r golwg. Gwelodd aml un heb eu llaw hwy y cyffelyb.'

MOTIFAU: F. 261   (Y Tylwyth Teg yn dawnsio)
          F. 239.4.3 (Maint bychan y Tylwyth Teg)

GWLAD Y TYLWYTH TEG : BEDDGELERT

Bleddyn, 'Chwedlau am y Tylwyth Teg', *Y Geninen*, 1897, t.202.

'Yr oedd hen bobl Beddgelert yn hoff dros ben o ymchwedleua yn nghylch ysprydion ymrithiol o bob math, nosol a dyddiol; ac yn ôl eu chwedlau yr oedd gan bob un o'r tair nant ag sydd yn rhanu y plwyf eu hymrithion neillduol. I Nant y Colwyn y rhoddid yr anrhydedd o breswyl-le y Tylwyth Teg. Yn nghwr uchaf y nant hon y mae lle a elwir yn 'Wlad y Tylwyth Teg', sef ochrau y Gadair, Cwm Hafod Ruffydd, ac o amgylch Llyn y Gadair. Yr oedd yn y parth hwn – ac y mae etto o ran hynny – bobpeth ag oedd yn ddeniadol, yn ôl yr hen gred, i'r Tylwyth Teg ei fynychu; sef llenyrch brwynog a mân-rugog i ymlechu y dydd, ochrau teg a llyfn i chwareu yn y nos, ynghyd a cheulanau afon a llyn i guddio eu ffyrdd i'w gwlad danddaiarol. Adroddid llawer chwedlddyddorus gan yr hen bobl am y difyrwch a geid gan yr ieuengctyd, cyn eu dyddiau hwy, yn y lle hwn; ac y mae yn deilwng o sylw mai y bobl ieuaingc bob amser a geid yn ymddifyru â'r Tylwyth Teg yn eu dawns a'u cerddoriaeth, ac nid yr hen: wedi "clywed" y byddent hwy, y rhan amlaf: ond clywsom ragor nag un yn haeru yn bendant iddynt hwy weled y "pethau bach" â'u llygaid eu hunain.'

MOTIFAU: F. 217   (Cyrchfan y Tylwyth Teg)
          F. 211.3   (Y Tylwyth Teg yn byw o dan y ddaear)
          F. 262   (Cerddoriaeth y Tylwyth Teg)
          F. 261   (Y Tylwyth Teg yn dawnsio)
          F. 235.2   (Y Tylwyth Teg ond i'w gweld ar adegau arbennig)

Roedd yr ardal yma'n enwog am ei chwedlau Tylwyth Teg a chofnodwyd yr un dystiolaeth yn:

D.E. Jenkins, *Bedd Gelert*, 1899, t.153.

GWRAGEDD DRWS Y COED : NANTLLE

Mrs Hughes, Cofnodiad Llafar, 3. vi. 74.

'Roedd Tylwythes Deg gynt yn arfer gallu mynd i'r môr meddai Mrs Hughes, ac yna cywirodd hyn i Lyn y Dywarchen a dweud yr arferai mab Drws y coed ei chyfarfod ar yr ynys sydd ar y llyn. O'r diwedd cafodd ganiatâd i'w phriodi ond ar yr amod nad oedd i'w chyffwrdd â haearn ar boen ei cholli.

Un dydd roedd y gŵr a'r wraig yn marchogaeth mewn cors y tu draw i'r llyn pan ddisgynnodd y ferch. Tarawodd y llanc hi â'r ffrwyn ar ddamwain a diflannodd i'r llyn.

Yna ychwanegodd Mrs Hughes derfyniad rhyfedd iawn i'r chwedl. Oherwydd i'w wraig adael mab y fferm, ni wnaiff ond un lwyddo meddai ac nid oedd bwrpas iddi hi roi ei henw ar y fferm:

ni ddôi llwyddiant iddi oherwydd hyn. Ond ar yr un gwynt ychwanegodd fod Syr T.H. Parry-Williams yn dweud fod y terfyniad hwn yn anghywir – na fu erioed, a ph'run bynnag, i'w nain gofnodi'r fferm yn ei henw ei hun ar farwolaeth ei gŵr ac na ddaeth anffawd i'w rhan.'

TEIP: M. L. 5090 – Priodi Tylwythes Deg.
MOTIFAU: F. 302.2 (Gŵr yn priodi Tylwythes Deg ac yn mynd â hi i'w gartref)
F. 384.3 (Y Tylwyth Teg ofn haearn)
C. 531 (Tabŵ: cyffwrdd â haearn)
C. 952 (Dychweliad yn syth i fyd arall am dorri tabŵ)

Gwelir yn nherfyniad y chwedl lafar yma ddatblygiad newydd a gwahanol i'r arferol. Gan amlaf llwyddiant fyddai'n dilyn cysylltiad teulu â'r Tylwyth Teg, ond yma'r gwrthwyneb sy'n wir.

Gw. 'Bella' a 'Disgynyddion y Tylwyth Teg'.

GWRAIG BRAICH Y DINAS – 'Hen Wraig o Eifionydd' : DOLBENMAEN

'Chwedlau am Ogofâu a Thylwyth Teg, *Y Geninen*, 1895, tt.290-1.

' . . . A chlywsom adrodd un arall o'r un natur gan hen foneddiges o Eifionydd, am un o feibion Braich y Dinas, fel y bu iddo yntau ymbriodi âg un o'r Tylwyth Teg. Dywedai, pan oedd hi yn ifanc, fod llawer iawn o Dylwyth Teg yn preswylio mewn ogofâu yn y Foel, o Gwm Ystrad-y-llyn hyd i flaen y Pennant; ac fod y tylwyth hwn yn llawer harddach nag unrhyw rai a ymddanghosent mewn un ardal arall. Yr oeddynt yn fwy o faintioli na'r cyffredin, ac yn nodedig am eu harddwch a'u glendid – eu gwallt yn olau fel llin, gyda llygaid gleision, gloyw. Byddai y rhai hyn yn ymddangos beunos mewn rhyw le neu gilydd, er na welodd hi erioed mo honynt, gan chwareu, canu a dawnsio, yn enwedig ar bob noswaith deg a goleu. Yr amser hwnw byddai sŵn eu canu yn hud-ddenu holl langciau a merched ifainc yr ardal i'w gweled; a phan y digwyddai i rai ohonynt fod o bryd teg a goleu, caent fynd yn agos atynt; a hwy a ymgomient yn gyfeillgar â'r cyfryw, gan geisio eu denu i gylch y dawns. Eithr am bersonau o bryd tywyll, ni adawent i neb o'r cyfryw fyned yn agos atynt, a chilient ymaith o'u gwyddfod.

Ryw amser yr oedd mab i Fraich y Dinas, yn laslangc golygus a hardd, ac o bryd goleu a serchiadol; ac yr oedd yn dra hoff o fyned ar adegau i weled y Tylwyth yn ymlawenhau, a byddai yn cael ymgom yn aml â rhai ohonynt, yn benaf âg un o'r merched, yr hon, yn ei dyb ef, oedd yn rhagori ar y lleill mewn tegwch a challineb. O fynych gyfarfod hwy a syrthiasant mewn cariad â'u gilydd; a mynai y llangc i'r ferch ymbriodi ag ef, ond ni wnâi hi gyduno â hyny ar un cyfrif. Ar ôl hir ymdrech un noson hi a ymfoddlonodd i fyned i'w wasnaethu, ond ni feiddiai fyned tra byddai y lleill yn ei gweled; felly hwy a gyttunasant i ymgyfarfod mewn rhyw bantle yn y mynydd dranoeth. Aeth ef i fyny y mynydd y diwrnod hwnw, a chyfarfyddodd y rian deg ef yn ôl ei haddewid, ac aeth gydag ef i'w gartref, ac ymgymerodd â hysywiaeth y tŷ yn ddioed; a buan y gwelodd y llangc fod pob peth yn llwyddo o dan ei gofal. Gwnaeth hyn iddo ymdrechu etto i gael ganddi ymbriodi; ac ar ôl hir a thaer ymdrech, hi addawodd wneud, os gallai ef gael allan ei henw. Nid oedd yr hen foneddiges yn cofio drwy ba ystryw y daeth ef o hyd i'w henw. Fodd bynag, un tro, ar ôl bod i fyny y mynydd yn bugeilio, daeth i'r tŷ a bloeddiodd – "Sibi, tyrd yma," a phan glywodd hi ei henwi, syrthiodd i lewyg; ond pan ddaeth atti ei hun, hi a ymfodlonodd i'w thynged, ar yr ammod na byddai iddo ef gyffwrdd â hi â haiarn, ac nad oedd bollt haearn na chlo i fod ar un drws yn y tŷ. Ynta a gyttunodd, a phriodwyd hwy, a buont fyw yn gysurus a llwyddianus am amser maith, a ganwyd iddynt amryw blant. Y diwedd a fu fel hyn:- Yr oedd y gŵr wedi myned un diwrnod i geisio baich o frwyn i doi, a rhoddodd y cryman yn y baich i'w gludo adref. Pan yn agos i'r gadlas rhedodd Sibi i'w gyfarfod, a thaflodd yntau y baich brwyn i'w chyfarfod; a hithau wrth geisio ei attal, a gyffyrddodd â'r cryman, ac yn y fan a ddiflanodd o'r golwg yn nghysgod y baich. Dywedai fod y teulu etto yn Eifionydd a'i bod hi yn adnabod amryw o honynt; oblegid gwahaniaethant oddiwrth bawb eraill yn eu corpholaeth bychan a'u gwallt melyn, cyrliog.'

TEIP: M. L. 5090 – Priodi Tylwythes Deg

MOTIFAU:
F. 211.3	(Y Tylwyth Teg yn byw o dan y ddaear)
F. 239.4.1	(Y Tylwyth Teg yr un faint â marwolion)
F. 233.6	(Y Tylwyth Teg o bryd golau)
F. 261	(Y Tylwyth Teg yn dawnsio)
C. 432.1	(Gwybod enw creadur goruwchnaturiol yn ei wneud yn gaeth i'r sawl sy'n gwybod)
F. 302.2	(Gŵr yn priodi Tylwythes Deg ac yn mynd â hi i'w gartref)
C. 531	(Tabŵ: cyffwrdd â haearn)
F. 384.3	(Y Tylwyth Teg ofn haearn)
C. 952	(Dychweliad yn syth i fyd arall am dorri tabŵ)

Cofnodwyd yr un chwedl nifer o weithiau wedyn:

John Rhys, *Celtic Folklore*, I, 1901, tt.94-5.
T. Gwynn Jones, *Welsh Folklore*, 1930, t.66.
Frank Ward, *The Lakes of Wales*, 1931, tt.92-3.

Sylwer ar y gwahaniaeth a geir yn y fersiwn yma ar y chwedl yn y modd y torrir tabŵ'r cyffwrdd â haearn.

HAFOD LWYDDOG : BEDDGELERT

Glasynys, *Cymru Fu*, 1862, tt.471-2.

'Yr oedd yma gynt fugail yn aros yn Nghwm Dyli, a myned y byddai bob haf i fyw yn mysg y defaid mewn caban sitrach gerllaw y Llyn Glas. Un bore, pan yn deffro yn ei hafoty wledig, canfu er ei fawr brofedigaeth ferchetan ddigon glân a chryno yn trin plentyn yn ei ymyl, ac nid oedd ganddi nemawr i roi am y truan bach anwydog. Cyfododd y bugail ar ei benelin ac edrychodd yn dosturiol arni, ac yna cymerth afael mewn hên grys tipiog a thaflodd ef iddi, a dywedai, "Cymer hwn, druan, a rho fo am dano." Cymerodd hithau y dernyn hen grys yn eithaf diolchgar, ac aeth ymaith. Bob nos, yn brydlon, ar ôl hyn, mewn hen glogsan ag oedd yn y caban, ceid dernyn o arian gleision. Parhaodd felly am hir feithion flynyddoedd, ac aeth Meirig yn gyfoethog ddi-drefn. Priododd, a daeth i'r Hafod i fyw, a pha beth bynag a drinai, llwyddai o dan ei law, ac oddiwrth hyny y galwyd y lle yn Hafod Lwyddog oblegyd y llwydd anghydmarol a ddilynodd ymdrechion Bugail Cwm Dyli. Yr oedd y Tylwyth Teg yn talu eu hymweliadau nosol â'r Hafod, ac ni thyciai gŵg un rwyll, na swyn-gyfaredd un ddewines yn erbyn y fan, canys yr oedd "bendith y mamau" yn cael eu hidlo yn gawodydd ar y teulu; felly, er symud, caed yr un fath roddion ganddynt, ac yn naturiol ddigon yr oedd Meirig Llwyd, a'i epil ar ei ôl, yn cael eu cyfrif yn arianog i'w ryfeddu. A thyma chwedl Hafod Lwyddog.'

TEIP: M. L. 6020 – Mam Ddiolchgar o Blith y Tylwyth Teg
MOTIFAU: F. 330   (Y Tylwyth Teg yn ddiolchgar)
          F. 342   (Y Tylwyth Teg yn rhoi arian i ŵr marwol)

Roedd y chwedl hon, sy'n onomastaidd ei naws, yn dra phoblogaidd; gan ddilyn Glasynys:

Wirt Sikes, *British Goblins*, 1880, tt.124-5
D.E. Jenkins, *Bedd Gelert*, 1899, tt.294-5
T. Gwynn Jones, *Welsh Folklore*, 1930, tt.56-7

Yr Hen Ŵr a'r Tylwyth Teg : Beddgelert

Carneddog, 'Y Tylwyth Teg', *Cymru*, tt.167-8.

'Gwn am hen fachgen ofergoelus, oedd heb fod yn bell oddiwrthyf, fyddai yn gweld y tegyddion bob diwrnod niwliog yr aethai i'r mynydd. Un tro arbennig, aeth i fyny i nôl baich o fawn, ac wrth lenwi y cawell gwelai, dipyn draw oddiwrtho, ryw fodau hynod yn ymgripio gyd a'r ddaear, gan waeddi arno wrth ei enw. – "Dowch yma, Morus Ifan, chwi gewch dwca. Dowch, Morus Ifan." Ar hynny, cymerodd yr hen ŵr ei sodlau, ac adref ag ef, cyn gynted ag y gallai ei draed ei gario. Anghofiodd, yn ei ddychryndod, am y cawell mawn, a gadawodd ef fel yr oedd wrth y dâs. Beth, tybed, oedd yn y fawnog unig yn peri y fath ofn i'r hen ŵr? Neb, ond rhai o fechgyn direidus yr ardal yn chwareu tric ag ef. Gwyddent am ei arferiad yn mynd i'r mynydd i gyrchu mawn, a gwyddent gystal a hynny mor hygoelus ydoedd, a chymerent fantais ar ei ffolineb – neu beth elwir ef? – i wneyd sport o hono. Credai yr hen ŵr hyd ei farw mai rhai o'r Tylwyth Teg oedd yno, a mawr yr hwyl a gâi yr hogiau drwg am ben y fath ynfydrwydd. Ond hwy oedd i'w beio am ei dwyllo. Yr oedd yr hen ŵr yn onest yn ei grediniaeth. Ystoriau tebyg glywodd gan ei rieni, er pan siglwyd ei grud. Felly rhaid maddeu llawer iddo ef a'i debyg.'

Codwyd gan Garneddog o lsgf. o waith Gruffydd Prisiart, a sgrifennwyd yn 1850.

John Roberts yn Clywed y Tylwyth Teg : Edward Llywelyn : Dolbenmaen

John Rhys, *Celtic Folklore*, I, 1901, tt.219-20.

' . . . Ar y ffordd o'r Gesail Gyfarch . . . cerddais ar draws i Stesion Cricieth, ond ar y ffordd fe'm cyfeiriwyd i alw mewn ffermdy o'r enw Llwyn Mafon Uchaf, lle'r oeddwn i weld Mr Edward Llywelyn, hen lanc a oedd yn 76 oed yr adeg honno. Mae'n frodor o'r ardal a yma y bu'n byw erioed; ar ben hyn, mae'n awr yn ddall er peth amser. Roedd wedi clywed nifer dda o chwedlau Tylwyth Teg. Ymhlith eraill soniodd am John Roberts, töwr o'r Garn . . . un diwrnod gwlyb o wlaw mân a niwl, yn clywed un o'r Tylwyth Teg yn siarad ynghyd, yn gowdel mawr, ger corlan ar Fynydd Llwytmor; ond roedd gormod o'u hofn arno i edrych arnynt.'

DIM MOTIF

201

LLETY'R FAMAETH : NANT FFRANCON

John Rhys, *Celtic Folklore*, I, 1901, t.56.

'Yn Llanberis y llynedd cefais chwedl . . . gan ŵr oedd yn frodor o Lanllechid, er ei fod yn byw yn Llanberis yn awr. Mae tua 55 mlwydd oed a chofia glywed, yn ei lencyndod, chwedl am dŷ unig iawn ei safle ar Fynydd Llanllechid ac nad yw ond hen furiau maluredig yn awr . . . Un noson, pan oedd y gŵr a drgai yno oddi cartref, golchodd ei wraig ei baban bychan, gadael y dŵr ar yr aelwyd a mynd i'w gwely gyda'r un bach. Deffrodd yng nghanol y nos i ganfod y Tylwyth Teg ar yr aelwyd wrthi'n brysur yn golchi eu plant. Dyna'r cwbl a gefais o'r chwedl yma o fath tra hysbys.'

NODIADAU: Gellid tybio fod yma ran o chwedl o deip M. L. 6820 – Y Fam Ddiolchgar o Dylwythes Deg. Gall fod yma hefyd gais i esbonio'r enw Llety'r Famaeth.

MARGED FWYN A'R TYLWYTH TEG

Gw. Adran *Cymeriadau Hynod*.

MODRYB NANSI A'R TYLWYTH TEG : BEDDGELERT

Carneddog, 'Y Tylwyth Teg', *Cymru*, t.67.

'Gofynnais unwaith i hen wreigan – "Modryb Nansi, a welsoch chwi 'rioed mo'r Tylwyth Teg?" "Do, machgen i," meddai hithau. "Yr oeddwn i, rhyw hanner can' mlynedd yn ôl, ym mynd hyd y caeau i hel y defaid a'r ŵyn at eu gilydd. Yr oedd yn ddiwrnod gwlawog, ac yn niwl dopyn, ac wedi rhedeg yn lled hwyr. Pan wrth ffos derfyn, gwelwn ryw bethau bychain yn cerdded gyda'r ffos, ac yn cadw sŵn, gan ofyn y naill i'r llall – "Mis gês i lond fy stên; gest ti lond dy stên?" Daeth droswyf ryw ofn garw, a rhedais adref fy ngoreu, ac mor wired a bod y pader yn y Llyfr Gweddi Gyffredin, mai rhai o'r Tylwyth Teg oeddynt."

Y mae'n naturiol gofyn yn awr – Beth allai fod yn y lle yn brawychu yr hen Fodryb Nansi? Wel, nid oedd yno neb ond plant rhai o fwthynod bychain yr ardal, wedi colli y ffordd, wrth ddod yn ôl o'r tyddyn agosaf. Digwyddais glywed un o'r plant yn dweyd yr helynt wedi tyfu i oedran; ond heb wybod dim am ddychryndod dychmygol yr hen chwaer ddiniwed, ond sicr o'i pheth yn ei golwg ei hun. Dyna rai o'r Tylwyth Teg. Ond ni fuasai Modryb Nansi yn coelio hynny byth, er ei bod yn hen wreigan pur ddoeth a deallgar. Ond yr oedd y gred am fodolaeth y tylwyth Teg wedi ei ddysgu a'i feithrin iddi er yn blentyn, ac felly yn anhawdd ei ddi-wreiddio.'

MOTIF: F. 239.4.3. (Y Tylwyth Teg yn fychan iawn)
NODIADAU: Codwyd gan Garneddog o lsg. o waith Gruffydd Prisiart, a sgrifennwyd yn 1850.

MORFORWYNION TREFRIW : DYFFRYN CONWY

Pierce Williams, John Rhys, Celtic Folklore, I, 1901, t.30.

'Gorfodwyd fi, i geisio'i gael i ddeall yr hyn oeddwn eisiau, i ddefnyddio'r enw "morforwyn"; yna dywedodd wrthyf iddo glywed pobl yn dweud, pan oedd yn ifanc, i rywun weld bodau o'r fath yn afon Trefriw.'

MOTIF: B. 81 (Morforwyn)

MYNEDFA GWLAD Y TYLWYTH TEG : BEDDGELERT

D.E. Jenkins, *Bedd Gelert*, 1899, t.229.

'Cadwodd llanciau Maes yr Efail hanes a ddywedyd wrthynt gan eu hewythr nad amheusant ei gwirionedd erioed. Roedd allan un diwrnod yn ceisio corlanu ei eifr ger ei feudai ac yn cael trafferth i'w cael i gae y gorlan. Ar ôl mynd yno diangasant ymaith am ben Dinas (Emrys). Wrth redeg i geisio eu hatal sathrodd garreg a ildiodd dan ei bwysau. Arhosodd a sathrodd yr un lle, a suddodd un ochr i'r garreg tra cododd y llall i ddangos lle gwag islaw. Ceisiodd ei chodi ond methodd. Roedd gwynt cryf fel petai'n sugno'r garreg yn ôl i'w lle, fel na allai gael ei law oddi tani. Gan fod y geifr yn rhedeg i fyny'r llethr o hyd, gwthiodd ei ffon i'r ddaear fel y gallai ddychwelyd eto at y garreg. Pan ddychwelodd roedd y ffon wedi mynd a draenen wen yn tyfu yn y lle y tybiai iddo'i gadael. Dywedyd wrtho wedyn petai wedi rhoi ei gyllell oddi tan y garreg a symudai y byddai wedi gallu ei chanfod wedyn; oherwydd mae'r creaduriaid bach a chwarae'r fath driciau â'r marwolion ofn mynd yn agos at haearn na dur.'

MOTIFAU: F. 211.2   (Mynedfa Gwlad y Tylwyth Teg o dan garreg)
         F. 384.3   (Y Tylwyth Teg ofn haearn)
NODIADAU: Yma eto dim ond un cyfle sydd i'w gael i ganfod Gwlad y Tylwyth Teg.

NOCARS CWM DYLI : BEDDGELERT

Carneddog, *Cymru*, LIX, t.111.

'Dywed hen draddodiad am y Nant y byddai yr hen bobl yn clywed
sŵn morthwylion a thwrf ergydion yn y ceunant hwn, a hynny
weithiau ganol dydd, a thro arall gefn trymydd y nos. Ni byddai
neb yno yn gweithio, ac oddiwrth yr arwyddion hyn byddent yn
credu fod yno gorff mawr o ryw fetel.'

Dyma ddyfyniad o draethawd William Davies y Mwynwr,
Beddgelert, ar gyfer Cylchwyl Beddgelert, 1892/3. Y gystadleuaeth
oedd rhestr o 'Enwau Bro'r Eryri', ynghyd â'u hystyr.

MOTIF: F. 456.1.2.2.1   (Nocars yn tywys y mwynwyr at rannau cyfoethocaf y
                          mwynfeydd drwy gnocio yn y mannau hynny)

NOCARS DINORWIG : LLANBERIS

S.J. Coleman, *Tales and Traditions of Snowdonia*, 1961.

'Am hanner nos, ar lethr y chwarel uwchben Llyn Peris, clywir sŵn
sy'n cario ar draws y dŵr llonydd. "Mae'r corachod yn gweithio,"
meddai'r sawl â gâr ramant; yn wir, honnir eu bod yn dod allan o'u
tyllau yn y bryniau pan fo'r chwarelwyr yn eu gwlâu ac yn dechrau
dewis cerrig ar gyfer plasdai'r Tylwyth Teg.'

MOTIF: F. 456.1. (Nocars)

MOELWNNION : NANT FFRANCON

William Williams, *Observations on the Snowdon Mountains*, 1802, t.141.

'Tybir fod mwyn plwm neu fwynau eraill ym Moelwnnion, a
gwnaed cais bach i'w ganfod ar yr ochr sy'n wynebu eglwys
Llanllechid, ond ni ddarganfuwyd dim o werth. Eto ni ellir
perswadio'r mwynwyr nad oes cyfoeth o fwyn y ei grombil.
Sicrhânt iddynt glywed Nocars yn aml o dan y ddaear, yn tyllu a
saethu fel y gwna mwynwyr wrth eu gwaith. Sicrhaodd Seimon
Luc, mwynwr, fi iddo ef ac eraill eu clywed.'

MOTIF: F. 456.1.2.2.1 (Nocars yn tywys y mwynwyr at rannau cyfoethocaf y mwynfeydd drwy gnocio yn y mannau hynny)

Dywed Rhys yntau y clywid y Nocars yn cnocio, rhofio a gwagio troliau yn ardal Corwrion (F. 456.1.):

John Rhys, *Celtic Folklore*, I, 1901, t.53.

NOCARS PENYRORSEDD : NANTLLE

William Arthur Pritchard, Tâp SGAE, 4; ochr 1-4.

'Fedrwchi ddechra' drw' dd'eud sdori'r Nocars wrtha' fi?'

O! mi dria' i. Mi o'dd 'na . . . mi o'dd yn Chwaral Ben'rorsadd, wel, yn yr hen ddyddia', cin y Rhyfal Cynta', mi fydda' 'na lawar iawn o dorri lefela' yno. Do's 'na'm chwaral yn y Dyffryn 'ma'n debig. Ma' mwy o lefela' . . . o'dd 'na amriw byd o feinars yno, yn gyrru'r lefeli 'ma. Mw'thwl ag ebill o'dd hi'n y cyfnod hwnnw – gwaith llafurus iawn. Ag mi ro'dd 'na un o'n i'n 'nabod yn dda, un o Drws Coed, Richard Defis Drws Coed. O'dd o'n ddyn reit gyfrifol. A mi fydda'n d'eud 'mi hanes yn, amdano fo – amdano'i hun – a mi o'dd o'n brofiad iddo fo ag i rei er'ill hefyd ma'n debig. 'I fod o'n gweithio mewn lefal 'i hun ag yn curo ar 'i ebill ag weithia'n cym'yd riw orffwys bach. Ag mi ro'dd o 'di cl'wad, fwy nag unwaith, sŵn curo ar ebill, na fedrodd o 'rioed mo'i 'sbonio fo ond oedd o'n gwbwl arg'oeddedig fod 'na riwin, fod 'na riwin yn curo. To'dd dim posib fod o'n ca'l 'i dwyllo efo dŵr na dim byd arall yn syrthio. Mi ro'dd 'na rei er'ill hefyd wedi cl'wad yr un peth ag mi fydda'n ca'l 'i fawr dramgwyddo os bydda' rhiwin yn ama'r hanesyn yma.'

MOTIF: F. 456.1. (Nocars)

NODWEDDION TYLWYTH TEG YR WYDDFA : BEDDGELERT

'Y Tylwyth Teg', *Cymru*, tt.165-6.

'Nid wyf yn credu fod cwmwd yn unlle yng Nghymru mor lawr o straeon am y Tylwyth Teg a pharthau y Wyddfa. Os gwiw i ni roddi coel ar chwedlau yr hen bobl, rhaid mai cyfundrefn ryfedd a chyfriniol iawn oedd y gyfundrefn degyddol. Ar hyd y ganrif o'r blaen, a chynt, hyd y chwarter cyntaf o'r ganrif hon, sonnir fod eu hawdurdod a'u gallu yn fawr, ac er nad oeddynt ond bodau bychain, yr oedd eu harswyd yn nhir y rhai byw, ar bob gradd ac oedran. Hyd yn oed pan oeddwn i yn blentyn, ni fyddai wiw ceisio gan blant, a rhai mewn oedran hefyd o ran hynny, fyned i unlle gyda'r nos, ie, allan yn y dydd a'r niwl, rhag ofn i'r Tylwyth Teg ddyfod o hyd iddynt. Anhawdd dyfalu sut yr oedd ar neb eu hofn, a hwythau mor haelionus o'u haur a'u harian – o'r cyfryw yr oedd ganddynt ddigonedd. Yr oeddynt yn talu ar y ganfed radd, i bwy bynnag a wnâi y gymwynas leiaf iddynt. Desgrifid hwynt, gan y rhai a haerent eu bod wedi eu gweld yn wirioneddol – a llawer o'r rhai hynny a glywais i – fel bodau bychain, tua throedfedd i droedfedd a hanner o daldra, yn ddel fel "pin mewn papur", a'u gwynepryd mor wyn a glân ag ewyn ffrwd y mynydd. Gan eu bod o natur goruwchnaturiol, o ran tybiaeth, yr oeddynt yn gallu trawsnewid eu hunain i fod yn ddynion a merched, at faint y cyffredin o honom ni, pan welent hynny yn angenrheidiol iddynt. Gwisgent ddillad melfed, a chapiau cochion. Yr oedd ganddynt geffylau gwisgi, buandroed, pob un at faintioli ysgyfarnog, i'w cipio ar eu teithiau, hyd y gwaenydd a llethrau y mynyddoedd. Yr oedd eu cyfoeth yn ddihysbydd, a châi yr hwn a â'i gyda hwynt hynny a ddewisai o aur, perlau a thrysorau.

Preswylient o dan y ddaear; mewn ogofeydd prydferth, medd rhai; mewn llysoedd godidog, medd y mwyafrif. Yr oeddynt yn myned i mewn i'w cartrefleoedd, bob amser, trwy lynnoedd, neu ddŵr. Yr oedd ganddynt eu hamser eu hunain i ymweled â'n byd ni – sef Gŵyl Ifan, Gŵyl Fihangel, &c., a ffurfient gylchau mewn nentydd a chymoedd digon pell o ddwndwr a golwg dynion, i ddawnsio a chanu. Yr oedd eu peroriaeth yn or-swynol a hudolus, ac yr oedd eu halawon yn llawn tynerwych a bywyd. Clywais rai yn dweyd eu bod wedi clywed nodau "Toriad y Dydd" ganddynt. Yr oeddynt yn ei chanu dan ddawnsio yn llon, ar godiad y wawr o'r dwyrain. Pe y digwyddai i rywun fyned yn agos atynt, pan fyddent yn dawnsio ac yn canu yn y cylchau hyn, byddai yn sicr o gael ei hudo, a'i gipio yn ddiarwybod iddo ei hun i mewn i'r cylchau atynt. Yr oedd swyn eu caniadaeth yn anorchfygol, fel mai amhosibl cilio oddiwrthynt. Wedi i ddyn unwaith fynd i'w mysg, collai arno ei hun, am ddim gwybodaeth am y ddaear hon, ond dawnsiai a chanai gyda hwynt yn ddiddiwedd. Yr oedd eu gwleddoedd a'u hyfrydwch mor wynfydedig fel nad oedd blwyddyn ond megis diwrnod yn eu cwmni. Yn wir, nid oedd amser yn cael ei gyfrif ganddynt, ac ni fyddai angen ar neb ddod o fysg tylwyth mor gyfoethog a llawen yn mhob modd.'

NODIADAU: Codwyd gan Garneddog o lsgf. o waith Gruffydd Prisiart, a sgrifennwyd yn 1850.

MOTIF: F. 302.3.1   (Denu gŵr marwol i Wlad y Tylwyth Teg)
F. 342	(Y Tylwyth Teg yn rhoi arian i ŵr marwol)
F. 330	(Y Tylwyth Teg yn ddiolchgar)
F. 234.0.2	(Y Tylwyth Teg yn newid eu ffurf)
F. 234.2	(Y Tylwyth Teg yr un faint â phobl)
F. 236.3.2	(Y Tylwyth Teg yn gwisgo capiau cochion)
F. 241.1.8	(Maint ceffylau'r Tylwyth Teg)
F. 244	(Trysor y Tylwyth Teg)
F. 211.3	(Y Tylwyth Teg yn byw o dan y ddaear)
F. 93	(Dŵr yn fynedfa i fyd arall)
F. 165.2	(Y byd tanddaearol ond yn agor ar adegau arbennig)
F. 261	(Y Tylwyth Teg yn dawnsio)
F. 262.1	(Y Tylwyth Teg yn canu)
F. 262	(Cerddoriaeth y Tylwyth Teg)
F. 377.2	(Blwyddyn fel ychydig ddyddiau yng Ngwlad y Tylwyth Teg)

Cofnodwyd nodweddion y Tylwyth Teg mewn mannau eraill hefyd:

'Rhyfeddodau y Siroedd', *Cyfaill yr Aelwyd*, 1881-2, t.220.
Y Geninen, 1895.
Celtic Folklore, I, 1901, tt.82-5.

YR OGOF DRYSOR : NANT FFRANCON

Gwêl Adran *Trysor Cudd* y *Chwedlau Lleol*.

YR OGOF DDU, I, EDWARD LHUYD, 1693 : DOLBENMAEN

Robert Williams, 'The Legend of Llyn yr Afangc', *Camb. Journ*. 1859, tt.145-6.

'Mi a adawaf y chwedla hyn heibio tra fythw i yn myned hyd yr ogo ddu . . . yr hon sŷdd yn ymyl Crigciaeth, lle yr aeth 3 gwrthgordd i mewn cin belled ag y collason nhw y ffordd i fedru dyfod yn i hôl. Fy glybuwyd ûn o honynt hŵy yn canu i bîb ar llall i gorn ynghylch 2 filldir or fan lle yr aethant i mewn : ag mae henw y fan lle y clywed y pibydd Braich y bîb, ar fan y clywed y Cornor, Braich y Cornor. Nid ydwif yn coelio fôd cimmaint ag ûn dŷn yn amme nad ydiw hŷn yma i gîd yn wîr, ag nis gwn i pa fodd y cafodd y ceingcie a elwir ffarwel Dic y pibydd, a ffarwel Dwm bâch, yr henwau hyn, oddigerth iddynt i cael nhw oddiwrth y gwyrthgerdd uchod, nis gwn i chwaith nad Ned Puw oedd y trydydd, ag nad y gaingc a elwir ffarwel Ned Puw a ganodd ynte yn ddiweddaf cin myned i mewn ir Ogo. Ni allai warantu mo hyn yn wîr, oblegid ni chlywais i ond iun yn dywedyd mo hynnu, ag nid oedd gantho yntau ond i dŷb, ar achos oedd i dybio oedd y gaingc hon sef ffarwel Dic y pibydd . . . '

MOTIFAU: F. 302.3.1 (Y Tylwyth Teg yn hudo gwŷr i'w Bro)
          F. 211.3 (Y Tylwyth Teg yn byw o dan y ddaear)

Dyma'r fersiwn cynharaf ar chwedl 'Yr Ogof Ddu'. Ar ôl cyhoeddi Llsgf. Lhuyd yn y *Cambrian Journal*, 1859 copïwyd y chwedl mewn mannau eraill:

'Llyn yr Afanc', *Y Brython*, III, 1860, t.386.
John Rhys, *Celtic Folklore*, I, 1901, tt.201-2.
Marie Trevelyan, *Folk-lore of Wales*, 1909, t.140.
T. Gwynn Jones, *Welsh Folklore*, 1930, t.55.

Ceir chwedl gytras o Nant Conwy. Yno denwyd telynor i ogof gan y Tylwyth Teg yn chwarae telynau, ac ni ddychwelodd ohoni byth. Fel yn y chwedl hon, clywir ef yn chwarae ei delyn o dan ddaear cae a elwir hyd heddiw yn Weirglodd y Telynorion:

O.G. Jones, *Gweithiau Gethin*, 1884, t.272.
John Rhys, *Celtic Folklore*, I, 1901, t.206.
T. Gwynn Jones, *Welsh Folklore*, 1930, t.55.

YR OGOF DDU, II : DOLBENMAEN; BEDDGELERT

Myrddin Fardd, *Llên Gwerin Sir Gaernarfon*, 1908, tt.211-3.

'Ogof ydyw rhwng Gricieth a Threflys, wedi ei ffurfio gan y môr. Dywedir i Bibydd, Cornor a Chrythor droi yma ar eu ffordd o Gricieth i lys Bronyfoel i gadw neithior. Ar eu taith daeth bonheddwr a'i osgordd i'w cyfarfod, ac ar ôl eu holi a chynnig aur iddynt, cafodd hwy i beidio mynd i Fronyfoel ond gydag ef. Yn fuan roeddent o'u cynefin, a gwelsant balas harddwych yn llawn o wychder ac erchylldod ac arweiniodd y gweision, a oedd fel rhai tywysog, hwy fel na welwyd mohonynt byth wedyn. Ond ryw dro ar ôl hyn, roedd bugail y Cefn Coch yn mynd i gyfeiriad Moel Hebog pan glywodd Bib yn chwarae'r dôn a glywodd erioed. Canfu mai o agen mewn craig y deuai, ac ar ôl bloeddio iddo, daeth ateb – llais o enau'r Pibydd, a ddywedodd yr holl hanes wrtho ac na chaent byth eto rodio wyneb y ddaear. Roedd y bugail yn gerddor da a dysgodd y dôn, a galwodd hi'n 'Ffarwel Dic y Pibydd', a'r lle ei clywodd yn 'Fraich y Bib'. Clywodd bugail arall ar y mynydd sŵn corn yn canu tôn ddieithr, ond nid oedd gerddor, ac ni allod ei dysgu, ond galwodd y lle ei clywodd yn Fraich y Cornor. Gallodd y Crythor, ar y llaw arall, ddod allan trwy ogof yng nghwr ogleddol Moel Hebog, ond ni allod fynd ymhellach na Llyn y Ddinas cyn marw. Claddwyd ef mewn man a elwir hyd heddiw yn 'Fedd y

Crythor Du', a'r ogof y diangodd trwyddi yn 'Ogof y Crythor Du'. Dywed llên gwerin fod y wladwriaeth eisiau gwybod mwy am y dirgelwch hwn ac yr anfonwyd tri gŵr i archwilio'r hen ogof, gyda corn, pib a chrwth i'w canu, fel y gallai'r ysbïwyr oedd ar wasgar eu clywed i gael gweithio pen draw yr ogof groes ymgroes. Cafwyd hyn drwy i'r Pibydd chwarau ei bib yn y llecyn ag y mae Braich y Bib yn sefyll, a'r cornor seinio ei gorn yng Nghwm Cornor, a'r crythor yntau yn Tyddyn Crythor, ym mhlwyf Llanystumdwy. Dywed traddodiad yn ddifloesgni fod yn y briffordd, ger Dolbenmaen, ryw sŵn gwag, uwch ben y gainc hon o'r ogof, i'w glywed i'r sawl a chwenycho sylwi ar y cyfryw beth.'

MOTIFAU: F. 302.3.1 (Y Tylwyth Teg yn hudo gwŷr i'w Bro)
F. 211.3 (Y Tylwyth Teg yn byw o dan y ddaear)
NODIADAU: Dyma fersiwn llawer diweddarach ar chwedl 'Yr Ogof Ddu' ond hefyd yn fwy manwl. Ceir yma fwy o fanylion onomastig, tra'n cynnwys y manylion a roddwyd gan Lhuyd dros ddwy ganrif ynghynt.

PENELOPE, I : NANT Y BETWS

William Williams, *Observations on the Snowdon Mountains*, 1802, tt.37-40.

'Gan fy mod wedi sôn am ffermydd yr Ystrad, mae'n naturiol fy mod yn cofio amgylchiad sydd, er yn chwedlonol, yn enghraifft o arfer a meddylfryd trigolion y mynyddoedd hyn, ac sydd felly'n haeddu ei nodi'n arbennig yma.

Roedd teulu a drigai o gwmpas troed yr Wyddfa gynt yn cael eu glasenwi Pellings ac nid yw wedi marw allan eto. Mae rhai pobl a hyd yn oed deuluoedd y dywedir eu bod yn ddisgynyddion y bobl hyn. Ceir cychwyn yr enw yn y chwedl ganlynol:

Dywedir yr arferai'r Tylwyth Teg ddawnsio mewn cae o eiddo'r Ystrad a ffinid gan yr afon a lifa o Lyn Cwellyn. Cuddiodd mab ac etifedd yr Ystrad mewn llwyn gerllaw un noson ac ar ganol y ddawns cipiodd un o'u merched a gwasgarodd y lleill, a diflannu'n syth. Aeth â hi adref a bu mor garedig wrthi nes y cytunodd i fod yn forwyn iddo ond ni allai gael ei henw ganddi. Beth amser wedyn digwyddai fynd heibio'r fan lle cipiodd hi a chlywodd y Tylwyth Teg yn dweud – "y tro olaf y buom yma, cipiwyd ein chwaer Penelope gan un o'r marwolion." Llawenychodd o ganfod ei henw. Cynigiodd ei phriodi ac o'r diwedd cytunodd ar ôl gwrthod am amser maith, ar yr amod y gadawai ef am byth os digwyddai ei chyffwrdd â haearn. Buont fyw yn hapus am flynyddoedd a bu iddynt fab a merch. Oherwydd ei gweithgarwch a'i synnwyr fel gwraig tŷ, daeth yn fuan iawn yn un o wŷr cyfoethoca'r wlad : amaethai, ar wahân i'w dir ei hun, y cwbl o dir ochr Ogl. Nant y Betws hyd Gopa'r Wyddfa a Chwm Brwynog : tua 5,000 erw neu fwy. Yn anffodus dilynodd Penelope ei gŵr i'r cae i ddal ceffyl un dydd, ac yn ei dymer taflodd y ffrwyn ato ac yn anlwcus, tarawodd Penelope druan. Diflannodd yn y fan ac ni welodd hi byth wedyn ond clywodd ei llais wrth ei ffenestr beth amser wedyn yn adrodd y pennill arferol, am gymryd gofal o'u plant. Y plant yma a'u disgynyddion, fe ddywedir, oedd y Pellings; gair a lygrwyd o enw eu mam, Penelope. Roedd y diweddar Fnr. Thomas Rowlands, Caearu, Môn, tad y diweddar Arglwyddes Bwcli yn ddisgynnydd y wraig hon, os gwir fod yr enw Pellings yn deillio ohoni; ac y mae yn fyw o hyd nifer o bobl barchus a chefnog y gwyddys ddeillio o'r Pellings. Gwaed y Tylwyth Teg yw'r rhan gorau o'm gwaed innau.

Beth yw cychwyn y chwedl ofer hon sy'n amhosib amcanu.'

TEIP: M. L. 5090 – Priodi Tylwythes Deg.
MOTIFAU: F. 304.6   (Gŵr marwol yn cipio Tylwythes Deg)
         F. 451.1   (Dysgu cyfrinach ellyllon ar ddamwain o guddfan)
         C. 432.1   (Gwybod enw creadur goruwchnaturiol yn ei wneud yn gaeth i'r sawl sy'n gwybod)
         C. 531   (Tabŵ: cyffwrdd â haearn)
         F. 384.3   (Y Tylwyth Teg ofn haearn)
         F. 302.2   (Gŵr yn priodi Tylwythes Deg ac yn mynd â hi i'w gartref)
         C. 952   (Dychweliad yn syth i fyd arall am dorri tabŵ)
         F. 305   (Plant Tylwythes Deg a gŵr marwol)

Dyma'r chwedl ar ei ffurf hynaf, fel y cofnodwyd hi i ni. Cofnodwyd yr un chwedl nifer o weithiau wedyn:

'Moel Tryfan', *Y Brython*, V, tt.189-90.
Owen Jones (Gol.), *Cymru : yn Hanesyddol*, etc., 1875, t.151.

P.H. Emerson, 'The Pellings', *Welsh Fairy Tales and Other Stories*, 1894, tt.81-3.
Bleddyn, 'Chwedlau am Ogofäu A Thylwyth Teg', *Y Geninen*, 1895, t.290.
John Rhys, *Celtic Folklore*, I, 1901, tt.39-40.
Ibid., tt.40-1.
G.T. Parry, *Llanberis : Ei Hanes*, etc., 1908, tt.35-8.
Dafydd Pritchard, *'Betws Garmon'*, (Llsgf.), 1964.
Showell Styles, *Welsh Walks and Legends*, 1972, tt.59-60.

Adroddir yr un chwedl am fab Bron y Fedw (Nant y Betws) yn:

John Rhys, *Celtic Folklore*, I, 1901, tt.33-4.

Am lanc o Flaen Pennant yn

John Rhys, *Celtic Folklore*, I, 1901, t.108.
Ibid., tt.222-3.
T. Gwynn Jones, *Welsh Folklore*, 1930, t.68.

Am fugail o Garndolbenmaen yn

John Rhys, *Celtic Folklore*, I, 1901, tt.107-8.

ac am 'lanc . . . o sir Gaernarfon' yn

E. Sheppard-Jones, 'The Young Man Who Married a Fairy', *Welsh Legendary Tales*, 1959, tt.72-7.

Lleolir y chwedl hefyd ar lan Llyn Du'r Arddu, ar yr Wyddfa, heb ddweud pwy briododd Dylwythes y Llyn yn:

John Rhys, *Celtic Folklore*, I, 1901, tt.31-2.
William Hobley, *Hanes Methodistiaeth Arfon*, IV, 19, tt.22-3.
Frank Ward, *The Lakes of Wales*, 1931, t.104.

ac ar lan Llyn Cwellyn yn:

Frank Ward, *The Lakes of Wales*, 1931, t.85.

ac ar lan Llyn Corwrion yn:

John Rhys, *Celtic Folklore*, I, 1901, tt.55-6.
D.J. Williams, *Borough Guide to Bethesda*, s.d.

Yn fersiwn Rhys yn *Celtic Folklore* uchod ar chwedl Llyn Du'r Arddu, dywedir i'r Dylwythes Deg ddod â chyfoeth mawr gyda hi o'r llyn ar ffurf anifeiliaid ac i'r rhain ddiflannu gyda hi i'r llyn pan darawyd hi â haearn. Ceir fersiwn tebyg iawn wedi ei leoli yn ardal Llyn Corwrion hefyd lle dywedir i'r Dylwythes gael ei tharo ac i'r gwartheg a ddaeth gyda hi ei dilyn yn ôl i'r llyn:

John Rhys, *Celtic Folklore*, I, 1901, tt.50-1.

Gwelir yn fersiwn William Williams ar y chwedl un o fotifau rhyfeddaf y chwedl, sef yr enw anhysbys, sydd i'w gael mewn nifer o chwedlau Cymraeg. Y grêd tu ôl i'r motif ydyw fod creadur goruwchnaturiol yn gaeth i'r sawl sy'n gwybod ei enw. Cytras ydyw i'r syniad y gellir rheoli tynged dyn o gael ei lun, neu ddelw ohono neu hyd yn oed gydyn o'i wallt neu damaid o'i ewinedd. Rhoddid cred fawr ar hud gydymdeimladol.

Gwelir enghraifft gynnar o fotif yr enw anhysbys yn Llsgf. Peniarth 98b, lle nodir fod gŵr a gwraig yn ymladd yng Nghâd Godden na ellid eu trechu oni wyddid eu henwau. Ceir enghreifftiau o Dylwyth Teg yn canu neu fwmian y geiriau 'Sili ffrit'. Mewn chwedl o Lŷn canai'r Dylwythes Deg o Forwyn:

'Bychan ŵyr fy meistres
Mai Jili Ffrwtan ydw i.'

Clywyd un arall yn canu:

'Bychan a wyddai hi,
Mai Sili-go-Dwt yw f'enw i.'

Yn ardal Corwrion dywedid y deuai Tylwythes Deg o'r llyn gyda'i throell bach ar ddiwrnodiau braf yn yr haf i droelli. Tra'n gweithio clywid hi'n canu'r geiriau 'siliffrit' yn gyson.

Enghreifftiau eraill yw Trwtyn-tratyn a Gwarwyn-a-throt.

Enghraifft rhyngwladol yw stori Rumpelstiltschen.

PENELOPE, II : NANT Y BETWS

William Williams, *Hynafiaethau Llanberis*, 1892, tt.17-8.

'Ceir yma'r chwedl arferol am Penelope a'i cholli, ond gyda'r ychwanegiad fod Penelope'n dychwelyd at ei gŵr ac adrodd y pennill:

Os bydd annwyd ar fy mab
Rhoddwch arno bais ei dad,
Os bydd annwyd ar liw'r can
Rhoddwch arni bais ei mam.'

MOTIF: F. 345 (Y Tylwyth Teg yn dysgu marwolion)

Cofnodwyd yr amrywiad mewn nifer o ffynonellau eraill:

John Rhys, *Celtic Folkore*, I, 1901, tt.41-4; 48.
G.T. Parry, 'Llanberis', *Cymru*, XXX, t.230.
R. Roberts; E. Woodall, *Gossiping Guide to Wales*, 1907, t.305.
Myrddin Fardd, *Llên Gwerin Sir Gaernarfon*, 1908, tt.94-6.
T. Gwynn Jones, *Welsh Folklore*, 1930, t.65.
H.A.E. Roberts, 'The Land of the Fairies', *Folk Tales and Legends from North Wales*, 1931, tt.45-50.

Ceir hefyd chwedl am ŵr Ystum Cegid yn priodi Tylwythes Deg, lle ceir yr un pennill:

John Rhys, *Celtic Folklore*, I, 1901, t.220.

Ceir hefyd fersiynau ar chwedl Bella (weithiau Penelope) yn priodi mab Drws y Coed lle ceir y pennill:

'Llên y Werin', *Y Brython*, 1861, tt.70-1.
W.R. Ambrose, *Hynafiaethau Nant Nantlle*, 1872, tt.52-3.
D.E. Jenkins, *Bedd Gelert*, 1899, tt.161-4.
John Rhys, *Celtic Folklore*, I, 1901, tt.86-9.
'Hen Chwedloniaeth y Cymry', *Y Geninen*, 1904, t.157.
Hugh Evans, 'Priodas Penelope', *Y Tylwyth Teg*, 1944, tt.15-19.

PERSON LLANDDOGED A'R TYLWYTH TEG : DYFFRYN CONWY

'Cwm Eigiau', *Cymru'*, 1915, tt.59-60.

'Mae'n ddigon posibl yr edrychwn, er yn siriol iawn, yn lled anghrediniol, ar ddysgeidiaeth yr hen ddychmygwr cynhyrchiol yng nghylch y Tylwyth Teg; ac o'r herwydd, aeth ymlaen i ddweyd chwaneg o hanes gorchestion y llwyth oedd ar wasgar ers talwm, bellach. Yn ôl fy hen gyfaill, nid oedd derfyn ar eu hadnoddau, ac yr oedd wrth fodd ei galon yn coffhau eu campau, ac yn eu

212

hedmygu o'u herwydd. Tybiwn i yn sicr y credai yr oll a briodolid iddynt yn nhraddodiadau'r tadau yng nghymoedd Cymru. Fel engraifft o rymuster a chyflawnder galluoedd a dylanwad y teulu hynod hwn, adgofiodd eu bod, lawer o amser yn ôl, ar noson pan oedd y lleuad yn llawn, a llanw y Gonwy mor gryf nes oedd y dyffryn yn llawn o longau hwyliau a nofient o'r Creuddin hyd Gwmlannerch, ger Betws y Coed. Ar y pryd cadwai'r Tylwyth Teg noson lawen ym Mwlch y Ddeufaen. Gwleddent, canent, a dawnsient; a chan eu bod wedi darparu medd o ddail a brigau'r fedwen, yr oeddynt wedi meddwi'n hapus ar ddiod y duwiau. Ond tra y llament ac yr ymddigrifent oblegid y drwyth a yfasent, pwy anturiodd i fewn i'r cylch cyfrin ond person Llanddoged, yr hwn a ddechreuodd ddweyd y drefn am fyned drwy gymaint o riolti. Gwyddai y tylwyth bach yn dda am wendidau y person, a chymhellasant ef i ddrachtio o drwyth y fedwen, gan briodoli iddi bob rhinwedd a daioni. Ufuddhaodd y clerigwr, heb fawr seremoni, ac wedi yfed yn helaeth o'r gwin a gymysgwyd gan ei groesawyr, dechreuodd yntau ganu a dawnsio, nes yr ymddanghosai fel dyn wedi colli pob ffrwyn i lywodraethu ei hun. Canmolai y ddiod a'r bobl fach oedd wedi ei pharotoi; ac er yn honco a simsan, medrodd fynd i ben casgen oedd yn ymyl; a threiodd gofio rhyw rigwm o waith Elis y Cowper, un o'i blwyfolion ei hun, i ganmol y ddiod; ond yr oedd honno wedi boddi'r pennill a'i gof yntau. Felly, mewn helbul flin, ceisiai reoli ei dafod i lefain ei fod am roi pregeth iddynt, ac mai ei destun fyddai "Dam - dam - dam -"; ond gan fod y ddiod wedi chwil-droi ei leferydd, methai fynd ymhellach na'r tair sill frwmstanaidd yna. Eisieu dweyd mai ei destyn fyddai dameg yr heuwr oedd arno. Gan y cymerai y Tylwyth Teg arnynt resynu gweld person wedi meddwi, penderfynasant gydio ynddo, yr hyn a wnaed; ac ynghanol ymollyngiad o orfoledd a gwallgofrwydd, carisasant ef i ben Carnedd Llywelyn, y mynydd uchaf yng Nghymru, ond y Wyddfa, yn ôl Wmffra Owen. Y funud y cafodd y person ei drœd ar lawr, ymaith ag fe i ben craig fach oedd yn gyfleus o'r neilltu. Yno chwarddodd a bytheiriodd yn arswydus; a lluchiai ei freichiau yn ôl a blaen yn yr awyr, dan ddweyd ei fod am roi pregeth, " Dam - dam, dam-," ond methai eto gael y frawddeg, dameg yr heuwr, allan; er, pe y llwyddasai, na wyddai cyn'lleidfa o Dylwyth Teg ddim o gwbl am y ddameg honno, na'r un ddameg arall; a'r tebyg yw nad oedd y gŵr parchedig fawr fwy yn y goleuni na hwythau; a'i fod yn fwy hyddysg yng ngherddi Elis y Cowper nag oedd yn namhegion y Gŵr y proffesai ei fod yn ei wasanaethu. Ar ôl aros yno gydag ef am saith wythnos, gan nad oedd yn dod yn ddim gwell, ond yn parhau yn ddi-reol a disynwyr o hyd, penderfynodd y Tylwyth Teg, ar ôl gwneud yn yr awyr ystrydoedd o dai mawr, a selerydd danynt, yn llawn o fwyd a diod, i'r offeiriad gael byw yno cyhyd ag y gallai. Ac, yn ôl Wmffra Owen a llawer eraill, yno, mewn rhic yn y graig yr oedd yr hen berson o hyd ers tua dau gant o flynyddoedd, yn sefyll ar ei draed, ac yn mynd drwy bob math o stumiau, wrth feddwl ei fod ar fin dechre pregethu ar ddameg yr heuwr yn ei eglwys yn Llanddoged. Bob noswaith lloergan lleuad a llanw mawr, byddai ugeiniau o bobl Bwlch y Ddeufaen, y Llechwedd Isaf, Llanrhychwyn, a Dwygyfylchi yn dringo ochrau y Garnedd i gael trem ar y gŵr eglwysig; lle yr oedd hyd y dydd hwnnw, meddai fy hen gydymaith diddan, yn sefyll yn hurt, gyda chawg aur, a gafodd yng nghyfarfod ymadawol y Tylwyth Teg, yn ei law; ac chan ddychmygu ei fod yn llawn o sucan y fedwen – diod y duwiau – codai y cawg at ei enau yn barhaus, dan rygnu dweyd "Dam - dam - dam -" o hyd o hyd; ond yn methu, er pob ymgais, a dweyd y gair "Dameg".

Yn ei feddwl ei hun yr oedd Wmffra Owen yn sicr mai math o felltith daflodd y Tylwyth Teg ar yr hen berson oedd yr atal deyd (lock-jaw oedd gair Wmffra), er mwyn rhwystro lledaeniad yr efengyl yng Nghwm Eigiau, neu Gwm Cowlyd, gan y Diwygwyr Methodistaidd. Yr oedd y Tylwyth Teg, yn ei farn ef, yn "jelws" am fod y rhai oedd yn dod i wrando yr efengyl yn medru canu a gorfoleddu gyda'r fath hwyl. Mae'n siŵr fod fy hen gyfaill yn un hawdd iawn i gymeryd ei ddenu gan ofergoeledd; ond rhaid maddeu iddo ef, ac i eraill tebyg iddo, gan fod y fath swyn barddonol yn chwedlau a chredoau aelwydydd Cymru yn y dyddiau gynt.'

TEIP: M. L. 4075 – Ymweliad â Gwlad y Tylwyth Teg.
MOTIF: F. 302.3.1. (Denu gŵr marwol i Wlad y Tylwyth Teg)
NODIADAU: Dyma chwedl gwbl arbennig, er yn defnyddio motif rhyngwladol.

Gw. 'Etifedd Coll Llwyn Onn'.

PLAS PEN Y GADAIR : BEDDGELERT

Bleddyn, *Plwyf Beddgelert*, 1862, tt.35-6.

'Ni fyddai y Teulu Teg yn rhoddi modd i fyw yn fras bob amser i'r marwolion : weithiau gwnaent gryn ddifyrwch ohonynt. Un tro pan oedd gŵr Drws y Coed yn myned adref ar hyd yr hen ffordd dros y Gadair o Ffair Beddgelert yn fwy llawen na phrudd, pan yn agos i Ben y Gadair, efe a welai dŷ harddwych, ym min y ffordd, lle yr oedd llawenydd anghyffredin. Gwyddai yn eithaf nad oedd y fath adeilad i fod ar ei ffordd ef yn un man, yr hyn a barodd iddo dybio ei fod wedi camgymeryd ei ffordd, a myned ar ddidrain; felly efe a benderfynodd droi i mewn i'r tŷ i erfyn lletty, yr hyn a gaed. Yn ddioed ar ôl myned i mewn tybiai mai neithior oedd yno, gan gymaint yr ysbleddach mewn canu a dawnsio; yr oedd y tŷ yn llawn o feibion a merched a phlant yn llawen ac ar eu gorau. Decvhruoedd y cwmni adael toc o un i un; gofynodd yntau a gâi fyned i'w wely, ac arweiniwyd ef i stafell ardderchog, lle yr oedd gwely o'r manblu esmwythaf, a dillad gwynion can arno. Ymddiosgodd yn ddioed, ac aeth iddo, a chysgodd yn esmwyth ddigon hyd y bore, a'r peth cyntaf a ddaeth i'w gof, pan rhwng cwsg ac effro, oedd yr esbleddach y noson gynt, a'i fod yn cysgu mewn ystafell ardderchog yn y tŷ dieithr : agorodd ei lygaid i'w gweled – ond yr oedd yn rhy eang – yr oedd yn gorwedd ar y gors noeth, a thwmpath o frwyn yn obennydd, a'r awyr las agored yn gwrlid iddo!'

MOTIFAU: F. 369.4   (Gŵr marwol yn cael ei dwyllo gan y Tylwyth Teg)
             F. 221.1.   (Tŷ'r Tylwyth Teg yn diflannu gyda'r wawr)

Cofnodwyd y chwedl hon gan eraill hefyd, mewn ffurfiau gwahanol:

'Adgofion am Owen Williams o'r Waen Fawr, *Cymru*, IV, t.308.
D.E. Jenkins, *Bedd Gelert*, 1899, tt.158-9.
Bleddyn, 'Chwedlau am y Tylwyth Teg', *Y Geninen*, 1900, t.15.
John Rhys, *Celtic Folklore*, I, 1901, tt.99-100.
Ibid., t.207.

Y PÔS : CAERNARFON/BEDDGELERT

Jane Williams, John Rhys, *Celtic Folklore*, I, 1901, t.222.

'Clywodd (Jane Williams wraig Siôn Ifan) yn dweud hanes y gŵr a briododd Dyl. Deg, a'r modd ei gadawodd; ond cyn gadael ei gŵr a'i phlant gofynnodd i'r plant, wrth eu henwau, beth fyddai'r gorau ganddynt, buchews (h.y. buarth) glân neu buches fudr. Rhoddodd rhai yr ateb cywir, sef buches fudr, ond atebodd eraill 'buches lân': ffawd yr ail hyn oedd tlodi, gan nad oeddynt felly i gael stoc o wartheg.'

MOTIF: F. 451.5.15. (Corachod yn gosod posau a chwestiynau i farwolion)

ROGER A'R TYLWYTH TEG, J.D. Maclaren : DYFFRYN CONWY

John Rhys, *Celtic Folklore*, I, 1901, tt.199-200.

'Fy hysbyswr nesaf oedd John Duncan Maclaren, a anwyd yn 1812, ac sy'n byw yn Nhrefriw. Albanwr oedd ei dad, ond mae Maclaren yn Gymro ym mhob ystyr arall. Roedd yntau'n adnabod pobl y Sgubor Gerrig a bod Ifan Tomos a'i wraig Lowri yn cael trafferth eithafol wrth geisio cadw eu mab Roger rhag cael ei gludo ymaith gan y Tylwyth Teg. Oherwydd roedd y Tylwythesau Teg yn ceisio'i hudo ymaith yn ddibaid a chanfyddai arian y Tylwyth Teg yn gyson. Arferai'r Tylwyth Teg ddawnsio, chwarae a chanu mewn cae o flaen tŷ ei dad; ond ni chaniatâi Lowri i'w mab fynd allan ar ôl i'r haul fynd i lawr i gaera. Y nosweithiau mwyaf peryglus oedd y rheini pan ddisgleiriai'r lleuad yn hardd a chlymau bychan o darth yn addurno'r caeau ger yr afon.'

MOTIFAU: F. 302.3   (Tylwythes Deg yn ceisio hudo gŵr marwol)
          F. 342   (Y Tylwyth Teg yn rhoi arian i ŵr marwol)
          F. 235.2   (Y Tylwyth Teg i'w gweld ar adegau arbennig yn unig)

Mae awgrym o M. L. 5095 – Tylwythes Deg yn Erlid Gŵr.

RHAFFAU'R TYLWYTH TEG : BEDDGELERT

D.E. Jenkins, *Bedd Gelert*, 1899, tt.156-7.

'Roedd mab y Ffridd yn dychwelyd adref un noson o Feddgelert ac yn rhywle ger Pen Cae'r Gors, gwelai lu mawr o'r Tylwyth Teg yn neidio a sgipio ar y grug. Eisteddodd i lawr i'w gwylio ac yn fuan teimlai'n gysglyd; gorweddodd i lawr a chysgodd yn drwm. Tra roedd yn cysgu fel hyn, aeth y llu cyfan ato a'i glymu mor dyn nas gallai symud gewyn. Yna gorchuddiasant ef â gwe tenau fel nas gellid ei weld a gwaeddai am gymorth. Disgwyliai ei deulu ef adref y noson honno ac o'i weld yn hir yn dod aethant i'w gyfarfod.

Ni welsant ddim ohono, ac felly aethant i lawr i'r pentref lle clywsant iddo gychwyn adref gyda gŵr Hafod Ruffydd. Aethant i'r Hafod a dywedodd y ffermwr yno iddynt wahanu ar Bont Glan y Gors, y naill i'w ffordd ei hun. Yna chwiliwyd ochr y ffordd bob cam o'r Bont i'r Ffridd heb ganfod dim. Y noson ganlynol, tua'r adeg y daliasant ef, aeth y Tylwyth Teg yn ôl a'i ryddhau a deffrodd yntau ar ôl cysgu am ddiwrnod a noson. Ar ôl deffro 'doedd ganddo 'run syniad lle roedd a chrwydrodd wysg ei drwyn hyd ochrau'r Gadair a'r Gors Fawr nes caniad y ceiliog pan ddarganfu'n sydyn lle'r oedd, a'i fod o fewn chwarter milltir i'w gartref.'

MOTIFAU: F. 262   (Y Tylwyth Teg yn dawnsio)
         F. 262.3.4 (Cerddoriaeth y Tylwyth Teg yn peri cwsg)

Cofnodwyd y chwedl hon gan eraill hefyd:

Bleddyn, 'Chwedlau am y Tylwyth Teg', *Y Geninen*, 1900, t.15.
John Rhys, *Celtic Folklore*, I, 1901, tt.103-4.
T. Gwynn Jones, *Welsh Folklore*, 1930, tt.58-9.
E. Sheppard-Jones, 'Fairy Tricks', *Welsh Legendary Tales*, 1959, tt.94-5.

Gw. hefyd 'Y Ffermwyr a'r Tylwyth Teg'.

Ceir hefyd chwedl gytras o ardal Llanberis. Yma cipiwyd mab yr Hafoty ar Fwlch Maesgwm, pan yn dychwelyd o Ffair Beddgelert a'i guddio am ddiwrnod fel yma. Gwêl:

G.T. Parry, *Hanes Llanberis*, 1908, tt.59-60.
G.T. Parry, 'Llanberis', *Cymru*, XXX, t.281.

Rhoddion y Tylwyth Teg : Dyffryn Conwy

John Rhys, *Celtic Folklore*, I, 1901, t.198.

'Roedd y Tylwyth Teg hefyd yn hoff iawn o ddod â'u plant i'w gwisgo yn y tai rhwng Trefriw a Llanrwst, ac arferent ddawnsio ar y tir gwastad a ymylai â'r Conwy, a chwarae a chanu pob nos olau lleuad. Arferai Ifan Tomos Sgubor Gerrig gael arian ganddynt. Mae hwn wedi marw, yn ôl Morris Hughes, er dros driugain mlynedd: roedd ganddo fath o feudy ar ei dir lle'r arferai'r Tylwyth Teg gysgodi, ac felly'r tâl.'

MOTIFAU: F. 235.2 (Y Tylwyth Teg i'w gweld ar adegau arbennig yn unig)
         F. 342   (Y Tylwyth Teg yn rhoi arian i ŵr marwol)
         F. 332   (Y Tylwyth Teg yn ddiolchgar am gael croeso)

Mae yn y chwedl hon awgrym o M. L. 6020 – Y Fam Ddiolchgar o Dylwythes Deg. Gw. 'Hafod Lwyddog'.

SGRECH O LYN CORWRION : NANT FFRANCON

Hugh Derfel Hughes, John Rhys, *Celtic Folklore*, I, 1901, t.53.

'Weithiau canai'r (Tylwyth Teg) drwy'r nos, er mawr lawenydd y bobl o gwmpas a oedd wrth eu bodd yn gwrando arnynt . . . ac weithiau ffurfient gwmnïau i ddawnsio ac roedd eu symudiadau yn rhyfeddol o urddasol a thlws. Ond nid oedd yn ddiogel mynd yn rhy agos i'r llyn yn y nos, oherwydd aeth merch ddewr unwaith, yr hon a boenid gan y ddannodd yno ar hanner nos, at lan y dŵr i chwilio am wreiddyn planhigyn a dwf yno sy'n . . . gallu lladd pob poen yn y dannedd. Ond fel yr oedd yn codi darn ohono, daeth y fath sgrech o waelod y llyn nes ei gyrru'n ôl i'r tŷ a'i gwynt yn ei dwrn, yn crynu gan ofn; ni wyddys ai Tylwythes Deg ar ei phen ei hun a ddychrynwyd o gael ei goddiweddyd gan ferch yn ei choban ai dyma oedd y ffordd arferol gan y Tylwyth Teg o wella'r ddannodd.'

MOTIFAU: F. 262.3.6 (Cerddoriaeth y Tylwyth Teg yn peri llawenydd)
         F. 276   (Y Tylwyth Teg yn galw ar farwolion)

TLODI CONWY : Morris Hughes : DYFFRYN CONWY

John Rhys, *Celtic Folklore*, I, 1901, t.199.

'Yn olaf roedd gan Morris chwedl am fôr-forwyn a daflwyd i'r lan gan storm ger Conwy. Erfyniodd ar y pysgotwyr a'i canfu i'w chynorthwyo yn ôl i'w helfen naturiol; pan wrthodasant ei chynorthwy gweddïodd arnynt roi ei chynffon o leiaf yn y dŵr. Disgrifia pennill creulon iawn hi'n marw o oerfel:

"Y fôrforwyn ar y traeth,
Crio gwaeddu'n arw wnaeth,
Ofn y deuai drycin drannoeth:
Yr hin yn oer a rhewi wnaeth."

Ond cyn marw tyngodd y fôr forwyn lw y byddai pobl Conwy yn dlawd bob amser, a byth wedyn, yn ôl y chwedl, bu Conwy yn dioddef effaith ei thynged; felly pan ddigwydd dieithryn ddod â sofren yno, rhaid i bobl Conwy, os oes angen darnau arian, yrru dros y dŵr i Lansanffraid am newid.'

MOTIFAU: B. 81.13.2 (Môrforwyn yn cael ei gadael ar draeth)
B. 81.13.8 (Môrforwyn yn tyngu llw)
M. 359.5 (Proffwydoliaeth : tlodi o enedigaeth ymlaen)

Cofnodwyd hefyd yn:

Marie Trevelyan, *Folk-lore of Wales*, 1909, t.332.
T. Gwynn Jones, *Welsh Folklore*, 1930, t.76.

TÔWR Y MARCHLYN : LLANBERIS

John Rhys, *Celtic Folklore*, I, 1901, tt.237-8.

'Cofnodir math arall o chwedl a gysylltir â'r **Marchlyn Mawr** yng *Nghasgliadau Cymdeithasfa Powys, Hanes ac Archaeoleg*, Cyf. XV, t.137, gan y Parch. Elias Owen : "Canfu gŵr oedd yn pysgota yn y llyn ei fod wedi ei amgylchynu gan y cymylau a ddisgynnodd o'r bryniau at y dŵr. Cliriodd pwff sydyn o wynt lwybr drwy'r niwl uwchben y llyn i ddangos gŵr wrthi'n brysur yn toi tas wair. Safai'r dyn, neu'n hytrach Dylwythyn Teg, ar ysgol. Safai'r dâs a'r ysgol ar wyneb y llyn.'

MOTIF: F. 212 (Gwlad y Tylwyth Teg o dan ddŵr)

Cofnodwyd y chwedl hefyd yn:
The Lakes of Wales, 1931, t.166.

a chysylltwyd y chwedl â'r Llyn Coch yn:
W.J. Thomas, *The Welsh Fairy Book*, s.d., t.227.

TRYSOR Y TYLWYTH TEG : NANT FFRANCON

Gwêl y chwedl yma yn adran *Trysorau Cudd* y *Chwedlau Lleol*.

TWM BRYN SYLLTY : DYFFRYN CONWY

Morris Hughes; John Rhys, *Celtic Folklore*, I, 1901, tt.198-9.

'Arferai ei rieni rybuddio Morris pan oedd yn fachgen rhag iddo gael ei ddwyn gan y Tylwyth Teg. Roedd yn adnabod Thomas Williams o Bryn Syllty, neu Twm Bryn Syllty fel ei gelwid gan bawb, yr hwn oedd yn gyfnewidiad. Dyn bychan siarp nad oedd arno ofn dim ydoedd. Bu farw ychydig flynyddoedd yn ôl pan foddodd ger Eglwys Bach, pan oedd tua 63 oed. Mae perthnasau iddo o gwmpas Llanrwst o hyd, hynny yw perthnasau i'r fam "os oedd hi'n fam iddo fo, yntê".'

TEIP: M. L. 5085 – Y Cyfnewidiad.
MOTIFAU: F. 321   (Y Tylwyth Teg yn dwyn plant)
          F. 321.1   (Cyfnewidiad)

TYLWYTHES Y LLYN COCH : LLANBERIS

John Rhys, *Celtic Folklore*, I, 1901, tt.125-30.

'Mae'n ddiddorol iawn fel fersiwn arall ar hen chwedl dlos a arferai fy mam ei hadrodd. Roedd yn ddisgynnydd i deulu hen iawn yng Ngogledd Cymru . . . Roedd fy mam wrth ei bodd nid yn unig â hen chwedlau llên-gwerin a straeon Tylwyth Teg Cymru, y rhai a wyddai yn iawn, ond yn arbennig hefyd y ceinciau Cymreig . . . Gwelwch fod y chwedl, ar y cyfan, yn debyg iawn i eiddo'r Athro Rhys ond bod peth gwahaniaeth yn nhermau'r briodas. Lleolid y chwedl fel ei dywedwyd gan fy niweddar fam, mewn llyn, enw Cymraeg yr hwn yr wyf yn anffodus wedi ei anghofio, ond tybiaf ei fod rhywle ger Llanberis a'r arwr yn ffermwr ifanc cryf. Un dydd poeth roedd dyn yn mynd a'i geffyl at lyn i gael diod, pan welodd wyneb yn edrych i fyny arno o dan y dŵr. Denodd ef allan a gweld mai merch ieuanc hardd oedd a rhuthrodd i'r llyn ar ei hôl. Ymddangosodd ychydig ymhellach oddi wrtho a'i fryfocio fel hyn. Bu yno amryw weithiau wedyn yn disgwyl iddi ail-ymddangos. Un dydd roedd wrthi'n bwyta afal arbennig o felys oddi ar goeden ei gymydog. Cododd y ferch o'r llyn i ofyn am afal ond gwnaeth iddi ddod i'w gael a gafaelodd ynddi pan gydiodd ynddo. Bloeddiodd y ferch yn uchel a chododd yr hen ŵr ei thad o'r gwaelodion. Gofynnodd amdani'n wraig a chaniatawyd hyn ar yr amod na chyffyrddai ddur na chlai hi. Cytunodd y llanc a phriodwyd hwy yn y fan gan yr hen ŵr. Aiff y stori ymlaen i ddweud i'r uniad gael ei ddilyn gan ddau fab a dwy ferch. Roedd y mab hynaf a'i blant ar ei ôl yn feddygon galluog. Roedd yr ail fab yn grefftwr unigryw â phob metal a haearn. Dywedir iddo wneud cwrwgl o haearn tenau pan aeth ei gwrwgl croen yn beryglus. Am y ddwy ferch : dywedir i un ddyfeisio'r delyn fechan â deg tant a'r llall y droell. Fel hyn y cyflwynwyd meddygaeth, cynnyrch, cerddoriaeth a gwaith gwlân. Un dydd gofynnodd y wraig am afal arall ac aeth ei gŵr at ei gymydog. Daeth ag afalau yn ôl a hefyd goeden afalau fechan yn dwyn yr un ffrwyth melys. Planodd hi, gyda'i wraig yn ei dal, ond taflodd y rhofiad olaf dros ei ysgwydd ac ar fron ei wraig! Gollyngodd hithau'r goeden a'i hysbysu'n ddifrifol ei fod wedi torri un o amodau eu priodas. O edrych ar achos y ddamwain penderfynodd ei dychwelyd i'w gymydog. Aeth â ffrwyn yn ei law a daeth ei wraig gydag ef i'w gynorthwyo i ddal y ceffyl. Rhedasant un o boptu iddo, a gan nad arhosai, ceisiodd y gŵr daflu'r ffrwyn dros ei ben, ond methodd a tharodd y genfa haearn wyneb ei wraig a thorri'r ail amod – tarawodd hi â dur. Ffarweliodd â'i gŵr yn syth a phlymio i'r llyn. Felly, yn anuniongyrchol, rhoddodd afal gychwyn a therfyn i'w priodas!'

TEIP: M. L. 5090 – Priodi Tylwythes Deg.
MOTIFAU: F. 212   (Gwlad y Tylwyth Teg o dan lyn)
         F. 304.6   (Gŵr marwol yn cipio Tylwythes Deg)
         F. 384.3   (Y Tylwyth Teg ofn haearn)
         C. 531   (Tabŵ : cyffwrdd â haearn)
         D. 782.2   (Torri swyn drwy gyffwrdd y ddaear)
         F. 302.2   (Gŵr yn priodi Tylwythes Deg ac yn mynd â hi i'w gartref)
         F. 305   (Plant Tylwythes Deg a gŵr marwol)
         C. 952   (Dychweliad i fyd arall am dorri tabŵ)

Mae hwn yn fersiwn ymwybodol lenyddol ar y chwedl, fel y dywed Rhys, 'ond ymddengys y craidd yn chwedl wirioneddol, ac yn profi fod chwedl yng Ngogledd cymru a olrheiniai grefftau'r Oesoedd Canol at Dylwythes Deg y Llyn, fel yr un a geir yn hanes Meddygon Myddfai.'

Mewn fersiynau diweddarach ar y chwedl, lleolir hi ger y Llyn Coch ar yr Wyddfa, ond heb y manylion am grefftau'r plant:

T. Gwynn Jones, *Welsh Folklore*, 1930, t.67.
H.A.E. Roberts, 'The Lady of the Lake', *Folk Tales and Legends from North Wales*, 1931, tt.10-15.
Frank Ward, *The Lakes of Wales*, 1931, t.76.
W.J. Thomas, *The Welsh Fairy Book*, s.d., tt.227-30.

Sylwer yma hefyd ar y tabŵ ychwanegol o gyffwrdd â phridd.

Cofnododd Pennant yn ei *Journey to Snowdon*, 1781, t.162, fod y Tylwyth Teg yn arfer ymgynnull ar lan y Llyn Coch i ddawnsio a dilynwyd hyn gan:

John Rhys, *Celtic Folklore*, I, 1901, t.125.
Dienw, Williams' *Guide to Snowdon and Llanberis*, sd., t.53.

Felly roedd y Tylwyth Teg yn cael eu cysylltu â'r llyn cyn i Rhys gofnodi'r fersiwn yma ar Dylwythes Deg y Llyn.

Tylwyth Teg y Corwrion : Nant Ffrancon

Hugh Derfel Hughes, John Rhys, *Celtic Folklore*, I, 1901, t.53.

'Yn yr hen ddyddiau deuai'r Tylwyth Teg i'r amlwg i'w gweld gan ddynion yn amlach o lawer nag a wnânt yn awr. Gwnaethant eu cartref yn llyn diwaelod Corwrion yn Arllechwedd Uchaf . . . Ar foreau braf ym Mehefin gellid gweld y bobl bach drwsiadus a heini yma mewn llinell reolaidd wrthi'n brysur yn torri gwair, gyda'u gwartheg yn pori . . . yn y caeau ger Corwrion. Roedd hon yn olygfa a welid yn aml gan bobl y llechweddau o gwmpas, hyd yn oed ar y Sul; ond pan frysient i lawr atynt canfyddent y caeau yn wag a'r gweithwyr hud a'u gwartheg i gyd wedi mynd.'

MOTIFAU: F. 235.2   (Y Tylwyth Teg i'w gweld ar adegau arbennig yn unig)
           F. 212   (Gwlad y Tylwyth Teg o dan lyn)
           F. 713.2   (Llyn diwaelod)
           F. 381.10 (Y Tylwyth Teg yn gadael pan fo person yn eu gwylio'n
                     gweithio)
           F. 241.2   (Gwartheg y Tylwyth Teg)

Cofnododd Hugh Derfel draddodiad tebyg yn *ei Hynafiaethau Llandegai a Llanllechid*, 1866, t.54.

Tylwyth Teg Cwm Brwynog : Llanberis

John Rhys, *Celtic Folklore*, I, 1901, t.33.

'At hyn gallaf ychwanegu tystiolaeth gwraig y gallaf sicrhau ei geirwirdeb, sef pan oedd yn blentyn yng Nghwm Brwynog rhwng 30-40 blwyddyn yn ôl, rhybuddio ei brodyr a'i chwiorydd a hithau gan eu mam i beidio mynd yn bell o'r tŷ pan fyddai'n niwl tew rhag ofn iddynt ddod ar draws y Tylwyth Teg yn dawnsio a chael eu cario ymaith i'w trigfan o dan y llyn. Tybid bod amser, meddai, eu bod yn byw yn y llynnoedd; yr un y cyfeirir ato yma yw Llyn Dwythwch . . . Mae'r fam yn dal yn fyw; ond ymddengys ei bod hithau, fel eraill, wedi hen golli ei chred ym (modolaeth) y Tylwyth Teg.'

MOTIFAU: F. 261   (Y Tylwyth Teg yn dawnsio)
           F. 320   (Y Tylwyth Teg yn cipio pobl ymaith i'w gwlad)
           F. 212   (Gwlad y Tylwyth Teg o dan lyn)

Cofnodwyd yr un traddodiad yn:

William Hobley, *Hanes Methodistiaeth Arfon*, IV, t.23.
Frank Ward, *The Lakes of Wales*, 1931, t.105.

TYLWYTH TEG PADELL Y BRAIN : NANT Y BETWS

William Hobley *Hanes Methodistiaeth Arfon,* II, 1913, t.13.

'Byddai ofn y tylwyth teg yn rhwystro pobl hanner cant oed yn awr
rhag myned yn blant i Greigiau padell y brain ar y Cefndu. Tebyg
fod a wnelai'r brain a gyrchai yno rywbeth â'r traddodiad am y
peisiau gleision.'

MOTIF: F. 217   (Cyrchfanau'r Tylwyth Teg)

TYLWYTH TEG ROWLYN UCHA' : DYFFRYN CONWY

'Cwm Eigiau', *Cymru,* 1915, t.59.

'Hwyrach y rhyfedda llawer, ond nid oes arnaf gywilydd cyfaddef,
fy mod yn cael llawer iawn o foddhad wrth wrando ar lenyddiaeth
Wmffra Owen. I mi, yr oedd mwy o farddoniaeth ynddi nag sydd
yn hanner ein hawdlau a'n pryddestau cadeiriol a choronog. Gan y
gwyddwn y byddai ganddo rywbeth rhyfedd i'w ddweyd ar hynny,
gofynnais iddo sut y bu i hilyn y gwely y cysgwn ynddo y nos aeth
heibio gael ei orchuddio â chaenen deneu o eira? Eglurhad
Wmffra oedd mai chwe deserter o urdd y Tylwyth Teg oedd, y nos
honno, wedi crwydro i'r cwm am lcohes o'r storm. Yn wlyb dyferol
o eira, troisant i Rowlyn, gan feddwl cael croeso gan eu hen
gydnabod a'u cwsmer, Wmffra Owen. Wedi i'r criw fynd i'r llofft
yn ddistaw, cawsant siomedigaeth fawr wrth weld mai nid eu hen
bartner, ond mai gŵr dieithr, oedd yn y gwely y nos honno. I roi
gollyngdod i'w cynddaredd, heb wneud swn â'u tafodau, tynnodd y
gwyr bach eu cotiau uchaf, ac ysgydwasant yr eira oddi arnynt
uwchben gwely y "gŵr diarth". Fel yna yr oedd y difyr, os nad y
talentog, Wmffra Owen, yn dewis dehongli dirgelwch yr haen eira
oedd ar fy ngwely i.'

MOTIF: F. 361.1 (Y Tylwyth Teg yn dial am gael eu sarhau)

TYLWYTH TEG SARN UFFERN : NANTLLE

Mrs Elin Hughes, Tâp SGAE, 2; ochr 2-3.

'Beth am sdreuon Tylwyth Teg? 'Dachi'n gw'bod rhei o' rheini?'
    'Ol mi fydda' 'na sôn bydda' 'na Dylwyth Teg yn 'r Ysdrad
Ucha' 'sdalwm. Ma' 'na riw graig fawr yno, tu ôl, a ma' n'w'n d'eud

223

y bydda' 'na gylch Tylwyth Teg yno. Safn Uffarn 'di enw'r graig. Dwn i'm os o's 'nelo hynny r'wbath â'r Tylwyth Teg?'

MOTIF: F. 217 (Cyrchfanau'r Tylwyth Teg)

TYLWYTH TEG Y GILWERN, I : NANTLLE

Owen Elis Pritchard, Tâp SGAE, 4; ochr 1-4.

''Sginochi hanas o gwbwl am riwin yn gweld y Tylwyth Teg?'

'Wel oes, mi o'dd 'nhaid wedi 'i gweld nhw ar y garrag 'na sydd yn cae Gilwarn Isa', y garrag fflat 'na. O'dd o 'di mynd allan un noson a hitha'n lleuad go braf a mi gwela' n'w, griw ohony' n'wn downshio ar y garrag. A cotia' . . . cotia' cochion a throwsusa' glas o'dd gynny n'w me' fo. Ond o'dd o ofn mynd 'im pellach na cae ni i' hymyl n'w, achos o'dd o ofn, o'dd o'n d'eud bydda' n'w'n mynd i mewn i gylch y Tylwyth Teg ag wedyn do'dd o'm ishio mynd i fan'no.'

'Pa mor fowr o'dda n'w?'

'O, wel, – dwy droedfadd, r'wbath felly 'swn i'n dd'eud o'dd'i seis n'w, yn ôl fel o'dd yn nhaid yn dd'eu'tha i.'

'Welodd rhiwin arall n'w?'

'Wel do, pan o'dda ni'n 'rysgol mi fydda' Wiliam Elis y Prifathro'n d'eud wrtha ni, hanas, wrth y plant, am 'i daid o o'dd yn byw yn Cae Samon, Bontnewydd, yn dod i fyny i ddal samons yn yr afon gyda'r nos. A mi welodd ynta' n'w hefyd yn downshio ar yr un garrag. Ond bagio'n ôl 'na'th ynta', ddim mynd yn agos iddy' n'w. Torri galon.'

(Yna aeth Mr Pritchard â mi i ddangos y maen, ac ar y ffordd dangosodd y lle y gwyliai ei daid y Tylwyth yn mynd drwy eu campau. Safai'r maen ar ymyl afonig a redai o'r Ffynnon Wen, yn un o gaeau y Gilwern. 'Roedd yn wastad iawn, o ffurf crwn, anwastad, tua tair llath o draws fesur.)

MOTIFAU: F. 261   (Y Tylwyth Teg yn dawnsio)
          F. 328   (Y tylwyth Teg yn hudo pobl i'w Gwlad)
          F, 236.1   (Lliw dillad y Tylwyth Teg)
          F. 239.4.3 (Y Tylwyth Teg yn fychan iawn)

Tylwyth Teg y Gilwern, II : Nantlle

Ffermwr y Gilwern, Cofnodiad Llafar 9.4.74.

Pan aeth Mr Pritchard a mi i weld y garreg y dawnsiai'r Tylwyth Teg arni ar dir y Gilwern, cyfarfuasom â ffermwr y Gilwern, sef gweithiwr ffordd wedi ymddeol. Dywedodd i'w fam hefyd weld y Tylwyth yn dawnsio'n gylch drwy'i gilydd ar y garreg ac yna'n diflannu mewn amrantiad. Dywedodd fod arni ofn am ei bywyd rhag mynd yn agos atynt. 'Roedd hyn flynyddoedd yn ôl meddai – byddai'n tynnu am gant oed petai'n fyw o hyd. Clywed ei mam hithau'n dweud iddi weld y Tylwyth Teg yno barodd i'w fam fynd yno, meddai, a'u gweld.'

MOTIF: F. 261 (Y Tylwyth Teg yn dawnsio)

Y Tylwyth Teg yng Nghwm Bychan : Nantlle

Mrs Elin Hughes, Tâp SGAE, 2; ochr 2-3.

'O, ia. Ym, o'ni 'di cl'wad chi'n sôn am riw forwyn bach yn Casdall Cidwm o'dd yn coelio yn y Tylwyth Teg, ne' r'wbath.'

'Oedd, mi oedd 'na hen Musus Jô's.'

'Ia.'

'O'dd 'na Musdyr a Musus Stôri yn byw yno. A mi o'dd 'y mrawd yn mynd efo pôsd yn bora' cin mynd i'r ysgol. A fydda'n mynd at y tŷ a cl'ŵad yr hen Fusus Jô's yn sh'arad. A fydda' hi 'di hwylio bwr' a bwyd ar y bwr', a'r . . . Tylwyth Teg fydda' 'no. Fydda' hi'n coelio yn'yn n'w, a fydda' hi'n hwylio bwyd iddyn' n'w. Glywish i hynna lawar gwaith.'

'A pryd o'dd hynny?'

'Ewadd . . . Tynnwch chi fourteen (14) allan o eighty (80) faint 'neith o?'

'Chwedeg chwech o flynyddo'dd.'

'Ol ia, o flynyddo'dd yn ôl ma'r hen Musus Jô's.'

Wel o'ddi'n, 'dachi'n gw'bod, yn gada'l y bwyd 'ma a ballu iddyn' n'w. O'dd hi'n ca'l r'wbath yn 'i le fo gyn'nyn n'w? O'dd hi'n dd'eud 'ylly?'

'Chlywish i 'rioed bod hi'di d'eud dim byd, 'de.'

'O – do'dd hi'm yn ca'l riw bres ne' r'wbath gyn'nyn n'w?'

'Chlywish i 'rioed mo'r . . . am hyn'na 'te.'

MOTIF: F. 217 (Cyrchfanau'r Tylwyth Teg)
NODIADAU: Cofnodais yr un traddodiad am yr un hen wraig gan Mrs Mary
Awstin Jones, (Recordiad Llafar SGAE, 15.xi.73)

Y WERDDON : PENMACHNO

Gethin Jones, John Rhys, *Celtic Folklore*, I, 1901, t.204.

'O Lanrwst euthum i fyny (at Benmachno) i weld y bardd a'r
hynafiaethydd, Mr Gethin Jones. Drwg oedd gennyf ganfod fod ei
gof wedi ei amharu gan strôc parlysol . . . Ond o'i stafell
dangosodd i mi lecyn yr ochr arall i'r Machno, a elwid 'Y
Werddon', sef 'y tir glas'. 'Roedd yn dra hysbys am ei gylchoedd
Tylwyth Teg gwyrdd a gweirog, ac a fynychid gan y Tylwyth Teg
gynt, a dywedodd y gallai weld rhai o'r cylchoedd hyd yn oed o'r
fan lle safai. Mae'r Werddon ar y Bennar a'r tir uchel rhwng
Penmachno a Dolwyddelan yw hwnnw. Y llecyn dan sylw yw'r lle
agosaf at Raeadr Conwy.'

MOTIFAU:　F. 217　　(Cyrchfan y Tylwyth Teg)
　　　　　　　F. 261.1　(Cylchoedd y Tylwyth Teg i'w gweld ar wair)

WILLIAM ELLIS Y PYSGOTWR : DYFFRYN NANTLLE

Glasynys, *Cymru Fu*, 1862, tt.176-7.

'Rywbryd, yr oedd William Ellis y Gilwern, yn pysgota ar lan Llyn
Cwm Silyn, ar ddiwrnod niwlog a thywyll. Nid oedd wedi gweld un
gwyneb byw bedyddiol er pan ddaeth o waelod Nant y Llef. Ond
pan wrthi yn taflyd yr enwair gydag osgo ddenus, gwelai ar ei gyfer
mewn llwyn o frwyn, swp anferth o ddynion, neu bethau ar lun
dynion, tua throedfedd o daldra yn neidio ac yn dawnsio.

Bu'n edrych arnynt am oriau, ac ni chlywodd yn ei fywyd y fath
ganu, meddai. Ond aeth William yn rhy agos atynt, a thaflasant
hwythau ryw fath o lwch i'w llygaid; a thra bu ef yn sychu'r cyfryw,
fe ddiangodd y teulu bach i ryw le o'r golwg, ac nis gwelodd na siw
na miw ohonynt byth wedyn.'

MOTIFAU:　F. 239.4.1　(Y Tylwyth Teg yn fychan iawn)
　　　　　　　F. 261　　　(Y Tylwyth Teg yn dawnsio)
　　　　　　　F. 262.3.6　(Cerddoriaeth y Tylwyth Teg yn peri llawenydd)
　　　　　　　F. 361.3　　(Y Tylwyth Teg yn dial ar y sawl sy'n sbïo arnynt : cyll ei
　　　　　　　　　　　　　olwg)

Bu'r cofnodiad hwn yn sail fersiynau eraill ar y chwedl:

John Rhys, *Celtic Folklore,* I, 1901, t.111.
T. Gwynn Jones, *Welsh Folklore*, 1930, tt.54; 72.
Frank Ward, *The Lakes of Wales*, tt.93; 123.

Dywed Frank Ward, (*The Lakes of Wales*, tt.93; 123) iddo glywed yr un chwedl yn cael ei hadrodd am Lyn Ffynhonau.

(g) *Ysbrydion*

ATAL YSBRYDION : LLANBERIS

William Hobley, *Hanes Methodistiaeth Arfon*, IV, t.24.

'Mae eto i'w weled oddifewn i simne'r Brynglas, Nantuchaf, groes
garreg undarn, a gyflewyd yno, debygir, er cadw'r ysbryd drwg o'r
tŷ, ac nid hwyrach er cadw lladron rhag dod i mewn drwy'r simne.
Ni wyddis mo oedran y tŷ na pha bryd ddiweddaf y ffynnai'r gred
yn effeithiolrwydd y groes garreg.'

MOTIF: E. 434.8 (Ni all ysbryd fynd heibio croes neu lyfr gweddi)

Y BEIBL MAWR : BEDDGELERT

Bleddyn, *Plwyf Beddgelert*, 1862, t.55.

' . . . Mae un darn o lên gwerin ag sydd yn dwyn cysylltiad â'r lle:
"Yr oedd y Capel wedi ei adael yn adfeiliedig ers amser maith; yr
oedd y defni yn dyfod yn rhydd trwy ei dô, y coed a'r seddau yn
pydru, a'r llyfrau oll wedi eu cymeryd ymaith i Eglwys Bedd
Gelert, ond yn unig y Beibl Mawr, yr hwn a adawyd ar y
ddarllenfa. Digwyddodd i hen ŵr Clogwyn Nanmor, o'r enw R.
Roberts, fyned heibio i'r capel ryw ddiwrnod glawog, ac efe a
drodd i mewn i'r porth i ochel y glaw; aeth i'r Capel, ac yno efe a
welai y Beibl yn gen gwyn o lwydni! Wrth ei weled yn pydru a diles
yno, efe a'i cymerodd adref, lle, mae'n debyg, y cafodd lawer o
bleser ac adeiladaeth wrth ei ddarllen. Bu yr hen ŵr farw ymhen
ychydig flynyddoedd wedi hyn, a dechreuodd rhywbeth flino y
teulu yn erwinol yn ddioed; byddid yn gweled yr hen ŵr yn
ymrithio yn feunosol o amgylch y tŷ, ar y llwybrau, ac yn y caeau.
Bu felly yn cythryblu yn dost hyd nes y caed rhyw un digon gwrol i
fyned i ymddiddan ag ef; pryd y caed allan mai y Beibl Mawr oedd
yn blino ysbryd yr hen Robert. Felly rhoed y Beibl mewn cwd, ag
anfonwyd ef yn ôl gydag un o'r merched bore drannoeth, i'w roddi
ar y ddarllenfa, o'r lle ei cymerwyd. Ni welwyd ac ni chlywyd dim
oddi wrth ysbryd yr hen ŵr yn y Clogwyn byth wedi hynny.'

TEIP: M.L. 4020 – Y Marw Na Chafodd Faddeuant
MOTIFAU: E. 371.1   (Dychwelyd o farw i fynegi mangre nwyddau a
                            dducpwyd)
        E. 459.3   (Ysbryd yn diflannu pan ufuddheir i'w ofynion)

Cofnodwyd y chwedl hefyd yn:

Owen Jones (Gol.), *Cymru : yn Hanesyddol, etc.*, 1875, t.135.
D.E. Jenkins, *Bedd Gelert*, 1899, tt.272-3.
T. Gwynn Jones, *Welsh Folklore*, 1930, t.35.

BUARTH BWGAN : CAPEL CURIG

Evan Roberts, Tâp A.W.C. 3911.

'Wel y sdori arall am ysbrydion ydi – ma' 'na, – peta' chi ym mhen Llyn Ogwen ar noson loergan leuad, tawal, mi glywch sŵn carlamu ar draws Llyn Ogwan 'na, ar hyd Llyn Ogwan. Ag weithia' mi glywch amball i bysychiad. A'r hanas ydi' ma' ysbryd, yrŵan – Buarth Bwgan, ne' r'wbath o'r fath ma' n'w'n galw hi – y llecyn hwnnw. Ym Mhen Llyn Ogwan 'na. Ysbryd ydi hwnnw, riw borthmon ga'th 'i lofruddio yno. Mi 'roedd y porthmyn yn yr oes 'yno, yn mynd â'u anifeiliaid, i farchnadoedd Lloigar, ag yn dod adra' w'th gwrs, yn llawn o bres i'w rhannu allan i'r perchenogion – yn Shir Fôn a rhanna' eraill o'r – Sir wrth gwrs, ar 'i ffor' n'w, adra'. A wir yn fan yna mi ddaru riw ddau 'i, – 'mosod ar y dyn yma, a'r diwadd fu 'i lofruddio fo w'th gwrs. A mi ddarun ddianc medda' n'w, trw' Bwlch Dryfan ag ma' 'na hen ffor' – hen lwybyr yn mynd – Llwybyr Meinars ma' nw'n 'i alw fo, o Ben Llyn Ogwan allan ym Mhen Gwryd. Mi ddarun ddianc ffor' yno medda' n'w – cheutho n'w byth hyd iddy'n n'w. Ond mae ysbryd yr hen griadur ar 'i geffyl, gwyn, hyd heddiw medda' n'w, yn, ar riw adega' fel yna, ar, y, carlamu ar hyd Llyn Ogwan, 'de.'

Holwr – Robin Gwyndaf

TEIP: M.L. 4020 – Y Marw Na Chafodd Faddeuant
MOTIFAU: E. 334.2.1 (Ysbryd person a lofruddiwyd yn aflonyddu'r fan lle claddwyd ef)
E. 581.2 (Ysbryd yn marchogaeth ceffyl)

BWGAN BODFAN : NANTLLE

Lonie Williams, Tâp AWC 3553.

'Wel, riw hanas ydi hon am ffarm i lawr yn, Dinas Dinlla. Ar lan y môr 'te, o'r enw Bodfan. O'n i'n arfar mynd yno pan o'n i'n blentyn hyfyd, yn bur amal – mynd i lawr i lan y môr, 'te. Ag o'ni 'di cl'wad bod 'na ysbryd yno. A mi o'dda' ni ofn – dipin o ofn mynd yno. Ag y, o'dda' n'w'n d'eud, o'dd 'na goed 'fala' – llawar iawn o goed 'fala' 'no. Fydda' n'w'n hel y 'fala' 'ma a cadw n'w mewn rŵm wag yn y llofft. Y 'fala' 'ma. Ag ma' n'w'n d'eud yn y nos, pan 'dda' pawb yn 'i gwlâu, y bydda'r 'fala' 'ma'n, yn rowlio ag yn g'neud twrw 'yd y lle. Fel riwin yn 'i symud ag yn 'i llichio n'w. Ag wedyn o'n n'w'n d'eud bod y lle'n 'haunted' ynde. Fel bydda' n'w'n d'eud. Wel yn – pawb fydda'n mynd yno'i fyw – ma' n'w'n d'eud, y bydda' riwin yn, y, tresbasu a'ny' n'w yn y nos. Ag, 'dwi'n cofio cl'ŵad hanas, Seuson wedi dod yno a, yn y nos, pan fydda'r ferch newydd ddechra' cysgu, mi 'dda riwin yn dod yno a pwyso ar 'i brest hi fel'a. Ag yn 'i mygu hi. O fuo raid 'ddy n'w fynd o'no. Ag o'no'r eutho n'w. Wel, o'dda n'w'n d'eud bydda' twrw ceffyla' yn rhedag ar hyd yr ardd, gefn drybeddion nos ynde. A'r ceffyla' yn 'sdabal w'th gwrs. Wel, – a bod ysgolfeistr a'i asusdant o Benffordd Elen wedi mynd yno efo ci – o'dd gin 'rysgolfeistr 'ma hen gi bach go ffyrnig. A bod y nhw ydi mynd yno un noson. Aros ar 'i traed i brofi nad o'dd 'na'm ffashiwn beth yn *bod*. Ond yn y wir, ganol nos, dyma'r ceffyla'n dechra' dŵad, ag yn galpio ar hyd yr ardd. A dyma n'w allan i'r drws. O'dd 'na ddim byd i weld, ond twrw dychrynllyd y ceffyla' 'ma'n rhedag. A'i harnis n'w'n tincian w'th iddy' n'w redag 'yd yr ardd. A mi ddychrynnodd y ddau gymaint mi redon' adra' o'no, efo'r ci. Dyna hanas yr ysbryd 'na, 'te.'

Holwr – Robin Gwyndaf

MOTIFAU: E. 279.2   (Ysbryd yn aflonyddu ar gysgadur)
              F. 473.4   (Ysbryd anweledig yn aflonyddu anifeiliaid)

Mae llawer o sôn am Fwgan Bodfan hyd heddiw a chofnodais y chwedl gan nifer o bobl:

Tâp SGAE, 2; ochr 2-3 (Huw Jones, Caerloda)
Tâp SGAE, 4; ochr 1-4 (Huw Hughes)
Tâp SGAE, 4; ochr 2-3 (John Pritchard Jones)

Mae'r math yma o chwedl yn boblogaidd a cheir chwedl am ysbryd tebyg ym Mryn Bras, ger Llanrug:

Tâp SGAE, 4; ochr 1-4 (William Lloyd Hughes)

ac ym Maesog:

Tâp SGAE, 4; ochr 1-4 (Huw Hughes)

Gruffudd Parry, *Crwydro Llŷn ac Eifionydd*, 1960, tt.36-8.

Draw ar hyd y ffordd mae pont wrth hen dŷ porth Plas Bryncir. Gwegni sydd yn adfeilion y plas hefyd. Saif ar godiad tir urddasol a choediog ar ôl troi i'r dde. Carcharorion rhyfel yn ystod y Rhyfel Byd Cyntaf fu'r preswylwyr olaf, ac yr oedd enwau rhai ohonynt i'w gweld ar byst y drysau a linterydd y ffenestri yn y cyfnod rhwng y ddau ryfel. Ond ar ôl yr ail Wallgofrwydd Byd gadawyd y Plas yn furddun a'r mieri traddodiadol yn llusgo i bob hafn o bridd ynddo. Mae'n debyg mai am ei fod mor unig y bu yn destun cymaint o straeon ysbrydion. Rhai ohonynt yn syml o ddirgelaidd. Dim ond sŵn canu rhyfedd i'w glywed o gyfeiriad y plas ar brynhawn yn nechrau haf ac arwerthiant anifeiliaid mewn fferm yn ymyl. A straeon eraill yn gymhleth gynhyrfus ac anesboniadwy. Stad Glynllifon, y perchenogion ar y pryd, yn cynnig canpunt i unrhyw un a arhosai yno i fwrw noson ar ei ben ei hun a rhoddi adroddiad llawn o bopeth a ddigwyddai, a gŵr ifanc o Ddyffryn Nantlle yn derbyn yr her yn afradlon o fentrus. Cyfaill iddo yn ei ddanfon i Fryncir ar fotor beic ar noson dawel o haf, ac er mwyn bod yn siŵr o'r arian yn symud temtasiwn oddi ar lwybr y dewr trwy fynd yn ôl adre ar ei fotor beic a mynd i'w wely. Rhywun cyfrifol o dan awdurdod y stad yno hefyd yn cloi'r drws o'r tu allan a sŵn y car yn gyrru i ffwrdd ac yn distewi yn y pellter. Y gwron, heb gryndod yn ei amrant na phetruster yn ei gam, yn cerdded o ystafell wag i ystafell wag ac yn chwerthin ynddo'i hun wrth feddwl y gallai neb fod yn ddigon o fabi i ofni gwegni a dim byd. Gwnaeth ei baratoadau ar gyfer y nos. Câi gysgu ar ôl gweld y wawr yn torri. Gwylio oriau'r tywyllwch yn unig a ofynnid, ac yr oedd gwely digon esmwyth wedi ei baratoi yn un ystafell. Yr oedd cadair a bwrdd ynddi hefyd, ac eisteddodd yntau i ddarllen wrth olau'r lamp a disgwyl o ddeg hyd un ar ddeg. Hanner awr wedi un ar ddeg. A chwarter i hanner nos. Gwenodd wrth sylweddoli iddo ddychmygu fod drws wedi ei agor a'i gau yn sydyn yn y llofft. Sŵn cerdded yn yr ystafell uwch ei ben. Llygoden fawr mae'n debyg, a phrin ei bod yn werth mynd i fyny i chwilio amdani. Drws yn clepian i fyny'r grisiau. Gwydr ffenestr wedi torri a'r gwynt yn tynnu mae'n siŵr. Pum munud i hanner nos. Sŵn arall. Tybed bod rhywun o gwmpas am ei ddychryn? Hanner nos oedd yr amser perygl yn ôl siarad pobl. Yr oedd yna sŵn tebyg i rywun yn . . . Griddfan? Na, chwerthin. O'r gora 'ta, ella bod y stad wedi trefnu i gael cadw'r canpunt, ond y cwbwl oedd eisio oedd eistedd yn llonydd a chadw'i ben. Ysgrech wallgof. Dylluan siŵr iawn. Mae'r cloc yn dechrau taro hanner nos . . .

Yr oedd goruchwyliwr y stad a'r cyfaill efo'r motor beic yn bryderus drwy'r nos, ac erbyn pedwar o'r gloch y bore yr oedd wedi dyddio digon iddynt weld eu ffordd o gwmpas. 'Fu dim rhaid iddynt fynd i mewn. Yr oedd y drws mawr yn agored a'r heliwr ysbrydion yn gorwedd yn anymwybodol ar y trothwy a'i ddillad wedi eu rhwygo a chleisiau ar ei freichiau a'i gefn Collodd y canpunt, ac ar ôl dod ato'i hun ymhen diwrnod neu ddau, gwrthododd ddweud gair am ddim a welodd nac a glywodd. Ymhen misoedd wedyn yr oedd wedi mynd i'r efail yn y chwarel ar neges. Lluchiodd y gof ddarn o gadwyn ato pan oedd ar ei ffordd allan, a gofyn iddo'i rhoi i'w gyfaill yn y wal nesaf ato. Pan glywodd ei sŵn yn dod ato, gwyrodd i'w hosgoi a dychrynodd nes mynd i lewyg. 'Fel dyn wedi gweld rwbath o fyd arall,' meddai'r gof.

MOTIFAU: E. 402.1.1.4 (Ysbryd yn canu)
        H. 1411   (Profi dewrder: aros dros nos mewn tŷ a aflonyddir gan ysbryd)
        E. 279.6   (Ysbryd yn cosbi person sy'n aflonyddu arno)

BWGAN BRYNCIR, II : DOLBENMAEN

Gwilym Tudur, 'Bwgan Bryncir', *Llais y Lli*, I, t.1.

Mater o resymeg yw peidio credu mewn ysbrydion; mater o ffaith yw'r ofn sy'n cydio mewn dyn pan ddaw iddo, unwaith mewn bywyd, sicrwydd o bresenoldeb diymwad rhyw bŵer annelwig, arall-fydol. Nid bodau ewin-fforchog yn cyhwfan rownd y fynwent drymedd nos Galan, chwaith. Na, rhywbeth llawer mwy real na hynny. Rhywbeth sy'n gwneud i berson cwbl gall deimlo'i reswm yn ceulo ym mhwll ei stumog, a dry'r syniad o bedwerydd dimensiwn yn ffaith frawychus.

Clywsom lawer am ysbryd Plas Bryncir. Am brofiadau anesboniadwy o genhedlaeth i genhedlaeth. Am y glaslanc o Ddyffryn Nantlle, er enghraifft, a dderbyniodd her o ganpunt i dreulio noson ar ei ben ei hun yno; fel y cafwyd ef fore trannoeth yn swp anymwybodol yn y porth, ei ddillad yn garpiau a'i gorff yn gleisiau byw.

Bythefnos yn ôl modurodd pump ohonom, yn bedwar gwryw cyhyrog ac un ferch arfog (ambarel), draw i Eifionydd gyda'r bwriad o fynd i'r afael â'r bwgan. 'Roedd hi'n dechrau tywyllu pan droesom o'r ffordd fawr i gyfeiriad ffatri wlân Bryncir, ninnau'n llawn jocs a mŵg a gwroldeb boliog. Heibio i hen blasdu Clenennau a'r felin wlân i'r lôn gul am Gwm Pennant. Yr oedd darn unionsyth o ffordd o'n blaenau. Yn sydyn, yng ngolau'r car, gwelem gi yn sefyll draw, ei lygaid yn belenni coch. Yna camodd dyn i'r llewyrch. Cyn inni basio troes ei wyneb o'r neilltu. Yr oedd gorchudd du am ei ben. Panic! Mae'n siŵr mai ni oedd y cyntaf erioed i gnocio trigain milltir yr awr ar y lôn o'r fan honno i'r plas. Dros y bont ger un o'r hen dai porth, a chael bod y dreif i'r plasdy wedi cau â drysni a rhodendron. Pob un â'i galon yn ei drowsus, ym wthiasom ymlaen ar ein cyrcydau, fesul cam. Gan fod pawb yn chwarae triciau dandîn i ddychryn ein gilydd, roeddem mewn cyflwr ar y naw, ac yn lled-ddisgwyl teimlo cynffon y diafol yn lapio am ein clustiau unrhyw funud.

A dyna lle'r oedd y plas, yn rhythu arnom drwy ffenestri gweigion ac eiddew. Nefoedd, bwyd gynta hogia. Mi ddown ni yn ôl tua hanner nos.

Chwyrnellasom yn ôl, i'r car, ac i ddiogelwch Garndolbenmaen. Cael tafarn ar agor, ac i mewn â ni ar ôl sbecian yn slei o gwmpas am berthnasau. A dyna le diddorol. Pawb yn anghofio'u peintiau a'u dominôs, ac yn baglu atom i raffu straeon am fwgan Bryncir. Pawb ond y tafarnwr, nad oedd yn hyddysg yn yr iaith dew. Cymryd y peth yn ysgafn a wnai'r mwyafrif, ac un arwr yn honni bod yr ysbryd wedi cipio'i gap oddiar ei ben unwaith. Ond doedd neb yn gwadu bodolaeth yr ysbryd, nac yn fodlon dod yno. A chan ŵr ffraeth o'r enw William Owen clywsom bethau tra argyhoeddiadol. Wrth hela ryw noson yng nghyffiniau'r plas, daeth ci mawr ato (ci!!!) Plygodd i fwytho'i ben, a diflannodd y ci yn ei unfan. Clywsai eraill sŵn canu rhyfedd a gweld goleuni o gwmpas y lle droeon. Addawodd Mr Owen fynd â ni i'r plas. Dywedasom ein bod ar ein ffordd yno. A ddaeth o ddim!

Troesom yn ôl am y plas tua 10.30 pm, ar ôl cael siars y dylem siarad â Tomos Williams, y Pandy, postman Cwm Pennant a'r cylch. 'Y fo ydi'r dyn ichi.'

Rhaid oedd mentro eto drwy'r brwgaitsh, a dilyn penolau'n gilydd yng ngolau ofnus un lamp fatri. Sefyll i syllu eto ar yr adeilad anferth yng nghanol y coed. Yna mângamu drwy'r porth, gan daro'n erbyn ein gilydd o hyd. Yr oedd hi'n noson ola leuad, ddistaw erbyn hyn. Crwydrasom drwy'r ystafelloedd, dros gerrig mawr a syrthiasai o'r muriau, gan dynnu lluniau diwerth o'r chwalfa. Mentro i lawr (efo'n gilydd) i safle'r hen gegin a'r neuadd ddawns a'r strong rŵm. Un yn crwydro, ac yn rhuthro'n ôl atom a'i lygaid y tu ôl i'w ben. Arosasom. Cynyddai'r ofn weithiau, yna lleihau pan gai'r ysbryd druan ei wawdio 'nawr ac yn y man. Gwrando eilwaith ar y distawrwydd rhwng y meini; dim byd ond ambell fflach matsien, a symudiadau bach rhyfedd, sydyn yn y duwch o'n cwmpas.

Penderfynu mynd o'r diwedd. Daethai hanner nos heb alanastra, ond 'doedd neb awydd aros mwy yno.

Bore trannoeth, ar ôl treulio noson anghyfforddus dan sachau yn llofft stabal ranch y teulu yn Chwilog, yn ôl a ni i weld Tomos Williams. Cael hyd iddo tuag amser cinio, – a chlwt du am ei ben, rhag yr annwyd, a'i gŵn wrth ei sawdl. 'Roedd yntau'n cofio car yn ei basio ar sbîd y noson cynt!! Buom yn lwcus yn cwrdd â Tomos Williams, gŵr trigain oed, ffraeth a chadarn ei iaith, ac yn gyforiog o hanes yr ardal, y plas a'r ysbryd. Bu mor garedig â dod gyda ni i'r lle, unwaith eto, a chryman hir yn ei law i glirio'r llwybr. Edrychai'r plas yn llai brawychus yn heddwch pnawn dydd Sul, ond yr un mor ramantus a dirgel. Ac yno y clywsom yr hanes tra chwaraeai'r ddau gi'n foddhaus, yn enwedig yr hen un bach tew, blewog, del oedd yn mynd yn sownd yn y mieri o hyd. Codwyd y plas presennol tua dechrau'r ganrif ddiwethaf, ganllath o'r hen un adfeiliedig. Yr olaf i fyw yno oedd Huddart, a oedd yn dipyn o gamblar. Gwawriodd ffortiwn ac aeth yr hwch trwy'r siop yn y diwedd. Ei ddull o gamblo oedd rhoi dwy falwen ar lechen wastad (sydd ar gael mewn fferm gyfagos), un iddo ef ac un i'r partner, a'u rasio ar ei thraws. Bu sôn iddo golli mil o bunnau ar un falwen!

Uwchben y plas y mae twr a godwyd gan yr un gwron i'w alluogi i wylio'i longau yn dod i mewn i harbwr Porthmadog. Oddi yno hefyd gellir gweld ymhell dros Graig Gyfyng i Graig Cwm Silyn ym mhendraw Cwm Pennant.

Clywsom gan Mr Williams fel y bu Almaenwyr yn garcharorion yn y plas yn ystod y rhyfel cyntaf, eu hanes yn darganfod seler wîn lawn, ac yn chwil ulw gaib am ddiwrnodau; a'u hanes yn 'gweld pethau' yno. Bu rheibio mawr ar goed a gwydr a phlwm y lle yn ddiweddarach a dadfeiliodd yn fuan. Bu ymgais yn 1922 i sefydlu ffatri gaws yno. Un noson yn unig yr arhosodd yr arbenigwyr yno – yr ysbryd eto.

'Fuo na rioed lawar o lwc ar y lle 'ma hogia.' A ŵyr neb sut y bu'r hen Huddart farw. 'Criadur go wael oedd o – fuo fo ddim byw yn hir.' Pam tybed? Cofiasom am Morus y Gilfach ar y lôn y noson cynt yn dweud am geffyl William Williams, Cerrig Pryfaid ers talwm yn stopio'n stond wrth ymyl y plas, yn chwys diferol ac yn gwrthod symud cam.

'Roedd Tomos Williams wedi gweld a phrofi'r ysbryd drosto'i hun; nid fel 'rhen Wmffra Jones Caerfadog gynt 'wedi cledu i weld bwganod yno' ac yntau'n pasio'r plas bob nos. Na, nid dychmygu a wnaeth.

Un gyda'r nos yn yr hydref oedd hi. Yr oedd ef a Robat ei gyfaill yn sefyll y tu allan i'r porth ar ôl bod yn bachu tipyn o goed a gwydr. Troesant tua'r mur, ac yn y ffenestr uwch eu pennau yr oedd dyn yn sefyll. Dyn a het dal, gantel lydan am ei ben, a chot fawr amdano. 'Roedd y ffurf yn pylu ac amlygu bob yn ail, fel adlewyrchiad drwy dân. Yna 'dyma fo'n symud i'r ffenest arall'. Heglodd y ddau am adref fel cathod. Nid oedd llawr o gwbl oddi tan y ffenestri hynny, na dim i ddyn gerdded arno. 'Felly'n union y digwyddodd y peth – gwnewch chi a fynnoch chi efo fo.'

Dro arall, pan oedd yn hel mwyar duon efo un o hogia'r Garn, aethant am sgawt i'r adeilad. Wedi iddynt ddringo'r grisiau uwchben y neuadd, daeth twrw mawr odditanynt, fel sŵn plastar yn syrthio ar lawr y neuadd. 'Argol, mae'r hen le ma'n beryg,' meddai un. I lawr a hwy i gael ael. 'Doedd dim llwchyn ar lawr y neuadd. Fel pobl eraill yr ardal gwelsai Tomos Williams a'i wraig unwaith gylch o oleuni yn symud ar hyd paneli'r neuadd gyda'r nos.

Cytunai fod 'ych dychymyg chi'n cael mwy o grip na'ch sens chi arnoch chi ar adega' felly'. Ond erys y ffaith fod ganddo gydymaith i brofi'r pethau a welodd. A beth am y foneddiges a ddiflannodd ar ôl dawns yno rywdro, na welwyd byth mohoni? Er mor anghrediniol yw pobl, mae ofn y lle ar bawb yn ôl Mr Williams. Doedd o mo'r teip i greu dychmygion, ond yr oedd yn teimlo 'bod na rwbath yn risentio ichi ddŵad ym'. Ac am y dyn yn y ffenestr: 'Mi fydda i'n meddwl weithia, tybed nad yr hen Huddart oedd o?'

Gadawsom y postman caredig, a chofio'i eiriau. 'Ddown i byth yma fy hun yn y nos.'

Ddown innau ddim chwaith.

MOTIFAU: H. 1411 (Profi dewrder: aros dros nos mewn tŷ a aflonyddir gan ysbryd)
E. 279.6 (Ysbryd yn cosbi person sy'n aflonyddu arno)
E. 423.1.1. (Ysbryd ar ffurf ci)
E. 402.1.1.4 (Ysbryd yn canu)
Baughman E. 421.1.2(b) (Ceffyl yn gweld ysbryd ac yn methu symud o'r herwydd)
E. 425.2 (Ysbryd ar ffurf dyn)
E. 402.1.6 (Sŵn fel gwydr yn torri er na chanfyddir dim) (Amrywiad)
E. 530.1 (Goleuadau ysbrydaidd)

BWGAN BRYNCIR, III : DOLBENMAEN

William Pritchard, Tâp SGAE, 5; ochr 2-3.

'Wel w'th gwrs, dim angan i mi fynd i dd'eu'thachi am, y sdreuon Bryncir yn nâ'di – ma' hwnnw'n wybyddus a 'si'm ishio . . . '

'O'n i'n mynd i ofyn 'rŵan – be'di'r sdori 'dachi 'di gl'ŵad?'

'Wel, y bydda' 'na, y, riw hogan ar riw geffyl gwyn yn marchogaeth o gwmpas yna'n 'de. Yn y nos felly. O'dda n'w'n d'eud bod 'na riw blentyn bach ne' r'wbath wedi 'i – ca'l 'i fwrdro 'no. Ôl 'dwn i ddim o'dd o – ma' 'na riw hen arferiad adag honno o gladdu, y, plant bach mewn bilding a riw betha' felly – mewn walia', a cau rownd n'w 'toedd? O'dd 'na r'wbath wedi digwydd 'no a 'dwi'm yn gw'bod yn iawn pa beth 'te. Ag o'dda n'w'n d'eud mae'r hogan 'no wedi ca'l cam felly o'dd, yr ysbryd yma, 'te.'

TEIP: M.L. 4020 – Y Marw Na Chafodd Faddeuant
MOTIFAU: E. 581.2 (Ysbryd yn marchogaeth ceffyl)
E. 334.2.1 (Ysbryd person a lofruddiwyd yn aflonyddu'r fan lle claddwyd ef)
S. 125 (Llofruddio person drwy ei gau mewn mur)

BWGAN BRYN GWENITH : NANT FFRANCON

Tom Owen, Tâp AWC 3528.

'Roedd Bryn Gwenith yn cael ei aflonyddu gyn ysbryd m – medda' nhw. A ma' nhw, yn, beth ydy'r esboniad ohono fo, anodd iawn 'dy d'eud. Ond, y, mi fydda' 'na, y, bictiwrs yn disgyn odd'ar y walia' ne' sŵn fel r'wbath – rywun yn cierddad i fyny'r grishia.' A mi 'roedd hi – mi 'ro'dd 'i thad 'i o'i blaen 'i wedi ca'l 'u deffro amryw o weithia' ganol y nos. Wedi codi, wedi r'oid y gola', gweld dim byd. Wedyn, y, beth ydy' dirgelwch yr ysbryd yna, 'dwn i ddim.'

Holwr – Robin Gwyndaf

MOTIFAU: E. 281   (Ysbryd yn aflonyddu ar dŷ)
         E. 279.2 (Ysbryd yn aflonyddu ar gysgadur)

Bwgan Cae Ffridd : Dolbenmaen

Mrs William Pritchard, Tâp SGAE, 5; ochr 2-3.

'Yn Cae Ffridd o'n i 'de. O'ni yno'n blentyn – d'udwch bo' fi riw ddeg ne' unarddeg 'te. Ag o'ni 'di bod yn wael. Ag wedyn o'ni'n methu cysgu'r nos w'th bod fi'n 'y ngwely trw'r dydd ynde. Ag o'dd yr howsgipar yn cysgu hefo fi. A ganol nos 'ma fi'n cl'wad drws y bedrwm yn agor a traed yn cerddad at y ffenasd ag at y dresing tebl a cerddad yn ôl. A mi o'dd yr howsgipar yn chwyrnu cysgu a pan o'dd o'n pashio hi mi neidiodd hi'n glir odd'ar y gwely, a mi â'th be' bynnag o'dd 'na allan a cau'r drws 'de. A mi ddudish i wrthi hi bora' wedyn, be' o'dd 'di digwydd. Do'dd hi'm 'di cl'wad dim byd. A'r peth cynta' gafodd hi'n y bora' o'dd teligram bo'ti chariad hi 'di boddi ar y môr.'

'O'ddachi, glywachi weithia' 'chi – 'dwi'n cofio ni'n g'neud cacan yn y sgylyri 'chi – yn chwaer a finna'n gwarchod ynde. Yn gwarchod a'r babi bach efo ni'n y sgylyri yn 'i goitsh. A cl'wad clec, chi, yn y cwpwr' gwydyr, yn y gegin. A mynd yno. Dim byd o gwbwl yno. 'Sachi'n meddwl bod drws y cwpwr' gwydyr yn racs 'de. Dim byd yno.'

'O'ddachi'n d'eud rŵan hefyd am frawd a chwaer 'ydi prynu'r tŷ?'

'Ia. . . . Ag o'dda nhw'tha 'di cl'ŵad. Y chwaer 'ydi cl'ŵad drws lloffd 'i brawd yn agor, a wedi gl'ŵad o'n mynd i lawr y grishia', agor drws ffrynt, ag allan. Ag yn meddwl bod o'n sâl 'te. A mi, y gl'ŵodd o'n dod yn ôl wedyn a dyma'i'n gweiddi, – gofyn, wyddochi, o'dd o'n sâl, 'te. Ar ôl cl'ŵad y drws. O'dd o'm 'di bod o'i wely o gwbwl.'

'Be' o'dd 'di cychwyn y sdori ysbryd honno? O'dd 'na sôn bod rhiwin 'di ca'l 'i ladd ne' 'di marw?'

'Naddo – mi glyw'ishi rywin yn d'eud – ym 'dwi'm yn shiŵr ai – pwy o'r teulu. O'dd o 'di cl'wad ochenaid yno unwaith. A rhiwin yn rhoid ochenaid fowr dros y tŷ. A do'dd – do'dd 'na neb i fod yn y tŷ 'de.'

MOTIFAU: D. 1812.5.1.17 (Ymddangosiad rhith yn rhagfynegi marwolaeth)
         E. 402.1.6   (Sŵn fel gwydr yn torri er na chanfyddir dim)

Digwyddodd hyn ychydig cyn y Rhyfel Byd Cyntaf. 'Roedd pobl yn clywed twrw yn y tŷ yn aml ond heb weld dim. Ychwanegodd W.P. ei fod i'w glywed heddiw.

BWGAN DANIEL EAMES FELIN FORGAN : NANTLLE

Elis Pritchard, Tâp SGAE, 4; ochr 1-4.

''Sginochi fwy, ne' riwsdori arall am Danial Eames?''

'O, oes, un arall hefyd, achos mi o'dd Danial Eames yn byw yn y Felin, a . . . Hafod y Coed. Ag yr oedd Musus Robaits Hafod y Coed, ma'i mewn oed erbyn rŵan, ond pan 'ro'dd hi'n hogan bach, mi o'dd hi'n mynd i Capal Brynrodyn i'r seiat efo'i mham. A mi o'dda n'w'n dŵad o'r seiat, a mi o'dd hi'n seiat goffa iddo fo. Ag o'dda n'w'n dŵad ar y lôn, ar yr alld yn fa'ma, a mi o'dd 'na riwin arall efo'i mam hi'n dŵad o'r seiat a dyma . . . Musus Robaits, amsar hynny'n hogan bach, duwch, dyma'i'n rhoid sgrech fowr drosd y lle. "Bobol be' 's'arnyt ti hogan?" medda'i, a 'na'th hi'm d'eud dim wrth 'i mham yr amsar hynny nes o'dd hi 'di mynd i'r tŷ. "Ddaru Danial Eames 'y mhashio fi," medda'i, "a'r hen siôl fowr, lwyd 'na yn . . . twtsiad yn f'ochor i wrth basio ar y lôn".'

MOTIF: E. 425.2 (Ysbryd ar ffurf dyn)

BWGAN GELLI FFRYDIAU : NANTLLE

Gruffydd Elis, Tâp SGAE, 4; ochr 1-4.

'Fedrwchi dd'eud sdori'r docdor wrtha' fi?'

'Wel, riw hen ddocdor o'dd yn byw yn Gelli 'ma e'sdalwm a mi o'dd o'n ddyn meddw ofnadwy, a mi o'dd 'i wraig o 'di blino a'no fo yn meddwi ag yn meddwi ag yn dod yn hwyr adra' a mi a'th hi ag un o'r gweision at Bont y Gelynau yn fa'ma, i ddychryn o'r noson yma, efo cyfnas wen. A mi ddychrynodd o gymaint, mi fuo'r docdor farw, yn y fan a'r lle. A ma' n'w'n d'eud na ysbryd hwnnw . . . o'dd yn trwblo . . . y Gelli 'ma. 'Dwi'm 'di gweld dim byd yma 'rioed, 'de.

A mi o'dda n'w'n d'eud fod 'na riw hen wraig, yma, wedi gwyro'i lawr mewn riw 'sdafell go dywyll yn y tŷ 'ma a phan ddaru hi drïo codi wedyn, fedra' hi ddim. A mi o'dd hi'n dal allan ma' ysbryd y docdor 'ma o'dd yn 'i dal hi lawr.'

MOTIFAU: F. 1041.1.11   (Dychryn i farwolaeth)
        E. 281   (Ysbryd yn aflonyddu ar dŷ)

BWGAN GER CAE IAGO : NANTLLE

Owen Elis Pritchard, Tâp SGAE, 4; ochr 1-4.

'Fedrwchi dd'eud y sdori 'no am Jane Jones Bryn 'ta?'

'O ia, ia. Jane Jones, Bryn, o'dd hi'n byw ym mhentra' Groeslon. Y hi fydda'n mynd pan fydda' genedigaethau, i blant, a pan fydda' rhiwin wedi marw, i olchi'r corff. O'dd hi 'di ca'l 'i galw (i fyny) i r'wla i Brynrhos rw'la'n fan'na, o'dd rhiwin wedi rhoi genedigaeth i blentyn. A mi o'dd hi 'di bod yno, a mi o'dd hi'n tynnu am ddau o gloch bora' erbyn bod bob peth drosodd. A dyma'i'n meddwl cychw'n adra' a mi ddeudodd gwraig y tŷ: "Mi ddo'i i ddanfon chi Jane Jô's, i lawr," medda'i. A mi aethon' nes o'dda' n'w 'di dod i ymyl Cae Iago. A 'ma n'w'n cl'wad riwin yn cer'ad i fyny'r alld. "O ma' riwin yn dŵad i fyny," medda' Jane Jô's. "Awn ni i fa'ma dan portico y siop 'ma, i witsiad 'ddo fo basio." A mi o'dd hi'n lleuad. Mi welan' ddyn yn dŵad, a côt lwyd amdano fo. A mi ddaeth reit o flaen giât Cae Iago a mi ddaru sefyll am riw eiliad yn fan'no. Ond 'na'th o ddim troi am giât Cae Iago na dim – mi ddiflannodd i'r awyr reit o'u bleuna' nhw. A'r ddwy wedi dychryn yn ofnadwy.'

MOTIF: E. 425.2 (Ysbryd ar ffurf gŵr)

BWGAN GIÂT YR HENDRE : DOLBENMAEN

William Pritchard, Tâp SGAE, 5; ochr 2-3.

'Beth am straeon ysbryd 'ta – o'dd 'na sdreuon ysbryd go dda yn y Cwm 'ma?'

'Wel, ddim sdreuon medda' nhw i mi o'dd y petha' hynny, ond yn ffaith. Hynny ydi' os o'ddachi'n mynd i goelio ych y, rheini 'te. A mi glyw'ishi, er enghraiffd, fy mam yn d'eud am was yn y Llan 'na – Llanfihangel y Pennant yn fan'na, yn dod adra' ym mora' dy' Sul. A rhwng yr Hendra' a'r Llan mi o'dd 'na giât. Giât yr Hendra' o'ddi'n ca'l 'i galw'r adag honno – 'dwi'n 'i chofio'i yn iawn. A, o'dd y boi 'ma'n dod trŵadd, ar gefn 'i feic ne'n cer'ad – un o'r ddau – 'dwn i'm sud o'dd 'i. Ag yn hollol sydyn dyma'r giât yn mynd o'i flaen o fel olwyn o dân. Ag yn diflannu i rw'la, rhyngddi – i'r afon. Mi o'dd o 'di dychryn yn *ofnadwy*, – fuo fo byth 'ru'n fath. Mi fedrodd gyrra'dd adra'. Mi o'dd o'n laddar gwyn o chwys a fuo'n 'i wely am tia mis o, o amsar. Fel ma' raid bod o 'di gweld r'wbath, achos o'dd o'n berffaith sobor medda'r gweishion pan ddôth o'i mewn. Dyna'i chi hwnnw'n fan'no 'de.'

MOTIF: E. 421.3.1 (Ysbryd ar ffurf olwyn dân)

BWGAN GWASTADFAES : NANT Y BETWS

William Lloyd Hughes, Tâp SGAE, 4; ochr 1-4.

'O'dd 'na fwgan yn Gwastadfaes?'

'Wel, y, glywish i fy mam a nhad yn sôn bod 'na fwgan yn y selar 'cw. A d'eud o'dda n'w na bwgan yr hen Ddanial Parri o'dd wedi llosgi i farwola'th yn y gegin bach, jesd w'th ben y selar. A pan o'dda ni'n blant drwg dyna'r gosb fwya' fydda' i ni, os o'dda ni 'di g'neud . . . troseddu, fydda' raid i ni fynd i'r selar! Ag ellwch fentro na fydda ni byth yn g'neud.'

MOTIF: E. 334.2.2. (Ysbryd person a laddwyd mewn damwain i'w weld yn y fan y'i lladdwyd)

BWGANOD LLANRUG : LLANBERIS

Ap Llwyd, 'Coel Plant', *Cymru*, Cyf. XIV, t.67.

'Yr oedd tri bwgan adnabyddus i ni wrth eu henwau, neu yn hytrach wrth enwau y lleoedd yr ymddanghosent ynddynt, sef Bwgan Bryn Bras, Bwgan Pant y Wennol, a Bwgan Prysgol. Soniem bob amser am yr olaf fel un wedi ymadael â'r wlad; ac am y ddau arall fel yr unig ddau oedd yn aros, a'r oll a wyddem i sicrwydd am y ddau oedd eu bod yn byw mewn lleoedd coediog, ac yn arfer dychryn ac anafu rhai pobl elai heibio iddynt yn y nos, trwy daflu brigau coed a cherrig i'r ffyrdd. A phethau o'r un natur briodolem i Fwgan Prysgol; ond ei fod ef yn ystod ei oruchwyliaeth yn aros mewn tŷ heb fawr o goed o'i gwmpas, ac yn dangos ei allu fynychaf amser bwyd, ac yn difetha'r bwyd a malu'r llestri, trwy fwrw llwch a chalch a cherrig o nen y tŷ i'r bwrdd. Ac wele ddwy linell o'r rhigwm a genid, –

"Bwgan Prysgol berig
Yn lluchio calch a cherrig." '

MOTIFAU: E. 261 (Ysbryd yn ymosod ar bobl)
E. 272 (Ysbrydion yn aflonyddu ar ffyrdd)
E. 281 (Ysbryd yn aflonyddu ar dŷ)

BWGANOD LLYN CORWRION : NANT FFRANCON

D.E. Davies; John Rhys, *Celtic Folklore*, I, 1901, tt.66-7.

'Cysylltir yr holl chwedlau am Corwrion â'r presennol mewn amryw ffyrdd gwahanol, oherwydd ar wahân i'r amryw chwedlau am fwganod Corwrion yn dychryn pobl oedd allan yn hwyr yn y nos, mae Mr D.E. Davies yn adnabod gŵr sy'n fyw o hyd, sy'n cofio'n iawn yr adeg pan glywid sŵn gweithio yn y llyn a sŵn plant yn wylo yn rhywle yn ei waelodion, ond pan ruthrai pobl allan i weld beth oedd yn bod fod pobman fel y bedd.'

DIM MOTIF.
NODIADAU: Mae'r chwedl hon yn debyg iawn i'r chwedlau tylwyth teg a gysylltir â Chorwrion.
Gw. 'Sgrech o Lyn Corwrion'.

BWGANOD Y WAUNFAWR : NANT Y BETWS

William Hobley, *Hanes Methodistiaeth Arfon*, II, 1913, t.13.

'Yr oedd gweithdy John Hughes y crydd yn fan dihafal am straeon bwganod. Nid oedd mo fath Morgan Owen Penybont am eu hadrodd. Byddai Dafydd Thomas pan yn hogyn yno yn gwrando arno â'i lygaid a'i geg yn llawn agored. Gwelai Morgan Owen fwganod ym mhob rhith. Ffordd ddewisol ganddynt o ymddangos ydoedd gyda'r rhan uchaf ar ddull dyn, a'r rhan isaf ar ddull anifail, ceffyl neu afr neu'r cyffelyb. Rhyw gorr neu gilydd a welid ganddo bryd arall. Morgan yn myned adref ar un noswaith dywell iawn gyda'i lantern yn ei law. Pa beth a ddigwyddodd wrth gamu ohono dros ryw ffos ddwfr, ond corach bychan yn ymrithio wrth ei glun, a chan ddiffodd y lantern yn dianc ymaith drachefn.'

MOTIFAU: E. 423.6   (Ysbryd ar ffurf dyn farch)
       F. 451.5.2.10   (Corachod yn dychryn marwolion)
       201

BWGAN OWEN JONES, GLYN HEFIN : NANT Y BETWS

Kate Hwmffras, Cofnodiad Llafar, 23.4.74.

'Gofynnais i Kate Hwmffras a oedd ganddi unrhyw straeon ysbryd a glywsai yn ardal y Waunfawr. Atebodd ar unwaith fod ysbryd Owen Jones, Glyn Hefin, yn aflonyddu'r cae bychan ger eglwys Waunfawr. Canfuwyd ei gorff yno ar ôl iddo ei ladd ei hun – drwy ei dorri ei hun â rasal fe dybiai Kate Hwmffras. Ychwanegodd y clywid ei ysbryd yn siffrwd ac yn symud yn y cae ac y byddid ofn mynd yn agos yno yn y nos.'

TEIP: M.L. 4020 – Y Marw Na Chafodd Faddeuant
MOTIFAU: E. 334.4   (Ysbryd hunan-leiddiad i'w weld yn y fan y lladdodd ei hun)
       E. 402   (Synau ysbrydaidd, rhyfedd i'w clywed)
NODIADAU: Cofnodais y chwedl yma ar ôl sgwrs gyda K.H., sy'n hen ferch yn byw yng Ngroeslon Ucha', Waunfawr.

BWGAN PEN LLYN OGWEN : CAPEL CURIG

Evan Roberts, Tâp AWC 3911.

'Ma' 'na riw – amriw o riw hen sdreuon yn riw gysylldiedig ag ysbrydion w'th gwrs 'de. A ma' un yn, yn, y, wel yn, â pherthynas â'r Gelli 'ma. Mi fydda' – ol dwn i'm, yr hen daid fydda' 'Nhad yn 'i alwfo – Be' f'asa' fo i mi felly d'udwch, ond o'dd o'n ddreifar yn y, yn yr y, hotel wrth gwrs, wel, y 'Ring' ne' y Roial Hotel 'ma. Dyna oedd o. Y Penrhyn, yr oes honno, oedd yn rhedag yr hotel 'dachi'n gweld, a, a'i, a'r gwaith o'dd o'n ga'l fel dreifar yn amal iawn fydda' – fydda' Lord Penrhyn wedi dod drosodd efo'i seuthwyr, i seuthu grows a petha' felly i'r rhan o'i sdat sydd yn gyffinia' Llyn Conwy a Dyffr – a thopia' Ysbyty Ifan y ffor' yna. A wedyn mi fyddan' yn aros am ginio, 'ach weld, yn y fan hyn, – yn yr, yn y – Roial. A wedyn gwaith 'y nhaid yn amal iawn fydda' 'i danfon n'w yn ôl i'r Casdall, i'r Penryn – weithia'n hwyr iawn y nos 'de. Ag wedyn fydda'n dod adra'n oria' mân y bora' wir y – efo'i gar a'i geffyl ynde. Yn ôl i, i Blas – i'r hotel, ag i'r Gelli 'ma. Wel rŵan, fydda' fo'n ar –peth fydda'n ddigwydd . . . yn arferol fyddai rhiwin o'r, hotel – fydda' n'w'n teimlo fel cerddad gyda'r nos ar ôl 'i gwaith, yn mynd i fyny'r Nant, yn gwybod bod o 'di mynd drosodd i'r Penrhyn a gwybod ceutha' n'w wedyn i pigo'u fyny a, a'u cario yn ôl ynde. Yn amal iawn y morwynion fydda'n mynd medda' nhw, i gŵr yr hen griadur. A rŵan y noson yma 'roedd o'n dŵad yn o hwyr y nos, ag yn rhiwla i fyny o Ogwan i lawr, 'de, mi wela' ferch ifanc yn 'i gŵr o ar y ffor', 'dach weld. A dyma fo'n mynd i dynnu i fyny i, i sdopio i'w phigo'i fyny, gyda'r meddwl mai, boti'n un o'r rei wedi cer'ad o'r hotel i fyny. Ond yn wir i chi, – yn rhyfadd iawn, – ddaru'r ferch ifanc 'ma ddim sdopio, 'dach weld. Mi ddaru – pan a'th o i' hymyl hi mi ddaru hi ddechra' prysuro. A mi a'th ynta' rŵan i ddechra' prysuro ar 'i ôl 'i efo'r car 'de. Wel, wa'th faint mor galad o'dd o'n gyrru'r ceffyla'n 'de, fedra' fo ddim dal i fyny â hi. A mi a'th hynny 'mlaen. Ond yn rhyfadd iawn, yn fan hyn, wrth y fonwant, 'dana ni'n fan hyn 'de, mi ddiflannodd, a gada'l riw arogl frwmsdaidd ar 'i ôl. Mi ddiflannodd fel fflam medda' fo – fel 'dw i'n deall. Mi ddychrynodd y ceffyla' mor ofnadwy, mi euthon' ar garlam, gwylld, ag i'r 'sdabla' yn fan yna, a disgin mewn llewig ar lawr, yn ffrothio yn 'i – yn 'i ffroena'. Yr, y, ceffyla' 'de. A mi o'dd 'rhen ddyn bron yr un fath. Ma' nw'n d'eud bod o 'di bod adra'n fan hyn am rei dyddia', os nad wythno – wythnosa', wedi dychryn. Wedi gweld y diafol yn ôl – wedi gweld yr ysbryd 'ma 'nde. Ol dyna un sdori'r ysbrydion.'

MOTIFAU: E. 425.1   (Ysbryd ar ffurf gwraig)
Baughman E. 332.2(E)   (Ysbryd yn rhedeg wrth ochr ceffylau yn y nos)
     E. 421.3.1   (Ysbryd ar ffurf pêl o dân)
NODIADAU: Ceir yr un syniad o geffylau'n methu dal bod goruwchnaturiol, er eu cyflymed, yn hanes Rhiannon yn y Gainc Gyntaf.

Bwgan Pen Pwll Coch : Beddgelert

Bleddyn, *Plwyf Beddgelert*, 1862, t.33.

' . . . Er hyny, mae chwedl yn yr ardal am y fan hon ar lafar feunyddiol. Ychydig uwch law y llun troed y mae yr afon Golwyn wedi gweithio ei ffordd drwy agen gul yn y graig, yr hon nid yw ragor na thair neu bedair troedfedd o led, ac yn disgyn i gorbwll du, dwfn. Yn yr hen amser, pryd nad oedd bont ar y Golwyn a Bontbren Meillionen hyd Nant yr Aran, yr oedd y llwybr yn myned heibio y fan hon, ac yn myned tros yr agen gul a nodwyd; yr hwn a elwid yn Llam tros Golwyn, o'r hyn y daeth yn Llam Trosgol. Y chwedl sydd fel hyn: 'Ryw dro ers llawer o flynyddoedd 'roedd llanc ifanc o'r Pennant yn canlyn merch dlos o Nant y Colwyn, ac wedi myned mor bell nes penderfynu ar ddydd eu priodas; eithr yn yr ysbaid amser cydrhwng dydd y cytundeb a dydd y briodas, syrthiodd y llencyn nwyfus mewn cariad dwfn â merch ifanc o'i ardal ei hun . . . a phenderfynodd na fynai mo'i ddyweddi o Nant y Colwyn yn wraig iddo. Ond pa fodd y medrai ymryddhau o'i ymrwymiad priodasol? Os na ddeuai ymlaen . . . byddai brodyr a theulu y forwynig yn sicr o ddial arno, oherwydd y cleddyf neu'r pastwn a fyddai yn penderfynu materion o'r fath yn yr oes hono. O'r diwedd penderfynodd beth i'w wneud, a'r prynhawn cyn y briodas aeth i dŷ ei ddarpar wraig yn llawen a chariadus, gyda rhoddion cyfeillion at y neithior. Ar wyll y nos cychwynodd yn ôl tuag adref, a'i ddarpar serchog a'i hebryngai yn ddiniwed ar hyd y llwybr a arweiniai dros y Golwyn yn y fan hon, yma efe a fynai iddi ddyfod trosodd, a hithau yn chwareus ddiniwed a gyd-lamai yr afon law-law ag ef, eithr pan ar y llam rhoddodd iddi hwth i lawr i'r corbwll du islaw a rhedodd ymaith. 'Roedd llif yn yr afon a chraig noeth bob ochr a gan na allai nofio, boddodd y ferch. Mae'r hen bobl yn dweud y byddai llefau aethus, a chwynfanau torcalonus i'w clywed yn y pwll hwn ar ryw awr neillduol o'r nos yn yr hen amser; gwelodd rhai olwynion o dân disglair yn dod i lawr o Ben Pwll Coch, gan rolian i lawr i'r pwll; eraill a welsant ferch ieuanc hardd yn esgyn o'r pwll yn hanner noeth, a'i gwallt gwlyb yn hongian i lawr ei hysgwyddau gwynion, ac yn sefyll wrth y llam a chwynfan yn dost; ac ereill a welsant rian dywysogaidd yn rhodiana mewn gwisgoedd o sidan süol o gylch y fan hon, heb yngan gair i neb. Fel hyn y bu 'Bwgan Pen Pwll Coch' yn ymrithio a phoeni gwŷr da yr ardal hon am oesoedd, fel y byddai yr amaethwyr yn aros ei gilydd yn Nhafarn y Betws, wrth ddychwelyd o farchnad Caernarfon, rhag nad elai eu hanifeiliaid heibio y lle yn unigol. Eithr yn ddiweddar fe feiddiodd rhyw hen Gristion gwrol o Nanmor siarad â'r ysbryd, pryd y dywedodd ei hanes iddo, ac ni welwyd ac ni chlywyd dim oddi wrth Fwgan Pen Pwll Coch wedi hyny. Dyna y chwedl, coelied a goelio. Gelwir y pwll hyd heddiw yn Llyn Nad y Forwyn.'

TEIP: M.L. 4020 – Y Marw Na Chafodd Faddeuant
MOTIFAU: E. 334.2.1   (Ysbryd person a lofruddiwyd yn aflonyddu'r fan lle'i claddwyd)
           E. 402.1.1.3   (Ysbryd yn wylo a chwynfan)
           E. 421.3.1   (Ysbryd ar ffurf pêl o dân)

F. 1061.4   (Fflam yn dynodi'r fan lle lladdwyd person diniwed)
E. 425.1   (Ysbryd ar ffurf gwraig ieuanc hanner-noeth)
E. 231.1   (Ysbryd yn mynegi enw ei lofrudd)
E. 451.4   (Ysbryd yn gadael ar ôl siarad â dyn byw)

Roedd hon yn chwedl boblogaidd a chafwyd nifer o fersiynau eraill, gan ddilyn patrwm Bleddyn:

Owen Jones (Gol.), *Cymru : yn Hanesyddol, etc.*, 1875, t.131.
D.E. Jenkins, *Bedd Gelert*, 1899, tt.149-51.
Myrddin Fardd, *Llên Gwerin Sir Gaernarfon*, 1908, t.80.
Marie Trevelyan, *Folklore . . . of Wales*, 1909, t.12.
Frank Ward, *The Lakes of Wales*, 1931, t.160.

Cysylltid y teip yma o chwedl â llawer man. Mor gynnar ag 1698 cofnododd Edward Lhuyd chwedl am Lyn y Forwyn ger Ty'n y Groes, Dolgellau. Yma eto boddwyd y ferch gan gariad twyllodrus. Noda John Rhys yntau fod chwedl debyg yn gysylltiedig â Llyn y Forwyn ger Ferndale, Cwm Rhondda.

Gall fod y chwedl wedi ei chysylltu â'r Llam Trwsgl i'w egluro'n onomastig fel 'Llam Tros Gol(wyn)'.

Mae chwedl arall debyg yn gysylltiedig â'r afon Colwyn, lle lladdwyd merch Meillionen gan ei chariad, mab Wernlas Deg. Dywedir fod ei hysbryd i'w weld yn y fan o hyd yn brefu fel llo. Yr enw lleol arno oedd 'llo'r coed'. Cofnodwyd y chwedl yn:

Alltud Eifion, 'Beddgelert a'i Enwogion', *Cymru*, XI, t.249.
William Hobley, *Hanes Methodistiaeth Arfon*, II, 1913, t.116.

BWGAN PRYSGOL : NANT Y BETWS

Mrs Jones, Tâp SGAE, 4; ochr 1-4.

(Cefais y chwedl yma gan Mrs Jones, sydd yn perthyn i deulu Prysgol ac wedi clywed y chwedl ugeiniau o weithiau.)

'Ol o'dda n'w'n d'eud hynny – glyw'ishi mam yn sôn amdano fo e'sdalwm 'de. Mi – na fydda' fo'm yn dod yn amal ond – y, pan fydda' fo 'di dŵad, a hynny fydda'n berfeddion nos. A mi fydda'n g'neud riw sŵn fel 'sachi'n d'eud sŵn g'neud 'menyn 'ylly. 'Fatha patio 'menyn i shiâp 'de. A, a wedyn, y – mi o'dda n'w'n methu cysgu w'th gwrs – fydda' 'di 'sdyrbio n'w 'bydda'. Ond beth bynnag – mi o'dda n'w'n d'eud bob amsar, pan fydda'r bwgan 'di bod yno bydda' 'na riwin o'r teulu sh'ŵr o ga'l pres o r'wla. Wedyn o'dda n'w'm yn poeni ormod os o'dd o 'di bod felly nag oeddan'? Ia.'

MOTIF: F. 402.1.8 (Sŵn ysbryd yn gwneud menyn)

245

Bwgan Talybont : Nant y Betws

Mrs Mary Awstin Jones, Tâp SGAE, 4; ochr 1-4.

'Fedrwchi dd'eud sdori ysbryd Tal'bont wrthafi?'

'Wel, Mrs Roberts – 'ychi Mrs Roberts, Bryngola' – o'dd hi'n dangos y tŷ lle'r o'dda nhw yn byw – hen dŷ mowr i fyny, ar yr ochor i fyny fel'a. Ag o'dd hi'n d'eud bod hi'n 'i gwely riw noson, ag o'dd hi'n d'eud bod 'na riw saer 'di bod yn byw 'no flynyddo'dd o'i bleuna' nhw, yn g'neud eirch a 'ballu, yn riw gwt ne' r'wbath yn y cefn yn fan'no. A bod hitha'n ' gwely riw noson, ag wedi deffro. A mi wela' ddrws riw wardrob yn agor a riw ddrychiola'th yn cer'ad allan ohono fo. A dynas o'dd hi, me' hi. Ag o'dd hi'n cl'wad sŵn siffrwd dillad yn llusgo hyd llawr. A dynas mewn riw . . . fel riw glogyn du a hwd yn pasio drwadd, yn syth drw'r, drw'i rŵm hi 'lly. Ag o'dd hi'n d'eud bod hi 'di dychryn yn ofnadwy.'

MOTIFAU: E. 425.1   (Ysbryd fel gwraig)
E. 422.4   (Gwisg ysbryd)
E. 402.1.8 (Sibrwd gwisg ysbryd i'w glywed)

Bwgan y Ffynnon : Nantlle

Owen Elis Pritchard, Tâp SGAE, 4; ochr 1-4.

'D'udwch y sdori 'na am 'ych nain yn gweld y ddynas 'no yn y ffynnon.'

'O ia! O'dd nain wedi dod i fyw i Api Ffori – 'Sdiniog o'dd y teulu 'di dŵad yn wreiddiol, o Fuchas Wen, 'Sdiniog. Chwarelwr o'dd o, Wiliam Wilia's o'dd enw 'i thad hi. Mi ddo'th i April Ffori – a fo ro'th yr enw ar Api Ffori, a hynny 'di godi o'r Beibl. Ag o'dd nain yno'n hogan bach a dyna'i mham hi'n d'eu'thi: "Dos i nôl dŵr i'r ffynnon do's 'na'm dŵr yn tŷ at bora.". A mi a'th nain efo pwcad a be' wela'i ond dynas yn 'i choban, ne' r'wbath mewn gwyn, yn 'isda' ar garrag, uwchben y ffynnon, ag yn golchi'i thraed yn y ffynnon. O'dd hi'n gweld hi'n codi'i thraed i fyny fel'a a'r dŵr yn dropian. A mi a'th i'r tŷ yn 'i hôl a d'eud w'th 'i mham. "Na, choelia'i fawr, – do's 'na neb yna. Ond mi ddo'i yna efo chdi i gweld hi efo chdi," medda'i. A mi a'th 'i mam hi efo'i, a do'dd 'na ddim ond riw 'chydig lathenni, ond o'dd hi 'di diflannu o'no. Do'dd 'na neb ar y ffynnon.'

MOTIFAU: E. 285 (Ysbryd yn aflonyddu ar ffynnon fel na ellir cyrchu dŵr)
E. 425.1.1 (Ysbryd ar ffurf gwraig mewn dillad gwyn)

BWGAN Y PANTIA : LLANFAIRFECHAN

W.T. Roberts, Tâp AWC 3770.

'Wel, 'chydig iawn o hanas hwnnw wn i amdano fo. 'Blaw mi glywish mam yn d'eud un tro, fod 'na fwgan yn Pantiau. Bwgan ynta' ysbryd ynta' beth bynnag o'dd o. Y – yr hen Wiliam – be' o'dd 'i enw fo – Wiliam 'Wmffras. O'dd o'n cadw cyffyla' – o flaen yr un fuo'n cadw'r, y, ar'i ôl o. Ma'r mab hwnnw'n byw yn Rhosgadfan eto – mab y. O'dd Wiliam 'Wmffras yn byw yn Pantia' – wel – pen o'ni'n blentyn bychan iawn. A hwnnw o'dd yn d'eud am y fer – am yr, y, ysbryd 'ma'n Pantia' – bod o, nad o'dd fiw iddo fo, ola' cannwyll nag o'dd r'wbath yn 'i diffot 'i. 'Dwn i ddim cofiwch ond e'lla' 'chi – 'lasa bod chwa o wynt 'di dod trw' shimdda mor hawdd â dim. Ma' 'na gym'int o 'sbrydion 'di ca'l i g'neud allan o ddim mewn gwirionadd, 'toes? Ôl do's 'na'm llawar o goel i honno, ond o'dd mam yn d'eud bod 'na ysbryd yn Pantia'. A mi o'dd o mewn lle dinad man gynddeiriog, yn godra'r mynydd. Oedda' ninna'n 'i bashi fo bob tro o'dda' ni'n bashio fo am adra'. Pashio'r Pantia' 'ma. A mi o'dd o mewn lle dinad-man ofnadwy. Mi 'lasa fod bwgan 'no mor hawdd â dim. Wel'ish i ddim byd yrioed yno 'de.'

MOTIF: E. 281 (Ysbryd yn aflonyddu ar dŷ)
NODIADAU: Mae'r Pantiau ar draws y gors i Hafod Gruffydd, tua ¾ milltir o Rosgadfan.

BWGAN Y WERNOLAU : NANTLLE

O. Elis Pritchard, Tâp SGAE, 4; ochr 1-4.

'O'ddachi'n sôn r'wbath am y Wernola' hefyd?'

'O, oeddwn, mi o'dd o jesd yr un sŵn, yr un bwgan o'dd yn fan'no –sŵn tseinia'n ca'l 'i llusgo ar hyd un o'r lloffdydd yno. O'dd o jesd yr un peth o ran y bwgan ag oedd yn Plas Newydd, Glynllifon.'

MOTIF: E. 402.1.4 (Ysbryd anweledig yn ysgwyd cadwynau)

Capten Roberts y Packet House : Caernarfon
Ritchie Wright, Cofnodiad Llafar, 18.2.74.

Dywedodd Mr Wright i wraig o'r enw Corbett brynu'r hen 'Backet House', sef 9, Stryd Fawr, Caernarfon. Aeth gyda'i wraig i'w weld. Tra'r oedd ei wraig yn archwilio'r seler, oedd yn dywyll, aeth ef i fyny ar y landin' meddai. Yn sydyn teimlodd law ar ei ysgwydd a throdd ar ei union i wynebu dyn bychan mewn 'rencot single brest' a het galed ac yn cario ffon. Be' 'dachi'n 'neud yma?', meddai. Erbyn 'roedd Mr Williams wedi dychryn. 'Yn lle fi 'di fa'ma. Cerwch o'ma – fi bïa fa'ma'. Gwaeddodd ar ei wraig i ddod i fyny ato, gan ddweud na Mrs Corbett oedd piau'r tŷ. Trodd yn ôl i wynebu'r dyn – ond nid oedd yno.

Dywedodd iddo fynd at y twrnai i holi pwy oedd pïau'r tŷ. Dywedodd mai twrnai o Gaernarfon ydoedd ond nad oedd yn fodlon dadlennu ei enw. Dywedodd hwnnw wrtho mai Mrs Corbett oedd y perchennog. Pwy oedd y perchennog cyn hynny? Capten Roberts meddai wrtho. Gofynnodd am ddisgrifiad ohono 'o ran diddordeb'. Disgrifiodd ef yn union fel y dyn bychan a welsai – yn ei gôt-law a'i het a'i ffon. Dywedodd iddo'i weld y noson cynt. Yr ateb gafodd oedd fod hynny'n amhosib' – 'roedd y Capten wedi marw er deng mlynedd ar hugain.

MOTIF: E. 281 (Ysbryd yn aflonyddu ar dŷ)

Castell y Mwgwd Du : Nant y Betws
T.H. Williams, Tâp SGAE, 1; ochr 2-3.

'Y Mwgwd Du. Ydi'ch . . . ydi'ch maes chi yma 'fyd 'de?'

'Ol y . . . Mwgwd Du . . . ol ia, riw sdori 'dwi 'di 'neud ne' riwin 'di g'neud 'mi 'neud. Sdori mewn ffor' 'di honno wrth reswm 'de.'

'Ia, ia.'

'Ol, mi ddigwyddodd y peth hwnnw wrth reswm, 'de. Ond 'dwn i ddim hyd y dydd hiddiw . . . pw' ysgrifennodd y peth wel'ish i. Yn yr hen gasdall 'ma wrth reswm, 'de.'

'Ia. D'udwch yr hanas rŵan.'

'Ol, ym . . . Mi o'dd 'na riw fachgan yn byw yn ymyl fa'ma, Deiniol Wiliams . . . fuo'n Gyfarwyddwr Addysg Sir Frycheiniog . . . a 'dwn i ddim – mae o 'di bod yn wael iawn, ma'na'i ofn, a d'eud y

248

gwir, erbyn heddiw, 'i fod o wedi marw. Felly 'r o'n i'n cl'wad ar y 'ffôn bora' 'ma ynde. 'Dwn i ddim. Ond y fo o'dd efo fi yr adag hynny. 'Ro'dda' ni'n g'neud dryga' o hyd ynde. A ma' 'na hen chwaral heb fod yn bell o fa'ma, Chwaral Dreflan ydi' 'henw hi. A mi o'n i 'di ffansïo rhiw hen goed yn fan'no – hen goed wedi'i llichio yno – do'dda' n'w'n da i ddim mewn gwirionadd. A mi ddo'th Deiniol yno efo fi, 'y mhardnar i 'ylly rŵan, pardnar o'dd efo fi bob Sadw'n yn g'neud dryga', a g'neud daioni 'efyd am 'wn i – y ddau beth fel 'i gilidd. A ma' 'na riw hen gasdall ar y tir yma. Rhiw hen offis wedi bod mewn ffor' i'r chwaral, ers dalwm iawn. A mi o'dd goriad . . . i fynd i'r hen gasdall 'ma, 'rhen offis 'ma, mi o'ddan ni'n gadw fo yma, 'nhad yn gadw fo'n tŷ wrth reswm. A . . . ffenesdri arno fo a bob peth, a grishia'n mynd i'r lloffd – o'dd 'na loffd taclus yno. Grish'a' a drws yn cau ar w'ulod y grish'a', adag hynny, ond erbyn hyn ma' o 'di mynd yn falurion, wrth reswm. Ond 'ta' waeth am hynny, dyma ni'n mynd â'r coed 'ma, dwyn y coed 'ma rŵan, a dyma fi i'r tŷ i nôl goriad, i fynd i agor drws yr hen gasdall 'ma. A dyma ni â'r coed i fan'no. A rhyw hen dwll dan grish'a' yno, a dyma giddiad y coed yn y twll dan grish'a'. Ag o'no – cloi y drws yn daclus ar yn hola', a dod a'r goriad yn ôl i'r tŷ. Gadw fo . . .

Wel, . . . noson wedyn, dyma Deiniol, yma, 'mhardnar i, fyny rŵan, a ryw dŷ bach, rhyw dyddyn bach o'dd on'n byw, yn ymyl Garrag Fawr 'ma 'lly. A dyma fo fyny, a'i wynt yn 'i ddwrn fel petae, a rhiw bapur yn 'i law, rhiw nodyn felly. A dyma fo'n gofyn i mi, i be' on'i'n roid o ar ddrws y tŷ? Na chafodd o 'mond gafa'l yno fo cin i' dad o ddod o'r chwaral ne' 'sa'n row ofnadwy arno fo. "Dow, roish i ddim byd," me' fi. "Be' 'dio?" A dyma fo'n ddangos o . . . Ag yn S'usnag 'ro'dd y nodyn beth bynnag, i gyd –'dydwi'm yn cofio – bod 'ish'o mynd â'r coed yn ôl ar un waith. Ond . . . mewn llythrenna' bras, du "Signed – The Black Mask". Ol, 'roeddan ni 'di dychryn 'doeddan? Wel, methu gw'bod be'i 'neud rŵan, – 'roeddan 'i wedi dychryn mewn gwirionadd. Wel, dyma fi'n d'eud wrth Deiniol, wrth 'y mhardnar felly, "Mi â'i am y goriad," me' fi, "a mi awn ni â'r hen goed 'na yn ôl." A dyma fi i nôl y goriad i'r tŷ, a mynd am yr hen gasdall 'ma, a mhenna' glinia' fi'n taro yn 'i gilidd, a d'eud y gwir; o'dd gin i ddim llai nag ofn. Wel, dyma gyrra'dd . . . yr hen gasdall rŵan, a dyma finna'n agor y clo, ag agor y drws. A be' o'dd ar y drws yng ngweulod y grish'a' ond nodyn 'run peth yn inion, 'run fath yn inion, wedi seinio, "The Black Mask" – "signed – the Black Mask".'

'A hwnnw 'di gloi?'

'A mi 'ro'dd drws tu allan wedi 'i gloi, wrth reswm, 'doedd?'

'Ia, ia.'

'A mi o'dd hwn rŵan ar y drws tu mewn rŵan, 'doedd, o'dd yn mynd i fyny i'r hen loffd 'ma. Wel, sôn am ddychryn wrth reswm, 'de. Wel, dyma . . . mi o'n i 'di dychryn gormod am 'wn i, i feddwl symud y coed o'no. A dyma wib o'no a gada'l y drws yn 'gorad a phob peth, ynde. A 'dwn i'm hyd y dydd heddiw pw' roddodd y nodyn yno wrth reswm, 'de. Ond ma'n sh'ŵr bod 'na riwin wedi'n gweld ni, yn mynd â'r coed 'ni, ag yn ceisio dychryn, wrth reswm, 'de. A dyna . . . fedra' i ddim meddwl 'm byd arall. A byth ers hynny, Casdall . . . ia, "The Black Mask Castle", ynde. Wrth reswm, o'dd o 'di ca'l enw'n 'doedd? A rhiw hen genod bach yn dod yma wedyn o pentra', o'r Weun 'na, 'ish'o ca'l "chwara' tŷ bach" yn yr hen gasdall 'ma. A 'ish'o enw arno fo – do'dd 'na enw arno fo 'doedd? Ond o'dd 'ish'o enw Cymraeg arno fo 'doedd?'

'Oedd.'

'A finna'n ddigon gwirion i roid dwy ysdol yn sownd yn 'i gilidd rŵan, i fynd i ben yr hen gasdall 'ma, a pwceda'd o weitwash, ag . . . y . . . peintio arno fo, y, "Casdall y Mwgwd Du". A ma' 'na fymryn o'r weitwash arno fo hyd y dydd heddiw, 'de. Ia, o'dd 'rhen genod bach 'ma 'ish'o enw ar y Casdall 'doedd? Casdall y Mwgwd du – o'dd enw da arno fo 'doedd?'

'Oedd, Ma' hwnna wedi mynd yn ran o lên gwerin y Weun 'ma bellach 'dydi?'

MOTIF: E. 236 (Ysbryd yn dychwelyd i hawlio eiddo a dducpwyd)

CATH DDU PENMAENMAWR : ABER

S.J. Coleman, *Tales and Traditions of Snowdonia*, 1961.

'Ym Mhenmaenmawr mae tŷ sy'n cael ei aflonyddu gan ddrychiolaeth cath. Mae'r gath yn anferth o fawr, yn ddu drosti ac yn eithafol ffyrnig ei hymddangosiad. Mae ganddi'r arferiad tra annymunol a brawychus o neidio ar wely'r cysgadur yn ystod y nos. Fodd bynnag, diflanna'r eiliad y cyneuir golau.'

MOTIFAU: E. 423.1.2 (Ysbryd ar ffurf cath)
E. 279.2 (Ysbryd yn aflonyddu ar gysgadur)

CEFFYLAU YSBRYDAIDD : NANT Y BETWS

Mrs Mary Awstin Jones, Tâp AWC, 4363.

'Ol fydda' Robat Gryffudd Ty'r Onnan 'de yn d'eud, bod 'na riw ferchaid 'di dychryn ofnadwy'n r'wla tia'r giât Gwasdadfaes 'na'n r'wla. Gweld ceffyla'n dŵad, a rhiw dân yn dŵad o'rwth 'i – 'i pedola' n'w. A do'dd 'na ddim byd yno 'mond bod n'w 'di gweld, fel y drychiolaeth 'de.'

Holwr – Robin Gwyndaf

MOTIF: E. 423.1.3 (Ysbryd ar ffurf ceffyl)
NODIADAU: 'Roedd Robat Gryffudd yn enwi'r merched ond ni chofiai Mrs Awstin Jones erbyn hyn. Wedi clywed yr oedd R.G. ac y mae ef yn ei fedd ers blynyddoedd. Mae Ty'n 'Ronnen yn ymyl Gwastadfaes.

CEFFYL YN GWRTHOD MYND DROS BONT : LLITHFAEN

Ellen Evans, Tâp AWC, 1976.

'Hen Fa – hen ŵr yn 'Lernion o'dd hwnnw, y, Trefor. Ond o'dd 'na gysylltiad rhyngtho fo â Mynydd Nefyn, 'ma. A wedyn fydda'n hwyr iawn arno fo'n dŵad o'no, 'te. Yn y Ciernioga' 'na yn ochor Mynydd Nefyn. A wedyn fydda' oria' wedi mynd, fydda'n hwyr arno fo'n dŵad. Ag o'dd o'n mynd adra' – ma' n'w wedi altro'r bont rŵan. Ag ar y Bont Mur Goedan rhwng, y, Llan'huar' a pen lôn Trefor mi stopiodd y cieffyl yn stond. 'Dâi o ddim. Do'dd o'n gweld dim, ch'adal ynta'. "Ond mi 'roedd, ma' raid bod y cieffyl yn gweld r'wbath," medda' fo fel'a. "Dâi o ddim." A mi fuo yno dan y bora nes gwariodd 'i. S'muda' fo ddim o'no. Ag yn w'ag 'i ochor – pan fydda' fo'n digwydd mynd dros y bont petai'n ddydd gola' – yn w'sg 'i ochor o'dd o'n mynd byth ar ôl hynny. Ond 'doedd o ddim 'edi gweld dim.'

MOTIF: Baughman E. 421.1.2(b) (Ceffyl yn gweld ysbryd ac yn methu symud)
NODIADAU: Amgangyfrifai E.E. i hyn ddigwydd tua 60 ml. yn ôl gan i'r ffermwr, nad oedd yn cofio ei enw, ddweud yr hanes yma wrth ei gŵr.
Cofnodais chwedl debyg am Gamfa Bwgan, Clynnog. Yno, ofnid yr ysbryd yn fawr er mai ceffylau'n unig allai ei weld:
Tâp SGAE, 4; ochr 1-4 (Huw Hughes).

Cofnodwyd Edward Lhuyd yntau fersiwn tebyg yn ardal Nantgwynant yn 1693:
'Mae llech yn Nanhwynen lle yr oedd gynt geffyle yn trippio, rhag hyn, y darllenwyd yr efengil arni ag a elwir Llêch yr Efengil'. Cofnodwyd y traddodiad hwn gan amryw wedyn:

251

Robert Williams, 'Legends of Wales', *Cambrian Journal*, 1859, t.212.
Y Brython, III, 1860, t.432.
Cymru Fu, 1862, t.467.
William Davies/Carneddog 'Enwau Bro'r Eryri', *Cymru*, LIX, t.186.
T. Gwynn Jones, *Welsh Folklore*, 1930, t.29.

Y CLOC : NANT Y BETWS

W. Lloyd Hughes, Cofnodiad Llafar, 19.1.74.

Arhosodd Mr William Lloyd Hughes wrth y tŷ i adrodd yr hanes
ganlynol. Dywedodd iddo'i glywed y diwrnod cynt, (Ionawr 18fed,
1974), gan fab Bron y Gadair, Rhyd Ddu. 'Roedd hwnnw a'i wraig
yn cerdded adref i fyny Bwlch Drws y Coed un noson a hithau'n
hwyr iawn – rhwng un a dau o'r gloch y bore. Pan yn ymyl yr hen
dŷ sydd ar ben Allt Drws y Coed clywsant gloc mawr yn taro'n glir
yn yr hen dŷ, – murddyn bellach. 'Be' o'dd hwnna?' meddai'r gŵr.
''Dwn 'i'm,' medda'r wraig, 'd'eud di gynta'.' 'Cloc Mawr yn taro,'
meddai'r gŵr. 'Ia.' 'Ond 'does 'na neb yn byw ynddo fo ers
blynyddoedd!' Sicrhaodd Wiliam Lloyd Hughes fi fod y stori'n wir
ac y gallwn holi mab Bron y Gadair os nad oeddwn yn ei gredu.

MOTIF: E. 402.3 (Sŵn celficyn ysbrydaidd)

COSB SIÔN WYNN : TREWYDIR

Elis o'r Nant, *A Guide to Nant Conway*, ca., 1883, t.56.

'Arferid cael hen fynachlog ar lan y Llugwy ar dir Bryngefeiliau
ond chwalwyd hi i'r llawr gan John Wynn a ddefnyddiai bob dull o
fewn ei gyrraedd i gael 'madael â phob Pabydd o'r wlad. Am hyn
condemniwyd ei enaid i aros yng ngwaelod pwll y Rhaeadr
Ewynnol gan offeiriad a oedd ymhell ar y blaen i eraill yn ei allu
meddyliol a'r hwn a elwid "dewin y merched" gan Wynn.
Sgrifennodd hwn enw John Wynn ar ddarn o groen a'i roi mewn
potel a ddefnyddid i ddal gwin y cymun yn y fynachlog uchod.
Taflwyd y botel a'i chynnwys wedyn i'r pwll oddi tan y rhaeadr.
Arferai'r offeiriad hwn, a ddeuai o ardal Ysbyty Ifan, ddod â'i
ddilynwyr at ymyl y diffwys i wrando udo'r pechadur islaw o'r fan
nid yw'n debygol o ddianc mewn unrhyw gyfnod yn hanes dyn.'

MOTIFAU: E. 411.0.2   (Ni all y marw orffwys oherwydd pechod –
                       dychweliad i wneud penyd)

252

Q. 501 (Poenydio diderfyn fel cosb)
E. 437.2 (Offrymu ysbryd i gorff o ddŵr)
E. 402.1.1.3 (Ysbryd yn gweiddi a sgrechian)

Rhoddwyd braslun o'r chwedl hon mewn nifer o leoedd eraill hefyd:

J. Evans, *Caernarvon and Denbigh*, 1810, t.480.
John Smith, *A Guide to Bangor*, 1833, t.62.
Elis o'r Nant, *A Guide to Nant Conway*, ca. 1883, t.41.
John Davies, 'Ffyrdd Cymru', *Cymru*, XLVII, t.162.
A. Roberts; E. Woodall, *Gossiping Guide to Wales*, 1907, t.233.
Marie Trevelyan, *Folktales . . . of Wales*, 1909, t.20.
John Ballinger (Gol.), *The History of the Gwydir Family*, 1927, t. xxii.
Dienw, *Snowdon and Llanberis*, s.d., t.34.

CROES AUR Y DROSGOL : ABER

John Roberts, *Llanfairfechan, fel yr oedd*, 1902, t.9.

'Yr oedd traddodiad yn dweud fod yna fedd ar ben y Drosgol, ac fod delw aur wedi ei chladdu gyda'r corff (corff Drosgol, medd rhai) yn y bedd. Creodd hyn awyddfryd am ddod o hyd iddi. Felly rhyw foreu Sul aeth Owen Paul, Gwar y Llwyn, mab Paul Parri, Rhiwiau Isaf, gyda Hugh Owen, ei frawd-yng-nghyfraith, i fyny i ben y Drosgol, ac wedi turio i lawr tipyn i'r cerrig, daethant o hyd i groes aur agos i droedfedd o hyd. Dygwyd hi i lawr i'r Rhiwiau Isaf i'w chadw. Yr oedd Hugh Owen yn hynod ofergoelus, ac yn ystod y nos dilynol clywodd drwst mawr o amgylch y tŷ, a daeth i'w feddwl mewn munud mai y groes ydoedd achos y drwg, ac fod ysbrydion y byd arall wedi dyfod yno i aflonyddu arno, oblegid iddo ei chymeryd. Taflodd hi allan, i'r ysbryd yn ôl ei feddwl, a chafwyd tawelwch mawr. Yn fuan wedi hyn, gwellhaodd amgylchiadau Owen Paul, ond gadewir i'r darllenydd feirniadu pa fodd.'

TEIP: M.L. 4020 – Y Marw Na Chafodd Faddeuant.
MOTIF: E. 236 (Dychweliad y marw i gael yn ôl eiddo a dducpwyd)

Cofnodir darganfyddiad y groes hefyd yn:

G. Jones, *Llanfairfechan and Aber*, 1901, t.11.

Y CHWARELWR A'R GWNINGEN : NANTLLE

Owen Elis Pritchard, Tâp SGAE, 4; ochr 1-4.

'Fedrwchi dd'eud y sdori 'no ddeudodd ych nain am y dyn 'nw'n gweld y gwningan 'no?'

'Ia, ia. Cofiaf, mi fydda' fy nain yn d'eud wrtha' i'r hanas. Pan o'dd hi'n hogan bach, o'dd 'na ddyn yn gw'ithio yn chwarelydd un ai'r Cilgwyn neu'r Foel ne' r'wla, a fydda'n dod i lawr o'rwth 'i waith bob noson, trw' Nant Glyn Meibion. A 'ma fo'n d'eud: "Ma' 'na riw gwningan bach yn croesi'n llwybyr i bob un noson. Ma'i yn yr un lle'n inion hefyd. Mi hitia'i hi efo carrag tro nesa'," medda' fo. A ma' raid bod o wedi g'neud, a dd'oth o'm adra' o'r chwaral un noson a mi fuwyd yn chwilio amdano fo'n bob man. Welwyd dim golwg ohono fo byth a chafo' n'w byth sôn dim amdano fo o gwbwl.'

MOTIFAU: E. 423.2.2.   (Ysbryd ar ffurf cwningen)
　　　　　 E. 232.3   (Ysbryd yn lladd gŵr sy'n ymyryd â'i weithgarwch)
NODIADAU: Dyma chwedl anghyffredin iawn. Er na ddywedwyd mai chwedl ysbryd ydyw, adroddwyd hi gyda nifer o chwedlau o'r fath gan O.E. Pritchard.

DRYCHIOLAETH SIONYN : NANT Y BETWS

Owain Gwyrfai, *Gemau Gwyrfai*, 1902, tt.102-3.

'Dyma histori arall, ac ei bod cyn wired a'r pader: Dyn geirwir yn perthyn i'r Methodus a'i dywedodd hi wrthym ni, yr hwn oedd yn hen ŵr gonest, ac yn gymydog i ni drwy ein hoes yn y Waenfawr acw. Sion oedd enw yr hen ŵr, a chlocsiwr neu wneuthurwr esgidiau coed-wadn oedd ei alwedigaeth. Yr oedd ganddo fab diffaeth ofnadwy – potchio a baeddu y bydde fo holl ddyddiau ei einioes. Mi fyddai yn y carchar yn ôl ac yn mlaen, fel ffwlbart mewn gwal. O'r diwedd, mi saethodd at gipar; mi daliwyd o am hyny wedyn, ac mi gafodd ddedfryd drom iawn – dim llai na phenydwasanaeth am ugain mlynedd. I'r Van Diemen's Land y bydde nhw yn transportio yn yr amser hono, a dodwyd Sion (Sion oedd enw y mab hefyd) gyda rapscaliwns eraill ar fwrdd rhyw hen hulc gandryll i'w ddwyn i'w gartref newydd. Ond pan oedden nhw yn rowndio Penrhyn y Gobaith Da, dyma hi yn storm erchyll arnynt; ac fe aeth yr hen long yn ddrylliau grybibion ar rhyw graig heb fod yn mhell o'r lle hwnw. Wel, i chwi, yr un diwrnod ag y collwyd y llestr, yr oedd yr hen ŵr, Sion y Clocsiwr, yn gweithio yn ei groglofft yn y Waen acw, gan feddwl llawer am Sionyn, yn ôl ei arfer, a chlywai sŵn traed yn dod i fyny y "step-ladder". Trodd yn sydyn pan gyrhaeddodd y sŵn traed i'r llofft; a phwy a safai yn ei lawn faintioli o'i flaen ond ei fab, Sionyn!!! Gwaeddodd yn ei ddychryn. "Yn enw fy Nuw, Sion," ebai ef, "o b'le daethost ti?" Mi ddiflanodd y ddrychiolaeth fel diffodd canwyll pan glywodd enwi y Goruchaf; a dyna'r pryd y deallodd yr hen ŵr mai *ysbryd* Sionyn, ac nid Sionyn ei hun, oedd ar ymweliad ag ef. Pe buasai'r hen ŵr dipyn mwy gochelgar. beth wyddom ni na buasai'r ysbryd yn dweyd ychydig o'i helynt wrth ei dad, a phe buasem ninau (canys dywedodd yr hen ddyn yr holl hanes wrthom ni y noswaith hono) wedi dodi i lawr yr amser y gwelodd Sion y Clocsiwr y ddrychiolaeth, a chydmaru hyny â'r amser y collwyd y llong, mi allasem ddywedyd i'r awr a'r funud pa faint o amser a gymer i ysbryd drafaelio o'r "Cape of Good Hope", yn Affrica, i'r Waenfawr, yn Arfon.'

MOTIF: Baughman, E. 574(d)   (Ysbryd ei fab yn ymddangos i ŵr ychydig cyn ei farwolaeth)

Y Ddwy Ysgyfarnog : Nantlle

W.J. Jones, Tâp SGAE, 3; ochr 2-3.

'Mi clyw'is i hi (sef ei fam) yn sôn am beth rhyfadd arall. Anhygoel gin riwin gredu petha' fel hyn r'wsud. Sôn o'dd hi'n, is lawr, yn is i lawr na'i chartra'i rŵan – Tu Hwnt i'r Ffrwd. A rhiw, hannar milldir o Tu Hwnt i'r Ffrwd o'dd 'na lwyn mowr o goed, ne' be' fysachi'n dd'eud, y, dipin o ag, – o aceri o goed o ran hynny. A llwybyr plwy' yn mynd reit trwy'i ganol o chi. Ag o'dd 'na ddau ifanc yn caru riw noson, w'th ymyl riw goedan. A 'toeddd 'i'm yn hwyr y nos o gwbwl, ond bod hi'n d'wyll 'de. A wir i chi, pan o'dd y ddau'n caru fan'no, ar yr ochor dde i'r llwybyr, mi welan' ola'n dŵad o'r pen-draw, o'r pellderoedd yn r'wla. To'dda n'w'm yn cl'wad sŵn dim byd chwaith. O'dd y gola'n dŵad yn nes aty'n n'w, nes aty' n'w o hyd. A wir, 'chi be', – mi o'dd y peth i weld mor amlwg 'ddy' n'w, mi o'dd y ddau 'di dychryn am 'i hoedal. Swatio am 'i gilidd 'neutho' n'w, pen welo' n'w – wyddochi – r'wbath ar ffurf dwy 'sgwarnog, ond bod n'w'n ddwy 'sgwarnog fowr, yn rhedag ar 'i traed ôl. A lantar', fel lantar' gynny n'w'n y canol. Dim math o'i sŵn n'w, ag yn mynd o'r golwg efo'r gola'. Dyna chi, ma' – – 'dwi cl'wad honna'n ca'l 'i d'eud gan Mam *lawar* iawn o weithia'.

MOTIF: E. 423.2.2 (Ysbryd ar ffurf ysgyfarnog)
NODIADAU: Er na ddywedodd W.J. Jones hynny, adroddodd y chwedl hon fel chwedl ysbryd, ymhlith rhai eraill. Mae'n chwedl bur anghyffredin.
Gw. 'Y Chwarelwr a'r Gwningen'.

Y Ddynas Wyllt : Capel Curig

Evan Roberts, Tâp AWC, 3911.

'Wel rŵan, ymhellach eto, 'te. Ma' 'na riw ysbryd arall w'th gwrs. Ma' 'na riw fwy o ffeithia', 'dwi'n meddwl am yr ysbryd yma. Wel y Ddynas Wylld. Pan fyddwn i'n blentyn, a 'mrodyr a'm chwiorydd efo mi, fydda' ni'n ca'l yn shiarshio i beidio mynd ymhell orwth y tŷ, 'dachi'n gweld. Ag i drïo'n cadw ni r'ag mynd ym'ell – a mam beidio bod â'i llygad arno ni bob munud, o'r amsar, mi fydda'n yn dychryn ni bod 'na riw ddynas wylld, ydach 'weld. A'r, y, bysa'r ddynas wylld 'ma'n ca'l ni. Rŵan, hanas y ddynas wylld ydi – Mi o'dd 'i'n ferch ifanc, medda' n'w. Ag mi fydda' yn, o, yn ferch hardd ofnadwy. Ag mi fydda' riw deithio'r wlad 'ma rŵan, fel riw dramp yn fwy na dim. A dim ond riw gwdyn o flawd ce'rch ar 'i chefn – dyma hynny o. – A blawd ce'rch a riw ddŵr a riw laeth, neu lefrith fedra'i odro odd'ar rei o'r gwarthaig – dyna be' o'dd 'i'n riw fyw, medda' n'w. Ag, 'i thaith 'i fydda', wel, Llanberis, Nant Peris, Capal Curig 'ma, trwadd i Ddolwyddelan medda' n'w. Dyna 'i, disdricd hi'n 'te. A mi fydda'n yn 'i hadnabot 'i w'th gwrs. A mi fydda' hannar 'i gwalld 'i yn wyn fel yr eira a'r hannar arall yn ddu, fel y frân medda' n'w'n 'de. O'dd gynni hi'r sdrïc 'dachi 'di weld – 'dwi 'di weld o yn ysdod fy oes i – fuo fo riw ffashiwn i ga'l riw sdrîc o wyn ynghanol yr . . . y gwalld yndo. O'dd o'n naturiol gin y ddynas yma, medda' n'w 'te. A mi fydda'n yn rhoit i i fyny'n amal iawn yn Tal y Weun, yr hen fusus Wiliams fydda'n, yn berchennog y ffarm, Tal y Weun, fydda'n ca'l llochesu yn fan'no. Ond ar wahân i hynny, riw dramp o'dd 'i. A be' 'roedd 'i, medda' n'w, ond Catholic oedd 'i. Merch ifanc wedi ca'l 'i esgymuno gin y Catholics am riw reswm, ag 'di mynd, yn fwy na dim, yn riw dramp fel yna 'de. Ag yn byw ffor' hyn medda' n'w. Fydda'n Anti Ann yn cofio – o'dd hi'n 'i chofio'i 'de, ag yn, gwybod amdani hi. Wel 'i diwedd 'i fuodd, mi, gath ymosod arni gin riw hogia' tia –ma' 'na ffor' yn mynd o Pont y Gyfing yn fan hyn, drosodd i Dolwyddelan, trw'r – heibio'r ffarm Bwlch, drosodd ffor'na. Mi gâth 'i ymosod arni, a'i anafu dipin, yn ôl yr ydw 'i'n dealld, gan riw griw o'r fan honno, 'chi'n 'weld. A mi ddiflannodd yn llwyr o'r wlad 'radag honno – be' o'dd 'i diwadd 'i, 'dwn i ddim. Wel dyma chi be'dw'i ar 'i ôl, yn hun. Duwch ma' 'na amriw o hen bobol Capal Curig – ddim Capal – ddim Anti Ann a rhain, yn sôn am y Ddynas Wylld. Ag mi o'dd 'na riw nodwedd yn'i – os doe 'na ddyn i'w chŵr' hi ar y ffor', mi

256

ddiflanna' fel ysbryd. Mi ac, – os – byddai'n dŵad lawr, mi welai ddyn yn cerddad i' chŵr' 'i. Mi ddiflanna', a wydda' neb i lle'r o'dd i'n mynd. O'dd, 'di – mi ae 'lechu r'wla 'dach weld – 'na'i 'im pashio dyn ar y ffor' 'de, ne' . . . A rŵan, ma' 'na amriw o Gapal Cerig fel hyn – hŷn na fi fel'a – yn gwybod yr hanas yma, – ag eto, 'dwi'n methu ca'l *dim* pen llinin ar pwy o'dd y gryduras 'de. Mi fuodd yn 'nychryn i am – am flynyddoedd beth bynnag. Chawn i'm – awn i'm ymhell iawn o'rwth y tŷ, rhag ofn y ddynas wylld! A ma' gin i ddiddordab hwnnw yn'i 'de. Pwy andros o'dd y gryduras? 'Dwi'm yn gw'bod 'te, ond o'dd 'i riw drampyn oedd yn cerddad yn y, yr ardal yma'r oes honno, 'de.'

Holwr – Robin Gwyndaf

NODIADAU: Ni ellir rhoi motif pendant i'r chwedl hon, ond perthyn i gylch y bwganod plant.

Diflannodd y 'ddylas wylld' yn ystod oes ei fodryb Ann a'i dad. Dywedid ei bod 'o deulu boneddigaidd iawn'. John Robaitsh, 'Cyrli' yn arfer dod yno hefyd, ac yn sôn llawer am y 'ddynas wylld' – wedi ei gweld, fe dybiai E.R. 'Roedd ei fodryb Ann yn byw yn Nhai'r lard, oddi tan y Gelli a bu fyw yn 84.

Ymddiddorai lawer mewn hanesion o'r fath a chafodd E.R. fwy o straeon o'r fath ganddi hi na'i fam pan yn blentyn.

ELLYLL HAFOD LWYFOG : BEDDGELERT

Bleddyn, *Plwyf Beddgelert*, 1862, tt.55-6.

'Mae chwedl led ysmala yn cael ei adrodd a'i chredu hefyd gan amryw sydd yn cofio yr amser, mewn perthynas i ysbryd, neu ryw ellyll anweladwy a fu yn blino teulu yr Hafod o ddeutu 40 mlynedd yn ôl. Mae yr hanes yn lled faith, gan y bu yn cythryblu yno am lawer o fisoedd, felly ni wnawn ond rhoddi talfyriad o'r hyn a ddywedir yn ei gylch yma. . . . Ein diben yn unig ydyw adrodd yr hanes fel ei clywsom ganwaith. "Dechreuodd yr ysbryd hwn a blino teulu dedwydd yr Hafod ar noswaith dawel yn niwedd y cynnauaf o ddeutu 40 mlynedd yn ôl, mwy neu lai, pan oedd y tylwyth yng nghyd yn difyr chwedleua yn ôl gwladaidd ddefod, wrth danllwyth gwyn o fawn. Hwy a glywsant i ddechrau rywbeth yn tyrfu yn y llofft oddi ar y gegin, meddyliasant ar y cyntaf mai y cathod oedd ond yr oedd y rhai hynny yn ddiogel ddigon ar y pentan; aed i'r llofft i edrych ond nid oedd yno ddim i'w weled na'i glywed; mor fuan ac y daethant i lawr yn ôl, dechreuodd y twrw yn waeth nag ar y cyntaf; aed a'r cŵn i fyny, rhag mai ffwlbart neu rywbeth o'r fath oedd wedi mynd yno, ond hwy a redasant i lawr yn ebrwydd, fel mewn braw, gan ddyheuad yn dost. Felly y teulu a ddechreuasant ofni fod yno rywbeth na ddylasai fod, ac ni aeth un o honynt i'w gwelyau y noson honno, a'r twrw ni pheidiodd nes torri'r wawr bore drannoeth. Y noswaith nesaf, a phob noswaith ddilynol, efe a ddechreuai oddeutu yr un amser, ond yr oedd yn mynd yn hyfach, hyfach, ac yn waeth ei gampau y naill nos ar ôl y llall. Un noswaith byddai fel yn lluchio y llestri llaeth ar hyd y llofft, bryd arall yn dawnsio step mor reolaidd a phe buasai yno delyn i'w dilyn. Unnoson aeth yn ei glocsiau i ystafell y merched, a chododd y gwley i fyny ac a'i gollyngodd i lawr yn glec! A gwnaeth yr un gamp yn ystafell y bechgyn y noswaith y noswaith drachefn. Noswaith arall, fel yr oedd un o'r gweision, yr hwn sydd yn fyw yn bresennol, yn ei wely, efe a glywai yr ysbryd yn dyfod i'w ystafell, a gofynnodd – "gad i mi weld dy wyneb y c----i!" Yna efe a'i clywai yn dod i'r gwely ato, ac nyn ei lethu yn dost, nes y gorfu arno waeddi allan, pryd yr aeth yr ysbryd i ffwrdd; ond wrth fyned ymaflodd yng nghoes y gwas mor ofnadwy nes y bu yn ffaelio a symud am bythefnos! Yr amser hwnw, yr oedd yn arferiad gan ffermwyr i geisio teilwriaid i'w tai i weithio oddeutu unwaith yn y flwyddyn. Yr oedd teulu yr Hafod eisiau cael teiliwr yno, ond ni ddeuai neb rhag ofn y bwgan. Yr oedd rhyw hen Gristion enwog yn byw heb fod dros 6 milltir oddi yno, yr hwn nid oedd yn malio ei getyn mewn na bwgan na dim arall. Aed i'w geisio ef yno i weithio; a daeth ef a'i was yno bore ddydd Llun, a thorodd ddigon o waith allan am yr wythnos. Y nos a ddaeth a dechreuodd y bwgan ar ei ystranciau yn brydlon; ond nid oedd y teiliwr yn arswydo dim. Aed i'r gwely; mor fuan ac yr oedd y gannwyll allan, i mewn i ystafell y teiliwr y daeth yr ysbryd, a dechreuodd wneud trwst dychrynllyd arno, goleuwyd y gannwyll, a rhoddwyd pobpeth mewn trefn, ac aed i'r gwely yn ôl gan fwriadu gadael y gannwyll yn olau, ond yr ysbryd a'i chwythodd allan; yna aeth o dan y gwely, a chododd ef i fyny ac a'i gollyngodd i lawr! Yna ymaflodd yn y cwrlid ac a'i tynnodd ymaith er gwaethaf y teiliwr, a'r gwrthban drachefn, ac yn y diwedd y gwely, peiswyn, a'r teiliwr a'i was i ganol y llawr! Pallodd ffydd yr hen Gristion, ac ar doriad y wawr drannoeth diangodd adref, ac nid oedd arian a'i perswadiai yn ôl i orffen ei waith.

Ceisiwyd amryw wŷr cyfarwydd i'w osod i lawr, ond ffaelodd pawb hyd nes y daeth rhyw offeiriad o ardal Pwllheli yno, yr hwn, ar ôl brwydr galed, meddir, a'i 'hoffrymodd' i waelod Llyn Gwynant. Ni chlywodd neb byth wedi hynny ddim oddi wrth ysbryd yr Hafod Lwyddog.'

MOTIF:
E. 402.1.5 (Ysbryd anweledig yn curo a gwneud twrw)
E. 421.1.3 (Cŵn yn unig yn gallu gweld ysbrydion)
E. 402.1.2 (Sŵn traed ysbryd anweledig i'w chlywed)
E. 279.3 (Ysbryd yn tynnu dillad y gwely oddi ar berson)
E. 265.1.1 (Dyrnod gan ysbryd yn y nos yn parlysu'r ochr a drawyd)
E. 293 (Ysbryd yn dychryn pobl ar fwriad)
E. 443.2.4 (Offeiriad yn offrymu ysbryd)
E. 437.2 (Offrymu ysbryd i ddŵr)

Cofnodwyd yr un chwedl yn:

D.E. Jenkins, *Bedd Gelert*, 1899, tt.284-6.

GUTO CILHAUL YN OFFRYMU YSBRYDION : NANT Y BETWS

Gw. Adran y *Gwrachod a Dewiniaid*.

GWALLGOFWRAIG TRYFAN HALL : NANTLLE

O. Alon Jones, Tâp SGAE, 3; ochr 1-4.

''Sginochi riw hanas am ysbryd Tryfan Hôl? A 'na'th riwin 'i weld o 'lly?'

'Wel ma' 'na hen sdori bod 'na ysbryd yn cerddad y ffor' o gwmpas Tryfan Hôl. Ond un 'dwi 'di gl'wad sy'n honni bod o wedi weld o. Ynglyn â Tryfan Hôl, yr hen sgweiar – Gryffudds 'dwi'n meddwl o'dd o. O'dd ginno fo dair merch ag un mab. Ag mi o'dd un o'r merchaid yma yn . . . Be' dd'udwch 'i am . . . be'dio d'wch – diffôrmd? Naci. Yn "mentally ritarded" 'de. Mi o'dd 'na riw nam a riw amhariad ar 'i meddwl hi – to'dd hi'm 'di datblygu fel y ddwy ferch arall a'r mab. Ag mi o'dd y ferch yma am bod hi yn anhydrin yn 'i ffitia' a'i bowtia' yn ca'l 'i chloi i fyny yn 'i 'stafall. Ag yn 'i 'sdafall y buo hi a'r fam a'r chwiorydd er'ill yn cario bwyd iddo hi. Felly buo hi am flynyddo'dd. Mi a'th y mab i hel 'i draed i weithio tua Llunda'n ag ati a mi – fel y Mab Afradlon yn y Beibil – mi wariodd 'i holl dda, gan fyw yn afradlon. A mi a'th y sdât i'r cŵn a'r brain yn diwadd.

Ond i ddod at yr ysbryd 'ma. Ma'r ferch . . . wallgof yma . . . ma'r sdori ar led bod ysbryd honna i'w gl'wad yn cerddad i fyny hyd y llwybra' o gwmpas y ffordd o gwmpas Tryfan Hôl hyd

259

heddiw. Mi dar'ish i ar un cyfaill, flynyddo'dd yn ôl rŵan, o'dd yn dod adra' ar 'i feic o gyfeiriad Llanwnda, i fyny am ochr Carmal. Ag yn y gwyll yn fan'no mi welodd fel . . . gysgod o riw foneddiges mewn dillad gwych yn dŵad. A mi glywodd fel siffrwd sidan fel'a . . . pan o'dd o . . . pan o'dd hi'n 'i bashio fo. Mi ddychrynodd, mi daflodd 'i feic ar y wal, a mi redodd adra' bob cam.'

MOTIF: Baughman E. 574 (bd) (Ysbryd gwraig mewn gwisg sidan sy'n siffrwd)

GWELD YSBRYDION : NANTLLE

William Edward Griffith, Tâp SGAE, 3; ochr 1-4.

''Sginnochi fwy o sdreuon ysbryd o gwbl?'

'Wel, mi fydda' mam yn arfar a d'eud, pan o'dd hi'n hogan ifanc – 'tasa' hi'n fyw hiddiw mi fysa' 'mhell iawn dros 'i chant – ond pan o'dd hi'n hogan ifanc, mi o'dd hi'n mynd i riw barc yn Rhoshirwaun i hel ffagal eithin, i 'neud tân. A mi fydda' 'na lawar iawn heblaw hi'n mynd. A'r d'wrnod hwnnw 'do'dd 'na 'mond un ddynas arall a hitha' yno. O'dd y ddynas yn rhy bell iddi siarad efo'i, ond o'dd hi'n hel y poethfal. A wedi mam ga'l digon, o'ddi'n mynd adra', ag mi o'dd 'i'n pasio lle'r o'dd y ddynas 'ma, w'th fynd adra'. 'Do'dd 'na'm dynas yno. Ag erbyn iddi feddwl – 'do'ddi'm 'di meddwl cynt – ol, mi o'dd y ddynas 'di marw e's riw fis beth bynnag. Sud o'dd hi'n 'i gweld hi yno'n hel pricia', 'dwi'm yn gw'bod. Wel, ymhen blynyddo'dd wedyn, hwyrach fysa' fo, yn r'wla o gwmpas pedwar igian i bymthag . . . i bump a phedwar igian, y gall'sa' . . . mi farwodd 'rhen fachgan heb fod yn bell o lle'r o'dda' ni'n byw. O'ni wedi ngeni erbyn hynny . . . ag yn llanc go lew. Ol mi o'dd mam yn mynd i pentra' i negas a mi welodd yr hen Robat Parri yn 'isda' ar sdepan drws. O'dd dyn 'di marw e's riw flwyddyn os nad mwy. Ond mi o'dd . . . mi a'th mam i' bedd gan gredu'n gydwybodol fod hi wedi weld o'n 'isda' ar sdepan drws.'

MOTIFAU: E. 425.1   (Ysbryd ar ffurf gwraig)
         E. 425.2.1   (Ysbryd ar ffurf hen ŵr)

HARRI MWNSH A'R YSBRYD : CAERNARFON

Ritchie Wright, Cofnodiad Llafar 18.ii.74.

'Dywedodd Mr Wright fod gŵr a elwir 'Harri Mwnsh' yn gweithio yn y lladd-dy yng Nghaernarfon ac iddo gael ei ddilyn gan ysbryd unwaith. Adeg y Rhyfel ydoedd, meddai, ac 'roedd Harri'n cerdded adref o Fangor tua dau o'r gloch y bore, ar ôl colli'r bws olaf. Pan wrth ymyl coed y Faenol gwelodd ddynes fawr, debygai ef, a gofynnodd iddi ble'r oedd yn mynd. Nid atebodd ef, ond dilynodd ef yr holl ffordd o Goed y Faenol i'w dŷ yng Nghil Uchaf, 'Sgubor Goch. Erbyn hyn 'roedd Harri gymaint o'i hofn fel y dringodd i fyny'r beipan i'r tŷ.

'Roedd un o'r rhai a wrandawai ar y stori'n cael ei dweud, braidd yn ddrwgdybus o'i geirwiredd, gan ddweud mai wedi meddwi 'roedd Harri. Atebodd Mr Wright drwy ddweud i Harri ddal at ei stori er adeg y Rhyfel ac na fyddai'n dal i ddweud celwydd.

MOTIF: E. 272.4 (Ysbryd yn erlid person ar ffordd)

HEN WRAIG PENTRE CASTELL : NANTLLE

Mrs Elin Hughes, Tâp SGAE, 2; ochr 2-3.

'Wel, mi glyw'is i 'nhad yn d'eud bydda' 'na yn ymyl Casd . . . y . . . yn Pentre' Casdall, Llanberis . . . O'dda n'w 'di gweld riwin. A riw hen wraig o'dd 'i, a sh'ôl am 'i gwddw. A mi fydda' hi'n poeni pobol, 'de. A dyma riw . . . ddyn yn d'eud, ym – "Wel, mi fynna' i w'bod be' sy'," medda' fo fel'a. A dyma fo'n gofyn iddi hi, o'dd 'na r'wbath yn 'i phoeni hi. A'r hen wraig 'di marw ers blynyddo'dd. A mi dd'udodd wrtho fo bod 'na arian yn r'wla. A mi . . . awd yno a mi o'dd 'na arian yno. A welodd neb mo'ni wedyn.'

'Lle clywsoch chi honna?'

'Gin y 'nhad o'dd honna hefyd. Pan o'dd o'n byw yn Llanberis.'

'Ia.'

'Ma' honna, y . . . ol o'dda n'w'n d'eud fod honna'n ffaith 'de.'

TEIP: M.L. 4020 – Y Marw Na Chafodd Faddeuant
MOTIFAU: E. 425.1 (Ysbryd ar ffurf gwraig)
           E. 371 (Ysbryd yn dychwelyd i ddatgelu trysor cudd)
           E. 451.4 (Ysbryd yn gadael ar ôl i berson siarad ag ef)

Gw. 'Trysor Dafydd Pritchard'.

HYWEL A'R OLWYN DÂN : DOLBENMAEN

Mrs William Pritchard, Tâp SGAE, 5; ochr 2-3.

'O'ddachi'n d'eud hefyd i riwin arall weld olwyn dân?'

'O ia, riw hogyn o'dd 'efo ni'n yr ysgol, ag o'dda ni'n meddwl adag hynny na 'di bod allan rhy hwyr o'dd Hŵal 'de, wyddochi. A bydda' plant adag hynny yn gorfod dod i tŷ erbyn – yn gynnar 'de. Ag o'dd o'n d'eud bod o 'di gweld casag wen ar y ffordd, ag olwyn o dân. Ag ar yr olwyn o'dd o 'di sgrifennu "Hywel dda yn hwyr y nos yn disgwyl Hywel adra"'. Ol co' plen – wyddochi –'dwi'm yn gw'bod – sdori ni'n 'rysgol 'te, a Hŵal yn d'euti wrtha' ni 'de.'

MOTIFAU: E. 423.1.3.   (Ysbryd ar ffurf ceffyl)
                  E. 421.3.1   (Ysbryd ar ffurf olwyn dân)
NODIADAU: Dyma enghraifft arall o 'Fwgan Plant'.
Digwyddodd hyn ger plasdy Bryncir.

JAC Y LANTER : BEDDGELERT

William Hobley, *Hanes Methodistiaeth Arfon*, II, 1913, t.116.

'Yr oedd rhyw ellyll a elwid Jac y Lanter yn gwibio yn y nentydd. Dywedid y byddai'n ceisio denu rhai dros y clogwyni i dorri eu gyddfau, ac eraill i'r dwfr i foddi.'

MOTIF: F. 491.1 (Jac y Lanter yn arwain pobl ar ddifancoll)

JOHN JONES A'R LADI WEN : DINAS DINLLE

J.P. Jones, Tâp SGAE, 4; ochr 2-3.

'John Jô's Llan, ie?'

'O ia. 'Rhen John 'de! O'dd o 'di mynd i hel myshrwms efo'i fam a'i chwaer yn y bora bach ychi. Ag o'dda n'w'n mynd 'yd y ffor' yn ymyl Bodfan, a dyma n'w'n gweld riw ddynas wen – fydda'r hen John yn sôn ar hyd 'i oes, yn bydda' Wiliam? – am honno. A mi o'dd y tri 'di dychryn a mi euson adra', heb fyshrwms na dim byd. Do, glywish i o'n d'eud *lawar* gwaith honna.'

'Pwy oedd y John Jones 'ma?'

'O riwin yn gweithio yn Glynllifon o'dd o; fydda'n byw yn Llandwrog 'de yn pentra'.'

'Fo'i hunan oedd yn dweud yr hanes wrthachi?'

'Ia! Ia! Ia!'

'Tua faint o'dd ych oed chi'r amser hynny?'

'Uwch, do'n i 'mond ifanc iawn. – Glywishi o'n d'eud lawar gwaith. Ol deudwch 'mod i'n gofio fo'n d'eud pan o'n i riw bymtheg oed ne' ballu ynde. A glywishi o'n d'eud *lawar* gwaith ar ôl hynny.'

'Ag yn ble'r oeddechi'n glywed o'n dweud yr hanes yma?'

'O ar . . . yn Bodryn. Yn 'y nghartra' fi'n 'de. Fydda'n dod acw i ga'l llefrith a 'menyn, am hannar can mlynadd, 'i deulu o. Bydda'.'

'O'dd o'n dweud pwy oedd y tri person yma?'

'Dim ond un, y . . . un welodd o, un ddynas o'dd o'n weld 'te, medda fo –'i fam o a'i chwaer o o'dd efo fo.'

''I fam a'i chwaer o?'

'Ia – mynd i hel myshrwms yn y bora' bach 'dachi'n gweld. Ia.'

'Faint o'dd 'i oed o pan ddigwyddodd hynny?'

'O! O, riw ddeuddag i bedair ar ddeg, reit shiŵr gin i. Hogyn go ifanc o'dd o beth bynnag –'dwi'n gw'bod hynny. Glyw'ishi o'n d'eud lawar gwaith. Ia.'

'A be'n inion o'dda n'w 'di weld felly?'

'Ol, fel riw ddynas fowr wen medda' fo, yn cer'ad 'yd y ffor' fel'a, i'r coed. Glywishi o'n d'eud lawar gwaith.'

'Euthonw'm ar 'i hôl hi i'r coed?'

'Naddo! Uwadd annw'l naddo! Rhy dda gynny n'w fynd adra' o lawar.'

MOTIF: E. 425.1.1.   (Ysbryd ar ffurf gwraig mewn gwisg wen)

Y Ladi Wen : Nantlle

O. Elis Pritchard, Tâp SGAE, 4; ochr 1-4.

'Fedrwchi dd'eud r'wbath wrthafi am Ysbryd Tryfan Hôl?'

'O! Medraf – mi 'dwi 'di cl'wad amdano fo e's dipin o amsar, ond 'doeddwn i ddim yn coelio riw lawar fy hun, ond ma' raid 'mi goelio hiddiw. Mi fuo Musdyr Howi a Musus Howi'n byw yno – ddiweddar. A mi o'dd hi wedi gweld riw ddynas yno mewn gwyn, yn cerddad trw'r rŵms. Ond 'do'dd hi'n g'neud dim math o ddrwg na dim byd. Un waith gwelodd y gŵr o hefyd. A mi wel'ish i ferch o'dd 'di bod yn forwyn yno efo Docdor Wilia's, am flynyddo'dd yn ôl, – ma' hi heddiw wedi riteirio – mi o'dd hitha' wedi bod yn y Tryfan ag o'dd hitha' wedi gweld hi'n pasio heibio. Fel ma' raid i mi gredu fod y Ledi Wen yn Tryfan Hôl o hyd.'

'Pw' o'dd y Ledi Wen 'ma?'

'Ma' hynna'n ddirgelwch 'de – wn i ddim byd, be' o'dd, be'di hi, 'de. O'dd hi'n pashio drw'r rŵms, o'dd hi'n g'neud dim byd 'mond cer'ad drw'r rŵms a drw'r drysa' fel'a.'

MOTIF: E. 425.1.1 (Ysbryd ar ffurf gwraig mewn gwisg wen)

Y LLAW AR Y CYFRWY : NANTLLE

Wm Albert Jones, Tâp SGAE, 4; ochr 1.4.

'Ma' 'na riw hen dŷ bach (Nant yr Hafod) yn ymyl, ddim yn bell o lle 'dw i'n byw. A mi o'dd o 'di mynd yn wag. A mi o'dd 'na gyfrwy'n hongian yno bob amsar. A ma' 'na ddau arall yn ymyl yn sâl 'isio gw'bod be' o'dd y cyfrwy ynde. A mi geuson jians riw dd'wrnod – neb yno. A mi euthon mewn. A gynta' bod n'w mewn a meddwl mynd i ecsamio'r cyfrwy, dyma law'n dod ar y cyfrwy. A mi 'chrynodd y ddau 'de a mi redon adra' am 'i bywyd. Ia.'

'Pryd o'dd hyn?'

'Wel ma' siŵr bod o riw dair blynadd yn ôl ne' beda'r 'de. Ia. 'Na hynny˙dwi'n w'bod 'de. Achos riw ddau fis yn ôl y clyw'ishi'r sdori yna, 'de. Wel'ish i mo'r boi 'i hun ne' 'swn i 'di holi o 'de. Ia. Fel'a 'di'r sdori fel clywish i hi 'de. Ia.'

MOTIF: E. 422.1.11.3 (Ysbryd ar ffurf llaw)

LLEDDFU YSBRYD YR ERW: BEDDGELERT

D.E. Jenkins, *Bedd Gelert*, 1899, t.77.

'Dywedodd un gŵr a oedd wedi hen arfer am y trafferth a gafodd unwaith wrth leddfu ysbryd ac ôl cam-fesur ei raddfa. 'Clywsoch am Ysbryd yr Erw – 'roedd yn ysbryd ofnadwy, y gwaethaf y clywais amdano ac yn y diwedd bu'n rhaid i'r bobl adael y tŷ a'i gloi yn y gobaith y byddai'n ei adael a pheidio eu poenydio. Ond o wneud hyn, nid oedd ddim gwell, – yn wir 'roedd yn waeth a daeth y gŵr ataf am gyngor. Edrychais innau fy oraclau ac o ganfod nerth yr ysbryd addewais fynd yno i'w leddfu.

Un noson – anghofia'i byth – euthum i'r tŷ a gwneud y cylch hud ar lawr â halen a chroes yn y canol. Yna euthum i'r groes a sefyll ar freichiau'r groes yn y dull arferol a darllen y swyn arferol. Ar unwaith bron, taflwyd y drws yn agored a daeth anifail nid anhebyg i deigar amdanaf yn sgyrnygu ei ddannedd erchyll arnaf. Cerddodd o gwmpas y cylch gystal â dweud: "'rwyf wedi dy gael yn awr". Sylweddolais ar unwaith i mi fethu ei nerth a'm bod wedi defnyddio gwŷs rhy isel. Ond sefais fel dur o'i flaen heb ddangos mymryn o'i ofn a'i orchymyn i adael yn enw'r groes y safwn arni neu fe'i tynghedwn i'w boenydio'n dragwyddol. Safodd yno heb symud, a dyna lle buom am amser maith yn syllu ar ein gilydd nes o'r diwedd gwelwn ef yn cilio yn raddol. Yn syth, newidiais un gair yn y swyn a daeth yn ei ôl, yn llyfu'r llawr fel ci o flaen ei feistr. Mynegais ei ddedfryd ac aberthais ef i waelod y Llyn Du a thra bo dŵr yn y llyn yna ni ddaw oddi yno byth eto i boeni neb. Dyna'r ysbryd olaf i mi gael dim i'w wneud ag ef, ac y caf ddim i'w wneud. Pe buaswn wedi dangos mymryn o'i ofn neu wedi tynnu fy llygaid oddi arno am chwarter eiliad, byddai wedi gorffen arnaf.

MOTIFAU: E. 293.   (Ysbryd yn dychryn pobl ar fwriad)
          E. 423.2.10 (Ysbryd ar ffurf teigr)
          E. 437.2   (Offrymu ysbryd i ddŵr)

LLOFRUDD COED Y FAENOL : BANGOR

Myrddin Fardd, *Llên Gwerin Sir Gaernarfon*, 1908, tt.77-8.

' . . . llefai ei dynged mor resymol ar nosweithiau ystormus yn y geiriau:

'Gwae i mi erioed,
Roi esgid am fy nhroed
I ladd yng nghoed
Y Faenol.'

Bu hwn yn ddychryn i'r ardaloedd am oesau, ac ni ynganid ei enw ond gydag arswyd. Yn ôl tystiolaeth un o etifeddion tir anghof, ysbryd dyn a gafodd ei grogi ar un o'r croesffyrdd am ladradau a llofruddiaethau ydoedd. Yn ôl eraill, ysbryd dyn a gafodd ei ladd yng Nghoed y Faenol ydoedd, a'r llinellau cyfeiriedig ato fel hyn:

'Gwae fi erioed
Roi bwyell mewn troed,
I ladd yng Nghoed y Faenol.'

TEIP: M.L. 4020 – Y Marw Na Chafodd Faddeuant
MOTIFAU: E. 411.1   (Ni all ysbryd llofrudd aros yn y bedd)
          E. 334.2.1 (Ysbryd person a lofruddiwyd yn aflonyddu ar y fan lle'i claddwyd)

Y Marchog : Nantlle

Owen Elis Pritchard, Tâp SGAE, 4; ochr 1-4.

'O'ddachi'n sôn hefyd bod ych taid wedi gweld dyn ar gefn ceffyl?'

'O ia. O! do, mi o'dd 'y nhaid yn mynd i fyny ar hyd y lon, heibio'r Ffatri 'cw, riw noson, a mi o'dd o'n gweld un yn dod i lawr ar geffyl glas, a cl'wad twrw'r cyfrwy, y sdrapia'n gwichian a bob dim. Ag o'dd o'n edmygu'r ceffyl. Ond mi droth yn öl fela i sbio arno fo ond o'dd y ceffyl a'r dyn wedi diflannu tu nôl iddo fo a do'dd 'na'm golwg ohono fo.'

MOTIFAU: E. 581.2   (Ysbryd yn marchogaeth ceffyl)
           E. 425.2   (Ysbryd ar ffurf gŵr)

Y Milwr : Nant y Betws

Mrs Annie Williams, Cofnodiad Llafar, 7.i.74.

Roedd Mrs Williams yn cysgu yn yr un 'sdafell â'i nain adeg y rhyfel, a disgrifiodd y gwlau, yn groes i'w gilydd, hi mewn gwely bach a'i nain mewn gwely dwbl. 'Roedd hyn yn ystod y Rhyfel Byd Cyntaf. Un noson deffrodd gan deimlo rhywun yn tynnu dillad y gwely oddi arni ond tybiodd mai breuddwydio a throi yn ei chwsg a wnaeth. Ceisiodd fynd yn ôl i gysgu a digwyddodd yr un peth eto. Erbyn hyn 'roedd yn hollol effro. Y peth nesaf a welodd oedd ewythr iddi a oedd yn Ffrainc ar y pryd, i fod, yn dod i mewn i'r 'stafell ati, wedi ei glwyfo, yn cario ei fraich chwith yn ei law dde. Dangosodd ei hun iddi fel hyn ond pwysleisiodd Mrs Williams nad oedd ganddi fymryn o ofn ar y pryd. Drannoeth daeth teligram i ddweud fod ei hewythr wedi ei glwyfo a chyn i'w nain agor y llythyr gwyddai beth ydoedd – ei fod wedi colli ei fraich chwith. Yn nes ymlaen clywodd fwy o'r hanes, oherwydd pan glwyfwyd ef i ddechrau, daethai i gael cymorth gan gario ei fraich chwith yn ei law dde. Dywedodd Mrs Williams nas deallodd eto pam yr ymddangosodd iddi hi y noson arbennig honno ac nid yw chwaith wedi dweud wrth neb am y peth tan heddiw – dim hyd yn oed wrth ei ewythr, sy'n dal yn fyw, ac yn arlunydd a chrefftwr dawnus iawn gyda'i un fraich.

MOTIFAU: E. 279.3   (Ysbryd yn tynnu dillad y gwely oddi ar gysgadur)
           E. 387   (Ysbryd yn ail-greu golygfa o'i fywyd)

Yr Olwyn Dân : Dolbenmaen

Mrs William Pritchard, Tâp SGAE, 5; ochr 2-3.

'O'ddachi'n d'eud hefyd bod ych mam wedi ca'l rhiw brofiad rhyfadd?'

'Wel do – o'dd mami yn gweithio mewn rhiw blas yn Llandecwyn ag y, mi o'dd 'i'n ca'l dillad newydd. 'Dwi'm yn siŵr iawn faint o'dd 'i hoed hi – hogan fach ifanc. Ag y – o'dd y wniad'ra'g wedi d'eud fysa'i dillad hi'n barod erbyn nos Sadw'n iddi ga'l mynd i'r capal dy' Sul yn'y n'w. Ag mi o'dd 'i misdar'i 'ishio'i 'ddi beidio'i nôl n'w nosSadw'n, bo'ti ry hwyr iddi. Ond o'dd 'i 'di penderfynu mynd. A mi â'th a 'mai'n gweld y – olwyn o dân yn 'i dilin hi felly. A be' ddôth i' meddwl hi – o'dd gynni ofn ofnadwy – o'dd 'i misdar hi'n ddyn duwiol ynde – meddwl bod o yn gweddïo drosdi ag, ychi, bod yr olwyn dân 'ma 'wrach yn help iddi ddŵad adra' – o'ddi'n dywyll 'de. Ond y, mi â'th adra'n iawn. A mi â'th i capal dy' Sul yn y dillad newydd 'ma. A pan reutho n'w ola' yn y capal nos Sul mi ddaru ffeintio felly a mi fuo'n wael yn hir, yn mygu. Yn wael – nid am jesd am y noson honno, fuo'n wael yn hir, ynde. Mi ddaru amharu arni felly.'

MOTIF: E. 421.3.1 (Ysbryd ar ffurf pêl o dân)

Pant y Cythraul, I : Nantlle

Wm Edward Griffith, Tâp SGAE, 3; ochr 1-4.

''Sgynnochi sdori ysbryd o gwbwl?'

'Wel oes. Mi o'dda n'w'n d'eud fod yr ochor isa i Tryfan Höl, lle bydd'r hen Ddocdor Wilia's fan'na'n byw . . . 'Dachi'n mynd lawr i gyfeiriad Capal Brynrodyn. Wel ma' 'na dro yn y lôn, fel 'S', a coed yn tyfu ar un ochor, a ma' 'na giât ffarm, Wernola', gyda 'dachi'n troi. Yn amal iawn, medda' nhw, mi ddeua' 'na ddynas wedi'i gwisgo mewn gwisg wen laes i'ch c'warfod chi'n fan'no. Ag os o'ddachi'n mynd i dd'eud r'wbath w'thi ne'n mynd i dwtsiad yn'i hi, to'dd 'na ddim byd yno. Ond o'dd 'na amriw wedi'i gweld hi. Fuo fi yno fy hun ar noson dywyll yn y geua', ar ôl cl'wad y sdori, ag yn 'isda' ar ben clawdd, edrach ddoe 'na riw . . . wel'ish *i* neb. Ond yr enw ar y lle, hyd hiddiw, ydi Pant y Cythra'l.'

MOTIFAU: E. 425.1.1 (Ysbryd ar ffurf gwraig mewn gwisg wen)
E. 451.4 (Ysbryd yn gadael ar ôl i berson siarad ag ef)

267

Pant y Cythraul, II : Nantlle

Owen Elis Pritchard, Tâp SGAE, 4; ochr 1-4.

'O'ddachi'n sôn hefyd fod 'na ysbryd yn Cefn Coed – fod ysbryd Cefn Coed yn Pant Cythra'l.'

'O ia. O'dd 'na Bant y Cythra'l yn ymyl Werola'n fan'na – o'dd 'na ysbryd yn fan'na. A dynas o'dd honna hefyd, yn pashio, yma ag acw. A rŵan ma' raid i mi dd'eud am yr hen . . . Cefn Coed, 'na'n fan'na. Mi o'dd yn byw yn Cefn Coed yn fyncw hen fachgan, 'Ŵan Dafis o'dd 'i enw fo, a mi o'dd ginno fo dair gwraig. A mi gollodd ddwy ohonyn' n'w. A mi o'dd 'y nain yn ca'l 'i galw bob amsar pan fydda' 'ishio mynd i olchi corff. A mi gâth 'i galw i Cefn Coed, – o'dd y wraig gynta' wedi marw, – a mi wela' botal ar ben y gwely wensgot a mi sbïodd hi 'POISON' arni hi'n goch. O'dd hi braidd yn credu na wedi 'neud diwadd y ddwy 'ro'dd 'rhen 'Ŵan Dafis. A mi bro'dodd efo trydydd – Mrs Goodman o'dd enw honno. A mi o'dd nain yn ffrindia' efo'i, ag yn d'eud 'thi, r'wbath, 'O! mi watsia' i 'na 'neith y diawl 'im byd i mi,' medda'i! A mi fuo farw'r hen 'Ŵan Dafis o flaen Mrs Goodman ag o'dd pobol o'dd yn gweld yr ysbryd dynas yn cer'ad trw' Pant Cythra'l – welodd neb mo'ni wedyn ar ôl i 'Ŵan Dafis farw.'

MOTIF: E. 413 (Ni all person a lofruddiwyd aros mewn bedd)

Pant y Cythraul, III : Nantlle

Ffermwr Y Gilwern, Cofnodiad Llafar, 9.4.74.

Dywedodd ffermwr Y Gilwern hefyd i'w fam ddweud yr hanes canlynol wrtho am Ddoctor Williams Y Tryfan. 'Roedd y meddyg yn dychwelyd adref yn ei gar ar ôl galwad pan ataliwyd ei geffyl gan rywbeth ar ffurf dyn ym Mhant y Cythraul. Gwelai'r meddyg ef yn dal ei freichiau i fyny i ddal pen y ceffyl a chwipiodd ef bob ochr â'i chwip. Aeth i lawr o'r car a chanfod nad oedd dim yno ond nid oedd symud ar y ceffyl.

MOTIFAU: E. 425.2 (Ysbryd ar ffurf gŵr)
E. 272 (Ysbryd yn mynychu ffordd)
Baughman E. 421.1.2(b) (Ceffyl yn gweld ysbryd ac yn methu symud)

Mr a Mrs William Pritchard, Tâp SGAE, 5; ochr 2-3.

Mr W.P.	''Sginochi r'wbath 'di ca'l'i dd'eud am Bachwan? Clynnog.'
J.O.H.	'Na.'
Mr W.P.	'Dim byd?'
J.O.H.	'Na. 'Sginochi sdori am fan'no oes?'
Mr W.P.	'Wel, dim sdori, naci, ond ma' ginno brofiad o r'wbath yno'n 'te. O'ddi ar osod e's riw dipin yn ôl a fuo ni lawr yn 'i gweld hi chi. A mi euson i mewn i'r tŷ. Dyn – hen lanc o'dd yn byw yno, 'de – ia?'
Mrs W.P.	'Ia, – ne' wraig – gŵr gweddw – o'dd'na 'mond y fo yno beth bynnag.'
Mr W.P.	'Ia. A mi o'dd 'na un rŵm yno o'r enw, o'dda n'w'n galw hi'n Parlwr Nani.'
Mrs W.P.	'Ia, o'dda ni 'di bod trw'r tŷ i gid –o'dd o'n dŷ mowr anfarth ychi, ar lan y môr 'te. Ag o'dd y – o'dd o'm 'di dangos hon i ni tan y dwytha' nagoedd? Yn diwadd mi a'th â ni i'r Parlwr Nani 'ma chi, ynde. Ag o'dd 'i fel riw rŵm bach dipin bach, yn anhrefnus, – wyddochi ryff 'ylly 'de. Ag "Parlwr Nani 'da ni'n galw hon," medda' fo. Ag eto o'dd 'na le tân yno a tân 'ydi bod yno.'
Mr W.P.	'Heb 'i llnau o gwbwl 'de.'
Mrs W.P.	'Ia, a g'werbyn â fo fela mi o'dd 'na fath'sa chi'n meddwl bo'chi'n mynd i riw rŵm bach arall, fath'sa chi'n meddwl fel, 'sachi'n meddwl jesd fel . . . '
Mr W.P.	'Cell 'de.'
Mrs W.P.	' . . . sêt seis y, ryw doilet bach ne' r'wbath fel'a 'de. A do'dd 'na'm byd yno fo – dim on' llawr pridd yno fo – pridd coch, ag o'dd o'n, codi riw arswyd arna fi de – fedrwn i'm meddwl am y lle wedyn 'de.'
Mr W.P.	'O'dd o'n rhoid riw . . . '
Mrs W.P.	'Achos . . . '
Mr W.P.	' . . . arswyd arnachi pan o'ddachi'n mynd i mewn iddo fo, i'r lle 'de.'
Mrs W.P.	'Nani o'dd y ddynas 'ma – riw ddynas o'r môr o'dda n'w'n dd'eud o'dd 'i – bod hi'n dod yno ar 'i thro felly.'
Mr W.P.	'Na nid y Nana ne' r'wbath ia?'

Mrs W.P.	'Na Nani dd'udodd o 'de. Fydda' hi'n dŵad weithia' – na' mi fydda' 'na draddodiad bod hi'n dŵad ag i'r parlwr 'na'n 'de.'
Mr W.P.	'Bod 'ishio lle i' disgw'l hi yno 'te.'
Mrs W.P.	'A fydda' – o'na bôpeth yno, fath 'sachi'n meddwl am gegin – gallachi 'neud tama'd o – 'sachi 'shio bwyd ne' r'wbath felly'n 'de. 'Ychi riw le bach . . . '
Mr W.P.	'Ond o'dd 'na neb i weld yn'i hi – o'dd bob man i weld 'ydi rhydu 'de.'
Mrs W.P.	'Ia. Do'dd 'no neb yn byw yno. "Parlwr Nani" 'da ni'n galw hwnna,' medda' fo . . . '
Mr W.P.	'O'dd hi'n ca'l'i chadw 'te.'
Mrs W.P.	'"Da ni'm yn defnyddio hwnna," medda' fo.'
Mr W.P.	'O'dd 'na r'wbath ynglŷn â fo 'te. Ond argo o'dd 'na riw ogla' na chi – y r'wbath yno'n g'neud chi'n annifir w'th chi fynd mewn – *cin* 'ddo fo dd'eud 'im byd w'tho ni, yn 'i gylch o.'
Mrs W.P.	'O ma' blynyddo'dd lawar er hynny cofiwch.'
Mr W.P.	'Nagoes! Dim llawar.'
Mrs W.P.	'Oes, wir.'
Mr W.P.	'Ol nagoes, matar o ddeg, lai.'
mrs W.P.	'O na, bobol bach – na ma' mwy . . . '
Mr W.P.	'Ol na, dim er pan o'dd Bachwen ar osod 'rhen. Achos 'dydi 'rhen Faes Merddyn ddim yn fyw o hyd, yn byw yn y – 'i frawd o o'dd'na 'no. O'dd o'n byw yn y tai 'na yn, y, yn ymyl crosing y, Llanwnda 'na fan'na. 'I frawd o. Ma' hwnna'n gw'bod hanas Parlwr Nani i gid.'
Mrs W.P.	'Ia, 'dachi'n iawn. Ia do's 'na'm 'wrach – ma' mwy na hynny 'fyd 'de – pymthag reit shiŵr.'
J.O.H.	''Nâ'th o'm manylu ar pw' o'dd hi? 'Na'th o'm d'eud sud ddôth hi i ga'l 'i chysylldu â'r 'sdafall arbennig yna?'
Mrs W.P.	'O na, 'dyda ni ddim yn gw'bod.'
Mr W.P.	'Oedd, – ma' 'na r'wbath ynglŷn â fo – 'ydw i ddim yn cofio, ond ma' 'na lot o riw hen draddodiad ynglŷn â hi ynde. 'Dwi'm yn meddwl nag o'dd 'i'n perthyn i Nanno, Dynana ne' riwbatha fel'a 'chi. A 'dwn i ddim be' o'dd wedi digwydd – o'dd 'i wedi ca'l 'i esgymuno gynn'y n'w ne' r'wbath felly, ne' – 'dwn i'm be' o'dd wedi digw'dd . . . '

J.O.H.	'*Pam* na d'uthochi ddim yno 'lly? I'r tŷ 'lly?'
Mrs W.P.	'Ydw i'n un ofnus ofnadwy 'chi. 'Swn i'n meddwl r'wbath felly 'sa'n ddigon, i mi 'de.'
Mr W.P.	'Ond o'dd o'i gl'ŵad yn pwyso arnachi 'dachi'n gweld. Arni hi 'de.'
J.O.H.	'O'dd 'na r'wbath yn y 'sdafall . . . '
Mrs W.P.	'O'dd o'n codi arswyd arna' fi 'de.'
Mr W.P.	'Dd'wedodd neb bod dim byd yno cofiwch chi. Dim o gwbwl.'
Mrs W.P.	'Dim ond bod o'n d'eud Parlwr Nani. A mi dd'udodd 'na riw hen ddynas o'r môr o'dd 'i'n do?'
Mr W.P.	'Do. A mi fydd 'i'n dod yma weithia',' medda' fo, medda' fo. "I fa'ma" me' o. Ar riw sdorm a riw betha' felly, 'dachwel . . . '

MOTIFAU: E. 425.1   (Ysbryd ar ffurf gwraig)
          E. 271   (Ysbryd o'r môr)

Y PESYCHIAD : NANT Y BETWS

Mrs Mary Awstin Jones, Tâp SGAE, 4; ochr 1-4.

'Dd'dochi hefyd bod chi 'di cl'wad sŵn yn pesychu?'

'Do, – mi o'dd hynny pan o'dd o'n wael ddifrifol yn hosbitol. D'wrnod cin 'Dolig. A, ychi, o'dd clefyd shwgwr ar Siôn 'de, ag o'dd o mewn coma ofnadwy, wedi mynd yn ddrwg iawn. Wedi ca'l 'i gipio i'r hosbitol – mi o'dda' ni 'di bod yn 'i ddanfon o yno, a 'di dod adra' yn ôl. Ag yn y tŷ yn fa'ma, ag o, mi o'dd hi'n noson fowr. Drycin ddychrynllyd – bwrw a sŵn gwynt. Ag o'dda' ni'n methu gw'bod beth i'w 'neud. O'dda' ni 'di ffonio'r hosbitol, a 'di d'eud bod o'n ddifrifol o wael ag yn d'eud bod o'n ddifrifol o wael, a 'sa well gin i fynd lawr. Ond ddaru minna' ffonio Docdor Miles, a 'ma fynta'n d'eud na fedra' ni 'neud dim . . . "Fedrwch 'i 'neud dim," medda' fo, "'dachi 'di blino," medda' fo fel'a 'de. A peth arall, fedra' riwin ddim, o dan y fath sdraen, fedra' riwin 'im dreifio'r noson honno heb ga'l riwin arall i ddreifio 'de. Ag o'dd hi'n hwyr y nos.

A dyna lle'r o'dda' ni 'di mynd i'n gwlâu a ballu. O, a mi o'n i'n oer. Argian o'dd hi'n oer! O'dd potal dŵr poeth yn c'nesu dim arna'i, o'ni fath a 'sw ni mewn stâd o sioc 'dwi sh'ŵr, o'ni mor oer 'de. A, ol mi o'n i'n annifir sobor. A trw'r adag mi o'ni fath a

'sw'n i'n ewyllysio i Siôn fendio, 'lly 'de, ag yn d'eud "Mendia" –
o'n i'n cl'wad fy hun yn d'eud "mendia, mendia". 'Fath a 'swn i'n
trio rhoid r'wbath ohona' fy hun i fendio fo. Ag o'ni 'di cau pob
peth arall allan 'de. A riw dro – a'r hen sdorm 'ma'i gl'wad – mi
glywn i besychiad Siôn – gl'ŵad o'n pesychu – o'n i'n gw'bod na fo
o'dd yn pesychu. A do'dd wa'th i John Austin *heb* a d'eud na, na
sŵn y ddrycin o'ni 'di gl'wad, – o'ni'n flin wrtho fo am dd'eud. A
dyma fi'n d'eud, "Naci! Fo o'dd o. 'Dwi'n 'nabod 'i besychiad o."
A dyna be' ddigwyddodd wedyn. Mi ge's y teimlad rhyfedd a – ma'
hwn yn wir, berffaith wir – a fel riw heddwch ne' riw 'sgafndar yn
dod drosda'i gid, – fel 'dasa'r hen brydar 'ma'n mynd i ffwr' i
r'wla'i gid 'lly. A finna'n d'eud: "Argian, ma' raid bod o 'di dod
trw' riw greisus a mae o 'di troi ar wella." 'Dwi'n cofio fi'n d'eud
fel'a. A'r teimlad nesa' o'ni'n ga'l – o'ni 'di blino gymaint, 'de,
o'ni'n gw'bod bod raid i mi ga'l cysgu, a 'ma fi'n d'eud fel'a.
"Peidiwch twtsiad na d'eud dim byd 'tha fi, ma' 'nai 'ishio cysgu'n
ofnadwy". A mod i'n rhoid 'y mhen ar gobennydd yn ôl fel'a, mi
'dwi'n gw'bod mod i 'di cysgu'n syth. A felly dan deffro riw dro yn
y bora' – 'dwi'm yn cofio'n hollol faint o'r gloch yr o'dd hi.

A dyma John Austin yn mynd at y 'ffôn yn y bore i holi'n 'i
gylch o. A 'ma fo'n dod yn ôl i dd'eu'tha' i, i fyny i'r lloffd – o'ni'm
'di codi – "Mae o 'di troi ar wella," medda' fo fel'a. A bod o 'di
d'eud fod o 'di dod trwadd 'lly, a bod o'n "taking nourishment" –
fel'a'r o'dd y nyrs 'di d'eu'tho fo. A finna' yn d'eud trw'r adag wrth
fo – o'dd o erbyn hyn fatha 'sa fo'n methu dal y sdraen 'de, ond
oeddwn i yn medru. Fi o'dd y cryfa' rŵan 'de. O'dd y peth 'di troi.
A finna'n d'eud, "O'ni'n gw'bod, o'ni'n *gw'bod*!" – o'ni'n
arg'oeddedig 'de, bod o 'di dod trwadd yn yr adag yna.

Wel o'dda' ni – o'dd hi'n dd'wrnod 'Dolig erbyn hyn. A,
oeddan ni'n mynd i lawr i edrach amdano fo, p'nawn felly. A dyna
lle'r o'dd o, o'dd o'n 'nabod ni a bob peth felly ag wedi dŵad ato'i
hun, ond digon riw hurt hefyd – dim yn riw glir iawn. 'Dwi'n cofio
fo'n gofyn: "Pa bryd ddeusochi yma? Pa bryd, er pryd ydw' i yma?
Pa bryd ddeusochi yma? O'ni'm yn gw'bod lle o'ni," me' fo. A
to'dd o ddim – o'dd o'n anymwybodol yn mynd yno'n 'de. A mi
o'dd Wil Cymro'n digw'dd bod yna ar y pryd, yn yr hosbitol. A Wil
o'dd yn d'eud yr hanas wrtha' ni wedyn, noson mor ofnadwy o'dd
hi 'di bod ar y ward honno 'lly – dau o hogia' ifanc yn wael
ddifrifol, medda' fo. 'Dwn i'm pwy o'dd yr hogyn arall, ond o'dd y
gwaed ne' r'wbath 'di torri gin hwnnw a mi o'dd 'na lanasd

ofnadwy, efo peth felly. A Siôn wedyn, yn ddifrifol o wael. A mi o'dda' n'w 'di bod wrthi drw' nos jesd efo fo'n, ers pan o'dd o 'di dod i mewn 'lly. Ag am wn i nad o'dda n'w 'di roid o'i fyny. Ag o'dd 'na un nyrs o, o Ben'grôes yno, a honno o'dd yr inig un i weld fatha 'sa gynn'i hi ffydd bys'a fo'n dod trwadd. A, o'dd 'na tia pedwar ne' bump, ne' chwech, am 'wn i, o ddocdoria'd, naill ar ôl y llall, yn dŵad o r'wla o hyd i olwg o. Ag o'dd 'na riw Ddocdor Morus yno. A dyma hwnnw'n d'eud, – d'eud fel hyn –"Try him with a drink of water – if that won't do nothing will." A bod riwin wedi dŵad â diod o ddŵr i Siôn a bod o 'di pesychu efo'r diod dŵr 'ma, a bod y docdor 'di d'eud . . . "That's it," medda fo fel'a, "he'll come now! Clear everything away – he'll come now." Beth bynnag o'dd gynn'y n'w o gwmpas 'de, – "clear it, he'll come now." Ag o'dd Wil – Will o'dd yn d'eud yr hanas yna, o'dd o yno'n cl'wad y peth 'de. A 'do'dd o'n beth rhyfadd 'doedd? A tua'r un adeg o'ni 'di cl'wad y pesychiad yn y tŷ yma ylwch.'

MOTIF: E. 402 (Sŵn ysbrydaidd rhyfedd)

PLANT Y PLYGAIN : CAERNARFON

Ritchie Wright, Cofnodiad Llafar, 18.ii.74.

Dywedodd Mr Wright wrthyf fod pobl 'wedi eu geni yn y Plygain yn medru gweld pethau'. Gofynnais beth oedd y 'pethau' yma ac atebodd mai ysbrydion oeddynt. Fe'i ganwyd ef yn y plygain meddai, rhwng dau a thri yn y bore.

MOTIF: E. 421.1.1.1 (Plant a aned yn y plygain yn gallu gweld ysbrydion)

Y RHITH : NANTLLE

Wm Albert Jones, Tâp SGAE, 4; ochr 1-4.

'Brawd i deulu ffarm yn ymyl i'n fa'ma 'de (ewythr teulu presennol Glynmeibion Mawr), yn Penffordd Elan, yn byw yn Glynnog. A mi o'dd o ar 'i wely anga'. A mi o'dd dwy chwaer 'ddo fo 'di mynd yno i edrach amdano fo riw b'nawn. A fel 'dda n'w'n mynd draw am y tŷ mi gwelan o ar ben dâs, yn toi'r dâs 'de. Ond o'dd o . . . yn 'i wely'r o'dd o'n 'de, yn wael iawn 'de. Fedrai'm d'eud na dychymig na be' o'dd o 'de. Ia.'

273

MOTIF: E. 723 (Rhith)

Cofnodwyd chwedl debyg o Glynnog eto, gan ychwanegu i'r gŵr y gwelwyd ei rith farw'n fuan wedyn:

William Hobley, *Hanes Methodistiaeth Arfon*, I, 1910, t.10.

RHITH MEIJI JÔ'S : NANTLLE

Mrs Margaret Jones, Talmignedd, Cofnodiad Llafar Ion.31, 1974/Tâp AWC 4371.

'Glyw'ishi'n d'eud hanas 'y nhad yn mynd, i'r iard yn fan'na gartra', yn Talmignadd 'ma 'te. A dyma fo, yn 'i ôl i'r tŷ, at 'i fam. A dyma fo'n d'eud bod Meiji Jô's – Meiji Jô's fydda' fo'n galw'r hen wraig – Marjori Jô's o'dd 'i henw'i – Meiji Jô's o'dd o'n dd'eud – y ffarm 'gosaf – Talmignadd Ycha', "yn pashio drw'r iard 'wan," medda' fo, "a basgiad ar 'i brauch," medda' fo. "A mi ofynish i sud o'dd 'i, a 'nâ'th i'm sylw'n byd ohona'i," medda' fo. Ag o'dd yr hen wraig fel arfar yn siarad efo n'w, ag yn, ne'n troi fewn i'r tŷ. A dyma'i fam o'n d'eud – "Tydi Meiji Jô's 'im adra'. Ma'i 'di mynd i Ynys Goch" – ffarm arall o'dd gyn'y n'w'n ochor Llangybi. "Yn fan'no ma' Meiji Jô's," medda'i fam o fela. O na, o'dd o 'di gweld hi'n saff. A wedyn i – mi 'neuthon ymholiad â teulu Talmignadd Ycha'. Mi o'dd yr hen wraig yn Llangybi – to'dd 'i'm 'di bod o gwbwl. A mi o'dd 'y nhad 'ydi gweld hi ar yr iard yn cer'ad i fyny am adra'. A'i basgiad ar 'i brauch. Ag yn sbïo arno fo ag yn d'eud dim w'tho fo 'te. Yn y p'nawn o'dd hyn – yn gynnar yn y p'nawn, 'te.'

Holwr – Robin Gwyndaf

MOTIF: E. 723 (Rhith)
NODIADAU: 'Roedd yr hen wraig tua 60 pan ddigwyddodd hyn a bu fyw'n hir wedyn.
Stori arall gafodd Mrs Jones gan ei mam.

SIÔN HUWS A'R OLWYN DÂN : NANTLLE

Gruffydd Elis, Tâp SGAE, 4; ochr 1-4.

'Fedrwchi dd'eud sdori Siôn a Bwgan Bwlch Gyfyng?'
    'Wel, cerddad i fyny'r o'dd o, o'r Gelli 'ma yn hwyr riw noson, ag ofn arno fo ma' siŵr. Ag o'dd o 'di gweld bwgan yn dod fel olw'n o dân i'w gŵr o, a sgrechiada' yn yr awyr. A 'ma' Gryffudd Ffransus 'di canu yn . . . am y Bwgan 'ma yn . . . *Cerddi Eryri*, yn

Cerdd Huw Ifan, Bugail Drws y Coed. A mae o'n sôn amdano fo a'i liwia' fo'n dod fel olwyn dân "a'i gwynfan lond y gwynt".

Mi o'dd o'n d'eud am fochyn bach hefyd. Ag o'dd o'n cer'ad adra' un noson yn hwyr a hitha'n noson ola' lleuad braf. A bod o 'di cl'wad gwichian yn yr awyr, fatha 'sa 'na fochyn bach yn sgrechian. Ond wydda' fo ddim be' o'dd o, am wn i 'de.'

'Welodd o r'wbath?'

'Naddo, welodd o'm byd.'

MOTIFAU: E. 421.3.1. (Ysbryd ar ffurf pêl o dân)
E. 402.1.1.3 (Ysbryd yn sgrechian)
E. 402 (Sŵn ysbrydaidd rhyfedd)

Y Staen Annileadwy : Beddgelert

Telynores Eryri, Tâp SGAE, 5; ochr 1-4.

'Ga'n i droi at y chwedla' gwerin rŵan? Mi o'ddachi'n sôn am ysbrydion gynna' – am riw hoel gwaed yn y Goat?'

'Ol ia – mi o'dda n'w'n d'eud fod riw enath ifanc wedi marw yno – 'dwn i'm 'ta marw dan drinia'th lawfeddygol ddaru hi, ynta'. . . ddaru n'w 'neud riw wall wrth drïo arni hi, p'run bynnag, mi s . . . , mi daenellwyd y gwaed hyd y parad a ma' n'w'n methu'i ga'l o'i ffwr' byth, medda' nhw. O'dda n'w'n d'eud na gwaed, na hoel gwaed o'dd o wrtha' i pan o'ni 'no . . . '

''Dachi 'di weld o?'

'Do, wel'is farcia' arno fo'n 'de, ond wn i'm, – e'lla' fod yn farcia' r'wbath o ran hynny – ond dyma o'dda n'w'n dd'eud wrtha'i, na y . . . gwaed o'dd o. 'Dwn i'm 'di'r 'sdafall honno'i fyny rŵan – ma' n'w 'di tynnu llawar o'r, y, Goat i lawr – Gwesty'r Afr, a 'di rhoid rhei newydd yno'n 'de.'

'Pw' o'dd yr hogan bach? O'dd o'm yn 'henwi na dim byd?'

'Nagoedd, 'do'dd o'm yn 'henwi hi. 'S nag o'dd hi'n ferch y Goat. Ellith fod yn ferch y Goat.'

'A tia pryd o'dd hyn 'di digwydd?'

'O wannwl, dwn i'm! Pryd o'dd o – flynyddo'dd maith yn ôl ychi.'

'A phwy o'dd yn d'eud hyn wrtha chi?'

'Ym . . . riw hen ffarmwrs . . . '

MOTIF: E. 422.1.11.5.1 (Staen gwaed annileadwy ar ôl trychineb waedlyd)

SŴN CEFFYLAU'N CARLAMU YN HAFOD Y COED : NANTLLE

O. Elis Pritchard, Tâp SGAE, 4; ochr 1-4.

'Fedrwchi dd'eud am y sŵn ceffyla' 'na'n carlamu yn Hafod y Coed?'

'O! ma' shiŵr fod 'na r'wbath ynglŷn â'r ceffyl welodd fy nhaid. O'dd 'na was yn Hafod Coed, un o Shir Fôn o'dd o'n cysgu yn lloffd allan. Ag o'dd 'na sŵn ceffyla'n rhedag yn nos – yn carlamu heibio'r lle. A mi o'dd arno ofn yno a mi ddeudodd wrth 'y nhaid, a mi o'dd o'n d'eud y gwir hefyd – mi glywodd ynta' geffyla'n mynd ar garlam – fwy nag un amsar hynny. Ag off â nhw ag agor ydrws a do'dda n'w'm yn gweld 'im un ceffyl. O'dda n'w 'di diflannu.'

MOTIF: E. 402.2.3 (Sŵn ysbryd ceffyl yn carlamu)

SYNHWYRO YSBRYD : GARNDOLBENMAEN

T. Lewis Williams, Tâp AWC, 3546.

'Ia, 'taswn i'n d'eud 'na 'nesh i ddim dychryn 'swn i'n d'eud c'lwydda, 'de, er na – ôl wel'ishi'm peth 'rioed gin ryfeddad. Y, o'ni'n gweithio'n y gwair, 'chi, yn Llan 'de – ffarm yn ymyl eglw's Pennant 'de . . . O'dda ni'n gweithio'n y ffarm 'ma a wedi ca'l y gwair yn Llan, 'de, fydda' ni'n dod fyny i riw hen le arall – Parc o'dd n'w'n alw fo 'chi. A wedyn o'dda ni'n hen gwair yn fan'no 'de. Wedyn o'dda ni'n mynd yno ar ôl cinio 'de, – ne' hw'rach yn y bora' – a wedyn fydda' forwyn yn dod â bwyd i ni riw dro 'de. A 'wrach byddai'n dod â tê i ni wedyn tia chwech 'te. Wedyn o'dd 'na hen f'ydai yn perthyn i'r hen le 'ma, 'dach 'weld. A tŷ gwair – fan'no bydda' ni'n cario gwair. A 'dwi'n cofio'n iawn – o'dd 'na riw hen feudy yno, 'chi, yn mynd i fewn yn bell fel'a 'de. Rhwng y – wyddochi hen ddau ddrws, 'te. A – o'nni 'di tynnu nghôt a 'di mynd â fo – 'y nghôt i fan'no'n ysdod y p'n'awn. A gada'l'i yno 'de. A wedyn o'dd 'ishio croesi'r afon 'dachi'n gweld i fynd i'r Llan 'de. Ne' fynd rownd y bont 'de. Wedyn peth 'dda – ma' Jiac Huw – mae o – e'lla' bysa fo'n cofio, mae o'n byw yn Beddgela't 'de. O'dd Jiac Huw y gwas a finna' 'de. Wedyn, o'dd y ceffyla' ginno ni i fynd â ni trw'r afon 'de. At y tŷ 'de. O'dd 'i rhy ddyfyn i chi – ne' 'sa rai' chi fynd rownd y bont 'de. Eniwe. Dyma ni'n gorffan cario gwair r'wla tia unorddeg – a c'wchwn adra' 'te, at y tŷ. A 'di dŵad i lawr o Parc, 'te, dyma – 'ma fi'n cofio fod 'y nghôt i, yn yr hen feudy

276

'ma. Duw, 'ma fi'n d'eud w'th Jac Huw. "Ia ma'i yn y rhesal yn pen draw, ma'i 'igon hawdd 'ti ga'l hyd 'ddi," me' fo, w'tha i 'te. "Wedyn mi a'i drŵadd a mi ad'a'i un ceffyl 'ti ddŵad drosodd yn ôl 'de." Dros yr afon 'de. Wedyn o'dd o 'di mynd at tŷ 'chan. A dyma fi'n dod i fyny 'te, – Duw meddwl 'im byd ychan. Meddwl dim byd 'te. Ag i fewn i'r hen feudy 'ma'i nôl 'y nghôt ychan. Oedd 'i'n dywyll yno erbyn hyn ynde. A pan o'n i 'di mynd tia hannar ffor' ychan, 'dwn i'm be' ddôth a'na'i. Mi ddôth riw grïps mwya' ofnadwy 'na'i. To'n i'm yn gweld 'im byd 'te, nag yn cl'wad dim byd – 'dwn i'm fedrwchi 'neud 'wbath ohono fo. Ond 'dachi'n teimlo fod 'na riwin yno fo 'chan, yn risentio 'chi fod yno 'de. O'ddachi'n deimlo fo 'chan. Bod 'na riwin yno'n risentio chi – na do'dd ginnochi'm busnas i fod yna. Wel'ishi'm peth 'rioed ru' fath. A dyma fi'n troi 'nôl 'chan, ac allan â fi 'chan. Wel – mi ô'n i'n rhedag ma' raid, achos mi – o'dd y drws fel'a 'di, braidd wedi cau – dew! Mi êshi'n erbyn hwnnw a hitio'n ochor 'de. Ond o'dd o'm ots ychan. Ac allan â mi 'chan. A dyma fi lawr 'chan a cym'yd y ceffyl a mynd drw'r afon 'te. 'Rarswyd! A wedyn mi o'dd 'na riw grïps ofnadwy'n dod arna'i 'chan. Wrth – fatha 'sa fo'n gafa'l 'na chi 'chan. Ol beth bynnag o'dd, o'dd o yno chan –o'ddachi'm yn 'i weld o na'i gl'wad o, ond o'dd o yno 'de. Wyddochi, o'dd o'n d'eud na 'sgin ti'm busnas i fod yn fa'ma 'de. Dos allan 'de. To'n i'm yn weld o – o'ddi'n dywyll. Dyma fi'n f'ôl – o'ni'n gweld yr opning i mi fynd yn f'ôl 'de. Ag o'ni 'di mynd tia hannar ffor'. To'dd gin i'm gwerth i gyrra'dd'y nghôt. A'r uw, dyma fi – yno 'dyn 'te, ar ôl rhoid y ceffyl i fewn. Ag o'dd Jiac Huw 'di mynd i tŷ am swpar. "Uw, be' s'a'n ti?" me' fo, "y, ti fath'sa ti 'di gweld bwgan," medda' fo 'tha fi. Dd'udish i'm byd 'tho fo 'te. "Ge'sti dy gôt?" medda fo. "Duw naddo wir, fethi –" "*Chês* di mo'ni, a digon hawdd ca'l hyd 'ddi," me' fo 'tha fi, "do'dd 'mond 'ishio 'im ond mynd yn d'flaen i resal." Wel o'ni'n gw'bod, ond fethish i a mynd 'no. Ol 'dwn i'm be' a'dwi 'di bod yn meddwl droeon . . . '

Robin Gwyndaf

MOTIF: E. 436   (Synhwyro ysbryd)

NODIADAU: Mae'r fferm rhwng Plas Bryncir a'r Eglwys. Clywodd ei fam yn sôn ryw dro 'fod na riw-rwbath yno 'de'. Digwyddodd hyn pan oedd W.T.L. tua 28-29. Dywed nad ae yn agos i'r beudy wedi iddi nosi eto byth.

D.E. Jenkins, *Bedd Gelert*, 1899, tt. 77-9.

'Tua diwedd y ganrif ddiwethaf, daeth D.P. i'r pentref i fyw a chymerodd Westy'r Afr pan adeiladwyd ef a'r tir oedd gydag ef. 'Roedd yn amaethwr gwych ac er nad oedd ond dau neu dri o gaeau da yno, cliriodd y lleill i'r fath raddau nes cael medal gan ei gyfoedion am ei waith. Ehangodd y gwesty hefyd a daeth yn gyfoethog. 'Roedd yn hoff iawn o arian a chystadleuai â'i wraig pwy wnai fwyaf o elw – ai hi o'r gwesty ai ef o'i fferm. Ond yn sydyn aeth yn sâl a bu farw heb wneud ei ewyllys. Yn fuan wedyn dechreuodd rhywbeth aflonyddu ar heddwch y tŷ. Clywid camau yn y siambrau gweision a'r grisiau; clywid yr heyrn-tân yn symud yn y bar a sŵn fel rhywun yn procio'r tân. Ar ôl rhywfaint ceid sôn bod rhai o'r gweision wedi gweld eu hen feistr yn dod o'r bar yn ei ddillad cyffredin o lodrau melfared a gwlân cartref; dywedodd eraill iddynt ei weld yn y stablau. Gydag amser aeth yr ysbryd yn fwy hyf gan gerdded gerbron pobl ar y ffyrdd a'r llwybrau a hyd yn oed yn cerdded hyd y caeau a'i ddwylo yn ei boced yn null Mr Pritchard ei hun. 'Roedd yr ysbryd i'w weld mor aml a'i ofn wedi crwydro mor bell nes mai ond y dewr a fentrai allan wedi nos. Ond 'roedd hen was yn gweithio ar y fferm nad ofnai ddim ac a oedd yn hoff iawn o'i hen feistr. Aeth at yr ysbryd ond ciliodd hwnnw i gyfeiriad y pentref. Dilynodd ef i'r fynwent ac yna aeth yr ysbryd dros y gamfa a cherddodd drwy'r fynwent ac at borth yr eglwys. Dilynodd y gwas ef a'i weld yn pwyso ar y drws. Holodd ef pam 'roedd yn crwydro fel hyn. 'Hwlyn,' meddai, 'Rwy'n falch o'th weld gan na allai fy esgyrn aros yn eu bedd. Dos at Alis fory a dywed wrthi am godi carreg aelwyd y bar, a chenfydd yno gan gini, dwy o'r rhai y mae i'w rhoi i ti.' Yna diflannodd yr ysbryd yn syth. Drannoeth aeth Hwlyn at ei feistres a chanfuwyd y trysor fel y dywedodd yr ysbryd. Cafodd Hwlyn ei ddwy gini ac nid aflonyddodd yr ysbryd neb wedi hynny.

TEIP: M.L. 4020 – Y Marw Na Chafodd Faddeuant
MOTIFAU: E. 371   (Ysbryd yn dychwelyd i ddatgelu trysor cudd)
         E. 451.5   (Ysbryd yn gadael pan ddatgelir trysor)

Ceir chwedl debyg am hen dŷ Ty'n Twr Bethesda:

Wirt Sikes, *British Goblins*, 1880, t.155.

Jane Roberts, Tâp AWC, 3552.

'Wel yr unig beth, hyn o'dd o, 'chi. Do's 'na ddim byd yn 'i 'yw ffor' d'eud y gwir i chi. Ond ma'i'n berffaith wir, 'te. O'dd, y, fy ewyrth yn byw yn Isallt Fawr 'ma, 'te. A wedyn o'dd 'na, y, fydda' – oeddan n'w'n dyrnu, 'dach chi'n dallt, 'de. Dyrnu, wedyn fydda' 'ishio ceffyla'. 'Ishio – o'dd o'n lle dipyn yn serth, y, Isallt Fawr 'ma, 'nte. A wedyn, o'dd 'ishio lot o gyffyla' i ddŵad â'r, y, dyrnwr a'r stêm yn 'doedd. A wedyn fydda' pobol lle bynnag o'dd 'i – 'ro'dd, y, yr injian dyrnu yno, 'te, o'dd i'n dŵad felly, 'dach chi'n gweld. O Cwm Stra'llyn, 'wyrach, ynde. A wedyn o'dd 'na lot o ffermwyr yn dŵad efo'u cyff – cieffyl bob un 'de. O'dd 'i'n – o'dd fy ewyrth wedi bod yn danfon yr injian ddyrnu 'ro'dd o o r'wla o'i ymyl o 'te. 'Dw i 'im yn sh'ŵr o b'le, ych chi. A – a wedyn o'dd gynno fo ddim ond un cieffyl, 'te. A mae – wedyn, o'dd 'na ffarmwr yn byw yn is i lawr, d'udwch chi, nes i Blas y Bryncir 'ma, 'te. A wedyn o'dd o'n gorchyn – gofyn i Sh'ôn – Sh'ôn Wiliam, Parc 'ro'dd fo'n alw fo, y, ga'i o fenthyg y cieffyl i – i symud yr injian ddyrnu, 'ndê, nag o'dd gynno fo ddim ond un gasag, 'te. Ag o'dd 'ishio 'chwanag, 'dach weld. A felly fu, a mi aethon. A dwydw i – do's gien i 'im co' i ble'r o'ddan' n'w wedi mynd i' danfon 'i, d'udwch, 'dasa' bwys am hynny, 'te. A, wedyn, pan o'dd o'n dŵad adra' – ag o'dd 'na leuad ydach chi'n gweld. A ma' hen Blas Bryncir 'na wedi o – fel ma' pob hen blas mewn, y, yng nghanol coed, yntê, – coedwig 'te. A wedyn o'dd 'na tŵr i fyny fela, ddwedwch chi, heb fod ymhell o – o'r pla – plas yn fan'na a'r tŵr i fyny fel'a, 'te. A wedyn o'dd 'na goed lot a ll'uad yn t'wnnu trwy'r coed, 'dach chi 'weld, – rhwng y coed, 'te. A mi 'ro'dd o'n dŵad fel'a. O'dd o ar giefn y cieffyl reit sh'ŵr, 'de. Ne' ar giefn y gasag. Wel, ella' i 'im d'eud hynny'n iawn. Ar un o'ny n'w, 'nte. O'dd o'n ca'l 'i gario gyn un ohonyn' n'w. A duwcs dannwl i, be' wela' fo fel'a tr – efo'r lleuad fel hyn, 'te, ond gweld dynas – tsiaban o ddynas, cofiwch 'te, mewn du. A fel bydda' merchaid ersdalwm fydda' gynn'yn 'n'w ryw beishia' gwyn, 'dach weld, 'ta. A, wedyn, fydda' n'w'n codi cwr o – o'r sgiert ynte. A wedyn o'dd damad o'r beth gwyn i weld, yn 'doedd. A felly, dyna fo, mi gwelodd 'i'n berffaith. A o'dd o – 'dw i'n gw'bod bod o'n d'eud gwir, 'te. A wedyn o'dd mynd â – mynd â'r gasag 'ma adre'. Cyff – yn – ia, gaseg 'di gyn yr hen wrai – hen ŵr –mynd â'r gasag adr – 'di i'n twtsiad yn hwn, 'dydw, 'neud drwg yn hwn, y, y, mynd â'r gasag adra' wedyn, 'de, a'r cieffyl, wrth gwrs. A wedyn, mi 'roedd y ceffyl yn laddrin gwyn o chwys, 'dach weld, 'te. Chwys doman felly drosto. Oedd, fel 'sach yn meddwl bod o 'di hannar lladd 'i hun, d'dwch ynte, efo tynnu pwysa' ne' ballu, 'te. A o'dd y cieffyl – a'ma fo'n d'eud wrth y Sh'ôn Wiliam 'ma fel hyn, 'Wel tydw i ddim wedi 'i yrru o Sh'ôn Wiliam'. Ia, felly btyddan' n'w'n sharad ers dalwm, 'te. 'Tydwi ddim wedi 'i yrru o o gwbwl Sh'ôn Wiliam – Sh'ôn Wiliam,' medda' fo fel'a, 'ond mae o wedi gweld r'wbath,' me' fo fel'a, 'a mae o wedi chwysu'n diferol, 'te'. Wel, o'dd on glaer wyn medda' fo, 'nte. A 'do'dd y gasag dim tama'd gwaeth. Ag o'dd 'i'n gasag gyfog ag oedd o'n dweud amsar honno, 'nte, na wela' o, – y, casag gyfath ddim – ddim ysbryd, 'dach weld, 'te. Ia. A o'dd hynny'n beth rhyfadd, o'dd honno'n, y, berffaith sych a'r cieffyl yn 'lyb dyferol. Ond mai'n wir, ychi; f'asa' fo'm yn d'eud cielwy' 'dwi'n gw'bod 'te. Fydda' amball un – ond wa'th mi heb na d'eud hynny chwaith. O'dd dewyrth ddigon ffond o lashiad, 'te, os o'dd o 'di mynd fel'na. A wedyn fydda' amball un – ddy 'im ods i mi dd'eud hyn – fydda' amball un yn tynnu'n goes o wedyn yn bydda'. Twt, o'dd o – wedi ca'l glashiad o'dd o, 'te, wedyn bod o'n gweld r'wbath 'blaw peth o'dd 'ishio fo. Ond oedd, y, hynny'n wir, 'te. Fydda' wedi – hynny yn bod 'te. Ia. 'Swn i 'im yn d'eud 'i, cofiwch, bai bod fi'n gw'bod bod 'i'n wir, 'te.'

' . . . Ella' i dd'eud cimynt a hyn fod 'na ryw enath – fedra' i 'im d'eud o'dd 'i'n 'ogan ifanc, ifanc 'ta – 'ta be'. Bod 'na hogan wedi colli o Bryncir, 'te. Ond colli pa ffor' 'dw i 'im yn gw'bod. Wyddoch chi, all'sa' hi, y, ddengid o'no a mi all'sa' r'wbath ddigwydd iddi, ynte. Ond 'wyrach ma' dyna be' 'ddi – be' ydy'r achos, 'te . . . Dd'udodd mam wrtha i hynny, 'nte, bod n'w 'di colli ryw enath bach o'no, 'te.'

MOTIF: E. 425.1 (Ysbryd ar ffurf gwraig)
NODIADAU: Clywodd y stori yma gan ei hen ewythr, Wiliam Owen, brawd ei nain, yn nhŷ'r hwn y'i mawyd. 'Roedd wedi priodi a'i thri mab wedi eu geni pan fu W.O. farw. Dywedodd Mrs Roberts iddi hi a'i chyfyrder, E.R. Owen, Porthmadog, glywed y stori gan W.O. lawer gwaith. 'Roedd yntau hefyd yn credu geirwiredd W.O., oedd yn frawd i'w dad. Mewn sgwrs yn ddiweddarach, adroddodd mab Mrs Roberts, yr actor, Guto Rhoslan, yr un chwedl wrthyf gan ychwanegu na all gwraig feichiog na chaseg gyfeb weld ysbryd. Mae'r gred a amlygir yn y chwedl hon yn unigryw yn Ardal Eryri.

WILLIAM OWEN A BWGAN BRYNCIR, II : DOLBENMAEN
William Pritchard, Tâp SGAE, 5; ochr 2-3.

'Mi glywish i – glywish i heno –o'ni 'di bod yn holi ar y 'ffôn rŵan o'dd 'na dipin o r'wbath mewn bod na wyddwn i ddim byd amdano fo, i'r Gilfach. Ond mi 'ro'dd o'n d'eud bod o – dad o wedi dŵad i fyny o r'wla. O'dd o'n Gyngor Plwy' ag yn Gynghorwr Shir ag yn cerddad o bob man ynde. Ag, y, mi 'ro'dd o 'di gweld Speke yn dod i fyny i – y loj-cipar o'dd Spike yn y Wern, 'dachi'n gweld – ag yn dod i fyny at y cipar arall, Land, i Bryncir Hôl. A, mi, mi 'ro'dd *o* wedi cl'ŵad riw dwrw mwya' ofnadwy 'no – wydda' fo'm byd be' o'dd o – 'sachi'n meddwl bod 'na gryn y, hannar cant o bobol yn dod yno, 'te – chlywsochi fath dwrw 'rioed. Ag w'th gwrs, 'dydi cipar 'dim yn mynd i ga'l'i ddychryn yn fuan iawn yn nagydi'? A mi ddioddodd yno nes dôth o'i fyny. A pwy o'dd o ond yr hen Wiliam 'Ŵan Isalld yn dŵad i fyny, ag yn *gweiddi* ar hyd y ffor', ag yn cri – cnocio ochra'r lôn – ochor y ffyrdd wyddochi, efo'r – hefo pasdwn 'de. A Speke yn gofyn 'do fo be' o'dd o'n 'neud – o'dd o'n colli arni 'de. A fynta'n d'eud na, gwasgar cythreilia'd yr o'dd o, ar 'i ffor' i fyny adra'. A mi ro'dd *o'n* dal allan yn glir bod o *wedi* gweld y – glywsochi hynny ar y radio dipin yn ôl gin Guto Robaitsh do? Bod o *wedi* gwel'ti 'de. Oedd o 'dwi'm yn gw'bod.'

MOTIF: E. 443 (Offrymu ysbryd)

YSBRYD AFLAN : NANT FFRANCON
Edmund Jones, *A Relation of Apparitions,* 1780, t.46.

'Tua'r flwyddyn 1758 poenid tŷ ffermwr arbennig ym Mhlwyf Llanllechid gan ysbryd aflan a daflai gerrig i mewn, ac o gwmpas y tŷ, gan daro a chlwyfo'r bobl. 'Roedd y cerrig yn amrywio o ran maint, yn pwyso hyd at saith bwys ar hugain. Aeth rhyw glerigwyr o Fangor, neu ardal Bangor yno i weddïo a gwnaethant eu gorau gydag ewyllys dda, ond trawyd hwythau a'u gorfodi i adael. 'Roedd gweddïo'n ddull rhy wan o yrru'r ysbryd aflan a gwallgof ymaith. Rhaid oedd wrth berson gyda ffydd gref, gyda dogn helaeth o'r Ysbryd a gallu i weddïo. Deuai'r rhan fwyaf o'r cerrig o'r afon a redai gerllaw. Poenwyd y teulu gymaint nes iddynt symud oddi yno. Yn ôl y person a ddywedodd y stori hon wrth y Parch. R.F. trawyd ef ei hun â charreg y tybiai ei bod yn pwyso pum pwys.'

MOTIF: Baughman E. 281.0.3 (Ysbryd yn aflonyddu ar dŷ, gan ddinistrio eiddo neu ddychryn y trigolion)

Ceir fersiwn ar y chwedl yn:
Wirt Sikes, *British Goblins*, 1880, t.180.
Myrddin Fardd, *Llên Gwerin Sir Gaernarfon,* 1908, t.78.
Noda Myrddin mai preswylwyr Cae Llwyn Grydd a ddioddefodd ymosodiadau'r ysbryd.

YSBRYD ANWELEDIG : NANT Y BETWS

William Griffith, Tâp SGAE, 2; ochr 2-3.

''Dwi'n cofio mam yn d'eud riw dro. Ag mi o'dd mam yn mynd allan fel bydwraig. A mi o'dd, y, yr hen wraig yn Cyrnant, gwraig Richard Jô's, Cyrnant, yr hen fachgan, mi 'ro'dd o 'di bod acw yn nôl mam. Bod y wraig yn dechra' clwyfo. A . . . mi o'dd mam yn mynd – o'dd'i 'di troi hannar nos arni'n mynd. Pan o'dd hi'n mynd heibio giât Cyrnant ffor' 'na, dyma'r twrw – dyma'i'n cl'wad twrw fatha 'sa ceffyla'n dŵad. A mi a'th i'r ochor. A welodd hi ddim byd ond gwreichion yna, yn mynd fel hyn. A welodd hi'm ceffyl na dim byd. Ag o'dd hi 'di dychryn yn ofnadwy.

'Pryd o'dd hynny, Musdyr Gryffudd?'
'Dow, flynyddo'dd cyn 'y ngeni fi yli.'
'Ia.'
'A mi 'dwi'n sefnti-êt (78).'
'Ol . . . i pw' gyfeiriad o'ddan'w'n mynd 'ta?'
'Mynd am Betws.'

MOTIF: E. 402.2.3 (Sŵn ysbryd ceffyl yn carlamu)

YSBRYD AR FFURF TARW : BEDDGELERT

Casi Pritchard, Recordiad Llafar, Tach, 1973.

'Ia. A mi fydda' n'w'n d'eud bydda' 'na rhiw ysbryd tua Goat yn Beddgela't hefyd. Ond fel riw darw o'dd hwnnw yn ymddangos iddyn' n'w,'
'Yn lle o'ddan' n'w'n gweld hwnnw felly?'
'Ol, o'ddan' n'w'n weld o yn r'wla lle ma'r hen bont 'na wedi ca'l 'i fildio dros . . . dros y ffor' . . . wyddoch chi, wedi bod yn meddwl g'neud lein bach . . . '
'O wni, wni. Ar y ffor' draw am Aberglaslyn yn fan'na?'

282

''Nachi, ia.'

'Ol, be' o'dd hwnnw 'ta? Y tarw 'ma 'lly?'

'Ol 'dwn i ddim be' o'dd o. Odd o'n . . . be' o'dd, be' o'dd, r'wbath o'dd yn mynd o gwmpas yno, 'de. Ia.'

MOTIF: Baughman E. 423.1.8 (Ysbryd ar ffurf buwch neu darw)

YR YSBRYD CAREDIG : LLANBERIS

Iolo, Trefaldwyn, 'Rhyfeddodau Siroedd', *Cyfaill yr Aelwyd*, 1881-2, t.220.

'Yr oedd un ysbryd gwasanaethgar iawn yn Nant Llanberis; byddai yn gofalu dod a'r gwartheg at y tŷ i'w godro, ac yn gyrru y defaid i'r mynyddoedd, fel na chaent brofi glaswellt y meusydd; byddai hefyd yn cario beichiau gwragedd Llanberis a Llanrug o farchnadoedd Caernarfon, hyd at eu tai.'

MOTIF: E. 363 (Ysbryd yn dychwelyd i gynorthwyo'r byw)

YSBRYD COED CAE DU : DOLBENMAEN

William Pritchard, Tâp SGAE, 5; ochr 2-3.

'Ond o'dda ni'n sôn – fydda' ni'n sôn o hyd, – yn Coedcia Du yn fyn'cw o'dd 'i that hi (gwraig W.P.) yno'n was. Ag o'dda n'w'n d'eud bod 'na fwgan yn Coedcia Du, os nag 'dio 'no eto 'de. Ma' hwnna'n ymyl Bryncir yn fan'na. Ol 'rŵan . . . mi 'ro'dd 'i thad, 'i thad hi yno'n cysgu – o'dd o'n was yno. A, – ag o'dd o 'di mynd i' wely. O'dd o'n cl'wad y dillad yn dod i ffwr' odd'arno fo – o'dda n'w'n ca'l 'i tynnu o hyd. Do'dd o'm haws a'i rhoi n'w arno fo – o'dda n'w'n dod i ffwr'. A dyma fo'n d'eud: "Dyma gythra'l!" medda' fon'ta'. A dyna'r dwytha' welodd o ohono fo – a 'dwn i ddim a'th o o'no, welodd riwin o wedyn, 'dwi'm yn gw'bod. 'Dyma gyth'al!' medda'r hen ddyn – o'dd 'na ddigon o – dr'ïal yno fo, 'te. Ma' hynna yn wir bob gair i mi, yntydi.'

MOTIFAU: E. 279.3   (Ysbryd yn tynnu dillad y gwely oddi ar gysgadur
              E. 443.3   (Offrymu ysbryd drwy ei enwi)
NODIADAU: Gwelir yma eto rym gwybod enw bod goruwchnaturiol.
Gw. Adran 'Y Tylwyth Teg' am fwy o enghreifftiau.

(Wrth adrodd yr hanes cyn hyn dywedodd W.J.J. mai 'Glasfryn' oedd enw'r tŷ sydd o dan sylw.)

''Sginochi fwy o'r sdreuon ysbryd 'ma 'lly?'

'Wel na, 'sgin i 'mond y sdreuon 'ma glywish i mam yn d'eud. A wyddochi, mi glywish i Nain yn d'eud yr un peth hefyd – ma' raid bod 'na r'wbath yn y sdreuon yma.

Yn Bedlwyn – Bedlwyn o'dd enw cartra' Mam. Ag o'dda chi'n dŵad, 'dachi'n gweld, o Dy'n y Groes, o, – i fyny ar hyd y ffordd fawr, ag o'ddachi'n troi lawr ar y dde, am gartra' Mam. Ar y gongol honno, o'dd 'na dŷ mowr anfarth – anfarth o dŷ mowr, a selar fowr o dan fo. Wel 'sachi'n –'sa ni heddiw'n 'i alw fo'n – fel tŷ byddigions 'ma rŵan 'de.

Gwraig weddw a hen ferch – dwy chwaer – o'dda n'w'n byw efo'i gilydd yno. A beth bynnag i chi. Dyma n'w'n mynd i gwlâu riw noson. A dyma – wedi ca'l gafa'l yn 'i cwsg – rhiw dro ganol nos, rhwng un a dau'n y bora, dyma un o'nw'n deffro, cl'ŵad twrw dŵad i fyny'r grishia'. Dyma wrando. Dyma gl'ŵad y drws yn agor. A'r peth cynta' glyw'on 'w wedyn o'dd cadeiria'n mynd rownd y gwely. Ag ogla' fel browmsdan drosd yr ysdafall i gid. Wel profiad dychrynllyd o'dd hwnnw. Dyna lle'r o'dd y ddwy'n swatio'n dawal yn 'i gwlâu, a hwn yn mynd rownd yn llusgo'r cadeiria' rownd y gwely, am riw amsar, go lew. A 'mhen dipin bach, o'ddachi'n gl'ŵad o'n mynd trw'r drws ag i lawr y grishia', a'r ddwy'n swatio 'no – o'dda n'w ofn – feiddia' n'w'n dod o'no, nes byddai 'di dechra' gwawrio. Peth cynta' 'neutho n'w o'dd rhedag i lawr i tŷ Taid a Nain. A to'dd 'na neb wedi codi yn fan'no. Ag mi agorodd Taid ffenasd' y lloffd a gofyn be' o'dd matar. A dyma n'w'n gweiddi a'no fo'i lawr, bod n'w 'di gweld ysbryd, ne' bod 'na ysbryd yn y tŷ. Ddôth Taid i lawr y grishia', ag wedi 'ddy n'w dd'eud yr hanas w'tho fo, dyma Taid yn meddwl drosd y peth. 'Ol peidiwch â bod ofn. Mi ddown ni yna i dendiad heno. Fydda'i 'di hel un ne' ddau efo fi. E'lla' na r'wbath sy' yn y selar yn trïo'ch dychryn chi.' 'Wel dyda ni'm am fynd yno'i gysgu heno,' medda'r ddwy, 'mi awn ni at berthynas i ni yn Ro Wen. Well gynno ni hynny o lawar.' A felly bu.

Ag 'roedd 'na rei'n gweithio 'fo Taid ar y pryd. Fydda'n arfar seuthu ffesants a 'ballu – o'dd o'n seuthwr da. Dyma dri ohony'n'w'n g'neud â'i gilidd chi. O'dda n'w 'di ca'l yr agoriad gan y ddwy chwaer 'ma. A dyma n'w'i fyny am yr hen dŷ, yn hwyr y nos, ag i'r un ysdafell ag yr oedd yr hen ddwy chwaer yn cysgu. Ag yn lle mynd *i'r* gwely, be' 'nâth y tri, 'dachi'n gweld, ond mynd o dan y gwely. A wyddochi, ma' 'na gyrtans yn ciddiad y gwely yn yr hen amsar – gwely felly fydda'. Wedyn o'dda n'w'n ciddiad o dan y gwely 'rŵan, a'r cyrtans, na wela' neb mo'nyn' n'w. Ag balir y gwn yn – i bob cyfeiriad – y tri yn chwithig i' gilidd 'dachi'n gweld.

Wel, beth bynnag i chi, fuon' yno am dipin go lew. Dim sŵn na dim byd. A bron na fysan' n'w'n coelio be' o'dd yr hen ferchaid yn dd'eud. Ond wa'th chi pa 'run. Wedi bod yno am awr i awr a hannar, dyma'r un twrw'n dod i fyny'r grishia' wedyn, a phob un yn g'neud 'i hun yn barod efo'i wn. A'r trigars i fyny'n barod, a'u bys arno fo'n – wyddochi –'tasa' raid gillwn' ergid, fydda' n'w'n disgw'l amdano fo. Dyma'r drws yn agor. Dyma lond yr ysdafell o'r ogla'r browmsdan 'ma wedyn. A dyma'r cadeiria'n ca'l 'i llusgo rownd y gwlâu. Wyddochi be'? To'dd Taid a'r ddau arall 'im yn ddin-niwad, nag yn ofnus o bell ffordd, ond feiddia'r un o 'nw symud o dan y gwely. Feiddia' n'w'm gellwn ergid hyd yn oed. A 'chydig iawn o amsar gymerodd o 'fo'r cadeiria' 'ma rownd y gwely nag o'dd o'n agor y drws ag i lawr â fo, y grishia', wedyn. Wyddachi – to'dd ryfadd i'r hen ddwy chwaer ddychryn – feiddia' nhw ddim mynd i lawr, a d'eud y gwir, hyd nes o'dd y wawr wedi torri.

Ag o'dda n'w'n d'eud bod yr hen ddwy chwaer yn *sâff* o'i petha', bod n'w 'di ca'l yr un profiad â hitha.' Mi fuo'r tŷ wag am flynyddo'dd. Ond mi chwilion yr hen selar 'no'i gid, yn ysdod y dydd, – 'toedd dim hoel neb na dim 'no. A dyna'r ysbryd – fuo Mam yn sôn wrtha'i lawar gwaith – *a* mi glywais fy Nain yn dweud hefyd 'de. Dyna chi r'wbath go ryfadd 'de.'

MOTIF: Baughman E. 281.0.3 (Ysbryd yn aflonyddu ar dŷ gan ddinistrio eiddo neu ddychryn y trigolion)

YSBRYD HEN WRAIG : NANT FFRANCON

Tom Owen, Tâp AWC, 3528.

'Ag yna, wedyn, oedd, y, Musus Owen a'i brawd, y, yn, y, Wiliam Wiliams (Bryn Gwenith) ynde . . . yn adrodd fel yr o'dd 'u tad n'w yn cierddad o Aber . . . i Rachub, 'dach weld, achos dyna oedd y ffy – ffordd o fynd, 'dach weld, nos Sadwrn, nos Sul yn setlo, reit sh'ŵr, 'dach weld. E'lla' na 'di mynd i Abar, e'lla' na wedi mynd i'r hotel, 'dach weld. A o'dd 'i'n noson ola' leuad, ag ar y stryd yma, 'dach weld, y, ddôth 'na hen wreigan i g'warfod o – oedd 'i r'wla tua hannar nos – rhwng hannar nos ag un. A wrth 'i phashio'i, yn foneddigaidd iawn, mi ddeudodd, "Nos dawch", wrth yr hen wraig. A honno ddim yn atab dyma fo'n troi'n ôl i edrach lle o'dd 'i 'di mynd. O'dd 'na'm golwg o neb yna. A mae o – a hyd y dydd buo 'o farw, o'dd o'n credu bod o 'di gweld yr ysbryd. 'Na hi.'

Holwr – Robin Gwyndaf

MOTIF: E. 425.1 (Ysbryd ar ffurf gwraig)

YSBRYD HWLCYN LLWYD : DINAS DINLLE

E.O., 'Dyffryn Llifon', *Cymru*, Cyf. XIV, t.143.

'Un gŵr hynod a drigai (yn y Plas Newydd, Glynllifon) unwaith oedd Hwlcyn Llwyd, efe oedd heddynad y sir, a cheidwad Castell Caernarfon. Dywedir ei fod yn elynol iawn i'r Anghudffurfwyr. Cymerodd afael mewn dau ŵr duwiol am ddysgu a phregethu, carcharodd hwy mewn cadwyni yn un o'i hen gypyrddau mawr, sydd yn weledig eto ym muriau yr hen Blas Newydd. Buont yno am bedwar diwrnod heb fwyd na diod, ar derfyn y rhai y galwasant ar y gwas, gan erfyn arno i fyned i fyny at ei feistr, yr hwn oedd yn gwledda gyda chwmni difyr, a dywedyd wrtho fod yn well ganddynt gael eu lladd na dioddef eu cadw yno i farw o newyn. Yr oedd y meistr Hwlcyn yn y 'drawing room' ar y pryd yn yfed gyda'i gyfeillion Aeth y gwas a'r genadwri iddo ar ran y ddau ŵr tlawd. Yntau a gyfododd yn ei ddigter, gan dyngu a rhegi. Ymofynnodd am ei gleddyf, gyda'r bwriad o'u lladd. Ond tra yn ceisio myned i lawr y grisiau tua'r gegin, cwympodd y gorthrymwr ar ei gleddyf, a bu farw. Gollyngwyd y dynion druain yn rhyddion o'u carchar; hwythau a aethant allan dan orfoleddu a moliannu Duw am y waredigaeth ryfedd.

Perthyna i'r Plas Newydd, fel i bob hen balas, ei ddrychiolaethau a'i ofergoelion. Ac, wrth gwrs, ymddengys ysbryd Hwlcyn Llwyd ar y grisiau hyd y dydd hwn. Beth bynnag am ei ymrithiadau nosawl, bu llawer un yn yr oes ddiweddaf yn arswydo ymweled â'r Plas hyd yn oed ar ddydd goleu.'

TEIP: M.L. 4020 – Y Marw Na Chafodd Faddeuant
MOTIFAU: E. 334.2.2 (Ysbryd person a laddwyd mewn damwain i'w weld yn y
fan y'i lladdwyd neu gladdwyd)
N. 339.8 (Marwolaeth drwy ddisgyn ar ei arf ei hun)

Cofnodais fraslun o'r chwedl ar lafar hefyd, lle dywedir fod yr ysbryd i'w glywed
yn ysgwyd cadwynau (E. 402.1.4):

Tâp SGAE, 4; ochr 1-4 (Owen Ellis Pritchard).

YSBRYDION MILWYR RHUFEINIG : NANTLLE

Kate Roberts, 'Glasynys', *Gwŷr Llên y 19 Ganrif,* t.70.

'Modd bynnag, byddai un stori ysbryd yn codi ei phen ymysg plant
yr ysgol bob hyn a hyn yr un fath â'r frech goch neu chwarae
cylchwyn, a honno oedd fod rhywun wedi gweld ysbrydion milwyr
Rhufeinig yn cerdded yn finteioedd hyd y ffordd ger y Foty. Wrth
ymyl Foty Wern Las yr oedd y gaer Rufeinig, ond cymerem ni,
blant Rhosgadfan, mai at Foty Tŷ Newydd y cyfeirid, gan mai yn
Rhosgadfan yr oedd yr olaf. Yr oedd y gaer Rufeinig mewn safle
odidog i edrych drosodd at Gaer Saint, sef Caernarfon a'r tir yn
pantio rhwng y ddau le.'

MOTIF: E. 502 (Y Fyddin sy'n Cysgu. Milwyr a laddwyd mewn brwydr yn dod
allan o'u gorffwysfan ar adegau ac yn cerdded yn finteioedd)

YSBRYD MAM, I : NANTLLE

Mrs Elin Hughes, Tâp SGAE, 2; ochr 2-3.

'Mi glywish i dy daid yn d'eu'tha'i, pen o'dd o yn hogyn bach, yn
lafnyn ysgol, fod ganddo fo fannod fawr – wedi cl'wad 'i fam yn
d'eud yr hanas o'dd o; a, mi o'dd o 'di chwyddo, ag abses mowr
ginno fo. A hitha'n methu gw'bod be' i' 'neud ganol nos, ag ar 'i
thraed efo fo. A dyma'n d'eud wrthi'i hun, "'Tasa' mam yma, mi
'sa'n gw'bod be' i' 'neud," medda' hi; a munud hwnnw, mi wela' 'i
mham yn drws y lloffd; a'r munud hwnnw mi dorrodd yr abses ar
dy daid.'

''Na'th hi drïo sh'arad efo hi o gwbwl?'
'Ddim byd. Ddim. Ddim ond bod hi'n 'i gweld hi yn y drws.'
'A mi ddiflannodd?'
'A mi ddiflannodd, a mi dorrodd yr abses y munud hwnnw.'

YSBRYD MAM, II : LLANFAIRFECHAN

William T. Roberts, Tâp AWC, 3768.

'O, ia. 'Roeddan ni adra': o'dd Mam wedi mynd i fyw i Fangor at 'y mrawd. Do'dd 'i ddim yn briod yr adag honno, ag mi, gath 'y mrawd dŷ newydd yn Bangor, yn Penchwintan Rôd a mi â'th Mam yno i fyw ato fo o Hafod Ryffudd 'na yn Rhosgadfan, ag y – mi fuo Mam farw yno, a mi y – oedd a – o'dd 'n – y wraig a finna' yn byw'n Rhosgadfan ar yr, adag honno, ag wrth gwrs, mi aethon' draw. Mi o'dd Bob, 'y mrawd, wedi mynd i Darbi. Un o Darbi 'di 'i wraig o, a mi y –'dw i'n credu mai'r amsar yr â'th o yno i briodi o'dd 'i – a mi o'dd y wraig a minna' yn y – gorfadd yn y gwely yn barod i fynd i gysgu a mi droish i'n naturiol, at yr e'chw'n, a mi o'dd y drws yn yr ochor – ar y dde – chwith i ni 'te, a mi wel'is fy mam yn sefyll yno 'n y drws mor blaen ag 'dwi'n sbïo arnoch ch'itha' rŵan, mor blaen â dim, ag yn sefyll â'i phen yn gam a'i dwy lath yn – law ymhleth, ag yn – wedi gwisgo amdani yn 'i het a'i dillad fel yr o'dd 'i a – fel 'ro'n i'n 'i chofio'i'n mynd allan, 'te, a – mi drïish i guddio y gwrthrych yma rhag i'r wraig 'i weld o, rhag iddi hi ddychryn, ond mi gwelodd o rhwng y – wrth i mi drïo – fe hi – gwelodd o heibio fi, beth bynnag, a mi ddeudodd,

"Wele, da dy fam, y – sbïa dy fam yn fan'na Wil," medda'i. A'n naturiol, mi droish inna' ar fy ochor chwith wedyn ag i sbïo a'no fo, a ddeudodd 'i 'run gair, ag ma' n'w'n d'eud 'tasa' chi yn shiarad bod gin ysbryd – 'dyna 'dw i 'di 'i glywad; dwn i ddim faint o g-o-o wir sy' yn'o fo – y bod gin ysbryd, pen mae o'n ymddangos, bod gynno fo r'wbath i' dd'eud wrthach chi. O'dd gynni hi negas i mi ai peidio, 'twn i ddim, ond ddeudodd 'i 'run gair, a beth 'ne'sh i ond gola' matsian. Fedrwn i ddim yn hawdd iawn fynd y – achos o'dd y switch y gol – 'le'tric yn union tu nôl iddi a fedrwn i'm mynd i roid switsh on. Mi golish ma' – goleuis fatshian, a mi ddiflannodd y gwrthrych wrth gwrs a wel'ish a wel'ish i 'im byd wedyn, a mi eis â – i ail osod y cyrtans yn y ffrynt – o'dd 'na lamp dros ffordd. O'dd 'i'n daslio i fewn i'r rŵm – a mi fydda' i'n dyfaru mod i wedi g'neud hynny na f'aswn i wedi – y b'aswn i fwy sicrwydd, 'tasa' 'na ddy – ddim byd yno, 'taswn i heb chwara' 'fo'r cyrtans.

Holwr – Robin Gwyndaf

MOTIF: E. 323 (Dychweliad cyfeillgar mam farw)
NODIADAU: Bu mam W.T.R. farw yn 1925 a digwyddodd hyn y gaeaf canlynol.

YSBRYD MEWN POTEL : NANTLLE

W.J. Jones, Tâp SGAE, 3; ochr 2-3.

'Mi fuo (Mam yn) sôn wedyn am riw bwll gro heb fod ymhell o fan'no (Tu Hwnt i'r Ffrwd), – o'dda n'w'n trïo d'eud bod 'na riw fwgan mewn potal yn fan'no. Ond 'dwi'n methu dealld hynny 'de. A 'dwn i ddim beth 'nâ'th 'ddy n'w feddwl bod o mewn potal 'de. Chlyw'ish i 'rioed am 'im byd o'r fath o'r blaen. Ond dyna sdreuon glyw'ish i Mam yn d'eud lawar gwaith w'tha ni ar yr eulwyd lle gê'sh i fy magu.'

TEIP: A-T 331 – Yr Ysbryd Mewn Potel
MOTIF: E. 464 (Twyllo ysbryd i'w gael i mewn i botel, ei chau, a'i chadw mewn lle diogel)

YSBRYD MYNWENT BETWS GARMON : NANT Y BETWS

Wm. Lloyd Hughes, Tâp SGAE, 4; ochr 1-4.

'Ym, ma' 'na un arall – ma'r dyn o'dd 'efo fi – llancia'r o'dda ni'r adag honno, yn Norddyrn Aiyrland, yn Belffasd. Hen soldiwr, hen regiwlar soldiwr o'dd o. Ag o'dda ni'n mynd am dro riw noson – a bod yn onasd ar ôl samons. O'dd 'i tia un o gloch bora'. Mi o'dd yr hogyn 'ma o'dd hefo fi, mi o'dd o tua dwy lath o daldra a 'di bod yn cwffio'n y llefydd mwya' ryff – yn India ag yn yr Aiffd. Ma' gin i gam'ra heddiw wedi ga'l ginn'o fo. A'r noson dan sylw o'dda ni'n mynd heibio mynwant Betws Garmon. Dyma dwrw 'run fath â chwip – swish – a dyma ni'n sbïo i gyfeiriad y fynwant. A, riw ddegllath o'r awyr . . . o'r ddeuar, dyma r'wbath 'fath â seis cynfas ddwy waith yn pashio. Watsion ni fo am tua pum eiliad. A mi ddiflannodd. Be' o'dd o, 'dw'n gw'bod dim, ond un peth 'na'i ddim anghofio. Mi o'n i'n y dŵr a'r soldiwr 'ma – sbïodd o'm un waith i'r dŵr, mi o'dd o a'i gefn at yr afon, yn disgw'l i r'wbath ddod ato fo. Gryffudd John o'dd enw'r llanc o'dd 'efo mi a mae o mewn gwersylld risŷrf yn Holiwd Belffasd heddiw. Mi o'dd ar y 'ffôn hefo fi riw . . . cin y 'Dolig a'r peth cynta' dd'udodd o – "W't ti 'di anghofio'r ysbryd?"'

YSBRYD PLAS GWYNANT : BEDDGELERT

D.E. Jenkins, *Bedd Gelert*, 1899, tt.238-41.

'Arferai'r Plas fod yn le ffasiynol iawn a llawer ar ei ôl ond tua 30au a 40au y 19fed ganrif bu llawer o newid dwylo a sôn am ysbryd a neb yn fodlon ei gymeryd yn y diwedd. Rhyw Mr Vawdrey Hafod Tanygraig neu Glan Gwynant yn mynd yno gyda'i was i geisio rhoi terfyn ar y straeon. Vawdrey'n mynd i'w wely a gadael y gwas yn y gegin. Cyn hir clywodd rywun yn dod i'r tŷ a chamu'n drwm gan ddod am ei stafell. Cododd gan feddwl mai'r gwas ydoedd ond 'doedd hwnnw heb symud, nac wedi clywed dim chwaith. Aeth yn ôl i'w wely – ystafell, a chyn eistedd bron clywai rywun yn mynd i fyny'r grisiau ac i'r stafell uwch ei ben. Gyrrodd y gwas i fyny i edrych pwy oedd yno. Canfu'r drws wedi ei gloi ond clywai rywun yn esgyn grisiau'r 'garret' a dilynodd ef. O gyrraedd yno, 'roedd popeth yn dawel a threfnus. Tra'r oedd hyn yn digwydd clywodd Vawdrey y sŵn yn y gegin a chyfarfu'r meistr a'r gwas y tu allan i'r gegin heb allu deall beth oedd yn digwydd. 'Roedd V. yn dechrau poeni yn awr ond penderfynodd aros os byddai'r ddau yn yr un ystafell. Cyn gynted ag yr aethant yno, daeth cnocio trwm o'r tu allan ac aeth y gwas i'w ateb. Pan agorodd y drws aeth y gannwyll allan ac ni welodd neb ond clywodd y meistr sŵn dau ddyn yn dod i mewn i'r stafell ond o'i chwilio'n ofalus ni chanfu neb ond y gwas. Bu'r ddau'n mynd fel hyn o stafell i stafell nes canodd y ceiliog, pan fu tawelwch. 'Roedd V. am fynd y noson wedyn ond dywedodd y gwas ei fod yn wael iawn ac nid aeth V. byth wedyn chwaith.

Tua deunaw mis wedyn priododd un o forwynion V. a chynigiodd y Plas iddi am ddim os edrychai ar ei ôl iddi. 'Doedd ei gŵr ddim yn ofnus a buont yn byw yno heb glywed dim am tua dwy flynedd, ac o weld hyn cytunasant ddechrau talu rhent am y lle. Gynted y gwnaed hyn daeth yr ysbryd yn ôl mor ddrwg nes y penderfynodd y pâr ifanc ymadael. Y noson honno, wrth agor y drws allanol, gwelodd y ferch yr ysbryd, a chanfu ei gŵr hi mewn llewyg. Dywedodd iddi weld rhywbeth rhyfedd na allai ei fynegi wrth neb. Mewn ychydig fisoedd bu farw a'r gyfrinach gyda hi.

Ar ôl hyn daeth gŵr o'r enw Gruffydd ab Rhisiart i weithio i V. ac o glywed yr hanes, cynigiodd gysgu yn y Plas os oedd V. yn fodlon. Cytunwyd wrth gwrs. 'Roedd Gruffydd yn ŵr crefyddol iawn ond credai mewn ysbrydion heb eu hofni. Dewisodd 'stafell yr ysbryd' a chyn pen awr 'roedd yr ysbryd yn mynd trwy ei gampau'n swnllyd. Ni chymerodd G. sylw ohono nes gwylltio o'r diwedd a'i herio i ymddangos, a siarad gydag ef. Ni welodd ddim ond cynyddodd y sŵn. Camai fel mewn clocsiau hyd y llawr; taflai ddrysau'n agored; tynnai wely a'r dillad oddiar – Gruffydd. Ond nid oedd G. ddim o'i ofn a'r diwedd fu iddo gilio'n gyfangwbl a chaed blynyddoedd o heddwch.

Prynwyd y Plas gan yr ysgolhaig Froude a byddai nifer o'i gyfeillion yn dod ato. Un tro trodd y sgwrs at ysbrydion ac un y Plas. Gan y gwyddent na choeliai F.W. Newman yn y cyfryw, rhoddwyd ef yn 'stafell yr ysbryd' fel prawf ar ei nerfau heb ddweud wrtho fod ysbryd ynddi. Daeth i lawr yn y bore heb gysgu dim gan ddweud i'r siwrnai ei or-flino a bod y gwely'n ddieithr. Ni chafodd gysgu am y nosweithiau nesaf a'r diwedd fu iddo ofyn i'r forwyn os oedd yr ysbryd y siaredid amdano'n mynychu ei stafell ef. Dywedodd mai yno a fynychai amlaf, ond er iddi hi gysgu llawer yno na chlywodd ddim oddi wrtho. Ni allai ddioddef dim rhagor ac yn y diwedd daeth yr hanes allan ganddo, na allai gysgu mwy nag awr ar y tro, bod 'rhywbeth' yn bendant yn cadw stŵr yn ei stafell, er na chredai mewn ysbrydion, a'i fod yn dychwelyd adref drannoeth. Ni allai dim ei gadw yno, –na chynnig ystafell wely arall na dim. Digwyddodd hyn yn ystod misoedd cynnar Froude yn y Plas, ond ni ddaeth Newman yno byth wedyn.

Mae'n syn na welodd neb arall yn y tŷ ddim na chlywed dim yn ystod eu harhosiad, na neb arall hyd y dydd hwn.'

MOTIFAU: Baughman E. 281.0.3 (Ysbryd yn aflonyddu ar dŷ gan ddinistrio eiddo neu ddychryn y trigolion)
E. 402.1.5 (Ysbryd anweledig yn curo)
E. 402.1.7 (Ysbryd anweledig yn cau drws)
E. 402.1.2 (Sŵn traed ysbryd anweledig i'w clywed)
E. 265.1 (Cyfarfod ag ysbryd yn peri afiechyd)
E. 265.3 (Cyfarfod ag ysbryd yn peri marwolaeth)
E. 279.3 (Ysbryd yn tynnu dillad y gwely oddi ar gysgadur)
E. 402 (Sŵn ysbrydaidd rhyfedd)
E. 421.1.1 (Un person yn unig yn gallu gweld ysbryd)

Ysbryd Plentyn : Nant y Betws

Mrs Mary Awstin Jones, Tâp SGAE, 4; ochr 1-4.

'O'ddachi'n sôn bod chi'n cl'ŵad sŵn plentyn bach yn chwara' pêl?'

'Fedra' 'im d'eud be' o'dd o. Mi o'dda ni'n y'n gwlâu, a deffro. Dyma fi'n pwnio John Austin a gofyn o'dd o'n cl'wad riw dwrw rhyfadd a mi o'dd ynta'n gl'ŵad o wedyn. O'dd hynna'n y plyga'n, yn y bora', rhwng dau . . . tua dau o gloch bora hw'rach de. 'Swn i'n cym'yd llw fod 'na blentyn bach yn rhedag ne'n chwara' pêl 'lly, hyd y grishia'. O'n i'n cl'wad y bêl yn bowndio, fath a 'sa riw un bach yn ca'l hwyl ag yn rhedag ag yn bowndio'r bêl. Ag o'n i'n gwrando felly – mi glywson ni o fwy nag unwaith. Ond 'da ni heb 'i gl'wad o e'sdalwm 'rŵan. Dydio'm 'rŵan.

MOTIFAU: E. 425.3   (Ysbryd ar ffurf plentyn)
         E. 402.1.5 (Ysbryd yn gwneud sŵn curo)

Ysbryd Tad : Nantlle

Gw. Adran y *Chwedlau am Ragfynegi Marwolaeth*.

Ysbryd y Bompren : Nant y Betws

Mrs Mary Awstin Jones, Recordiad Llafar 15.xi.73.

M.A.J. 'Ma' 'na stori ysbryd lawr ar allt Glanrafon Bach hefyd. Wyddoch chi Tom Brynmelyn, Tomos Llywelyn Tomos, a'i wraig, yn cerddad adra' o dre' a be' ddaru n'w ond troi i Glanrafon Bach – teulu Gruffydd Parri o'dd yn byw yno – troi i fan'no; mi 'roeddan' nhw'n ffrindia' efo'r teulu 'lly. A mi gaethon' gyda'r nos difyr a mynd adra' wedyn a mi o'dd rhai o'r teulu wedi danfon nhw at giât lôn, wedyn wedi ffarwelio â'i gilydd mi o'ddan' nhw oll dau'n dŵad am y Weun i Brynmelyn, 'fan'no 'ro'dd 'i gartra' fo, a mi o'ddan' nhw'n dŵad fraich yn fraich ar y bont 'no, a dyma gwraig Tomos Llywelyn yn gafa'l yn dynn iawn yn 'i fraich o – "Pwy 'di hwnna" medda'i fel'a 'de, "Be' 'di hwnna,' medda'i. A do'dd o'n gweld dim byd. A ffendio bod hi wedi dycrhyn ynde. "Y dyn 'na; pw' 'di'r dyn 'na," medda'i fel'a, "ar gefn ceffyl", medda'i, yn mynd heibio fel fflach, a welodd o ddim byd ynde. Ag mi o'dd o'n gw'bod bod hi wedi gweld r'wbath, rhyw ddrychiolaeth ne' r'wbath, a mi euthon' adra' i Frynmelyn a d'eud wrth yr hen Laura Tomos – 'i fam o – ag o'dd gwraig Tomos Llywelyn yn disgrifio'r dyn yma'n union yr un fath a mab Tyddyn Bach, Caeathro, o'dd wedi ca'l 'i ladd yn fan'no. Ceffyl gino fo wedi disgyn i lawr a syrthio a ca'l 'i ladd. A mi 'ro'dd 'i ddillad o, a cha'l disgrifiad o, a mi 'ro'dd Laura Tomos yn cofio'r amgylchiad ac yn cofio'r . . . '

J.O.H.   'Yr hogyn o'dd wedi ca'l 'i ladd felly?'

M.A.J.   ' . . . Ia, ag yn 'i'nabod o 'de, a mi o'dd gwraig Tomos Llywelyn yn 'i ddisgrifio fo'r un ffunud a hwnnw.'

J.O.H.   'Pryd digwyddodd hynny?'

J.A.J.   'Wel, 'dwn i ddim. Faint sy' 'na ers pan ma'r bobol yna 'di marw?'

M.A.J.   'Llynadd fuo fo farw ynde; mi 'ro'dd o'n dipyn o oed, yn tynnu am 'i gant oed pan fuo fo farw, yn 'doedd; mi fuo fyw'n hir. Mae'i wraig o'n . . . Mae'n amlwg 'i bod hi wedi gweld rhyw ddrychiolaeth ne' r'wbath ynde, 'chos do'dd hi ddim i fod i w'bod am y fath beth, achos do'dd neb 'di d'eud wrthi 'rioed, 'te. Dynas o Bala oedd hi . . . Cefnddwysarn.'

J.O.H.   'Welodd rywun arall o?'

M.A.J.   'Na, 'sgin i ddim cownt o neb arall.'

J.O.H.   'Ag ar y bont yn union digwyddodd o.'

M.A.J.   'Ia, yn lle digwyddodd y ddamwain i'r dyn 'nw pan gath o'i ladd ynde.'

J.O.H.   'Ceffyl taflodd o?'

M.A.J.   'Be'?'

J.O.H.   'Ceffyl taflodd o?'

M.A.J.   'Ia, a mi lladdodd o hefyd, 'de.'

MOTIFAU: E. 337.2.   (Gweld trychineb yn cael ei hail-greu)
          E. 334.2.2 (Ysbryd person a laddwyd mewn damwain i'w weld ger y fan lle'i lladdwyd)
          E. 421.1.1 (Un person yn unig yn gallu gweld ysbryd)

YSBRYD Y BWLCH : BEDDGELERT

D.E. Jenkins, *Bedd Gelert*, 1899, t.317.

'Gwelodd y diweddar David Evans, Meillionen, ysbryd yma (yn y

Bwlch) ddwywaith. Ymddangosodd iddo unwaith ar ffurf pêl o dân. 'Roedd ar gefn ceffyl y ddau dro a'r ail dro dychrynodd ef a'r ceffyl gymaint nes i'r ddau ddioddef fel canlyniad. Yn wir poenid am ei fywyd ar un cyfnod.

Mynai'r diweddar Barch. William Ellis, Beddgelert, hyd ddydd ei farwolaeth iddo yntau hefyd weld rhyw beth ym Mwlch (Aberglaslyn) ond na allai ei ddisgrifio, er bod yr atgof yn gwneud iddo grynu trwyddo.'

MOTIFAU: E. 421.3.1 (Ysbryd ar ffurf pêl o dân)
           E. 265.1 (Cyfarfod ag ysbryd yn peri afiechyd)

YSBRYD Y BYW YN RHODIO : NANTLLE

Wm. Albert Jones, Tâp SGAE, 4; ochr 1-4.

'Ar y terfyn â fi'n y fan hyn ma' 'na hen dŷ hen-ffasiwn – a chl'wad hi gin 'y nhad yng nghyfra'th 'nesh i, wrth gwrs, 'de. Wel, y . . . wedyn o'dd yr hen ŵr, (Huw Jô's), yn wael iawn yn 'i wely. Wedyn fydda' 'nhad yng nghyfra'th yn mynd i Tryfan at y docdor 'de, i nôl ffisig i' hogyn fo'i hun 'de – hwnnw 'im yn dda, ne' 'di brifo ne' 'bath 'de. Wedyn os bydda' fo'n mynd fydda'n galw heibio'r hen wraig. Edrach 'sa gynn'i 'ishio r'wbath gin docdor, 'de. Wel, y, noson yma, mi a'th ynò a mi o'dd yn noson wyntog ofnadwy, sdormus. A mi a'th am Tryfan. Wedyn mi ddôth yn 'i ôl wedyn, efo'r ffisig i'r hen ŵr. A mi o'dd o'n agor y drws; mi o'dd yr hen ŵr yn cerddad ar y palmant o'i flaen o, a'i het Jim Cro am 'i ben o 'de. A 'ma fo'n cnocio'n drws a 'ma'r hen wraig i drws a cym'yd y ffisig. A dyma'i'n gofyn – dyma fo'n gofyn – sud 'ro'dd o. "Gwael iawn ydio," medda'in 'de. Ia. Wedyn mi a'th at y gweinidog, Isac Dafis, d'wrnod wedyn, a mi 'fynnodd . . . ddeudodd 'rhanas a hwnnw'n d'eud "ma', y, ysbryd y byw o'dd yn . . . rhodio!' Ia.'

MOTIF: E. 723 (Rhith)

YSBRYD Y CAPTEN : NANTLLE

William Albert Jones, Tâp SGAE, 4; ochr 1-4.

'Pan o'n i'n fychan yn 'y nghartra' 'de, fydda' dyn 'sdalwm yn dod ar 'i hald yno ag wedyn yn aros dros nos yno 'de. Ag un o Bryneura' o'dd o. Wedyn fydda' fo a taid yn ca'l sgwrs a finna'n gwrando 'de. A 'ma fo'n gofyn i nhaid – "Fyddwchi'n gweld, y, . . . credu mewn 'sbrydion," medda' fo w'tho fo. "Na fydda' i tad," medda fo, "'dwi 'di bod allan bob adag o'r nos, ynde. Wel'ish i 'rioed 'im byd," medda' fo. 'De. O'dd o'n goitsman yn Gelli, Plas Gelli, amsar hynny 'de. "Ydach i?" medda' fo w'th Dafydd Gryffudd 'de. "Wel ydw," medda fonta. "Fuo'r hen giapdan farw," medda fo de. "A finna'n aros yno efo'r hen wraig i watsiad ar ôl y lle. Lawar i noson w'th fynd i 'ngwely, 'rhen giapdan yn oer'ad ar hyd y landin' a finna'n dal y gannwyll iddo fo, ag i mewn a fo i bedrwm," medda' fo, ynde.'

MOTIF: E. 338.1 (Ysbryd cyfeillgar yn mynychu tŷ neu gastell)

YSBRYD Y LANTAR : NANT FFRANCON

Hugh Derfel Hughes, John Rhys, *Celtic Folklore*, I, 1901, tt.59-60.

'Arferai fod cynt, ac y mae o hyd yng Nghorwrion, goeden afalau-surion o faintioli gweddol fawr, yr hon, yn ystod hanner gaeafol y flwyddyn arferai gael ei goleuo gan dân. Dechreuai'n araf a mynd yn fwy nes yr ymddangosai fod y cwbl ar dân. Dywedwyd wrth (Mr Hughes) gan hen wraig ei bod yn adnabod pobl gynt y dywedent iddynt ei gweld. Yn yr un modd, meddant, ymddangosai coed Hopiar y Gelli (gerllaw) i fod wedi eu goleuo fel gan dân.'

MOTIF: E. 530.1 (Goleuadau ysbrydaidd)

YSBRYD Y WAUNFAWR : NANT Y BETWS

Myrddin Fardd, *Llên Gwerin Sir Gaernarfon*, 1908, t.81.

'Yn y Waun Fawr, mor ddiweddar ag oes Dafydd Ddu Eryri, yr oedd ysbryd yn ymhyfrydu bod ar ben coeden yn nyddu troell fach, etc., a chanodd y bardd awen ber iddo fel hyn:

"Mi glywais i ers dyddiau
Fod bwgan yn y Pentre'
Weithiau'n mrig y coed yn dân
Yn chware'r mân ganghenau.

Mae'n well gan ambell gythrel
Gael gwneud ei sedd yn uchel;

Rhoed pawb eu gweddi tra bo chwyth
Na ddelo byth yn isel."'

MOTIF: E. 276 (Ysbryd yn aflonyddu ar goeden)

2. *Chwedlau Lleol*

(a) Amryfal Chwedlau

YR AELWYDYDD ISAF AC UCHAF YNG NGHYMRU : BEDDGELERT

Bleddyn, *Plwyf Beddgelert*, 1862, t.63.

'Yr oedd hen ddywediad gan yr hen bobl, mai ym mhlwyf Bedd Gelert yr oedd yr aelwyd isaf, a'r aelwyd uchaf, yng Nghymru; sef aelwyd tŷ isaf yr Aber, llawr yr hwn oedd yn wastad â gwyneb y llanw; ag aelwyd Hafotty Cwm Dylif.'

ARHOSFA'R PORTHMYN : DINAS DINLLE

Eric Jones, 'Dros Bont y Cim', *Y Genhinen*, 1959, t.233.

'Gerllaw (Cae'r Gofaint) y mae clwt o dir glas, lle, yn ôl traddodiad lleol, yr arferai porthmyn Llŷn ers talwm adael eu gwartheg dros nos ar y daith hir i Loegr.'

BWYD Y PLANWYDD : NANT Y BETWS

Dafydd Pritchard, 'Betws Garmon', (Llsgf.) 1964.

'(Ger Pont y Wenallt deuai'r llwybr o Ddolwyddelan i Gwm Pennant at) lwybr pwysig iawn, sef y llwybr oedd yn arwain i Enlli dros Gwm llan heibio i Rhyd-ddu dros Fwlch Deilior i Gwm Pennant ac ymlaen i Enlli. Rhoedd llwybr arall yn dod dros Fwlch Masgwm o Lanberis heibio i Planwydd i ymuno ar llall y Bwlch Ddeilior. Yr oedd yno hen weithred ynlgŷn â gosodiad fferm y Planwydd yn yr hon yr oedd yn rhaid rhoi pryd o fwyd yn rhad ac am ddim i bawb oedd ar ei taith rhwng y ddau fwlch, sef Bwlch Maes y Cwm a Bwlch Deilior, neu yn ôl rhai Bwlch y ddwy Elor.

A mi roedd yma lw(y)br felly yn croesi Nant y Betws dros dir y(r) Ystrad a Garreg Fawr heibio i'r Eglwys dros bont y Pandy, i fyny ochr Hafod y Wern, hwn eto yn arwain i Enlli.

Bu'r (Planwydd) ar un adeg yn fath ar dafarn. Yr adeg hynny, cyn difodi y mynachlogydd gan Harri Wythfed, cai y pererinion ddeuai dros Fwlch Maesgwn ac ar ei taith dros Fwlch y ddwy Elor pryd o fwyd yma ar ei taith. Dyna oedd fel rhent yr amser hyny.

Safai y tŷ cyntefig lle mae y beudy fron. A phan oedd y diweddar Griffith Evans Drws y Coed yno yn byw, rhoeddynt yn ail wneyd yr hen feudy ymà a chafwyd hyd i rai pethau oedd yn profi yr hen draddodiad am y lle.'

CANFOD CORFF : DOLWYDDELAN

Ellis Owen, 'Llên Gwerin Dolwyddelan', *Cymru*, XXVI, tt.59-60.

'Roedd holl amaethwyr y plwyf wedi mynd i Gastell Gwydir i dalu eu hardrethoedd a daeth pawb adref yn ddiogel ond un a mawr fu poen ei deulu amdano. Roedd yr afon yn uchel ac roedd ganddo yntau ryd i'w groesi ar ei farch. Bore drannoeth cafwyd y march â dim ond cyfrwy ar ei gefn, ac wedi colli ei ffrwyn. Tybiodd pawb fod y ffermwr wedi ei sgubo ymaith gan y llif ond er chwilio'r afon yn ofalus ar ei hyd, at Gastell Conwy, ni chaed hyd iddo. Credai pawb na welid ef byth eto, na byw na marw.

Ymhen oddeutu pum wythnos, breuddwydiodd gwas tyddyn Frongoch ei fod yn gweled amaethwr o dan lech-graig, mewn corbwll dwfn, yn afon Ledoer, gerllaw Tanaeldroch; a chan fod argraff y breuddwyd mor fyw a chyffrous iddo, aeth at y lle y peth cyntaf ar ôl cyfodi. Ac er ei fawr syndod, wrth graffu i'r dyfn-ddŵr du, canfyddai ffurf corff dynol o dan y lech-graig, yn union fel yr oedd wedi ei weled yn ei freuddwyd. Ar ôl cael cynorthwy, cafwyd y corff i'r lan, ac yr oeddynt yn ei adnabod oddi wrth ei ddaneddiad.'

MOTIF: 1810.8.2.2 (Breuddwyd yn arwain at ddarganfyddiad person a foddwyd)

CAWOD O BYSGOD : NANTLLE

William Albert Jones, Tâp SGAE, 4, ochr 1-4.

'Riw dro, sbelan yn ôl – 'dwi'm yn cofio 'de, cl'wad rhei'n d'eud o'ni'n 'de. Bod hi 'di bwrw cafod o bysgod ar gae yn Garth Dderwen 'de. A d'eud o'dda n'w na 'di ca'l 'i codi o'r . . . gin "whirlwind" o'r môr 'de. Ia. Ag i fyny ar dir Cae Forgan hefyd, 'de. Ia.'

MOTIF: J. 1151.1.3 (Cawod y bysgod)

Y Ceiliog a'r Cerddwr : Nant y Betws

Mrs Mary Awstin Jones, Tâp SGAE, 4, ochr 1-4.

'Fedrwchi dd'eud y sdori 'no am ych tad a'r ceiliog 'nw'n canu?'

'Ol mynd drosodd fydda' fo, drosodd i Fryncir, a cerddad dros, dros yr ochra' 'ma, i gyfeiriad Cors y Brynia' ffor'na ma' debig 'de, fydda' fo'n mynd. Ag o'dd niwl 'di dod – ol 'dwn i'm pa adag o'r dydd o'dd hi wir, ond o'dd niwl 'di ddal o. A wydda' fo'm byd yn lle'r o'dd o . A mi glywodd geiliog yn canu yn r'wla. Ag o'dd o'n dal i fynd yn 'i flaen, ag mi glywodd riw geiliog yn canu fel'a. "A mi 'nes i sdopio i wrando," medda' fo, "pw' gyfeiriad yr o'dd y ceiliog 'ma." A dyma fo'n penderfynu sefyll yn y fan a'r lle, achos o'dd o'n teimlo bod y ceiliog yn canu'n groes i fel bysa' fo'n mynd r'wsud. A mi sefodd yn 'i unfan yn fan'no nes gododd y niwl, a pan gododd y niwl o'dd o'n sefyll ar ymyl twll chwaral, Gors Brynia' ma'n debig.'

MOTIF: B. 529 (Anifail yn achub bywyd person)

Clychau Clynnog : Clynnog

Owen Jones (Gol), *Cymru : yn Hanesyddol*, 1875, t.321.

' . . . Megis y mae tŵr y clochdy hefyd yr un modd, yr hwn sydd 75 troedfedd o uchder, ac yn cynwys clwydi cryfion, i grogi arnynt dair o glychau, er nad oes ond dwy yn bresenol. Y mae traddodiad yn mysg y plwyfolion, mai o hen Fonachlog ENLLI y caed y clychau hyn i Glynog Fawr.'

MOTIF: V. 115 (Clychau eglwys)

Gwelir yr un traddoddiad yn:

Eben Fardd, *Cyff Beuno*, 1863, t.33.

Codi Pont Llanrwst : Dyffryn Conwy

Elis o'r Nant, *A Guide to Nant Conway*, ca. 1883, t.22-3.

'Yn ôl traddodiad lleol, rhoddwyd y cyfrifoldeb o godi pont Inigo Jones ar saer maen lleol a'i ddau fab. Cychwynasant ar y gwaith, ac yn ôl arfer y dydd yfwyd llawer o ddiod feddwol. Fodd bynnag, oherwydd cyflwr niwlog eu hymennydd neu rhyw gamgymeriad o'u heiddo, cwympodd y bont fel yr oeddent yn gosod y maen clo yn ei le a chwalu eu holl lafur.

Poenodd y gŵr lawer ynglŷn ag ail-godi'r bont, gan yr ofnai y difethai ef. Galwodd ei feibion ato a dweud: "Nawr, fy meibion, codasom y bont hon gyda diod gadarn ac ofera," a dangosodd ganlyniadau hynny iddynt. Awgrymodd eu bod yn rhoi prawf ar fwyd syml a gwaith caled er cyrraedd y lan cyn torri. Cytunodd y meibion ac addunedu na fwytaent ddim ond bara ceirch a llaeth tra byddent yn ei chodi. Buont yn ffyddlon i'w gair a gorffenwyd y bont yn llwyddiannus. Rhoddodd hyn fod i'r hen ddywediad: "Y bont a syrthiodd oherwydd cwrw a godwyd trwy laeth".'

MOTIF: P. 455 (Saer maen)

CYSGU AR FAEN DU'R ARDDU : LLANBERIS

William Williams, *Observations on the Snowdon Mountains*, 1802, tt.31-2.

'Mae maen mawr rhydd a elwir Maen Du'r Arddu ar ben yr hwn mae maen llai, yn ymddangos fel pe bai wedi ei roi yno gan ddwylo. Dywedir, os cwsg dau ar ben y maen y bydd un yn deffro a chael ei hun yn fardd a'r llall yn wallgof. Yn ôl hyn, dywedir i ddau ddyn, o ran hwyl, sef Huwcyn Siôn y Canu a Huw Belissa gytuno i gysgu yno un noson yn yr haf: yn y bore roedd un yn fardd a'r llall yn wallgof. Ymddengys fod y ddau yma'n perthyn i'r safon isaf o gerddorion a'u bod yn chwil pan aethant i gysgu: roedd un, fe ymddengys (o gael y cyfenw 'canu' at ei enw yn gwirioni ar ganu) wedi canfod ei ysbryd mewn cyflwr dyrchafol yn y bore ac nid oedd y llall wedi dod dros ei fedd-dod! Gall fod dychymyg wedi cydweithredu, fel gwneud i'r un hapus feddwl ei fod yn wir yn llawn awen a rhoi'r syniad i'r llall ei fod yn wallgof.'

MOTIF: F. 750 (Mynyddoedd neu nodweddion daearyddol rhyfeddol)

Saif y maen anferth hwn yng nghysgod Clogwyn Du'r Arddu, ar ochr ogleddol yr Wyddfa.
    Dilynwyd fersiwn Williams gan nifer o gofnodwyr eraill:

P.B. Williams, *History of Caernarvonshire*, 1821, t.126.
William Williams, *Hynafiaethau Plwyf Llanberis*, 1892, t.22.
G.T. Parry, 'Llanberis', *Cymru*, XXX, t.232.
A. Roberts; E. Woodall, *Gossiping Guide to Wales*, 1907, t.314.
Myrddin Fardd, *Llên Gwerin Sir Gaernarfon*, 1908, t.206.
G.T. Parry, *Hanes Llanberis*, 1908, t.43.
Owen Williams, 'Gweddillion Llenyddol', *Y Geninen*, 1909, t.216.

NODIADAU: Wrth holi Meic Bach (Tâp SGAE, 2, ochr 1-4) dywedodd iddo glywed y byddai'r sawl a gysgai ar y Maen neu ar gopa'r Wyddfa'n troi'n fardd neu wallgofddyn ond ni chlywsai'r chwedlau sy'n gysylltiedig â hyn.

CYSGU AR YR WYDDFA (Crynodeb)

Dienw, *The Cambrian Tourist*, 1834, tt.82; 84; 112-13.

'Mae gan y Cymry ddihareb sy'n dweud y bydd y sawl a gwsg ar gopa'r Wyddfa yn troi un ai'n fardd neu wallgofddyn. Roedd unwaith dri Sais yn aros yn nhafarn Dolbadarn a chlywsant y traddoddiad gan y tafarnwr. Penderfynasant roddi prawf arno. Roedd gan y tri ei was – un yn Sais, un yn Sgotyn a'r llall yn Wyddel. Penderfynwyd gofyn i'r gwas a godai leiaf am wneud hynny, fynd i fyny i roi prawf ar y gred.

Daeth y Sais i mewn ac yn nodweddiadol gofynnodd am bum punt ar ei union. Nid oedd y Sgotyn yn barod iawn i fynd ond dywedodd yr âi am deirpunt, ynghyd â chytundeb ffurfiol, wedi ei arwyddo ganddynt. Gofynnwyd i'r Gwyddel beth a gymerai os cysgai ar gopa'r Wyddfa dros nos. Ateb y brawd oedd, y cymerai annwyd trwm! Ef a ddewiswyd ar gyfer y dasg ond ni nodir y canlyniad.'

MOTIF: F. 750 (Mynyddoedd neu nodweddion daearyddol rhyfeddol)

Gwelir yr un chwedl yn:

Edward Parry, *Cambrian Mirror*, 1848, tt. 218-9.

Cofnodwyd y ddihareb yn unig gan nifer o gofnodwyr cyn, ac ar ôl hyn:

Thomas Pennant, *Journey to Snowdon*, 1781, tt.168-9.
Dienw, *An Accurate Account*, 1812, tt.57-9.
R.H. Newell, *Letters on the Scenery of Wales*, 1821, t.156.
J.H. Bransby, *A Description of Caernarvon*, 1845, t.53.
Dienw, *The Tourist in Wales*, ca. 1850, t.26.
Elis o'r Nant, *A Guide to Nant Conway,* ca. 1883, t.54.
William Hobley, *Hanes Methodistiaeth Arfon*, IV, t.10.
Catherine Sinclair, *Wales and the Welsh*, s.d., t. 179.

NODIADAU: Roedd traddodiad tebyg yn cael ei adrodd am Gadair Idris.

Y Das Wair Symudol : Nantlle

Huw Hughes, Recordiad Llafar 8.4.74.

'Ychwanegodd Mr Hughes chwedl arall tra'n sgwrsio ar ôl y recordiad, sef iddo glywed i Owen Owens, Braich Trigwr gynt, ddweud i bobl Cefn Tryfan weld tas wair yn symud ohoni ei hun heibio iddynt, am Tryfan Hall a Chynlas. Nid oedd dim sôn am geffylau na dim yn ei thynnu meddai.'

MOTIF: E. 539 (Celfi ysbrydaidd)

Dychweliad y Gŵr : Betws-y-coed

Owen Jones (Gol.), *Cymru : yn Hanesyddol*, 1875, t.154.

'Y mae llên gwerin yr ardal hon wedi cadw traddodiad am un o'r teulu a fu yn byw yn Mhencraig Inco amryw oesoedd yn ôl, o'r enw William Owen . . . Dywedir iddo orfod ffoi i wlad dramor rhag gwg y Llywodraeth a bu i ffwrdd mor hir heb ddweud gair nes i bawb dybio ei fod wedi marw a phenderfynodd ei wraig ail-briodi. Daeth yn ei ôl i'r Betws un dydd a holi pwy oedd yn byw ym Mhen Craig Inco a chlywodd mai'r Fns. Owen ydoedd a'i bod i ail-briodi drannoeth. Ond ni ddywedodd pwy ydoedd er i hyn ei ddychryn. Aeth i Bencraig a gofyn am lety a'i gael, gan weld y morwynion yn paratoi ar gyfer y wledd briodas.

Roedd y teulu'n hoff o ganu'r delyn fel yr oedd W.O. ei hun a gadawsai ei delyn, ar yr hon y cyfansoddai geinciau newydd ar ei ôl. Arferid roi nawdd i delynorion crwydr bob amser, ac roedd nifer yno'r noson honno. Gofynnodd yn wylaidd i un a gâi yntau chwarae tôn ar ei delyn. Cafodd ganiatâd. Chwaraeodd ei hoff dôn yn syth, sef yr un sy'n hysbys i'r wlad fel 'Consêt Wiliam Owen Pencraig'. Clywodd y Fns. Owen y dôn nas clywsai er ymadawiad disymwth ei gŵr, o stafell arall. Rhuthrodd i'r stafell gan ddweud y byddai'n taeru mai W.O. oedd yn chwarae petai ddim yn gwybod ei fod wedi marw. Dywedodd yntau mai ef oedd yno. Bu cyffro mawr ar y sylweddoliad a hysbysu'r darpar-ŵr a'r gwahoddedigion o'r hyn ddigwyddodd.'

TEIP: T-T 974 – Dychweliad y Gŵr
MOTIFAU: N. 681   (Gŵr yn dychwelyd pan oedd ei wraig ar briodi gŵr arall)
           H. 80   (Adnabyddiaeth drwy arwyddlun)

Ceir fersiwn enwog iawn ar y teip hwn yn Sir Ddinbych, sef hanes gŵr Cae'r Melwr. Gwêl:

Glasynys, 'Cae'r Melwr', *Cymru Fu,* 1862, tt.101-8.

YR ERYR : DYFFRYN NANTLLE

Mynan, 'Yr Eryr', *Cymru***, XIII, tt.152-3.**

'Wedi ysgrifennu yr uchod fe'm hysbyswyd mai y chwedl yn nhueddau Llanllyfni ydyw i nifer o bobl Talysarn, lawer o flynyddoedd yn ôl, gael eu gwahodd i Lynllifon i wledda ar gig eryrod, ac fod olynyddion yr eryr-wleddwyr hynny hyd y nawfed âch yn hynod fel rhai am "chwythu yr eryr". A chan gofio, gwraig yn wreiddiol o Dalysarn a weinyddodd ar fy mam.

Beth bynnag, yn achos fy mam cofiaf fod ymholiad dwys yn y teulu pwy yn y dref – ac er hwylusdod, cofier mai Tref Twr yr Eryr ydyw honno – oedd "teulu chwythu'r eryr". Deuwyd i wybod am gymdoges ag y dywedid i un ai ei thad neu ei thaid, neu rhyw âch bellach, fwyta cig eryr, ac i'r wraig honno ymarfer a "chwythu'r eryr". Cofier, "chwythu", canys yn yr holl drafodaeth a ddaeth dan fy sylw i ni fu sôn am boeryn neu wlychu y dolur. Modd bynnag, cafwyd y "chwythwraig" i'r tŷ, a chofiaf yn dda pwy ydoedd, er ei bod hi wedi ehedeg ymaith. Deuai y wraig i'r tŷ bob bore a hwyr, ac yr oedd yn ddealladwy y deuai yno ar gylla gwag, gan fod gwell effaith trwy hynny ar ei hanadl, ac feallai well lle i'r eryr oedd yn ei mewnolion bethau gael mantais i wyntyllio y feddyginiaeth oedd yn ei esgyll.

Modd bynnag, yn achos fy mam, un ai trwy weinidogaeth y chwythu neu rhyw foddion arall, fe liniarodd y clwyf cyn cyrraedd pwll y perygl, ac yn y man diflannodd.

Credaf fod yr un wraig yn fyw pan ddigwyddodd yr afiechyd ar fy chwaer, ac iddi hithau fyned dan gyffelyb weinyddiad a fy mam. Erbyn i'w dad gael y clwyf meddai, roedd y ddynes wedi marw a "chwythodd" ei fam yr eryr gan ddeall mai ei oeri oedd yn angenrheidiol o'i phrofiad ei hun.

Wedi holi ychydig clywaf fod yr hen farn yng nghylch "chwythu yr eryr" yn parhau i ffynnu eto mewn rhannau o Arfon a Môn, gan nad beth am siroedd ereill, a cheir heddyw yn Fourcrosses, ger Pwlheli, wraig barchus yn enwog a llwyddiannus iawn fel un a liniara "yr eryr" trwy foddion y chwythu.'

Er na ellir rhoi motif pendant i'r chwedl yma, mae'n amlwg mai hud cydymdeimladol (D. 1782) yw ei hanfod.

Cofnodwyd rhywfaint o ddefod swyno'r eryr cyn hyn. Yn *Y Brython*, I, 1858, t.136, dywed 'Eryr Eryri' iddo glywed yr arferid gyrru am hen wrach a broffesai ei bod yn gallu gyrru'r eryr ar ffo. Canai gân a chofnodir dwy linell yn unig:

'Mi ddois yma i swyno'r eryr
Dros naw môr a thros naw mynydd.'

Cafwyd mwy o'r hanes gan 'Hywel ab Einion' yn *Y Brython*, IV, 1861, t.393, lle cofnodir y rhigwm yn gyflawn wedi ei chodi oddi ar lafar gan 'lanciau Eryri'.

"Yr Eryr Eryrses
Mi a'th danfonais,
Dros naw môr, a thros naw mynydd,
A thros naw erw o dir anghelfydd;
Lle na chyfartho ci, ac na frefo buwch,
Ac na ddelo'r Eryr byth yn uwch.

Tw, tw, tw; sef yw y diweddglo, yna seilied ei thynghedfen, drwy felldith y poeryn ar ei phen."

FFYNNON Y LLYFFAINT : NANT FFRANCON

'Chwedlau y Llynoedd', *Y Brython*, 1859, t.88.

'Mae llyn arall ym mynydd Eryri, a elwir Ffynnon y Llyffaint, yn yr hwn yr ydoedd dau neu dri o feini mawr anferth, ni thynai mil o ychain; y rhai a elwynt, pan oeddynt yng nghanol y llyn, Meini Gwynedd; a Dafydd Ddu o Hiraddug, a llawer o feirdd eraill, a ysgrifenasant ac a brophwydasant, y codent i fyny o'r llyn; a *T. Prys* o *Blas Iolyn*, a fu yn siarad â llawer o hen bobloedd a'u gwelsent yn y llyn: ond er ys llawer o flynyddoedd hwynt a godasant, ac a rwygasant graig fawr uchel, ac y maent yn awr ar ei phen hi, yn amlwg i bawb eu gweled. Ac, medd S. Dafydd, o'r Rhiwlas, yn 1721, i'r unrhyw y canwyd yr englyn hwn:

"Fe gododd y main o geudod – y llyn, –
    Fal llyna ryfeddod;
Difai fu'r beirdd a'i dyfod:
Rhyw beth yw hyn a fyn fod."

MOTIFAU: M. 300   (Proffwydoliaeth)
         D. 1641.2   (Meini yn symud ohonynt eu hunain)

Cofnodwyd y chwedl hefyd yn:

William Hobley, *Hanes Methodistiaeth Arfon*, V, t.7.
Frank Ward, *The Lakes of Wales*, 1931, t.126.

Y Garreg Orchest : Nant y Betws

Griffith Evans, 'Rhyd Ddu a'i Phobl a'i Hanes' (Llsgf.)

'Fel y crybwylliais, yr oedd Francis Roberts yn ddyn hynod gryf yn ei ddydd; dywedir fod carreg fawr mewn lle o'r enw Pen ar Lôn, ar ffordd Cwmllan sef Carreg Orchest fel y byddai ganddynt y pryd hynny; ac y byddai amryw yn dod o bellter i drïo ei chodi, a'r rhai cryfaf ohonom bron yn methu ai gwyntio. Ambell un arall mwy cyhyrog yn ei chodi at ei ben glin. Ond pan afaelai Francis Roberts ynddi, byddai yn ei lluchio ai chodi fel pe buasai ond cnu o wlân.'

MOTIF: H. 1562 (Prawf nerth : codi carreg)

Nododd John Awstin Jones yntau (Recordiad Llafar, 15.xi.73) fod Carreg Orchest i'w gweld hyd heddiw ar dir Y Ffridd. Disgrifiodd hi fel carreg hirgron, anodd gafael ynddi a'i chodi.
    Cysylltir cerrig a meini eraill â mabolgampau, megis 'Maen y Campau' ger Dwygyfylchi:

Dienw, *Cambrian Tourist*, 1834, tt.237-8.
Samuel Lewis, *A Topographical Dictionary of Wales*, 1838, Cyf. 1.
A. Roberts; E. Woodall, *Gossiping Guide to Wales*, 1907, t.256.

Ceir hefyd 'Gae'r Gamp' ym Mharc Glynllifon:

E.O., 'Dyffryn Llifon', *Cymru*, XIV, t.141.

Ar rostir Cwm Treweunydd, uwchlaw Llyn Cwellyn saif y Maen Bras. Yn ôl Bob Humphreys (Tâp SGAE, 4, ochr 1-2) yr enw lleol arno yw'r Garreg Gamp. Mae tua pum troedfedd ar hugain o uchder ac yn sefyll ar ei ben yn y ddaear. Y gamp yn yr achos hwn fyddai'r cyntaf i'w ddringo a bu Bob Humphreys yn llwyddiannus fwy nag unwaith.

Y Golofn Dân : Nantlle

William Edward Griffith, Tâp SGAE, 3, ochr 1-4.

'Fedrwchi dd'eud hanas y golofn dân 'na welsochi?'
    'Ol, ar y pryd 'to'dd 'na ddim letyr-bocs yn yr ardal lle 'ro'n i'n byw. A beth fydda' ni'n 'neud – o'dd y posdman yr adag honno yn cerddad o Groeslon Sesarea rownd i Garmel. A be' fydda ni'n 'neud o'dd 'i watsiad o a rhoid llythyra' iddo fo. Wedyn o'dd 'na ddau ohona' ni'n sefyll – o'dd un yn hŷn o dipin y flynyddo'dd na fi. Ag ar ben mynydd Moel Tryfan ma' 'na greigia' a dyma Ifan yn gofyn i mi "Argian, be' sy'n fyn'cw?" A dyma fi'n sbïo'i fyny – o'dd 'i'n noson reit dywyll. Mi o'dda ni'n gweld creigia' Moel Tryfan yn hollol fel 'tysai'n ddydd, a mi o'dd y gola'n dod yn raddol i lawr ag

305

o'dda ni'n gweld bob dim. Dod dros ben Bryn Engan – o'dd y tŷ, o'n i'n gweld hwnnw'n iawn – hyd yn o'd sud baent o'dd arno fo. A mi pasiodd o ni, a mi o'n ni'n gweld y'n gilidd yn hollol fel 'tasai'n ganol dydd. A mi a'th i lawr hw'rach filldir, hw'rach fwy a mi a'th yn ddim. Be' o'dd o' to's 'na 'run ohona' ni'n gw'bod. Wel'is i ddim cynt a wel'is i ddim wedyn chwaith. Y disgrifiad fedra'i feddwl fwya' amdano fo 'di r'wbath tebig i, 'tasa riwin efo fflydleit a hwnnw . . . wel . . . riw igian troedfadd sgwâr hw'rach, a dim ond ar y sbot hwnnw'n inig. yn trafeulio'n ara' deg. Do'dd 'na ddim math o dwrw na sŵn na dim byd. Fedra'i dd'eud dim byd arall. Ond ma'i'n berffaith wir 'mod i 'di weld o. Yng nghanol geua' o'dd hi. Yn noson dywyll – dywyll iawn. 'Wbath tua chwech o gloch 'ma fydda' posdman yn dŵad. Ond yn noson braf. Fedrachi'm d'eud bod hi'n noson serog na dim felly – ro'dd hi' rhy dywyll am wn i, 'dwi'm yn meddwl bod 'na seran. Ond am fod y gola' 'di dod, mi ddôth. 'Dwn i'm . . . fedrai'm rhoid eglurhad arno fo o gwbwl.'

MOTIF: F. 964.0.1 (Colofn dân)

GUTO'R CASTELL : DOLWYDDELAN

Ellis Owen, 'Llên Gwerin Dolwyddelan', *Cymru*, XXVI, tt.54-5.

'Llawer o sôn a siarad a fu erioed am "Guto'r Castell". Gorchwyl anhawdd fyddai cael gan y plant i basio'r Castell yn y nos, am y dywedid y byddai Guto yn rhodi oddiamgylch. Ac yr oedd y brif-ffordd yn arwain heibio'r Castell y pryd hynny.

Dywed yr hen draddodiad fod rhyw foneddwr yn cynnyg pob moethau a chysuron bydol, hyd ddiwedd ei oes, os yr elai rhyw ddyn o'i wirfodd i dreulio saith mlynedd yn naear-gell y castell, ar yr amodau canlynol. Nid oedd i gael cymdeithasu â neb, ddydd na nos; nid oedd i gael eillio na barf na gwallt na thorri ei ewinedd, nac i gael dod allan o gwbl. Eto yr oedd i gael dewis yr ymborth, a'r danteithion goreu, gyda chyflawnder o ddiod. Caniateid iddo gael pob math o offerynau cerdd, ynghyd â phob cyflawnder o lyfrau ymhob iaith y gellid dod o hyd iddynt. Pob offerynau at chwareuon, ond neb i gyd-chwareu. Ar ôl treulio y bywyd meudwyaidd hwn am saith mlynedd, yr oedd i gael ei gadw fel gŵr bonheddig tra byddai byw, ar draul y boneddwr a'i rhoddodd yn y castell. Ac yr oedd y gŵr bonheddig yntau, megis trwy yr aberth, i gael ymwared o ryw hunllef lofruddiog oedd yn gorwedd yn hanes pais-arfau teulu boneddwr y castell.

A Guto a dderbyniodd y cynhygiad. Ac i bawb sydd ẃedi bod yn naear-gell y castell, oedd yn gwybod y stori, bron nad oeddem yn disgwyl gweled Guto yn y gornel bellaf, a'i ddau lygad yn tanio, gyda gwallt hirllaes, at ei arrau, a barf wen yn cuddio hyd ei grimogau, ag ewinedd ei draed wedi tyfu o dan ei wadnau, gan droi i fyny am ei sodlau. Nid yw yr iasau a deimlodd aml i fachgen wrth basio y castell ym mrig yr hwyr, wedi llwyr ymadael o'u gwarrau eto, gan faint eu hofn o weled Guto, am y dywedir fod ganddo dwnel o'r ddaear-gell yn dod allan yng Nghoed y Castell, ac nad oedd, ac nid oes, neb yn gwybod am y fynedfa honno ond Guto yn unig hyd heddyw.'

MOTIF: F. 721.1 (Twnel tanddaearol)

GWASTAD ANNAS : BEDDGELERT

Glasynys, *Cymru Fu*, 1862, t.480.

'Yng nghwr uchaf Nant Gwynant yr oedd tref fawr unwaith, yn cyrhaedd o lan y llyn i sawdl Gallt y Gwryd. Yr oedd y trigolion yn perthyn i'w gilydd i gyd, ac yn arwedd bywyd penrhydd a diofal. Nid oedd un pechod yn rhy annghariadus ganddynt i'w gyflawni, ac nid oedd "ofn Duw o flaen eu llygaid". Mynych y cynghorai ac y rhybuddiai y mynachod hwy, ond ni thyciai na gŵg na gwên i'w cyfnewid. Yn raddol ymgaledasant gymaint fel ag y llwyr fwriadasant ladd pob Offeiriad a ddeuai atynt. Rhoisant rybydd i'r cyfryw i ymogel d'od i'w tref; ond ni fynai gweision Duw hyny, eithr fel o'r blaen, deuent yno i'w rhybuddio hwy i edifarhau. Un diwrnod ar ôl i ddau fynach fod yn pregethu bygythion dïaleddol Duw am bechod wrthynt, ymroisant i'w lluchio â cheryg, a merthyrasant y ddau yn ddiseibiant. Y noson hono ymddangosodd i un lodesig, yr hon nid oedd o'r un dras a phobl y dref, a'r hon hefyd a wylai yn hidl wrth weled yr ysgelerder, angel claerwyn, a dywedodd wrthi, "Brysia, tyred allan: ffos o dan gysgod fy aden". Cododd hithau ac aeth ymdaith hefo'i gwarchodydd ysprydol. Wedi cyrhaedd allan o'r dref, eisteddodd ar gareg, a gwelai lif o dân gwreichionllyd yn disgyn o'r awyr yn gawod wyrddlas-goch. "Nac ofna," ebe'r angel, a llewygodd hithau, ac erbyn iddi ddadebru rywbryd dranoeth yr oedd tref Nanhwynen yn domen o ludw. Arosodd hi yn yr un lle am ddyddiau rai, yn gweddio Duw ac yn canu ei fawl Ef, ac er cof o'r digwyddiad, galwyd man ei gwaredigaeth fyth wedi hyn Gwastad Annas, oblegyd dyna oedd ei henw; (Agnes y mae'n debyg; ac y mae tŷ anedd yn awr heb fod yn neppell o'r lle y dywedir bod y dref unwaith yn sefyll, yn dwyn yr enw uchod.).'

MOTIF: S. 112.0.1 (Llosgi tref a'i holl drigolion)

Hudo Arian Ymaith : Llithfaen

Ellen Evans, Tâp AWC, 1974; 1975.

'Ryw ffermwr wedi gyrru'r ferch i dalu arian, 'te, a'r jipsh'wns ar y ffordd. A bod n'w wedi g'neud cylch wrth iddi bashio a gynni hitha' – 'dydwi'm yn cofio'r munud 'ma faint o arian – ond bod 'i bunt yn llai pan gyr'aeddodd i'r a – y ffarm, y ffarm yr o'dd'i'n mynd i dalu'r pres. O'dd 'no bunt yn llai nag o'dd gynni pan o'dd 'i'n cychwyn. Glywish i'r hen wraig yn adrodd 'ynna 'i hun, 'te. Ag oedd 'i'n hen wraig mewn tipyn o oed 'radag honno. O'dd honno'n byw yn Llan'huar' – Tŷ Newydd, Llan'huar'. Hen Fair Jô's o'dd' ni'n galw 'i . . . Ma'i 'di marw e's blynyddo'dd. Ma' hi'n nain i'r plant – mi f'asa' 'na, wrth gwrs – yn nain i'r plant. Ma' n'w yn y pentra' 'ma hiddiw. Ond o'dd yr hen 'raig o'dd yn d'eud yr hanas wrtha'i yn hen, hen nain, 'te.'

Holwr – Robin Gwyndaf

MOTIF: D. 1272 (Cylch hud)

Hywel y Saer Maen : Betws-y-Coed

Owen Jones (Gol.), *Cymru : yn Hanesyddol*, 1875, t.153.

'Dywedir fod y bont hynod hon (Pont y Pair), wedi cael ei chynllunio a'i chyfodi mewn rhan gan un Hywel, saer maen o Penllyn, yr hwn, tua'r flwyddyn 1468, a gyfodasai bont o'r blaen dros yr afon Lleder . . . mewn man lle ei lluddiasid i groesi gan y llifeiriant, tra ar ei daith i frawdlys Meirionydd, yr hon a gynhelid y pryd hynny yn Aberconwy; i'r hwn le y symudodd, a chan ei fod wedi adeiladu y bont ar ei draul ei hun, caniateid iddo dderbyn rhoddion gwirfoddol teithwyr a dramwyent y ffordd hono: yn mhen amser efe a symudodd i'r lle hwn, lle y dechreuodd efe adeiladu Pont y Pair, ond cyn ei gorffen, efe a fu farw.'

MOTIF: P. 455 (Saer maen)

Cofnodwyd y chwedl ynghynt yn:

Thomas Pennant, *Journey to Snowdon*, 1781, t.135.
Samuel Lewis, *A Topographical Dictionary of Wales*, 1838, Cyf. 1.

LLADRON PENFFORDD BANGOR : NANT Y BETWS

William Griffith, Tâp SGAE, 2, ochr 2-3.

' . . . Penlon (Bangor) 'de. Ag o'dda n'w'n gwatsiad n'w o fan'na ag yn 'i robion n'w.'
  'Yn Penffor' Bangor yn fan'na?'
  'Ia, ia.'
  'Ciddiad yn y tŷ o'dda n'w, 'ta be'?'
  'Fedra' i'm d'eud na . . . 'ta peth'na . . . na ar geffyla' a petha' fydda' n'w'n dŵad, a gwatsiad rhei, 'de.'
  'Na lladron pen ffor' o'dda n'w 'lly?'
  'Ia, ia.'
  'Pwy o'dd yn d'eud hynna? Pwy o'dd yn d'eud hynna? Cl'wad o ar lafar 'neutho chi?'
  'Ia, cl'wad o ar ôl yr hen bobol 'nesh i; sdreuon; ia.'

MOTIF: P. 475 (Lladron)

Y LLAW FARW : DYFFRYN CONWY

Ifor Williams, 'Ofergoel y Llaw Farw', *Y Geninen*.

'Be di gefal un daint un ochor a phedwar daint 'r ochor arall: ys tenner hi i ffwr, ag ys gwthir hi mewn i dŷ 'n y nos, a'r bobol yn cysgu, ddeffra neb nes cludor 'r efal i ffwr. – Llawfarw.
  Yr oedd yn Nant Gonwy, pan oeddwn i yn fachgen, hanesion arswydus; ac adroddem un hanes neilltuol gyda llawer o ddifrifwch, a mwy byth o arswyd hirnos gaeaf – yr arferai lladron gloddio i mewn, i anedd-dai, lle byddai cyflawnder o drysorau, gan fwrw, cyn cloddio i mewn, law farw; ac yna ei dilyn eu hunain; ac os llwyddid i wneud hynny, tra ceid y preswylwyr yn cysgu, y byddai

i bob un gysgu yn yr un sefyllfa ddiymadferth a'r llaw farw, ac y cai y lladron ddigon o fantais i ysbeilio; ac yna teithid ymaith gyda'r ysbail, gan adael un ar ôl gyda'r llaw farw, hyd nes y llwyddai yr ysbeilwyr i'w gwadnu hi yn ddigon pell. Yn ddilynol llithrai yntau ymaith gyda'r llaw farw, fel y byddai o wasanaeth am ail helfa.

Meddai ofergoeliaeth y llaw farw afael gref ar y wlad, yn neilltuol ar rai yn ysbeilio.

Yr wyf yn cofio yn dda hanes un o'r enw Ifan Jones, a ffuantai ddal tyddyn bach o'r enw Moel Drefriw; ac yn ei wasanaeth yr oedd gwraig weddw o'r enw Margiad Dafis. Byddai ei gymdogion yn credu am Ifan Jones – nid heb seiliau chwaith – ei fod yn hollol ddigymeriad, ac yn meddu "dwylo blewog" hollol; a chredai ef yn ddiysgog yn y goel am y llaw farw. Byddai bob amser yn sôn – pe cawsai law farw, na fuasai yn hir heb lwyddo i wneud ei ffawd. Ryw ddiwrnod aeth Magiad Dafis ar goll. Ffuantai Ifan ei fod mewn pryder a thristwch yn methu dirnad i ba le yr aeth, na pha beth a ddaeth ohoni, na pha le i fyned i chwilio am dani. Bu holi a chwilio, heb un rhithyn o oliad na hanes am dani. Ryw fore sylwodd rhai o blant y pentref ar fintai o gŵn yn cyfarth yn gyfagos i hen orglawdd. Tybiasant y gallai mai hela yr oeddent. Rhedasant yno. Be' ganfyddasant ond corff wedi ei gladdu yn yr hen orglawdd. Mewn dychryn, rhedasant i'r pentref i fynegu yr hanes. Cododd hyn yr holl bentref i'r fangre, a chanfuwyd mai corff y golledig Margiad Dafis oedd, gydag un llaw yn amlwg wedi ei thorri ymaith; ac er chwilio ymhob man ac ymhob cyfeiriad, ac ym Moel Drefriw yn neilltuol, ni chafwyd un oliad o'r llaw. Bu mawr erlyn ar Ifan, a gwnaed cymaint ag a ellid i'w gael yn euog; ond yr oedd yn Llanrwst dwrne o'r enw "Griffis bach" – un o'r rhai mwyaf medrus ac ystrywgar. Cymerodd ei blaid, a gweithiodd mor ddeheuig fel y llwyddodd i'w gael yn rhydd.

Hyn sydd yn rhyfedd: credai pob un yn unfryd unfarn mai efe a gymerodd ymaith ei bywyd, ac yn eu plith credai yr hen dwrne ei hun; a dywedodd wrtho, a rhywun yn ei glywed: "Chdi lladdodd hi, ran hynny, 'rhen Ifan." Bu agos i rai o Gapel Garmon, ar ei ddyfodiad allan o'r llys, ei bastynnu i farwolaeth. Ni chafodd Ifan lonyddwch, nac un rhithyn o heddwch. Gwisgai arwyddion o euogrwydd. I gael rhyw rith o ymwared symudodd o'r cyffiniau. Nid hir iawn y bu cyn cilio ymaith i'r tir distaw.'

MOTIFAU: D. 1162.2.1 (Y Llaw Farw)
       D. 1575.1   (Nid yw'r Llaw Farw yn deffro cysgwyr)
NODIADAU: Dyma enghraifft o hud cydymdeimladol, gan y credid y gallai lladron dorri i mewn i unrhyw dŷ o gael Llaw Farw, gan y byddai'n peri i'r perchnogion gysgu mor drwm â'r meirw. Defnyddiai lladron ymhlith y Slafiaid Deheuol asgwrn o gorff y marw i sicrhau cwsg trwm, tra defnyddiai cariadon ifanc fyddai'n mynd i dai ei gilydd yn y nos bridd oddi ar fedd i sicrhau'r cwsg.

Llety Siân Wiliam : Llanberis

John Rhys, *Celtic Folklore*, I, 1901, t.237.

'Cefais y datganiad canlynol gan frodor o Ddinorwig: Tua 70 mlynedd yn ôl, pan oedd y bobl fawr yn dwyn eu tai oddi ar drigolion yr ardal, a'r tiroedd yr oeddynt wedi ei gau o'r tir comin, gorfodwyd i hen wraig o'r enw Siân Wiliam y Garndd ffoi o'i thŷ gyda'i baban yn ei breichiau: hwn, yn y dyfodol, oedd y Parch. Robert Ellis, Ysgoldy. Yn un o ogofâu y Marchlyn y bu'n cysgodi am noson a diwrnod.'

MOTIF: S. 400 (Erlyn yn greulon)

Llwybr y Pererinion : Nantlle

Owen Alon Jones, Tâp SGAE, 3, ochr 1-4.

'O'dd 'na ffynhonna' o gwbwl yn yr ardal yma?'
   'Wel, y, ma' 'na lawar o ffynhonna'n yr ardal ond ma' 'na rei ohonyn' n'w'n arbennig sy'n ca'l 'i galw'n Ffynnon Wen, 'de. Ma' 'na un ar odra'r pentra' 'ma, tu isa'i Bryn Gwyn, rhyngo' ni a . . . rhwng yr ardal a Rhosdryfan, Ffynnon Wen Ca' Haidd. Ma' Cyngor Gwyrfai e's blynyddo'dd mawr wedi cau y ffynnon a'i g'neud hi'n fath o resyfwar ar gyfer dŵr Llanwnda a Saron. Ond 'dydi'm digon – 'ta' waeth am hynny. Yng ngodra' arall y pentra' 'ma wedyn, yng ngweulod tir Cae Forgan ma' 'na Ffynnon Wen arall. Ag yn nes ymlaen wedyn i gyfeiriad Pontllyfni ma' 'na Ffynnon Wen arall yn ca'l 'i galw – Ffynnon Wen 'di'n ca'l 'i galw, 'dwn i'm ar pa dir ma'i chwaith. Ond y traddodiad ynglŷn â rhei'na ydy' ma' 'na lwybr yn cydredag â rhei'na – ma' 'na rei yn d'eud bod o'n cychwyn o Fethesda, o Nant Ffrancon ffor'na drosd – . . . drw' Fetws Garmon a drosd, godra yma. A gyda godra'r pentra yma ma'r llwybr yma ar iws o hyd, trw' dir Glyn Meibion Mawr, a Bryn Neidar a Clawdd Rhos a rhei'na. Ma' hwnnw'n mynd ymlaen

trw' ffermydd Eithinog nes mae o'n dod allan yng Nghlynnog. Hen lwybyr y saint ar 'i pererindod i Enlli ag yn tynnu am Glynnog 'de. Wel y traddodiad ynglŷn â'r hen ffynhonna' 'ma ydi bod y saint yn gorffwyso wrth y rhain – y pererinion, mynachod, beth bynnag o'dda n'w. Ag yn ymgeleddu'u huna'n drw' olchi'i traed a golchi'u huna'n drosdynt a ca'l dŵr i gario 'mlaen i'r rhan arall o'r daith.'

MAEN Y DUWDOD : ABER

Marie Trevelyan, *Folklore . . . of Wales*, 1909, t.133.

'Mae Cylch y Derwyddon tua milltir o'r Hafn Gwyrdd ar Penmaenmawr. Yn y cylch mae dwy garreg ymhlith yr olion Derwyddol eraill. Derbynnid Carreg y Duwdod â chryn barch cynt. Mewn un hen chwedl a adroddwyd gan ŵr o'r Gogledd, dywedwyd os y rhegai rywun yn ymyl y maen, plygai hwnnw ei ben a tharo'r pechadur. Aeth gŵr o'r De i chwarae cardiau gyda'i gyfaill i ymyl y garreg yma un Sul a phan ddychwelasant i'r pentref gydag archollion ar eu penau, gwyddai'r bobl fod Maen y Duwdod wedi eu taro, er na wnaent gyfaddef iddynt gael eu cosbi. Chwarddodd rhegwr nodedig o Feirion at hanes y maen. Un noson aeth i fyny at y Cylch Derwyddol ei hun, a hithau'n hwyr, a dechreuodd regi a thyngu mor uchel nes y gellid clywed ei lais yn taranu yn yr Hafn wyrdd. Aeth ias trwy bobl o'i glywed. Tawodd y sŵn a rhedodd y gwrandawyr ymaith mewn ofn. Yn y bore canfuwyd corff y rhegwr mewn cyflwr ofnadwy wrth fôn Maen y Duwdod.'

MOTIF: C. 920 (Marwolaeth am dorri tabŵ)

MAEN Y SAETHAU : ABER

Marie Trevelyan, *Folklore . . . of Wales*, 1909, t.130.

'Nepell o Aber, a thua dwy filltir a hanner o Lanfairfechan yn un o gymoedd mwyaf anial ac unig Eryri, mae'r Maen Saethau enwog, ar yr hwn yr hogai yr hen dywysogion eu bwyeill rhyfel ac arfau rhyfel eraill. Dywedai gweithwyr ar eu ffordd adref o'r caeau a phobl yn byw ger y cwm os y clywent sŵn arfau yn cael eu hogi ar y maen, arwydd ydoedd o anffawd i ddod i'r sawl a'i clywai a rhagfynegai bla yn y wlad neu drychineb yng Nghymru.'

MOTIF: D. 1261 (Hogfaen hud)

Marged, Gwilym a Hector : Llanberis

A. Roberts; E. Woodall, *Gossiping Guide to Wales*, 1907, tt. 289-90.

'Wrth gwrs mae gan Dolbadarn ei chwedl, sy'n dweud wrthym i'r ferch harddaf yng Nghymru oll drigo yma unwaith, ac ychwanega fersiwn arall at yr hen, hen stori am ferch mewn cariad ond nid â dewis ei thad. Carai Marged dlos Gwilym o Drefaldwyn a dewis ei thad iddi oedd Hector o'r Marchlyn Mawr. Penderfynwyd fod y ddau farchog i benderfynu ffawd y ferch mewn twrnameint, a chytunwyd rhyngddynt fod yr un a gollai'r dydd yn cyflwyno ceffyl i'r llall, i gario'r ferch i'r llan ar ddydd eu priodas. Roedd Hector yn ansicr o'i allu ac aeth am gyngor at wrach yn uchel yn y mynyddoedd, a threfnodd gyda hi, os mai ef a gollai'r twrnameint, roedd y diafol i roi ceffyl iddo. Nid oes brin angen dweud mai Gwilym oedd y buddugwr ac fel y disgynnodd Hector, carlamodd ceffyl gwyn syndod o hardd i'r arena. Hwn oedd ceffyl y diafol. Daeth dydd y briodas yn fuan a marchogodd y ferch y ceffyl, yn cael ei gwasanaethu gan lu o farchogion afog. Ar y dde roedd y priodfab ac ar y chwith Hector a drechwyd. Ychydig oddi wrth yr eglwys aeth y ceffyl yn aflonydd ac roedd gweld y groes aar giatiau'r eglwys yn ddigon i beri iddo ruthro oddi wrth y llu, â'r briodferch ar ei gefn. Rhuthrodd cant o farchogion ar ei ôl yn syth ond doedd ganddynt ddim gobaith, a chyn hir dim ond Gwilym oedd ar ôl. Carlamwyd ymlaen yn wyllt am oriau yn echrydus o gyflym ac fel roedd y ceffyl cythreulig yn cyrraedd ymyl serth Penmaen Mawr daeth y priodfab yn gyfartal ar ei geffyl a gafael am wasg y ferch. Ond roedd yn rhy hwyr, a chydag un sgrech uchel gan y ferch, diflannodd y ceffylau a'u marchogion dros y diffwys.'

TEIP A-T – Lenore (Amrywiad)
MOTIFAU: T. 75.2.1   (Dialedd y cariadfab a wrthodwyd)
          D. 1766.6   (Grym hud arwydd y groes)
          E. 215   (Lenore) (Amrywiad)

Meini Moelfre : Dwygyfylchi

Siôn Wynn, *Ancient Survey of Penmaenmawr*, 1859, tt.26-7.

'Yn agos i'r lle hwn mae bryn lluniaidd a hardd a elwir Moelfre, yn grwn o ran ffurf ac yn dra uchel. Ar gopa moel a hyfryd y bryn hwn mae cylch, ar yr hwn y safai tri maen, tua llathen a chwarter o uchel. Roedd un yn goch fel gwaed, y llall yn wyn a'r trydydd ychydig fwy glas na'r un gwyn, yn sefyll ar ffurf triongl. Beth oedd y rheswm dros osod y cyfryw feini yn y fath le, ar ben bryn mor uchel a hyfryd, ac i osod tri maen o'r fath liw, ni allaf ddweud ar wahân i'r hyn sydd gennym yn ôl traddodiad. Y traddodiad yw hyn: i Dduw Hollalluog gyflawni gwyrth yn y lle hwn er cryfhau ein ffydd. Ac fel hyn y bu. Aeth tair gwraig i ben y bryn hwn un bore Sabath i nithio ŷd, tua'r amser pan oedd Cristnogaeth yn dechrau dod i'n plith. Pan oeddent wedi taenu eu llen nithio ar lawr ac yn dechrau ar eu gwaith, daeth rhai o'u cymdogion atynt a'u ceryddu am dorri gorchymyn yr Arglwydd a gweithio ar y Sul. Daliodd y merched anghrediniol wrth eu gwaith gan feddwl mwy am eu elw nag am wasanaethu gorchmynion Duw, a dibrisio cerydd eu cymdogion. Ar hyn trôdd Duw hwy yn dri maen a lliwio'r meini hyn yr un lliw â dillad y merched, un yn goch, y llall yn wyn a'r trydydd yn las a throi eu llen nithio a'u ŷd yn bridd a'u gadael felly yn esiampl i eraill. Mae hwn yn hen draddodiad gennym ac fe'i credir gan yr hen bobl yn yr ardal. A ph'run bynnag, os yw felly ai peidio, mae'r traddodiad yn un da ac fe geidw eraill rhag gweithio ar y Sabboth. Roedd y meini hyn werth eu gweld lle gosodwyd hwy ond tyllwyd hwy i fyny gan ryw lanciau di-feddwl o fewn y chwe mlynedd olaf hyn a rholiwyd hwy i lawr y bryn a gorweddant ynghyd yn ei waelod.'

MOTIFAU: C. 961.2   (Troi'n garreg am dorri tabŵ)
          C. 631   (Tabŵ: torri'r Sabboth)

Dyfynnwyd y chwedl yma, a gofnodwyd gyntaf gan Sionn Wyn o Wydir (1553-1627), gan lawer cofnodwr diweddarach:

Owen Jones (Gol.), *Cymru : yn Hanesyddol*, 1875, tt. 459-60.
Wirt Sikes, *British Goblins*, 1880, t.376.
Elias Owen, *Welsh Folk-lore*, 1887, t.260.
Margaret Williams, *Cymru*, VI, t.201.
Glan Menai, *Llanfairfechan and Aber*, 1901, t.18.
R.G. Roberts, 'Penmaenmawr', *Y Geninen*, 1907, tt. 168-9.
A. Roberts; E. Woodall, *Gossiping Guide to Wales*, 1907, t.253.
Myrddin Fardd, *Llên Gwerin Sir Gaernarfon*, 1908, t.207.
Marie Trevelyan, *Folk-lore of Wales*, 1909, t.126.
T. Gwynn Jones, *Welsh Folklore*, 1930, t.94.
W.J. Thomas, *More Welsh Fairy and Folk Tales*, 1957, t.50.
Showell Styles, *Welsh Walks and Legends*, 1972, tt.27-8.
D.W. Pughe, *Historical Sketch of Conway Castle*, s.d., tt.53-4.

OGOF TYRPIN LOFRUDD : BEDDGELERT

Bleddyn, *Plwyf Beddgelert*, 1862, t.65.

'Y mae llên gwerin yn Nanmor yn dywedyd fel hyn am yr ogof hon:

"Ers llawer o flynyddoedd yn ôl yr oedd yspeiliwr peryglus yn mynychu y fangre anghysbell hon, ac aml y byddid yn clywed am rai wedi cael eu hysbeilio o'u holl eiddo wrth fyned heibio yr Arddu. Y pryd hyny, hon oedd y brif ffordd cydrhwng Ffestiniog a'r ardaloedd cylchynnol â Chaernarfon, prif farchnadfa y cwr hwn o'r wlad. Oherwydd hynny, yr oedd llawer o dramwy ar hyd y ffordd yma; ond yr oedd sôn wedi myned allan y byddai rhai pobl yn colli o Aberglaslyn i Groesor; a byddid yn methu yn laes a chael hyd iddynt er chwilio pobman. Ond o'r diwedd fe gafwyd hyd i gorff un dyn wedi ei lofruddio ar yr Arddu, trwy yr hyn y cafwyd sicrwydd beth oedd tynged y lleill. Ymdrechwyd bob modd a dyfod o hyd i'r llofrudd, ond bu pob ymchwiliad yn hollol ofer. Eithr un diwrnod yr oedd un o fugeiliaid Cae Ddafydd ar yr Arddu, ac efe a welai rolyn o ddyn mawr, esgyrniog, yn gorwedd mewn lle cysgodol, ger y Garreg Bengam, ac yn cysgu. Nesäodd yn ddistaw ato, a gwelai gleddyf trwm wrth ei glun, ac yr oedd ôl gwaed ar ei wisg. Canfu yn y fan mai'r ysbeiliwr oedd; ac ar un amrantiad, rhuthrodd ato, oblegid llanc dewr a nerthol oedd y bugail. Cipiodd afael yng nghleddyf y llofrudd a chydag un chwyrnelliad sydyn, torrodd ei ben ymaith ar un ergyd. Yna aeth i lawr adref i hysbysu y teulu, a phawb a glywsant yr helynt a aethant yno i weled y llofrudd a'r ysbeiliwr: a chan dybied "nad oedd y llwynog yn bell o'i ffau", dechreuasant chwilio o gylch am ei loches; a deuwyd o hyd i'r ogof: yn yr hon y caed llawer iawn o eiddo, arfau, etc., tra gwerthfawr. O hynny allan ni chlywyd fod neb wedi cael ei ysbeilio yn yr Arddu. Galwyd yr ogof byth wedi hynny yn Ogof Tyrpin; a'r bryn lle lladdwyd yr ysbeiliwr yn Fryn Tyrpin Lofrudd.'

MOTIF: P. 475 (Lleidr)

OGOF Y SMYGLARS : BEDDGELERT

Bleddyn, *Plwyf Beddgelert*, 1862, t.63.

'Ychydig islaw y Bont y mae hen bentref yr Aber. Yr oedd yr Aber yn lle o bwys pan ddeuai y môr i fyny yno: efe oedd prif borthladd y Traeth Mawr ac yma y byddid yn adeiladu y rhan fwyaf o'r llongau a berthynai i'r Traeth. Yr oedd yn lle nodedig am smugglers, ac adroddir aml i chwedl gan hen bobl am helyntion y cyfryw. Yr oedd eu cuddfa mewn hen ogof ddofn, yn agos i Hafod y Llyn, yr hon a elwir yn 'Ogof y Smugglers'.

Ceir yr un traddodiad yn:

Owen Jones (Gol.), *Cymru : yn Hanesyddol*, 1875, t.136.

PANT GWYSTYL : NANT Y BETWS

Owen Prys Pritchard, Cofnodiad Llafar, 25.4.74.

Credai Mr Pritchard iddo glywed y traddodiad hwn hefyd gan Robin ei frawd. Yng ngwaelod Castell Cidwm, dangosodd i mi, mae lle o'r enw Pant Gwystyl, neu Gwystl efallai yn fwy cywir meddai. Yn yr afon gerllaw mae ynys fach meddai, a'r dŵr yn llifo bob ochr iddi, – er nad yw hynny mor amlwg yn awr, meddai, gan fod yr Awdurdod Afonydd wedi peri fod y rhan fwyaf o'r dŵr yn llifo i un ochr bellach.

Ganrifoedd yn ôl, meddai, nid oedd twrneiod ar gael i drefnu cytundebau a'u selio, a'r hyn a wneid oedd mynd ar yr ynys hon fel na fyddent ar dir neb. Clymai hyn y cytundebwyr yn fwy caeth na'r un twrnai – roedd gair dyn yno'n ddigon.

MOTIF: F 730 (Ynysoedd hynod)

Gwêl 'Ynysoedd Noddfa'.

PROFFWYDOLIAETH MYRDDIN : LLANBERIS

William Williams, *Hynafiaethau Llanberis*, 1892, t.106.

'Y mae chwedl ar dafod draddodiad am un Merfyn (Myrddin) Wyllt, bardd a brudiwr wrth ei grefft, yr hwn a fentrodd draethu rhywbeth am gerrig y Wyddfa ar lun proffwydoliaeth mewn geiriau tebyg i hyn:

"Pan dorer y deri yn agos i'r Yri,
A'i nofiad yn efryd o Gonwy i fro Gwerydd;
A throi'r cerrig yn fara yn agos i'r Wyddfa."

316

... Gwirwyd ei eiriau, canys fe droir cerrig yn fara yn yr ardal hon ers oesau bellach.'

MOTIF: M. 300 (Proffwydoliaeth)

Ceir yr un traddodiad yn:

Elspeth, 'Gwibdaith drwy Eryri', *Cymru*, XVI, t.265.
G.T. Parry, 'Llanberis', *Cymru*, XXX, tt.311-12.
G.T. Parry, *Hanes Llanberis*, 1908, tt.73-4.

TWNNEL CASTELL CAERNARFON : CAERNARFON

P.B. Williams, *History of Caernarvonshire*, 1821, t.71.

'Yn y Tŵr Gogledd-Orllewinol mae ffynnon ddofn, wedi hanner ei llenwi, a dywedir i hon, neu un arall, gynnwys cell danddaearol, a lle yr honnir i ŵr, o gael ei ollwng i lawr unwaith i godi ci, ganfod morthwyl, ac iddo weld drws pren yr oedd arno ofn ei agor; mae traddodiad ymysg y werin bobl, fod twnel o'r lle hwn, neu rhyw ran arall o'r Castell, i Goed Helen yr ochr arall i'r afon.'

MOTIF: F. 721.1 (Twnnel)

Cofnodwyr yr un traddodiad yn:
D.W. Pughe, *History of Caernarvon Castle and Town*, t.21.

TWNNEL CASTELL DOLBADARN : LLANBERIS

G.T. Parry, *Hanes Llanberis*, 1908, t.90.

'Dywedir fod yn y ddaeargell odditano (y castell) dwnel tanddaearol ohoni i'r hen westy oedd yn sefyll y pryd hynny yn agos i'r fan y saif Gwesty y Frenhines yn awr, fel yr oedd cymundeb parhaus ac anweledig rhwng y castell a'r gwesty mewn adegau o berygl.'

MOTIF: F. 721.1 (Twnnel)

Cofnodwyd yr un traddodiad yn:

G.T. Parry, 'Llanberis', *Cymru*, XXXI, t.65.

Dywedodd Meic Bach wrthyf (Tâp SGAE, 2, ochr 1-4) fod twnnel yn arwain o'r castell, i'r gwarchodlu ddianc oddi yno mewn argyfwng.
    Ddechrau haf 1973 digwyddwn fod ger y castell pan arhosais i siarad â hen wraig o'r pentref, na chanfûm ei henw. Dywedodd fod twnnel yn arwain o'r

castell, ac iddi glywed amdano gan hen fodryb iddi. Dywedodd y gallai honno daro rhan arbennig o'r llwybr rhwng y castell a'r briffordd a chlywed atsain gwag oddi tano. Ychwanegodd y byddai chwarelwyr Dinorwig yn gallu gweld ceg y twnnel o dan wyneb dŵr Llyn Peris o'r chwarel gyferbyn ar adegau arbennig.

TWNNEL Y TORGOCH : NANT Y BETWS

Dafydd Ddu Eryri, 'Holiadur y Torgoch', *North Wales Gazette*, Chwefror 2, 1809.

'A welwyd (torgoch) . . . yn Llynnoedd Llanberis, Cwm Silyn neu Gwm Dulyn? Dywed traddodiad gwerin iddynt ymddangos gyntaf yn Llynnoedd Llanberis, yna yng Nghwellyn, ac yn olaf yn Llyn Cwm Silyn; a thybid gynt fod cysylltiad tanddaearol o'r naill i'r llall.

. . . Am dwnel o'r naill i'r llall, mae'r peth yn rhy anodd ei benderfynu. Gadewir y pwnc i wŷr o addysg, ond y mae'n wir ei fod yn draddodiad byw ymhlith y werin.'

MOTIF: F. 721.1 (Twnnel)

Dyfynwyd y traddodiad gan nifer o gofnodwyr eraill:

'Y Torgoch', *Y Brython*, III, 1860, t.377.
William Williams, *Hynafiaethau Llanberis*, 1892, tt. 41-2; 100-2.
G.T. Parry, 'Llanberis', *Cymru*, XXXI, t.135.
G.T. Parry, 'Hen Arferion Llanberis', *Cymru*, XXXIII, tt.47-8.
G.T. Parry, *Hanes Llanberis*, 1908, tt.111; 212-5.

Mae'n draddodiad sy'n dal yn fyw iawn ar lafar a chlywais ef gan:

John Awstin Jones (Recordiad Llafar SGAE, 15.xi.73)
T.H. Williams (Tâp SGAE, 1, ochr 2-3)
Bob Humphreys (Tâp SGAE, 2, ochr 1-4)
William Griffith (Tâp SGAE, 2. ochr 2-3)
W.J. Jones (Tâp SGAE, 3, ochr 2-3)

UNIAD BEDDGELERT Â NANMOR : BEDDGELERT

(Fersiwn Llanfair) Bleddyn, *Plwyf Beddgelert*, 1862, t.64.

'Mae llên gwerin yr ochr arall i'r traeth (Llanfair) yn wahanol ar hyn. Dywedir yno y byddai offeiriad Llanfair yn myned i Gapel Nanmor i wasanaethu un Sul o bob mis. Eithr ryw dro yn y gaeaf, yr oedd yr offeiriad yn dychwelyd adref, wedi bod yn lled hwyr yn y Gosper ac wedi myned yn nos arno cyn cyrhaedd y Traeth Bach. Efe a aeth dros y Traeth yn ddiogel; ond erbyn iddo gyrraedd at y gamlas sydd rhwng Cefn Trefor a Phenbryn Isaf yr oedd y ffrwd sydd yn rhedeg o Lyn Tecwyn wedi codi, a'r gamlas wedi chwyddo yn uchel; ac yntau heb wybod am y chwyddiad a aeth trwodd fel ei arfer ond y cerwynt a'i hysgubodd ef a'i farch fel y boddasant. Oherwydd yr anffawd hwn, fe roddwyd Capel Nanmor yn gyfnewid i Briordy Bedd Gelert, am ddarn o dir oedd ym mhlwyf Llaneuddwyn, yn perthyn i'r Priordy, yr hwn a adwaenir wrth yr enw – "Parsel tu hwnt i'r Bont".

Y mae y gamlas lle y boddodd yr offeiriad yn cael ei galw hyd heddiw yn "Gamlas yr Offeiriad".'

MOTIF: N. 330 (Marwolaeth trwy ddamwain)

Ceir yr un chwedl yn:

Owen Jones (Gol.), *Cymru : yn Hanesyddol*, 1875, t.137.

Uniad Beddgelert a Nanmor : Beddgelert

(Fersiwn Nanmor): *Bleddyn*, **Plwyf Beddgelert, 1862, t.4.**

'Mae llên gwerin yn Nanmor yn rhoddi y rheswm canlynol am uniad Nanmor â phlwyf Beddgelert : Yr oedd Nanmor yn perthyn i blwyf Llanfair, (ac) oherwydd hynny yr oedd holl dir-ddeiliaid Nanmor yn rhwym o fyned i Lanfair i gymuno ar bob Sul Pasg. Un tro yr oeddent wedi myned gyda'i gilydd tuag yno, a phan aethant at lan y Traeth Bach, yr oedd yn llenwi yn brysur, fel nad oedd fodd iddynt fyned trwodd; fodd bynnag hwy a ymresymasent os aent trwy Faentwrog y byddent yn rhyw hwyr i'r gwasanaeth, felly hwy a gytunasant i rydio y traeth trwy ymaflyd y naill yn nwylaw y llall, a myned trosodd yn rhes, ond pan ar ganol y traeth hwy a gollasant eu traed a boddodd pob un ohonynt! Oherwydd y digwyddiad alaethus hwn fe unwyd Nanmor â Phlwyf Bedd Gelert; ac o hynny allan Offeiriaid Bedd Gelert a wasanaethent yng Nghapel Nanmor.'

MOTIF: N.330 (Marwolaeth trwy ddamwain)

Ceir yr un chwedl yn:

Owen Jones (Gol.), *Cymru : yn Hanesyddol*, 1875, t.137.

WILLIAM JONES A'R LLOFRUDD : LLANBERIS

Huw Jones, Meillionen, Tâp SGAE, 2, ochr 2-3.

'Mi o'ddachi'n sôn tro d'wytha' bu'shi yma, am riw lofruddiaeth?'

'Ia. Am. . . y . . . llofrudd yn lladd ecseismon ne'r dyn bydda'n hel y tyrpaigs 'de. Yn Rhiwlas ne' Pentir 'de, a . . . ag yna . . . ca'l dim ond wyth swlld ag yn dwyn 'i geffyl o. A trafaelio trwadd am . . . trw' Bethesda. A un . . Wiliam Jô's – 'dwi'n meddwl yn sicir o'dd 'i enw fo – o'dd o'n byw, o'dd o'n ca'lyn ceffyla' yn chwaral Braich y Cefn, yn mynd ar 'i ôl o a'i ddal o yn Capal Cerrig. A mynd i tŷ tafarn. O'dd o 'di cychw'n 'i bashio fo ar y Pas, ond y, o'dd o'n meddwl ma' gweitiad nes bydda' fo yn Capel Cerrig fydda' gora'. Ag felly bu. Mynd i, i fewn i'r Inn Fawr yn Capel Curig, codi n'w o'u gwlâu, a pan o'dd o'n codi 'i . .. 'i ddiod, dyna Wiliam Jô's yn gafa'l yno fo a'i ddal o. Mi gafodd hwnnw 'i grogi yn êtin twenty êt (1828) yn . . . y . . . be'di enw fan'a?'

'Biwmaras?'

'Biwmaras! Ia.'

'O! pw' o'dd yn d'eud hynna wrtha chi?'

'O, o'dd dewyth' yn d'eud 'i hanas o'n de.'

YNYSOEDD NODDFA : BEDDGELERT

Telynores Eryri, Tâp SGAE, 5, ochr 1-4.

'Mi o'ddachi'n d'eud bod 'na goel digon rhyfadd am yr ynys 'no yn ymyl Hafod Ryffudd?'

'Do, mi glyw'is i mam yn d'eud am hynny. Bod 'na, bod yr afon yn gwahanu yn ddwy . . . yn ymyl Hafod Ryffudd Isa', ar y ffordd i Hafod Ryffudd Ganol. Ag, pan ma'i'n gwahanu'n ddwy ma'i'n gada'l ynys yn y canol. Ag yn cl'wad am hen wraig yn mynd a'i mab yno rhag i'r "press-gang" ga'l gafa'l yn'o fo. Achos pan o'dd 'ishio pobol fynd i' rhyfal fydda' n'w'n mynd i r'wla a cym'yd y bechgyn ond oeddan', heb ofyn na chaniatâd na dim, yn ôl fel clyw'is i. A bod yr ynys yna, boti yn ynys y . . . wyddochi, cheutha' neb dwtsiad ynachi yn'i hi.'

'Ym, mi o'ddachi'n d'eud bod n'w'n d'eud 'run peth am Llyn D'warchan?'

'Mi glywish hynny 'fyd. Am Llyn y Dywarchan. Bod y, - os medrachi fynd i fan'no, na fedra' neb gafa'l ynochi.'

MOTIF: F. 730 (Ynysoedd hynod)

Gwelir y traddodiad am Hafod Ruffydd yn:

Bleddyn, *Plwyf Beddgelert* 1862, t.32.

Yno dywedir fod y tir sydd rhwng y ddwy afon, – Hafod Ruffydd a Cholwyn, – gan gynnwys dau dŷ Glan y Gors, heb fod yn perthyn i'r un esgobaeth. Byddai drwgweithredwyr yn cilio yma, meddir, gan nad oedd gan yr awdurdodau gwladol hawl eu dwyn oddi yno.

(b) *Brwydrau*

AFON GOCH : BEDDGELERT

Carneddog, 'Enwau Bro'r Eryri', *Cymru*, LIX, t. 112.

'Clywais un esboniad y bu brwydr erchyll ar fynydd y Llyndy, a bod gwaed y lladdedigion a'r clwyfedigion yn cochi yr afon ar y pryd, ond y mae hyn braidd yn rhy ramantaidd.'

TEIP: M.L. 800 – Rhyfeloedd y Gorffennol
MOTIF: P. 551 (Brwydr)

BRWYDRAU LLANAELHAEARN : LLANAELHAEARN

'Golwg o Ben yr Eifl,' *Cyfaill yr Aelwyd*, 1888-9, tt.372-3.

Rhwng (Tre'r Ceiri a Chaer Tyddyn Mawr) . . . mae dyffryn lled wastad, ond ar y cyfan yn lled wlyb a diffrwyth. Ni does amheuaeth yn ein meddwl na fu brwydrau yn cael eu hymladd ar y gwastadedd hwn rhwng y ddwy gaerfa a nodwyd. Mae yr enwau a geir ar wahanol ffermdai yn y gymydogaeth yn myned yn bell i gadarnhau ein tyb, megys – "Bryn y gadfan", "Cors y cilia" (neu cilio). Dywed traddodiad: "Aeth y frwydr yn boethach, boethach, nes cilio o un fyddin i'r gors." A thyna ystyr "Cors y cilio".

Gerllaw pentref Llanaelhaiarn, y mae lle arall o'r enw Llechgaran, a dywedir fod swyddog yn un o'r byddinoedd o'r enw Garan, a phan oedd hwn yn ffoi o flaen ei elynion, i'w gyfeillion waeddi arno – "llech Garan" (h.y. ymguddia Garan); a galwyd y lle wrth yr enw byth er hyny.

Ond at hyn yr oeddym yn cyfeirio, rhwng (Carnguwch) . . . a godreu yr Eifl y mae bwlch tra chyfyng, drwy yr hwn y mae ffordd yn arwain o Lanaelhaiarn i Lithfaen. Fel y dywedasom, y mae yn un hynod o gul: nid yw ei waelod yn y man lletaf yn fwy na rhyw chwech neu wyth llath. Ac y mae yn ei ben gorllewinol yn dra serth ar bob llaw. A chan fod tro sydyn yn ei ganol, nis gellir gweled ar hyd-ddo. Gelwir ef "bwlch y siwncwl". Ond llygriad ydyw yr enw yna: ei enw priodol ydyw – Bwlch drws encil. Ac at ystyr yr enw yna yr oeddym yn cyfeirio. Yn un o'r rhyfeloedd y cyfeiriwyd atynt, gwasgwyd y fyddin orchfygedig i'r gorwel rhwng y mynyddau a enwyd, a theimlant eu bod wedi darfod am danynt, neu y byddai iddynt gael eu cymeryd oll yn garcharorion rhyfel.

Ond er eu llawenydd, canfyddasant y "bwlch" y soniwyd am dano, a galwasant ef yn "Bwlch drws encil", neu fwlch drws o waredigaeth.'

TEIP: M.L. 8000 – Chwedlau am Ryfeloedd y Gorffennol
MOTIF: F. 551 (Brwydr)

Gwelir yma hoffder y werin o esbonio enwau lleoedd drwy eu cysylltu â brwydrau yn y gorffennol.

BRWYDR GER BEUDY BEDD OWEN : BEDDGELERT

D.E.Jenkins, *Bedd Gelert*, 1899, t.231.

'Yn y cae ar yr ochr chwith i'r ffordd fawr yn union cyn dod i olwg Dinas Emrys canfuwyd nifer fawr o esgyrn dynion o dro i dro. Dywed traddodiad i frwydr gael ei hymladd yma ond rhwng pwy ni wyddys.'

TEIP: M.L. 8000 – Rhyfeloedd y Gorffennol
MOTIF: P. 551 (Brwydr)

BRWYDR GER MOEL RHIWEN : LLANDDEINIOLEN

Samuel Lewis, *Topographical Dictionary of Wales*, 1838, Cyf. 11.

'Dywedir i frwydr waedlyd gael ei hymladd ger Moel Rhiwen, ac y mae nifer o dociau ar ochr y bryn, y dywedir mai beddau'r milwyr a gwympodd ydynt.'

TEIP: M.L. 8000 – Rhyfeloedd y Gorffennol
MOTIF: P. 551 (Brwydr)

BRWYDR YN NHROS Y CANOL : BANGOR

'Mân Gofion', *Y Brython*, V, 1862, t.211.

'Dywed traddodiad y gymmydogaeth, fod gynt ymladdau gwaedlyd yn agos i Dros y Canol (yn agos i Fangor yn Arfon).'

TEIP: M.L. 8000 – Brwydrau'r Gorffennol
MOTIF: P. 551 (Brwydr)

BRWYDR RHWNG Y CYMRY A'R SAESON : BANGOR

'Golygfa oddiar ben y Wyddfa', *Y Beirniad*, 1869, t.65.

'Yn 870, ymladdwyd brwydr ffyrnig ynddi (Bangor), a lladdwyd tyrfa o Seison â cheryg a dreiglwyd oddiar y bryniau serth i lawr.'

TEIP: M.L. 800 – Rhyfeloedd y Gorffennol
MOTIF: P. 551 (Brwydr)

BRYN DYWEDDU : BEDDGELERT

Carneddog, 'Enwau Bro'r Eryri', *Cymru*, Ll, t.157.

'Ar dir Hafod y Porth. Bu brwydr fawr yn agos i'r lle hwn, ac ar y bryn yma y diweddodd. Ond tybiodd rhai mai oddiwrth rhyw ddefod grefyddol y tardda yr enw, ac mai ar y bryn yma y byddent yn diweddu yr wyl trwy aberthu.'

TEIP: M.L. 8000 – Rhyfeloedd y Gorffennol
MOTIF: P.551 (Brwydr)

Gwelir yma gais arall gan y werin i esbonio'r enw Bryn Diweddu. Gwêl 'Bryn Diweddu' (yn Adran *Y Cewri*).

CAD LEISIAU : PENMAENMAWR

John Roberts, *Llanfairfechan fel yr oedd*, 1902, t.7.

'Rhwng . . . (Penmaenmawr a Bwlch y Ddeufaen) y mae gwastadedd a adwaenir wrth yr enw 'Cad Leisiau', ac y mae traddodiad yn dweud i frwydr fawr gymeryd lle yma, sef rhwng Dinas Maes y Bryn a Bwlch y ddeufaen, yn Cad Leisiau, a dyna yw ystyr y gair – lleisiau y gad, neu'r frwydr.'

TEIP: M.L. 8000 – Rhyfeloedd y Gorffennol
MOTIF: P. 551 (Brwydr)

CARNEDDAU BRAICH Y DDINAS : ABER

Sion Wynn, *Ancient Survey of Penmaenmawr*, 1859, tt.25-6.

'Tua dau neu dri saethiad saeth oddi wrth y Cylch Cerrig mae nifer o domenydd mawr o gerrig bychain a elwir gennym yn 'Carneddi'. Yma bu brwydr fawr rhwng y Brythoniaid a'r

Rhufeiniaid a gorchfygwyd y Rhufeiniaid ond bu lladdfa fawr ar y ddwy ochr. Claddwyd y celanedd yn domen, y naill ar ben y llall, a thaflwyd y cerrig yma drostynt rhag i'r baeddau a'r moch gwyllt dyllu am eu cyrff a hefyd i atgoffa oesoedd y dyfodol fod cyrff dynion wedi eu claddu yno. O gwmpas y tomenydd cerrig mawr hyn mae nifer o feddau gyda cherrig ym mhob pen, ac un neu ddwy ar y beddau hyn yn lle dywedir y claddwyd y prif wyr a laddwyd. Mae'n drist iawn fod ein llyfrau hanes mor dywyll ar y pethau hyn nes gorfod ymddiried y cwbl i draddodiad.'

TEIP: M.L. 8000 – Rhyfeloedd y Gorffennol
MOTIF: P. 551 (Brwydr)

Ar ôl i Siôn Wynn (1553-1627) gofnodi'r chwedl yma fe'i dyfynnwyd gan nifer o gofnodwyr eraill:

Thomas Evans, *Cambrian Itinerary*, II, 1801, t.295.
G.A.Cooke, *Topographical Description of North Wales*, ca.1830, t.101.
Edward Parry, *Cambrian Mirror*, 1848, t.138.
Owen Jones (Gol.), *Cymru : yn Hanesyddol*, 1875, t.459.
William Hobley, *Hanes Methodistiaeth Arfon*, VI, t.38.

Y CYMRY YN YMLADD Â'R SAESON : NANT FFRANCON

Hugh Derfel Hughes, *Hynafiaethau Llandegai a Llanllechid*, 1866, t.14.

'(Yn Nant Heilyn), medd traddodiad, y bu brwydr dost rhwng y Cymry a'r Saeson, ac y bu saethau yn ehedeg o'r naill fryn un tu i'r nant, hyd y bryn y tu arall. Islaw i lanerchau y frwydr y mae lle o'r enw 'Bryn dadleu', y man y buont yn cytuno. Y mae dau le arall o'r (un) enw, un o'r tu isaf i Gonwy, a'r llall rhwng Bangor a Chaernarfon a chyffelyb goffa am frwydrau yn eu canlyn hwythau hefyd. (Trechwyd y Saeson yn y frwydr yma.)

TEIP: M.L. 8000 – Rhyfeloedd y Gorffennol
MOTIF: P. 551 (Brwydr)

GWAUN CYNFI : NANT FFRANCON

Hugh Derfel Hughes, *Hynafiaethau Llandegai a Llanllechid*, 1866, tt.32; 34.

'Mae traddodiad i ymladd ffyrnig fod yn y waun hon gynt rhwng y Cymry a'r Gwyddelod.

Mae traddodiadau'r ardal (yn ogystal ag) enwau lleoedd yn cadarnhau i'r Gwyddyl wladychu yng Ngwynedd, megis Buarth y

Gwyddelod ar Gefn yr Orsedd; Bryniau Gwyddelod o'r tu isaf i Waun Cynfi ac efallai Foty Alis ar ei chwr uchaf.

Nodir i'r frwydr fod rhwng y Cymry o dan arweiniad Caswallon Lawhir a'r Gwyddyl o dan arweiniad Serigi Wyddel. Bu'n galed ar y Cymry mewn lle a elwir Maes Collen ond buan y trechodd y Cymry a'r Gwyddyl ar ffo i lawr Bryniau'r Gwyddelod a'r Gelli, i lawr at y Fenai a throsodd i Fon. Ond erlidiodd y Cymry hwy yr holl ffordd ac yn agos i Gerrig y Gwyddyl, ar y ffordd i Gaergybi, trechodd Caswallon; lladdwyd Serigi a ffodd y gweddill am Iwerddon.'

TEIP: M.L. 8000 – Rhyfeloedd y Gorffennol
MOTIF: P. 551 (Brwydr)

Nodir safle'r frwydr hefyd yn:

'Golygfa oddiar ben y Wyddfa', *Y Beirniad*, 1869, t.59.
W.J. Williams, *The Borough Guide to Bethesda*,s.d.

GWYDDYL NANTGWYNANT : BEDDGELERT

Bleddyn, *Plwyf Beddgelert*, 1862, t.50.

'Ryw bryd yn yr hen oesoedd, fe ddaeth llu o Wyddelod i'r wlad hon; a bu brwydr ofnadwy rhyngddynt hwy â'r Cymry ym Mwlch y Gwyddel, ym mhen uchaf Nanhwynan; a'r Gwyddelod a drechasant ar y Cymry ac a'u gyrasant oll allan o'r ardal hon. Ar ôl gyrru y Cymry ymaith hwy a adeilasant dref yn Nanhwynan, ac a ymsefydlasant yno. Ceisiodd y Cymry eu gyrru ymaith amryw weithiau ond bob amser yn aflwyddianus, oblegid fod gan y Gwyddelod wyliadwriaethau ar bob bryn amlwg, rhag digwydd rhuthr arnynt yn ddi-rybudd. Eithr un diwrnod fel yr oedd llu o Gymry yn dyfod o ardal Dolwyddelen hwy a gawsant y gwylwyr o'r cyfeiriad hwnnw yn cysgu, ac a'u lladdasant; yna disgynasant yn chwyrn ar y Gwyddelod ac a'u gyrasant ar ffo dros y mynydd i gyfeiriad Dolwyddelen: ond pan wrth lynau y Foel, goddiweddwyd hwy drachefn gan y Cymry, a llwyr ddifodwyd hwy. Oherwydd y gorfoledd oedd ym mysg y Cymry am y fath lwyr fuddugoliaeth, galwyd y llynau o hynny allan yn Llynau'r Dywenydd; a'r bwlch dros ba un y ffodd y Gwyddelod yn y fath ffrwst yn Fwlch y Rhediad; a'r clogwyn lle y caed y gwylwyr yn cysgu yn Glogwyn y Gysgfa; yr hwn sydd oddi ar Hafod y Rhisgl.'

TEIP: M.L. 8000 – Rhyfeloedd y Gorffennol
MOTIF: P. 551 (Brwydr)

Nodir Bwlch Rhediad a Chlogwyn y Gysgfa yn: Carneddog, 'Enwau Bro'r Eryri', *Cymru*, LIX, tt.186-7, ond yno dywedir mai'r Saeson a gafodd eu herlid dros y Bwlch gan y Cymry.

MAES Y RHYFEL (Enw Awgrymiadol) : BEDDGELERT

Telynores Eryri, Tâp SGAE, 5, ochr 1-4.

'O'ddach chi'n sôn am frwydro rŵan – yn lle ma' Maes y Rhyfal, o'ddachi'n dd'eud?'

'Wel, Maes y Rhyfel tu ôl i Dinas Emrys, o'r ffor' bosd. Reit tu ôl iddi a ma' 'na gae gwasdad 'no. A ma' 'na ryfela 'di bod yn fan'no. Ag o'ni'n meddwl ma' Maes yr Efail oedd o hyd, o hyd, ond mi cywirwyd fi a dweud 'na Maes y Rhyfel oedd o – bod 'na ryfel wedi bod yna.'

''Dachi'm yn gw'bod pwy – rhwng pwy 'lly?'

'Na'cw wir ddim – e'shi i ddim i fanylu felly.'

'Dim yn gysylldiedig efo Dinas Emrys na dim byd?'

'Wel, mi e'lla' fod. E'lla' fod ar bob cyfri' . . . '

TEIP: M.L. 8000 – Rhyfeloedd y Gorffennol
MOTIF: P. 551 (Brwydr)

PANT RHYD GOCH : DOLBENMAEN

William Pritchard, Tâp SGAE, 5, ochr 2-3.

'Wel 'rŵan yn Gilfach yn fa'ma – ma' hwn yn hen ddychrynllyd – Pant Rhyd Goch. Ol, o'dd 'na frwydyr 'di bod yn fa'ma rhwng y Rhufeiniaid a'r hen, y, – Frutania'd. 'Dachi'n 'weld. Ag o'dd 'i 'di bod yn gim'int yn fan'na nes oedd, y ceunant, y ffrwd sy'n dod i lawr ffor'na yn goch a'r rhyd yn goch. Lle o'dda n'w'n 'chroesi hi fyny fyn'cw – a dyna pam galwyd o'n Pant Rhyd Goch.'

TEIP: M.L. 8000 – Rhyfeloedd y Gorffennol
MOTIF: P. 551 (Brwydr)

Rhos yr Human : Dyffryn Nantlle

W.R. Ambrose, *Hynafiaethau Nant Nantlle*, 1872, t.55.

'Yn agos i bentref Llanllyfni mae tyddyn yn dwyn yr enw hwn. Nid yw ystyr na tharddiad yr enw yn wybodus ini, ond clywsom y traddodiad canlynol yn cael ei adrodd ynghylch y lle; 'Un bore gwanwyn yr oedd bugail yng Nghwm Dulyn yn troi allan i edrych am ei braidd; ac er ei fraw canfu fintai fawr o Wyddelod wedi gwersyllu ar lan y Llyn Uchaf, wedi ymsefydlu yno gyda'r bwriad o anrheithio ac ysbeilio y wlad o amgylch. Y bugail cyffrous a redodd i fynegi i'r awdurdodau, ac anfonwyd brys negeswyr i Lŷn a Chricieth am filwyr, y rhai pan ddaethant a gloddiasant ffosydd ac a ymguddiasant yn y rhos hon, a phan neshaodd y fintai ysbeilgar, hwy a ruthrasant arnynt o'r ffosydd gyda'r fath laddfa a gwasgariad

nes llwyr ddinistrio yr ysbeilwyr ar unwaith. Dyma'r amgylchiad a roddes fod i'r enw Rhos yr Human, medd y chwedl, gan nad beth yw ei briodol ystyr.'

TEIP: M.L. 8000 – Rhyfeloedd y Gorffennol
MOTIF: P. 551 (Brwydr)

Ceir yr un chwedl yn:

Owen Jones (Gol.), *Cymru : yn Hanesyddol*, 1875, tt.156-7.

(c) *Cymeriadau Chwedlonol*

BEDD CERI : NANT FFRANCON

Hugh Derfel Hughes, *Hynafiaethau Llandegai a Llanllechid*, 1866, tt.68.

'Ymddengys mai yn y Corbre a Chororion y dechreuwyd galw ar enw yr Arglwydd yn y plwyfi hyn. Yma fe arwydda yr enw 'cor' yr adeilad, a chor-bre, Gor ar y bryn, ac y mae yn cyfateb yn dda i'r tyddyn henafol sydd ar yr enw hwn yn ymyl Eglwys Llanllechid. Cyfeirir at y lle hwn yn un o 'Englynion y Beddau' fel hyn:

"Bedd Ceri Gleddyfhir yng ngodir Hen Eglwys
Yn y diphwys graeandde –
Tarw torment ym mynwent Corbre.'

Mae y cyntaf ym mhlwyf Llandegai, a'r ail, fel y coffawyd ym mhlwyf Llanllechid, ac felly am yr afon â'i gilydd.

TEIP: M.L. 8000 – Rhyfeloedd y Gorffennol
MOTIF: P. 551 (Brwydr)

BEDD EBEDIW : LLANBERIS

William Williams, *Hynafiaethau Llanberis*, 1892, t.26.

'Y mae ar y Glydar Bach hen Gromlech . . . o leiaf tebygola i'r cyfryw adeiladau . . . Brithir y mynyddoedd hyn â llawer o feini cyffelyb, yr hyn a bâr i ni gredu fod llaw ddynol wedi eu gosod . . . Dichon mai meini ar feddrodau ydynt. Ceir hanes fod un o'r enw Ebediw wedi ei gladdu yn y Glydar. Ym mhlith cofianau ar feddfeini rhyfęlwyr Ynys Prydain, ceir y canlynol:

"Piau y bedd yn y Glydar
Tra bu ni fu eiddilwr
Bedd Ebediw am Maelwr."

Dywed Gutyn Peris yn *Y Gwyliedydd* fel hyn:

'Ar ben yr Orffwysfa, ac yng ngolwg Nant Peris, y mae Carnedd o gerrig gwynion oll, gweledig ydyw hi hefyd i Nant Gwynant. Gallai mai yno y mae bedd Ebediw : neu ynte yn Llech y Gwyr yng ngweirglodd Dyffryn Mymbyr. Yr oedd yno lechfeini mawrion ar eu penau yn y ddaear, a llythrennau ar un ohonynt; dygwyd honno i Gapel Curig, ac yno y mae hyd heddiw. Mae y ddau le uchod wrth droed y Glydar, pa le bynnag y mae Bedd Ebediw.'

Gwelir yr un traddodiad yn:
G.T. Roberts, *Hanes Llanberis*, 1908, t.81.

BEDD GWAERWYN GURGOFFRI : DINAS DINLLE

W.R. Ambrose, *Hynafiaethau Nant Nantlle*, 1872, t.9.

'Ar dir y Plasnewydd, gerllaw Glynllifon, mewn lle a elwir Cae'r Maen Llwyd, y mae Maen hir, yr hwn, fel y tybir, yw beddgolofn Gwaerwyn Gurgoffri, un o arwyr y Gododdin.'

Gwelir yr un traddodiad yn:
Owen Jones (Gol.), *Cymru : yn Hanesyddol*, 1875, t.57.
E.O., 'Dyffryn Llifon', *Cymru*, XIV, t.144.

BEDD GWALLAWG HIR : DINAS DINLLE

Glasynys, 'Moel Tryfan', *Y Brython*, V, 1862, t.73.

'Yn ymyl Cae'r Doctor, ar lan afon Carog, y mae bedd Gwallawg Hir, neu Gwallawg ab Llenawg.'

BEDD GWION : BEDDGELERT

Owen Jones (Gol.), *Cymru : yn Hanesyddol*, 1875, t.130.

'Gyferbyn â'r Persondy, ar yr ochr ddeheuol i'r afon, yn nhir Cwm Cloch, y mae llwyn o goed, a elwir "Llwyn Gwion"; ac yn mhen uchaf y llwyn hwnnw, ar lan afon Cwm Cloch, yr oedd tomen, neu garnedd fawr, rhan o'r hon sydd yn aros etc. a elwid "Bedd Gwion".'

BEDD LLOFAN LLAW DIFO : ABER

Hugh Derfel Hughes, *Hynafiaethau Llandegai a Llanllechid*, 1866, tt.9-10.

' . . . Oddi tanom i'r Dwyrain Ogledd dyna Draeth Lafan; neu Oer Lefain yn ôl rhai; Cyflafan medd eraill; ond hwyrach wedi y cwbl mai *lofan* ydyw, am mai yma y claddwyd Llofan Llaw Difo, llofrudd y Tywysog Urien Rheged a oedd yn byw yn y chweched ganrif. Cyfeirir yn yr hen linellau hyn at fedd y llawruddiog:

"Bedd Llofan Llaw Difo
Yn ar ro Fenai yn y gwna ton tolc."

sef – Bedd Llofan Llaw Difo, yng ngro Menai. Lle y mantola (dychwel) ton. Ac felly tan amharch gwŷr ei wlad, a dyrnodiau trystiog y tonnau, y dodid ei gelain; a dyma un ffordd y cosbid bradychwyr ein gwlad, gynt.'

MOTIF: K. 2200 (Bradwr)

BEDD MABON AB MODRON : DYFFRYN NANTLLE

W.H. Ambrose, *Hynafiaethau Nant Nantlle*, 1872, t.9.

'Yn ucheldir Nantlle, yn agos i'r Ty'n Nant, yr oedd carnedd enfawr yn agos i gylch derwyddol a chromlech . . . Wrth gloddio i'r garnedd hon cafwyd ystên bridd yn llawn o ludw golosg, a'i gwyneb i waered. Barnai y diweddar Barch. J. Jones mai yma y claddwyd Mabon ab Modron, am yr hwn y crybwyllir yn "Englynion y Beddau" fod ei fedd yn ucheldir Nant Llan, sef yr un a Nantlle fe dybir. Yng nodrau Cwm Cerwin hefyd yr oedd yn weledig gistfaen o faintioli mawr, a lliaws o feini ar eu penau o amgylch. Mae y lle hwn yn "ucheldir" yn ystlys y Mynydd Mawr, a gallai ateb yn gywir i'r disgrifiad a roddir o fedd Mabon ab Modron.'

Gwelir yr un traddodiad yn:
Glasynys, 'Moel Tryfan', *Y Brython*, V, 1862, t.73.

BEDD TYDAIN TAD AWEN : DYFFRYN NANTLLE

Glasynys, 'Moel Tryfan', *Y Brython*, V, 1862, t.73.

'I lawr yn is, yng nghwr Maenor Pennardd, y mae Bryn Eura, neu Fryn Arien. Yr wyf fi mor ofergoelus a chredu mai yno y claddwyd Tydain Tad Awen. Dywed *Englynion y Beddau*, mai "ym Mryn Arien" y gwnaed hynny; ac nis gwn ond am ddau Fryn Arien, sef hwn, ac un arall yng Nghantref Creuddyn, wrth Gonwy. Tueddir fi i gredu mai yma y mae'n gorphwys yr hwn a ddosbarthodd ar ein cenedl yr elfen farddol; a'n rheswm hynny ydyw, ei fod yn cael ei osod mewn un ysgrif o *Englynion y Beddau* hefo Dylan, yr hwn y gwyddys sydd â'i fedd ger llaw "Pwynt Maen Dylan" a'u bod yn gorwedd yn "Llanveuno".

Gwelir yr un traddodiad yn:

W.R. Ambrose, *Hynafiaethau Nant Nantlle*,1872, t.9; 31.

GWYDION (Crynhoad) :

Hugh Derfel Hughes, *Hynafiaethau Llandegai a Llanllechid*, 1866, tt.16; 33; 53-4.

'Dywedir mai Gwydion ab Dôn a gododd y Tŵr sydd i'w weld ar lan afon Ogwen. Yr enw lleol arno, o ganlyniad, oedd Llys Dôn.'

Gwelir yr un traddodiad yn:

O. Jones; E Williams, W.O. Pughe, *Myvyrian Archaiology*, 1801-7, t.57.
'Golygfa oddiar ben y Wyddfa', *Y Beirniad*, 1896, tt.60-1.

Dywedir hefyd iddo fyw yn ardal Gwredog a nepell gwelir Bryn Gwydion:

Glasynys, 'Moel Tryfan', *Y Brython*, V, 1862, t.72.
Hugh Derfel Hughes, *Hynafiaehau Llandegai a Llanllechid*, 1866, t.33.
W.R. Ambrose, *Hynafiaethau Nant Nantlle*, 1872, t.33.

Bu hefyd yn byw yng Nghaer Seon, ger Conwy:

N.L.L., *A Sketch of some parts of the County of Caernarvon*, 1829, t.20.

Dywed un o 'Englynion y Beddau' i Gwydion gael ei gladdu ym Morfa Dinlle:

'Bedd Gwydion ap Dôn;
Ym Morfa Dinlle, dan fain dafeillion.'

Yn ôl rhain, noda'r Maen Llwyd ar dir Plas Newydd fedd Gwydion.

MAEN DYLAN : CLYNNOG

Owen Jones (Gol.), *Cymru : yn Hanesyddol*, 1875, t.324.

'Coffeir yn englynion Beddau Milwyr Ynys Prydain, fod – "Bedd Dylan yn Llan Feuno"; ac o fewn tua milldir a haner i "Gor Beuno", sef Eglwys Clynog, y mae penrhyn bychan yn ymestyn i'r môr, ar yr hwn, ychydig goris llinell llanw, y mae maen mawr, a elwir "Maen Dylan", oddiwrth yr hwn y mae y penrhyn yn cael ei alw "Pwynt Maen Dylan"; ac y mae yn debyg mai yma yr oedd y bedd y cyfeirid ato yn y cofion uchod.'

Gwelir yr un traddodiad yn:

Glasynys, 'Moel Tryfan', *Y Brython*, V, 1862, tt.72-3.
W.R. Ambrose, *Hynafiaethau Nant Nantlle,* 1872, t.9.

ENWAU AWGRYMIADOL ARDAL DOLWYDDELAN – David Williams, Dolwyddelan : DOLWYDDELAN

Cymru, Cyf. XXIX, tt.11-12.

'Ni wneir ond eu rhestru gan yr awdur ond gwyddys fod chwedlau'n gysylltiedig â rhai – beth am y lleill? Ymhlith yr enwau ceir: "Bryn y Goelcerth; Maes y Dyrchafiad; Beudy Llanwrach; Cae'r ystafell; Cae Cyplau; Buarth Huw; y Gader Aur; Sarn Offeiriaid; Moel Feirch; Bwlch Hediad; Bwlch Rhiw'r Ychen; Llechwedd Teg y Garnedd; Pant y Cynefin; Pant y Cesyg," etc.'

'Blaenau Dolwyddelan'

(ch) *Cymeriadau Hanesyddol*

ADFER AWEN DAFYDD NANMOR : BEDDGELERT

Bleddyn, *Plwyf Beddgelert*, 1862, t.70.

'Fe adroddir llawer o chwedlau yn Nanmor am Ddafydd, ym mhlith eraill y mae a ganlyn: "Yr oedd yn fachgen o dueddfryd myfyriol a neillduedig, oherwydd hynny anfynych y byddai'n prydyddu, os na chynhyrfid ef gan ryw ddigwyddiad neilltuol. Ei waith tra yn fachgen oedd arolygu yr adar dofion. Rhyw dro, pan oeddid heb gael pill ganddo erys talm, er mwyn adfywio ei awen, fe orchmynodd Rhys Goch i un o'r gweision i fyned a chuddio rhyw hen wydd neillduol oedd o dan ofal Dafydd, ac wedi hynny i fynd i ofyn i Ddafydd ym mhle yr oedd. Y gwas a wnaeth fel ei gorchmynasid, a'r bachgen a frawychodd oherwydd yr wydd, ac a redodd tua'r traeth i chwilio amdani. A Rhys a'i dilynodd, a daeth o hyd i'r bachgen yn wylo, a gofynodd: "Helo, Dai, am beth wyt ti'n crio?" a Dafydd a'i hatebodd:

> "Wylo'r wy heno am herwydd, – sethgeg,
> >   Mam seithgyw hannerblwydd
> > A glybu neb globen o wydd
> > Yn cleger mal ceiliawgwydd?"

Boddhaodd yr atebiad hwn yr hen Rhys gymaint fel yr ymroddodd i addysgu'r bachgen â'i holl egni. Fel pan ryw dro yn fuan ar ôl hynny, yr oedd Eisteddfod yn cael ei chynnal yn yr Hafod, fe ddarfu i Ddafydd ragori ar yr holl feirdd a oedd yn bresennol, a chario y gamp arnynt ym mhopeth.

MOTIF: P. 427.7 (Bardd)

Gwelir yr un chwedl yn:

D.E. Jenkins, *Bedd Gelert*, 1899, tt.352-3.
Carneddog, 'Dafydd Nanmor', *Cymru*, XXVI, t.71.

ANIFEILIAID LLYWELYN FAWR : NANT FFRANCON

Hugh Derfel Hughes, *Hynafiaethau Llandegai a Llanllechid*, 1866, tt.23.

'Yr oedd y Tywysog Llywelyn wrth weled cymaint o'r pendefigion Cymreig wedi troi at y brenin, wedi rhoddi gorchymyn i'w ddeiliaid yn swyddi Caer, Fflint a Dinbych, anfon eu hanifeiliaid dros afon Gonwy i fynyddoedd Eryri, ac y mae'r enwau sydd ar amryw fanau yng nghyrau Gog. y ddwy Garnedd yn cadarnhau hynny, megis Pant y March; Tros y Ceffyl; Cwm y Gaseg; Foty'r Cesyg; Pant yr Ychain; Cwm Moch a'r Foel Feirch.

TEIP: M.L. 8000 – Rhyfeloedd y Gorffennol
MOTIF: P. 551 (Brwydr)

AP RHYS : LLANBERIS

G.T. Parry, *Hanes Llanberis*, 1908, tt.95-6.

'Yn 1277, ym mis Tachwedd, rhyddhawyd ef (Owain Goch) – chwe chanrif a hanner i'r flwyddyn hon y bu hynny. Ffaith ddyddorol yn hanes yr hen Gastell Padarn yw mai efe oedd yr olaf o'r cestyll Cymreig a roddwyd i fyny i Edward I, ar ol marwolaeth Llywelyn. Gorchmynnodd y frenhines Mary fod i'r hen gastell gael ei lwyr ddinistrio, rhag iddo fod yn noddfa i ladron ac ysbeilwyr. Y mae enwau dau o'r cyfryw ar gael – un oedd Rhys Gethin, lleidr enwog Castell Dolwyddelen, a'r llall oedd Ap Rhys, yr hwn oedd yn frodor o Fon, a chanddo oddeutu hanner cant o wyr arfog. Gorchfygwyd a daliwyd ef, a chynifer oedd yn fyw o'i wyr, a charcharwyd ef yng Nghastell Beaumaris. Dedfrydwyd ef i gael ei ddienyddio. Noswaith cyn dydd y dienyddiad, breuddwydiodd y cadben fod y castell ar dân, deffroes, ac aeth i gell Ap Rhys; ond nid oedd i'w gael; ond yr oedd wedi gadael ei ddrulliau ar lawr yn dystiolaeth ei fod wedi dianc. Crogwyd ei wyr; ond ffodd Ap Rhys i'r cyfandir. Wedi hynny archwiliwyd Castell Padarn, a chafwyd llawer o drysorau gwerthfawr mewn aur ac arian, ac anfonwyd cyfran o honynt i'r brenin.

MOTIF: F. 1088 (Dihangfa hynod)

Cofnodir yr un chwedl yn:

G.T. Parry, 'Llanberis', *Cymru*, XXXI, t.67.
Dienw, *Snowdon and Llanberis*, s.d., tt.25-6.
William Owen, *History of Dolbadarn Castle*, s.d., tt.25-6.
J. Burrow (Gol.), *Borough Guide to Llanberis*, s.d., t.12.

BEDD IDWAL : NANT FFRANCON

William Owen, *History of Dolbadarn Castle*, s.d., t.3.

'Adeiladwyd Castell Dolbadarn ddau gant a deg ar hugain o flynyddoedd cyn geni Crist; a'i sefydlu gan Paris, neu Peris, yn ôl gorchymyn ei dad, Idwal neu Edwal, brenin Cymru, fel lle diogel rhag llid ac ymosodiadau ei ewythrodd a oedd mewn rhyfel enbyd yn erbyn ei gilydd ar y pryd.

Ciliodd Idwal i'r Castell a pharhaodd i grwydro cymaint ag erioed; crwydrodd, gyda llu bychan, o fynydd i fynydd, a chadwodd ei annibynniaeth cynhennid a'i ffawd dda arferol, nes, o'r diwedd ei orchfygu a'i ladd gan Rhun, yr hwn ddaeth yn frenin ar ei ôl, mewn lle a alwyd wedyn Cwm Idwal, a welir tua phum milltir o'r Castell, yn yr hwn le ei claddwyd hefyd. Parhaodd trigolion yr ardal, er amser anfesuradwy, i nodi un fangre, yn agos i Lyn Idwal, ar grib o dir sy'n codi, yr hwn a sicrhânt sydd Fedd Idwal.

TEIP: M.L. 8000 – Rhyfeloedd y Gorffennol
MOTIF: P. 551 (Brwydr)

BEDD OWAIN GLYN DŴR : BANGOR

Browne Willis, *A Survey of the Cathedral Church of Bangor*, 1721, tt.35-6.

'Ym mhen pellaf yr eglwys, mewn bwa syml yn y mur, mae bedd wedi ei orchuddio â charreg ar yr hon y mae croes sy'n rhannu ei hyd a'i lled. Yn ôl traddodiad, dywedir mai dyma gofadail Owain Glyndŵr. Nid oes arysgrif arni i ganfod pwy a'i piau; eto tybir mai bedd Owain Gwynedd ydyw, yr hwn fu farw ym 1169, ac a gladdwyd, ynghyd â'i frawd Cadwaladr, yn yr eglwys hon, fel y dywed Gerallt Gymro wrthym yn ei deithlyfr drwy Gymru. Am Owain Glyndŵr, dywedir iddo farw yn Swydd Henffordd ar ôl y flwyddyn 1414 a'i gladdu ym Monington yn y swydd yna, lle'r oedd ganddo ferch a briododd i deulu Monington.

TEIP: M.L. 8000 – Rhyfeloedd y Gorffennol
MOTIF: Z. 200 (Arwr)

Gwelir yr un traddodiad yn:

Nicholas Owen, *Caernarvonshire : a sketch of its History*, 1792, tt.49-50.
Thomas Evans, *Cambrian Itinerary*, II, 1801, t.284.
H.L. Wilson, *Around Snowdon*, s.d., t.38.

BEDD RHYS GOCH ERYRI : BEDDGELERT

Bleddyn, *Plwyf Beddgelert*, 1862, t.27.

'Mae traddodiad yn dweud mai yn un o ddau gladdfa Hafod Garegog, yr un ar yr ochr ddeuheuol, y claddwyd Rhys Goch Eryri, ac os gwir hyn fe gafodd yr hen fardd gwladgarol hwnnw ei gladdu o fewn y Priordy . . . Bu peth dadlau am y pwnc ymhlith rhai, ond mae traddodiad yr ardal, oes ar ôl oes, yn bendant a diamwys. Gofyner i'r neb y mynir o hen drigolion yr ardal pa le y mae claddfa y Tŷ Isaf? A hwy a nodant allan yr hen feddau wrth yr ywen; Ac os gofynir pa le y claddwyd Rhys Goch? dangosir y llecyn yng nghwr deheuol y fynwent. Yr ydym yn ddyledus am y ffaith ganlynol i'r Parch. Wynn Williams, Menaifron, priod yr hwn, sef Mrs Wms., ydyw y disgynnydd uniongyrchol hynaf o Rys Goch Eryri. Ychydig cyn ei marw, fe ddymunodd aeres olaf yr Hafod Garegog, sef Jane Wynn, priod y Zacheus Hughes, o Drefan, i gael ei chladdu ym medd ei hynafiad, Rhys Goch. Ac yn unol a'i dymuniad olaf, fe aed i dorri bedd yn y lle a nodai traddodiad fel y fan y claddwyd yr hen fardd; eithr wedi tirio ychydig i lawr, deuwyd at lechfaen a'r argraff canlynol wedi ei gerfio arni, "Yn rhodd gadewch lonydd i hwn." Fe wnaed yn unol a'r gais a chladdwyd Jane Wynn ym medd ei thad, o fewn y gladdfa sydd rhwng porth yr Eglwys a'r Ywen. A gwnaed nodiad o'r amgylchiad ar y pryd gan ei phriod, y Parch. Zacheus Hughes, yr hwn sydd yng nghadw gan ei wyres, Mrs Wynn Wms., Menaifron.

Gwelir yr un traddodiad yn:

Glasynys, 'Gohebiaethau', *Y Brython*, III, 1860, t.394.
Carneddog, 'Hafod Garegog', *Cymru*, X, tt.32-3.

Yn ôl William Williams (*Observations on the Snowdon Mountains*, 1802, t.47) claddwyd Rhys Goch a Dafydd Nanmor ym Meddgelert.

Y BEIRDD AR FOEL CYNGHORION : NANT Y BETWS

G.T. Parry, 'Llanberis', *Cymru*, XXX, tt.231-2.

'Tybia rhai mai ar ben y Foel hon y byddai hen dywysogion Cymreig y dyddiau gynt yn ymgynnull ynghyd i ymgynghori â'u gilydd, a phenderfynu eu cwerylon, yn gystal a chynllunio pa fodd i weithredu yn y dyddiau tywyll hynny. Tybia eraill mai y beirdd a

337

fyddai yn ymgynnull ynghyd yma am ddiogelwch, oblegid y mae hanes yn profi fod gelynaieth Edward y Cyntaf yn gryf a dialeddol at y Cymry, yn arbennig ei thywysogion a'i beirdd. Dywed traddodiad i weddill y beirdd, wedi'r lladdfa fu arnynt, ffoi am ddiogelwch i'r Foel hon, yr hon oedd y pryd hwnnw yng nghanol y forest, i ymgynghori ar gyfer y dyfodol. Ond y mae ystyr arall, meddir. Gelwir hi Moel Greorion, a dywedir i'r enw presennol ddyfod i arferiad ar ôl i'r gair "greorion" neu "gregorion" golli ei ddefnydd a'i ystyr.'

TEIP: M.L. 8000 – Rhyfeloedd y Gorffennol

Gwelir yr un chwedl yn:

Samuel Lewis, *A Topographical Dictionary of Wales*, 1838, Cyf. II.
William Williams, *Hynafiaethau Llanberis*, 1892, t.21.
Elspeth, 'Gwibdaith drwy Eryri', *Cymru*, XVI, t.265.
G.T. Parry, *Hanes Llanberis*, 1908, t.41.

Gw. hefyd 'Moel Cynghorion' a 'Llywelyn Fawr ar Foel Cynghorion'.

BODESI : NANT FFRANCON

Hugh Derfel Hughes, *Hynafiaethau Llandegai a Llanllechid*, 1866, tt.29.

Y mae yn ddywediad am ein hynafiaid, os byddai i ryfel ddigwydd troi yn eu herbyn, y ffoent yma i fynyddoedd Eryri, fel eu noddfa olaf; ac yn gytunol â hyn, tybir gan rai i Buddug ar ôl y frwydr fawr a fu rhyngddi hi a'r Rhufeiniaid, yn agos i Gaerwys, yn Sir Fflint, ffoi yma am orffwysdra ac adloniant i le a elwir Bodesi, lle yr oedd ganddi dŷ haf wrth dalcen deheuol Llyn Ogwen, lle difyrai ei phendefigion a hithau eu hunain yr haf mewn hela a physgota. Enwogodd y fenyw hon ei hun yn fawr oherwydd ei gwroldeb yn gwrthsefyll y byddinioedd Rhufeinig.

TEIP: M.L. 8000 – Brwydrau'r Gorffennol
MOTIF: P. 551 (Brwydr)

BRWYDR BACH YR ERW : DINAS DINLLE

W.R. Ambrose, *Hynafiaethau Nant Nantlle*, 1872, tt.32-3.

Yn agos i Bont Lyfni, y tu dwyreiniol i'r afon, y mae bryn bychan coediog a ffermdy yn dwyn yr enw uchod. Tybir i'r lle gael ei alw ar yr enw hwn oherwydd rhyw gysylltiad a fu rhwng Cynan, neu yn hytrach Gruffudd ap Cynan, â'r lle. Heblaw Bryn Cynan, y mae yn agos i Bron yr Erw amddiffynfa o graig a elwir Craig Cynan; ac ar derfyn Bron yr Erw y mae Pryscyni, o Prysg a Cynan. Yr oedd hefyd ym myddin y Tywysog dri o benaethiaid Gwyddelig o'r enw Encumallon, Rainallt a Mathon, ac y mae yn werth ei grybwyll mai un o'r enw Mathon yw sylfaenydd teulu y Pryscyni. Hefyd y mae yn yr un gymdogaeth adfeilion lluosog a elwir Pencadleisiau, oddi wrth Pencadlys. Yno yn ddiamau yr oedd pencadlys Trahaiarn. Ar odrau allt Pryscyni mae carnedd enfawr ac nid nepell o'r lle y mae Pen Bryn y Fynwent. Gellir cyfeirio hefyd at fryn bychan ar lan Aberdusoch a elwir Bryn y Cyrff a lle arall a elwir Bryn y Beddau a Llyn y Gelain a Chae Pen Deg ar Hugain; y mae y lleoedd hyn yn arwyddo rhyw gysylltiad agos ag ymladdfeydd gwaedlyd, yn yr ymgyrch arfog rhwng Gruffudd ab Cynan a'r gormeswr di-awdurdod, Trahaearn ab Caradog.

TEIP: M.L. 8000 – Brwydrau'r Gorffennol
MOTIF: P. 551 (Brwydr)

Cofnodir y chwedl hefyd yn:

E.T., 'Clynnog Fawr yn Arfon', *Y Gwladgarwr*, VI, 1839, t.41.
Glasynys, 'Moel Tryfan', *Y Brython*, V, 1862, t.72.
Eben Fardd, *Cyff Beuno*, 1863, t.32.

Ceir cyfeiriadau at enw Cynan yn yr ardal yn:

Owen Jones (Gol.), *Cymru : yn Hanesyddol*, 1875, tt.322; 324.
D.W. Pughe, *History of Carnarvon Castle and Town*, s.d., t.62.
J.E. De Hirsch-Davies, *History and Antiquities of Clynnog*, s.d., t.11.

BRWYDR BRYN DERWYN : CLYNNOG

William Owen, *History of Dolbadarn Castle*, s.d. tt.20-21

'Yn y flwyddyn 1246, gan fod Dafydd ab Llywelyn yn farw, gan adael unig ferch, a oedd yn briod â Syr Ralph Mortimer, uchelwr o Sais, yr hwn nad oedd y Cymry'n fodlon ei dderbyn i'w rheoli, dewiswyd tri brawd, sef Owain, a gyfenwid Llawgoch, Llywelyn a Dafydd, ar y cyd, yn Dywysogion Cymru. Hawliodd y Tywysog Owain, gan mai ef oedd yr hynaf, Gymru oll fel genedigaeth fraint. Arweiniodd hyn at frwydr mewn lle a elwir Bryn Derwyn, ym mhlwyf Clynnog . . . ac mewn llai nag awr, lladdodd Llywelyn farch

Owain Lawgoch oddi tano a gwneud Owain yn garcharor rhyfel. Torrodd lluoedd Owain eu calon o golli eu harweinydd a chiliasant oll, gan adael pymtheg cant o gelanedd ar y maes. Ac aeth Dafydd i Loegr, lle rhoes ei hun a'i fyddin o dan wasanaeth brenin Lloegr, a gadael Llywelyn yn fuddugoliaethus, yr hwn a gollasai ond tua saith gant o'i wŷr yn y frwydr.

Ymladdwyd y frwydr uchod yn gynnar y bore drannoeth Dydd Gŵyl Ifan, yn y flwyddyn 1254. Nid oedd gan Llywelyn ond naw mil o wŷr, ar draed ac ar feirch, yn ei fyddin, ond roedd gan Owain a Dafydd lawer gwell byddin o ran rhif, ond bod gan Llywelyn well milwyr. Dywaid mynach o'r oes honno mai'r diafol a barodd i Dafydd ymladd yn erbyn ei frawd. Carcharodd Llywelyn Owain yng nghastell Dolbadarn.

TEIP: M.L. 8000 – Rhyfeloedd y Gorffennol

MOTIF: P. 551 (Brwydr)

CADAIR RHYS GOCH ERYRI : BEDDGELERT

Bleddyn, *Plwyf Beddgelert*, 1862, t.61.

Yn y Gymwynas, ac ychydig o latheni yn nes i'r pentref na'r Lefal Goch, yr oedd yn aros gynt Gadair Rhys Goch Eryri. Yr oedd y gadair yn gynwysedig o fainc garreg, ddigon helaeth i dri i eistedd ochr yn ochr arni; yr oedd ei dwy ochr o ddau faen mawr wedi eu gosod ar eu penau, a maen cyffelyb yn ffurfio cefn iddi; ac ar ben y meini hyn yr oedd maen anferth wedi ei osod, yr hwn oedd yn ffurfio capan diddos uwch ben yr eisteddydd; yr oedd hefyd esgynfa o dri grisyn iddi o'r hen ffordd. Dywedir y byddai Rhys Goch yn dyfod yma beunydd i gyfansoddi ei ganiadau.

MOTIF: P. 427.7 (Bardd)

Gwelir yr un chwedl yn:

Thomas Pennant, *Journey to Snowdon*, 1781, t.183.
P.B. Williams, *History of Caernarvon shire*, 1821, t.151.
Dienw, *The Cambrian Tourist*, 1834, t.62.
Dienw, *Leigh's Guide to Wales*, 1835, t.271.
Dienw, *Cambrian Tourist's Guide*, 1847, t.1076.
Edward Parry, *Cambrian Mirror*, 1848, t.229.
Dienw, *The Tourist in Wales*, ca. 1850, t.16.
Salmon Llwyd, 'Noson yng Nghefnymeusydd', *Y Brython*, II, 1859, t.46.
Bleddyn, *Plwyf Beddgelert*, 1862, t.35.
Owen Jones (Gol.), *Cymru : yn Hanesyddol*, 1875, t.136.

Carneddog, 'Hafod Garegog', *Cymru*, X, t.32.
Dienw, *Caernarvon and Snowdon*, s.d.
Dienw, *Snowdon and Llanberis*, s.d. t.44.

CAPEL Y NANT : BEDDGELERT

Bleddyn, *Plwyf Beddgelert*, 1862, t.54.

'Mae llên gwerin yr ardal yn priodoli ei sefydliad . . . i Madog ab Owain Gwynedd, yr hwn y dywedir ei fod yn trigiannu yn yr adal hon.

Pan oedd yr hynafiaethydd Edward Llwyd, o Rydychain, yn yr ardal hon yn y flwyddyn 1693, yr oedd y Capel yn sefyll yn gyfan, ond ymddengys ei fod heb ei gysegru y pryd hwnnw: "Tair gwaith y sylfaenwyd Cappel Gwynen, ag yn ol darogan Rhobin (neu Ddafydd) Ddu, y mae ef eto heb ei gysegru." Dywedir na chladdwyd ond un corff ynddo erioed, sef corff rhyw hunan leiddiad, yr hyn sydd yn profi dywediad Llwyd.

Er pan gofnododd Edward Lhuyd y chwedl hon yn 1693 bu hon yn chwedl boblogaidd:

William Williams, *Observations on the Snowdon Mountains*, 1802, t.50.
P.B. Williams, *History of Caernarvonshire*, 1821, t.145.
John Smith, *A Guide to Bangor, Beaumaris, Snowdonia*, 1833.
Dienw, *The Cambrian Tourist's Guide*, 1847, tt.115-16.
Robert Williams, 'The Legend of Llyn yr Afangc', *Camb. Journ.*, 1859, t.142.
Y Brython, III, 1860, t.431.
Glasynys, *'Traddodiadau Eryri'*, Cymru Fu, 1862, t.466.
Owen Jones (Gol.), *Cymru : yn Hanesyddol*, 1875, t.135.
Dienw, *Snowdon and Llanberis¸* s.d., t.44.

CARIAD Y BEIRDD : BEDDGELERT

Salmon Llwyd, 'Noson yng Nghefnymeusydd', *Y Brython*, II, 1859, t.46.

'Dyma Hafod Garegog! Pa le mae Dolfriog, annedd y lanfun gleindeg Gwen o'r Ddôl? Pa un yw'r bwthyn llwyd y bu Dafydd Nanmor yn fachgen bach ar ei aelwyd? Blodeuai Rhys Goch Eryri o'r flwyddyn 1400 hyd 1450 a bernir iddo gael ei gladdu ym mhriordy Bedd Gelert. Yr mae wrth yr ywen, hyd heddiw, feddau rhai o Wynniaid yr Hafod; ond nid oes neb a edwyn fedd Rhys Goch" Dywedir mai fe oedd noddwr neu dadog D. Nanmor ond prin y gellir coelio hynny, o blegid yr oedd y ddau yn eu blodau tua'r un amser, ac y mae yn ymddagnos fod y naill a'r llall dros eu

341

penau a'u clustiau mewn cariad yr un adeg; ac fel yr oedd gwaethaf y drefn, yr oeddynt eu deuoedd am Gwen o'r Ddôl! Ond yr wyf yn rhyw hanner gredu mai Nanmor gafodd y maen i'r wal, ac mai ei eiddo ef fu Gwen o'r Ddôl. Bu gan Dafydd fab o'r enw Rhys Nanmor. Rhoes Dafydd ei gynfab, y mae yn debyg, ar enw ei hen gyfaill a'i frawd barddol; a phwy a ŵyr nad rhian dlos Dol Friog ydoedd ei fam Y mae gerllaw i'r Ddôl le o'r enw Cae Ddafydd hyd y dydd hwn, ac, os gwir y sôn y sydd, Rhys Goch a roes y fan i'w gyfaill, ac o'r lle hwnw, yn ôl eithaf tyb, yr hudodd Dafydd galon Gwen.

MOTIF: T. 92 (Dau yn caru'r un ferch)

Gwelir yr un chwedl yn:

Ellis Owen, *Y Brython*, I, 1858, t.5.
Glasynys, 'Myrddin Wyllt : sef Cân Ddesgrifiadol o Gymru', *Taliesin*, I, 1859-60, t.259.
Bleddyn, *Plwyf Beddgelert*, 1862, t.65.
Owen Jones (Gol.), *Cymru : yn Hanesyddol*, 1875, t.137.
Carneddog, 'Dafydd Nanmor', *Cymru*, XXVI, tt.71-2.
Bob Owen, Dyffryn Madog, *Cymru*, L, t.234.

CARNEDD LLYWELYN : NANT FFRANCON

Owen Jones (Gol.), *Cymru : yn Hanesyddol*, 1875, t.3

Dywedir i Llywelyn ryddhau y rhan fwyaf o'i fyddin i ddychwelyd at y cynhaeaf ar ôl enciliad y brenin (John) o Ddeganwy ac nad oedd ganaddo ond gwarchodlu bychan gydag ef pan glywodd fod John yn dod am Fwlch y Ddeufaen gyda byddin anferth. ' . . . gan hyny nid oedd ganddo ddim i'w wneyd, ond encilio can gynted ag y gallai i ganol y mynyddoedd; ac mewn tua dwy awr o amser gallasai ef a'i deulu fod wedi ymlochesu yn ddiogel yn Cwm y Gareg, neu y Nant Bach, tra yr esgynai ef ei hun a'i wylwyr i ben y clogwyn, a elwir efallai , er cof am y tro, Carnedd Llywelyn. Y mae yno hen adfeilion ar ben y Garnedd hyd heddyw, y rhai debygid, ydynt olion gwersylliad gwŷr Llywelyn yno.

Gallwn gasglu oddiwrth sylw yn un o Frudiau Rhys Goch Eryri, bardd o'r 14 Ganrif, fod yma Garnedd wedi ei chyfodi gynt ar fedd Rhitta Gawr, ac i Lywelyn ddefnyddio y lle, fel gwylfa fanteisiol ar yr achlysur dan sylw:

"Llewpart yssigddart seigddur,
Llywelyn, frenin gwyn gwyr;
Ar ben trum oer tramawr;
Yno gorwedd Rhitta gawr.
Coronog oediog ydwyt,
Dwyn o fan oer, cynnefin wyt:
Llys y gwynt, lluosog wedd,
A'r lluwch ym mol y llechwedd".'

TEIP: M.L. 8000 – Rhyfeloedd y Gorffennol

Gwelir yr un chwedl yn:

William Williams, *Observations on the Snowdon Mountains*, 1802, tt.149; 151.
Dienw, *Cambrian Tourist's Guide*, 1847, t.735.
Edward Parry, *Cambrian Mirror*, 1848, t.139.
Owen Jones, 'Hanes Llywelyn ap Iorwerth' *Golud yr Oes*, 1864, t.267.
Hugh Derfel Hughes, *Hynafiaethau Llandegai a Llanllechid*, 1866, t.23.
'Golygfa oddiar ben y Wyddfa', *Y Beirniad*, 1869, t.61.
Owen Jones, 'Cantref y Creuddin', *Y Geninen*, 1888, t.252.
Glan Menai, 'Mynyddoedd Sir Gaernarfon', *Y Geninen*, 1894, t.133.
D.J. Williams, *The Borough Guide to Bethesda*, s.d.

Lleola Glaslyn y Garnedd 'ar gorun yr Wyddfa' yn:

'Cân : Golygfa o Ben Graig y Llan', *Y Brython*, IV, 1861, tt.51-53.

CLADDU GRUFFYDD AP DAFYDD GOCH : BETWS-Y-COED

Cymru, XVIII, t.11-12.

'Gelwid (Gruffydd ab Dafydd Goch) . . . yn arglwydd Penmachno, a sicrheid ei fod yn fab llwyn a pherth i Ddafydd Goch, arglwydd Dinbych, brawd Llywelyn ab Gruffydd. Dywed hanes arall mai Dafydd Goch, arglwydd Penmachno, oedd ei dad, a hwnnw fyth yn fab llwyn a pherth i Ddafydd Goch, arglwydd Dinbych; ac os felly, yr oedd yn or-nai i Llywelyn, yr hwn sydd yn llawn mwy tebyg i fod yn gywir.

Bu farw'n lled gynnar yn y 14 Ganrif a'i gladdu yn eglwys Betws-y-coed. Rhaid oedd ei gario yno ar elor. Troellai y llwybr o'r Fedw Deg ar hyd yr allt. Er cryfed oedd cewri yr oes honno, nid gorchwyl mor hawdd oedd cludo gweddillion mor gawraidd i lawr y goriwaered . . . – pwysau o rai cannoedd, yn ddiddadl, os ydym i gredu yr hanes . . . Mae yr hanes yn unffurf a difwlch i wadnau esgidiau neu glocsiau y rhai a gludent y baich ddadgysylltu oddiwrth y cefnau, dan effeithiau y pwysau aruthrol, fel y bu raid i

343

nifer o'r cludwyr ymlwybro ymlaen yn droednoeth. Nid gorchwyl hawdd oedd croesi y rhyd islaw y fan y saif Pont Ledr gyda'r fath lwyth llethol yn pwyso ar eu hysgwyddau, a chlywais i rai o'r cludyddion gael eu sypio i lawr yn y rhyd, ac y buasai yr arch a'i chynhwysiad wedi cael ei gollwng i'r afon onibae fod ereill yn gyfleus i neidio i'r adwy ac i fynd dan y baich yn eu lle. Gyda mawr boen, ar ôl i amryw gael eu llwyr ddiwadnu, fe lwyddwyd i gludo y gweddillion i'r ceufedd o dan lawr yr eglwys, ac yno y mae Gruffudd ab yr Ynad Coch yn gorwedd; ac ar y llawr y mae cerfddelw o hono mewn rhyfelwisg, ei draed yn gorffwys ar lew – pais arfau y teulu, – ei gleddyf ar ei glun, ac yn argraffedig y geiriau, –

"Hic jacet Grufud ap Davyd Goch – son to Dafydd Goch, natural son of Dafydd Goch, brother to the Prince of Wales".'

Gwelir yr un chwedl yn:

Elis o'r Nant, *A Guide to Nant Conway*, ca. 1883, tt.30-1.

CROGI GWILYM BREWYS : ABER

Owen Jones (Gol.), *Cymru : yn Hanesyddol*, 1875, tt.4-5.

'Ond oddeutu yr adeg ymà, dygwyddodd un amgylchiad neillduol, ac y mae cof traddodiadol am dano, yn nghadw yn nghymmydogaeth Aber hyd y dydd hwn. Mewn rhyw ysgarmes a fu rhwng Llewelyn a gwyr y brenin, yn y flwyddyn 1228, yn nghymmydogaeth Trefaldwyn, lle yr oedd anwylddyn y brenin, y prif farnydd Hubert de Burgh yn adeiladu castell newydd, cymerasai Llewelyn, bendefig Seis'nig ieuanc, o'r enw William de Breos, neu *Bruce*, yn garcharor; ac efe a'i dug ef i'w gastell yn Aber, lle yr ymddygai tuag atto â haelfrydedd neillduol; ac ar ol bod yn garcharor dros ryw yspaid, efe a gafodd ei ryddid i ddychwelyd adref, ar yr ammod o roddi castell Buallt i ddwylaw Llewelyn, a thalu tua thair mil o farciau yn arian. Ond, wedi ei ollwng ymaith, cludwyd yr hysbysiad i Lewelyn, fod *de Breos*, tra yn Aber, wedi llithio y Dywysoges i gyfeillach anweddus, yr hyn a'i cythruddodd ef yn ddirfawr; ac felly, gan benderfynu dial y fath sarhad, y Tywysog a anfonodd i wahodd y pendefig Seis'nig ar ymweliad cyfeillgar i'w lŷs, yr hwn a ddaeth, a .chryn nifer o geraint a chyfeillion i'w ganlyn; ond wedi i Llewelyn eu gwledda yn groesawus, heb amlygu unrhyw arwyddion o'i ddigofaint, yn nghorph y noswaith hono, efe a barodd garcharu holl ganlynwyr W. de Breos, a'i grogi yntau ar bren, mewn lle a elwir "Gwern y Grogfa", ar gyfer y llŷs tywysogaidd. Y mae traddodiad yn yr ardal, fod y Dywysoges ar ei mynediad allan y boreu dranoeth, wedi cyfafod yn ddamweiniol â'r Bardd teuluaidd; yr hwn, gan ei fod yn deall nad oedd hi yn gwybod dim am yr hyn a gymerasai le yn nghorph y nos, a'i cyfarchai gan ddywedyd:-

Diccyn doccyn, Gwraig Llewelyn,
Beth a roit ti am weld Gwilym?"

I'r hyn yr attebai hithau fel y canlyn:-

"Cymru, Lloegr a Llewelyn,
A rown yn nghyd am weled Gwilym."

Yna y bardd, gan gyfeirio a'i fŷs at y fan lle yr oedd ef yn hognian gerfydd ei wddf wrth bren, a ddywedai, "Dacw efe!" Dywaid traddodiad hefyd i'w gorph gael ei gladdu mewn ogof, yn y maes a elwir "Cae Gwilym Ddu". Eraill a farnant mai yn y lle a elwir Braich y Bedd, yn agos i Hafod Garth Gelyn ei claddwyd : ac y mae traddodiad yn ein hysbysu fod Eglwys yn agos i'r lle hwnw yn yr hen amseroedd; ac y mae yno lannerch yn myned hyd heddyw dan yr enw "Hen Fonwent". Nid oes dim yn anhygoel yn hyn, yn gymmaint a bod genym seiliau i gredu fod un o hâf-lysoedd y tywysogion Cymreig yn y fan grybwylledig.'

TEIP: M.L. 8000 – Rhyfeloedd y Gorffennol
MOTIF: S. 113.1 (Llofruddiaeth drwy grogi)

Gwelir fersiwn cynharaf y chwedl hon yn Llsgf. Peniarth 114, t. 110 o ddechrau'r ail ganrif ar bymtheg. Yno cofnodir y fersiwn canlynol:

dingl dongl gwraig llewelyn
beth a roi di er gweled Gwilym
Kymry a lloegr a llewelyn
a ro iti er gweled Gwilym.
ag yna y dangosses y dyn iddi
Gwilim le Brewys ynghrog worth
bren. ag a barodd hi erlyn y dyn
hyd yn emy tref y Klawdd y maelienydd
ag yno y llas ef.

Cofnodwyd nifer o fersiynau ar y chwedl hon:

William Williams, *Observations on the Snowdon Mountains*, 1802, t.96.
P.B. Williams, *History of Caernarvonshire*, 1821, tt.29-30.

Dienw, *The Cambrian Tourist*, 1834, tt.233-4.

Dienw, *Leigh's Guide to Wales*, 1835, t.42.

Thomas Turner, *Narrative of a Journey*, 1840, tt.157-8.

Dienw, *Cambrian Tourist's Guide*, 1847, tt.2-3; 735.

Edward Parry, *Cambrian Mirror*, 1848, tt.138-9.

Dienw, *The Tourist in Wales*, ca. 1850, t.181.

John Hicklin, *The Handbook to Llandudno*, 1858, tt.151-2.

J.B. Davidson, *The Conway in the Stereoscope*, 1860, tt.146-7.

Owen Jones, 'Hanes Llewelyn ap Iorwerth', *Golud yr Oes*, 1864, tt.302.

Thomas Pennant, *Teithiau yng Nghymru*, cyfieithiad John Rhys, 1883, t.425.

A. Roberts; E. Woodall, *Gossiping Guide to Wales*, 1907, tt.254-5.

Emrys Rowlands, 'Traddodiad am Wraig Llywelyn Fawr', *Llên Cymru*, 1958-9, t.86.

D.W. Pughe, *An Historical Sketch of Conway Castle*, s.d., t.57.

William Owen, *History of Dolbadarn Castle*, s.d., tt.19-20.

Codwyd o'r *Darian*, 1918:

> Gwern grogedig lle melltigedig
> Lle crogwyd ar bren rhwng daear a nen
> Yr hen Wilym Ddu, yn ymyl ty ni.

CROGI RHOSIER DE PULESTON : CAERNARFON

'Castell Caernarfon' *Golud yr Oes*, 1863, tt.7-8.

'Torodd y fflam allan gyda grym, a chyrhaeddodd yn fuan dros hyd a lled y dywysogaeth. Maelgwyn yn Mhenfro a Morgan yn Morganwg, ynghyda Madog (mab ordderch i Llewelyn) yn Ngwynedd, a gyfodasant ar unwaith mewn arfau.

Un o weithrediadau cyntaf yr olaf oedd cymeryd tref a chastell Caerynarfon: dichon fod y ffaith mai yno yr oedd Trysorlys Gogledd Cymru, lle y dygid arian y trethi i'w cadw, ynghyda chyflwr anorphenol y castell, a bychander nifer y gwarchawdlu i'w amddiffyn, yn anogaeth gref iddi ymgynyg at hyn. Diwrnod y ffair flynyddol a benodwyd ganddynt at y gorchwyl, ac yn fore iawn y dydd hwnw, cafodd nifer o honynt i mewn i'r dref trwy y Porth mawr, wedi ymwisgo mewn modd na ellid eu hadnabod, nac amheu eu bwriad; a phan oedd y ffair yn uchder ei ffwndwr a phleser ac elw yn tynu sylw pob bwrdeisiad a thrafnidiwr prysur – mewn monent, ar arwydd penodol, Madog a'i blaid, y rhai oeddynt wedi cynllunio eu mesurau yn fedrus, a dynasant allan eu harfau, ac a ruthrasant ar y gwarcheidwaid synedig; ymladdfa law-law, fer a gwaedlyd, a ddylynodd, a llifai gwaed yn brysur – eithr ni pharhaodd ond ychydig, syrthiodd y gwarchawdlu yn fuan dan ddyrnodiau y Cymry beiddgar a phenderfynol. Cyflafan gyffredinol a fu y canlyniad, a chyn pen ychydig oriau yr oedd y dref yn wenfflam, a'r heolydd yn gochion gan waed pob Sais o'i mewn, yn cydredeg yn un afon i lawr tua'r Menai! Syr Roger de Puleston, yr hwn a fuasai gynt yn llywydd y castell, ond yn awr yn brif Arolygydd y Dreth dros y llywodraeth Seis'nig, ac yn wrthddrych llid a drwg-ewyllys y Cymry – yn unig a achubwyd; ond och! i gael ei grogi fel ci uwchben drws ei balasdy ei hun.

Nid yw o un dyben i ni ddylyn gweithrediadau Madog. Digon yw dywedyd iddo chwalu Castell Caerynarfon braidd hyd y llawr, a gwneyd yr un peth a'r castelli eraill perthynol i'r brenin trwy holl Ogledd Cymru, a gorchfygu Ieirll Lancaster a Lincoln ar forfa Dinbych, nes diweddu ei yrfa fer, ond disglaer, trwy gael ei gymeryd yn garcharor ar fryn Digoll, yn agos i Drefaldwyn.

TEIP: M.L. 8000 – Rhyfeloedd y Gorffennol
MOTIF: S. 113 (Llofruddiaeth drwy grogi)

Gwelir yr un chwedl yn:

P.B. Williams, *History of Caernarvonshire*, 1821, t.81.
Owen Jones (Gol.), *Cymru : yn Hanesyddol*, 1875, t.22.

CROMLECH HWFA – Sut y cafodd ei enw : BETWS-Y-COED

Owen Jones (Gol.), *Cymru : yn Hanesyddol*, 1875, t.155.

'Y mae lle o'r enw "Cromlech Hwfa", i'w ganfod ar dir Pen yr Allt, yn y plwyf hwn, oddeutu chwarter milldir i'r gogledd oddi ar afon Lligwy. Nid ydyw y lle hwn o'r un ffurf a'r hyn a elwir "Cromlechau" yn gyffredinol ond math o loches o dan graig ydyw, ac ychydig geryg wedi eu dodi fel cysgod o un ochr iddi, a'r traddodiad yn ei chylch ydyw, mai yma y bu 'Hwfa ab Cyfnerth ab Rhyddon' yn llechu, pan yr oedd Gwilym ab Herbert, Iarll Penfro, yn anrheithio Nant Conwy; am yr hwn y dywedir iddo 'lwyr anrheithio holl Nantconwy, hyd blwyf Dolwyddelan, er dial ar gefnogwyr yr Iorciaid. At yr anrheithiad hwn y cyfeiriai un o'r Beirdd yn y llinellau canlynol:

'Harddlech a Dinbech, pob dôr,
Yn cynneu,
Nantconwy yn farwor,
Mil a phedwar cant mae Ior,
A thri ugain, ac wyth rhagor.'

TEIP: M.L.8000 – Rhyfeloedd y Gorffennol
MOTIF: R.315 (Ogof fel cuddfan)

Gwelir yr un chwedl yn:

Thomas Pennant, *Journey to Snowdon*, 1781, t.135.
Elis o'r Nant, *A Guide to Nant Conway*, ca. 1883, t.39.

CUDDIO YN Y TWLL DU : NANT FFRANCON

Owen Jones (Gol.) ***Cymru: yn Hanesyddol,*** **1875, t.38.**

Dywedir fod Einion ab Gwalchmai wedi bod yn llechu yma (yn y Twll Du), pan ar ffo rhag dialedd Dafydd ab Owain Gwynedd, am bleidio ei frawd Howel; a Rhys Goch Eryri, pan ar ffô am bleidio Owain Glyndŵr.

TEIP: M.L. 8000 – Rhyfeloedd y Gorffennol
MOTIF: R.315 (Ogof fel cuddfan)

CYFLAFAN MENAI : ABER

'Golygfa oddiar ben y Wyddfa', ***Y Beirniad,*** **1869, tt.63;66.**

Rhwng Abergwyngregin a'r mynydd y mae Garth Celyn – llys amryw o dywysogion Gwynedd. Ar nos cyflafan y Menai . . . gwahoddodd Llywelyn enwogion ei fyddin yno i gynal gwledd ardderchog er coffadwriaeth am fuddugoliaeth y dydd, ac er eu calonogi ar gyfer eu hynt filwrol tua'r Deheubarth ar ôl y gelyn, yr hon a brofodd yn angeuol i'r tywysog ger Cefn y bedd yn nghantref Buallt yn y flwyddyn 1282. Cyflafan ddychrynllyd arall oedd hono yn amser goresgyniad Iorwerth I, pan wnaeth bont fadau wrth Foel y Don i gysylltu llynges y 'Pump Porthladd' oedd yn Môn a rhan arall o'r fyddin oedd yn Arfon, er cymeryd meddiant o Eryri cyn drycinoedd y gauaf. Tra yr oedd y fyddin yn trefnu ei hun rhwng Port Dinorwic a Bangor, a'r llanw wedi tori ei chysylltiad oddi wrth y bont fadau, rhuthrodd lluoedd y 'Llyw Olaf' arnynt o'r mynyddoedd, lle yr ymguddient, gan eu gwthio o'u blaen. Syrthiodd y dwthwn hwnw, Lucas de Taney, 15 o farchogion, 30 o ysweiniaid, a mil o filwyr cyffredin.

TEIP: M.L. 8000 – Rhyfeloedd y Gorffennol
MOTIF: P.551 (Brwydr)

Rhydd Owen Jones (*Cymru: yn Hanesyddol*, 1875, t.6) yr englyn a gyfansoddodd Llywelyn:

'Mae'n don llawer bron llu'r brenyn – heddyw
    Er hawdded ein chwerthin;
    Llawer Sais, leubais libin
    Heb un chwyth fyth o'i fin.'

a hefyd fersiwn arall y dywedir ei gyfansoddi gan Cadwgan Ffôl:

'Llawer brân sy'n eisiau i'r brenin heddyw;
    Hawdd gallwn chwerthin;
    Llawer Sais, leubais libin,
    A'r gro yn dô ar ei din.'

Gwelir yr un chwedl yn:

Edward Parry, *Cambrian Mirror,* 1848, t.140.

CYMERIAD A MAINT DAFYDD NANMOR : BEDDGELERT

Bleddyn, *Plwyf Beddgelert*, 1862, t.70.

Dywedir ei fod, pan wedi tyfu i fyny yn ddyn, yn llaprwth mawr afrosgo esgyrniog, llonydd a hunan-neillduedig; o ymarweddiad difrifol, ac o fuchedd hynod o foesol; yr hyn oedd yn peri i'w gydfeirdd cydoesol ei gasau. Yr oedd yn hynod o benderfynol yn yr hyn a fyddai, a rhyw dro yr oedd Eisteddfod yn cael ei chynnal yn y Tŷ Mawr, yn y lle yr oedd prif feirdd Gwynedd yn wyddfodol. Yr oedd Dafydd rywfodd wedi eu digio, a phenderfynwyd ei rwystro i mewn i'r Eisteddfod y dydd nesaf. Ond aeth Dafydd yno er hynny, a phan gafodd y drws yng nghauad, efe a gododd ei ddwrn mawr ac a'i tarawodd nes oedd yng nghanol y neuadd; yna aeth i mewn yn hollol ddigyffro, yn ôl ei arfer, ac a drechodd ar yr holl feirdd, am nerth awen a meistrolaeth ar y cynganeddion! Gallem ychwanegu nifer chwedlau cyffelyb amdano.

MOTIF: F.610 (Gŵr eithriadol gryf)

DAFYDD AB SIENCYN A'I ŴYR FEL TYLWYTH TEG : DOLWYDDELAN

Owen Jones (Gol.) *Cymru: yn Hanesyddol,* 1875, t.443.

Ar ôl hir ymryson, a llawer o ymladdau, bu raid i Dafydd ab Siencyn ffoi o'r wlad, ac efe a aeth drosodd i'r Iwerddon lle yr arhosodd tua blwyddyn. O'r diwedd, efe a ddychwelodd, yn y tymhor haf, wedi ei wisgo ei hun, a gwisgo ei ganlynwyr, mewn dillad gwyrddion; a'r rhai hyn a wasgarid ganddo yma a thraw yn mysg ei gyfeillion, gan lechu y dydd, a chwilena y nos; ac os dygwyddai i rai o bobl y wlad eu gweled, dywedent mai y Tylwyth Teg oeddynt, a rhedent o'u ffordd gan eu hofn.

MOTIF: F.251.14 (Herwyr yn gwisgo amdanynt fel Tylwyth Teg)

Gwelir yr un chwedl yn:

T. Gwynn Jones, *Welsh Folklore,* 1930, t.54.

Dafydd ab Siencyn a'r Wledd : Dyffryn Conwy

Elis o'r Nant, *A Guide to Nant Conway,* ca. 1883, tt.16-18.

Mae traddodiad iddo guddio yn 'Ogof Dafydd ab Siencyn' ar Garreg y Gwalch a gelwir ei safle, ar ben y Garreg, yn Glogwyn yr Ogof. Roedd yn ymladdwr enwog ac yn ffoadur rhag y gyfraith. Ef oedd arweinydd y Lancastriaid yn yr ardal a nodir iddo ef a Ieuan ab Robert ab Meredydd (a oedd yn hen-hen-daid i Syr John Wynn) losgi tref Dinbych ac iddo drywanu'r Barnwr Coch ei hun â'i gyllell ac iddo'i dangos wedyn â'r gwaed wedi fferru arni. Gyrrodd Edward IV William, dug Penfro i ddifetha Caernarfon a Meirion yn dâl am hyn ac ar ôl gwneud daeth i ddathlu ar un o gaeau y Berth Ddu. Ond gwelai Dafydd hwy o'i ogof uwchben a chwalodd y 'dathliad' drwy saethu atynt a bwyta eu gwledd ei hun!

TEIP: M.L. 8000 – Rhyfeloedd y Gorffennol
MOTIF: K.913 (Arwr cudd yn ymosod ar elynion mewn gwledd)

Dal y Tywysog Dafydd : Nant Ffrancon

Hugh Derfel Hughes, *Hynafiaethau Llandegai a Llanllechid,* 1866, t.20.

Yng Ngwaun y Bera Mawr y daliwyd yr anffodus Dywysog Dafydd ab Gruffydd . . . yr amgylchiadau sydd debyg i hyn. Ar ôl i'r byddinoedd Seisnig ddylifo tros y wlad, ac i Ddafydd orfod cilio o Gastell y Bera (Castell Dolbadarn) gydag ychydig wŷr i'r cymoedd a'r bryniau, ymddengys iddo fod yn gwersyllu yng Ngherrig Henllys yr ochr ddwyreiniol Pant yr Ychen yng ngodre Carnedd Dafydd, a dynodir eto linelliad ei wersylliad gan olion ambell gwt crwn, y rhai a gyrhaeddant Gerrig Henllys ar draws Pant yr Ychen hyd Fwlch Anela ar Gefn yr Orsedd, o'r lle y deuai i lawr i Lain y Pebyll ar lan Ogwen, ar dir Coetmor, ac o'r tu isaf i Fethesda, i ddysgu bechgyn Eryri mewn ymarferion milwraidd; ac y mae y lle hyd heddiw yn cael ei alw yn Ddôl Ddafydd ar yr hon ryw 55 o flynyddoedd yn ôl yr oedd tair o golofnau, ac ar ben pob un, yr oedd modrwy haearn, a elwid dyrntol, lle y sicrheid y babell, ond Llain y Pebyll, meddir, oedd enw y fan cyn hynny. Yma, gan hynny, y dysgai y tywysog yr ieuenctid i drin y saeth a'r bicell, tra y diogelai ei deulu yng ngodre'r Garnedd sydd ar ei enw.

Daeth y gelyn i mewn (i Wynedd) fel afon, a chymerodd feddiant o'r holl wlad o hendref i fynydd, a bu Dafydd o hynny allan yn ffoadur crwydredig, efe a'i deulu, yn y gellioedd a'r corsydd . . . Ac yn y cyflwr hwn yr oedd pan ei daliwyd yng Ngwaun y Bera Mawr, yn agos i Nanhysglain, yr hyn a ddygwyd o gwmpas trwy lwgrwobrwyo Einion ab Ifor a Gronw ab Dafydd, y rhai a wyddent am y lle, ac a ddaethant arno yn y nos, ar y 21ain o Fehefin, 1283, pan y dygwyd ef a'i wraig, ei ddau fab, a'i saith merch yn garcharorion at Edward i Gastell Rhuddlan, a chyda hwy greiriau, teyrndlysau Cymru, a choron y Brenin Arthur.

TEIP: M.L.8000 – Rhyfeloedd y Gorffennol
MOTIF: K.2200 (Bradwr)

Gwelir yr un chwedl yn:

Edward Parry, *Cambrian Mirror*, 1848, t.207.
Teithydd, 'Gohebiaethau', *Y Brython*, III, 1860, t.194.
'Golygfa oddiar ben y Wyddfa', *Y Beirniad*, 1869, tt.52;61.
Owen Jones (Gol.), *Cymru: yn Hanesyddol*, 1875, t.6.
Glan Menai, 'Mynyddoedd Sir Gaernarfon', *Y Geninen*, 1894, t.133.
Y Faner, Tachwedd 16, 1973.

DARGANFOD GALLU DAFYDD NANMOR : BEDDGELERT

Bleddyn, *Plwyf Beddgelert*, 1862, t.69.

Yn ardal Harlech, dywedir mai brodor oddi yno oedd Dafydd; a'r modd yr aeth i Nanmor oedd fel hyn: 'Ryw dro, fel yr oedd Rhys Goch yn croesi y Traeth Bach, wrth fyned i'r Llys i Harlech, efe a gyfarfu â bagad o bobl yn myned i hel cocos i'r Traeth Mawr; ac efe, yn ôl arfer yr hen feirdd, a'u cyfarchodd fel hyn:

'Mae'n gynnar i grogena, – a'r ia
Mor wyn ar yr Wyddfa.'

Yn ddioed atebwyd ef gan fachgenyn o'r dorf fel hyn:

'Byd aruthr yw bod eira,
A'r un haul rŵan a'r ha'.'

Fe synnwyd Rhys gymaint gan fedr a pharodrwydd y bachgennyn, fel yr erfyniodd ei gael gan ei fam i fyned gydag ef adref yn was; ac efe a'i haddysgodd, etc., fel y dywedir yn nhraddodiad Penmorfa.

MOTIF: P. 427.7 (Bardd)

Gwelir yr un chwedl yn:

Carneddog, 'Dafydd Nanmor', *Cymru,* XXVI, t.71.

Yn ôl Bleddyn, (*Plwyf Beddgelert,* 1862, t.69), dywedid ym Mhlwyf Penmorfa mai brodor oddi yno ydoedd ac iddo gael ei eni yn yr Erw Deg. Darganfyddwyd ei allu barddonol fel yn y chwedl uchod, fodd bynnag.

Dywed Bleddyn ymhellach fod traddodiad yn Nanmor yn dweud mai mab gordderch Rhys Goch oedd Dafydd ac i Rhys ei fabwysiadu ar ôl darganfod ei allu fel bardd.

Dywedir i Rhys Goch fod yn garedig iawn wrth Dafydd ac iddo roddi tir ac eiddo oedd gynt yn rhan o'r Hafod Garegog iddo'n rhodd, sef Tan y Rhiw a Chae Ddafydd:

Bleddyn, *Plwyf Beddgelert,* 1862, t.65.
Owen Jones (Gol.), *Cymru: yn Hanesyddol,* 1875, t.137.

DIAL RHODRI : DYFFRYN CONWY

Owen Jones (Gol.) *Cymru: yn Hanesyddol,* 1875, t.130.

Ymladdwyd brwydr fyth-gofus gerllaw y Cymryd, (neu, 'y Camryd', fel y myn rhai ei enwi,) o fewn y plwyf hwn, yn y flwyddyn 880, rhwng Anarawd, tywysog Gwynedd, âg Eldred, Iarll Mersia, yr hwn a geisiai oresgyn Gogledd Cymru. Ennillodd Anarawd fuddugoliaeth drwyadl yn y frwydr hon, gan yru y Mersiaid i ffoi o'r maes, a pharhau i'w hymlid, nes eu deol yn llwyr o'r Dywysogaeth o'r diwedd. Galwyd y fuddugoliaeth hon gan Haneswyr Cymreig, 'Dial Rhodri', am fod Anarawd drwyddi, wedi cael cyfle i ddial lladdedigaeth ei dad Rhodri gan y Sacsoniaid, yn eu cad-gyrchiad i Ynys Fôn, ychydig cyn hyn.

TEIP: M.L. 8000 – Brwydrau'r Gorffennol
MOTIF: P.551 (Brwydr)

Gwelir yr un chwedl yn:

Robert Williams, *History of Aberconway*, 1835, t.9.
Samuel Lewis, *A Topographical Dictionary of Wales*, Cyf. II, 1838.

Ceir ychwanegiad i'r chwedl yma yn:

Elis o'r Nant, *A Guide to Nant Conway*, ca. 1883, t.6.
Dienw, *Archaeological Research*, ca. 1910, tt.15-16.

Yno, dywedir i Anarawd ddal Edred a'i aberthu ar 'Allor Moloch', sef y gromlech sydd ger Tal-y-cafn. Cynheuwyd tân o dan yr allor nes bod y cerrig yn wynias. Gosodwyd Edred arnynt â gefail arbennig ac roedd y gwres mor aruthrol fel y troes yn llwch ar unwaith, yr hwn a chwythwyd i'r pedwar gwynt.

Drws y Coed : Dyffryn Nantlle

W.R. Ambrose, *Hynafiaethau Nant Nantlle*, 1872, t.51.

Mae rhai o'r hen bobl hynaf sydd yn awr yn fyw yn cofio llanerchau mawrion o goed mor drwchus fel y gellid 'Cerdded hyd eu penau am filldiroedd'. Dywed un hanesydd eu bod yn Drws y Coed mor drwchus fel na ellid gweled y ffurfafen nes dyfod i fyny yr allt yng nghyfeiriad y Rhyd-Ddu, lle yr oeddynt yn lleihau a theneuo. Y lle a elwir am y rheswm hwn yn Bwlch Goleugoed, am mai yma y gellid gweld y nefoedd trwy dewfrigau y coed. Yr oedd hen ffordd Rufeinig ar y cyntaf yn cychwyn o Feddgelert, heibio i Rhyd Ddu, yn uchel ar y Mynyddfawr, tros Fwlch y Pawl, i lawr at Bodaden, lle mae ei holion yn weledig eto, i lawr gan groesi afon y Foryd i Dinas Dinlle. Dyma'r unig ffordd o gyfeiriad Beddgelert i Benygroes a Clynnog Fawr, mae'n debygol, yn flaenorol i ymweliad Iorwerth y Cyntaf â'r lle. Eithr Iorwerth yn hytrach na dringo i fyny y llechweddau serth, a osododd ei filwyr ar waith i dorri drws trwy y coed, yn yr agorfa gul wrth droed y Mynyddfawr, fel y gallai ef a'i osgordd drafaelu yn hawddach i Faladeulyn. Pan gyflawnodd y milwyr hyn, nes oeddynt mewn lle clir, wrth edrych o'u hôl, hwy a waeddasant 'Gorffenwyd Drws yn y coed'! a dyna, yn ôl awdurdod y traddodiad hwn, a roddodd fodolaeth i'r enw Drws y Coed.

TEIP: M.L. 8000 – Rhyfeloedd y Gorffennol

Gwelir yr un chwedl yn:

Thomas Evans, *Cambrian Itinerary*, II, 1801, t.299.
G.J. Freeman, *Sketches in Wales*, 1826, tt.184-5.

Asiedydd, 'Nant Nantlle', *Cymru* IX, tt.103-4.
Dienw, *Hen Draddodiadau Dyffryn Nantlle* (Llsgf.) s.d.

EDNYFED FYCHAN : NANT FFRANCON

'Golygfa oddiar ben y Wyddfa', *Y Beirniad*, 1869, t.62.

Ymddengys i hiliogaeth Iarddur (maeslywydd Llywelyn ap
Iorwerth) gymysgu drwy briodas â disgynyddion Ednyfed Fychan,
prif faeslywydd a phen cynghorwr y Tywysog Iorwerth ap Griffith,
Barwn Brynffanigl, yn swydd Dinbych, ac Arglwydd Criccaith yn
Eifionydd. Yn ôl llafar gwlad, Ednyfed Fychan adeiladodd Coet
Mor y waith gyntaf, ac efe oedd prif balas Iarddur, a chan gangen
o'i hiliogaeth ei preswyliwyd dros ganrifoedd ar ei ôl.

YR EISTEDDFOD GYNTAF : DYFFRYN CONWY

Brenda Lewis, *Straeon Arfon*, 1972, t.30.

Dywedir fod Maelgwn (Gwynedd) wedi trefnu cystadleuaeth
rhwng y beirdd a'r telynorion a bod y gystadleuaeth i'w chynnal ar
fynydd Conwy. Roedd Maelgwn am i'r beirdd ennill, felly
gorchmynnodd i bawb nofio ar draws yr afon o Ddeganwy. Wrth
gwrs, methodd y telynorion a chadw eu telynau yn sych a doedd
dim posib eu canu, felly y beirdd a enillodd yr ornest.

MOTIF: H.509.4 (Profi gallu barddonol)

Ceir yr un chwedl yn:

M.L.L. *A Sketch of some parts of the County of Caernarvon*, 1829, tt.19-20.
Robert Williams, *History of Aberconway*, 1835, t.113.
G.A. Humphries, *Deganwy Castle*, 1910, t.13.

Ceir cyfeiriad at yr hanes mewn cerdd a gyfansoddwyd gan Iorwerth Beli tua'r
flwyddyn 1240 ar gyfer Esgob Bangor.

FOTY'R FAMAETH : NANT FFRANCON

Teithydd, 'Gohebiaethau', *Y Brython*, III, 1860, t.194.

Wrth ddychwelyd rhyngom a'r Foelwynion, dywedai fy arweinydd
wrthyf, 'Yn awr mi a ddangosaf i chwi lannerch ddyddorawl arall';
ac efe a'm harweiniai at ryw adeilad isel, tebyg yr olwg arno i luest

bugail; ond bod ei adeiladwaith ychydig yn gryfach a mwy rheolaidd. 'Y fan hon,' eb efe, 'a elwir Hafoty y Famaeth,' ac y mae traddodiad byw ynghadw gan y bugeiliaid yma o oes i oes fod teuluyddes i Arglwydd Gwydir, o'r enw Catherine, wedi prifio yn feichiog o'i meistr; ac iddo yntau pan yn deall fod amser ei thymp yn agosau, beri i'r gwas ei chymeryd i hen balas oedd ganddo yr ochr arall i'r mynydd, ar lan y Menai, a elwid 'Y Wig'; i 'orwedd i fewn'; ond goddiweddwyd Catherine â phangfeydd esgor ar y mynydd a bu yn dda iddi allu cyrhaedd yr Hafoty hwn, yr hwn a adeiladasid at wasanaeth boneddigion pan ddelent i'r mynyddoedd hyn i hela; ac yma; meddir, ganed mab iddi, yr hwn a elwid 'Twm Sion Cati'; a'r lle a elwir yn y canlyniad 'Hafoty y Famaeth'. Clywsom lawer gwaith o'r blaen, fel traddodiad o ben i ben, mai mab o ordderch i Syr John Wyn o Wydir, oedd 'Twm Sion Cati'; ond ni feddyliasom erioed o'r blaen, nad yng nghymdogaeth Tregaron y'i ganesid. Pa fodd bynag, y mae y traddodiad hwn am ei enedigaeth yn yr Hafoty anghysbell hwn ym mynyddoedd Eryri, yn cyfateb yn hynod â nodwedd ramantus y rhan flaenaf o'i oes; ac y mae yn ffaith yr arferai teithwyr groesi y mynyddoedd yn y cyfeiriad yma o Lanrwst i Fangor, cyn i'r ffordd ragorol sydd yn myned dros y Benglog, gael ei gwneuthur, ac nid oedd oddi ar deirawr o daith, o Wydir i'r Wig yn y cyfeiriad crybwylledig.

Gwelir yr un chwedl yn:

Hugh Derfel Hughes, *Hynafiaethau Llandegai a Llanllechid*, 1866, t.18.
Owen Jones (Gol.), *Cymru: yn Hanesyddol*, 1875, tt.6-7.

FFAIR IORWERTH : LLANBERIS

Thomas Pennant, *Journey to Snowdon*, 1781, t.170

Cyn gynted ag y gorffennodd Iorwerth I ei orchfygaeth cynhaliodd ffair fuddugoliaethus ar hwn, ein prif fynydd; yna fe'i gohiriwyd i orffen llawenydd ei fuddugoliaeth gyda thwrnameintiau defodol ar wastatir Nefyn.

TEIP: M.L. 8000 – Rhyfeloedd y Gorffennol
MOTIF: P.561 (Twrnameint)

Gwelir yr un traddodiad yn:

Dienw, *An Accurate Account*, ca.1812-3.
Dienw, *The Cambrian Tourist*, 1834, t.82.

FFRWD GWENWYN Y MEIRCH : DYFFRYN CONWY

Morris Jones, *Hanes Trefriw*, 1879, t.19.

Saif y lle hwn yn agos i Bryn Pyll, cafodd yr enw oddi wrth y
gwragedd a fu ynddo yn byw yn amser y Brenin Iorwerth. Ar ôl
lladd Llywelyn a Dafydd ei frawd, . . . cymerodd mab dwy ar
bymtheg oed Llywelyn, Madog y llywyddiaeth yn lle ei dad, gan
erlid ar ôl Iorwerth o derfynau uchaf yr Eryri, trwy Gapel Curig
hyd Gorwen, gan adael y Gwragedd yn yr Hafod gerllaw Bryn Pyll.
Fe ddywedir i rhyw fradwr Cymreig roddi gwenwyn yn y dŵr sy'n
rhedeg heibio i Hafod y Gwragedd, ac i luoedd o feirch y milwyr
Cymreig farw mewn canlyniad i'w yfed. Gelwir y ffrwd wrth yr enw
'Ffrwd Gwenwyn y Meirch' hyd y dydd heddiw.

TEIP: M.L. 8000 – Rhyfeloedd y Gorffennol
MOTIF: K2041.1 (Gwenwynwr twyllodrus)

GELERT : BEDDGELERT

Rhys Ddwfn, 'Y Wlad a Syr Oracl', *Cymru Fu*, 1862, tt.25-6.

Llywelyn Fawr a gyfaneddai ar ynys Môn, ac yr oedd iddo hafotty
yn mynyddoedd Eryri, gerllaw y fan y saif yn bresenol bentref
Beddgelert, lle y treuliai efe rai wythnosau yn yr haf gyda'r
difyrwch o hela iwrchod, ysgyfarnogod, &c. Gan y tywysog hwn yr
oedd milgi rhagorol a dderbyniasai efe yn anrheg oddiwrth ei dad-
yng-nghyfraith, Ioan, brenin Lloegr, ac enw y ci ydoedd *Kilhart*.
Yn gyffredin dygai Llywelyn ryw ran o'i deulu gydag ef i hafota; a'r
tro y cyfeirir ato yma, ei unig blentyn a'i famaeth. Cychwynodd
allan i hela un bore, gan adael ei etifedd yn ngofal y forwyn hyd
oni ddychwelai. Y famaeth yn llawn chwilfrydedd am weled y
golygfeydd swynol oddiamgylch, a adawodd y plentyn yn ei gryd,
ac a aeth allan i rodiana (*Seisnes* oedd hi, meddai Glasynys). Wedi
i Llywelyn a'i gymdeithion ddechreu hela, sylwyd fod Kilhart (neu
Celert, yn ôl dull pert y Cymro o swnio y gair) yn absenol a synai
pawb yn fawr at ei absenoldeb. Pa fodd bynag, dychwelod
Llywelyn a'i osgordd yn gynharach nag arfer y diwrnod hwnw, a
chyrhaeddasant yr hafotty o flaen y forwyn; a phan yn ymyl cartref,
wele Celert yn orchuddiedig â gwaed yn rhedeg i'w gyfarfod, dan
ysgwyd ei gynffon, a dangos pob arwydd o lawenydd ar ei

ddyfodiad. Prysurodd tua'r tŷ; ac ar ôl myned i fewn, O! olygfa dorcalonus! y llawr yn goch gan waed, a'r cryd a'i wyneb yn isaf, heb olwg ar y baban yn unman. Ymsaethodd y drychfeddwl ofnadwy trwy ei enaid fod ei anwylyd wedi ei ladd, ac mai Gelert oedd y llofrudd, ac heb un foment o betrusder, dadweiniodd ei gleddyf, a throchodd ef yn ngwaed calon y milgi diniwaid. Un ddolef, a dyna y creadur ffyddlawn yn ysgerbwd. Yna codwyd y cryd, a chafwyd y plentyn yn cysgu yn dawel, a cherllaw hyny genaw blaidd anferth yn furgyn marw ar lawr mewn llyn o waed. Nid oedd gan y tywysog edifarus ddim i'w wneud ond gofidio oherwydd ei fyrbwylldra. Claddwyd Gelert yn barchus mewn llecyn teg gerllaw, a chodwyd tomen o geryg ar ei fedd, ac adwaenir y fan yn awr fel Bedd Gelert. Oddiar yr hanesyn hwn y tarddodd y diarhebion Cymreig – 'Cyn dial gwybydd yr achos', ac 'Ystyr ddwywaith cyn taro unwaith', a 'Gwaith byrbwyll nid gwaith ystyrbwyll', a'r wireb, 'Mor edifar a'r gŵr a laddes ei filgi'.

TEIP: A–T. 178A – Llywelyn a'i Gi
MOTIF: B.331.2 (Llywelyn a'i gi)

Mae hon yn un o chwedlau mwyaf enwog a phoblogaidd yr ardal. Ceir y cyfeiriad cynharaf ati mewn englyn o'r bedwaredd ganrif ar ddeg a nodir gan Edward Jones (*Musical and Poetical Relicks of the Welsh Bards,* 1784, t.40):

'Claddwyd Cilhart celfydd – ymlyniad
Ym mlaenau Eifionydd
Pa rawd giniaw da i'w gynnydd
Parai'r dydd yr heliai'r hydd.'

Nodir y chwedl gan nifer fawr o deithwyr a chofnodwyr:

J. Evans, *A Tour through part of North Wales,* 1798, tt.155-6.
Thomas Evans, *Cambrian Itinerary,* II, 1801, t.304.
William Williams, *Observations on the Snowdon Mountains,* 1802, t.45.
Dienw, *A Tour in Wales,* 1806, t.97.
J. Evans, *Caernarvon and Denbigh,* 1810, tt.405-6.
Dienw, *An Accurate Account,* ca.1812-3.
R.H. Newell, *Letters on the Scenery of Wales,* 1821, tt.144-5.
S.R. Meyrick, *Cambrian Quarterly Magazine,* III, 1830, tt.27-8.
S.A. Cooke, *Topographical and Statistical Description of North Wales, ca. 1830,* tt.91-5.
Dienw, *The Cambrian Tourist,* 1834, tt.63-7; 165-8.
Dienw, *Leigh's Guide to Wales,* 1835, tt.69-70.
Samuel Lewis, *A Topographical Dictionary of Wales,* 1838, Cyf. I.
J. Onwhyn, *Onwhyn's Welsh Tourist,* 1840, t.69.
Thomas Turner, *Narrative of a Journey,* 1840, tt.105-109.
Dienw, *Cambrian Tourist's Guide,* 1847, t.113.
Edward Parry, *Cambrian Mirror,* 1848, tt.226-7.

Dienw, *The Tourist in Wales*, ca. 1850, tt.15-16.

Elis Owen, *Y Brython*, I, 1858, tt.5-6.

Daniel Evans, 'Chwedl Gelert', *Y Brython*, II, 1859, tt.57-8.

Glasynys, 'Llywelyn a'i Gi', *Y Brython*, I, 1859, tt.110-11.

Salmon Llwyd, 'Noson yng Nghefnymeusydd', *Y Brython*, II, 1859, t.46.

Glaslyn, 'Cân: Golygfa o Ben Craig y Llan', *Y Brython*, IV, 1861, tt.52-3.

Moeddyn, 'Gohebiaethau', *Y Brython*, IV, 1861, t.357.

Bleddyn, *Plwyf Beddgelert*, 1862, tt.13-14.

Carneddog, 'Gelert, Ci Llywelyn', *Cyfaill yr Aelwyd*, 1885-4, tt.336-7.

Glasynys, 'Llywelyn a'i Gi', *Cymru*, VII, tt.37-40.

P.H. Emerson, 'The Story of Gelert', *Welsh Fairy-Tales and Other Stories*, 1894, t.81.

John Daniel, 'Traddodiad Gelert', *Y Geninen*, 1897, tt.253-5.

Glasynys, 'Llywelyn a'i Gi', *Gwaith Barddonol Glasynys*, 1898, tt.61-5.

D.E. Jenkins, *Bedd Gelert*, 1899, tt.57-8; 65.

A. Roberts; E. Woodall, *Gossiping Guide to Wales*, 1907, tt.307-8.

Myrddin Fardd, *Llên Gwerin Sir Gaernarfon*, 1908, tt.198-9.

H.A.E. Roberts, 'The Legend of Beddgelert', *Folk Tales and Legends from North Wales*, 1931, tt.86-9.

Thomas Firbank, *A Country of Memorable Honour*, 1953, t.72.

Elizabeth Sheppard-Jones, 'The Hound Gelert', *Welsh Legendary Tales*, 1959, tt.134-6.

Showell, Styles, *Welsh Walks and Legends*, 1972, tt.78-9.

D.M. Ellis, 'Llywelyn Fawr a'i Gi', *Llên Gwerin Sir Gaernarfon*, 1975, t.37.

Dienw, *Snowdon and Llanberis*, s.d., tt.40-43.

Dienw, *Caernarvon and Snowdon*, s.d.

W.J. Thomas, *The Welsh Fairy Book*, s.d. tt.291-3.

Catherine Sinclair, *Sketches and Stories of Wales and the Welsh*, s.d., tt.184-6.

Mae hefyd yn chwedl boblogaidd ar lafar a chofnodais hi gan:

T.H. Williams (Tâp S.G.A.E., 1; ochr 1-4)

Bob Humphreys (Tâp S.G.A.E., 2; ochr 1-4)

Mrs Elin Hughes (Tâp S.G.A.E., 2; ochr 2-3)

Gallwn fod wedi ei recordio gan nifer o storiwr eraill hefyd.

GLYN DŴR YM MANGOR, I : BANGOR

Owen Jones (Gol.) ***Cymru: yn Hanesyddol*, 1875, t.109.**

Dywedir fod y fradwriaeth a gynhyrfodd Owain yn erbyn gormes Harri, wedi ei llunio, yn benaf, yn nhŷ Dafydd Daron, Deon Bangor, yr hwn hefyd a gauwyd allan o amddiffyn y gyfraith gan y brenin.

TEIP: M.L. 8000 – Rhyfeloedd y Gorffennol
MOTIF: Z.200 (Arwr)

Gwelir yr un traddodiad yn:

Samuel Lewis, *A Topographical Dictionary of Wales*, 1838, Cyf. I.

GLYN DŴR YM MANGOR, II : BANGOR

Dienw, *The Bangor Commerical Directory,* 1891, t.18.

Tua blwyddyn ar ôl dinistrio'r Eglwys Gadeiriol, daeth Glyndŵr i Fangor eilwaith. Daeth yma i gyfarfod Northumberland, Hotspur (ei fab enwog), Worcester a rebeliaid eraill o Loegr. Cynhaliwyd cyfarfod yn Nhŷ'r Deon, un o'r ychydig wŷr eglwysig oedd o'i blaid. Amhosib yw dweud os mai yn yr un safle a'r Tŷ Deon presennol yr oedd hyn. Yn ôl traddodiad, yn Mhlas Alcock a arferai sefyll ar Allt y Castell, y bu'r cyfarfod. Yma y cytunwyd i chwalu Prydain a gwneud Cymru'n wlad annibynnol o Loegr gyda Glyndŵr yn frenin arni. Mewn ychydig wythnosau coronwyd Owain ym Machynlleth yn Dywysog Cymru a'i gydnabod gan y swyddogion a gasglodd yno.

TEIP: M.L. 8000 – Rhyfeloedd y Gorffennol
MOTIF: Z.200 (Arwr)

GLYN DŴR YN ABER : ABER

Dienw, *Guide to Bangor,* 1882, tt.63-4.

Dywedir i Glyndŵr aros yma i hel ei fyddin wasgaredig ynghyd eto, ac iddo areithio mor huawdl i'w filwyr digalon o ben y bryn yr arferai Llys Llywelyn sefyll arno nes ail gynnau'r fflam yn eu calonau oedd bron wedi marw gan gyfres hir o drychinebau.

TEIP: M.L. 8000 – Rhyfeloedd y Gorffennol

Gwelir yr un chwedl yn:
William Hobley, *Hanes Methodistiaeth Arfon,* VI, t.25.

GLYN DŴR YN NOLBENMAEN : DOLBENMAEN

'Achau Bronyfoel', *Y Brython,* III, 1860, t.292.

Safai Cefnyfan ar lechwedd bryn ger llaw i Ystumcegid, rhwng Dolbenmaen ac Ymwlch Fawr yn Eifionydd; llosgwyd yr hen balas hwn, yng nghyda'r Gesail Gyfarch, gan yr enwog O. Glyndŵr; o herwydd fod Ieuan ab Meredydd, a Meredydd ab Hwlcyn Llwyd o'r Glynllifon, yn gefnogwr i'r Lancastriaid, yng ngofal pa rai yr oedd Castell Caernarfon ar y pryd. Mab, mae'n debyg, oedd yr Ieuan hwn i wrthddrych yr hanes uchod. Ail adeiladwyd y palas yr ochr orllewinol i'r Gaer, a galwyd ef yn Ystumcegid. Gelwir y fan lle safai yr hen balas, 'Caeymurpoeth'; a dywed traddodiad fod yno dân yn y muriau am amser maith. Cymaint oedd dylanwad Owen Glyndŵr yn y wlad, a dyfalwch ei wŷr, fel y bu gorfod myned a chorff Ieuan ab Meredydd mewn bâd ar hyd nos, a'i lanio yn un o aberoedd y Gest yn Eifionydd, i'w gladdu ym mynwent Penmorfa.

TEIP: M.L. 8000 – Rhyfeloedd y Gorffennol

Gwelir yr un chwedl yn:

P.B. Williams, *History of Caernarvonshire*, 1821, tt.75-6.
'Castell Caernarfon', *Y Gwladgarwr*, V, 1837, t.211.
Ellis Owen, *Y Brython*, I, 1858, t.5.
'Castell Caerynarfon', *Golud yr Oes*, 1863, t.8.
H.E. Jones, *Hanes y Garn*, ca. 1902, tt.18-19.

GWERTHU CLYCHAU BANGOR : BANGOR

George Jones, 'Ofergoeliaeth yr Hen Gymry', *Cyfaill yr Aelwyd*, 1884, t.82.

Esgob Bangor o gylch y flwyddyn 1541, a drachwantodd werthu pum' cloch o'i Eglwys Gadeiriol. Aeth yn heinyf i lan y môr i weled eu gosod yn y llong i fyned a hwy trosodd; ond prin yr aeth efe dri cham ar ei ffordd adref, ond ei lygaid a ddallodd yn ddisymwth, ac ni welodd mwyach tra fu efe byw.

TEIP: M.L. 7070 – Chwedlau am Glychau Eglwys
MOTIF: Q. 451.7.0.2.2. (Dallineb gwyrthiol yn gosb am ladrata)

Cofnodir yr un chwedl yn:

Browne Willis, *A Survey of the Cathedral Church of Bangor*, 1721, t.102.
J. Evans, *Caernarvon and Denbigh*, 1810, tt.433-4.
Dienw, *The Cambrian Tourist*, 1834, t.201.
Catherine Sinclair, *Sketches and Stories of Wales and the Welsh*, s.d., tt.142-3.

GWŶR CROMWELL YN ABER : ABER

P.B. Williams, *History of Caernarvonshire*, 1821, t.30.

Mae hefyd Draddodiad i'r pentref gael ei roi ar dân gan wŷr Oliver Cromwell, o'r Bont hyd y Fynwent, ac iddynt gynnau tân o dan raff y Gloch, yn yr Eglwys, yr hon a ddefnyddient fel Stabal.

TEIP: M.L. 8000 – Rhyfeloedd y Gorffennol

Gwŷr Cromwell yn Eglwys Betws-y-coed : Betws-y-coed

Owen Jones (Gol.), *Cymru : yn Hanesyddol*, 1875, t.153.

Y mae traddodiad yn yr ardal, i wŷr Cromwell fod yma, a darfod iddynt letya am noswaith neu ddwy yn yr eglwys, a chynneu tân ynddi; a haera y trigolion fod ôl y tân hwnnw i'w weled ynddi mor ddiweddar a'r flwyddyn 1843, pan y gwnaed rhyw adgyweiriadau arni.

TEIP: M.L. 8000 – Rhyfeloedd y Gorffennol

Gwŷr Cromwell yn Nant Ffrancon : Nant Ffrancon

'Golygfa oddiar ben y Wyddfa', *Y Beirniad*, 1869, t.62.

Mae y Dalar Hir yn y gymydogaeth, lle yr ymladdwyd brwydr rhwng byddinoedd Siarl I ag eiddo y senedd. Gwyr Cromwell orchfygodd, a chymerasant yr arweinydd Syr John Owen, Clenenau, a chant o'i wŷr yn garcharorion, a gadawyd oddeutu 30 yn feirw ar y maes. Y mae llawer chwedl yn y wlad am ddygwyddiadau a gymerasant le mewn cysylltiad â'r ymladdfa hono, megys – (1) I lawer o ieuenctyd y gymydogaeth fyned mor llwyr o dan ddylanwad twymyn rhyfel fel y cymerasant ran ynddi efo pigffyrch a phladuriau. (2) I filwyr Cromwell droi Eglwys Llanllechid yn ystabl i'r meirch. (3) I rai o breswylwyr yr ardal, drwy gymhorth pastwyni a golchbrenau ddysgu gwersi effeithiol ar onestrwydd i'r milwyr a aethent oddiamgylch i dori tai a lladrata.

TEIP: M.L. 8000 – Rhyfeloedd y Gorffennol

Gwŷr Cromwell yn yr Hafod Lwyfog : Beddgelert

Glaslyn, 'Wil Jones y Fodydd', *Cymru*, VIII, t.207.

Un diwrnod, pan y daeth Ifan Llwyd . . . perchennog (Hafod Lwyfog) i'r tŷ o'r mynydd-dir, fe ganfu nifer o filwyr Cromwell yn gwneyd yn hyf ar ei fara, ei gig, ei gaws, a'i gwrw, ac wedi holi eu helynt fe ddechreuodd eu mesur â'i bastwn collen, a da fu iddynt gael dianc am eu bywyd heb eu harfau.

TEIP: M.L. 8000 – Rhyfeloedd y Gorffennol

HAELIONI RHYS GOCH ERYRI : BEDDGELERT

Bleddyn, *Plwyf Beddgelert*, 1862, t.67.

Mae llawer o draddodiadau am Rhys, yn aros ar gof a chadw yn Nanmor; dywedir ei fod yn hynod am ei haelioni; y byddai yn arfer cadw ei dŷ yn agored fel prif foneddigion y wlad, ac hefyd y byddai yn arferol a chynnal eisteddfodau yn ei dŷ, i'r lle y cyrchai beirdd y De a'r Gogledd; ac y mae llawer chwedl, a llinell, a phennill o ymryson cydrhwng y beirdd, yn yr Eisteddfodau hyn, ar gof yn y plwyf hwn; ond y mae eu cymeriad yn gyfryw ag na weddai i ni eu croniclo yma.

MOTIF: W. 11 (Haelioni)

HANES LLYWELYN AP IORWERTH A CHYNWRIG GOCH O DREFRIW : DYFFRYN CONWY

Gwêl Adran *Gwrachod a Dewiniaid* y *Chwedlau am y Goruwchnaturiol.*

HYWEL DDA YNG NGHORWRION : NANT FFRANCON

John Rhys, *Celtic Folklore*, I, 1901, tt.58-9.

Saif Corwrion ar dir rhwng afon Ogwen ac afon arall a elwir Ffynnon Cegin Arthur, ac y mae gan y rhan fwyaf o'r caeau a'r tai o gwmpas enwau sydd wedi awgrymu gwahanol bethau i'r bobl yno. Rhai o'r fath yw'r ffermydd a elwir 'Coed Howel' lle daw'r grêd yn yr ardal i Hywel Dda, Brenin Cymru fyw yma. Mae gan Mr Hughes lawer i'w ddweud amdano: ymhlith pethau eraill, fod ganddo gychod ar Lyn Corwrion a'i fod yn arfer rhoi 300 o wyddau tewion a fagwyd ar ddŵr y llyn i Ddinas Bangor bob blwyddyn. Cyfeirir fi gan ŵr arall at ddarlith a draddodwyd yn yr ardal ar y rhain a phethau tebyg gan y diweddar fardd a hanesydd, y Parch. Robert Ellis, (Cynddelw), ond nid wyf wedi canfod copi. Gelwir cae ger Corwrion yn 'Gae Stabal' a chynnwys olion rhes o stablau, fe dybir . . . lle buwyd yn porthi ceffylau Hywel ar un adeg . . . Rhwng pob dim mae Mr Hughes yn gadarn o blaid bod Corwrion o'r ardal o gwmpas wedi bod yn bwysig iawn ar un adeg; ac mi allaf weld rheswm i amau'r canlyniad yma'n gyfangwbl, ond byddai'n ddiddorol gweld a elwid y Penrhyn, fel yr awgryma Mr Hughes, yn Penrhyn Corwrion.

DIM MOTIF.

Idwal : Nant Ffrancon

Hugh Derfel Hughes, *Hynafiaethau Llandegai a Llanllechid*, 1866, t.30.

Nefydd Hardd, o Nant Conwy, yn amser Owain Gwynedd (yr hwn a fu farw yn O.C. 1169) oedd bendefig yn hanu yn uniongyrchol o Gynedda Wledig, ac yn sefyll yn uchel ei gymeriad gyda'r tywysog, yr hwn a roddes iddo ei fab Idwal ar faeth, a braint maethu y tywysog arno dros byth, ac ei etifeddion o baladr. Eithr Dunawd ab Nefydd a laddes y tywysog Idwal, drwy arch ei dad Nefydd, yn y lle a elwir Cwm Idwal yn yr Yri, lle yr oeddynt yn heboca, achos i Idwal daro Dunawd, am ddwyn a laddasai ei hebog. Am y gyflafan hon doded llwgr ar yr epil dros fyth, ac o foneddigion eu gwneuthur yn gaethion. Rhun ab Dunawd, yn iawn am y gyflafan, ac yn werth y llwgr a roddes dir a chyfoeth i Eglwys Llanrwst. Ac ystiward Llywelyn ab Iorwerth oedd Madog Goch, ab Iorwerth, ab Gwrgynnon, ab Lyfnerth, ab Nefydd Hardd, fel y mae yn llyfr Gruffydd Hiraethog. Efe a ddwg-arian triphen gwaew gwaed trochaid, a'u blaenau tuag i fyny.

MOTIF: S. 131 (Llofruddio drwy foddi)

Dyfynir y fersiwn yma gan nifer o gofnodwyr a theithwyr:

William Williams, *Observations on the Snowdon Mountains*, 1802, t.83.
Dienw, *Leigh's Guide to Wales*, 1835, t.245.
Samuel Lewis, *A Topographical Dictionary of Wales*, 1838, Cyf. II.
Dienw, *The Cambrian Trourist's Guide*, 1847, tt.323; 718.
Y Brython, III, 1860, t.417.
J.B. Davidson, *The Conway in the Stereoscope*, 1860, tt.63-4.
Dienw, *Archaeological Research*, ca. 1910, t.38.
Elias Thomas, *Abbeys and Convents of the Vale of Conway*, 1912, t.15.
Frank Ward, *The Lakes of Wales*, 1931, tt.148-9.
Dienw, *Caernarvon and Snowdon*, s.d.

Ceir ychwanegiad at y chwedl sy'n dweud fod enaid Dunawd yn cael ei boenydio yng Nghegin y Cythraul (E. 411.1) ac na faidd yr un aderyn hedfan dros wyneb y llyn. Bu'r fersiwn yma eto'n boblogaidd iawn:

Thomas Pennant, *Journey to Snowdon*, 1781, tt.143; 154.
J. Evans, *Tour through part of North Wales*, 1798, t.197.
Dienw, *An Accurate Account*, ca. 1812, t.95.
G.J. Freeman, *Sketches in Wales*, 1826, t.113.
Dienw, *The Tourist in Wales*, ca. 1850, t.28.
Owen Jones (Gol.), *Cymru : yn Hanesyddol*, 1875, tt.37; 207.
A. Roberts; E. Woodall, *Gossiping Guide to Wales*, 1907, t.302.
William Hobley, *Hanes Methodistiaeth Arfon*, V, t.6.
T. Gwynn Jones, *Welsh Folklore*, 1930, tt.105-6.
Showell Styles, *Welsh Walks and Legends*, 1972, tt.56-7.

Y Faner, Tachwedd 16, 1973.

D.J. Williams, *The Borough Guide to Bethesda*, s.d.

Dienw, *Snowdon and Llanberis*, s.d., t.35.

H.L. Wilson, *Around Snowdon*, s.d., t.70.

Ildio Teyrndlysau Cymru yn Aber : Aber

'Golygfa oddiar ben y Wyddfa', *Y Beirniad*, 1869, t.63.

Wedi gorchfygu y genedl yn nghwymp Llywelyn, dal Dafydd ei frawd mewn cors o dan fynydd y Bere, ac anrheithio y wlad yn ddiarbed dros ysbaid blwyddyn neu ddwy, dychwelodd Iorwerth a'i fyddin i Lundain gyda theyrnaddurniadau y brenhinoedd Brytanaidd a roddwyd i fyny iddo yn Abergwyngregin. Yn ôl hanesydd Tregynon, cynwysent y pethau gwerthfawr canlynol:

'Y Diadema Britannicae', sef y goron nad oedd neb ond brenin Prydain oll yn unig i'w gwisgo, a'r hon ni wisgai neb er amser marwolaeth Cadwaladr Fendigaid. Hefyd, y Groes Nawdd, neu gyfran o'r wir groes, a anfonwyd gan St Elen, mam Cystenyn Fawr, i'w brawd Llywelyn, tywysog Cymru; ac ar ba un, gydag Efengyl St Ioan, y tyngid y tywysogion Cymreig ar eu coroniad. Hefyd taleithiau (coronets) tywysogion Gwynedd a Powys – y Gronell a'r Groes – Teyrnwialen Trugaredd a Chleddyf Cyfiawnder y Brenin Arthur – cynllun mewn aur o'r Bwrdd Crwn, yn nghyd ag enwau y marchogion yn gerfiedig o amgylch yr ymyl, a llawer o bethau gorwych ereill tra dyddorol mewn hanesiaeth. Iorwerth yn nghanol torf aneirif o bobl, yn cael ei ddilyn gan y pendefigion mawrion, ac urddasogion yr Eglwys, a wnaeth ei fynedfa arbenig i mewn i'r brif ddinas, Ion. 18, 1286. Pan ddaeth i olwg Eglwys St Pedr, Westminster, efe a ddisgynodd, a chan dderbyn y Groes Nawdd mewn creirgest oddiwrth Archesgob Caer Gaint, efe a'i cariodd yn dderchafedig, ac a'i gosododd gyda'r gemau oedd o'i hamgylch ar yr uchel allor yn yr Eglwys Gadeiriol.

TEIP: M.L. 8000 – Rhyfeloedd y Gorffennol

MOTIF: R. 75 (Ildio)

JOHN IORC A MILWYR CROMWELL : NANT FFRANCON

Tom Owen, Tâp AWC 3527.

' . . . Yn waelod y plwy', Plas Hwfa enw'r lle, oedd John Iorc, 'dach weld, yn byw, y, a mi 'roedd o'n bleidiol i Siarl y Cyntaf ac oherwydd hynny mi 'roedd milwyr Cromwell ar 'i ôl o, 'dach 'weld, achos, o, mi fydda' fo'n ddyn blaenllaw iawn. A ma' 'na draddodiad eto am stori fel hyn, mi ddaethon' ar draws John Iorc, o'dd o allan yn y caea' ryw fora'. A mi ddôth milwyr Cromwel ar 'i draws o. A dyma n'w'n gofyn i John Iorc, y, mae – lle'r oedd John Iorc yn byw. "O, yn Plas Iolyn yn fan'na" medda' fo.

"Ydy' o adra'?" medda' fo. Wel rŵan, o'dd o mewn ll – cwestiwn cyfyng iawn, 'dach 'weld, yn fan'na iddo fo. A rhag iddo dd'eud cielwydd yn 'i urddas eglwysig mi dd'udodd,

"Oedd o yno pan ô'n i yna 'chydig yn ôl," medda', "mi 'lasa' fod wedi mynd allan." Ond, y, dyma'r milwyr rŵan ar 'u hunion am y tŷ. Ond, wrth gwrs, 'toedd John Iorc 'im yna. A mi gafodd John Iorc 'i gyfle i ddiangc i Dy'n Tŵr a cuddiad yn Ty'n Tŵr ger Chwaral Bythesda, ne' Penrhyn ar hyn o bryd, 'dach 'weld. Wel, rŵan, ma'r hen shimdda fawr, ma' honno yno o hyd. Ag yn y shimdda yma y cuddiodd John Iorc rhag milwyr Cromwel, 'dach 'weld.'

Holwr – Robin Gwyndaf

TEIP: M.L. 8000 – Rhyfeloedd y Gorffennol

LOWRI'R FOTY A MILWYR CROMWELL : NANT FFRANCON

Tom Owen, Tâp AWC 3526.

'Ma' 'na draddodiad, 'dach 'weld, yn Waun Cwys Mai pan â'th Foty'r Lowri, y, cyfeiriad Foty'r Lowri. Ym, oedd Foty – oedd Lowri yn cadw fferm Sychnant ar pryd pan oedd milwyr Cromwell hyd y cylch 'ma ag yn rhyfal gartrefol rhwng Charles y cynta' a – a bobol ne'r pendefigion. A mi ddarun hel yr hen Foty – yr hen Lowri o'r Sychnant. A mi wnâ'th hi 'i chartra' yn Waun Cwys Mai, y, dyffryn tu ôl i'r bryn 'ma sydd tu 'nôl i fan hyn. A mi fydda' hitha' yn hyrbalusd reit dda, 'dach weld. A mi o'dd 'na enwogrwydd iddi hi. A mi fydda' pobol yn mynd â anifeilia'd at

365

Lowri, 'dach weld, i gâ'l meddyginiaeth i afiechyd'u gwartheg a'u bychod.'

Holwr – Robin Gwyndaf

TEIP: M.L. 8000 – Rhyfeloedd y Gorffennol

LLADD SYR GRUFFYDD LLWYD, LLYS DINORWIG : LLANBERIS

Glaslyn, 'Moel Tryfan, *Y Brython*, V, 1862, t.192.

'Troaf yn ôl, a deuaf i Lys Dinorwig. Lle oedd hwn a berthynai i Syr Gruffydd Llwyd, yr hwn a gyfododd gyda'r Cymry yn erbyn y Seison, ond a orchfygwyd, ac ni chlybuwyd dim yn ychwaneg am dano. Myn rhai iddo gael ei ladd, ac nid annhebyg hynny, yn yr oes waedlyd hono, a chadw mewn cof mai Seison oedd y rhai a'i daliasant.'

TEIP: M.L. 8000 – Rhyfeloedd y Gorffennol
MOTIF: S. 110 (Llofruddiaeth)

LLAM Y BARDD : ABER

Paget, *Some Early British Churches*, 1897, t.32.

'Yn agos i Aber mae'r rhaeadr enwog a cheir ogof, un bob ochr i'r copa. Diangodd bardd o Gymro a ddiangodd o gastell Biwmares i mewn i un ohonynt am ddiogelwch. Ond gan y'i dilynwyd gan filwyr Iorwerth I, gwell oedd ganddo daflu ei hun i'r rhaeadr na chael ei ddal eilwaith gan y Saeson.'

TEIP: M.L. 8000 – Rhyfeloedd y Gorffennol
MOTIF: J. 227.1 (Dewis marwolaeth yn hytrach na chaethiwed)

LLOSGI COEDWIGOEDD YR WYDDFA : BEDDGELERT

Alltud Eifion, 'Beddgelert a'i Enwogion', *Cymru*, XI, t.248.

'Mae lle rhwng Cwm Ystradllyn a'r Pennant, a elwir Cefn y Saeth; yr oedd yn yr hen amser yn dewfrig o goed mawrion; canfyddir boncyffion eto. Coed Duon Cefn y Saeth ei gelwid; yr oedd y rhannau isaf o'r mynyddoedd a'r bryniau yn dewfrig, os y byddai yno ddaear a chysgod iddynt – Drws y Coed, Drws y Du Goed, Goleugoed, sydd enwau ereill am yr hen goedwig. Darfu i

Iorwerth y Cyntaf losgi fforestydd y Wyddfa, fel nad allai y Cymry gael nodded ynddynt, pan yn ceisio eu darostwng, ac uno Cymru a Lloegr. Hynny fu'r achos i'r tân losgi yr Eglwys a'r priordy ym Meddgelert, sef, "trw y dân damweiniol", ac ysgrifennodd Anian Esgob at Iorwerth y Cyntaf i ofyn iddo adferu y llefydd a nodwyd uchod, a chafodd ei foddloni ganddo, trwy gyflawni ei ddymuniad. Yr oedd Anian yn gryn ffafrddyn gan Iorwerth, ac wedi cael meddiannau ganddo, at yr esgobaeth, ynghyd â thŷ yn Llundain, a elwir hyd heddiw "Bangor House", ac sydd yn feddiant i'r esgobaeth heddyw. Yr esgob Anian o Fangor a fedyddiodd Iorwerth yr Ail, sef ei fab.'

TEIP: M.L. 8000 – Rhyfeloedd y Gorffennol

Gw. 'Drws y Coed'.

LLYWELYN A LLYS DINORWIG : LLANBERIS

Edward Foulkes, 'Llys Dinorwig', *Cymru*, XXXII, t.110.

'Y mae traddodiad ers oesoedd yn dweyd ei fod yn un o aneddau Llywelyn ab Gruffydd, ond ni chadarnheir hynny gan hanes. Crybwylla Pennant y dywedid i'r lle fod yn un o blasau'r tywysog hwnnw, ond ni sylwa ymhellach ar y traddodiad; a'r un modd y gwna bron bob ysgrifennydd arall sonia am y lle.

Beth bynnag am ddilysrwydd yr hen draddodiad gysyllta'r Llys â Llywelyn, fe lŷn wrth y lle bellach, mae'n lled sicr. Dyna'r peth glywais gyntaf am y Llys pan yn blentyn.'

DIM MOTIF.

Gwelir yr un traddodiad yn:

J. Evans, *Caernarvon and Denbigh*, 1821, t.425.
P.B. Williams, *History of Caernarvonshire*, 1821, t.113.
'Golygfa oddiar ben y Wyddfa', *Y Beirniad*, 1869, t.56.
Owen Jones (Gol.) *Cymru : yn Hanesyddol*, 1875, t.44.
'Dinorwig', *Cymru*, LIV, t.51.

LLYWELYN FAWR AR FOEL CYNGHORION : NANT Y BETWS

Owen Jones, 'Hanes Llewelyn ap Iorwerth', *Golud yr Oes*, 1864, t.267.

'Mae yn debyg fod Llewelyn erbyn hyn, ar ôl gweled llosgiad Bangor oddiar lethrau "Carnedd Llewelyn" wedi encilio gyda'r ychydig ddewrion a'i canlynent i ardal Llanberis, ac wedi dodi y dywysoges yn Nghastell Dolbadarn er dyogelwch, tra y llechai ef a'i ganlynwyr yn rhai o gymoedd yr Wyddfa, ac efallai mai oddiwrth eu hymgynghoriad pryderus ar yr adeg gyfyng hon, y galwyd bryn yn y fro dan sylw, "Moel y Cynghoriaid".'

TEIP: M.L. 8000 – Rhyfeloedd y Gorffennol
NODIADAU: Cofnodais chwedl debyg ar lafar gan Meic Bach (Tâp SGAE, 2; ochr 1-4). Yno, fodd bynnag, Llywelyn Ein Llyw Olaf a gyfarfu â'i gynghorwyr. Ceisiadau sydd yma i egluro'r enw.
  Gwêl. 'Moel Cynghorion' yn adran y *Chwedlau Onomastig.*

LLYWELYN FAWR A THREFRIW : DYFFRYN CONWY

Morris Jones, *Hanes Trefriw*, 1879, t.8.

'Yr amser gynt . . . nid ydoedd Trefriw yn un math o Lan, ond rhyw fwthyn yma ac acw, a'r rhai hyny yn fychan a gwaelion. Fe ddywedir i'r Tywysog Llywelyn anfon ei wraig i un o'r bwthynod hyn, sef i'r un a elwid o hynny allan "Y Neuadd", yn amser ei ryfeloedd â'r Saeson, ac iddo adeiladu eglwys at ei gwasanaeth, ac at wasanaeth y trigolion am eu caredigrwydd tuag ati, ac iddo roddi nifer o ffermydd allan o blwyf Llanrhychwyn, gan eu henwi yn Tref Rhiw Las. Y mae wedi cael yr enw hwn oddi wrth y llechwedd ar ba un y saif, oblegid dyma yw enw y fan oddi ar y pentref hyd heddiw.'

TEIP: M.L. 8000 – Rhyfeloedd y Gorffennol

Yn ôl Edward Parry (Cambrian Mirror, 1848, t.132) cododd Llywelyn Eglwys Trefriw am na allai Siwan fynd i Lanrhychwyn ac iddi fynegi hyn wrth Llywelyn yn y cwpled canlynol:
  'Pa fodd y dringai'r rhiw,
  A minnau yn feichiog fyw?'

Gwelir yr un chwedl yn:

Thomas Pennant, *Journey to Snowdon*, 1781, t.146.
S.A. Cooke, *Topographical and Statistical Description of North Wales*, ca. 1830, t.108.
Samuel Lewis, *A Topographical Description of Wales*, II, 1838.
J.B. Davidson, *The Conway in the Stereoscope*, 1860, t.116.
Dienw, *A Guide to Llanrwst*, ca. 1888, t.11.
A. Roberts; E. Woodall, *Gossiping Guide to Wales*, 1907, t.225.

LLYWELYN FAWR YN ARDAL CLYNNOG : CLYNNOG

'Mynwent y Mynyddoedd', *Cymru*, XLV, t.5.

'Ar y tu aswy, gwelwn y Foel Dderwyn, lle y dywedir y bu Llywelyn mewn câd a galanas. Hwnt iddi, yng nghyfeiriad Clynog, ymgodai cadwyn-fynyddau'r Bwlch Mawr, megis rheng o dywysogion ucheldrem. A Hanes fynnai i mi ymson uwch y trinoedd erch ddigwyddasai ar eu llechweddau, y rhai a arweinid gan Ruffydd ab Cynan a Llywelyn Fawr.'

TEIP: M.L. 8000 – Rhyfeloedd y Gorffennol
MOTIF: P. 551   (Brwydr)

Gwelir yr un chwedl yn:

Owen Jones (Gol.), *Cymru : yn Hanesyddol*, 1875, t.322.

LLYWELYN YN ANNERCH YN ABER : ABER

Edward Parry, *Cambrian Mirror*, 1848, t.140.

'Yn agos i'r pentref mae tomen fawr o waith dyn, yn wastad ar ei chopa a bron 60 tr. o drawsfesur. Oddi ar yr orsedd yma yr arferai Llywelyn gyfarch ei ddilynwyr yng nghyfnod ei ryfeloedd â Iorwerth I. Casglodd ei benaethiaid ynghyd yma ym 1280 i gyfarfod Peckham gyfrwys, Archesgob Caergaint, a anfonwyd gan frenin Lloegr i drafod rhyngddynt.'

TEIP: M.L. 8000 – Rhyfeloedd y Gorffennol

Gwelir yr un chwedl yn:

George Nicholson, *The Cambrian Traveller's Guide*, 1808, t.2.

MADOG : BEDDGELERT

Bleddyn, *Plwyf Beddgelert*, 1862, t.55.

'Mae chwedl arall ar lafar am y rhan yma o'r plwyf (h.y. Nant Gwynant), ym mherthynas i Madog ab Owain Gwynedd. Dywedir ei fod yn dra hoff o bysgota, ac oherwydd hynny, gan fod mynyddoedd a chymoedd Eryri yn feddiant i'r Tywysog, ei fod wedi dyfod yma i drigiannu, ac yr oedd ei dŷ yn rhywle yn agos i Lyn Gwynant. Yr oedd efe hefyd yn berchen ar amryw longau, y rhai a adeiladai efe yn Aberglaslyn, i'r diben o bysgota yn y Traeth Mawr. Fel yr oedd yn ymarfer â morio yn y Traeth, efe a aeth yn dra hoff o'r môr; felly efe a adeiladodd longau mwy yn is i lawr yr afon, ac a hwyliodd ymaith na wyddai neb i ba le, ac aeth blodau ieuenctid yr ardaloedd hyn gydag ef. Gelwir y fan y cychwynasant yn Ynys Fadog hyd heddiw, yr hon sydd yn ymyl Tre Madog.'

Gwelir yr un chwedl yn:

Ellis Owen, *Y Brython*, I, 1858, t.5.
J.B. Davidson, *The Conway in the Stereoscope*, 1860, t.145.
Bob Owen, 'Dyffryn Madog', *Cymru*, I, t.173.

MAES CARADOG : NANT FFRANCON

William Owen, *History of Dolbadarn Castle*, s.d., t.8.

'Dewiswyd Caradog, neu Caracticus, mab Bran ab Lludd, yr hwn a alwai'r Rhufeiniaid Asclepiodotus, brenin Gernyw, yn reolwr Prydain gan y Rhufeiniaid, ond gwrthryfelodd yn eu herbyn, a'i wneud yn frenin gan y Brythoniaid; ond ar ôl ymladd nifer o frwydrau fe'i gorchfygwyd gan y gwir frenin, Coel. Ar ôl ei orchfygu fel hyn, ciliodd Caradog, neu Asclepiodotus, i'r mynyddoedd, a chymeryd Castell Dolbadarn yn gadarnle iddo'i hun, ond erlidiodd Coel a'i fyddin ef o fynydd i fynydd, ac mewn cwm, tua phum milltir o'r Castell, ymladdwyd brwydr, tua'r flwyddyn 269 O.C., yn yr hon frwydr y lladdodd Coel Caradog a gorchfygu ei fyddin, a gelwir y lle, hyd y dydd heddiw, Maes Caradog.'

TEIP: M. L. 8000 – Rhyfeloedd y Gorffennol.
MOTIF: P. 551 (Brwydr)

Cofnodir yr un chwedl yn:

William Williams, *Observations on the Snowdon Mountains*, 1802, tt.107-11.
D.J. Williams, *Borough Guide to Bethesda*, s.d.

MERDDYN HYWEL : ABER

Owen Jones, 'Hanes Llewelyn ap Iorwerth', *Golud yr Oes*, 1864, tt.265-6.

' . . . Yr oedd efe, (Hywel), yn filwr dewr, ac yn fardd awenyddol, ac fel y cyfryw yn boblogaidd gyda dosparth mawr o'r genedl, yn enwedig y fyddin; felly efe a gymerth feddiant ar lywodraeth Gwynedd, ac a'i cadwodd yn ei law dros oddeutu dwy flynedd : a thebygid ei fod ef wedi gwneyd ei brif orsaf dros y tymhor hwn yn "Y gaer falchwaith o'r Gyfylchi", lle hefyd y cartrefai ei wraig, er dyogelwch yn yr amseroedd terfysglyd hyny : ac y mae yn ddiameuol mai odlau serch i'w wraig, tra y trigai yn y fan yma ydyw yr awdlau hyny o eiddo Hywel yn y *Myvyrian Archaiology* . . . Mae olion hen Gaer Hywel yn gymwys oddiar ben y dyffryn, yn mryniau y Penmaen Bach, ac mewn sefyllfa lawer mwy manteisiol i wersyllu byddin trwy y flwyddyn nag ar uchelder noethlwm y Penmaen mawr a gwelir olion yr hen balas debygid, lle yr aneddai gwraig a thylwyth Hywel, mewn llanerch gysgodol, geledig, ac eto yn ddigon manteisiol i'w galluogi i gilio i'r gaer ar unrhyw berygl, a gelwir yr adfeilion hyny hyd heddyw "Merddyn Hywel".'

TEIP: M. L. 8000 – Rhyfeloedd y Gorffennol.

Gwelir yr un chwedl yn:

Owen Jones (Gol.) *Cymru : yn Hanesyddol*, 1875, t.455.
Y Fonesig Paget, *Some Early British Churches*, 1897, t.36.
R.G. Roberts, 'Penmaenmawr', *Y Geninen*, 1909, t.75.

OGOF BWLCH Y SAESON : BEDDGELERT

Bleddyn, 'Chwedlau am Ogofâu a Thylwyth Teg', *Y Geninen,* 1895, t.290.

'Mae Ogof Bwlch y Saeson yn myned . . . yn ôl . . . i amser Iorwerth y Cyntaf. Y traddodiad ydyw iddo ef fethu a threiddio o Fala Deulyn drwy Ddrws y Coed, ac hefyd drwy Fwlch Trwsgwl, yna iddo anturio drwy fwlch arall cyfochrol, a darfod i'w flaen-fyddin gael ei llwyr ddinystrio gan lu o Gymry a gynllwynent mewn ogof yn y bwlch hwnw; eithr Iorwerth a anfonodd ragor o filwyr yn mlaen, a llwyddasant yn eu hymgyrch; a galwyd y bwlch hwn ar ôl hyn yn Fwlch y Saeson.

. . . Am Ogof Bwlch y Saeson methasom a llwyddo a d'od o hyd iddi, er chwilio llawer ac ymholi â hen fugeiliaid yn ei chylch; er hyny nid ydym yn amheu nad oes y fath ogof.'

TEIP: M. L. 8000 – Rhyfeloedd y Gorffennol.
MOTIF: P. 551   (Brwydr)

Gwelir yr un chwedl yn:

Bleddyn, *Plwyf Beddgelert*, 1862, t.20.
Owen Jones (Gol.) *Cymru : yn Hanesyddol*, 1875, t.130.
Carneddog, 'Enwau Bro'r Eryri', *Cymru*, LIX, t.158.

Ogof Dafydd ab Siencyn : Betws-y-Coed

O. Gethin Jones, 'Ogof Dafydd Siencyn', *Y Geninen*, 1915, t.215.

'Y mae ogof odditan y clogwyn a elwir Carreg y Gwalch, gerllaw Penmachno, yn myned dan yr enw "Ogof Dafydd ab Siencyn", am yr arferai pleidiwr hynod i Deulu Lancaster lechu yma rhag dialedd Edward y Pedwerydd. Dywedai Syr John Wynne o Wydir, am y gŵr hwn, iddo orfod ffoi ar ryw achlysur, â nifer o'i ganlynwyr gydag ef, i'r Iwerddon, lle y buont am oddeutu blwyddyn. Dychwelodd tua diwedd yr haf, a'i holl ganlynwyr wedi ymwisgo mewn dillad gwyrddion, fel na byddent mor amlwg i'w canfod wrth lechu ohonynt yn y coedwigoedd. Dywedir ei fod wedi dal her i holl nerth brenin Lloegr am bymtheg mlynedd, gan ddianc o afael ei holl erlidwyr i'w amddiffynfa yng Ngharreg y Gwalch. Y mae amryw draddodiadau dyddorol am ei gywreinrwydd fel saethwr, ar gof a llafar gwlad, yn y gymydogaeth hyd heddyw.'

TEIP: M. L. 8000 – Rhyfeloedd y Gorffennol.
MOTIF: R. 315 (Ogof fel cuddfan)

Cofnodwyd y chwedl boblogaidd hon nifer o weithiau:

Thomas Pennant, *Journey to Snowdon*, 1781, t.138
Samuel Lewis, *A Topographical Dictionary of Wales*, 1838, Cyf.I.
Dienw, *Cambrian Tourist's Guide*, 1847, t.478.
Y Brython, III, 1860, tt.430-1.
J.B. Davidson, *The Conway in the Stereoscope*, 1860, tt.152-3.
Owen Jones (Gol.), *Cymru : yn Hanesyddol*, 1875, t.154.
'Rhys yr Arian Daear', *Cymru* XIV, tt.30; 107-10.
Gwilym Lleyn, *Y Geninen*, 1906, t.71.

Yr Ogof Filen : Beddgelert

'Dolwyddelan : ei Hynafiaethau', *Y Brython,* IV, 1861, tt.3-4.

'Yn y chweched flwyddyn o deyrnasiad Edward y pedwerydd, darfu i Ifan (ab Robert), gydagt ereill o'r Lancastriaid, losgi tref Dinbych a'i chymeryd a'r cleddyf. I ddial am hyn anfonodd y brenin Iarll Penfro, gyda byddin gref i ddarostwng yr holl fynydd-dir yn Swyddi Caernarfon a Meirionydd ac i gymeryd Castell Harlech. Darfu'r fyddin hon wneud difrod mawr yn y wlad; yn fwyaf neillduol trwy losgi y coedwigoedd a'r tyddynod; yr oedd ganddynt garreg a "steel" a "tinder box" gyda hwy, yn tanio'r ffordd a gerddant, fel y tystiolaetha hen Farddoniaeth Gymreig:

"Harlech a Dinbech bob dor – yn cynneu,
    Nan' Conwy yn farwor;
    Mil a phedwarcant mae Iôr,
    A deugain ac wyth rhagor."

Ond yn ffodus ni chyffyrddodd y tân ag etifeddiaethau Ifan, sef Brynsyllty a'r Henblas ger llaw Llanrwst. Pan oedd y fyddin yn aros yng nghymydogaeth y Wyddfa, aeth Ifan allan o'i breswylfa, ac a ymgyddiodd dros nos mewn craig a elwir Ogo Filen, ym mhlwyf Bedd Gelert, a thrannoeth dilynwyd ef gan luoedd o'i gyfeillion Lancastraidd, y rhai a ddosparthwyd ar hyd nant wyllt Nanthwynen i wylio symudiadau Iarll Penfro hyd oni anfonodd yr Iarll o'r diwedd ddymuniad am drugaredd; a gwnaethpwyd gweithred yng ngwyddfod yr Iarll wedi ei selio dan ei law na threiddiai i un parth o Ogledd Cymru mwyach.'

TEIP: M. L. 8000 – Rhyfeloedd y Gorffennol.

MOTIF: R. 315 (Ogof fel cuddfan)

Gwelir yr un chwedl yn:

Dienw, *The Cambrian Tourist*, 1834, t.77.
Bleddyn, *Plwyf Beddgelert*, 1862, t.31.
Owen Jones (Gol.), *Cymru : yn Hanesyddol*, 1875, tt.130; 443.
Bleddyn, 'Chwedlau am Ogofâu a Thylwyth Teg', *Y Geninen*, 1895, t.290.

Ogof Owain Glyn Dŵr : Beddgelert

Carneddog, 'Hafod Garegog', *Cymru* X, t.32.

'Rywfodd neu gilydd, tra yr oedd Glyn Dŵr yn ei noddfa yn yr Hafod, cafodd ei elynion drywydd ar ei hynt, ac un diwrnod canfu un o wyliedyddion Rhys haid o filwyr ar yr Ynys Fawr yn dynesu at i fyny, y rhai a anfonwyd gan Ieuan ab Meredydd, brawd y Robert ab Meredydd (a gefnogai Glyndŵr). Yr oedd yr Ieuan hwn yn eithafol o blaid y brenin, a llosgodd balasdai Cefn y Fan, Cefn Coch, Y Gesail – tŷ ei frawd – a'r Berth Lwyd, yn garneddau. Ei amcan yn awr oedd dal Glyn Dŵr yn fwyaf neilltuol a'i roi yn garcharor i'r Saeson. Erbyn iddynt gyrraedd i'r Hafod, yr oedd Glyn Dŵr a Rhys wedi ffoi, a hynny yn nillad y gweision. Croesasant yr afon Laslyn, gan wynebu ar Foel Hebog, lle y gwyddai Rhys am ogof ddiogel. Erbyn i'r ddau gyrraedd at odreu y graig anferth a elwir yn Simnai y Foel, gwelsant y dyrfa lidiog yn eu dilyn yng Nghwm Oerddwr. Gan fod yn rhaid iddynt brynnu eu hamser gydag eofndra, meiddiodd Glyn Dŵr ddringo esgynfa beryglus a danheddog y Simnai, ac yna disgyn hyd y dibyn serth ac ofnadwy i'r Ogof Ddu, yng nghesail Diffwys y Meillionen.

Oherwydd fod Rhys Goch yn awr mewn gwth o oedran, nis gallaiu wynebu y fath anturiaeth mewn cymaint brys.. Er hynny gwyddai yn dda am ddaearyddiaeth y Foel, yr hyn mewn orig o gyfyngder a dross yn gynhorthwy iddo. Tra yr oedd ef yn dringo ffordd arall, yr oedd yr erlidwyr yn ceisio ymgripio yn ofer ar ôl eu harch-elyn, ac yn y cyfamser cafodd yntau ddigonedd o amser i ddianc. Tra ar ei daith ar ysgwydd y mynydd, cyfarfu â bugail Cwm Trwsgl, i'r hwn yr ymddiriedodd ei holl helyntion. Danghosodd hwnnw geudwll enfawr mewn craig iddo i lochesu, gan gytuno hefyd y gwnâi gario digon o ymborth i'r ymguddle. Gyda'r wawr drannoeth, anfonwyd ef gyda bwyd a chyfarwyddiadau dirgel i Glyn Dŵr i'r Ogof Ddu, yr hwn yn ddilynol a'i hanfonodd ar neges at Brior Beddgelert, ffrwyth yr hwn oedd i hwnnw noddi a chadw Glyn Dŵr yn yr Ogof am hanner blwyddyn gron. Ni fu Rhys ond am ysbaid byr iawn cyn dychwelyd adref yn ddiogel i'r Hafod, ac adnabyddir y fan lle bu yn tario wrth yr enw Cegin Rhys Goch gan ardalwyr y Pennant.'

TEIP: M. L. 8000 – Rhyfeloedd y Gorffennol.
MOTIF: R. 315 (Ogof fel cuddfan)

Bu hon yn chwedl boblogaidd. Gwelir fersiynau arni yn:

Thomas Turner, *Narrative of a Journey*, 1840, t.104.
Bleddyn, *Plwyf Beddgelert*, 1862, tt.28-9.
Owen Jones (Gol.), *Cymru : yn Hanesyddol*, 1875, t.130.
D.E. Jenkins, *Bedd Gelert*, 1899, tt.131-3.
Bob Owen, 'Dyffryn Madog', *Cymru* L, t.173.
Thomas Firbank, *A Country of Memorable Honour*, 1953, tt.70; 72.
Showell Styles, *Welsh Walks and Legends*, 1972, tt.86-7.
Dienw, *Caernarvon and Snowdon*, s.d.
Dienw, *Snowdon and Llanberis*, s.d., t.40.

Cofnodais y chwedl hefyd ar lafar gan:

Bob Humphreys (Tâp SGAE, 2; ochr 1-4).
William Pritchard (Tâp SGAE, 5; ochr 2-3).

Sôn Bleddyn (*Plwyf Beddgelert*, 1862, t.37) am 'ffrwd gref yn rhedeg o ochr yr Wyddf ai'r Llyn Glas, yr hon a elwir "Ffos Owain Glyndŵr"; ond methasom a dod o hyd i'r traddodiad paham ei gelwir felly.' Yn ôl D.E. Jenkins yntau, mae 'Ffynnon Owain Glyn Dŵr' i'w gweld nepell o'i ogof. Dywedir mai yma y bu'n yfed yn ystod y chwe mis a dreuliodd yn yr ogof, (*Bedd Gelert*, 1899, tt.133-4).

OGO' IFAN BACH : NANT FFRANCON

Hugh Derfel Hughes, *Hynafiaethau Llandegai a Llanllechid*, 1866, tt.29-30.

'Y mae hon rhwng godreuon yr Ola Wen a Llyn ogwen, ac oddi tan hen lwybr caregog, perthynol i'r hen amseroedd; ac er nad yw ond twll anolygus, a ffurfiwyd gan gydgyfarfyddiad meini, eto, am mai yma yn gystal ag yn Ogo Rŷs, yng Nghwm Pen Llafar, y bu yr enwog Rhys Goch Eryri, a Pherchennog Hafod Garegog, ym Meirion, yn ymguddio oherwydd ei fod yn bleidiwr gwresog i achos Owain Glyndŵr. Dyma fel y canodd John Davies i'r lle hwn:

"Hynodol im i'w nodi, – oesau gynt,
    Un Rhys Goch Eryri,
  A ganodd cyn ein geni
  Dan y maen medd dyn i mi".'

TEIP: M. L. 8000 – Rhyfeloedd y Gorffennol.
MOTIF: R. 315 (Ogof fel cuddfan)

Gwelir yr un chwedl yn:

Thomas Pennant, *Journey to Snowdon*, 1781, t.153.
Dienw, *Cambrian Tourist's Guide*, 1847, tt.322-3.
William Hobley, *Hanes Methodistiaeth Arfon*, V, t.6.
Crwydrwr, 'Argraffiadau o Daith Adfer', *Y Faner*, Tachwedd 16, 1973.

Dywedir i Rhys Goch lechu mewn ogof arall, wrth odre'r Ysgolion Duon, sef 'Ogo' Rys':

Hugh Derfel Hughes, *Hynafiaethau Llandegai a Llanllechid*, 1866, t.24.

PENCHWINTAN : BANGOR

Dienw, *Guide to Bangor*, 1882, t.21.

'Bu ystyr y gair hwn yn ddeunydd ffraeo cyson. Noda traddodiad y lle hwn fel y fangre y cychwynnodd Glyndŵr ei ymgyrch yn erbyn Bangor, a ddiweddodd gyda llosgi'r Eglwys gadeiriol. Felly Pencychwyntan, (lle cychwynnodd y tân) a lygrwyd Penchwintan.'

TEIP: M. L. 8000 – Rhyfeloedd y Gorffennol.

Pont y Cim : Dyffryn Nantlle

W.R. Ambrose, *Hynafiaethau Nant Nantlle*, 1872, tt.55-6.

Mae seiliau i feddwl fod gwirionedd yn yr hanes canlynol am y bont hon, ac achlysur ei chyfodiad: 'Ar noson dymhestlog yng ngaeaf 1612, pan oedd y glaw yn disgyn yn bistilloedd a'r cornentydd o'r mynyddoedd yn chwyddo y Llyfnwy dros ei cheulenau, y nos honno yr oedd gwyryf brydferth yn eistedd wrth dân siriol yn yr Eithinog Wen yn disgwyl ei chariad. Y nos a gerddai ymhell ond ni ddaeth ac ychydig a feddyliai'r ferch fod ei charwr anturiaethus yn brwydro â'r elfenau gan gyfeirio ei ffordd tuag ati. Mab ydoedd Elernion, Llanaelhaearn ac wedi marchogaeth yr holl ffordd drwy y glawogydd ond rhaid oedd croesi'r Llyfnwy lle saif y bont yn awr . . . a chollodd y march ei draed a boddasant ill dau . . . I goffau yr amgylchiad hwn cyfranodd y ferch ifanc £20 i godi pont dros yr afon lle boddodd ei chariad a pharodd i gofnod o'r amgylchiad gael ei dorri ar garreg, yr hon a welir yn y mur ganllaw hyd heddiw a'r argraff ganlynol arni: "Catring Bwkle hath given twenty Poundes to mark the Brige, 1612".'

MOTIF: N. 330 (Marwolaeth ddamweiniol)

Cofnodwyd yr un chwedl yn:

Owen Jones (Gol.), *Cymru : yn Hanesyddol*, 1875, t.156.
E.H. Jones, 'Pont y Cim', *Cymru*, IX, tt. 13-14.
Eric Jones, 'Dros Bont y Cim', *Y Genhinen*, 1959, t.234.

Clywais y chwedl ar lafar gan:

Elfed Jones Roberts, (Cofnodiad llafar SGAE, 18.ii.74).
Eric Jones, (Cofnodiad llafar SGAE, 13.iii.74).

Rhys Gethin : Dolwyddelan

William Williams, *Hynafiaethau Llanberis*, 1892, tt.35-6.

'Rhywbryd yn y bymthegfed ganrif roedd lleidr o hynodrwydd mawr yn byw yng Nghastell Dolbadarn. Ei enw oedd ab Rhys, brodor o Fôn a chanddo oddeutu hanner cant o wŷr arfog yn ei osgordd. Yr oedd ab Rhys mewn cyfathrach â Rhys Gethin, lleidr enwog Castell Dolwyddelan. Ymddengys y byddai Rhys Gethin yn mynd ar hynt ysbeilgar mor bell a Llanwrtyd, Sir Frycheiniog ar amserau. Ar dyddyn Llwyn Gwychyr yng nghraig Allt y Waun mae ogof Rhys Gethin yr ysbeilydd. Yr oedd yn ychydig o fardd a gwaradwyddodd y brenin unwaith trwy ganu:

"Y brenin biau'r holl Ynys
Ond yr hyn a ranwyd i Rys."

Dygwyd ef gerbron y brenin a dywedodd na chanodd ef ond:

"Y brenin bia'r holl Ynys,
A chyrau Ffrainc, a chorff Rhys."

"O wel," meddai'r brenin, " os dyna'r cwbl, gollyngwch Rhys ymaith."'

MOTIF: J. 1180 (Ffordd alluog o osgoi cosb gyfreithiol)

Tai Isel Beddgelert : Beddgelert

Bleddyn, *Plwyf Beddgelert*, 1862, t.8.

'Mae traddodiad yn y plwyf, ond nid ydym yn gwybod ar ba sail, ddarfod i'r brenin yn amser Gwrthryfel Owain Glyndŵr, basio deddf nad oedd i un Cymro adeiladu tŷ uwch nag y cyffyrddai ei gyplau â'r ddaear. Cyfeirir at y tai bychain, isel, hynny a welir ar lethrau y mynyddoedd, a'u töau yn y ddaiar, fel yn perthyn i'r cyfnod hwnw. Nodir allan hefyd ddau neu dri o dai henafol iawn, yn sefyll ar leoedd gwastad, wedi eu gwneyd mewn dull i osgoi y gyfraith farbaraidd hon. Y dull ydoedd fel hyn, chwilid am goeden ym meddu cangen yn taflu allan ar rugl osgöawl tebyg i gwpl tŷ; torid y goeden hon yn y bôn, yna plenid hi ar ei phen yn y lle y bwriedid i'r tŷ fod, a'r gangen gam yn taflu i fyny at le y grib fel cwpl; wedi y ceid digon o'r cyfryw goed, plenid hwy yn yr un modd yn gyfochrog; wedi hyny adeiledid mur ceryg amdanynt, a thrwy y ddyfais hon ceid tai helaeth, uchel a iachusol. Pa un ai gwir ai peidio y traddodiad hwn, fe all y darllenydd weled enghraifft o'r cyfryw adeiladwaith yn hen furddyn y Perthi Uchaf ger y Pentref.'

TEIP: M. L. 8000 – Rhyfeloedd y Gorffennol.

Gwelir yr un traddodiad yn:

D.E. Jenkins, *Bedd Gelert*, 1899, tt.12-13.

Mae'r traddodiad yn un poblogaidd mewn bröydd eraill yn Eryri. Gwelir ef yn ardal Betws y Coed:

Owen Jones (Gol.), *Cymru : yn Hanesyddol*, 1875, t.153.

Elis o'r Nant, *A Guide to Nant Conway*, ca. 1883, tt.29-30.

Dyffryn Nantlle:

W.R. Ambrose, *Hynafiaethau Nant Nantlle*, 1872, t.58.

a Llanberis:

William Williams, *Hynafiaethau Llanberis*, 1892, t.66.

TALIESIN A MYRDDIN WYLLT : BETWS Y COED

Morris Jones, *Hanes Trefriw*, 1879, tt.44-5.

'Yr ydoedd (Taliesin) yn byw ger Llyn Geirionydd. Dywedir y byddai boneddigion yn anfon eu plant ato o'r cyfandir i dderbyn eu dysg.

Byddai beirdd Prydain ar brydiau yn ymgynnull i'r lle i gadw math o Eisteddfod . . . Ymddengys fod Myrddin Wyllt wedi bod yno am rhyw ysbaid o amser. Enw y llechwedd ddwyreiniiol i'r llyn yw Coed Blawd; ym mhen uchaf Coed Blawd mae hen furddyn a elwir "Pant Myrddin Wyllt". Dyma fel y cân Aneirin:

(i)　　"Henffych well Myrddin
　　　　Sy a'i fod yn gyffesin,
　　　　Yng nghorau'r Gorllewin
　　　　Tan Malgwyn Frenin.

(ii)　　Troir cerrig yn fara
　　　　Yn agos i'r Wyddfa.
　　　　A'r cefn gwyn yn drwyth,
　　　　A llwyth o gamwedda'.

(iii)　　Yn ystlys Coed Blawd
　　　　Merddin fy mrawd
　　　　Cwsg yn dy gaban
　　　　Nes dal coronog faban
　　　　I gyfranu hedd ac i wneud yn rhyfedd."'

MOTIF: P. 427.7 (Bardd)

Cofnodwyd y chwedl hon nifer o weithiau cyn, ac ar ôl hyn:

Thomas Pennant, *Journey to Snowdon*, 1781, tt.147-50.

'Taliesin', *The Cambro-Briton*, I, 1819, t.11.

Dienw, *Leigh's Guide to Wales*, 1835, t.123.

Dienw, *Cambrian Tourist's Guide*, 1847, t.399.

Edward Parry, *Cambrian Mirror*, 1848, t.132.

Dienw, *The Tourist in Wales*, ca. 1850, t.32.

J.B. Davidson, *The Conway in the Stereoscope*, 1860, t.80.

S. Maurice Jones, *Cymru*, VI, t.263.

A. Roberts; E. Woodall, *Gossiping Guide to Wales*, 1907, t.225.

Frank Ward, *The Lakes of Wales*, 1931, t.131.

Codwyd croes garreg ar safle honedig cartref y bardd gan yr Arglwydd Willoughby D'Eresby. Yn aml iawn gelwir y safle, yn anghywir, yn Fedd Taliesin. Gwelir ei fedd ger Y Borth, Ceredigion.

TWRNAMEINT IORWERTH : NANTLLE

Owen Jones, (Gol.), *Cymru : yn Hanesyddol,* 1875, t.354.

'Wedi i Edward y Cyntaf ddarostwng Cymru, efe a dreuliodd rai dyddiau yn y gymmydogaeth hon, yn misoedd yr haf, tra yn cadarnhau ei iau ar yddfau y Cymry; ac y mae rhai o'i Archebau ar gael, wedi eu dyddio o'r Bala deulyn: ac y mae rhai Haneswyr yn dywedyd ei fod ef wedi cynnal math o rith-ymgyrch ("tournament"), cyffelyb i'r un y parodd ei gynnal yn Nefyn, ar y gwastadedd rhwng y ddau lyn; gyd a''r amcan, fe ddichon, o ddwysau ei arswyd ar feddyliau y trigolion. Dywaid pobl yr ardal yn gyffredin, mai yn yr hen dŷ, a safai wrth gefn yr ammaethdy presenol, a elwir 'Bala deulyn', y cyfanneddai ei fawrhydi, tra yn aros yn y gymmydogaeth hon; ond barna eraill, mai yn y lle a elwir 'Ty'n y Nant' yr anneddai y brenin; ac y mae traddodiad yn yr ardal, fod rhan o'r pren gwely breninol, wedi ei ddefnyddio yn risiau yn y tŷ hwnw, ac yr oedd gweddillion gwely yn weledig mor ddiweddar a'r flwyddyn 1861, yn ffurfio rhan o'r grisiau o fewn Ty'n y Nant.'

TEIP: M. L. 8000 – Rhyfeloedd y Gorffennol.

MOTIF: P. 561   (Twrnameint)

Gwelir yr un chwedl yn:

W.R. Ambrose, *Hynafiaethau Nant Nantlle*, 1872, t.23.

Dienw, *Hen Ddraddodiadau Dyffryn Nantlle*, (Llsgf.), s.d., t.3.

TŴR RHYS GOCH ERYRI : BEDDGELERT

Carneddog, 'Hafod Garegog', *Cymru*, X, t.31.

'Gerllaw y tŷ (Hafod Garegog) saif bryncyn neu garth goediog, a adnabyddir wrth yr enw Bryn y Tŵr. Wedi dringo i gopa y bryn, gwelir olion gerddi bychain, a gwaliau mwsoglyd yn eu hamgylchu.

Ond yn fwyaf neilltuol, ceir ar y trum uchaf Dŵr neu 'Gadair Rhys Goch', yn yr hon y myfyriai fwyaf, ac y gweai ei gynghaneddion. Y mae yn awr mewn cyflwr pur adfeiliedig, ond wedi aros ar ei sylfeini yn rhyfedd, ac ystyried gwg ystormydd cymaint o aeafau blin. Y drwg pennaf ydyw fod coeden wedi tyfu o dan furiau un gongl o honi, nes ei chwalu. Y mae lle bylchog manteisiol ynddi, i'r eisteddydd wynebu bob cyfeiriad.'

MOTIF: P. 427.7 (Bardd)

Gwelir yr un traddodiad yn:

D.E. Jenkins, *Bedd Gelert*, 1899, tt.337-8.
Bob Owen, 'Dyffryn Madog', *Cymru*, I, t.174.
Carneddog, 'Enwau Bro'r Eryri', *Cymru*, LIX, t.158.

Clywais amdani ar lafar hefyd gan Delynores Eryri (Tâp SGAE, 5; ochr 1-4).
Roedd sôn hefyd am Sarn neu Ffordd Rhys Goch, a welid yn union oddi tan yr Hafod Garegog ac yn arwain at lyn bychan:

Carneddog, 'Hafod Garegog', *Cymru*, X, t.31.
D.E. Jenkins, *Bedd Gelert*, 1899, t.336.

Dywedir hefyd i wely Rhys Goch gael ei symud o'r Hafod yn y bedwaredd ganrif ar bymtheg:

Bleddyn, Plwyf Beddgelert, 1862, t.64.

---

[1]   *Cymru : yn Hanesyddol*, 1875, t.133; *Plwyf Beddgelert*, 1860, tt.44-5
[2]   Roedd tuedd i waelod bargen fynd at allan wrth weithio rhan uchaf y fargen yn gyson. 'Codi Sodlau' oedd y weithred o sgwario'r gwaelod. Enw arall ar y gwaith oedd 'Codi Bonion'. I wneud hyn tyllid gyda'r ddaear ac yna saethu. Roedd tâl i'w gael am 'godi bonion' a mesurid ef yn ôl y nifer o lathenni ciwbig ynddo.
[3]   Troed presog. Gwythien o garreg fel marmor cras mewn llechen. Pe defnyddid y cŷn p'leru i hollti llechan o'r fath, fe'i difethid felly ceid cŷn pwrpasol at y gwaith – y cŷn brasollt.
[4]   Rwb – clogwyn wedi disgyn.
[5]   Tanc – caets sgwâr oedd hwn yn cael ei godi gan beiriant y Jerri Em. Âi am i fyny'n llawn a deuai un arall i lawr yn wag.
[6]   Y Lefal Fowr: Lefel o Bonc y Muriau i Bonc Hafod Owen. Gallai dwy injian fynd heibio'i gilydd ynddi.
[7]   *The Science of Folklore*, tt.96-7.